Martin Diller
Berufshaftpflichtversicherung für Rechtsanwälte

Berufshaftpflichtversicherung für Rechtsanwälte

Allgemeine Versicherungsbedingungen

Kommentar

von

Prof. Dr. Martin Diller
Rechtsanwalt in Stuttgart
Honorarprofessor an der Universität Würzburg

3. Auflage 2024

Zitiervorschlag:
Diller AVB-RS § 3 Rn. 1
Diller BBR-RA A 2.3 Rn. 1

www.beck.de

ISBN 978 3 406 79868 9

© 2024 Verlag C.H.Beck oHG
Wilhelmstraße 9, 80801 München
Druck: Beltz Grafische Betriebe GmbH
Am Fliegerhorst 8, 99947 Bad Langensalza

Satz: Jung Crossmedia Publishing GmbH
Gewerbestraße 17, 35633 Lahnau
Umschlaggestaltung: C.H.Beck Nördlingen

chbeck.de/nachhaltig

Gedruckt auf säurefreiem, alterungsbeständigem Papier
(hergestellt aus chlorfrei gebleichtem Zellstoff)

Alle urheberrechtlichen Nutzungsrechte bleiben vorbehalten.
Der Verlag behält sich auch das Recht vor, Vervielfältigungen dieses Werkes
zum Zwecke des Text and Data Mining vorzunehmen.

Vorwort

Die 1. Auflage des Kommentars zum Bedingungswerk der anwaltlichen Berufshaftpflichtversicherung erschien 2009. Ziel war damals, das selbst für Juristen kaum zu durchdringende Bedingungswerk erstmals in Form eines Kommentars verständlich zu machen. Nachdem die 1. Auflage vom Markt sehr positiv aufgenommen worden war, erschien im Jahr 2017 eine 2. Auflage, da sich nicht nur die Bedingungswerke der führenden Haftpflichtversicherer auseinanderentwickelt hatten, sondern vor allem die Weiterentwicklung des Sozietätsrechts (einschließlich der Schaffung der PartmbB) neue Fragen aufgeworfen hatte. Dass jemals Bedarf für eine 3. Auflage entstehen könnte, erschien damals eher unwahrscheinlich. Jedoch hat der Gesetzgeber mit der zum 1.8.2022 in Kraft getretenen Großen BRAO-Reform die Spielregeln für die anwaltliche Berufshaftpflichtversicherung grundlegend verändert, insbesondere durch die Einführung einer Versicherungspflicht auch für alle Sozietäten. Damit sind früher übliche Strukturen wie zB die Einzelversicherung der Sozien einer GbR, die unzählige schwierige Fragen aufwarf, vom Markt verschwunden. Zugleich sind neue Probleme entstanden, zB hinsichtlich der Mitversicherung der akzessorischen Gesellschafterhaftung oder von persönlichen Ämtern/Mandaten. Zugleich wandelt sich aber auch das anwaltliche Berufsbild immer schneller, was neue Abgrenzungsfragen hinsichtlich der versicherten Tätigkeiten aufwirft, zB bezüglich Legal Tech, der Tätigkeit als externer Datenschutz- oder GwG-Beauftragter, der Aufgaben des Ombudsmanns für externe Hinweisgebersysteme und Ähnliches.

Auf die Große BRAO-Reform haben alle führenden Versicherer mit einer Überarbeitung ihrer Bedingungswerke reagiert. Leider hat keiner von ihnen den Mut gefunden, die Große BRAO-Reform zum Anlass zu nehmen, sich von den tradierten Strukturen und Formulierungen der AVB zu lösen und ein modernes, übersichtlich aufgebautes und gut lesbares Bedingungswerk zu entwickeln. So muss die Anwaltschaft weiter mit den überkommenen überkomplizierten und schwer verständlichen Bedingungswerken leben.

In der 3. Auflage orientiert sich der Kommentar nach wie vor am Bedingungswerk der Allianz (die dem Abdruck freundlicherweise zugestimmt hat), Stand 03.22. Ausgebaut wurden aber die Hinweise auf ergänzende oder abweichende Regelungen in den Klauselwerken von AXA, Ergo, Gothaer, HDI und R+V. Zusätzlich sind wiederum einige Klauseln kommentiert, die zwar nicht in den AVB der führenden Versicherer enthalten sind, aber als besondere Bedingungen insbesondere mit größeren Sozietäten häufig vereinbart werden, etwa Maklerklauseln, Konsortialvereinbarungen, Vereinbarungen über gleitende Prämien etc.

Schon im Vorwort der 1. Auflage war die Erwartung zum Ausdruck gekommen, dass die Frage nach optimaler Versicherungsdeckung und den Bedingungen dieser Deckung in den nächsten Jahren erheblich an Bedeutung gewinnen werde. Diese Entwicklung hält ungebremst an. Die Zahl der Zeitschriftenbeiträge zu Fragen der anwaltlichen Berufshaftpflichtversicherung ist

Vorwort

sprunghaft angestiegen, parallel dazu berichten die einschlägigen Medien fast wöchentlich von großen Haftungsfällen, denen sich insbesondere die wirtschaftsberatenden Sozietäten ausgesetzt sehen. Aber auch dem Einzelanwalt drohen vielfältige Gefahren aufgrund der tendenziell schwächer werdenden Vertrauens- und Loyalitätsbeziehung zwischen Anwalt und Mandant; die Hemmschwelle für eine Klage gegen Berater sinkt zunehmend.

Nochmals ausgebaut wurde in der Neuauflage das Konzept, nicht nur die Bedingungswerke rechtlich zu analysieren und möglichst übersichtlich darzustellen, sondern zugleich Hinweise auf die zweckmäßige Gestaltung der Versicherungsdeckung zu geben und die Zeichnungsusancen der Versicherungsbranche sowie die Kombination verschiedener Deckungskonzepte – inklusive ausländischer „Claims made"-Deckungen – umfassend darzustellen. So soll der Kommentar weiterhin nicht nur eine juristische Hilfe sein, sondern gleichermaßen ein Ratgeber zur Optimierung der Versicherungsdeckung. Um dem Leser die Orientierung zu erleichtern, wurde das schon in der 2. Auflage umfangreiche Sachverzeichnis nochmals komplett überarbeitet und aktualisiert.

Für Hinweise auf Probleme, die nicht angesprochen sind, sowie auf unveröffentlichte Entscheidungen bin ich wiederum dankbar. Dank schulde ich meinen Partnern der Anwaltskanzlei *Gleiss Lutz,* Berlin/Düsseldorf/Frankfurt/Hamburg/München/Stuttgart/Brüssel/London für viele Anregungen und wertvolle Hinweise. Schließlich habe ich vor allem Frau *Heike Warmuth* zu danken, die unermüdlich das Manuskript betreut hat.

Stuttgart, im September 2023 *Prof. Dr. Martin Diller*

Aus dem Vorwort zur 1. Auflage

Eine Kommentierung der allgemeinen Versicherungsbedingungen für die Berufshaftpflichtversicherung der Anwälte fehlte bislang. Das ist kein Zufall. Traditionell ist die Sorgfalt der Anwaltschaft in eigenen Angelegenheiten („quam in suis") begrenzt, man kümmert sich lieber um seine Mandanten als um seine Versicherung. Auch ist der Irrglaube verbreitet, die Berufshaftpflichtversicherung sei ein „Rundum-Sorglos-Paket"; die gravierenden Risikoausschlüsse und die leistungsgefährdenden Obliegenheiten sind vielfach völlig unbekannt. Hinzu kommt, dass die AVB-RSW geradezu ein Musterbeispiel für überkomplizierte, widersprüchliche und terminologisch undurchsichtige AGBs sind, die sich, selbst für einen Juristen, durch Lektüre des Textes schlechterdings nicht entschlüsseln lassen.

In den letzten Jahren hat sich das Umfeld, in dem insbesondere die mittleren und großen Kanzleien agieren, dramatisch geändert. Die Anforderungen an fehlerfreie Beratung und Vertretung steigen ständig, insbesondere das Wirtschaftsrecht wird, auch durch Überlagerung mit internationalen Sachverhalten, ständig komplexer. Vorstände und Geschäftsführer sind unter viel größerem Druck, teilweise sogar unter der rechtlichen Verpflichtung, mögliche Schadensersatzansprüche gegenüber ihren Beratern durchzusetzen. Mittlerweile verfügen die großen wirtschaftsberatenden Sozietäten über Versicherungsdeckung in neunstelliger Größenordnung, und der bislang größte bekannt gewordene deutsche Haftungsfall (Werhahn ./. Haarmann Hemmelrath, OLG Düsseldorf v. 30. 10. 2007, I 23 U 199/06, AnwBl. 2008, 72) mit einem Schadensvolumen von EUR 450 Mio. hat auch dem letzten wirtschaftsberatenden Anwalt die Augen für existentielle Haftungsrisiken geöffnet. Die Frage nach optimaler Versicherungsdeckung und den Bedingungen dieser Deckung wird deshalb in den nächsten Jahren erheblich an Bedeutung gewinnen. Deshalb erschien es notwendig, einen Kommentar zu den AVB-RSW aufzulegen, um dieses Regelwerk durchschaubar und handhabbar zu machen.

(…)

Der Autor betreut seit ca. zehn Jahren, davon acht Jahre als Managing Partner, das Risiko-Management und damit auch die Versicherungsangelegenheiten einer der großen deutschen Sozietäten, er vertritt und berät ständig andere Sozietäten in Haftungs- und Versicherungsangelegenheiten. Besonderer Wert wurde deshalb darauf gelegt, nicht nur die AVB-RSW rechtlich zu kommentieren, sondern zugleich Hinweise auf die zweckmäßige Gestaltung der Versicherungsdeckung zu geben, und die Zeichnungsusancen der Versicherungsbranche sowie die Kombination verschiedener Deckungskonzepte – inklusive ausländischer „Claims Made"-Deckungen – umfassend darzustellen. So soll der Kommentar nicht nur eine juristische Hilfe sein, sondern zugleich ein Ratgeber zur Optimierung der Versicherungsdeckung.

Inhaltsübersicht

Einleitung 1

**Allgemeine und Besondere Versicherungsbedingungen sowie
Risikobeschreibungen zur Vermögensschaden-Haftpflichtversicherung
für – Rechtsanwälte und Patentanwälte– Steuerberater (AVB-RS)**

Teil 1 Allgemeine Versicherungsbedingungen (AVB) 43

A. Der Versicherungsschutz (§§ 1–4) 43
§ 1 Gegenstand des Versicherungsschutzes, Vermögensschaden,
 Versicherungsnehmer 43
§ 2 Vorwärts- und Rückwärtsversicherung 91
§ 3 Beginn und Umfang des Versicherungsschutzes 100
§ 4 Ausschlüsse 146

B. Der Versicherungsfall (§§ 5 und 6) 167
§ 5 Versicherungsfall, Obliegenheiten im Versicherungsfall, Zahlung des
 Versicherers 167
§ 6 Leistungsfreiheit, Leistungskürzung und Fortbestehen der Leistungspflicht
 bei einer Obliegenheitsverletzung nach § 5 188

C. Das Versicherungsverhältnis (§§ 7–16) 193
§ 7 Versicherung für mitversicherte Personen, Abtretung, Verpfändung,
 Rückgriffsansprüche 193
§ 8 Prämienzahlung (Erst- und Folgeprämie) und Rechtsfolgen bei
 Nichtzahlung, Verzug bei Abbuchung, Prämienregulierung,
 Prämienrückerstattung 204
§ 9 Vertragsdauer, Kündigung, Erlöschen 215
§ 10 Verjährung, zuständiges Gericht, anwendbares Recht 222
§ 11 Form der Willenserklärungen gegenüber dem Versicherer 225
§ 11a Vorvertragliche Anzeigepflichten des Versicherungsnehmers,
 Rechtsfolgen von Anzeigepflichtverletzungen 228
§ 11b Anzeigepflichten des Versicherungsnehmers während der
 Vertragslaufzeit 234

**Teil 2 Besondere Bedingungen und Risikobeschreibungen für
Rechtsanwälte und Patentanwälte (BBR-RA)** 239
Vorbemerkung zu den BBR-RA 239
A. Besondere Bedingungen 240
B. Risikobeschreibungen für die Vermögensschaden-Haftpflichtversicherung
 von Rechtsanwälten (einschließlich des Rechtsanwaltsrisikos von
 Anwaltsnotaren) 266
C. Risikobeschreibungen zur Vermögensschaden-Haftpflichtversicherung
 für Patentanwälte 280

Übersicht

Anhang I: Teil 3. Besondere Bedingungen und Risikobeschreibungen für Steuerberater (BBR-S) 281
A. Besondere Bedingungen 281
B. Risikobeschreibungen für die Vermögensschaden-Haftpflichtversicherung von Steuerberatern 283

Anhang II: BRAO (Auszüge) 287

Sachregister 291

Inhaltsverzeichnis

Vorwort V
Aus dem Vorwort zur 1. Auflage VII
Inhaltsübersicht IX
Abkürzungsverzeichnis XV
Verzeichnis der abgekürzt zitierten Literatur XXI
Literaturverzeichnis XXIII

Einleitung

I.	Aufbau der Kommentierung	2
II.	Die Berufshaftpflichtversicherung	3
	1. Zweck der Berufshaftpflichtversicherung	3
	2. Historie der Berufshaftpflichtversicherung	4
III.	Gesetzliche Grundlage (§§ 51, 59n, 59o BRAO)	6
	1. Versicherungspflichtige Personen (§ 51 BRAO)	6
	2. Anwaltsgesellschaften (§§ 59n, 59o BRAO)	9
	3. Art der Versicherung (Verstoßdeckung vs. „Claims made")	10
	4. Versicherungssumme	11
	5. Risikoausschlüsse; Selbstbehalte	11
	6. Verzahnung der Versicherungspflicht mit VVG und AVB-RS	12
IV.	Das Regelungswerk der AVB-RS	13
	1. Historie der AVB-RS	13
	2. Umgang mit den AVB-RS	14
	3. Versicherungsaufsicht; Genehmigung	15
	4. Alternative Bedingungswerke; Maklerbedingungen	15
V.	Strukturmerkmale der Berufshaftpflichtversicherung	16
	1. Privatrechtliches Rechtsverhältnis; Kontrahierungszwang	16
	2. Pflichtversicherung	16
	3. Schadensversicherung	17
	4. Vermögensschadenversicherung	17
	5. Verstoßdeckung	18
	6. Versicherung für fremde Rechnung	18
	7. Abgrenzung zu anderen Versicherungen	18
VI.	Auf den Versicherungsvertrag anwendbare Normen	19
	1. AVB	19
	2. Individuelle Vereinbarungen	19
	3. VVG	20
	4. BGB	20
	5. AGB-Recht	20
	6. AHB	20
	7. Zusammenfassung	21
VII.	Versicherungsvertragsrechtliche Grundlagen	21
	1. Zustandekommen des Versicherungsvertrags; Widerrufsrecht	21
	2. Aufklärungs-, Hinweis- und Beratungspflichten	23
	3. Vorläufige Deckung	23
	4. Laufzeit, Rücktritt, Anfechtung und sonstige Erlöschensgründe	24
	5. Prämien/Lohnsteuer	25
	6. Änderungen im laufenden Vertrag	25

Inhalt

	7. Auslegung	26
	8. AGB-Kontrolle	27
	9. Beschwerden	29
VIII.	Zeichnungspraxis des Versicherungsmarkts	30
	1. Deckungsbedarf; Haftungsbegrenzung	30
	2. Versicherung der Sozietät vs. Einzelversicherung der Partner	30
	3. Versicherung angestellter Rechtsanwälte	31
	4. „Verstoß" vs. „Claims-made"	31
	5. Einzelfallversicherungen; Objektdeckung	33
	6. Exzedentenversicherung	34
	7. Versicherungskonsortien	35
	8. Prämienkalkulation	36
	9. Laufzeit	37
	10. Inaktive Partner; Titelhalterdeckung	37
	11. Mehrfachqualifikation (MDP)	38
	12. D&O-Versicherung	38
	13. Wettbewerb	39
	14. Versicherungsmakler	39
IX.	Schadensverläufe, Schadensstatistiken, Fehlerquellen	39
X.	Vorhandene Rechtsprechung und Literatur	41

Allgemeine und Besondere Versicherungsbedingungen sowie Risikobeschreibungen zur Vermögensschaden-Haftpflichtversicherung für – Rechtsanwälte und Patentanwälte– Steuerberater (AVB-RS)

Teil 1 Allgemeine Versicherungsbedingungen (AVB) 43

A. Der Versicherungsschutz (§§ 1–4) 43

§ 1 Gegenstand des Versicherungsschutzes, Vermögensschaden, Versicherungsnehmer 43

§ 2 Vorwärts- und Rückwärtsversicherung 91

§ 3 Beginn und Umfang des Versicherungsschutzes 100

§ 4 Ausschlüsse 146

B. Der Versicherungsfall (§§ 5 und 6) 167

§ 5 Versicherungsfall, Obliegenheiten im Versicherungsfall, Zahlung des Versicherers 167

§ 6 Leistungsfreiheit, Leistungskürzung und Fortbestehen der Leistungspflicht bei einer Obliegenheitsverletzung nach § 5 188

C. Das Versicherungsverhältnis (§§ 7–16) 193

§ 7 Versicherung für mitversicherte Personen, Abtretung, Verpfändung, Rückgriffsansprüche 193

§ 8 Prämienzahlung (Erst- und Folgeprämie) und Rechtsfolgen bei Nichtzahlung, Verzug bei Abbuchung, Prämienregulierung, Prämienrückerstattung 204

§ 9 Vertragsdauer, Kündigung, Erlöschen 215

§ 10 Verjährung, zuständiges Gericht, anwendbares Recht 222

§ 11 Form der Willenserklärungen gegenüber dem Versicherer 225

Inhalt

§ 11a	Vorvertragliche Anzeigepflichten des Versicherungsnehmers, Rechtsfolgen von Anzeigepflichtverletzungen	228
§ 11b	Anzeigepflichten des Versicherungsnehmers während der Vertragslaufzeit	234

Teil 2 Besondere Bedingungen und Risikobeschreibungen für Rechtsanwälte und Patentanwälte (BBR-RA) 239
Vorbemerkung zu den BBR-RA 239

A. Besondere Bedingungen 240
A 1. Jahreshöchstleistung 240
A 2. Ausschlüsse 244
    A 2.1 Haftpflichtansprüche mit Auslandsbezug 244
    A 2.2 Veruntreuungsschäden 252
    A 2.3 Tätigkeit als Angestellter 254
A 3. Meldepflichten des Versicherers 255
A 4. Überschreiten der Pflichtversicherung 256
    A 4.1 Inanspruchnahme des Versicherungsnehmers vor außereuropäischen Gerichten 257
    A 4.2 Ausschluss kaufmännischer Risiken 260
    A 4.3 Deckung für Auszahlungsfehler bei Anderkonten 262

B. Risikobeschreibungen für die Vermögensschaden-Haftpflichtversicherung von Rechtsanwälten (einschließlich des Rechtsanwaltsrisikos von Anwaltsnotaren) 266

C. Risikobeschreibungen zur Vermögensschaden-Haftpflichtversicherung für Patentanwälte 280

Anhang I: Teil 3. Besondere Bedingungen und Risikobeschreibungen für Steuerberater (BBR-S) 281
A. Besondere Bedingungen 281
B. Risikobeschreibungen für die Vermögensschaden-Haftpflichtversicherung von Steuerberatern 283

Anhang II: BRAO (Auszüge) 287

Sachregister 291

Abkürzungsverzeichnis

A.	Auflage
aA	anderer Ansicht
aaO	am angegebenen Ort
ABl.	Amtsblatt
Abs.	Absatz
Abschn.	Abschnitt
aE	am Ende
aF	alte Fassung
AG	Aktiengesellschaft; Amtsgericht; Die Aktiengesellschaft
AGB	Allgemeine Geschäftsbedingungen
AHB	Allgemeine Versicherungsbedingungen für die Haftpflichtversicherung
AktG	Aktiengesetz
Alt.	Alternative
aM	anderer Meinung
ÄndG	Änderungsgesetz
Anh.	Anhang
Anl.	Anlage
Anm.	Anmerkung
AnwBl.	Anwaltsblatt
AnwGH	Anwaltsgerichtshof
AO	Abgabenordnung
AR	Aufsichtsrat
ARB	Allgemeine Bedingungen für die Rechtsschutzversicherung
ArbGG	Arbeitsgerichtsgesetz
arg.	argumentum
Aufl.	Auflage
AVB	Allgemeine Versicherungsbedingungen
AVB-ASN	Allgemeine Versicherungsbedingungen für Rechtsanwälte, Patentanwälte, Steuerberater und Notare (Bedingungswerk der AXA)
AVB-P	Versicherungsbedingungen zur Vermögensschaden-Haftpflichtversicherung für freie Berufe und Gewerbetreibende mit gesetzlicher Versicherungspflicht (Bedingungswerk der R+V-Versicherung)
AVB-RPSW	Vermögensschaden-Haftpflichtversicherung für Rechtsanwälte, Patentanwälte, Steuerberater, Wirtschaftsprüfer und vereidigte Buchprüfer (Bedingungswerk der Gothaer)
AVB-RS	Allgemeine und Besondere Versicherungsbedingungen sowie Risikobeschreibungen zur Vermögensschaden-Haftpflichtversicherung für Rechtsanwälte und Patentanwälte sowie Steuerberater (Bedingungswerk der Allianz)

Abkürzungen

AVB-RSW . . . . . . Allgemeine und Besondere Versicherungsbedingungen sowie Risikobeschreibungen zur Vermögensschaden-Haftpflichtversicherung für Rechtsanwälte und Patentanwälte, Steuerberater, Wirtschaftsprüfer und vereidigte Buchprüfer (früheres Bedingungswerk der Allianz)
AVB-WSR . . . . . . Bestimmungen zur Vermögensschaden-Haftpflichtversicherung für wirtschaftsprüfende, steuer- und rechtsberatende Berufe (Bedingungswerk des HDI)

BaFin . . . . Bundesanstalt für Finanzdienstleistungsaufsicht
BAG . . . . Gesetz über die Errichtung eines Bundesaufsichtsamtes für das Versicherungswesen
BAnz. . . . . Bundesanzeiger
BAT . . . . Bundes-Angestelltentarif
BAV . . . . Bundesaufsichtsamt für das Versicherungswesen
BB . . . . Betriebs-Berater
BBR . . . . Besondere Bedingungen und Risikobeschreibungen
BBR-RA . . . . Besondere Bedingungen und Risikobeschreibung für Rechtsanwälte und Patentanwälte
Bd. . . . . Band
BDSG . . . . Bundesdatenschutzgesetz
BeckRS . . . . Beck-Rechtsprechung (Beck-Online)
betr. . . . . betreffend
BetrAV . . . . Betriebliche Altersversorgung
BetrAVG . . . . Betriebsrentengesetz
BGB . . . . Bürgerliches Gesetzbuch
BGBl. . . . . Bundesgesetzblatt
BGH . . . . Bundesgerichtshof
BGHZ . . . . Entscheidungen des Bundesgerichtshofs in Zivilsachen
BMF . . . . Bundesminister der Finanzen/Bundesministerium der Finanzen
BMJ . . . . Bundesminister der Justiz/Bundesministerium der Justiz
BMWi . . . . Bundesminister für Wirtschaft/Bundesministerium für Wirtschaft
BNotO . . . . Bundesnotarordnung
BOStB . . . . Bundesordnung der Bundessteuerberaterkammer
BRAK . . . . Bundesrechtsanwaltskammer
BRAK-Mitt. . . . . . Mitteilungen der Bundesrechtsanwaltskammer
BRAGO . . . . Bundesrechtsanwaltsgebührenordnung
BRAO . . . . Bundesrechtsanwaltsordnung
BR-Drs. . . . . Bundesrats-Drucksache
BT-Drs. . . . . Bundestags-Drucksache
Buchst. . . . . Buchstabe
BVerfG . . . . Bundesverfassungsgericht
BVerwG . . . . Bundesverwaltungsgericht
BVerwGE . . . . . . Entscheidungen des Bundesverwaltungsgerichts

CCBE . . . . Berufsregeln der Rechtsanwälte der Europäischen Union

Abkürzungen

DAV	Deutscher Anwaltsverein
DB	Der Betrieb
dh	das heißt
DIS	Deutsche Institution für Schiedsgerichtsbarkeit e. V.
Diss.	Dissertation
DL-InfoV	Dienstleistungs-Informationspflichtenverordnung
DM	Deutsche Mark
DNotZ	Deutsche Notarzeitung
DNotO	Dienstordnung für Notare
DStR	Deutsches Steuerrecht
DSWR	Datenverarbeitung, Steuer, Wirtschaft, Recht
DVStB	Verordnung zur Durchführung der Vorschriften über Steuerberater, Steuerbevollmächtigte und Berufsausübungsgesellschaften
EG	Europäische Gemeinschaft
EGBGB	Einführungsgesetz zum Bürgerlichen Gesetzbuch
EG-Kommission	Kommission der Europäischen Gemeinschaft
EGV	Vertrag zur Gründung der Europäischen Gemeinschaft
EGVVG	Einführungsgesetz zum Gesetz über den Versicherungsvertrag
Einl.	Einleitung
entgg.	entgegen
Erl.	Erläuterung
EStG	Einkommensteuergesetz
EU	Europäische Union
EUR	Euro
EuRAG	Gesetz über die Tätigkeit europäischer Rechtsanwälte in Deutschland
evtl.	eventuell
EWiR	Entscheidungen zum Wirtschaftsrecht
EWIV	Europäische Wirtschaftliche Interessenvereinigung
f., ff.	folgende
Fn.	Fußnote
G	Gesetz
GbR	Gesellschaft Bürgerlichen Rechts
GenG	Genossenschaftsgesetz
GewO	Gewerbeordnung
GG	Grundgesetz für die Bundesrepublik Deutschland
ggü.	gegenüber
GI	Gerling Information für wirtschaftsprüfende, rechts- und steuerberatende Berufe
GmbH	Gesellschaft mit beschränkter Haftung
GmbHG	GmbH-Gesetz
grds.	grundsätzlich
GWB	Gesetz gegen Wettbewerbsbeschränkungen

Abkürzungen

HDI	Haftpflichtverband der Deutschen Industrie
HGB	Handelsgesetzbuch
HReg.	Handelsregister
Hrsg.	Herausgeber
Hs.	Halbsatz
idR	in der Regel
IHK	Industrie- und Handelskammer
iHv	in Höhe von
InsO	Insolvenzverordnung
iS	im Sinne
iÜ	im Übrigen
iVm	in Verbindung mit
JRPV	Juristische Rundschau für die Privatversicherung
JW	Juristische Wochenschrift
KG	Kammergericht, Kommanditgesellschaft
KWG	Kreditwesengesetz
LAG	Landesarbeitsgericht
lfd.	laufend
LG	Landgericht
LLP	Limited Liability Partnership
LS	Leitsatz
MDR	Monatsschrift für Deutsches Recht
MDP	Multi-Disciplinary-Partnerships (interprofessioneller Zusammenschluss)
Mio.	Millionen
mwN	mit weiteren Nachweisen
nF	neue Fassung
NJW	Neue Juristische Wochenschrift
NJWE-VHR	NJW-Entscheidungsdienst Versicherungs- und Haftungsrecht
NJW-RR	NJW-Rechtsprechungs-Report Zivilrecht
Nr.	Nummer(n)
nrkr	nicht rechtskräftig
NVersZ	Neue Zeitschrift für Versicherung und Recht
NZG	Neue Zeitschrift für Gesellschaftsrecht
ODL	Outside Directorship Liability (Versicherung)
og	oben genannte
OGH	Oberster Gerichtshof (Österreich)
oHG	offene Handelsgesellschaft
OLG	Oberlandesgericht
OLGR	Rechtsprechung der Oberlandesgerichte
OWiG	Gesetz über Ordnungswidrigkeiten

Abkürzungen

PAO	Patentanwaltsordnung
PartG	Partnerschaftsgesellschaft
PartGG	Partnerschaftsgesellschaftsgesetz
PartGmbB	Partnerschaftsgesellschaft mit beschränkter Berufshaftung
PKH	Prozesskostenhilfe
RDG	Gesetz über außergerichtliche Rechtsdienstleistungen
RG	Reichsgericht
RGZ	Entscheidungen des Reichsgerichts in Zivilsachen
RL	Richtlinie
Rn.	Randnummer
Rom I-VO	Verordnung (EG) Nr. 593/2008 des Europäischen Parlaments und des Rates vom 17. Juni 2008 über das auf vertragliche Schuldverhältnisse anzuwendende Recht (Rom I)
r+s	Recht und Schaden
Rspr.	Rechtsprechung
RVG	Rechtsanwaltsvergütungsgesetz
s.	siehe
S.	Seite/Satz
Slg.	Sammlung der Entscheidungen des EuGH
s. o.	siehe oben
sog.	so genannte
StB	Steuerberater
StBerG	Steuerberatungsgesetz
StBg	Die Steuerberatung
StBDV	Verordnung zur Durchführung der Vorschriften über Steuerberater, Steuerbevollmächtigte und Steuerberatungsgesellschaften
StBerG	Steuerberatungsgesetz
StGB	Strafgesetzbuch
StPO	Strafprozessordnung
s. u.	siehe unten
USD	US-Dollar
uU	unter Umständen
UWG	Gesetz gegen den unlauteren Wettbewerb
VA	Veröffentlichungen des Reichsaufsichtsamtes für Privatversicherung
VAG	Versicherungsaufsichtsgesetz
VerBAV	Veröffentlichungen des Bundesaufsichtsamtes für das Versicherungswesen
VersR	Versicherungsrecht
vgl.	vergleiche
VN	Versicherungsnehmer
VO	Verordnung/Rechtsverordnung
Voraufl.	Vorauflage
Vorb.	Vorbemerkung

Abkürzungen

VR	Versicherer
VU	Versicherungsunternehmen
VVaG	Versicherungsverein auf Gegenseitigkeit
VW	Versicherungswirtschaft
VwGO	Verwaltungsgerichtsordnung
WM	Wertpapier-Mitteilungen
WPK-Mitteilungen	Mitteilungen der Wirtschaftsprüferkammer
WPO	Wirtschaftsprüferordnung
zB	zum Beispiel
ZfS	Zeitschrift für Schadensrecht
ZfV	Zeitschrift für Versicherungswesen
ZHR	Zeitschrift für das gesamte Handels- und Wirtschaftsrecht
Ziff.	Ziffer
ZInsO	Zeitschrift für Insolvenzrecht
ZIP	Zeitschrift für Wirtschaftsrecht
ZPO	Zivilprozessordnung
zutr.	zutreffend
ZVersWiss	Zeitschrift für die gesamte Versicherungswissenschaft
ZwVwV	Zwangsverwalterverordnung

Verzeichnis der abgekürzt zitierten Literatur

Beckmann/Matusche-Beckmann/*Bearbeiter*	*Beckmann/Matusche-Beckmann,* Versicherungsrechts-Handbuch, 3. Aufl. 2015
Borgmann/Jungk/Schwaiger/*Bearbeiter*	*Borgmann/Jungk/Schwaiger,* Anwaltshaftung, 6. Aufl. 2020
Fiala/Keppel/Körner	*Fiala/Keppel/Körner,* Deckungslücken in der Vermögensschadenhaftpflichtversicherung, 2010
Fischer/*Bearbeiter*	*Fischer/Vill/Fischer/Chab/Pape,* Handbuch der Anwaltshaftung, 5. Aufl. 2019
Gerold/Schmidt/*Bearbeiter*	*Gerold/Schmidt,* Rechtsanwaltsvergütungsgesetz, 26. Aufl. 2023
Gräfe/Brügge/Melchers/*Bearbeiter*	*Gräfe/Brügge/Melchers,* Berufshaftpflichtversicherung für rechts- und steuerberatende Berufe, 3. Aufl. 2021
Grüneberg/*Bearbeiter*	*Grüneberg,* Bürgerliches Gesetzbuch, 82. Aufl. 2023
Hartung/Römermann/Schons/*Bearbeiter*	*Hartung/Römermann/Schons,* Praxiskommentar zum Rechtsanwaltsvergütungsgesetz, 2. Aufl. 2006
Henssler/Streck/*Bearbeiter*	*Henssler/Streck,* Handbuch Sozietätsrecht, 2. Aufl. 2011
Hofmann	*Hofmann,* Privatversicherungsrecht 4. Aufl. 1998
Kaufmann	*Kaufmann,* Die Berufshaftpflichtversicherung des Steuerberaters, Diss. 1996
Koch	*Koch,* Versicherbarkeit von IT-Risiken in der Sach-, Vertrauensschaden- und Haftpflichtversicherung, 2005
Krenzler/*Bearbeiter*	*Krenzler,* Rechtsdienstleistungsgesetz, 2. Aufl. 2017
Langheid/Rixecker/*Bearbeiter*	*Langheid/Rixecker,* Versicherungsvertragsgesetz, 7. Aufl. 2022
Littbarski	*Littbarski,* Allgemeine Versicherungsbedingungen für die Haftpflichtversicherung, 2001
MAH VersR/*Bearbeiter*	*Höra/Schubach,* Münchener Anwaltshandbuch Versicherungsrecht, 5. Aufl. 2022
Mennemeyer	*Fahrendorf/Mennemeyer,* Die Haftung des Rechtsanwalts, 10. Aufl. 2021
MüKoVVG/*Bearbeiter*	*Langheid/Wandt,* Münchener Kommentar zum VVG, Band 3, 2. Aufl. 2017
Novak-Over	*Novak-Over,* Auslegung und rechtliche Zulässigkeit von Serienschadenklauseln in der Haftpflicht- und Vermögensschadenhaftpflichtversicherung, Diss. 1991

Verzeichnis der abgekürzt zitierten Literatur

Präve	*Präve*, Versicherungsbedingungen und AGB-Gesetz, 1998
Prölss/*Bearbeiter*	*Prölss/Dreher*, Versicherungsaufsichtsgesetz, 13. Aufl. 2018
Prölss/Martin/ *Bearbeiter*	*Prölss/Martin*, Versicherungsvertragsgesetz, 31. Aufl. 2021
Riechert	*Riechert*, Die Berufshaftpflichtversicherung der Rechtsanwälte, 2019
Schlie	*Schlie*, Die Berufshaftpflichtversicherung für die Angehörigen der wirtschaftsprüfenden und steuerberatenden Berufe, Diss. 1995
Späte/Schimikowski/*Bearbeiter*	*Späte/Schimikowski*, Haftpflichtversicherung, 2. Aufl. 2015
Teichler	*Teichler*, Berufshaftpflichtversicherungen, Diss. 1985
van Bühren	*van Bühren*, Die Berufshaftpflichtversicherung der Rechtsanwälte, Diss. 2003
Veith/Gräfe/ Gebert/*Bearbeiter*	*Veith/Gräfe/Gebert*, Der Versicherungsprozess, 4. Aufl. 2020
Weyland/*Bearbeiter*	*Weyland*, Bundesrechtsanwaltsordnung, 10. Aufl. 2020
Wilhelmer	*Wilhelmer*, Berufshaftpflichtversicherung, 2022
Wussow	*Wussow*, Allgemeine Versicherungsbedingungen für die Haftpflichtversicherung, 8. Aufl. 1976
Zöller/*Bearbeiter*	*Zöller*, Zivilprozessordnung, 34. Aufl. 2022

Literaturverzeichnis

Axmann/Deister, Die Unternehmergesellschaft (haftungsbeschränkt) – Geeignete Rechtsform für Anwälte?, NJW 2009, 2941

Basedow, Der Versicherungsombudsmann und die Durchsetzung der Verbraucherrechte in Deutschland, VersR 2008, 750
Baumann, Ist der Versicherungsmakler Auge und Ohr des Versicherers?, NVersZ 2000, 116
Baumann, Die Überwindung des Trennungsprinzips durch das Verbot des Abtretungsverbots in der Haftpflichtversicherung, VersR 2010, 984
Baumann, AGB-rechtliche Inhaltskontrollfreiheit des Claims-made-Prinzips?, VersR 2012, 1461
Becker, Haftung und Deckung bei der englischen Anwalts-LLP in Deutschland, AnwBl. 2011, 860
Beckmann/Matusche-Beckmann, Versicherungsrechts-Handbuch, 3. Aufl. 2015
Beyer/Sassenbach, Vermögensschaden-Haftpflichtversicherung, 2. Aufl. 2022
Bick/Esskandari, Erweiterter Versicherungsschutz für Sozietäten durch neues Deckungskonzept der Berufshaftpflichtversicherung, NJW 2011, 3191
Borgmann, Lücken in der Auslandsdeckung der Berufshaftpflichtversicherung von Rechtsanwälten, AnwBl. 2005, 732
Borgmann/Jungk/Schwaiger, Anwaltshaftung, 6. Aufl. 2020
Bräuer, Versicherungssummen und Maximierung, AnwBl. 2006, 663
Bräuer, DL-InfoV – Der Anwalt muss informieren, AnwBl. 2010, 523
Bräuer, Anwaltliche Berufshaftpflichtversicherung, AnwBl. 2011, 688
Bräuer, Das Haftungssubjekt bei der anwaltlichen Berufshaftung, AnwBl. 2012, 766
Bräuer, Großkanzleien: Lücken zwischen deutschem und internationalem Schutz, AnwBl. 2015, 88
Braun, Berufshaftpflichtversicherungen, BRAK-Mitt. 1994, 202; 1997, 5; 2002, 150
Brieske, Die Berufshaftpflichtversicherung, AnwBl. 1995, 225
Burger, Die akzessorische Haftung des eintretenden Sozius für Altverbindlichkeiten der Sozietät – versicherungsrechtliche Fragestellungen, BRAK-Mitt. 2003, 262
Burger, Interprofessionelle Zusammenarbeit von Rechtsanwälten in gemischten Sozietäten, AnwBl. 2004, 304

Chab, Ansprüche gegen Anwälte aus Treuhand, AnwBl. 2004, 440
Chab, Neue Regressprobleme im strafrechtlichen Mandat, AnwBl. 2005, 497
Chab, Der Schadensfall in der Anwaltshaftung nach der VVG-Reform, AnwBl. 2008, 63
Chab, Wenn der Syndikusanwalt zum Sündenbock werden soll …, AnwBl. 2010, 359
Chab, Der Vermögensschaden in der Haftpflichtversicherung, AnwBl. 2011, 789
Chab, Die Sozienklausel in der Berufshaftpflichtversicherung, AnwBl. 2012, 190
Chab, Folgen der Sozienklausel in der Berufshaftpflichtversicherung, AnwBl. 2012, 274
Chab, Abgrenzung zwischen Erfüllungsansprüchen und Haftpflichtansprüchen, AnwBl. 2012, 922
Chab, Vorsicht vor Deckungslücken: Angestellte und freie Kanzleimitarbeiter, AnwBl. 2014, 1050

Literatur

Chab, Der Abwehrschutz in der Haftpflichtversicherung und seine Grenzen, AnwBl. 2017, 552
Chab, Fremdgeld – tickende Zeitbomben auf den eigenen Konten, AnwBl. 2017, 1112
Chab, Wenn die Mandantschaft mehr will: Wie weit reicht der Versicherungsschutz?, AnwBl. 2022, 298

Dahns, Berufshaftpflichtversicherung, Aktuelle Entwicklung und Hinweise, BRAK-Magazin 2002, 4
Dallwig, Versicherungsrechtliche Konsequenzen des Gesetzes zur Einführung einer Partnerschaftsgesellschaft mit beschränkter Haftung für die Vermögensschadenhaftpflichtversicherung für Rechtsanwälte, VersR 2014, 19
Deckenbrock, Die Anwaltssozietät – eine GbR wie jeder andere?, AnwBl. 2012, 723
Diller, Kein Versicherungsschutz des Anwalts für „Reliance Letter"?, AnwBl. 2010, 52
Diller, Versicherungsbeiträge für angestellte Anwälte steuerpflichtiger Lohn?, AnwBl. 2010, 269
Diller, Fallstricke in der Berufshaftpflichtversicherung der Anwälte, AnwBl. 2014, 2
Diller, Risikomanagement in der Anwaltskanzlei – ein verdrängtes Thema?!, AnwBl. 2014, 130
Diller/Klein, Die fünf häufigsten Anwaltshaftungsfälle – und wie man sie vermeiden kann!, BRAK-Mitt. 2013, 65
Dilling, Zur Unwirksamkeit des Risikoausschlusses für wissentliche Pflichtverletzungen in der D&O-Versicherung, VersR 2018, 332
Dobmaier, „Wissentliche Pflichtverletzung" in der Berufshaftpflichtversicherung, AnwBl. 2003, 446
Dötsch, Aufrechnung mit Haftungsanspruch: Angriff ist die beste Verteidigung, AnwBl. 2013, 25
Druckenbrodt, Die Haftung des Rechtsanwalts für Nichtvermögensschäden, VersR 2010, 601

Ebel, Zur Verjährung und Versicherbarkeit von Schadensersatzansprüchen in Anlegermodellen gegen Treuhänder, VersR 1988, 1104
Eley, Grundlagen der Exzedentenversicherung – Diskussionsstand, Dogmatik und Lösungsansätze, VersR 2021, 1461
Evers, Der Rechtsanwalt als Treuhänder im Bauherrenmodell, NJW 1983, 1652

Fahrendorf/Mennemeyer, Die Haftung des Rechtsanwalts, 10. Aufl. 2021
Fiala/Keppel/Körner, Deckungslücken in der Vermögensschadenhaftpflichtversicherung, 2010
Fischer/Vill/Fischer/Chab/Pape, Handbuch der Anwaltshaftung, 5. Aufl. 2019
Franz, Das Versicherungsvertragsrecht im neuen Gewand, VersR 2008, 298
Fricke, Kündigung im Versicherungsfall für alle Schadensversicherungszweige?, VersR 2000, 16
Fürst, Die Haftpflichtversicherung der Rechtsanwälte, JW 1899, 627

Gal, Fallstricke der Mitversicherung, VersR 2023, 86
Gaul, Zum Abschluss des Versicherungsvertrags – Alternativen zum Antragsmodell?, VersR 2007, 21
Georgii, Zur Haftpflichtversicherung der Rechtsanwälte, JW 1905, 331
Georgii, Die Haftpflichtversicherung der Rechtsanwälte und Notare, JW 1907, 577
Gerold/Schmidt, Rechtsanwaltsvergütungsgesetz, 26. Aufl. 2023

Literatur

Gladys, Rechts- und Parteifähigkeit der GbR – Berufshaftpflichtversicherung für Vermögensschäden der Sozietät?, StBg 2001, 684

Gladys/Riechert, Neuer Versicherungsschutz für Gesamthand und Gesamthänder bei Schäden aus beruflicher Tätigkeit, DStR 2011, 880 und 936

Gräfe, Die Serienschadenklausel in der Vermögensschaden-Haftpflichtversicherung, NJW 2003, 3673

Gräfe/Brügge/Melchers, Berufshaftpflichtversicherung für rechts- und steuerberatende Berufe, 3. Aufl. 2021

Grams, Die Anwaltssozietät in der Rechtsform der Gesellschaft bürgerlichen Rechts (GbR), BRAK-Mitt. 2002, 67

Grams, Sind (Berufshaftpflicht-) Versicherungsunternehmen keine tauglichen Prozessbürgen nach § 108 ZPO?, AnwBl. 2002, 356

Grams, Verstoß- und Claims-made-Prinzip in der Berufshaftpflichtversicherung der rechts- und wirtschaftsberatenden Berufe, AnwBl. 2003, 299

Grote/Schneider, VVG 2008: Das neue Versicherungsvertragsrecht, BB 2007, 2689

Grüneberg, Bürgerliches Gesetzbuch, 82. Aufl. 2023

Hallweger, Limited Liability Partnership – Eine Gesellschaftsform für US-amerikanische Anwaltszusammenschlüsse und ihre Haftungsfragen, NZG 1998, 531

Hartmann, Sozietät und Berufs-Haftpflichtversicherung, DSWR 1994, 164

Hartung/Römermann/Schons, Praxiskommentar zum Rechtsanwaltsvergütungsgesetz, 2. Aufl. 2006

Hellwig, Die Rechtsanwalts-GmbH, ZHR 161 (1997), 337

Hellwig, Haftpflichtversicherung statt Handelndenhaftung bei der Partnerschaftsgesellschaft, NJW 2011, 1557

Henssler, Die Haftung der Rechtsanwälte und Wirtschaftsprüfer, AnwBl. 1996, 3

Henssler/Prütting, Bundesrechtsanwaltsordnung, 5. Aufl. 2019

Henssler/Streck, Handbuch Sozialrecht, 2. Aufl. 2011

Herbatschek, Berufsgefahr, JW 1931, 199

Hofmann, Privatversicherungsrecht, 4. Aufl. 1998

Hohlbein, Schadenereignis und Anspruchserhebung, VW 1996, 690

Honsel, Vertreterdirekteingabe nach Abschaffung des Policenmodells, VW 2007, 359

Höra/Schubach, Münchener Anwaltshandbuch Versicherungsrecht, 5. Aufl. 2022

Horn, Stärkung der Selbstverwaltung, BRAK-Mitt. 2007, 94

Huff, Der Auskunftsanspruch des Mandanten nach § 51 Abs. 6 BRAO, BRAK-Mitt. 2011, 56

Jakobi/Riemer, Risikofragen einer Online-Vermittlungsplattform als Fragen des Versicherers gem. § 19 VVG?, VuR 2022, 247

Johannsen, Besprechung von Stiefel/Hofmann AHB, ZVersWiss 1993, 281

Jungk, Der Anwalt im Grenzbereich anwaltlicher Tätigkeit, AnwBl. 2004, 117

Jungk, Der Schadensbegriff in der Anwaltshaftung, AnwBl. 2005, 785

Jungk, Haftungsrechtliche Probleme in der interprofessionellen Sozietät, AnwBl. 2009, 865

Jungk, Globalisierung und Haftung: Risiken beim grenzüberschreitenden Mandat, AnwBl. 2012, 1000

Jungk, Kein Paradigmenwechsel in der Berufshaftpflicht-Versicherung!, BRAK-Mitt. 2012, 266

Literatur

Karaçam, Die vorsorgliche Schadenmeldung – wann, was, warum?, AnwBl. 2017, 86
Kaufmann, Die Berufshaftpflichtversicherung des Steuerberaters, Diss. 1996
Kilian, Anwaltsgeschichte: Der Schutz vor beruflichen Haftungsrisiken, AnwBl. 2014, 991
Kilian, Das Management atypischer Haftungsrisiken in Anwaltskanzleien, AnwBl. 2015, 315
Kilian, Neuordnung der Berufshaftpflichtversicherung, AnwBl. 2021, 228
Knöfel, Sozienhaftung für Altschulden aus dem Betrieb der eingebrachten Einzelkanzlei!, AnwBl. 2006, 373
Knöpnadel, Die Schlichtungsstelle der Rechtsanwaltschaft: Segen oder Fluch?, AnwBl. 2010, 130
Knöringer, Die Eintrittshaftung von Scheingesellschaftern einer Anwalts-GbR, AnwBl. 2002, 681
Koch, Versicherbarkeit von IT-Risiken in der Sach-, Vertrauensschaden- und Haftpflichtversicherung, 2005
Koch, Schiedsgerichtsvereinbarungen und Haftpflichtversicherungsschutz, SchiedsVZ 2007, 281
Koch, Das Claims-made-Prinzip in der D&O-Versicherung auf dem Prüfstand der AGB-Inhaltskontrolle, VersR 2011, 295
Koch, Abschied von der Rechtsfigur der verhüllten Obliegenheit, VersR 2014, 283
Koch, Kontrollfähigkeit/-freiheit formularmäßiger Haftpflichtversicherungsdefinitionen?, VersR 2014, 1277
Koch, Eintrittspflicht der Exzedentenversicherer in der Haftpflichtversicherung, VersR 2021, 879
Kohlhaas, Ergänzende Sozienhaftung, NJW 2006/44 XXII
Konradi, Das Kürzungs- und Verteilungsverfahren gem. §§ 155, 156 Abs. 3 VVG a. F. bzw. § 109 VVG, VersR 2009, 321
Kosich, Following-form-Vereinbarungen in Exzedentenversicherungsverträgen, VersR 2023, 752
Kouba, Berufshaftpflichtversicherung: Wie sinnvoll sind Excedentendeckungen im Ausland?, BRAK-Mitt. 2002, 165
Krämer, Prozessuale Besonderheiten des Haftpflicht- und Versicherungsprozesses, r+s 2001, 177
Krenzler, Rechtsdienstleistungsgesetz, Kommentar, 2. Aufl. 2017
Kubiak, Zur AGB-Kontrolle der Versicherungsfalldefinition und zu den Auswirkungen auf das Claims-made-prinzip in der D&O-Versicherung, VersR 2014, 932

Lange, Die Rechtsstellung des Haftpflichtversicherers nach der Abtretung des Freistellungsanspruchs vom Versicherungsnehmer an den geschädigten Dritten, VersR 2008, 713
Lange/Dreher, Der Führende in der Mitversicherung, VersR 2008, 289
Langheid/Rixecker, Versicherungsvertragsgesetz, 7. Aufl. 2022
Langheid, Tücken in den §§ 100 ff. VVG-RegE, VersR 2007, 865
Langheid, Nach der Reform: Neue Entwicklungen in der Haftpflichtversicherung, VersR 2009, 1043
Laschke, Die Sternsozietät – Auswirkungen auf Haftung und Versicherung, AnwBl. 2009, 546
Leverenz, Anforderungen an eine „gesonderte Mitteilung" nach dem VVG 2008, VersR 2008, 709

Literatur

Leverenz, Wann ist die Versicherungsinformation „rechtzeitig"?, VW 2008, 392
v. Lewinski, Berufsrecht und Haftung beim Gesetzgebungsoutsourcing, AnwBl. 2011, 665
Lindner, Haftung bei Mandaten mit Auslandsbezug (II), AnwBl. 2003, 227
Littbarski, Allgemeine Versicherungsbedingungen für die Haftpflichtversicherung, 2001
Loritz, Das Claims-made-Prinzip in der D&O-Versicherung und das deutsche AGB-Recht, VersR 2012, 385

Meßmer, Die Berufshaftpflichtversicherung des deutschen Rechtsanwalts, VW 1998, 294
Messmer/Späth, Fragen der Berufshaftpflicht, DStR 1965, 671
Müller, Der Rechtsanwalt und die Globalisierung, AnwBl. 2006, 278

Neuhofer, Honoraranspruch im Regressfall, AnwBl. 2004, 583
Neuhofer, Wer trägt die Rechtsmittelkosten nach anwaltlicher Pflichtverletzung?, AnwBl. 2006, 577
Nieger, Vom Umgang mit dem Haftpflichtversicherer im Schadenfall, AnwBl. 2004, 516
Nothaas, Abwehrschutz für wissentliche Pflichtverletzung, AnwBl. 2021, 232
Novak-Over, Auslegung und rechtliche Zulässigkeit von Serienschadenklauseln in der Haftpflicht- und Vermögensschadenhaftpflichtversicherung, Diss. 1991

Pohlmann, Beweislast für das Verschulden des Versicherungsnehmers bei Obliegenheitverletzungen, VersR 2008, 437
Präve, Versicherungsbedingungen und AGB-Gesetz, 1998
Präve, Die VVG-Informationspflichtenverordnung, VersR 2008, 151
Prölss, Die Berücksichtigung des versicherungswirtschaftlichen Zwecks einer risikobegrenzenden AVB-Klausel nach den Methoden der teleologischen Gesetzesanwendung, NVersZ 1998, 17
Prölss/Dreher, Versicherungsaufsichtsgesetz, 13. Aufl. 2018
Prölss/Martin, Versicherungsvertragsgesetz, 31. Aufl. 2021

Rahlmeyer/Sommer, Das Haftungsrisiko von Scheinpartnern, VersR 2008, 180
Reuker/Wagner, Steuer(straf)rechtliche Risiken der Übernahme berufsbedingter Anwendungen des Syndikusanwalts durch den Arbeitgeber, BB 2016, 215
Riechert, Das Haftungsregime der Sozietät und neue Versicherungskonzepte, AnwBl. 2011, 489
Riechert, Das Risiko der Treuhand, AnwBl. 2012, 458
Riechert, Versicherungslösungen bei Auslandsberührung, AnwBl. 2013, 460
Riechert, Die Berufshaftpflichtversicherung der PartGmbB – Grundlagen, AnwBl. 2014, 266
Riechert, Deckung des Anwalts als Insolvenzverwalter, AnwBl. 2016, 924
Riechert, Der Anwalt als Partner in einem Netzwerk, AnwBl. 2017, 198
Riechert, Haftung und Deckung des Anwalts bei Einschaltung von Spezialisten, AnwBl. 2017, 664
Riechert, Die Grenzen des Schutzes in der Berufshaftpflichtversicherung, AnwBl. 2017, 996
Riechert, Versicherungsschutz rund um Cyber, AnwBl. 2018, 356
Riechert, Der Rechtsanwalt als Datenschutzbeauftragter, AnwBl. 2019, 418
Riechert, Versicherungsschutz in der interprofessionellen Sozietät mit Anwälten, AnwBl. 2019, 474
Riechert, Der Anwalt als Kanzleimanager und seine Haftung, AnwBl. 2019, 680

Literatur

Riechert, Die Berufshaftpflichtversicherung der Rechtsanwälte, 2019
Riechert, Legal Tech und Serienschäden, AnwBl. 2020, 168
Riechert, Der Anwalt als Berufsbetreuer, AnwBl. 2023, 42
Riedel, Nochmals: Der Rechtsanwalt als Treuhänder im Bauherrenmodell, NJW 1984, 1021
Römermann, Neues und immer noch offene Fragen zur Haftung in der gemischten Sozietät, NJW 2009, 1560

Saenger/Scheuch, Wandel im Berufsbild: Mittelverwendungskontrolle als anwaltliche Tätigkeit?, AnwBl. 2012, 497
Sassenbach, Die Rechts- und Parteifähigkeit der Gesellschaft bürgerlichen Rechts und besondere Aspekte der Berufshaftpflichtversicherung der Rechtsanwälte, AnwBl. 2002, 54
Sassenbach, Haftung für fehlerhafte Due Diligence, AnwBl. 2004, 651
Sassenbach, Berufsrecht kontra Gesellschaftsrecht, AnwBl. 2006, 304
Sassenbach, Sind Haftungsrecht und Berufsrecht (un)vereinbar?, AnwBl. 2009, 447
Sassenbach/Riechert, Anwalts- und Notarhaftpflichtversicherung, in: Höra/Schubach, MAH VersR, 5. Aufl. 2022, Kap. 18
Schäfers, Das Verhältnis der vorvertraglichen Anzeigepflicht (§§ 19ff. VVG) zur Culpa in contrahendo, VersR 2010, 301
Schall, Bericht zur Haftpflichtversicherung der Rechtsanwälte, JW 1904, 305
Schardt, „Meine erste Schadenmeldung", AnwBl. 2019, 614
Schimikowski, Die Rechtsfolgen der Verletzung vertraglicher Obliegenheiten in der Allgemeinen Haftpflichtversicherung nach dem neuen VVG, VersR 2009, 1304
Schimikowski, Versicherungsvertragsrecht, 6. Aufl. 2017
Schlie, Die Berufshaftpflichtversicherung für die Angehörigen der wirtschaftsprüfenden und steuerberatenden Berufe, Diss. 1995
Schmidt, Die Sozietät als Sonderform der BGB-Gesellschaft, NJW 2005, 2801
Scholl, Geklärte und offene Fragen zur sogenannten Sozienklausel in Vermögensschadenhaftpflichtversicherungen, VersR 2011, 1108
Schramm, Claims Made mit deutschen AGB vereinbar, VersWiss 2008, 2071
Schumacher, Zur materiellen Reichweite des partiellen Haftungsausschlusses bei der rechtsanwaltlichen Partnerschaftsgesellschaft mit beschränkter Berufshaftung (§ 8 IV 1 PartGG), NZG 2015, 379
Schweer/Todorow, Prozessuale Durchsetzung von Freistellungsansprüchen, NJW 2013, 3004
Schwope, Sinn der Sozienklausel oder § 12 AVB kontra Art. 12 GG, Stbg 2012, 415
Schwope, Die Berufshaftpflichtversicherung der neuen Berufsausübungsgesellschaften für Steuerberater, Stbg 2021, 411
Sommer/Treptow/Dietlmeier, Haftung für Berufsfehler nach Umwandlung einer Freiberufler-GbR in eine Partnerschaftsgesellschaft, NJW 2011, 1551
Späte/Schimikowski, Haftpflichtversicherung, 2. Aufl. 2015
Späth, Probleme der wissentlichen Pflichtverletzung in der Berufshaftpflichtversicherung nach § 4 Nr. 6 AVB-WB, VersR 2000, 825
Staudinger, Reform: Teilbare Prämien mindern Hauptforderungen, VW 2008, 323
Steinkühler/Kassing, Das Claims-Made-Prinzip in der D&O-Versicherung und die Auslegung der Begriffe Anspruchs- sowie Klageerhebung, VersR 2009, 607
Stobbe, Lücken in der Berufshaftpflichtversicherung der Anwälte, AnwBl. 2010, 449

Literatur

Stobbe, Berufshaftpflichtversicherung, in: Henssler/Streck, Handbuch Sozietätsrecht, 2. Aufl. 2011, S. 205 ff.
Stöhr, Die Vermögensschaden-Haftpflichtversicherung als Pflichtversicherung für Rechtsanwälte und Notare, AnwBl. 1995, 234
Streck, Vertrauensschadenfonds der Rechtsanwälte für kriminelle Kollegen? AnwBl. 2004, 212
Suchsland, Zur Frage der Haftpflichtversicherung der Rechtsanwälte, JW 1899, 619

Teichler, Berufshaftpflichtversicherungen, Diss. 1985
Terbille, Haftpflichtversicherung und Haftung von Anwälten und Notaren, MDR 1999, 1426
Therstappen, Die wissentliche Pflichtverletzung im Versicherungsverhältnis, AnwBl. 2014, 182
Therstappen, Serienschaden bei Anwälten – Massenverfahren und Versicherungssummen, AnwBl. 2015, 708

Uyanik, Die Klageausschlussfrist nach § 12 Abs. 3 VVG a. F. – oder: Totgesagte leben länger?, VersR 2008, 468

van Bühren, Die Berufshaftpflichtversicherung der Rechtsanwälte, Diss. 2003
van Bühren, Paradigmenwechsel in der Berufshaftpflicht-Versicherung, BRAK-Mitt. 2012, 158
Veith/Gräfe/Gebert, Der Versicherungsprozess, 4. Aufl. 2020
Vollkommer/Greger/Heinemann, Anwaltshaftungsrecht, 5. Aufl. 2021

Wagner, Der richtige Gerichtsstand für Klagen des Versicherungsnehmers gegen den Versicherer nach der VVG-Reform, VersR 2009, 1589
v. Westphalen, Wirksamkeit des Claims-made-Prinzips in der D&O-Versicherung, VersR 2011, 145
Weyland, Bundesrechtsanwaltsordnung, 10. Aufl. 2020
Wilhelmer, Berufshaftpflichtversicherung, 2022
Wilhelmer, Deckungsfalle Treuhandschaft, AnwBl. Online 2022, 178
Willems, Die Haftung des Anwalts als Betreuer, NJW-aktuell 2020, 16
Wischemeyer/Honisch, Gesellschafterhaftung in der Insolvenz von Anwaltssozietäten, NJW 2014, 881
Wolff, Notarhaftung: Die sogenannte Vertrauensschadenversicherung und der Vertrauensschadenfonds der Notarkammern, VersR 1993, 272
Wussow, Allgemeine Versicherungsbedingungen für die Haftpflichtversicherung, 8. Aufl. 1976

Zacharias, Haftungsfallen beim Eintritt in eine Anwaltssozietät, AnwBl. 2003, 679
Zimmermann, Kappungsgrenze im RVG: Haftpflichtkosten als Auslage, AnwBl. 2006, 55
Zimmermann, Anforderungen an die Berufshaftpflichtversicherung einer LLP, BRAK-Mitt. 2014, 230
Zimmermann, Legal Tech – Vielfalt der Anwendungen und richtige Haftungsvorsorge, AnwBl. Online 2019, 815
Zimmermann, Gestaltung der Absicherung von Anwaltsgesellschaften – Ein Update, NJW 2020, 973
Zöller, Zivilprozessordnung, 34. Aufl. 2022

Einleitung

Übersicht

	Rn.
I. Aufbau der Kommentierung	1
II. Die Berufshaftpflichtversicherung	6
1. Zweck der Berufshaftpflichtversicherung	6
2. Historie der Berufshaftpflichtversicherung	9
III. Gesetzliche Grundlage (§§ 51, 59n, 59o BRAO)	18
1. Versicherungspflichtige Personen (§ 51 BRAO)	18
2. Anwaltsgesellschaften (§§ 59n, 59o BRAO)	25
3. Art der Versicherung (Verstoßdeckung vs. „Claims made")	30
4. Versicherungssumme	33
5. Risikoausschlüsse; Selbstbehalte	34
6. Verzahnung der Versicherungspflicht mit VVG und AVB-RS	37
IV. Das Regelungswerk der AVB-RS	43
1. Historie der AVB-RS	43
2. Umgang mit den AVB-RS	47
3. Versicherungsaufsicht; Genehmigung	50
4. Alternative Bedingungswerke; Maklerbedingungen	52
V. Strukturmerkmale der Berufshaftpflichtversicherung	53
1. Privatrechtliches Rechtsverhältnis; Kontrahierungszwang	53
2. Pflichtversicherung	55
3. Schadensversicherung	57
4. Vermögensschadenversicherung	58
5. Verstoßdeckung	60
6. Versicherung für fremde Rechnung	61
7. Abgrenzung zu anderen Versicherungen	62
a) Bürohaftpflicht	62
b) Vertrauensschadenversicherung/Vertrauensschadenfonds	63
VI. Auf den Versicherungsvertrag anwendbare Normen	64
1. AVB	64
2. Individuelle Vereinbarungen	65
3. VVG	66
4. BGB	68
5. AGB-Recht	69
6. AHB	70
7. Zusammenfassung	71
VII. Versicherungsvertragsrechtliche Grundlagen	72
1. Zustandekommen des Versicherungsvertrags; Widerrufsrecht	72
a) Vertragsschluss	72
b) Widerrufsrecht	74
c) Form/konkludente Erklärungen/Rechtsschein	78
d) Fernabsatz	80
2. Aufklärungs-, Hinweis- und Beratungspflichten	81
3. Vorläufige Deckung	84
4. Laufzeit, Rücktritt, Anfechtung und sonstige Erlöschensgründe	85
a) Laufzeit; Kündigung	85
b) Rücktritt	86

	Rn.
c) Anfechtung	87
d) Außerordentliche Kündigung	88
e) Wegfall des versicherten Interesses	89
f) Doppelversicherung	90
5. Prämien/Lohnsteuer	91
6. Änderungen im laufenden Vertrag	94
7. Auslegung	96
8. AGB-Kontrolle	101
a) Anwendbarkeit des AGB-Rechts	101
b) Keine Inhaltskontrolle der Hauptpflichten	104
c) Transparenzgebot	106
d) Verbot überraschender Klauseln	107
e) Makler-AGB	110
9. Beschwerden	111
VIII. Zeichnungspraxis des Versicherungsmarkts	114
1. Deckungsbedarf; Haftungsbegrenzung	114
2. Versicherung der Sozietät vs. Einzelversicherung der Partner	116
3. Versicherung angestellter Rechtsanwälte	117
4. „Verstoß" vs. „Claims-made"	118
a) Vergleich der Systeme	118
b) Kombination von Grunddeckung und „Claims-made"-Exzedenten	121
5. Einzelfallversicherungen; Objektdeckung	122
6. Exzedentenversicherung	125
7. Versicherungskonsortien	128
8. Prämienkalkulation	129
9. Laufzeit	133
10. Inaktive Partner; Titelhalterdeckung	134
11. Mehrfachqualifikation (MDP)	135
12. D&O-Versicherung	137
13. Wettbewerb	138
14. Versicherungsmakler	140
IX. Schadensverläufe, Schadensstatistiken, Fehlerquellen	141
X. Vorhandene Rechtsprechung und Literatur	144

I. Aufbau der Kommentierung

1 Die vorliegende Kommentierung orientiert sich an dem von der **Allianz** ab 2022 verwendeten Bedingungswerk (AVB-RS). **HDI, AXA** und **Gothaer** verwenden ein einschließlich der Paragrafenzählung weitgehend gleiches Bedingungswerk (bei HDI als „AVB-WSR" bezeichnet, bei der AXA als „AVB-ASN", bei der Gothaer als „AVB-RPSWB"). Die **R+V** und **ERGO** verwenden inhaltlich ebenfalls weitgehend gleiche, jedoch teilweise anders aufgebaute Bedingungswerke (bei der ERGO „AVB-R" genannt, bei R+V „AVB-P"). Wo die genannten Bedingungswerke substantiell von dem der Allianz abweichen, wird jeweils darauf hingewiesen.

2 Das von der Allianz in der Zeit vor der Großen BRAO-Reform 2022 (→ Rn. 27) verwendete Bedingungswerk AVB-RSW, welches der 2. Auflage dieses Kommentars zu Grunde lag, wich in wesentlichen Teilen von den hier kommentierten **AVB-RS** ab. Auf die wichtigsten Abweichungen wird in der

II. Die Berufshaftpflichtversicherung **Einl.**

Kommentierung hingewiesen, für die Bearbeitung von Altfällen sollte aber – zumindest ergänzend – unbedingt die 2. Auflage herangezogen werden. Nach Fertigstellung des Manuskripts der vorliegenden 3. Auflage nebst Fahnenkorrektur hat die Allianz im Zuge der Vereinheitlichung des Aufbaus ihrer Bedingungswerke auch die AVB-RS nochmals überarbeitet. Teilweise wurden die Gliederungsebenen modifiziert, die Paragrafenzählung erstreckt sich jetzt auch auf die BBR-RA/BBR-S, und die AVB-RS werden jetzt intern als „VH 60_00" bezeichnet. Eine Einarbeitung dieser Modifikationen in die vorliegende 3. Auflage war aus Zeitgründen nicht mehr möglich, erschien aber auch nicht erforderlich, da sich inhaltlich nichts geändert hat.

Die vorliegende Kommentierung ist bewusst auf die Berufshaftpflicht- 3 versicherung der **Anwälte** ausgerichtet, obwohl Teil 1 der AVB-RS gleichermaßen auch für **Steuerberater** gilt. Kommentiert werden deshalb neben dem eigentlichen Text der AVB-RS lediglich die **Besonderen Bedingungen und Risikobeschreibungen für Rechtsanwälte und Patentanwälte (BBR-RA).** Die besonderen Bedingungen und Risikobeschreibungen für Steuerberater (BBR-S) sind nicht kommentiert, aber im Anhang abgedruckt (zur Berufshaftpflichtversicherung der Steuerberater nach der Berufsrechtsreform 2022 instruktiv *Schwope* Stbg 2021, 411).

Ebenfalls kommentiert werden einzelne besondere **Vertragsklauseln,** die 4 sich in der Praxis durchgesetzt haben und zwar noch nicht in die AVB integriert wurden, jedoch in einer Vielzahl von Versicherungsverträgen mit gleichlautendem Wortlaut als besondere Bedingungen zusätzlich vereinbart werden. Diese besonderen Klauseln werden jeweils im Zusammenhang mit derjenigen ABV-Klausel dargestellt, von der sie abweichen.

Für die Berufshaftpflichtversicherung der Anwälte gelten die **allgemeinen** 5 **Haftpflichtbedingungen (AHB)** nicht subsidiär (statt aller Prölss/Martin/ *Lücke,* Vorbem. AVB Vermögen Rn. 2). Viele eher technische Klauseln der AVB-RS entsprechen jedoch wörtlich oder jedenfalls sinngemäß einzelnen AHB-Klauseln. Darauf wird in der Kommentierung jeweils hingewiesen, sodass der Leser an diesen Stellen ergänzend auf die erheblich reichhaltigere Rechtsprechung und Literatur zu den AHB zurückgreifen kann.

II. Die Berufshaftpflichtversicherung

1. Zweck der Berufshaftpflichtversicherung

Die Berufshaftpflichtversicherung der Rechtsanwälte erfüllt – ebenso wie 6 die der Notare, Steuerberater und Wirtschaftsprüfer – einen **doppelten Zweck.** Primär (so ausdrücklich BGH NJW 2011, 3718; anders dezidiert *Jungk* BRAK-Mitt. 2012, 266 (267)) dient sie dem **Schutz des rechtsuchenden Publikums.** Der Mandant vertraut dem Anwalt gegen ein häufig beträchtliches Honorar hohe Vermögenswerte an, die nicht selten über die bürgerliche Existenz entscheiden. Erleidet der Mandant durch anwaltlichen Fehler einen Schaden, soll die Deckung des Schadens nicht davon abhängen, ob der Anwalt genug Privatvermögen hat. Vielmehr soll über die Berufshaftpflichtversicherung gewährleistet sein, dass eine gewisse Mindestdeckung vorhanden ist. Dieser Sicherungszweck zu Gunsten des geschädigten Mandanten steht bei der Berufshaftpflichtversicherung im Vordergrund. Auf diesem Zweck beruhen ua die gesetzliche Pflicht zur Unterhaltung der Versicherung (§§ 51, 59n, 59o BRAO → Rn. 18ff.) sowie die besonderen Vorschriften über die Eintrittspflicht der Versicherung selbst dann, wenn sie im Innenverhältnis eigentlich leistungsfrei wäre (→ § 3 Rn. 130ff.).

7 Zugleich hat die Berufshaftpflichtversicherung aber auch einen **„egoistischen"** Zweck (*Schlie*, S. 4), nämlich das **Vermögen des Anwalts** vor einer Belastung durch Haftpflichtansprüche Dritter **zu schützen** (BGH NJW 2011, 3718). Der Anwalt soll nicht befürchten müssen, durch einen einzigen Fehler die Früchte jahrelanger Berufstätigkeit einzubüßen oder – noch schlimmer – durch einen großen Schaden sogar in Privatinsolvenz zu geraten. Dieser Zweck der Versicherung dokumentiert sich vor allem darin, dass der VR den Anwalt auch vor unbegründeten Haftpflichtansprüchen des Mandanten zu schützen hat und dafür auch die Kosten tragen muss (im Einzelnen → § 3 Rn. 8ff.).

8 Daneben **stärkt** die Berufshaftpflichtversicherung aber auch die **Unabhängigkeit des Anwalts,** was letztlich im öffentlichen Interesse steht. Müsste der Anwalt auf seine finanziellen Risiken Rücksicht nehmen, könnte dies die pflichtgemäße unabhängige Mandantenbetreuung beeinträchtigen (BGH NJW 1994, 532; *Riechert,* Einl. Rn. 5).

2. Historie der Berufshaftpflichtversicherung

9 Die Ursprünge der **allgemeinen Haftpflichtversicherung** in Deutschland liegen in der zweiten Hälfte des 19. Jahrhunderts. Die Haftpflichtversicherung hatte zunächst mit großen Schwierigkeiten zu kämpfen, weil man damals Strafe und Schadensersatz noch nicht genau trennte und es unmoralisch erschien, einem Schädiger für den von ihm verursachten Schaden Versicherungsschutz zu gewähren (Nachweise bei *Teichler,* S. 6ff.; insgesamt zur Historie der Berufshaftpflichtversicherung auch *Kilian* AnwBl. 2014, 991). Letztlich setzte sich dann aber doch das Bewusstsein durch, dass eine Haftpflichtversicherung schon deshalb sinnvoll ist, weil sie – zumindest als Nebeneffekt – dem Geschädigten einen solventen und ggf. sogar zahlungswilligeren Schuldner verschafft.

10 Die **erste** deutsche **Berufshaftpflichtversicherung für Rechtsanwälte** bot ab **1. Januar 1896** der „Allgemeine deutsche Versicherungsverein" in Stuttgart an. Im Januar 1899 kam als zweiter Anbieter die „Versicherungsgesellschaft Hamburg" hinzu. Die Versicherung verbreitete sich schnell. So wurde beim Anwaltstag 1899 in Mainz berichtet, dass von den damals im Deutschen Reich zugelassenen ca. 6300 Rechtsanwälten inzwischen 2448 beim Stuttgarter Verein versichert waren, dazu 14 bei der Versicherungsgesellschaft Hamburg (*Suchsland* JW 1899, 619). Die Haftpflichtversicherung wurde zwar vereinzelt noch als *„Liederlichkeitsversicherung"* bekämpft, die *„eine systematische Züchtung von Fahrlässigkeit, Leichtsinn und Schlimmerem"* sei (vgl. die bei *Suchsland* JW 1899, 620 wiedergegebenen Zitate). Es setzte sich jedoch schnell die Erkenntnis durch, dass die Rechtsordnung mittlerweile *„so umfangreich und verwickelt"* (*Suchsland* JW 1899, 619) sei, dass eine Versicherung unabdingbar sei. (Damals fürchtete die Anwaltschaft vor allem die drohende jahrelange Rechtsunsicher-

II. Die Berufshaftpflichtversicherung **Einl.**

heit auf Grund des im Jahr 1900 bevorstehenden Inkrafttretens des BGB.) Dem Einwand, die Berufshaftpflichtversicherung verführe zur Nachlässigkeit, wurde im Übrigen völlig zurecht entgegengehalten, dass nach § 278 des bevorstehenden BGB der Anwalt schließlich auch für sein Büropersonal hafte; überdies verführe die Versicherung schon wegen des (damals zwingenden) 25%-igen Selbstbehalts nicht zur Nachlässigkeit (*Suchsland* JW 1899, 619).

Die **Versicherungsbedingungen** des Allgemeinen deutschen Versicherungsvereins Stuttgart und der Versicherungsgesellschaft Hamburg unterschieden sich anfänglich ganz erheblich (vgl. die Übersicht bei *Suchsland* JW 1899, 620ff.). Die **Prämien** betrugen etwa 0,25‰ der Versicherungssumme, für nicht zugelassene Mitarbeiter der Kanzlei (Büropersonal) wurden jeweils 20% der anwaltlichen Prämie aufgeschlagen. Die Versicherung deckte sowohl den Schadensersatzanspruch als auch die bei der Schadensabwehr entstehenden Prozesskosten. **Ausgeschlossen** von der Versicherung waren neben vorsätzlich verursachten Schäden auch Ansprüche auf Rückgewähr bezahlter Honorare, Kassenmängel und Verluste durch Veruntreuungen des Personals. 11

Ursprünglich hatte die Stuttgarter Versicherung die Möglichkeit eingeräumt, den **Selbstbehalt** von 25% durch einen Prämienzuschlag auf 10% zu verringern. Diese Bestimmung wurde jedoch von der preußischen Regierung beanstandet, da durch eine so weitgehende Versicherung das Bewusstsein der eigenen Verantwortlichkeit zu sehr abgeschwächt werde (*Suchsland* JW 1899, 632). 12

Die Berufshaftpflichtversicherung sah sich von Anfang an einem **unerwartet negativen Schadensverlauf** gegenüber. Es wurden erheblich mehr Fälle als erwartet zur Regulierung angemeldet, und diese hatten auch erheblich höhere Schadenssummen als kalkuliert. So wurden bei der Stuttgarter Versicherung in den Jahren 1896 bis 1898 insgesamt 580 Schadensfälle mit zusammen 804.739 Mark Schadenssumme gemeldet, was bedeutete, dass pro Jahr ca. ein Fünftel der versicherten Anwälte Schadensfälle meldeten. Reguliert wurden allerdings nur 80.583 Mark, also ziemlich genau 10% des angemeldeten Gesamtbetrages. Zur Begründung für diese niedrige Quote wurde angegeben, dass sehr viele Schäden nur vorsorglich geltend gemacht worden seien, sich aber bei näherer Untersuchung als nicht schuldhaft verursacht herausgestellt hätten (*Suchsland* JW 1899, 635). 13

In den Jahren nach der Jahrhundertwende nahm die Haftpflichtversicherung weiter zu, 1904 waren bereits 5882 Rechtsanwälte bei der Stuttgarter Versicherung versichert (*Georgii* JW 1905, 331). Der Schadensverlauf war aber weiterhin so ungünstig, dass über eine **Einstellung der Versicherung nachgedacht** wurde. Die Versicherung machte erhebliche Verluste, obwohl mehrfach die Prämien erhöht worden waren. So wurden beispielsweise im Jahr 1903 von den insgesamt 4589 versicherten Rechtsanwälten und Notaren insgesamt 629 Schadensfälle gemeldet. Die Stuttgarter Versicherung deckte bereits damals das Risiko durch den Abschluss von **Rückversicherungsverträgen** ab (*Suchsland* JW 1899, 630). Angesichts des ungünstigen Schadensverlaufs wurde auch die Überlegung verworfen, über den **Deutschen Anwaltverein** einen selbstständigen Versicherungsverein auf Gegenseitigkeit zu errichten (dazu *Fürst* JW 1899, 635). 14

5

Einl. Einleitung

15 Der ungünstige Schadensverlauf veranlasste die VR, insbesondere die Stuttgarter Versicherung, in regelmäßigen Abständen in Berichten und Vorträgen auf die **häufigsten Schadensquellen** hinzuweisen (*„Wer die Stellen kennt, wo der tückische Feind mit Vorliebe im Hinterhalt lauert, der wird die Gefahr leichter beschwören"*, *Georgii* JW 1905, 332). Man müsse den Versicherten *„von Zeit zu Zeit eine Art Warnungstafel vorzeigen"*. So referierte *Georgii* (JW 1905, 332; vgl. auch schon *Schall* JW 1904, 305 ff.) auf dem Anwaltstag 1905 folgende Schadensschwerpunkte:
- Unterlassene, verspätete und unrichtige Einlegung von Rechtsmitteln (*„Das wird wohl immer so bleiben (!)"*, *Georgii* JW 1905, 332).
- Fehler im Immobiliar-Vollstreckungsverfahren.
- Übersehen von Verjährungsbestimmungen, insbesondere der kurzen Verjährungsfristen nach §§ 477 und 638 BGB.
- Viehmängelprozesse (*„Werden immer noch mit besonderer Vorliebe verkuhwedelt"*, *Georgii* JW 1905, 332).
- Fehlerhafte Testamente.
- Fehlende Feststellung der Persönlichkeit des Schuldners, Bürgen etc bei der Sicherheitenbestellung.

16 In der Folge blieb es jahrzehntelang bei dringenden Empfehlungen der Anwaltskammern, eine Berufshaftpflichtversicherung abzuschließen; der Ruf nach Einführung einer gesetzlichen Versicherungspflicht (zB *Herbatschek* AnwBl. 1931, 199) verhallte ungehört. **1963** wurde die Berufshaftpflichtversicherung immerhin **Standespflicht** (§ 43 BRAO aF iVm § 48 Richtl RA). Die Tätigkeit eines unversicherten Anwalts war damit zwar nicht gesetzlich verboten, konnte aber von den Standesorganisationen geahndet werden (BGH NJW 1994, 532). Im **Jahr 1994** schließlich wurde das Unterhalten einer Berufshaftpflichtversicherung in **§ 51 BRAO** (→ Rn. 18 ff.) zwingend als Berufspflicht (zur berufsrechtlichen Ahndung zB AnwG Köln AnwBl. 2019, 689) vorgeschrieben. Ohne Nachweis der Versicherung kann der Anwalt sich seitdem nicht mehr zulassen, und bei Wegfall der Versicherung wird ihm die Zulassung wieder entzogen (→ Rn. 37 ff.). Seit **2022** sind auch **alle Sozietäten** versicherungspflichtig (§§ 59 n, 59 o BRAO), also nicht mehr nur der einzelne Anwalt (§ 51 BRAO).

17 Auch **außerhalb Deutschlands** ist in den meisten Ländern eine Berufshaftpflichtversicherung für Anwälte entweder vorgeschrieben oder aber als Standespflicht üblich (vgl. die informative, aber mittlerweile veraltete Übersicht bei *van Bühren*, S. 89 ff.). Auch die standesrechtlichen Empfehlungen des europäischen Rechtsanwaltsverbundes **CCBE** (abrufbar unter www.ccbe.eu) statuieren das Unterhalten einer ausreichenden Haftpflichtversicherung als Standespflicht.

III. Gesetzliche Grundlage (§§ 51, 59 n, 59 o BRAO)

1. Versicherungspflichtige Personen (§ 51 BRAO)

18 Die Versicherungspflicht des § 51 BRAO ist **personenbezogen,** nicht tätigkeitsbezogen. Eine Versicherung, die nur bestimmte anwaltliche Tätigkeiten abdeckt, reicht deshalb nicht. Aus diesem Grund gilt die Versicherungs-

III. Gesetzliche Grundlage (§§ 51, 59n, 59o BRAO) **Einl.**

pflicht nach § 51 BRAO auch für den **angestellten** Rechtsanwalt (Weyland/ *Träger,* § 51 Rn. 4), obwohl für diesen gem. § 278 BGB der Arbeitgeber haftet und der angestellte Anwalt bei einer Inanspruchnahme durch Dritte – auf welcher Rechtsgrundlage auch immer – einen Freistellungsanspruch gegenüber dem Arbeitgeber hätte, sofern nicht grobe Fahrlässigkeit vorlag. Versicherungspflichtig nach § 51 BRAO ist auch der **freie Mitarbeiter,** wenn er als Anwalt zugelassen ist. Die früher teilweise übliche privatschriftliche Vereinbarung zwischen anstellendem Rechtsanwalt und Mitarbeiter, dass dieser außerhalb der Kanzlei keine eigenen Mandate bearbeiten werde, macht die Eigenversicherung des angestellten Anwalts/freien Mitarbeiters nicht entbehrlich. Die Eigenversicherung freier Mitarbeiter kann über eine kostengünstige **Nebenberufspolice** erfolgen (zB Allianz HV 47/09; → § 7 Rn. 35 ff. sowie *Chab* AnwBl. 2014, 1050; zur Meldepflicht für hinzukommende Mitarbeiter → § 11 b Rn. 4, 7).

Die versicherungsrechtliche Situation des im Unternehmen angestellten **19** „Syndikus" hat sich durch die Neuregelung der §§ 46 ff. BRAO per 1.1.2016 grundlegend geändert. Bis 2016 hielt man aus grundsätzlichen Erwägungen heraus (insbesondere wegen der Weisungsabhängigkeit) die Tätigkeit als Rechtsanwalt auf der Basis eines Anstellungsvertrages in einem Unternehmen für nicht möglich. Syndici konnten sich jedoch im Nebenberuf als selbstständige Rechtsanwälte zulassen (zur „Nebenberufspolice" ausführlich → § 7 Rn. 35 ff.). Das ermöglichte die Befreiung von der gesetzlichen Rentenversicherung (§ 6 SGB VI) zugunsten der berufsständischen Versorgungswerke. Allerdings versicherte die Nebenberufspolice gemäß A 2.3 der Besonderen Bedingungen und Risikobeschreibungen (BBR-RA, s. dort) die Haftung gegenüber dem Unternehmen aus dem Anstellungsverhältnis nicht. Der Ausschluss der Deckung für die Unternehmenstätigkeit war nach allgemeiner Auffassung mit § 51 Abs. 1 S. 1 BRAO vereinbar (*Chab* AnwBl. 2010, 359 (360)). Denn nach damaligem Verständnis wurde der angestellte Syndikus dem Arbeitgeber gegenüber nicht als typischer freiberuflicher Rechtsanwalt tätig, sondern als Angestellter, und deshalb bedurfte diese Tätigkeit auch nicht gem. § 51 BRAO der Abdeckung durch eine Berufshaftpflichtversicherung.

Das bis 2015 geltende tradierte System wurde durch die Änderungen der **20** §§ 46 ff. BRAO per 1.1.2016 auf den Kopf gestellt. Seitdem kann der Syndikus sich bezüglich seiner Tätigkeit für das Unternehmen als **„Syndikusrechtsanwalt" zulassen,** wenn die Tätigkeit bestimmten Anforderungen hinsichtlich Unabhängigkeit und Weisungsfreiheit genügt (im Einzelnen s. § 46 Abs. 3 BRAO). Die ursprünglich im Gesetzentwurf vorgesehene Versicherungspflicht ist aber im Laufe des Gesetzgebungsverfahrens in letzter Minute aufgegeben worden. Der Syndikusrechtsanwalt fällt also nicht unter § 51 BRAO. Im Gesetzgebungsverfahren ist viel darüber diskutiert worden, ob die von § 46 Abs. 3 BRAO geforderte Weisungsfreiheit und Unabhängigkeit des Syndikusrechtsanwalts gegenüber seinem Arbeitgeber bedeute, dass für ihn die von den Arbeitsgerichten entwickelten Haftungsmilderungen für Arbeitnehmer nicht oder nur eingeschränkt gelten. Ausweislich der Gesetzesbegründung geht der Gesetzgeber davon aus, dass für den Syndikusrechtsanwalt die allgemeinen arbeitsrechtlichen Haftungsgrundsätze gelten (Ausschuss für Arbeit und Soziales, Ausschuss-Drs. 18 (11) 493, S. 12), aber das letzte Wort

Einl. Einleitung

dazu haben die Arbeitsgerichte noch nicht gesprochen. Dies hat bei vielen Syndici zu der Überlegung geführt, ob eine **freiwillige Berufshaftpflichtversicherung** sinnvoll wäre, zumal möglicherweise der Arbeitgeber bereit sein könnte, die Prämien zu übernehmen. Diese Überlegungen sind bislang jedoch müßig, weil A 2.3 der BBR-RA (s. dort) die Haftung gegenüber dem eigenen Arbeitgeber gerade nicht abdeckt. Bislang hat die Versicherungswirtschaft auch noch keine besonderen Policen oder Versicherungsbausteine für Syndici entwickelt. Das beruht auf mehreren Gründen (ausführlich *Riechert,* Teil A Rn. 71): Zum einen ist fraglich, ob nicht eine Pflichtversicherung die Grundsätze der arbeitsrechtlichen Haftungsmilderung aushebeln würde. Vor allem aber befürchten die Versicherer, dass ihr Risiko bei der Versicherung von Syndici deutlich höher wäre als bei freiberuflich tätigen Anwälten, weil Syndici häufig an finanziell weitreichenden Entscheidungen beteiligt werden und die Unternehmensleitung – anders als ein Mandant – gesetzlich verpflichtet wäre, Haftungsansprüche durchzusetzen. Im Moment kann sich ein Syndikusrechtsanwalt deshalb sinnvoll nur durch Einbeziehung in eine beim Unternehmen allgemein für Führungskräfte bestehende **D&O-Versicherung** absichern, wobei allerdings D&O-Versicherungen üblicherweise erheblich weitergehende Ausschlüsse und Selbstbehalte enthalten als die AVB-RS. Außerdem ist zu beachten, dass das Bestehen einer Haftpflichtversicherung dazu führen kann, dass sich der arbeitsrechtliche Haftungsmaßstab verschärft (BAG BeckRS 1993, 30916278; NJW 2011, 345). Hier gilt in besonderem Maße die alte Erfahrung „Deckung schafft Haftung".

21 Der als **Syndikusrechtsanwalt** nach § 46 ff. BRAO zugelassene Unternehmensjurist kann auch künftig die **nebenberufliche Zulassung als selbstständiger Rechtsanwalt** aufrechterhalten, etwa wenn er sich die Möglichkeit offenhalten will, für Freunde, Bekannte etc als Rechtsanwalt tätig zu werden. Dann braucht er selbstverständlich für diese anwaltliche Nebentätigkeit wie bisher eine Berufshaftpflichtversicherung gem. § 51 BRAO in Form einer Nebenberufspolice (→ Rn. 19 sowie → § 7 Rn. 35 ff.).

22 Im Unternehmen angestellte Juristen sind nach richtiger Auffassung **nicht verpflichtet,** sich als Syndikusrechtsanwälte nach §§ 46 ff. BRAO **zuzulassen.** Ohne Zulassung ist ihnen lediglich verwehrt, den Titel „Syndikusrechtsanwalt" zu führen. Sie können dann aber Berufsbezeichnungen wie „Justitiar", „Unternehmensjurist", „Assessor" oÄ führen. Wollen sie sich daneben als selbstständige Rechtsanwälte zulassen, gilt versicherungstechnisch das in → Rn. 19 Gesagte.

23 Ebenfalls kraft Gesetzes zur Versicherung verpflichtet sind die nach §§ 2 ff. EuRAG in Deutschland niedergelassenen **europäischen Rechtsanwälte** (§§ 7, 6 Abs. 1 EuRAG), ebenso wie nach § 206 BRAO in Deutschland niedergelassene Anwälte aus **anderen Staaten** (Weyland/*Träger,* § 51 Rn. 5; Fischer/*Chab,* § 18 Rn. 5). Für diese reicht ggf. auch der Nachweis einer ausländischen Versicherung, wenn sie den Anforderungen des § 51 BRAO genügt. Versicherungspflichtig ist auch der gem. § 29a BRAO von der **Residenzpflicht befreite** Rechtsanwalt (BGH BRAK-Mitt. 2010, 213; *Braun* BRAK-Mitt. 2002, 150 (151)). Auch wer sich **zur Ruhe** setzt, bleibt versicherungspflichtig, wenn er seine Zulassung aufrechterhalten will (BGH AnwBl. 2006, 356; Henssler/Streck/*Stobbe,* Rn. B 563), eine Ausnahme gilt für die sog.

III. Gesetzliche Grundlage (§§ 51, 59n, 59o BRAO) **Einl.**

Titularanwalt iSd § 17 Abs. 2 BRAO (Henssler/Streck/*Stobbe,* Rn. B 563; *van Bühren,* S. 82). Häufig kann hier aber ein erheblicher Prämiennachlass verhandelt werden (→ Rn. 134).

Eine § 51 BRAO weitgehend entsprechende Versicherungspflicht ordnet 24 § 12 Abs. 1 Nr. 3 RDG iVm § 5 RDV für Personen oder Verbände an, die sich nach dem **RDG** zur Erbringung außergerichtlicher Rechtsdienstleistungen **registrieren lassen** (zu den Einzelheiten zB Krenzler/*Schmidt,* § 12 Rn. 51 ff.).

2. Anwaltsgesellschaften (§§ 59n, 59o BRAO)

Das **traditionelle Grundkonzept** der Berufshaftpflichtversicherung, so- 25 wohl nach § 51 BRAO als auch nach den üblichen Bedingungswerken, war bis 2022 die **Einzelversicherung des einzelnen Anwalts.** Die Etablierung von rechtsfähigen Anwaltsgesellschaften seit den 90er-Jahren hatte allerdings schon vorher einen **Paradigmenwechsel** eingeleitet. Am Beginn stand die Zulassung der Rechtsanwalts-**GmbH** (mit der **UG** als Unterfall, zu deren Versicherungspflicht *Axmann/Deister* NJW 2009, 2941) sowie der Partnerschaftsgesellschaft **(PartG);** in beiden Gesellschaftsformen wird das Mandat im Regelfall nicht mehr dem einzelnen Anwalt erteilt, sondern der (insoweit rechtsfähigen) Gesellschaft (vgl. § 7 Abs. 4 PartGG). Die Entwicklung setzte sich fort mit der Anerkennung der **Rechtsfähigkeit der GbR** durch den Bundesgerichtshof im Jahr 2001 (BGH NJW 2001, 1056). Überdies waren zunehmend auf dem deutschen Anwaltsmarkt auch englische und amerikanische Sozietäten in ausländischen (rechtsfähigen) Rechtsformen wie zB der **LLP** englischen Rechts tätig (zu den Anforderungen an die Berufshaftpflichtversicherung einer LLP *Zimmermann* BRAK-Mitt. 2014, 230). Im Jahr 2005 erklärte der BGH auch die Anwalts-**AG** für zulässig (BGH AnwBl. 2005, 424).

Die BRAO hat diese Entwicklung zunächst nur sehr unvollständig nach- 26 gezeichnet. Eine **Versicherungspflicht der Sozietät selbst** galt nur für die **GmbH** (§ 59j BRAO aF) und die 2013 geschaffene **PartmbB** (§ 51a BRAO aF). Für alle anderen rechtsfähigen Sozietäten dagegen bestand keine Versicherungspflicht, versicherungspflichtig waren hier nach § 51 BRAO nur die in der Sozietät tätigen Rechtsanwälte (plastisch hat deshalb *Karsten Schmidt* (NJW 2005, 2880 (2808)) davon gesprochen, dass § 51 BRAO aus der „personengesellschaftsrechtlichen Steinzeit" stamme). Die **(kumulative) Versicherung der Sozietät** war aber zumindest in größeren Sozietäten **unverzichtbar,** da ansonsten das gesamte Vermögen der Sozietät (insbesondere die noch offenen Honorarforderungen) dem Zugriff geschädigter Mandanten ausgesetzt gewesen wäre. Zumindest in den großen Sozietäten wurde deshalb schon vor 2022 die Versicherung durchweg auch für die Sozietät selbst genommen. Kleinere GbR oder PartG hingegen waren häufig immer noch unversichert, man verließ sich – oft in Unkenntnis der Gefahr – dort allein auf die gesetzlich nach § 51 BRAO vorgeschriebene persönliche Versicherung der Berufsträger.

Im Zuge der **Großen BRAO-Reform** per **1. 8. 2022** hat der Gesetzgeber 27 den lange überfälligen Paradigmenwechsel dann endgültig vollzogen und in den §§ 59n, 59o BRAO die **Versicherungspflicht auch für alle Sozietäten** angeordnet, wobei je nach Rechtsform und Größe der Sozietät unterschiedliche Anforderungen an die Bedingungen (Ausschluss bei wissentlicher

Pflichtverletzung), die Mindestversicherungssumme (§ 59o Abs. 1–3 BRAO) und die Maximierung/Jahreshöchstleistung (§ 59o Abs. 4 BRAO) aufgestellt wurden (vgl. *Kilian* AnwBl. 2021, 228 sowie die Kommentierung der §§ 59n, 59o BRAO bei Henssler/Prütting/*Diller*). Damit war dem bis zuletzt noch anzutreffenden Konzept, dass sich die Partner einer Personengesellschaft separat versicherten, endgültig der Boden entzogen. Dementsprechend bieten die großen Versicherer Einzelpolicen für sozietätsangehörige Partner nicht mehr an und haben in den Bedingungswerken die für diese Struktur relevanten Klauseln (insbesondere die Sozienklauseln/Durchschnittsklauseln des früheren § 12, vgl. 2. Aufl.) gestrichen.

28 Die seit 1.8.2022 geltende Versicherungspflicht der Sozietäten hat nichts daran geändert, dass über § 51 BRAO weiterhin jeder Rechtsanwalt **auch persönliche Deckung benötigt.** Diese Deckung ist beispielsweise erforderlich, wenn der sozietätsangehörige Rechtsanwalt (erlaubt oder unerlaubt) Mandate außerhalb der Sozietät auf eigene Rechnung oder unentgeltlich für Verwandte, Freunde oder Bekannte wahrnimmt. Auch gibt es bei der Berufsausübung innerhalb einer Sozietät durchaus noch individuelle Mandate (zB Strafverteidigung, Testamentsvollstreckung, Insolvenzverwaltung, Schiedsrichtertätigkeit), für die die Sozietät von vornherein nicht haftet und für die deshalb der Rechtsanwalt persönliche Deckung benötigt.

29 Für die Erfüllung der **persönlichen Versicherungspflicht** der Berufsträger nach § 51 BRAO ist nach richtiger Auffassung **unerheblich,** ob der **einzelne Anwalt** oder die **Sozietät** versichert ist (nicht nachvollziehbar insoweit *Sassenbach* AnwBl. 2002, 54, 55, wonach die Versicherung der Sozietät selbst mit § 51 BRAO unvereinbar sei). Sichergestellt sein muss lediglich, dass jeder in einer Sozietät tätige Anwalt Versicherungsschutz hat, egal ob dies eigener Versicherungsschutz oder abgeleiteter Versicherungsschutz über eine Sozietätsdeckung ist (vgl. dazu § 9 Abs. 3 PartGG, der von gesetzlicher Versicherungspflicht „der Partner oder der Partnerschaft" spricht), und dieser Versicherungsschutz muss auch für Tätigwerden außerhalb der Sozietät bestehen (→ Rn. 116). Besteht ausreichende Sozietätsdeckung nach dieser Maßgabe, ist nicht erforderlich, dass der einzelne Partner sich zusätzlich in Höhe der gesetzlich vorgeschriebenen Mindestdeckung selbst durch getrennte Police versichert. Steuerlich sinnvoller ist allerdings, die persönliche Versicherungspflicht über eine getrennte Police abzudecken (→ Rn. 117).

3. Art der Versicherung (Verstoßdeckung vs. „Claims made")

30 In Deutschland (ebenso wie in Österreich) wird die Berufshaftpflichtversicherung traditionell nach dem sog. **„Verstoßprinzip"** angeboten. Versichert ist der Pflichtverstoß des Anwalts, auch wenn daraus möglicherweise erst Jahre später ein Schaden entsteht. Im Rest der Welt, insbesondere in den angelsächsischen Ländern, sind dagegen Haftpflichtversicherungen üblicherweise nach dem **„Claims-made"-Prinzip** strukturiert. Der Versicherungsschutz knüpft hier weder am Verstoß noch am Schadenseintritt an, sondern an der Geltendmachung des Schadens gegenüber dem Anwalt.

31 Die deutsche juristische Literatur, sowohl die versicherungsrechtliche als auch die anwaltsrechtliche, ist beherrscht von einer – allenfalls durch wirt-

III. Gesetzliche Grundlage (§§ 51, 59n, 59o BRAO) **Einl.**

schaftliche Interessen nachvollziehbaren – **Aversion** gegen das „**Claims-made**"-**Prinzip**. Oft wird der Eindruck erweckt, dass „Claims-made"-Versicherungen ihren Zweck verfehlen, unbillig sind und als Teufelswerk um jeden Preis gemieden werden sollten. Es ist aber verfehlt, ein Versicherungskonzept zu verdammen, welches – mit Ausnahme von Deutschland und Österreich – weltweit gängig, erprobt und erfolgreich ist. Bei genauerer Betrachtung (→ Rn. 118 ff.) stellt man in der Tat schnell fest, dass beide Konzepte **grds. gleichwertig** sind. Allerdings haben beide gravierende Vor- und Nachteile in zeitlicher Hinsicht, insbesondere beim Wechsel des VR, einer Erhöhung der Versicherungssumme, dem Eintritt in eine Sozietät oder dem Eintritt in den Ruhestand (im Einzelnen ausführlich dazu → Rn. 118 ff. sowie → § 2 Rn. 20 ff.).

Auch „**Claims-made**"-Versicherungen erfüllen die gesetzlichen Anforderungen der §§ 51, 59n, 59o BRAO, wonach Versicherungsschutz für jede Pflichtverletzung bestehen muss (aA Henssler/Streck/*Stobbe*, Rn. B 538; *Braun* BRAK-Mitt. 2002, 152; *van Bühren*, S. 107). Allerdings setzt das dann uneingeschränkte Nachdeckung voraus, dh, der Anwalt muss sich auch nach dem Ausscheiden aus dem Berufsleben weiter gegen Spätschäden versichert halten (*Grams* AnwBl. 2003, 299, 303). Bei Deckung auf Grundlage des klassischen Verstoßprinzips ist dagegen nach Aufgabe der Berufstätigkeit wegen des Grundsatzes der „Vorwärtsversicherung" keine gesonderte Weiterversicherung erforderlich (vgl. → § 2 Rn. 18 ff.). 32

4. Versicherungssumme

Die gesetzliche Mindestversicherungssumme des Einzelanwalts ist **250.000 EUR** (§ 51 BRAO), die der Sozietät je nach Rechtsform und Größe 500.000, 1 Mio. oder 2,5 Mio. EUR (§ 59o BRAO). Nach herrschender Auffassung kann der Anwalt ebenso wie die Sozietät **berufsrechtlich verpflichtet** sein, sich mit einer **höheren Summe** zu versichern, wenn regelmäßig Mandate mit höherem Schadensrisiko bearbeitet werden (*Braun* BRAK-Mitt. 2002, 150 (152)). Bislang ist allerdings noch nicht bekannt geworden, dass Kammern gegen Anwälte berufsrechtlich nach § 113 BRAO vorgegangen wären, weil diese nicht über die gesetzliche Mindestsumme hinaus versichert waren. Die **Mehrzahl** der in Deutschland zugelassenen Einzelanwälte ist nur in Höhe der Mindestsumme versichert (*Müller* AnwBl. 2006, 278). 33

5. Risikoausschlüsse; Selbstbehalte

§ 51 BRAO regelt nicht nur die Pflicht zum Abschluss der Berufshaftpflichtversicherung. Zusätzlich begrenzt § 51 Abs. 3 BRAO die zulässigen **Risikoausschlüsse.** Selbstverständlich enthält § 51 Abs. 3 BRAO nur einen **Negativkatalog.** Der VR kann im Versicherungsvertrag freiwillig Risikoausschlüsse abbedingen, die ansonsten üblich sind, dadurch steigt allerdings regelmäßig die Prämie. Die früher üblichen Ausschlüsse für „kaufmännische Risiken" (§ 4 Nr. 4 AVB), für Ansprüche von „Angehörigen und Beteiligungsunternehmen" (§ 4 Nr. 7 AVB), für die Inanspruchnahme des Anwalts vor außereuropäischen Gerichten (*Brieske* AnwBl. 1995, 225; vgl. aber A 4.1 BBR-RA) sowie für jegliche „Serienschäden" (siehe jetzt noch § 3 II 2.1 c) sind nicht mehr zulässig. Der Ausschluss für „**wissentliche Pflichtverlet-** 34

zung" (§ 4.5) war schon seit 2013 in der **GmbH** und der **PartmbB** nicht mehr zulässig, seit 2022 ist er in **allen haftungsbeschränkten Sozietäten unzulässig** (§ 59n Abs. 2 BRAO).

35 Die Begrenzung der zulässigen Haftungsausschlüsse durch § 51 Abs. 3 BRAO gilt allerdings nur im Bereich der **Mindestversicherungssumme.** Versichert sich der Anwalt oder die Sozietät freiwillig mit einem **höheren Betrag,** kann in Höhe der Differenz zwischen der Versicherungssumme und der gesetzlichen Mindestsumme jeder beliebige Haftungsumfang und jeder beliebige Haftungsausschluss vereinbart werden. So gilt zB nach A 4.1 BBR-RA für den die Mindestversicherungssumme übersteigenden Betrag ein Ausschluss für die Inanspruchnahme vor außereuropäischen Gerichten (s. dort). Solche abgestuften Deckungen sind allerdings nach § 113 Abs. 3 VVG rechtlich problematisch.

36 Des Weiteren regeln §§ 51 Abs. 5, 59n, 59o BRAO den maximal zulässigen **Selbstbehalt** in Höhe von 1 % der jeweiligen Mindestversicherungssumme. **Höhere** Selbstbehalte können nur vereinbart werden, soweit die Versicherungssumme die gesetzliche **Mindestdeckung** übersteigt. Möglich ist ein höherer Selbstbehalt auch in Form eines nur **internen** Regresses, der sich auf den Schutz des Geschädigten nicht auswirkt. Die Vereinbarung von **Schadensfreiheitsrabatten** wird heute allgemein als unbedenklich angesehen (Weyland/*Träger,* § 51 Rn. 22), schon weil im Falle einer Vertragsanfechtung wegen arglistiger Täuschung über den Schadensverlauf die Eintrittspflicht des VR gegenüber dem Geschädigten bestehen bleibt (→ § 3 Rn. 130ff., das übersieht *Braun* BRAK-Mitt. 1994, 204).

6. Verzahnung der Versicherungspflicht mit VVG und AVB-RS

37 Um die durch §§ 51, 59n, 59o BRAO statuierte Versicherungspflicht auch tatsächlich **lückenlos durchzusetzen,** sind BRAO, VVG sowie die AVB-RS in vielfacher Weise miteinander verflochten:

38 Als Anwalt darf nur tätig werden, wer zugelassen ist (§§ 4ff. BRAO). Die Entscheidung über die Zulassung liegt grds. bei den **Anwaltskammern.** Nach § 12 Abs. 2 BRAO darf die Kammer die Zulassungsurkunde nicht aushändigen, wenn der Anwalt einen § 51 BRAO genügenden **Versicherungsschutz** nicht **nachweist,** wobei eine vorläufige Deckungszusage (→ Rn. 84ff.) ausdrücklich ausreicht.

39 Besteht der Versicherungsvertrag, ist aber der **VR** dem Anwalt gegenüber **leistungsfrei,** so besteht in bestimmtem Umfang (zB bei Obliegenheitsverletzungen) der Versicherungsschutz dem Geschädigten gegenüber gem. § 117 VVG gleichwohl (ausführlich → § 3 Rn. 130ff.). Dasselbe gilt, wenn sich der Vertragsschluss nachträglich als **unwirksam** herausstellt (→ § 3 Rn. 135ff.).

40 **Verliert** der Anwalt den **Versicherungsschutz** (zB wegen Vertragsablauf, Rücktritt, Kündigung etc), muss die Kammer gem. § 14 Abs. 2 Nr. 9 BRAO die **Zulassung widerrufen.** Um die Kammer in die Lage zu versetzen, über den Widerruf zu entscheiden, muss gem. § 51 Abs. 6 BRAO im Versicherungsvertrag der **VR** verpflichtet werden, der Kammer einen Wegfall des Versicherungsschutzes **unverzüglich mitzuteilen.** Eine entsprechende Regelung enthalten die AVB-RS in A 3 BBR-RA (s. dort).

IV. Das Regelungswerk der AVB-RS **Einl.**

Um im Fall einer Vertragsbeendigung dem Anwalt **ausreichend Zeit** zu 41 geben, sich **neuen Versicherungsschutz** zu besorgen, sieht § 9 AVB-RS für den Versicherungsvertrag je nach Kündigungsgrund gewisse **Mindestkündigungsfristen** vor. Darüber hinaus regelt § 117 Abs. 2 VVG, dass dem Geschädigten gegenüber auch bei Beendigung des Versicherungsvertrages die **Leistungspflicht des VR** zunächst weiter **bestehen bleibt.** Sie erlischt erst **einen Monat,** nachdem der VR den Wegfall der Versicherung der Anwaltskammer angezeigt hat, wobei der Lauf der Monatsfrist nicht vor Beendigung des Versicherungsverhältnisses beginnt (§ 117 Abs. 2 S. 3 VVG). Die Monatsfrist kann die Anwaltskammer nutzen, um den Anwalt zum Neuabschluss einer Versicherung zu bewegen oder über den Widerruf der Zulassung nach § 14 Abs. 2 Nr. 9 BRAO zu entscheiden (→ § 3 Rn. 136).

Eine Verknüpfung gibt es aber auch in umgekehrter Hinsicht: Bei **Wegfall** 42 **der Zulassung** (Rückgabe, Rücknahme, Widerruf etc) sowie beim Tod des VN **endet die Versicherung** gem. § 9 III AVB-RS (→ § 9 Rn. 22 ff.). Der Vertrag geht also nicht auf die Erben des Anwalts über, allerdings besteht für die Erben und den Kanzleiabwickler über B 1.1 und 3 BBR-RA der Versicherungsschutz in gewissem Umfang weiter (s. dort).

IV. Das Regelungswerk der AVB-RS

1. Historie der AVB-RS

Nach der Neuordnung des anwaltlichen Berufsrechts betr. die Versiche- 43 rungspflicht Ende der 90er Jahre überführte die Versicherungswirtschaft die teilweise verstreuten Versicherungsbedingungen zunächst in „Allgemeine Versicherungsbedingungen für die Vermögensschaden-Haftpflichtversicherung von Rechtsanwälten und Patentanwälten" **(AVB-A).** Parallel dazu entstanden die AVB-S für Steuerberater und die AVB-W für Wirtschaftsprüfer. Später fassten die etablierten VR diese drei Bedingungswerke zunächst zu den **AVB-WB** bzw. **AVB-WSR** zusammen, insbesondere aufgrund der steigenden Zahl von Berufsträgern mit Mehrfachqualifikation sowie der wachsenden Zahl der interprofessionellen Sozietäten (Gräfe/Brügge/Melchers/*Brügge,* Rn. A 24 ff.; Beckmann/Matusche-Beckmann/*v. Rintelen,* § 23 Rn. 262). Dabei gingen die VR so vor, dass man die für alle Berufsgruppen gleichermaßen passenden Regelungen in einen Teil 1 Allgemeine Versicherungsbedingungen nahm und dann in Teil 2 für jede Berufsgruppe besondere Bedingungen und Risikobeschreibungen (BBR) folgten. Später verwenden die etablierten großen Versicherer standardmäßig aus diesen Bedingungswerken entwickelten **AVB-RSW.** Allerdings hatte diese Zusammenfassung den Nachteil, dass die für jede Berufsgruppe unterschiedlichen besonderen Bedingungen und Risikobeschreibungen (BBR) immer umfangreicher wurden, was automatisch zur Folge hatte, dass das Zusammenspiel mit den allgemeinen Regelungen des Teil 1 der AVB immer unübersichtlicher und widersprüchlicher wurde. Deshalb geht die Tendenz dahin, die Bedingungswerke wieder auseinanderzuziehen. Die im Jahr 2022 eingeführten **AVB-RS** der **Allianz,** die vorliegend kommentiert werden, haben deshalb konsequenterweise die Wirtschaftsprüfer

Einl. Einleitung

wieder ausgeklammert und gelten nur noch für Rechtsanwälte, Patentanwälte und Steuerberater. Die **ERGO** verwendet sogar inzwischen wieder ein eigenes Bedingungswerk ausschließlich für Rechtsanwälte (AVB-R 2022).

44 Die heute verwendeten AVB gehen im Wesentlichen auf die ersten AVB des Jahres **1943** zurück (*Teichler,* S. 65). Spätere Fassungen finden sich zB in VerBAV 82, 534; 90, 175 und 93, 110. Zunächst enthielten die AVB weitreichende **Ausschlusstatbestände.** Später regelte der Gesetzgeber jedoch in § 51 Abs. 3 BRAO abschließend, welche Ausschlüsse zulässig sind (→ Rn. 34 ff.).

45 Die sukzessive Ausweitung der gesellschaftsrechtlichen (akzessorischen) Haftung in GbR und PartG, insbesondere im Zusammenhang mit Ein- und Austritten von Partnern, führte ab 2011 zur Einfügung eines neuen **Teils 1.2** in die damaligen AVB-RSW, in dem dieser Themenbereich ausdrücklich geregelt wurde (zu den Einzelheiten s. 2. Aufl.). Schließlich machte die Einführung der **PartmbB** im Jahr 2013 die Entwicklung von Zusatzbausteinen zu den AVB-RSW erforderlich (s. die Kommentierung in der 2. Aufl. zu Teil D und E). Durch die Erstreckung der Versicherungspflicht auf alle Sozietäten und die Erstreckung der ursprünglich nur für die PartmbB geltenden Regeln auf alle haftungsbeschränkten Sozietäten sind diese Zusatzbausteine im Zuge der Einführung der AVB-RS im Jahr 2022 obsolet geworden.

46 In den letzten Jahren ist der Trend zu beachten, dass sich die **Bedingungswerke** der führenden Versicherer in ihrem Aufbau – nicht aber im materiellen Regelungsgehalt – **wieder voneinander entfernen,** das hat wohl (auch) kartellrechtliche Gründe. Die vorliegende Kommentierung orientiert sich am Text der **AVB-RS Allianz HV 60/08** mit dem Stand 03.22 (→ Rn. 2); wo die Bedingungswerke von **HDI, R+V, AXA, ERGO** und **Gothaer** inhaltlich davon abweichen, wird darauf hingewiesen.

2. Umgang mit den AVB-RS

47 Die AVB-RS sind – auch nach den Überarbeitungen in den Jahren 2008 und 2022 – ein ausgesprochen **benutzerunfreundliches, schlecht aufgebautes** und verwirrend **formuliertes** Vertragswerk. Der Leser sieht sich einem kaum durchschaubaren Dickicht von Regeln, Ausnahmen, Unterausnahmen und Gegenausnahmen ausgesetzt. Vieles wird an verschiedenen Stellen mit etwas anderer Terminologie wiederholt, was stets die Frage aufwirft, ob das Gleiche oder etwas anderes gemeint ist. Was ist beispielsweise der Unterschied zwischen der „Ausübung beruflicher Tätigkeit" (§ 1 I 1 S. 1) und der „freiberuflich ausgeübten Tätigkeit als Rechtsanwalt" (B S. 1 BBR-RA)? Die Terminologie ist in weiten Teilen eine ärgerliche Mischung aus Rechtsbegriffen des Zivilrechts und umgangssprachlichen Begriffen. Mitunter greifen die AVB-RS auch zu Vertragslyrik (was soll zB ein „geldwertes Zeichen" iSv § 1 I 3 sein?). Zur Ehrenrettung der VR ist allerdings darauf hinzuweisen, dass die Unübersichtlichkeit zum Teil auch dem – dankenswerten – Bestreben geschuldet ist, ein möglichst einheitliches Bedingungswerk für die Berufsgruppen der Rechtsanwälte, Patentanwälte, Wirtschaftsprüfer und Steuerberater zu schaffen (→ Rn. 43).

48 Die Probleme im Umgang mit den AVB haben die Anwaltschaft im Jahr 2014 dazu bewogen, an den Gesamtverband der Deutschen Versicherungswirt-

IV. Das Regelungswerk der AVB-RS **Einl.**

schafts **GDV** heranzutreten und diesen zur Entwicklung moderner **Musterbedingungen** zu ermutigen. Leider hat diese Initiative keinen Erfolg gehabt. Auch ein veröffentlichter Entwurf des Autors für ein **modern aufgebautes und sprachlich verständliches Bedingungswerk** (AnwBl.online 2019, 639) ist leider von der Versicherungswirtschaft nicht aufgegriffen worden.

Der Umgang mit den AVB-RS wird dadurch zusätzlich erschwert, dass 49 diese wiederum aufbauen auf dem Versicherungsvertragsgesetz VVG; das **Zusammenspiel von AVB-RS und VVG** ist mitunter nur schwer nachvollziehbar (s. ausführlich → Rn. 66 ff.).

3. Versicherungsaufsicht; Genehmigung

AVB unterliegen grds. **keinem Genehmigungsvorbehalt** der Aufsichts- 50 behörde. Bei einer Pflichtversicherung kann jedoch nach der 3. EG-Schadensrichtlinie ein Mitgliedstaat die systematische präventive Vorlage der AVB bei der zuständigen Aufsichtsbehörde fordern. Deutschland hat in § 9 Abs. 4 Nr. 4 VAG von dieser Möglichkeit Gebrauch gemacht. In allen Versicherungszweigen mit Pflichtversicherung (also auch bei der Berufshaftpflichtversicherung für Anwälte, vgl. § 51 BRAO) müssen deshalb die AVB zusammen mit dem Antrag auf Erlaubnis zum Geschäftsbetrieb vorgelegt werden, die Einführung neuer oder geänderter AVB ist gem. § 47 Nr. 13 VAG anzuzeigen. Die Anzeigepflicht gilt auch für ausländische VR. Die **Vorlage**- bzw. **Anzeigepflicht** bedeutet jedoch **keine Genehmigungspflicht**. Eine formelle Freigabe/Genehmigung von AVBs erfolgt also nicht. Die BaFin prüft lediglich, ob die Bedingungen den gesetzlichen Vorschriften (§ 51 Abs. 2 bis 7, § 59n, § 59o BRAO) entsprechen und im Einklang mit dem VVG stehen. Dagegen prüft die BaFin nicht, ob die AVB im Einzelfall eine unangemessene Benachteiligung des VN darstellen und ob die Anforderungen an inhaltliche Klarheit und Verständlichkeit gewahrt sind. Dies richtet sich allein nach **AGB-Recht** (§§ 305 ff. BGB, näher dazu → Rn. 101 ff.).

Der Wegfall der präventiven AVB-Kontrolle bezweckte **größere Pro-** 51 **duktvielfalt** und damit **stärkeren Wettbewerb** unter den VR, was langfristig den VN zugutekommen sollte. Dem gegenüber steht für die VN die Schwierigkeit, sich im **Dschungel** der oft **schwer verständlich formulierten AVB** zurechtzufinden und die Unterschiede zwischen verschiedenen Anbietern herauszuarbeiten (Beckmann/Matusche-Beckmann/*Mönnich*, § 2 Rn. 54). Das gilt selbst bei „an sich" fachkundigen VN wie Rechtsanwälten.

4. Alternative Bedingungswerke; Maklerbedingungen

Bislang sehr **vereinzelt** geblieben sind Versuche von Maklern, eigenstän- 52 dige Versicherungsbedingungen (sog. **„Makler-AGB"**) zu entwickeln und in Kooperation mit ausländischen Versicherern am Markt zu platzieren. So hatte der Versicherungsmakler **Willis** im Jahr 2014 versucht, in Verbindung mit der **Zurich-Versicherung** ein eigenständiges Bedingungswerk (mit vielen interessanten Abweichungen von den AVB-RS) am Markt durchzusetzen, mit begrenztem Erfolg.

V. Strukturmerkmale der Berufshaftpflichtversicherung

1. Privatrechtliches Rechtsverhältnis; Kontrahierungszwang

53 Trotz des gesetzlichen Zwangs zum Abschluss und Unterhalten einer Berufshaftpflichtversicherung (§§ 51, 59n, 59o BRAO, s. ausführlich → Rn. 18ff.) ist das gesamte Rechtsverhältnis zwischen Mandant, Anwalt und VR **privatrechtlich.**

54 Die gesetzlichen Regelungen zur Berufshaftpflichtversicherung sehen **keinen Kontrahierungszwang** der VR vor. Allerdings wird man möglicherweise, abgeleitet aus den kartellrechtlichen Missbrauchs- und Diskriminierungsverboten oder der grundgesetzlich garantierten Berufsfreiheit, einen Kontrahierungszwang annehmen können, da dem Anwalt die Berufsausübung ohne Versicherungsschutz versperrt wäre. Allerdings bedeutet das nicht, dass die VR nicht berechtigt wären, einem ständig Schäden produzierenden Anwalt eine **entsprechend höhere Prämie** abzuverlangen, selbst wenn das de facto die Berufsausübung unattraktiv machen sollte. Langfristig sollte massiver Pfusch einzelner Berufskollegen nicht über die Gesamtheit der Berufsträger sozialisiert werden, sondern schlecht arbeitende Kollegen sollten aus dem Beruf ausscheiden (ausführlich zum Problem des Kontrahierungszwangs *van Bühren,* S. 172ff.). Mittlerweile nicht mehr praktiziert wird das Verfahren, bei Ablehnung der Versicherung für einen besonders schadensträchtigen Anwalt **per Losverfahren** einen neuen VR zuzuteilen (dazu noch *Braun* BRAK-Mitt. 2002, 150 (152)).

2. Pflichtversicherung

55 Die Berufshaftpflichtversicherung nach §§ 51, 59n, 59o BRAO ist eine **Pflichtversicherung** iSd §§ 113ff. VVG, sodass der Geschädigte in einigen Punkten besser steht als bei sonstigen Haftpflichtversicherungen. Anlässlich der **Reform** des **VVG 2008** ist intensiv darüber gestritten worden, ob dem Geschädigten ein **Direktanspruch** gegen den VR zustehen sollte. Der Gesetzgeber hat in letzter Minute davon Abstand genommen. Der Mandant muss deshalb zunächst ein Urteil gegen den Anwalt über den Haftungsanspruch erwirken und kann dann den Anspruch des Rechtsanwalts gegen die Versicherung auf Schuldbefreiung pfänden und sich überweisen lassen (BGH NJW 1952, 1333). Dem VR ist es aber nicht verwehrt, von sich aus in die Regulierung einzutreten (ausführlich zur Abwicklung → § 3 Rn. 45ff.).

56 Der Pfändung und Überweisung des Freistellungsanspruchs des Rechtsanwalts gegen seine Versicherung steht häufig entgegen, dass der **Geschädigte nicht weiß,** bei **welcher Gesellschaft** der Rechtsanwalt die Versicherung unterhält. Ein Pfändungs- und Überweisungsbeschluss gegen alle auf dem Markt vertretenen VR (dazu *Braun* BRAK-Mitt. 2002, 150) wäre lästig, überdies wächst die Zahl der Anbieter auf dem Versicherungsmarkt ständig. Inzwischen statuiert § 51 Abs. 6 S. 3 BRAO eine **Auskunftspflicht der Anwaltskammern.** Klagt der Mandant gegen die Anwaltskammer auf Auskunft, sind die Verwaltungsgerichte zuständig (VG Hamburg BRAK-Mitt. 2010, 277;

V. Strukturmerkmale **Einl.**

Huff BRAK-Mitt. 2011, 57; OLG Stuttgart VersR 2009, 807; AnwG Brandenburg AnwBl. 2010, 716), während Streitigkeiten zwischen Anwalt und Kammer über erteilte Auskünfte vor die Anwaltsgerichtsbarkeit gehören (*Huff* BRAK-Mitt. 2011, 57 (58)). Die Auskunftspflicht der Anwaltskammer gem. § 51 Abs. 6 beschränkt sich nicht auf die Fälle der Insolvenz oder der Unerreichbarkeit des Anwalts (BGH NJW 2013, 234 gegen VG Hamburg BRAK-Mitt. 2010, 277; dazu *Huff* BRAK-Mitt. 2011, 56). Allerdings erteilt die Anwaltskammer immer nur Auskunft über den **aktuellen** VR. War für einen Altschaden ein früherer VR zuständig, geht die Auskunft der Anwaltskammer also ins Leere. Die Auskunftspflicht nach § 51 Abs. 6 BRAO ist allerdings praktisch bedeutungslos geworden, weil die **Dienstleistungs-Informationspflichtenverordnung** seit 17.5.2010 vom Anwalt verlangt, Name, Anschrift und räumlichen Geltungsbereich der Berufshaftpflichtversicherung zu veröffentlichen (§ 2 Abs. 1 Nr. 11 DL-InfoV; dazu ausführlich *Breuer* AnwBl. 2010, 523), was typischerweise auf der Website geschieht.

3. Schadensversicherung

Die Berufshaftpflichtversicherung ist eine **Schadensversicherung** iSd 57
§§ 74 ff. VVG. Der VR muss deshalb im Schadensfall nicht die vereinbarte Versicherungshöchstsumme zahlen, sondern **nur den tatsächlich eingetretenen** Schaden bis zur Versicherungshöchstsumme ausgleichen.

4. Vermögensschadenversicherung

Ein Strukturprinzip der Haftpflichtversicherung ist der Grundsatz der **Spe-** 58
zialität der versicherten Risiken. Versichert ist nicht ein allgemeines Haftpflichtrisiko, sondern nur die Haftpflicht aus den im Versicherungsvertrag angeführten Eigenschaften, Rechtsverhältnissen oder Tätigkeiten des VN (vgl. § 1 Ziff. 2a AHB). Nach den AVB-RS ist ausschließlich das **berufliche Risiko** des Anwalts versichert, also nicht die Schädigung Dritter durch private außerberufliche Tätigkeiten, ebenso wenig wie berufliche Tätigkeiten außerhalb des anwaltlichen Berufsbilds (zur Abgrenzung ausführlich → § 1 Rn. 19 ff.).

Wesentliches Merkmal der Berufshaftpflichtversicherung der Rechtsanwälte 59
ist, dass sie eine reine **Vermögensschadenhaftpflicht** ist. Im Gegensatz zu anderen Haftpflichtversicherungen, zB der Betriebshaftpflichtversicherung, sind **Sach- und Personenschäden** grds. nicht vom Versicherungsschutz umfasst, sondern nur reine Vermögensschäden (s. im Einzelnen → § 1 Rn. 69 ff.). Nimmt der Anwalt beispielsweise einen Mandanten nach Abschluss einer Besprechung aus Gefälligkeit mit zum Bahnhof und verursacht er unterwegs einen Autounfall, deckt die Berufshaftpflichtversicherung weder die Schäden unfallbeteiligter Dritter noch einen Personenschaden des mitgenommenen Mandanten. Auch die Verletzung von Dritten oder Mandanten aufgrund der Verletzung von Verkehrssicherungspflichten (lose Treppenstufe im Aufgang zu den Büroräumen) deckt die Versicherung nicht ab (Beckmann/Matusche-Beckmann/ *v. Rintelen*, § 26 Rn. 1). Will der Anwalt Risiken aus dem Bürobetrieb selbst wie zB die Verletzung von Verkehrssicherungspflichten abdecken, braucht er eine separate **Bürohaftpflichtversicherung.** Personen- und Sachschäden

Einl. Einleitung

sind nur in enumerativ aufgezählten Ausnahmefällen mit abgedeckt (§ 3 III, s. dort).

5. Verstoßdeckung

60 Die AVB-RS folgen dem in Deutschland und Österreich althergebrachten **Verstoßprinzip,** nicht wie die allgemeine Haftpflichtversicherung dem sog. Schadensereignisprinzip. Der Versicherungsfall bei der Vermögensschadenhaftpflichtversicherung ist der Verstoß, dh die den Schaden verursachende Pflichtverletzung, nicht dagegen wie in Ziff. 1 AHB der Schadenseintritt. Dies ist insbesondere im Hinblick auf die zeitliche Deckung von ganz wesentlicher Bedeutung (vgl. im Einzelnen die Kommentierung zu § 2 Rn. 5 ff.). Zwingend ist dieses Konzept jedoch nicht; ausländische VR bieten dem Anwalt die Vermögensschadenhaftpflicht auf Basis des „Claims-made"-Prinzips, bei dem es auf den Zeitpunkt der Geltendmachung des Schadens ankommt (s. ausführlich → Rn. 30 ff., 118 ff.).

6. Versicherung für fremde Rechnung

61 Insbesondere bei Sozietäten ist die Berufshaftpflichtversicherung regelmäßig zugleich eine **Versicherung für fremde Rechnung** iSd §§ 43 ff. VVG: Die Sozietät schließt mit dem VR den Versicherungsvertrag ab, mitversichert ist aber auch der einzelne Anwalt gegen persönliche Inanspruchnahme. Zu den Einzelheiten siehe die Kommentierung zu § 1 (→ Rn. 142 ff.) und § 7 (→ Rn. 4 ff.).

7. Abgrenzung zu anderen Versicherungen

62 a) **Bürohaftpflicht.** Die **Bürohaftpflichtversicherung** deckt die Haftpflicht des VN, seiner Sozien und seiner Kanzlei-Mitarbeiter aus der Ausübung beruflicher Tätigkeit für den Fall ab, dass diese wegen eines **Personenschadens** (Tod, Verletzung) oder **Sachschadens** (Beschädigung oder Vernichtung) von einem Dritten in Anspruch genommen werden (Beispiel: Sturz auf dem Treppenaufgang zu den Kanzleiräumen). Geschädigter kann ein Mandant sein, aber auch ein Außenstehender (Postbote). In zeitlicher Hinsicht ist zu beachten, dass der Versicherungsfall hier – wie auch sonst in der allgemeinen Haftpflichtversicherung – das Schadensereignis und nicht wie bei der Berufshaftpflicht der Verstoß ist (→ Rn. 60). Gemäß den üblichen Bedingungswerken für die Bürohaftpflichtversicherung ist mitversichert die gesetzliche Haftpflicht als **Eigentümer, Mieter, Pächter** etc der Kanzleiräume. Es besteht also zB Versicherungsschutz, wenn ein Kanzleimitarbeiter vergisst, bei Feierabend die Kaffeemaschine auszustellen, und dadurch ein Brand entsteht, der das gesamte Gebäude zerstört (*Mennemeyer,* Kap. 11 Rn. 125). Übliche Versicherungssummen sind 1 Mio. EUR für Personenschäden und 500.000 EUR für Sachschäden. Die Vermögensschaden-Haftpflichtversicherung und die Bürohaftpflichtversicherung stellen versicherungstechnisch **getrennte Verträge** dar (*Mennemeyer,* Kap. 11 Rn. 128). Bei großen Sozietäten mit hoher Versicherungssumme bei der Berufshaftpflichtversicherung bieten die VR mitunter die **kostenfreie** Mitversicherung der Bürohaftpflicht an. Im

VI. Anwendbare Normen **Einl.**

Rahmen der Bürohaftpflichtversicherung werden je nach den vereinbarten Bedingungen auch Schäden aus der Nutzung von **Internettechnologie** versichert, zB das Einschleppen von Viren bei Mandanten (s. dazu aber auch → § 1 Rn. 111 und → § 3 Rn. 153 ff.). Eine ausführliche Darstellung aller Versicherungen, die neben der Berufshaftpflichtversicherung für (größere) Sozietäten sinnvoll sind (einschließlich **Cyber-Deckung** und **D&O** für das Kanzleimanagement) findet sich bei *Zimmermann* NJW 2020, 973, zu letztgenannter Versicherung auch *Riechert* AnwBl. 2019, 680).

b) **Vertrauensschadenversicherung/Vertrauensschadenfonds.** Nach 63 § 103 VVG, § 4.5 sowie A 2.2 BBR-RA ist **vorsätzliche Veruntreuung** grds. nicht von der Berufshaftpflichtversicherung abgedeckt. In der Praxis sind leider Fälle der Veruntreuung durch Personal (mitunter auch durch den Anwalt selbst) nicht selten. Die Notare unterhalten aus diesem Grund getrennt von der Berufshaftpflichtversicherung einen aus Kammerbeiträgen gebildeten **Vertrauensschadenfonds** als öffentlich-rechtliches Zweckvermögen (ausführlich *Terbille* MDR 1999, 1426 (1427); *Wolff* VersR 1993, 272). Bestrebungen, einen ähnlichen Fonds auch für die Anwaltschaft einzurichten, sind gescheitert (ausführlich *Braun* BRAK-Mitt. 2002, 150 (152); vehement dagegen *Streck* AnwBl. 2004, 212; differenzierter *Schollen* AnwBl. 2004, 502), wobei allerdings **einzelne Anwaltskammern** (zB Freiburg und München) auf freiwilliger Basis vergleichbare Fonds eingerichtet haben, die vor allem aus Bußgeldern gespeist werden (*Schollen* AnwBl. 2004, 502).

VI. Auf den Versicherungsvertrag anwendbare Normen

1. AVB

Zentrale Rechtsgrundlage für die wechselseitigen Rechte und Pflichten aus 64 dem Versicherungsvertrag sind das **Bedingungswerk (Allgemeine Versicherungsbedingungen AVB)** sowie die daneben zu vereinbarende **Prämie** und die **Laufzeit.**

2. Individuelle Vereinbarungen

Während die AVB-RS der Berufshaftpflichtversicherung der Einzelanwälte 65 und der kleinen Sozietäten typischerweise unverändert zugrunde gelegt werden, vereinbaren die **großen Sozietäten** mit den VR häufig **abweichende Sonderbedingungen.** Dies betrifft zB neben höheren Versicherungssummen auch höhere Selbstbehalte, erweiterte Auslandsdeckung, automatische Prämienanpassung bei Wachstum/Schrumpfen der Kanzlei, Einbeziehung bestimmter außerberuflicher Aktivitäten in die Versicherung, Schadensfreiheitsrabatte etc. Häufig verwendete Sonderbedingungen werden in → Rn. 114 ff. sowie im Zusammenhang mit den jeweiligen Standardklauseln der AVB-RS erläutert.

Einl. Einleitung

3. VVG

66 Der Vertrag über die Berufshaftpflichtversicherung ist ein Versicherungsvertrag isd VVG. Subsidiär zu den Regelungen der AVB-RS gelten deshalb die Normen des **VVG.** Die Normen des VVG sind teils zwingend, teils dispositiv; das VVG regelt am Ende eines jeden Abschnitts, welche Normen des betreffenden Abschnitts zu Gunsten des VN **(halb-)zwingend** sind und welche **dispositiv** (vgl. die hilfreiche Übersicht bei *Riechert,* Einl. Rn. 8 ff.).

67 Das VVG enthält Sonderregelungen für sog. **„Großrisiken".** Gemäß § 210 VVG sind bei Verträgen über Großrisiken **sämtliche** (und nicht nur einige!) **Regelungen des VVG dispositiv.** Großrisiken sind nach der Definition in Art. 10 in Verbindung mit der Anlage A des EGVVG auch Haftpflichtversicherungen von Großunternehmen. Gemäß Nr. 13 und 16a der Anlage A zum EGVVG iVm Art. 10 Nr. 3 EGVVG gelten die Berufshaftpflichtversicherungen von Sozietäten dann als „Großrisiko", wenn die **Sozietät mehr als 250 Arbeitnehmer** hat (nicht notwendigerweise in Deutschland) sowie mehr als **12,8 Mio. EUR Nettoumsatz** p. a. macht. Für (internationale) **Großsozietäten** ist also der Versicherungsvertrag frei von den Regeln des VVG gestaltbar, allerdings nur im Rahmen des AGB-Rechts (*Riechert,* Einl. Rn. 21). Bei Großrisiken entfallen überdies das Widerrufsrecht nach § 8 VVG (→ Rn. 74 ff.) sowie die Informations- und Beratungspflichten nach §§ 6 und 7 VVG (→ Rn. 81 ff.).

4. BGB

68 Selbstverständlich gelten subsidiär zum VVG die allgemeinen vertragsrechtlichen Bestimmungen des **BGB,** insbesondere hinsichtlich des **Vertragsschlusses,** der **Leistungsstörungen,** der **Verjährung** (§ 10 I) etc.

5. AGB-Recht

69 Entgegen einem verbreiteten **Irrglauben** sind Versicherungsverträge und insbesondere allgemeine Versicherungsbedingungen nicht aus dem Anwendungsbereich des **AGB-Rechts** (§§ 305 ff. BGB) herausgenommen. Ganz im Gegenteil werfen gerade die AVB-RS an verschiedenen Stellen erhebliche AGB-rechtliche Probleme auf (ausführlich → Rn. 101 ff., auf spezielle AGB-rechtliche Probleme wird auch bei der Kommentierung der einzelnen Vorschriften jeweils eingegangen).

6. AHB

70 Obwohl die Vermögensschadenhaftpflichtversicherung der Rechtsanwälte eine Haftpflichtversicherung ist, sind die **allgemeinen Haftpflichtbedingungen (AHB) nicht subsidiäre** Rechtsgrundlage für das Versicherungsverhältnis (→ Rn. 5). Allerdings sind zahlreiche Bestimmungen der AVB-RS wort- oder zumindest inhaltsgleich mit Regelungen der AHB, sodass dann Rechtsprechung und Literatur dazu herangezogen werden können. In der Kommentierung der AVB-RS wird jeweils auf textgleiche Parallelvorschriften in den AHB hingewiesen.

VII. Versicherungsvertragsrechtliche Grundlagen **Einl.**

7. Zusammenfassung

Der Versicherungsvertrag zwischen Anwalt und VR unterliegt also folgender **Normenhierarchie:** 71
- besondere vertragliche Absprachen im Einzelfall,
- allgemeine Versicherungsbedingungen (bei der Allianz AVB-RS),
- AGB-Recht (§§ 305 ff. BGB),
- Versicherungsvertragsgesetz VVG, dort die Bestimmungen über die Haftpflichtversicherung (§§ 100 ff. VVG), über die Pflichtversicherung (§§ 113 ff. VVG) sowie über die Schadenversicherung (§§ 74 ff. VVG), überdies die allgemeinen Vorschriften für sämtliche Versicherungszweige (§§ 1 ff. VVG),
- BGB.

VII. Versicherungsvertragsrechtliche Grundlagen

1. Zustandekommen des Versicherungsvertrags; Widerrufsrecht

a) Vertragsschluss. Anlässlich der VVG-Reform 2008 hat der Gesetzgeber die Modalitäten des Vertragsschlusses beim Versicherungsvertrag grundlegend neu geregelt. Den VR treffen jetzt nach §§ 6 und 7 VVG umfangreiche **Beratungs-** und **Informationspflichten.** Gemäß § 7 VVG muss der VR dem VN die Vertragsbestimmungen einschließlich der AVBs sowie zusätzlich eine **Verbraucherinformation** zur Verfügung stellen. Diese Pflicht muss der VR „rechtzeitig vor Abgabe der Vertragserklärung" des VN erfüllen (zu den Einzelheiten *Leverenz* VW 2008, 392). Die Einzelheiten der sog. „Verbraucherinformation" nach § 7 Abs. 2 VVG sind durch Rechtsverordnung geregelt (VVG-Informationspflichtenverordnung (VVG-InfoV), ausführlich dazu *Präve* VersR 2008, 151). Sinn der in § 7 Abs. 2 VVG vorgeschriebenen Information ist vor allem, dem VN die jeweils verwendeten AVB transparent und verständlich zu machen (zu den Einzelheiten *Präve* VersR 2008, 151). 72

Die Informationen nach § 7 Abs. 2 VVG werden häufig als **„Verbraucherinformation"** bezeichnet. Das ist insofern ungenau, als der VR jedem VN diese Informationen zukommen lassen muss, auch wenn er **nicht „Verbraucher"** iSv § 13 BGB ist. Deshalb gilt § 7 VVG ebenso wie sein Abs. 2 auch für die Berufshaftpflichtversicherung des Rechtsanwalts, die dieser ja für seine selbstständige berufliche Tätigkeit (also außerhalb des Verbraucherbegriffs nach § 13 BGB) abschließt. Unerheblich ist auch, ob der Anwalt sich einzeln versichert oder ob die Sozietät Versicherung nimmt. Lediglich bei Großrisiken (→ Rn. 67) entfällt die Informationspflicht (§ 7 Abs. 5 S. 1 VVG). 73

b) Widerrufsrecht. Außer bei der Versicherung von Großrisiken (→ Rn. 67) steht dem VN gem. § 8 Abs. 1 VVG ein Widerrufsrecht zu. Das Widerrufsrecht ist nach § 18 VVG **zwingend,** also nicht abdingbar. 74

Die Widerrufsfrist beträgt **zwei Wochen.** Der Widerruf ist in **Textform** (§ 126 b BGB) gegenüber dem VR zu erklären und muss **keine Begründung** enthalten; zur Fristwahrung genügt die rechtzeitige Absendung (§ 8 Abs. 1 VVG). Es reicht jede Erklärung, die hinreichend deutlich zum Ausdruck bringt, dass der VN den Vertrag nicht mehr will, die Verwendung des Wortes „Widerruf" ist nicht erforderlich. 75

Einl. Einleitung

76 Die Widerrufsfrist **beginnt** erst, wenn der VN **sämtliche Informationen** gem. § 7 VVG sowie den Versicherungsschein erhalten hat. Die Frist für das Widerrufsrecht wird nicht schon in Lauf gesetzt, wenn der VN überhaupt Unterlagen erhalten hat, sondern nur bei vollständigen Unterlagen. Allerdings darf hier nach richtiger Ansicht kein allzu strenger Maßstab gelten. Insbesondere wird die Frist auch dann in Lauf gesetzt, wenn die AVB einzelne Bestimmungen enthalten, die unwirksam sind; § 8 VVG ist kein Auffangtatbestand für mangelhafte AGB (Langheid/Rixecker/*Rixecker,* § 8 Rn. 6). Überdies setzt der Beginn der Widerrufsfrist voraus, dass der VN eine deutlich gestaltete **Belehrung** über das Widerrufsrecht und über die Rechtsfolgen des Widerrufs nebst Name und Anschrift des Empfängers des Widerrufs sowie einen Hinweis auf den Fristbeginn erhalten hat (§ 8 Abs. 2 VVG).

77 Auch wenn dem VN alle in § 7 VVG genannten Unterlagen bereits zugegangen sind, beginnt die Widerrufsfrist nach richtiger Auffassung trotz des unklaren Wortlauts von § 8 VVG **frühestens mit Zustandekommen des Vertrages.** Sofern die Annahmeerklärung des VR die spätere der beiden Vertragserklärungen ist, läuft die Widerrufsfrist also ab dem Moment, in dem der VN die Annahmeerklärung des VR erhält (*Grote/Schneider* BB 2007, 2694). Die Rechtsfolgen des Widerrufs richten sich nach der Spezialregelung des § 9 VVG.

78 **c) Form/konkludente Erklärungen/Rechtsschein.** Der Versicherungsvertrag selbst bedarf **keiner bestimmten Form,** insbesondere nicht der gesetzlichen Schriftform. Zwar enthalten die meisten Versicherungsbedingungen die Regelung, dass Erklärungen des VN schriftlich erfolgen müssen. Das gilt jedoch nur für Erklärungen während der Laufzeit des Versicherungsvertrages, nicht aber für dessen Zustandekommen. Textform sieht der Gesetzgeber nur für die Verbraucherinformation nach § 7 VVG vor.

79 Insbesondere wenn der geschädigte Mandant ausnahmsweise einen Direktanspruch gegen den Anwalt hat (→ Rn. 55) oder der Anwalt seine Deckungsansprüche an den Geschädigten abgetreten hat (dazu → § 7 Rn. 21 ff.), wird vom Geschädigten häufig eingewendet, aufgrund konkludenter Erklärungen oder aus Rechtsscheinsgrundsätzen sei von einem **erweiterten Deckungsumfang** auszugehen, also über den schriftlichen Versicherungsvertrag hinaus. Solche Argumentationen haben meistens keinen Erfolg. So führt beispielsweise eine Deckungsbestätigung, die der VR ausfüllt und der Anwalt mitunter den Mandanten zur Kenntnis bringt, nicht zu einer konkludenten Erweiterung des Versicherungsschutzes, falls die Bescheinigung sich als unrichtig herausstellt (OLG Köln VersR 2017, 750). Auch führt die kulanzweise Regulierung oder die Gewährung von Abwehrschutz in **Parallelfällen** nicht zu einem konkludenten Anerkenntnis der Eintrittspflicht auch in gleichgelagerten anderen Fällen (OLG Köln VersR 2017, 750).

80 **d) Fernabsatz.** Die gesetzlichen Regelungen über den Fernabsatz (Vertrieb von Versicherungen über das Internet) nach § 312 c BGB finden auf Versicherungen **keine Anwendung** (§ 312 Abs. 6 BGB); in das VVG sind zum Ausgleich einige Regeln zum Fernabsatz aufgenommen worden.

VII. Versicherungsvertragsrechtliche Grundlagen **Einl.**

2. Aufklärungs-, Hinweis- und Beratungspflichten

Nach § 6 Abs. 1 VVG hat der VR, soweit die Person des VN und dessen 81
Situation oder die Schwierigkeit, die betreffende Versicherung zu beurteilen, hierzu Anlass geben, den **Kunden nach seinen Wünschen und Bedürfnissen zu befragen.** Auch sind die Gründe für jeden zu einer bestimmten Versicherung erteilten Rat anzugeben. Was das im Einzelnen bedeutet, ist noch weitgehend unklar.

Dass dem Anbieter Beratungspflichten über das von ihm selbst vertriebene 82
Produkt auferlegt werden, ist sicherlich ungewöhnlich. Deshalb muss die Beratungspflicht des VR **Grenzen** haben. Er ist nicht verpflichtet sein, die ökonomisch optimale Entscheidung für den Kunden herbeizuführen. Auch muss er sicherlich nicht von seinem Produkt insgesamt abraten (*Grote/Schneider* BB 2007, 2690). Primär geht es bei den Beratungspflichten daher um die **Vermeidung von gefährlichen Deckungslücken** und um den Ausgleich eines **Informationsgefälles** (ausführlich *Franz* VersR 2008, 298 (299)). Ist dem VR beispielsweise bekannt, dass die Sozietät ein Büro in Brüssel unterhält, muss er auf den Ausschluss in A 2.1 BBR-RA (s. dort) hinweisen und darauf hinwirken, dass durch besondere Vereinbarung (gegen entsprechende Prämienerhöhung) auch das ausländische Büro mitversichert wird. Die Beratungspflichten bestehen nicht, wenn Gegenstand des Vertrages ein Großrisiko ist (vgl. → Rn. 67).

Seiner Hinweispflicht kommt der VR nicht schon dadurch nach, dass er 83
den VN **auffordert, die AVB sorgfältig zu lesen.** Das kann bei den AVB-RS schon deshalb nicht reichen, weil diese so unübersichtlich und kompliziert sind, dass sie nicht am Stück lesbar sind (→ Rn. 47 ff.). Mit einem **Hinweis- oder Merkblatt** erfüllt der VR seine Hinweispflicht allenfalls dann, wenn dieses so kurz und klar ist, dass man den Inhalt innerhalb weniger Sekunden aufnehmen kann. Ist das Hinweisblatt selbst so kompliziert wie die AVB, ist nichts gewonnen.

3. Vorläufige Deckung

Die sog. „vorläufige Deckung" (§§ 49 ff. VVG) spielt im Bereich der an- 84
waltlichen Berufshaftpflichtversicherung eine **große Rolle,** vor allem bei der Erstzulassung. Denn ohne Nachweis einer (jedenfalls vorläufigen; vgl. § 12 Abs. 2 S. 2 BRAO) Versicherungsdeckung kann der Anwalt sich nicht zulassen (→ Rn. 37 ff.), und meist sind Berufsanfänger an möglichst sofortiger Zulassung interessiert, um Geld verdienen zu können. Mit vorläufiger Deckung (auch: **„vorläufiger Versicherungsschutz")** bezeichnet man den Versicherungsschutz, den der VN gegen das gleiche Risiko schon vor und unabhängig vom Zustandekommen eines endgültigen Versicherungsvertrages erhält. Der Vertrag über vorläufige Deckung stellt einen vom endgültigen Versicherungsvertrag losgelösten, **rechtlich selbstständigen Vertrag** dar (BGH VersR 2001, 489; 1999, 1274). Die Leistungspflicht des VR aufgrund der vorläufigen Deckung ist unabhängig davon, ob der Hauptvertrag zustande kommt („Trennungstheorie"). Die Informationspflichten des VR nach § 7 VVG gelten ebenso wenig wie das Widerrufsrecht nach § 8 VVG (§ 49 Abs. 1 und § 8

Abs. 3 Nr. 2 VVG, zu den Einzelheiten Beckmann/Matusche-Beckmann/*Lehmann*, § 7). Die vorläufige Deckung war bis 2022 in den **AVB-RSW** in §§ 3 I, 8 I, 9 I und 11 b I geregelt (s. jeweils 2. Aufl.). Die AVB-RS 2022 **regeln** die vorläufige Deckung **nicht mehr,** insoweit gelten jetzt ausschließlich die §§ 49 ff. VVG.

4. Laufzeit, Rücktritt, Anfechtung und sonstige Erlöschensgründe

85   **a) Laufzeit; Kündigung.** Die Berufshaftpflichtversicherung für Rechtsanwälte wird typischerweise mit Laufzeiten von **ein bis drei Jahren** abgeschlossen. Längere Laufzeiten sind nach § 11 Abs. 4 VVG nicht mehr zulässig. Die **stillschweigende Verlängerung** mangels Kündigung ist zulässig (§ 11 Abs. 1 VVG) und wird auch regelmäßig vorgesehen. Das ist AGB-rechtlich unbedenklich (§ 309 Nr. 9 BGB gilt ausdrücklich nicht für Versicherungsverträge, hier ist § 11 VVG als lex specialis vorrangig). Allerdings darf nach § 11 Abs. 1 VVG maximal die Verlängerung um **je ein weiteres Jahr** vorgesehen werden. § 11 VVG wird ausgefüllt durch § 9 I AVB-RS, wonach sich die Versicherung jeweils um ein Jahr verlängert, wenn sie nicht mit drei Monaten Frist vor dem jeweiligen Ablauf gekündigt wird (→ § 9 Rn. 4 ff.). Die **Kündigungsfrist** muss für beide Teile gleich sein und mindestens einen und höchstens drei Monate betragen (§ 11 Abs. 3 VVG).

86   **b) Rücktritt.** Der Rücktritt vom Vertrag kommt nach den allgemeinen Vorschriften des BGB in Betracht, daneben aber auch bei
– **Verletzung vorvertraglicher Anzeigepflichten** nach § 19 VVG und § 11 a II AVB-RS (→ § 11 a Rn. 13 ff.) sowie bei
– **Nichtzahlung der Erstprämie** nach § 37 VVG und § 8 AVB-RS (→ § 8 Rn. 7 ff.).

87   **c) Anfechtung.** Für die Anfechtung wegen Irrtum oder arglistiger Täuschung gelten die **allgemeinen Vorschriften** (§§ 119, 123 BGB).

88   **d) Außerordentliche Kündigung.** Neben der ordentlichen Kündigung (→ Rn. 81) regeln die AVB-RS in § 9 II ein außerordentliches Kündigungsrecht beider Parteien bei Eintritt eines **Versicherungsfalles** (→ § 9 Rn. 10 ff.). Daneben kommt auch eine **außerordentliche Kündigung** nach **allgemeinen Grundsätzen** (§ 314 BGB) in Betracht, soweit der jeweilige Sachverhalt kündigungsrechtlich nicht durch die AVB oder das VVG geregelt ist. So hat die Rechtsprechung ein außerordentliches Kündigungsrecht beispielsweise angenommen bei versuchtem oder vollendetem Betrug zum Nachteil des VR (BGH VersR 1985, 54). Das gleiche muss gelten, wenn der VR seine Leistungspflicht ohne plausible und nachvollziehbare Begründung abgelehnt hat.

89   **e) Wegfall des versicherten Interesses.** Gemäß § 9 IV AVB-RS endet die Versicherung vorzeitig bei **Wegfall der Anwaltszulassung** und **Tod** (→ § 9 Rn. 22 ff.).

90   **f) Doppelversicherung.** Tritt ein Anwalt unterjährig einer Sozietät bei, kann es zu einer Doppelversicherung kommen. Diese ist nach § 78 VVG **aufzulösen.**

VII. Versicherungsvertragsrechtliche Grundlagen **Einl.**

5. Prämien/Lohnsteuer

Primäre Vertragspflicht des Versicherungsnehmers ist die Zahlung der vereinbarten Prämien. Die **Höhe der Prämien** ist in den AVB-RS nicht geregelt. Die Prämien für die Standard-Versicherung des Einzelanwalts in Höhe der gesetzlichen Mindestversicherungssumme von EUR 250.000 sind regelmäßig standardisiert, während größere Sozietäten die Prämie jeweils individuell verhandeln müssen (zur Zeichnungspraxis des Versicherungsmarkts s. im Einzelnen → Rn. 114ff., → Rn. 129ff.). 91

Die Prämien schuldet stets der **Versicherungsnehmer,** und zwar auch dann, wenn andere Personen **mitversichert** sind, zB angestellte Berufsträger (→ § 7 Rn. 4ff.). Die Mitversicherung angestellter Anwälte durch die Sozietät oder den Praxisinhaber führt steuerlich (BFH DStR 2021, 334 und 338) und sozialversicherungsrechtlich (BSG NJW 2023, 390) regelmäßig zu einem steuerbaren **geldwerten Vorteil** bei dem mitversicherten Berufsträger. Denn die Mitversicherung angestellter Berufsträger mag auch im Interesse der Sozietät/Kanzlei sein, aber daneben besteht auch ein erhebliches Eigeninteresse des angestellten Berufsträgers, denn ohne Versicherung kann er sich nicht zulassen und folglich auch nicht den Beruf ausüben. Anders ist es hingegen, wenn die Versicherung über die gesetzliche Mindestversicherungssumme **hinausgeht.** Da der angestellte Berufsträger im Außenverhältnis nicht haftet und im Innenverhältnis regelmäßig von den arbeitsrechtlichen Haftungsmilderungen profitiert, liegt richtigerweise in Höhe desjenigen Prämienanteils, der auf die Höherversicherung über die gesetzliche Mindestversicherungssumme hinaus entfällt, kein geldwerter Vorteil (BFH DStR 2021, 334 und 338; ausführlich zur Problematik *Diller* AnwBl. 2010, 269; *Reuker/Wagner* BB 2016, 215). Um Fehlentscheidungen der Finanzverwaltung vorzubeugen, gehen mittlerweile viele Sozietäten dazu über, ihren Versicherungsschutz aufzuspalten in eine von der Sozietät bezahlte und folglich der Lohnsteuer unterworfene Mindestdeckung für alle in der Sozietät tätigen Berufsträger (**"Zulassungspolice", "Anerkennungspolice"** oder manchmal auch liebevoll **"Baby-Police"** genannt), kombiniert mit lohnsteuerfreien Exzedenten für die Sozietät und die Partner (→ Rn. 125ff.). Würde sich hingegen jeder angestellte Anwalt in Höhe der Mindestversicherungssumme selbst versichern, käme es im Schadensfall zu einer unübersichtlichen Gemengelage unter Beteiligung einer Vielzahl von Versicherern, was untunlich ist. 92

Die Einordnung der Prämienzahlung durch die Sozietät als **geldwerter Vorteil** ist für die angestellten Anwälte regelmäßig unter dem Strich **neutral.** Denn dem zu versteuernden geldwerten Vorteil steht in derselben Höhe ein Werbungskostenabzug gegenüber, da die Versicherung notwendige Voraussetzung der Berufsausübung ist. Nachteilig ist deshalb die Versteuerung eines geldwerten Vorteils für die Prämienübernahme nur dann, wenn der Werbungskostenpauschbetrag noch nicht ausgeschöpft ist. 93

6. Änderungen im laufenden Vertrag

Keine Sonderregelungen enthält das VVG hinsichtlich Prämien- und Bedingungsänderungen in laufenden Versicherungsverträgen. An solchenÄnde- 94 rungen besteht seitens des VR häufig ein berechtigtes Interesse. Viele Anwälte schließen ihre Berufshaftpflichtversicherung **nur ein einziges Mal** ab, nämlich anlässlich ihrer Zulassung. Angesichts der überschaubaren Kosten der gesetzlichen Mindestdeckung (§ 51 BRAO) **lohnt** ein **häufiger VR-Wechsel** zum Zwecke der Prämienreduzierung **kaum.** Es verwundert deshalb nicht, dass viele Anwälte ihr ganzes Berufsleben lang den ursprünglich abgeschlossenen Versicherungsvertrag weiterlaufen lassen.

95 **Änderungsbedarf** entsteht meist nur aus veränderten **tatsächlichen** oder **rechtlichen Rahmenbedingungen.** Dies kann die Versicherungsbedingungen ebenso betreffen wie die Prämie. Müsste Änderungsbedarf stets im Wege einer Vertragskündigung nebst Neuverhandlung durchgesetzt werden, wäre dies für beide Teile misslich und würde auch dem „Ultima-Ratio"-Prinzip des Kündigungsrechts widersprechen (BGH VersR 1999, 697 (698)). Außerdem bestünde das Risiko, dass sich die Verhandlungen über geänderte Vertragsbedingungen über den Kündigungstermin hinausziehen, sodass zwischenzeitlich kein Versicherungsschutz bestünde. Auch werden Berufshaftpflichtversicherungen häufig für längere Zeiträume geschlossen, während derer eine Kündigung zum Zwecke der Änderung der Versicherungsbedingungen oder der Prämie nicht möglich wären. Dem Bedarf nach Änderungen während der Laufzeit des Versicherungsvertrages begegnet die Versicherungspraxis häufig durch **Änderungsklauseln.** Diese sind, wie die §§ 308 Nr. 4 und 309 Nr. 1 BGB zeigen, nicht von vornherein unzulässig. Die AVB-RS enthalten allerdings **keine** solchen **Änderungsklauseln.**

7. Auslegung

96 Für die Auslegung von AVB gelten keine besonderen Grundsätze. Sie sind so auszulegen wie andere AGB-Klauselwerke auch. Die Auslegung hat grds. **objektiv** zu erfolgen, dh ohne Rücksicht auf die Umstände des Einzelfalls (Beckmann/Matusche-Beckmann/*Beckmann,* § 10 Rn. 167ff.). Es gilt ein **standardisierter Maßstab,** der auf den jeweils betroffenen **Verkehrskreis** abstellt. Maßgeblich ist, wie ein **durchschnittlicher VN** die jeweilige Bestimmung bei verständiger Würdigung, aufmerksamer Durchsicht und Berücksichtigung des erkennbaren Sinnzusammenhangs verstehen muss (BGH VersR 2003, 454 (455); 2003, 581 (584); 2003, 641, (642)). Bezüglich der AVB-RS darf die Messlatte **nicht zu hoch** gelegt werden. Der normale Allgemeinanwalt ist alles andere als ein Spezialist im Versicherungs- oder Anwaltshaftungsrecht. Irrelevant sind die spezifischen **individuellen** Kenntnisse des VN. Für die Auslegung der AVB ist deshalb egal, ob sie gegenüber einem Fachanwalt für Versicherungsrecht oder einem ausschließlich zB familienrechtlich tätigen Anwalt verwendet werden (Fischer/*Chab,* § 17 Rn. 5).

97 Besonderheiten gelten bei Klauseln in Leistungsbeschreibungen, nach denen an sich **mitversicherte Risiken** vom Versicherungsschutz **ausgeschlossen** oder **begrenzt** werden. Hier bildet der erkennbare Sinn unter Berücksichtigung des wirtschaftlichen Zwecks und der gewählten Ausdrucksweise die Auslegungsgrenze der Klausel (BGH VersR 2003, 454 (455); 2003, 581 (584); 2003, 641 (642)).

VII. Versicherungsvertragsrechtliche Grundlagen **Einl.**

Die **Entstehungsgeschichte der AVB** spielt bei ihrer Auslegung grds. 98 keine Rolle, weil diese dem VN regelmäßig nicht bekannt ist, und es auf dessen Verständnishorizont ankommt (BGH VersR 2000, 1090 (1091); 1992, 349 (350)). Streitig ist, ob das auch gilt, wenn die Entstehungsgeschichte zu einem für den VN günstigeren Ergebnis führt (verneinend BGH VersR 2002, 1503 (1504); 2000, 1090 (1091); aA zB Beckmann/Matusche-Beckmann/*Beckmann,* § 10 Rn. 169).

Werden in AVB **juristische Begriffe** verwendet, ist regelmäßig deren all- 99 gemeine Bedeutung maßgeblich (BGH VersR 2000, 709 und 1999, 877 (878)).

Gemäß § 305 Abs. 2 BGB gehen **Zweifel** bei der Auslegung von AVB **zu** 100 **Lasten des VR,** wenn dieser ihr Verwender ist (zum Problem von **Makler- AGB** → Rn. 110).

8. AGB-Kontrolle

a) **Anwendbarkeit des AGB-Rechts.** Entgegen einem weit verbreiteten 101 Irrtum unterliegen Versicherungsverträge **in vollem Umfang** der **AGB- Kontrolle** (ausführlich *Riechert,* Einl. Rn. 27 ff.). Das Erfordernis der Einreichung bei der Aufsichtsbehörde ändert daran nichts (ausführlich *Präve,* Rn. 32 ff.). Zwar handelt es sich um AGB, die **gegenüber einem Unternehmer** verwendet werden (dass der Rechtsanwalt gem. § 2 Abs. 2 BRAO kein Gewerbe betreibt, hat mit dem Unternehmerbegriff nichts zu tun; *Riechert,* Einl. Rn. 27). Das bedeutet, dass die Einbeziehung erleichtert ist (§ 305 Abs. 2 BGB) und die **besonderen Klauselverbote nach § 308 und § 309 BGB nicht gelten.** In vollem Umfang anwendbar bleiben jedoch:
- das Verbot überraschender Klauseln (§ 305 c Abs. 1 BGB),
- die Auslegung im Zweifel zu Lasten des VR (§ 305 c Abs. 2 BGB),
- das Verbot unangemessener Benachteiligung (§ 307 Abs. 1 S. 1 BGB),
- das Gebot der Klarheit und Verständlichkeit (§ 307 Abs. 1 S. 2 BGB).

Der AGB-Kontrolle unterliegen nicht nur die AVB selbst, sondern auch 102 **sonstige vorformulierte Vertragsbestandteile.** Auch bei den Regelungen zur Vertragsdauer, die meist außerhalb der AVB in sonstigen vorgedruckten Teilen von Versicherungsanträgen enthalten sind, handelt es sich typischerweise um AGB (OLG Frankfurt a. M. VersR 1990, 1103).

Gerade im Hinblick auf **Klarheit** und **Verständlichkeit** gibt es im Hin- 103 blick auf eine ganze Reihe von Klauseln der AVB-RS erhebliche Zweifel an ihrer AGB-Gemäßheit, darauf wird jeweils im Zusammenhang mit der jeweiligen Klausel eingegangen.

b) **Keine Inhaltskontrolle der Hauptpflichten.** Zwar ist die Festlegung 104 der **Hauptpflichten** (Prämie sowie versichertes Risiko) als sog. **„Leistungsbeschreibung"** von der allgemeinen AGB-Inhaltskontrolle frei, da es insoweit an einer „Abweichung vom Gesetz" iSv § 307 Abs. 3 BGB fehlt. Aber die Definition der Hauptleistungspflichten unterliegt gleichwohl der AGB- Prüfung im Hinblick auf Klarheit und Verständlichkeit (§ 307 Abs. 3 S. 2 iVm § 307 Abs. 1 S. 1 BGB). Auch sind Einschränkungen und Bedingungen betreffend die Hauptleistungspflichten kontrollfähig, also insbesondere **Ausschlüsse** (§ 4 AVB-RS). Überdies können die Regelungen des Vertrages zur

Einl. Einleitung

Prämienhöhe und zum versicherten Risiko insoweit der Inhaltskontrolle unterliegen, als es um Modifikationen geht, etwa hinsichtlich der Aufspaltung der Versicherungssumme auf verschiedene Exzedenten. Inhaltskontrollfrei bleibt neben dem Umfang des versicherten Risikos somit nur die Festlegung der Prämienhöhe und der Versicherungssumme, darüber hinaus auch das angemessene Prämien-Leistungsverhältnis. Der AGB-Kontrolle unterliegen hingegen zB Prämienanpassungsklauseln (BGH VersR 1992, 1211 (1212); 1988, 1281 (1283)), ebenso wie Risikoausschlussklauseln, Regelungen über Obliegenheiten, Zahlungsmodalitäten, Kündigung etc (ausführlich *Präve,* Rn. 339 ff.). Zum Problem der AGB-Kontrolle bei Claims-Made-Deckungen → Rn. 119.

105 Unrichtig ist die Auffassung von *Brügge* (in Gräfe/Brügge/Melchers, Rn. A 44), wonach hinsichtlich der **in § 51 BRAO aufgezählten Ausschlüsse** eine Inhaltskontrolle ausgeschlossen sei, weil es – wegen der Erwähnung in § 51 BRAO – an einer „Abweichung vom Gesetz" fehle. Diese Auffassung verkennt, dass § 51 BRAO diese Ausschlüsse nicht vorschreibt, sondern sie nur abstrakt zulässt. Das ändert nichts daran, dass diese Ausschlüsse das zentrale Leistungsversprechen des Vertrages einschränken und deshalb AGB-kontrollfähig sind. Zwar mag – gerade wegen der Erwähnung in § 51 BRAO – ein Überraschungsmoment (§ 305 c Abs. 1 BGB) im Regelfall fehlen, die Frage der Transparenz (§ 307 Abs. 1 S. 2 BGB) hingegen stellt sich auch bei der Formulierung von in § 51 BRAO erwähnten Klauseln.

106 c) **Transparenzgebot.** Auch das Transparenzgebot des § 307 Abs. 1 S. 2 BGB gilt für AVB in vollem Umfang (BGH VersR 1997, 1517 (1519)). Dabei ist allerdings zu beachten, dass die Verwendung von Fachterminologie und unbestimmten Rechtsbegriffen in AVB nicht immer zu vermeiden ist. Insoweit gilt das Transparenzgebot nur **im Rahmen des Möglichen** (BGH VersR 2001, 841 (846); NJW 1998, 3114, 3116). Bei den AVB-RS kommt hinzu, dass die **Anwaltschaft als ihr Adressat** von Berufs wegen gewöhnt ist, mit schwierigen Texten juristischen Inhalts umzugehen, mit Querverweisen fertig zu werden sowie Begriffe aus dem Zusammenhang heraus auszulegen. An die Geltendmachung einer Intransparenz sind deshalb **höhere Anforderungen** zu stellen als bei einem Normalverbraucher (BGH NJW 2011, 3718). So soll beispielsweise von einem Scheinsozius zu erwarten sein, dass er auch die für Sozien geltenden Regeln sorgfältig liest (BGH NJW 2011, 3718).

107 d) **Verbot überraschender Klauseln.** VN empfinden häufig AVB-Klauseln betreffend den **Ausschluss bestimmter Risiken** als **überraschend,** was die Frage nach der Anwendbarkeit von § 305 c Abs. 1 BGB aufwirft. Dass jemand Anwalt ist, bedeutet nicht, dass ihn keine Klausel mehr überraschen könnte. Eine Klausel ist gem. § 305 c Abs. 1 BGB unwirksam, wenn sie aus Sicht der Verkehrskreise nach den Gesamtumständen ungewöhnlich und für den VN überraschend ist, sodass dieser **mit ihr nicht zu rechnen brauchte.** Es kommt nicht auf den Erwartungshorizont des einzelnen Anwalts an, sondern nur darauf, ob allgemein die **Anwaltschaft als die Zielgruppe** der Versicherung mit einem entsprechenden Klauselinhalt rechnen musste. Was die Anwaltschaft in ihrer Eigenschaft als VN anbetrifft, darf die **Messlatte nicht**

VII. Versicherungsvertragsrechtliche Grundlagen **Einl.**

zu hoch gelegt werden. Es ist eine alte Erfahrung, dass die meisten Berufsgruppen in eigenen Angelegenheiten nicht so sorgfältig sind, wie sie ihren Kunden gegenüber arbeiten. Die „Sorgfalt in eigenen Angelegenheiten" lässt häufig zu wünschen übrig. Viele Anwälte machen sich überhaupt nicht die Mühe, die AVB ihrer Haftpflichtversicherung jemals zu lesen und gehen stillschweigend davon aus, dass „alles Erforderliche" versichert sei, zumal es sich um eine gesetzliche Pflichtversicherung handele. Hinsichtlich der **in § 51 BRAO erwähnten Ausschlüsse** wird allerdings ein Überraschungsmoment von vornherein ausscheiden.

Ein Überraschungsmoment und eine Ungewöhnlichkeit scheiden auch nicht von vornherein deshalb aus, weil AVB **brancheneinheitlich** verwendet werden und/oder den **Musterbedingungen eines Versicherungsverbandes** entsprechen. 108

Bei der Prüfung von Überraschung bzw. Unbilligkeit ist zu berücksichtigen, dass angesichts der **Lückenhaftigkeit,** mit der das **VVG** die Vermögensschaden-Haftpflichtversicherung regelt, kaum ein „**gesetzliches Leitbild**" ermittelt werden kann, anhand dessen Überraschung bzw. Unbilligkeit gemessen werden könnte (*Novak-Over,* S. 175). 109

e) Makler-AGB. Werden Bedingungswerke von Maklern entwickelt (→ Rn. 52), kann im Einzelfall zweifelhaft sein, wer „**Verwender**" der AGB iSd AGB-Rechts ist (grundlegend dazu BGH VersR 2009, 1477). 110

9. Beschwerden

§ 17 AVB-RSW 2005 enthielt den Hinweis, dass sich VN (und auch mitversicherte Personen) **statt beim VR** auch bei der BaFin beschweren können. Einzelheiten zur Regelung des **Beschwerdeverfahrens** waren nicht geregelt. Die AVB-RS enthalten einen solchen Hinweis nicht mehr. Natürlich besteht die Beschwerdemöglichkeit weiterhin. Es ist Sache der BaFin, wie sie mit Beschwerden umgeht. Beschwerden bei der BaFin haben **keine aufschiebende Wirkung** und auch sonst keine Auswirkungen auf die Rechte und Pflichten aus dem Versicherungsvertrag. Im Falle einer zögerlichen Schadensbearbeitung durch den VR ist es häufig erfolgversprechender als eine BaFin-Beschwerde, wenn der VN sich an den **Vorstand des jeweiligen VR** wendet. 111

Keinen Sinn hat es dagegen für den VN, den Verein „**Versicherungsombudsmann e. V.**" (www.versicherungsombudsmann.de) anzurufen, der Streitigkeiten zwischen VN und VR schlichten soll. Die Schiedsstelle ist nur für solche Versicherungen eingerichtet, an denen eine natürliche Person als „**Verbraucher**" beteiligt ist. Der Einzelanwalt ist im Hinblick auf seine Versicherung nicht „Verbraucher" (iSd § 13 BGB), da er die Versicherung ja im Rahmen ihrer Erwerbstätigkeit abschließt. 112

Die seit 2010 bestehende **Schlichtungsstelle bei der Bundesrechtsanwaltskammer** (§ 191f BRAO) ist nur für Streitigkeiten zwischen Mandant und Rechtsanwalt zuständig, nicht aber für Streitigkeiten zwischen Rechtsanwalt und VR (dazu *Knöpnadel* AnwBl. 2010, 130 sowie *Chab* AnwBl. 2011, 217 (218)). 113

Einl. Einleitung

VIII. Zeichnungspraxis des Versicherungsmarkts

1. Deckungsbedarf; Haftungsbegrenzung

114 Bei der Festlegung der Versicherungssumme muss der Anwalt bzw. die Sozietät abschätzen, welche Risiken sich aus den typischerweise abgewickelten Mandaten ergeben. Dabei wird oft übersehen, dass nicht selten das **Haftungsrisiko** ein **Vielfaches des Gegenstandswerts** beträgt (statt aller *Beyer/Sassenbach* S. 21; vgl. BGH 1974, 134: Schaden von 463.763 DM, weil der RA versäumt hatte, bezüglich einer Forderung von 62,19 DM einen Offenbarungseidstermin zu verlegen).

115 Hohe Risiken können außer durch erhöhte Versicherungssumme durch **Exzedentendeckung** oder **Einzelversicherung (Objektdeckung)** abgedeckt werden (→ Rn. 122 ff., 125 ff.). Die Alternative ist natürlich die Vereinbarung einer Haftungsbegrenzung mit dem Mandanten, die allerdings den **strengen Anforderungen des § 52 BRAO** genügen muss. Ist der Mandant bei einem haftungsträchtigen Mandat weder bereit, die Kosten einer Einzelversicherung zu übernehmen, noch sich auf eine Haftungsbegrenzung einzulassen, bleibt dem Anwalt, wenn er die Zusatzkosten der Einzelversicherung nicht tragen und auch nicht existenzvernichtende Risiken eingehen will, nur die Ablehnung des Mandats (empirisch zum Umgang von Anwaltskanzleien mit atypisch hohen Haftungsrisiken *Kilian* AnwBl. 2015, 315 sowie *Diller* AnwBl. 2014, 130; zur zweckmäßigen Gestaltung des Versicherungsschutzes für die internationalen Kanzleien auch *Bräuer* AnwBl. 2015, 88). Selbstverständlich ist kein Anwalt verpflichtet, ein bestimmtes Mandat zu übernehmen, wenn er nicht will (etwas anderes ergibt sich auch nicht aus § 3 BRAO).

2. Versicherung der Sozietät vs. Einzelversicherung der Partner

116 In nicht vollständig haftungsbeschränkten Sozietäten (GbR, einfache PartG, KG, OHG) ist die **kumulative Versicherung** sowohl der **Sozietät** als auch des **einzelnen Partners** dringend geboten. Denn der einzelne Partner haftet hier ja – außer bei der GmbH und der PartmbB – für die Verbindlichkeiten der Gesellschaft nach §§ 128 ff. HGB analog mit, in der PartG jedenfalls soweit er selbst gehandelt hat (§ 8 Abs. 2 PartGG). Eine Versicherung der Sozietät allein würde also den Anwalt nicht zuverlässig vor dem Zugriff geschädigter Mandanten schützen. Die kumulative Versicherung der Gesellschaft und der Partner ist unproblematisch über eine **einheitliche Police** möglich (vgl. → § 1 Rn. 142 ff.). Besteht einheitlicher Versicherungsschutz über eine Sozietätspolice, und gewährt diese sowohl für die Sozietät selbst (also deren Vermögen) als auch für die einzelnen Partner Deckung, kann vereinbart werden, dass diese Police auch dann greift, wenn ein Partner ausnahmsweise (→ § 1 Rn. 144) **Mandate außerhalb der Sozietät** wahrnimmt (zB sog. „Gartenzaunmandate" im Freundes- oder Bekanntenkreis oder im Rahmen besonderer Ämter nach B 1.1 BBR-RA → § 1 Rn. 142); einen solchen Schutz verlangt auch § 51 BRAO (→ Rn. 28 f.). Der Partner bedarf dann keiner zusätzlichen Einzelversicherung. Beschränkt sich allerdings die Sozietätsdeckung

VIII. Zeichnungspraxis **Einl.**

auf Mandate, die innerhalb der Sozietät bearbeitet wurden (→ § 1 Rn. 144) muss sich der einzelne Anwalt zusätzlich selbst versichern.

3. Versicherung angestellter Rechtsanwälte

Bis vor einigen Jahren war es in größeren Sozietäten weitgehend üblich, angestellte Rechtsanwälte (Associates) über die **Versicherungspolice der Sozietät** mit abzusichern (was zur Erfüllung der gesetzlichen Versicherungspflicht aus § 51 BRAO ausreicht, wenn die Police auch Tätigkeiten außerhalb der Sozietät abdeckte, s. dazu → Rn. 28 ff.). Diese Praxis führte jedoch dazu, dass verschiedene Finanzämter aufgrund einer Fehlinterpretation einer BFH-Entscheidung vom 26.7.2007 (AnwBl. 2007, 790) begannen, die rechnerisch auf den einzelnen angestellten Anwalt entfallende Prämie bei diesem als **geldwerten Vorteil** zu behandeln (s. auch → Rn. 91 ff.). Diese steuerliche Sichtweise war verfehlt, weil der angestellte Anwalt dem Mandanten gegenüber nicht haftet und er deshalb vom Versicherungsschutz der Sozietät jedenfalls insoweit in keiner Weise profitiert, als dieser Versicherungsschutz die gesetzliche Mindestdeckung von 250.000 EUR übersteigt, die der einzelne angestellte Anwalt für seine Zulassung benötigt. Richtigerweise hätte die Finanzverwaltung also allenfalls denjenigen Prämienanteil als geldwerten Vorteil behandeln dürfen, der auf die Mindestversicherungssumme entfällt (ausführlich dazu *Diller* AnwBl. 2010, 269). Die Vorgehensweise der Finanzverwaltung führte bei vielen großen Kanzleien dazu, dass die bislang einheitliche Versicherungsdeckung aufgespalten wurde in eine sog. **„Zulassungspolice"** (auch **„Anerkennungspolice"** oder **„Baby-Police"** genannt), die nur den gesetzlichen Mindestversicherungsschutz von 250.000 EUR für alle Berufsträger der Sozietät umfasst, und andererseits eine Exzedentendeckung (→ Rn. 125 ff.), die ausschließlich zugunsten der Sozietät und der Partner besteht, nicht aber zugunsten der angestellten Anwälte (weil diese ja ohnehin nicht für Fehler der Sozietät haften). Mittlerweile hat der BFH ausdrücklich entschieden, dass die auf Exzedenten entfallenden Prämienanteile keinen geldwerten Vorteil bei angestellten Anwälten darstellen (BFH DB 2016, 324). 117

4. „Verstoß" vs. „Claims-made"

a) Vergleich der Systeme. Die auf dem deutschen Markt platzierten Versicherungen sind ganz überwiegend nach dem **„Verstoßprinzip"** aufgebaut (vgl. → § 1 Rn. 56 ff.), dh, versichert sind alle in die Vertragslaufzeit fallenden Verstöße des Anwalts gegen seine Sorgfaltspflichten (in der Terminologie des BGB würde man von „Pflichtverletzungen" sprechen), auch wenn der Schaden erst nach Versicherungsablauf eintritt oder geltend gemacht wird. In den meisten übrigen Ländern, insbesondere in den angelsächsischen, wird dagegen die Berufshaftpflicht des Anwalts nach dem **„Claims-made"-Prinzip** versichert: Die Versicherung schützt gegen alle während der Vertragslaufzeit gegen den Anwalt erhobenen Ansprüche, auch wenn der vom Anwalt begangene Verstoß oder die Entstehung des Schadens vor Vertragsbeginn lagen. Beide Konzepte haben für die Beteiligten **Vor- und Nachteile** (ausführlich *Grams* AnwBl. 2003, 299; *Kouba* BRAK-Mitt. 2002, 165, *Riechert,* § 1 Rn. 15 ff.): 118

Einl. Einleitung

- Das „Claims-made"-Prinzip ist **für den VR besser kalkulierbar**. Er kann nach Ablauf der Vertragslaufzeit beruhigt die Bücher schließen, wenn bis dahin keine Ansprüche geltend gemacht waren. Auf der Basis der Verstoßdeckung dagegen muss er für ungewisse künftige Schäden erhebliche Rückstellungen bilden, was ihm die Kalkulation erschwert (*Schlie,* S. 75). Die VR vergleichen „Claims-made" gerne mit einer Feuerversicherung: wenn es bis zum 31.12. nicht gebrannt hat, weiß man, dass nichts mehr nachkommt.)
- Das Verstoßprinzip kann dazu führen, dass noch Jahre oder gar Jahrzehnte nach Ablauf der Versicherung Ansprüche geltend gemacht werden (zB, wenn der Anwalt ein fehlerhaftes Testament errichtet hat, welches erst 15 Jahre später nach dem Erbfall zu nachteiligen steuerlichen Folgen führt), für die der VR zwar einzustehen hat, für die aber möglicherweise die **Deckung wegen Inflation nicht** mehr **ausreicht** (*Schlie,* S. 75; *Kaufmann,* S. 118).
- Das Verstoßprinzip hat den Nachteil, dass nach einem **Versicherungswechsel** der VR einen VN verteidigen muss (§ 3 II 1), der ihm die kalte Schulter gezeigt hat, vielleicht sogar im Streit über einen früheren Versicherungsfall (*Schlie,* S. 76).
- „Claims-made"-Deckungen haben für den VR den Vorteil, dass er sich ggf. von einem **überdurchschnittlich schlechten Risiko** noch **rechtzeitig trennen** kann, bevor weitere Inanspruchnahmen folgen. Bei Verstoßdeckung dagegen kommt der VR aus einem ungünstigen Risiko nicht mehr heraus, wenn sich erst im Nachhinein zeigt, dass ein Anwalt überdurchschnittlich schlampig gearbeitet und viele Fehler produziert hat (*Schlie,* S. 76).
- Einen weiteren Vorteil haben „Claims-made"-Deckungen insbesondere bei **sehr hohen Versicherungssummen**. Da Verstoßdeckungen nur auf dem deutschen und österreichischen Markt üblich sind, fällt es den VR schwer, sich dafür auf dem internationalen Markt **Rückversicherungen** zu besorgen, was bei hohen Versicherungssummen (die großen Sozietäten verfügen über Deckung im dreistelligen Millionenbereich) unverzichtbar ist. Auf der Basis von „Claims-made"-Deckungen ist internationale Rückversicherung erheblich einfacher (*Schlie,* S. 79 und 121; *Kaufmann,* S. 117).
- Gegen „Claims-made"-Deckungen wird eingewandt, dass sie den VN zwingen, sich **auch nach Einstellung der Berufstätigkeit** noch für lange Jahre weiter zu versichern, um gegen Spätschäden gedeckt zu sein. Solche Spätschäden sind gerade bei Anwälten häufig (*Fiala/Keppel/Körner,* A Rn. 70). Die Nachversicherung kostet zusätzliche Prämie. Aber auch bei Verstoßdeckung muss der VR für Spätschäden einstehen (→ § 2 Rn. 18 ff.), nur ist eben der Preis hierfür bereits in der normalen Verstoß-Prämie als integraler Bestandteil enthalten und nicht gesondert ausgewiesen. Allerdings hat der Anwalt bei „Claims-made" keine Garantie dafür, dass er die Deckung weiterhin beim gleichen VR und zu angemessenen Konditionen einkaufen kann (*Kouba* BRAK-Mitt. 2002, 165 (166); *Schlie,* S. 80).
- „Claims-made"-Deckungen sind für den VN ungünstig, wenn sich die Versicherungsbedingungen nach **ausländischem Recht** richten und der VR an seinem **Sitz im Ausland** (Bermuda!) **verklagt** werden muss. Nicht

VIII. Zeichnungspraxis Einl.

selten kann allerdings in Verhandlungen mit dem ausländischen VR erreicht werden, dass dieser sich auf deutsches Recht und einen deutschen Gerichtsstand einlässt.

Insgesamt lässt sich deshalb bei nüchterner Betrachtung nicht sagen, dass das 119 Verstoßprinzip oder das „Claims-made"-Prinzip für den VR oder VN deutlich **günstiger** oder **ungünstiger** wäre; beide Systeme sind in etwa gleichwertig (*Meßmer* VW 1988, 294; *Teichler,* S. 39; *Teichler* ZfV 1984, 643 (644); *Kaufmann,* S. 117). Zu Recht haben deshalb LG und OLG München entschieden, dass das Claims-made-Prinzip **AGB-rechtlich** nicht zu beanstanden ist, weder unter dem Gesichtspunkt der Transparenz noch der Überraschung (LG München VersR 2009, 2010 und OLG München VersR 2009, 1066, jeweils für die D&O-Versicherung, aus der Literatur dazu *Koch* VersR 2011, 295; *v. Westphalen* VersR 2011, 145; *Loritz/Hecker* VersR 2012, 385; *Steinkühler/Kassing* VersR 2009, 607; *Schramm* VersW 2008, 2071), jedenfalls, wenn wie üblich Rückwärtsdeckung gewährt und eine Nachmeldefrist sowie die Möglichkeit von Umstandsmeldungen bei Vertragsende eingeräumt wird (OLG München VersR 2009, 1066). Unabhängig davon ist ohnehin zweifelhaft, ob die Definition des versicherten Risikos überhaupt einer AGB-Kontrolle zugänglich ist (dazu *Baumann* VersR 2012, 1461; *Loritz/Hecker* VersR 2012, 385; *Kubiak* VersR 2014, 932; *Koch* VersR 2014, 1277).

Große Probleme entstehen allerdings beim **Wechsel von einem System** 120 **auf das andere** (Vorwärts-/Rückwärts-Versicherung, vgl. → § 2 Rn. 22 ff.), wobei der Wechsel von Verstoßdeckung zu „Claims-made" vergleichsweise einfach ist, der umgekehrte Weg dagegen deutlich steiniger (*Grams* AnwBl. 2003, 299 (301); *Fiala/Keppel/Körner,* A Rn. 129).

b) Kombination von Grunddeckung und „Claims-made"-Exze- 121 **denten.** Die ganz großen wirtschaftsberatenden Sozietäten, die regelmäßig Milliardentransaktionen abwickeln und sich entsprechend hohen Haftungsrisiken gegenübersehen, können häufig Versicherungsdeckung nicht mehr vollständig auf dem heimischen deutschen Markt einkaufen. Höhere Versicherungen sind jedoch auf dem **angelsächsischen Markt** verfügbar, sodass teilweise eine deutsche Grunddeckung verknüpft wird mit einem zusätzlichen **Exzedenten** (→ Rn. 125 ff.) **bei einer ausländischen Versicherung.** Dies macht allerdings erhebliche Probleme, weil die deutsche Versicherung dem Verstoßprinzip folgt, die ausländische dagegen dem **„Claims-made"**-Prinzip (→ Rn. 118 ff.). Zum Zusammenspiel von „Claims-made"-Exzedenten und deutscher Grunddeckung s. ausführlich *Braun* BRAK-Mitt. 2002, 150 sowie *Kouba* BRAK-Mitt. 2002, 165.

5. Einzelfallversicherungen; Objektdeckung

Der Versicherungsvertrag des Einzelanwalts besteht üblicherweise nur mit 122 einem VR über eine einheitliche Summe. Bei großen Sozietäten mit hohen Haftungsrisiken finden sich aber auch andere Versicherungsstrukturen. Möglich ist zB der Abschluss einer vergleichsweise **niedrigen Grunddeckung,** die dann bei haftungsträchtigen Großmandaten kombiniert wird mit einer **Einzelfallversicherung (Objektdeckung),** deren Kosten teilweise auf den Mandanten abzuwälzen versucht wird (→ Rn. 124; ausführlich *Riechert,* Einl.

Einl. Einleitung

Rn. 41 ff.; instruktiv auch die empirische Erhebung von *Kilian* AnwBl. 2015, 315 zum Umgang von Kanzleien mit Großrisiken). Dies war beispielsweise das Geschäftsmodell der später auseinandergebrochenen Sozietät *Haarmann Hemmelrath*. Dieses Modell bereitet deshalb Probleme, weil die **Kosten** einer Einzelversicherung außerordentlich hoch sind (meist 1 bis 2‰ der Versicherungssumme p. a.) und überdies der VR zur Prüfung, ob er die Einzelversicherung zeichnet, regelmäßig eine gewisse **Zeit braucht.** Deshalb muss die Sozietät oft über die Mandatsannahme zu einem Zeitpunkt entscheiden, in dem noch unklar ist, ob eine Einzelversicherung beschaffbar ist und was sie kostet.

123 Eine Einzelversicherung ist in zwei verschiedenen Formen möglich (*Zimmermann* AnwBl. 2006, 55). Zum einen kann vereinbart werden, dass die Einzeldeckung der allgemeinen Versicherungspolice (Grunddeckung) in vollem Umfang **vorgeht,** sodass der gesamte Schaden aus dem Einzelmandat über die Einzeldeckung abgedeckt ist. Das ist natürlich teurer, hat aber den Vorteil, dass die Maximierungen (s. A 1 BBR-RA) des Grundvertrages nicht aufgebraucht werden (*Bräuer* AnwBl. 2006, 665). Alternativ möglich ist eine prämienmäßig günstigere **Anschlussdeckung,** wonach für Schäden in dem versicherten Mandat zunächst der Grundvertrag bis zu dessen Deckungssumme eintritt (wodurch eine Maximierung dieses Vertrages aufgebraucht wird), und die Einzelversicherung nur den übersteigenden Betrag des Schadens abgedeckt.

124 Besondere Bedeutung hat die Einzelversicherung im Zuge der Kappung der **Anwaltsgebühren** bei einem Gegenstandswert von 30 Mio. EUR durch § 22 Abs. 2 RVG erhalten. Als Ausgleich für diese Gebührenkappung wurde der **Gebührentatbestand Nr. 7007 VV-RVG** geschaffen. Danach kann der Anwalt bei einem Mandat mit einem Gegenstandswert von mehr als 30 Mio. EUR die für eine Einzelversicherung des Mandats gezahlte Prämie als Auslage ansetzen, soweit die Prämie auf Haftungsbeträge von mehr als 30 Mio. EUR entfällt (ausführlich *Zimmermann* AnwBl. 2006, 55).

6. Exzedentenversicherung

125 Unter einer Exzedentenversicherung (ausführlich *Riechert,* Einl. Rn. 51 ff.; *Koch* VersR 2021, 879; *Eley* VersR 2021, 1461) versteht man eine gesonderte Versicherung der Sozietät, die zur Grundversicherung hinzutritt. Beim Exzedentenmodell wird für jeden Anwalt die gleiche Grunddeckung „eingekauft". Insoweit kann man es bei der gesetzlichen (§ 51 BRAO) Mindestversicherungssumme belassen oder auch eine höhere Versicherungssumme vereinbaren. „Haftungsspitzen" werden jedoch dadurch abgedeckt, dass zusätzlich die Sozietät eine Anschlussversicherung abschließt, nach der eine die Grunddeckung übersteigende Versicherungssumme ein- oder zweimal pro Jahr zur Verfügung steht (dazu zB *Stöhr* AnwBl. 1995, 234 (237)). Sinn der Exzedentenversicherung ist also das Einfangen von **„Ausreißer-Schäden",** die den üblichen Rahmen der Haftungsrisiken sprengen.

126 Exzedentenversicherungen sind regelmäßig so konzipiert, dass sie eine **Maximierung** (A 1 BBR-RA, s. dort) nicht pro Sozius vorsehen, sondern für die **Gesamtsozietät** (*Mennemeyer,* Kap. 11 Rn. 182 ff.). Sie stehen also pro Jahr nur in einer begrenzten Zahl von Fällen zur Verfügung. Beim Einkauf **meh-**

VIII. Zeichnungspraxis **Einl.**

rerer Exzedenten unbedingt zu klären ist die Frage des **„drop down"**. Es muss vereinbart werden, ob der Exzedent nur dann eintritt, wenn der Schaden die Grunddeckung sowie evtl. vorangehende Exzedenten übersteigt, oder auch dann, wenn die Deckung aus dem Grundvertrag und evtl. vorangehenden Exzedenten verbraucht ist. Beispiel: Die Grunddeckung beträgt 10 Mio., den 5 Mio. übersteigenden Betrag stellt der VR jedoch nur zweimal pro Jahr zur Verfügung (Maximierung nach A 1 BBR-RA, s. dort). Zusätzlich hat die Sozietät einen Exzedenten von „10 Mio. nach 10 Mio." platziert. Verursacht die Sozietät nun innerhalb eines Jahres drei Versicherungsfälle à jeweils 9,5 Mio., so ist der dritte Versicherungsfall wegen der zweifachen Jahresmaximierung über den Grundvertrag nicht mehr vollständig gedeckt. Der oberste Exzedent tritt für diesen Schaden jedoch nicht ein, da er ja erst „nach 10 Mio." greift. Anders ist es, wenn ausdrücklich ein „drop down" vereinbart wurde, wonach der oberste Exzedent auch dann greift, wenn im Rahmen der Grunddeckung wegen der Jahresmaximierung die Deckung erschöpft ist. Eine „Drop-down"-Vereinbarung ist regelmäßig mit einer höheren Prämie verbunden, je nach den Umständen aber sinnvoll.

Die Exzedentenversicherung wird typischerweise mit einem **anderen VR** **127** abgeschlossen als dem der Grunddeckung (Abschluss eines Versicherungsvertrages beim Versicherer A mit einer gewissen Grunddeckung, kombiniert mit dem Kauf eines oder mehrerer Exzedenten bei Versicherer B, s. *Bräuer* AnwBl. 2006, 665). Die Platzierung eines Exzedenten bei einem anderen VR ist für große Sozietäten ein probates Mittel, um trotz fortbestehendem Versicherungsvertrag mit einer anderen Versicherungsgesellschaft „ins Geschäft zu kommen" (Gräfe/Brügge/Melchers/*Gräfe,* Rn. D 300). Dabei ist zu beobachten, dass insbesondere anglo-amerikanische VR im Markt praktisch nur Exzedenten anbieten, dagegen das Geschäft mit der Grunddeckung nicht anstreben. Das hat den Vorteil, dass sie keine oder nur kleine Schadensabteilungen brauchen und deshalb günstiger kalkulieren können als die Anbieter der Grunddeckungen (Gräfe/Brügge/Melchers/*Gräfe,* Rn. D 300). Bei der Versicherung eines Exzedenten mit einem anderen VR als dem, der die Grunddeckung übernommen hat, sollte nach Möglichkeit geregelt werden, dass ein eventueller Schadensfall in einer die Grunddeckung übersteigenden Höhe zwar dem Exzedenten-VR anzuzeigen ist, dass aber die gesamte **Bearbeitung** des Schadensfalls **federführend** beim VR des Grundvertrages liegt und dessen Feststellungen und Entscheidungen auch für den Exzedenten-VR maßgeblich sind (ausführlich zu solchen Vereinbarungen *Lange/Dreher* VersR 2008, 289; *Kosich* VersR 2023, 752; *Gal* VersR 2023, 86). Solche Vereinbarungen sind aber insbesondere bei ausländischen VR schwer durchzusetzen. Besondere Probleme stellen sich, wenn Exzedenten auf „Claims-made"-Basis abgeschlossen werden (→ Rn. 118).

7. Versicherungskonsortien

Häufig kommt es vor, dass die Grunddeckung und/oder ein Exzedent bei **128** besonders hohen Versicherungssummen nicht mehr von einem Versicherer allein getragen wird, weil das Risiko (trotz der Möglichkeit der Rückversicherung) dem VR zu hoch erscheint. In diesem Fall werden häufig **Konsortien**

Einl. Einleitung

gebildet, dh, mehrere Versicherer beteiligen sich mit einer bestimmten Quote (nicht gesamtschuldnerisch!) an der Versicherungssumme (ausführlich *Riechert,* Einl. Rn. 66ff.). In solchen Fällen ist es, insbesondere bei der Beteiligung ausländischer VR, für den VN unabdingbar, dass eine sog. **"Führungsvereinbarung"** geschlossen wird, nach der der VN sich im Streitfall ausschließlich mit dem führenden (inländischen!) VR auseinanderzusetzen hat und alle anderen beteiligten Konsorten an den Ausgang dieser Auseinandersetzung gebunden sind (zu den Einzelheiten → § 5 Rn. 83ff. und die dort abgedruckte Besondere Bedingung).

8. Prämienkalkulation

129 Bei Versicherungen im Rahmen der gesetzlichen Mindestdeckung oder geringfügig darüber sind die Prämien typischerweise **standardisiert,** insbesondere wenn die Versicherung über die Anwaltskammer oder den DAV im Wege von Gruppentarifen abgewickelt wird. Je höher die abgeschlossene Versicherungssumme ist, desto **individueller** wird die Prämie **kalkuliert.** Bei der Prämienkalkulation für große Sozietäten spielen der **Schadensverlauf** der vergangenen Jahre sowie der **Ruf der Kanzlei** und deren **Tätigkeitsschwerpunkte** eine große Rolle, daneben auch das Verhandlungsgeschick des für die Versicherungsangelegenheiten verantwortlichen Partners oder eines eventuell eingeschalteten Versicherungsmaklers. Auch ein funktionierendes **Risikomanagementsystem** (dazu *Diller* AnwBl. 2014, 130) kann den VR zu einer Prämienreduzierung veranlassen, ebenso eine **Qualitätszertifizierung.** Verbreitet ist eine **gleitende ("floatende") Prämienvereinbarung** dahingehend, dass die Prämie sich jedes Jahr anhand des Kanzleiumsatzes oder der Zahl der Berufsträger erhöht oder vermindert (ausführlich zu typischen Formulierungen solcher Bedingungen → § 8 Rn. 36ff.). Schätzungen gehen dahin, das große Sozietäten **1 bis 3% ihres Umsatzes** für ihre Prämie aufwenden müssen (*Fiala/Keppel/Körner,* A Rn. 30 geben generell 3% als Quote an, das erscheint zu hoch).

130 Auch **Schadensfreiheitsrabatte** können vereinbart werden, was dazu führen kann, dass die Kanzlei Bagatellschäden lieber selbst reguliert, statt sie der Versicherung zu melden (was im Übrigen nicht nur den Schadensfreiheitsrabatt bringt, sondern auch lästige Verhandlungen mit dem VR ersparen kann). Die potenzielle Anfechtbarkeit des Versicherungsvertrages wegen arglistiger Erschleichung eines Schadensfreiheitsrabatts durch falsche Angaben über Vorschäden ist für den Mandanten wegen § 117 VVG ungefährlich (Weyland/ *Träger,* § 51 Rn. 22; s. dazu → § 3 Rn. 130ff.).

131 Insbesondere bei großen Sozietäten ist die **Prämienkalkulation** der VR häufig **undurchschaubar.** Deshalb weiß die Sozietät häufig auch nicht, inwieweit während der Vertragslaufzeit regulierte kleinere Schadensfälle die Versicherungsprämie für die Folgejahre in die Höhe treiben würden. Deshalb liegt es nahe, **Bagatellschäden** der Versicherung gar nicht erst zu melden, sondern "auf dem kleinen Dienstweg" **selbst abzuwickeln,** zB durch Honorarnachlass. Das gleiche gilt, wenn der Schaden voraussichtlich die Höhe des Selbstbehalts nicht oder nicht nennenswert überschreiten wird; gerade in solchen Fällen wäre es oft untunlich, den VR aufzuschrecken. Allerdings besteht in

VIII. Zeichnungspraxis **Einl.**

solchen Fällen immer das **Risiko,** dass sich ein zunächst als harmlos erscheinender Schaden später als deutlich gravierender herausstellt. Dann ist durch die Anerkennung und Zahlung der ersten Schadenstranche regelmäßig ein nicht wieder aus der Welt zu schaffendes Präjudiz geschaffen, überdies ist der VR dann auch wegen Verletzung der Anzeige- und Mitteilungsobliegenheiten aus § 5 (s. dort) ggf. nach § 6 nicht mehr (voll) leistungspflichtig. Wegen der Prämienkalkulation ist umgekehrt wichtig, bei einem lediglich vorsorglich gemeldeten **potentiellen Schadensfall** den VR sofort zu informieren, wenn die Angelegenheit sich **erledigt** hat, damit der VR die dafür gebildete Rückstellung auflösen und den Fall aus der Schadensstatistik des betreffenden Anwalts bzw. der Sozietät wieder herausnehmen kann.

Zumindest bei deutschen VR bewirken **hohe Selbstbehalte** (die wegen 132 § 51 BRAO nicht die Grunddeckung berühren dürfen, sondern nur für darüber hinausgehende Versicherungssummen vereinbart werden können → Rn. 36) regelmäßig nur einen geringen Prämiennachlass. Das widerspricht eigentlich der allgemeinen Erfahrung der VR, dass auch große Anwaltskanzleien, die großvolumige und haftungsträchtige Mandate bearbeiten, ganz überwiegend kleine und mittlere Schadensfälle produzieren, nur sehr selten dagegen wirklich große. Anglo-amerikanische VR dagegen sind hinsichtlich hoher Selbstbehalte tendenziell offener.

9. Laufzeit

In der Praxis dominieren inzwischen Versicherungsverträge mit der höchst- 133 zulässigen Laufzeit von **drei Jahren,** regelmäßig mit automatischer Verlängerung um jeweils ein weiteres Jahr (*Riechert,* § 1 Rn. 17). Allerdings spielt die Verlängerungsautomatik jedenfalls bei größeren Sozietäten keine Rolle, da meist zumindest eine der beiden Parteien ein Interesse an der Neuverhandlung der Konditionen hat.

10. Inaktive Partner; Titelhalterdeckung

Inaktive Partner oder Angestellte, insbesondere nach Erreichen der **Alters-** 134 **grenze,** legen häufig Wert darauf, ihre **Anwaltszulassung zu behalten,** sei es aus psychologischen Gründen oder um ggf. im eigenen Namen kraftvoll eigene Rechtsangelegenheiten oder im Einzelfall solche von Freunden, Bekannten und Verwandten (sog. „Gartenzaunmandate") wahrnehmen zu können. Einerseits setzt der Fortbestand der Zulassung das Weiterbestehen der Berufshaftpflicht voraus (→ Rn. 37), andererseits sind die dafür fälligen Versicherungsprämien ein Ärgernis, wenn der Beruf aktiv nicht mehr ausgeübt wird. Hier helfen häufig sog. **„Titelhalterdeckungen":** Durch besondere Vereinbarung mit dem VR bleiben ausgeschiedene Partner/Angestellte versichert, wenn sie gegenüber der Versicherung erklären, dass sie den Beruf nicht ausüben. Dabei wird mitunter ausdrücklich vorgesehen, dass im Fall einer zusagewidrigen Berufsausübung der VR zwar im Außenverhältnis eintritt, intern jedoch vollen **Regress** beim handelnden Anwalt nimmt.

11. Mehrfachqualifikation (MDP)

135 Die Versicherung von Anwälten mit Doppel- oder Dreifachqualifikation (zusätzlich **Steuerberater, Wirtschaftsprüfer** und/oder **Notar**) setzt voraus, dass die abgeschlossene Versicherung den **Mindestanforderungen aller einschlägigen Berufsordnungen entspricht.** Trotz aller Harmonisierungsversuche der Vergangenheit sind die gesetzlichen Anforderungen für jeden dieser Berufe immer noch unterschiedlich konzipiert. Die Versicherung verschiedener Berufsträger und/oder von Berufsträgern mit Mehrfachqualifikation kann im Rahmen einer **einheitlichen Police** geregelt werden, genauso gut ist aber auch der Abschluss **paralleler Versicherungsverträge** für die jeweils betroffene Berufsgruppe möglich (ausführlich *Burger* AnwBl. 2004, 304). Im Einzelfall kann dann allerdings die Abgrenzung, welche Versicherung in Anspruch zu nehmen ist, ausgesprochen schwierig werden. Dies gilt zB für den Rechtsanwalt/Steuerberater, der den Mandanten hinsichtlich der optimalen Strukturierung einer Unternehmenstransaktion sowohl in gesellschaftsrechtlicher als auch steuerrechtlicher Hinsicht berät. Lehnen beide Versicherungen ihre Eintrittspflicht ab, hilft nur das Verklagen der einen nebst Streitverkündung an die andere. Ein ähnliches Problem entsteht, wenn für die verschiedenen Berufszweige unterschiedliche Haftungshöchstsummen vereinbart sind oder unterschiedliche Bedingungswerke gelten. Aus Sicht der Sozietäten vorzugswürdig ist deshalb die **Integration** der verschiedenen Berufshaftpflichtversicherungen **in eine gemeinsame Police,** wofür die AVB-RS nebst den dazugehörigen berufsspezifischen besonderen Risikobeschreibungen die optimale Grundlage bilden. Zu beachten ist die **Kumulsperre** nach § 3 IV (s. dort).

136 Noch ungelöst sind die Versicherungsprobleme, wenn sich der Anwalt mit **anderen Dienstleistern** als Steuerberatern und Wirtschaftsprüfern zusammenschließt (Arzt, Architekt, Unternehmensberater etc), sei es in Sozietät oder im Rahmen eines Einzelprojekts (ARGE), s. dazu → § 1 Rn. 118 ff., 150.

12. D&O-Versicherung

137 Kombiniert wird die anwaltliche Berufshaftpflichtversicherung häufig auch mit einer D&O-Versicherung, wenn wirtschaftsberatende Rechtsanwälte **Ämter in Aufsichtsräten, Beiräten** oder ähnlichen Organen übernehmen. Die AVB-RS decken die Inanspruchnahme wegen fehlerhafter Aufsichtsratstätigkeit nach §§ 113, 93 AktG bzw. nach den entsprechenden Haftungsnormen für die Beirats- oder Verwaltungsratstätigkeit in den meisten Fällen nicht ab (§ 4.4 → § 4 Rn. 22 ff.). Das Abdecken der Haftung als Aufsichtsrat etc ist angesichts der sich ständig verschärfenden Haftungsrechtsprechung regelmäßig unverzichtbar. Möglich ist dies über Gruppen-D&O-Versicherungen, die pauschal alle Aufsichtsrats- und ähnlichen Mandate abdecken, die von Angehörigen der Sozietät gehalten werden (sog. „Outside Directorship Liability" **(ODL)**-Deckung): Üblicherweise werden alle bestehenden Mandate in Aufsichtsräten etc einmal jährlich gemeldet, und der Vertrag sieht eine Prämienanpassung je nach Zahl der gemeldeten Mandate, eventuell auch nach Unternehmensgröße vor. Regelmäßig wird vereinbart, dass die ODL nur subsidiär eintritt, falls in dem betreffenden Unternehmen eine allgemeine D&O-Versicherung für die

IX. Schadensverläufe **Einl.**

Mitglieder des Aufsichtsrats etc besteht. Zu Klauseln, nach denen Aufsichtsratstätigkeit mitversichert ist, soweit sie **Teil des Mandats** ist → § 4 Rn. 35 ff. und B Rn. 38 ff.

13. Wettbewerb

Den Versicherungsmarkt für die Berufshaftpflichtversicherung der Anwälte 138 teilen sich in Deutschland im Wesentlichen **sechs große VR,** nämlich die **Allianz, AXA, ERGO, Gothaer, R+V** und **HDI.** Ausländische VR haben – schon wegen des für sie fremden Verstoßprinzips (→ Rn. 109 ff.) – in Deutschland bislang nicht nennenswert Fuß gefasst. Allerdings treten einzelne ausländische VR im Markt für Exzedentenversicherungen auf (→ Rn. 121, 125 ff.).

Wettbewerb zwischen den deutschen VR spielt sich fast ausschließlich auf 139 der **Prämienseite** ab, wogegen die VR kaum versuchen, sich auf der Bedingungsseite voneinander abzugrenzen (Fischer/*Chab,* § 17 Rn. 3).

14. Versicherungsmakler

Die Berufshaftpflichtversicherung der Einzelanwälte ist, soweit die gesetz- 140 liche Mindestversicherungssumme nicht wesentlich überschritten wird, ein **Massengeschäft.** Sie wird häufig über die Anwaltskammern oder den DAV über Gruppen-Tarife abgewickelt, vielfach aber auch unmittelbar mit den VR „von der Stange" nach deren standardisierten Bedingungen und Prämien. Anders sieht es bei mittleren und großen Sozietäten aus. Hier werden häufig **Verhandlungen** über **besondere Versicherungsbedingungen** (zB Einschluss von Auslandsdeckungen, hohe Selbstbehalte, Maximierungen, Exzedenten etc) mit verschiedenen VR geführt. Nicht wenige Sozietäten führen diese Verhandlungen nicht selbst, sondern schalten spezialisierte Versicherungsmakler ein (*von Lauff und Bolz, LTA, Marsh, AON* etc). Die Versicherungsmakler erhalten ihre Courtage regelmäßig vom VR, sodass ihre Einschaltung für den VN nicht mit unmittelbaren Mehrkosten verbunden ist. Alternativ kann mit dem Makler vereinbart werden, dass dieser auf seine Courtage verzichtet und stattdessen vom VN eine (zB zeitabhängige) Vergütung erhält (ausführlich zu dem vertraglichen Dreiecksverhältnis zwischen VN, VR und Makler *Riechert,* Einl. Rn. 95 ff.). Wesentlicher Vorteil der Einschaltung von Versicherungsmaklern ist, dass diese näher am VR dran sind und deshalb besser abschätzen können, welche Prämien verhandelbar sind. Auch beraten sie hinsichtlich der AVB und leisten dem VN wertvolle Unterstützung im Schadensfall. Zu den – im Bereich der Anwaltshaftpflicht noch wenig verbreiteten – sog. **Makler-AGB** → Rn. 52, 110; zu den gebräuchlichen sog. **Maklerklauseln** → § 11 Rn. 8 ff.

IX. Schadensverläufe, Schadensstatistiken, Fehlerquellen

Leider veröffentlichen die großen deutschen VR **keine Schadensstatisti-** 141 **ken.** Es ist deshalb nicht bekannt, welche Gesamt-Aufwendungen die VR pro Jahr für Schäden haben, wie viele Schadensfälle pro Anwalt gemeldet werden und welche Höhe die gemeldeten Schäden im Schnitt haben. Noch bedauer-

Einl. Einleitung

licher ist, dass die VR auch keine Statistiken zu den häufigsten Fehlerursachen führen und veröffentlichen. Die Versicherungswirtschaft bringt sich so selber um die Chance, Schadensfälle zu vermeiden. Wenn der Anwalt nicht weiß, welche die häufigsten Fehlerquellen sind, kann er keine gezielten Maßnahmen zur Schadensverhütung ergreifen und insbesondere mögliche Fehlerquellen im Büroablauf nicht abstellen. Immerhin haben die großen Versicherer im Jahr 2013 gegenüber einem BRAK-Arbeitskreis die nach ihrer Wahrnehmung häufigsten Schadensursachen mitgeteilt (dazu *Diller/Klein* BRAK-Mitt. 2013, 65). Danach sind die **häufigsten Schadensursachen Fristversäumung, mangelnde Kenntnis des materiellen Rechts, Vergleichsreue, das Führen aussichtsloser Prozesse** sowie unterlassene Hinweise im (vermeintlich) **beschränkten Mandat** (ausführlich *Diller/Klein* BRAK-Mitt. 2013, 65). Eine vom Verfasser im Jahr 2010 anonym durchgeführte Umfrage bei den 50 größten deutschen (wirtschaftsberatenden) Sozietäten ergab den interessanten Befund, dass die vorgekommenen Fehler bei der Anwendung materiellen Rechts aus den verschiedensten Bereichen und Problemfeldern stammen, besondere Schadensschwerpunkte also nicht feststellbar sind.

142 Soweit in der Literatur statistische Angaben zu finden sind, ist häufig unklar, ob dies Schätzungen oder „harte Fakten" sind. So heißt es zB, dass im Schnitt etwa **jeder 4. Anwalt** innerhalb eines Jahres einen Schadensfall verursache (*van Bühren*, S. 80; *Henssler* AnwBl. 1996, 3).

143 Zu den **Schadenshöhen** gibt es wenig gesicherte Erkenntnisse. 95% aller Haftpflichtfälle sollen Schäden von **weniger als 50.000 EUR** betreffen (*van Bühren*, S. 192). Neben dem spektakulären Schadensfall *Werhahn ./. Haarmann-Hemmelrath* (BGH AnwBl. 2009, 456) mit einer Schadenssumme von 450 Mio. EUR sind in **Deutschland** in den vergangenen Jahren auch andere Millionenschäden bekannt geworden, zB ein Vergleich von Freshfields mit der Maple-Bank über 50 Mio. EUR (JUVE-Meldung v. 3.9.2019), eine vom Landgericht Köln zugesprochene Schadensersatzforderung von 2,4 Mio. EUR gegen Andersen-Luther (JUVE-Rechtsmarkt 2008, 118) sowie eine Klage der Wölbern-Insolvenzverwalter gegen Bird & Bird über 130 Mio. EUR (JUVE-Rechtsmarkt, Meldungen v. 22.1.2015 und 29.1.2015). Existenzbedrohende **„Doomsday Claims"** werden auch aus **England** und den **USA** berichtet, beispielsweise

- eine Klage von Levicom gegen Linklaters über 55 Mio. USD (Legal Week v. 3.7.2008),
- eine Klage von Credit Suisse gegen Linklaters über 136 Mio. EUR (The Lawyer 14.2.2011, S. 1),
- ein 25,5 Mio. USD Jury-Spruch gegen Miller, Canfield, Paddock & Stone,
- ein 17,7 Mio. USD Urteil gegen Vinson & Elkins wegen malpractice,
- ein 68 Mio. USD Urteil gegen Keck, Mahin & Cate wegen Sicherheitenbetrugs,
- ein Vergleich über Schadensersatz von 31 Mio. USD gegen Kaye Scholer wegen Fehlberatung eines Kreditinstituts,
- ein Vergleich der Sozietät Paul Weiss Rifkind über 45 Mio. USD.

(Vgl. *Hallweger* NZG 1998, 531; *Henssler* AnwBl. 1996, 3). Dabei darf man freilich nicht verkennen, dass zwischen den geltend gemachten Schäden und den **tatsächlich regulierten** Schäden eine gewaltige Diskrepanz besteht. Der

X. Vorhandene Rechtsprechung und Literatur **Einl.**

höchste in Deutschland jemals regulierte Schaden soll 18 Mio. EUR betragen haben. Auch eine vom Verfasser im Jahr 2010 durchgeführte anonyme Umfrage bei den 50 größten deutschen (wirtschaftsberatenden) Kanzleien ergab, dass zwar viele Kanzleien bereits außergerichtlich oder gar gerichtlich mit Forderungen im zwei- oder dreistelligen Millionenbereich konfrontiert waren. Die meisten dieser Fälle stellten sich jedoch schnell als haltlos heraus und es kam nur selten zu einer Regulierung, und wenn dann meist nur über Bruchteile der zunächst geltend gemachten Summe.

X. Vorhandene Rechtsprechung und Literatur

Der Umgang mit allgemeinen Versicherungsbedingungen fällt nicht nur wegen der oft umständlich und verwirrend formulierten Vertragswerke schwer (die AVB-RS sind geradezu ein Musterbeispiel dafür → Rn. 47 ff.). Hinzu kommen zwei weitere Faktoren. Zum einen **fehlt** zu vielen schwierigen und/oder wichtigen Rechtsfragen obergerichtliche oder gar höchstrichterliche **Rechtsprechung.** Das ist kein Zufall. Die **VR überlegen sehr genau,** welche Verfahren sie bis zu welcher Instanz durchfechten. Gerade in Deckungsfragen haben es die VR in der Hand, jedes Verfahren, welches möglicherweise zu einer negativen obergerichtlichen oder gar höchstrichterlichen Entscheidung führen könnte, jederzeit durch nachträgliche Deckungszusage bzw. Anerkenntnis zu erledigen. Von dieser Gestaltungsmöglichkeit wird in der Praxis reger Gebrauch gemacht. Gerade angesichts der Konzentration der anwaltlichen Berufshaftpflichtversicherung auf sechs große VR (Allianz, AXA, ERGO, Gothaer, R+V und HDI) überlegen es sich die VR in der Praxis sehr gut, ob sie Deckungsprozesse wirklich zur Entscheidung bringen. Das würde möglicherweise die Wirksamkeit von tausendfach verwendeten AVB auf den Prüfstand stellen (ausführlich dazu *Littbarski,* Vorb. Rn. 55). Der Nachteil dieser – durchaus verständlichen – Praxis ist, dass die ordnende und reinigende Hand der höchstrichterlichen Rechtsprechung fehlt und es zu den meisten Klauseln der AVB-RS, egal wie angreifbar sie sein mögen (vor allem in AGB-rechtlicher Hinsicht), praktisch keine obergerichtliche oder gar höchstrichterliche Rechtsprechung gibt. 144

Erschwert wird der Umgang mit den AVBs weiter dadurch, dass Äußerungen des **Schrifttums** zu großen Teilen entweder von **Mitarbeitern der VR** stammen oder von diesen **nahestehenden Anwaltskanzleien.** Ursache dafür ist weniger gezielter Lobbyismus als vielmehr die Tatsache, dass das Versicherungsrecht und die einzelnen Bedingungswerke so kompliziert aufgebaut und formuliert sind, dass sich kaum ein Nicht-Fachmann darin zurechtfindet. Vermutlich ca. 75% der in diesem Kommentar zitierten Literatur stammt von Mitarbeitern großer VR (auch die Kommentierung von *Riechert* oder die Gesamtdarstellung von *Gräfe/Brügge/Melchers*) oder Anwälten der diese VR regelmäßig vertretenden Sozietäten. In einzelnen Bereichen hat sich mittlerweile ein regelrechtes „**Meinungs- und Zitatenkartell**" (*Littbarski,* Vorb. Rn. 57) herausgebildet. Angesichts dieses Befundes verwundert es nicht, dass mitunter in der juristischen Literatur einzelnen AVKlauseln Inhalte oder Wirkungen beigelegt werden, die sich schlechterdings weder nach dem Wortlaut 145

41

noch aus dem Zusammenhang nachvollziehen lassen. Der Autor verhehlt nicht, dass sich im Zuge der Erarbeitung der 1. Auflage dieses Kommentars sein Erstaunen darüber, was angeblich in den AVB geregelt sein soll, dort aber schlicht nicht steht, von Tag zu Tag vergrößert hat.

Allgemeine und Besondere Versicherungsbedingungen sowie Risikobeschreibungen zur Vermögensschaden-Haftpflichtversicherung für
– Rechtsanwälte und Patentanwälte
– Steuerberater (AVB-RS)

– Auszug (Teile 1–2C)* –

Stand: März 2022

Teil 1 Allgemeine Versicherungsbedingungen (AVB)

A. Der Versicherungsschutz (§§ 1–4)

§ 1 Gegenstand des Versicherungsschutzes, Vermögensschaden, Versicherungsnehmer

I. Versicherungsschutz für berufliche Tätigkeit, Vermögensschadenbegriff

1. Gegenstand des Versicherungsschutzes

Der Versicherer bietet dem Versicherungsnehmer Versicherungsschutz für den Fall, dass er wegen eines bei der Ausübung beruflicher Tätigkeit von ihm selbst oder einer Person, für die er nach § 278 oder § 831 BGB einzustehen hat, begangenen Verstoßes von einem anderen aufgrund gesetzlicher Haftpflichtbestimmungen privatrechtlichen Inhalts für einen Vermögensschaden verantwortlich gemacht wird.

Ausgenommen sind Ansprüche auf Rückforderung von Gebühren oder Honoraren sowie Erfüllungsansprüche und Erfüllungssurrogate.

2. Mitversicherte Tätigkeiten

In Ergänzung zu I 1 ist die Haftung mitversichert für Verstöße von zum Verstoßzeitpunkt versicherten Gesellschaftern, Angestellten und Mitarbeitern bei der Ausübung von Tätigkeiten nach Teil 2 B oder C oder Teil 3 B für den Versicherungsnehmer.

3. Vermögensschaden

Vermögensschäden sind solche Schäden, die weder Personenschäden (Tötung, Verletzung des Körpers oder Schädigung der Gesundheit von Menschen) noch Sachschäden (Beschädigung, Verderben,

---

* Vgl. Einl. Rn. 3.

Vernichtung oder Abhandenkommen von Sachen, insbesondere auch von Geld und geldwerten Zeichen) sind, noch sich aus solchen von dem Versicherungsnehmer oder einer Person, für die er einzutreten hat, verursachten Schäden herleiten.

II. Berufsausübungsgesellschaften

1. Gesellschafter einer Berufsausübungsgesellschaft als Personengesellschaft

Üben Personen ihren Beruf nach außen hin gemeinschaftlich aus, sind sie Gesellschafter ohne Rücksicht darauf, wie ihre vertraglichen Beziehungen untereinander (Innenverhältnis) geregelt sind.

Die vertraglichen Beziehungen des Innenverhältnisses können sein: Anstellungsverhältnis, freie Mitarbeit, Bürogemeinschaft, Kooperation, Gesellschaft bürgerlichen Rechts, Partnerschaft und ähnliches.

2. Zurechnung

Umstände, die in der Person von Gesellschaftern, Angestellten oder Mitarbeitern gegeben sind und den Versicherungsschutz beeinflussen, werden dem Versicherungsnehmer zugerechnet. § 4 Ziff. 5 bleibt unberührt.

3. Versicherungsschutz für Gesellschafterhaftung

3.1 In Ergänzung von I 1 bietet der Versicherer den versicherten Angehörigen des Berufes, für den über diesen Vertrag eine Versicherung besteht (Berufsangehörige), und den berufsfremden Gesellschaftern Versicherungsschutz für die gesetzliche Haftpflicht, soweit sie für einen Versicherungsfall des in diesem Vertrag versicherten berufsangehörigen Versicherungsnehmers in Anspruch genommen werden (Versicherung für akzessorische Haftung).

3.2 Der Versicherungsschutz nach Ziff. 3.1 besteht auch für Verbindlichkeiten, die vor dem Eintritt in die Gesellschaft (Eintrittsversicherung), oder die vor dem Ausscheiden aus der Gesellschaft begründet wurden (Austrittsversicherung).

4. Zeitpunkt

Es gilt der Versicherungsschutz, der zum Zeitpunkt des Verstoßes vereinbart war.

Übersicht

	Rn.
I. Überblick	1
1. Regelungsinhalt	1
2. Verhältnis zu VVG und AHB	3
II. Parteien; Terminologie	5
III. Versicherungsfall; Zeitschiene	7
IV. Versichertes Risiko (I 1)	11
1. Aufbau der AVB (versichertes Risiko, Ausschlüsse)	11
2. Ausübung beruflicher Tätigkeit	12
a) Ausschluss privater Tätigkeiten bzw. Risiken	12

Gegenstand des Versicherungsschutzes §1

	Rn.
b) Tätigkeit „gegenüber dem Auftraggeber"	14
c) Tätigkeit angestellter Anwälte; Mitarbeiter	16
d) Syndikusrechtsanwälte/Secondments	17
e) Tätigkeit als Rechtsanwalt	19
f) Berufsrechtswidrige Tätigkeiten	54
g) Mithaftung für Angehörige anderer Berufe	55
3. Verstoß	56
a) Begriff des Verstoßes	56
b) Bedeutung der Feststellung des Verstoßes	58
4. Verantwortlich machen	62
5. Von einem anderen	63
6. Gesetzliche Haftpflichtbestimmungen privatrechtlichen Inhalts	66
a) Gesetzliche Bestimmungen	66
b) Haftpflichtbestimmungen	78
c) Privatrechtliche Bestimmungen	94
7. Vermögensschaden (I 3)	96
a) Übersicht	96
b) Vermögensschäden	97
c) Personenschäden	102
d) Sachschäden	105
8. Personen, für die der Anwalt einzustehen hat	112
a) Überblick	112
b) Haftung nach § 278 BGB	114
c) Haftung nach § 831 BGB	116
d) Haftung als Gesellschafter	117
e) Haftung als vertraglicher Gesamtschuldner	118
V. Sozietäten; mitversicherte Personen (II)	119
1. Überblick	119
2. Haftungsebene (Mandant/Anwalt)	121
a) Einzelkanzlei	122
b) Kooperation, Bürogemeinschaft	123
c) Scheinsozietät (II 1)	124
d) GbR	130
e) OHG, KG	134
f) PartG	135
g) LLP	136
h) GmbH und AG	137
3. Deckungskonzepte der Versicherungswirtschaft	138
a) Historische Entwicklung	138
4. Gesellschaft als Versicherungsnehmer (II)	141
a) Überblick	141
b) Mitversicherung persönlicher Mandate (I 2)	142
c) Mitversicherte akzessorische Haftung (II 3)	150
d) Zurechnung von Ausschlüssen, insbesondere wissentliche Pflichtverletzung (II 2)	151
e) Eintritts-/Austrittsversicherung (II 3, 4)	152

§1   A. Der Versicherungsschutz

I. Überblick

1. Regelungsinhalt

1   § 1 ist das „**Herzstück**" der Berufshaftpflichtversicherung des Anwalts. Er definiert den Gegenstand der Versicherung.

2   § 1 I beschreibt zunächst den **Gegenstand der Versicherung,** dh die versicherten Risiken und die versicherten Schäden. § 1 II regelt den Fall, dass eine **Anwaltssozietät** (in der Terminologie der BRAO „**Berufsausübungsgesellschaft**") die Versicherung abschließt, dann sind die in ihr tätigen Berufsträger automatisch in die Versicherung einbezogen. Gemäß § 1 II 2 werden einzelne leistungsausschließende Umstände, die bei den mitversicherten Berufsträgern vorliegen, der Sozietät zugerechnet. § 1 II 3 bis 4 stellt klar, dass auch die persönliche Eintritts- und Austrittshaftung der Gesellschafter (Sozien/Partner) mit abgedeckt ist.

2. Verhältnis zu VVG und AHB

3   § 1 II 2 konkretisiert § 47 Abs. 2 **VVG,** wonach die Kenntnis mitversicherter Personen dem Versicherungsnehmer zuzurechnen ist.

4   Die Definition des Haftpflichtanspruchs in I 1 S. 1 (VN wird „aufgrund gesetzlicher Haftpflichtbestimmungen privatrechtlichen Inhalts in Anspruch genommen") entspricht Ziff. 1.1 **AHB** 2008. Die Zurechnung der Kenntnis mitversicherter Personen nach II 2 entspricht Ziff. 7.6 und 27.1 AHB 2008.

II. Parteien; Terminologie

5   „**Versicherer**" („**VR**") ist das Versicherungsunternehmen, mit dem der Versicherungsvertrag abgeschlossen wurde. Mitunter, insbesondere bei höheren Versicherungssummen, treten anstelle eines Einzel-VR **Versicherungskonsortien** auf. Diese haften regelmäßig nicht gesamtschuldnerisch für die volle Versicherungssumme, sondern meist wird in besonderen Bedingungen vorgesehen, dass jeder nur für den von ihm übernommenen Anteil haftet. Verbunden wird dies allerdings regelmäßig mit Regelungen, dass ein führender VR die gesamte Abwicklung eines Schadensfalls für und gegen die übrigen Konsorten übernimmt (→ Einl. Rn. 128, → § 5 Rn. 83 ff.).

6   „**Versicherungsnehmer**" („**VN**") ist die in der versicherungsrechtlichen Terminologie gebräuchliche (vgl. § 1 VVG) Bezeichnung für den Vertragspartner des Versicherungsunternehmens. Bei der Berufshaftpflichtversicherung ist VN der Anwalt oder die Sozietät, je nachdem wer den Vertrag schließt. Hauptpflicht des VN ist die Zahlung der Versicherungsprämien (§ 1 S. 2 VVG). Wichtig ist die Abgrenzung zwischen dem VN als Vertragspartner und der „**mitversicherten Person**". Versicherungen liegt häufig ein **Dreiecksverhältnis** zugrunde, in dem der VN durch den Vertragsschluss dafür sorgt, dass die Versicherung im Schadensfall für einen Dritten eintritt. Bei der Berufshaftpflicht liegt ein solches Dreiecksverhältnis vor, wenn die Sozietät Vertragspartner und damit VN ist, die Versicherung aber das Risiko mit abdeckt,

Gegenstand des Versicherungsschutzes　　　　　　　　　　**§ 1**

dass ein einzelner Partner persönlich in Anspruch genommen wird (zB nach § 8 Abs. 2 PartGG). Das VVG regelt solche Dreiecksverhältnisse in §§ 43 ff. VVG. Die AVB-RS regeln die Mitversicherung in § 7 I (s. dort).

III. Versicherungsfall; Zeitschiene

Abs. I spricht davon, dass dem VN im Versicherungsfall **„Versicherungs-** 7 **schutz" (Deckung)** gewährt werde. Der Umfang der Deckung, also die vom VR zu erbringenden Leistungen im Schadensfall, richtet sich nach § 3: Der VR schuldet zwei verschiedene Leistungen, nämlich zum einen die **Befriedigung begründeter Schadensersatzansprüche,** zum anderen die **Abwehr unbegründeter Ansprüche** (im Einzelnen → § 3 Rn. 8 ff.).

Nimmt der Mandant den Anwalt wegen einer Fehlleistung in Regress, so 8 vollzieht sich dies in einer **Vielzahl aufeinander folgender Schritte:**
– Begehung des Fehlers durch den Anwalt
– Entstehen eines Schadens
– Entdeckung des Schadens durch den Mandanten
– Außergerichtliche Geltendmachung des Schadens durch den Mandanten
– Ggf. gerichtliche Inanspruchnahme des Anwalts
– Stattgebendes rechtskräftiges Urteil gegen den Anwalt

Damit korrespondieren in der Terminologie der AVB-RS die Ebenen **ver-** 9 **sichertes Risiko, Verstoß, Versicherungsfall** und **Schadensfall:**
– Das „**versicherte Risiko**" beschreibt abstrakt den Gegenstand der Versicherung (§ 1 I 1 S. 1 sowie B Satz 1 BBR-RA).
– Der „**Verstoß**" ist die Pflichtverletzung, die zum Schaden führen, aber auch folgenlos bleiben kann (§ 1 I 1 S. 1).
– Der „**Versicherungsfall**" ist gem. § 5 I der Verstoß, der möglicherweise einen Schaden und damit Haftpflichtansprüche auslösen wird, wobei aber der tatsächliche Schadenseintritt noch nicht erfolgt sein muss (ausführlich → § 5 Rn. 22 ff.).
– Der „**Schadensfall**" iSv § 3 II schließlich ist der Verstoß, der tatsächlich zu einem Schaden geführt hat.

Die sorgfältige Abgrenzung dieser Stufen ist vor allem in **zeitlicher Hin-** 10 **sicht** relevant, zB wenn der Anwalt den VR wechselt oder die Versicherungssumme erhöht. Je nach dem auf welchen Zeitpunkt abzustellen ist, ist die frühere oder die spätere Versicherung eintrittspflichtig bzw. gilt die niedrigere oder höhere Versicherungssumme. Maßgeblicher Zeitpunkt ist nach den AVB-RS im Zweifel immer der **Verstoß,** also der Moment der Begehung des Fehlers (→ § 2 Rn. 5).

IV. Versichertes Risiko (I 1)

1. Aufbau der AVB (versichertes Risiko, Ausschlüsse)

In den meisten Versicherungszweigen hat sich die Übung herausgebildet, 11 zunächst am Anfang der AVB das versicherte **Risiko** recht allgemein und breit zu **beschreiben,** dieses aber im weiteren Text durch **Risikoausschlüsse**

47

§ 1   A. Der Versicherungsschutz

(„sekundäre Risikoausschlüsse") wieder einzugrenzen, ggf. begleitet von Gegenausnahmen (ausführlich *Hofmann*, S. 10ff.). In den AVB-RS ist das Regel-Ausnahmeverhältnis von versichertem Risiko und Risikoausschlüssen leider besonders unübersichtlich: § 1 beschreibt zunächst den Gegenstand der Versicherung, § 4 enthält dann Ausschlüsse. Im Teil 2 des Bedingungswerks, nämlich den besonderen Bedingungen (BBR-RA) wird dann jedoch die Risikobeschreibung im Teil B weiter ausgedehnt, zugleich aber kommen im Teil A der BBR-RA neue Ausschlüsse hinzu. Besonders verwirrend ist, dass Teil A der BBR-RA zunächst unter der Überschrift „Ausschlüsse" in den Ziffern A 2.1 bis A 2.3 einzelne Ausschlüsse enthält, die Ziffern A 3 und A 4 sodann anderweitige Regelungen enthalten, danach aber überraschend in den Ziffern A 4.1 und A 4.2 wiederum Ausschlüsse folgen. In anderen Versicherungssparten, die sich an Verbraucher wenden, würde ein derartiger Aufbau von AVB wohl gegen das AGB-rechtliche Gebot der Klarheit und Verständlichkeit verstoßen. Zwar ist die Klientel der AVB-RS per definitionem rechtskundig, und deshalb nicht mit „normalen" Verbrauchern vergleichbar. Trotzdem bestehen erhebliche Bedenken, ob das Bedingungswerk der AVB-RS in dieser Form AGB-konform ist (→ § 4 Rn. 8ff.). Allerdings ist die Unübersichtlichkeit zum Teil auch dem – an sich anerkennenswerten – Umstand geschuldet, dass die Versicherer versucht haben, mit den AVB-RS ein einheitliches Bedingungswerk für die Berufsgruppen der Rechtsanwälte und der Steuerberater (ursprünglich auch noch der Wirtschaftsprüfer, vgl. die in der 2. Aufl. kommentierten AVB-RSW) zu schaffen, und dass dies nur durch eine Aufspaltung des Bedingungswerks in einen für alle drei Berufsgruppen geltenden allgemeinen Teil (AVB) und berufsspezifische Sonderregelungen (BBR) möglich war.

2. Ausübung beruflicher Tätigkeit

12   **a) Ausschluss privater Tätigkeiten bzw. Risiken.** Versicherungsschutz besteht nach § 1 I 1 S. 1 „bei der Ausübung beruflicher Tätigkeit". Der Begriff der „beruflichen Tätigkeit" ist aus sich heraus auszulegen, ergänzt wird er durch die Auflistung der mitversicherten Tätigkeiten in Teil B der BBR-RA (s. dort). Aufgabe von § 1 I 1 S. 1 ist, die versicherte Haftung für anlässlich der Berufsausübung verursachte Schäden abzugrenzen von der nicht versicherten Verursachung von Schäden im **privaten Bereich;** insofern muss der Rechtsanwalt ggf. eine Privathaftpflichtversicherung abschließen (Beispiel: Der Anwalt hantiert an Sylvester unvorsichtig mit Feuerwerkskörpern und verletzt einen Nachbarn. Da es sich nicht um eine berufliche Tätigkeit handelt, tritt die Berufshaftpflichtversicherung nicht ein).

13   Dementsprechend ist auch die **Schädigung eines Mandanten nicht** vom Versicherungsschutz umfasst, wenn sie außerhalb des Mandats geschieht (Beispiel: Der Anwalt kollidiert im Straßenverkehr mit einem anderen Auto, welches zufällig von einem seiner Mandanten gelenkt wird).

14   **b) Tätigkeit „gegenüber dem Auftraggeber".** Zur „beruflichen Tätigkeit" des Anwalts gehört zunächst die konkret mandatsbezogene Tätigkeit (Beratungsgespräche, gerichtliche Schriftsätze, Terminswahrnehmung vor Gericht). Problematisch ist allerdings Teil B S. 1 der BBR-RA, wonach nur versichert sein soll die „gegenüber (dem) Auftraggeber freiberuflich ausgeübte

Gegenstand des Versicherungsschutzes **§ 1**

Tätigkeit als Rechtsanwalt" (→ B Rn. 2). Diese Formulierung spricht dafür, dass versichert nur diejenige Tätigkeit des Rechtsanwalts ist, die einen konkreten **Mandatsbezug** hat. Bei diesem Verständnis bliebe eine Haftung unversichert, die sich aus Fehlern des Anwalts im Rahmen der allgemeinen Kanzleiorganisation ergeben (mangelhafte Ausbildung von Personal, fehleranfällige IT-Organisation, unzureichendes Fristenkontrollsystem, Fehler bei der Mandatsakquisition etc). Dass dieses Verständnis nicht richtig sein kann, folgt schon daraus, dass der Anwalt den Mandanten ja auch für Schäden, die aus solchen allgemeinen Organisationsfehlern resultieren, aus § 280 BGB auf Schadenersatz haftet. Überdies listen § 3 III 2–4 sowie B 1.1 der BBR-RA einzelne Fehlerquellen auf, die typischerweise keinen konkreten Mandatsbezug haben. Richtigerweise kommt also der Formulierung „gegenüber dem Auftraggeber" keine einschränkende Funktion zu, sondern es ist alles versichert, was mit der Ausübung und der Organisation des Anwaltsberufs zu tun hat, auch soweit es keinen konkreten Mandatsbezug hat.

Unabhängig davon kann Teil B S. 1 BBR-RA nicht dahingehend verstanden werden, dass Ansprüche von **Dritten,** die nicht Auftraggeber des Anwalts sind, grds. ausgeschlossen wären. Ganz im Gegenteil ergibt sich aus der Erwähnung der deliktischen Haftungsnorm des § 831 BGB in § 1 I 1, dass Gegenstand der Versicherung nicht nur die Haftung gegenüber dem anwaltlichen Vertragspartner (Mandant) ist, sondern auch die Haftung **gegenüber Dritten aus Delikt** bei der Berufsausübung (Beispiel: Wegen schlampiger Aktenkenntnis bezichtigt der Strafverteidiger einen Zeugen, die dem Mandanten zu Last gelegte Tat selbst begangen zu haben, worauf dieser einen Nervenzusammenbruch erleidet und Schmerzensgeld verlangt). Ebenso versichert ist **Dritthaftung aus Vertrag,** etwa wegen Inanspruchnahme besonderen Vertrauens oder nach den Grundsätzen des Vertrags mit Schutzwirkung für Dritte (→ § 1 Rn. 81). **15**

c) Tätigkeit angestellter Anwälte; Mitarbeiter. Keine anwaltliche Tätigkeit erbringt derjenige, der nicht selbst das Mandat führt, sondern **Mitarbeiter** eines Anwalts ist. Das gilt für **angestellte Anwälte** ebenso wie für **nichtjuristische** Mitarbeiter (Sekretariate, Übersetzer), angestellte oder zugewiesene Referendare oder sonstige nicht zur Rechtsberatung zugelassene Juristen (wissenschaftliche Mitarbeiter ohne Anwaltszulassung, Diplom-Wirtschaftsjuristen FH, ausländische Berufsträger etc). Entscheidend ist, dass die **Mandatsbetreuung** nicht im eigenen Namen erfolgt, sondern **im fremden Namen,** sodass sich ein etwaiger Haftpflichtanspruch allein gegen den mandatsführenden Anwalt richtet. Allerdings muss ein angestellter Anwalt, auch wenn er Mandate nicht selbst bearbeitet, sondern dem Mandatsführer zuarbeitet, stets zum Erhalt seiner Zulassung (zusätzlich) selbst Versicherungsschutz haben (§ 51 BRAO). Überdies muss der mandatsführende Anwalt den zuarbeitenden Anwalt gem. § 1 I 2 zur Vermeidung von Deckungslücken mitversichern (→ § 11b Rn. 7). Das ändert aber nichts daran, dass für den Fehler des zuarbeitenden angestellten Anwalts nicht dessen Versicherung eintrittspflichtig ist, sondern die des mandatsführenden Partners (was zB für die Deckungssumme entscheidend ist). **16**

17 **d) Syndikusrechtsanwälte/Secondments.** B Satz 1 BBR-RA verlangt zusätzlich, dass die Haftung aus einer „gegenüber dem Auftraggeber **freiberuflich** ausgeübten Tätigkeit" als Anwalt stammen muss. Damit ist nicht versichert die Haftung des angestellten Syndikusrechtsanwalts gegenüber seinem Arbeitgeber, da es hier an dem Merkmal der „Freiberuflichkeit" fehlt (überdies greift hier der Ausschluss nach A 2.3 BBR-RA, s. dort).

18 Ebenfalls nicht versichert sind die bei großen wirtschaftsberatenden Kanzleien verbreiteten **Secondments** angestellter junger Kollegen für einige Wochen oder Monate in die Rechtsabteilungen großer Unternehmensmandanten, soweit zwischen dem Unternehmen und dem auf Secondment befindlichen Anwalt ein Arbeitsvertrag geschlossen wird. Erfolgt das Secondment im Wege der Arbeitnehmerüberlassung, fehlt es schon an einem Schuldverhältnis und damit an einer Haftung des Secondees gegenüber dem Mandanten.

19 **e) Tätigkeit als Rechtsanwalt. aa) Systematik der AVB-RS.** Der Begriff der „beruflichen Tätigkeit" iSv § 1 I 1 S. 1 steht im Zusammenhang mit B S. 1 BBR-RA, wonach nur die „Tätigkeit als Rechtsanwalt" versichert ist. Die Tätigkeit **„als Rechtsanwalt"** ist etwas anderes als die Tätigkeit **„des Rechtsanwalts"** (zutreffend BGH r+s 2020, 397 Rn. 37; OLG Köln VersR 2022, 1434 Rn. 51). Kein Versicherungsschutz besteht also, wenn der Mandant den Anwalt mit der Wahrnehmung von Aufgaben beauftragt, die **nicht rechtsanwaltstypisch** sind. Gerade das geschieht aber **häufig**. Sowohl für Privatpersonen als auch für kleine und mittlere Unternehmen sind die Rechtsanwälte ihres Vertrauens nicht nur Berater in Rechtsfragen, sondern Ratgeber auch in über das rein Rechtliche hinausgehenden wirtschaftlichen Fragen. So nimmt zB der „Hausanwalt" eines mittelständischen Unternehmens nicht selten die Rolle eines klassischen „Consigliere" ein, der allgemeinen Rat in allen Wirtschaftsangelegenheiten gibt, was sich oft auch darin widerspiegelt, dass er in den Aufsichtsrat oder Beirat berufen wird.

20 Die Abgrenzung zwischen versicherten anwaltlichen Tätigkeiten und nicht versicherten sonstigen Tätigkeiten macht außerordentliche **Schwierigkeiten,** da das Berufsbild des Anwalts nicht definiert ist (ausführlich *Riechert,* § 1 Rn. 25 ff.). Erschwert wird die Abgrenzung dadurch, dass die AVB-RS **verschiedene Formulierungen** zum Umfang der Versicherungsdeckung enthalten, wobei nicht recht klar wird, ob das gleiche gemeint ist oder nicht („Ausübung beruflicher Tätigkeit" in § 1 I 1 S. 1, „gegenüber dem Auftraggeber freiberuflich ausgeübte Tätigkeit als Rechtsanwalt" in B S. 1 BBR-RA).

21 Eine erste Abgrenzung enthält § 4.4: **Kein** Versicherungsschutz besteht für die Tätigkeit des Anwalts als **Leiter, Geschäftsführer oder Vorstandsmitglied** von Firmen, Unternehmungen, Vereinen, Verbänden etc (s. im Einzelnen dort). Dem gegenüber ist gem. Teil B 1.1 BBR-RA (im Einzelnen s. dort) **in die Versicherung ausdrücklich einbezogen** die Tätigkeit als
- **Insolvenzverwalter** (auch vorläufiger), gerichtlich bestellter **Liquidator, Abwickler, Gläubigerausschussmitglied, Sachwalter, Treuhänder** gem. InsO;
- **Restrukturierungsbeauftragter, Sanierungsmoderator** oder **Gläubigerbeiratsmitglied** gem. StaRUG

Gegenstand des Versicherungsschutzes §1

- **Testamentsvollstrecker, Nachlasspfleger, Nachlassverwalter, Vormund, Betreuer, Pfleger** und **Beistand**;
- **Schiedsrichter, Schlichter, Mediator;**
- **Abwickler** einer Praxis gem. § 55 BRAO, **Zustellungsbevollmächtigter** gem. § 30 BRAO;
- **Notarvertreter** für die Dauer von 60 Tagen innerhalb eines Versicherungsjahres, sowie als
- **Autor, Dozent** und **Referent** auf rechtswissenschaftlichem Gebiet

In der **Judikatur** finden sich zwar zahllose Entscheidungen zu der Frage, 22
wann ein Anwalt eine anwaltliche Tätigkeit erbringt und wann eine sonstige Tätigkeit. Fast alle diese Entscheidungen sind jedoch nicht zum Deckungsumfang der Berufshaftpflichtversicherung ergangen, sondern zu ganz **anderen Abgrenzungsfragen.** Die Entscheidungen betrafen beispielsweise die Frage, ob der Anwalt nach BRAGO/RVG abrechnen kann, ob die (inzwischen gestrichene) kurze Verjährung des § 51b BRAO aF gilt (BGH NJW 1993, 199), oder ob der Auftrag mit der ganzen Sozietät oder nur dem betreffenden Anwalt zustande gekommen ist (BGH NJW 1999, 3040). Es erscheint wenig sinnvoll, bei der Bestimmung des Deckungsumfangs der anwaltlichen Berufshaftpflichtversicherung ungeprüft Anleihen bei Urteilen zu machen, die zu ganz anderen Abgrenzungsfragen ergangen sind. Denn Sinn und Zweck der Abgrenzung ist jeweils eine andere. So konnte man beispielsweise hinsichtlich der alten Verjährungsregelung argumentieren, dass diese den Anwalt nur im engen Kern seiner anwaltstypischen rechtsberatenden Tätigkeit privilegieren sollte, sodass der Anwendungsbereich des § 51b BRAO aF eher eng zu ziehen war. Ebenso spricht einiges dafür, zum Schutz des rechtsuchenden Publikums die insbesondere bei hohen Gegenstandswerten sehr hoch ausfallende gesetzliche Anwaltsvergütung nur auf Rechtsdienstleistungen im engeren Sinne anzuwenden und auch hier eher einen strengen Maßstab anzulegen. Auch § 51 Abs. 1 S. 1 BRAO hilft bei der Abgrenzung nicht weiter, da dort ebenfalls nur der abstrakte Begriff der „beruflichen Tätigkeit" verwendet wird. All diese Abgrenzungsfragen sagen nichts darüber, wo die Grenzen der anwaltlichen Berufshaftpflichtversicherung gezogen werden sollten.

bb) Verwirklichtes Risiko oder Schwerpunkt des Auftrags. Im We- 23
sentlichen sind **zwei verschiedene Abgrenzungswege** denkbar: Zum einen könnte man darauf abstellen, welches **Risiko** sich **verwirklicht** hat. Bei dieser Betrachtungsweise käme es nicht darauf an, ob der Schwerpunkt des Mandats/Auftrags rechtsberatend war oder nicht. Deckungsschutz hätte der Anwalt jeweils nur, wenn ihm der Fehler bei den spezifisch rechtlichen Elementen des Auftrags unterlaufen ist, egal ob diese gegenüber den wirtschaftlichen Elementen des Auftrags im Vordergrund stehen oder nur untergeordnet sind (Beckmann/Matusche-Beckmann/*v. Rintelen*, § 26 Rn. 288; *Jungk* AnwBl. 2004, 117; Fischer/*Chab*, § 18 Rn. 37). Die andere denkbare Lösung ist die Abgrenzung nach dem **Schwerpunkt des Auftrags.** Bei dieser Betrachtungsweise bestünde Versicherungsschutz nur dann, wenn der Schwerpunkt des Auftrags (oder jedenfalls erhebliche Teile davon) rechtsberatend ist, nicht jedoch bei einem in erster Linie wirtschaftlichen Auftrag, bei dem Rechtsfragen allenfalls eine untergeordnete Rolle spielen. Bei dieser Abgrenzung wäre im ersteren

§ 1 A. Der Versicherungsschutz

Fall jegliche Fehlleistung im Rahmen des Auftrags versichert, egal ob die Fehlleistung die rechtsberatenden Elemente des Auftrags betrifft oder nicht, während im letzteren Fall für den gesamten Auftrag grds. kein Versicherungsschutz bestünde, auch wenn der Schaden bei den (untergeordneten) rechtlichen Aspekten des Auftrags passiert ist (so wohl *Mennemeyer,* Kap. 11 Rn. 52; *Saenger/ Scheuch* AnwBl. 2012, 497; *Riechert,* § 1 Rn. 31 ff.).

24 Nach der Systematik der AVB-RS erscheint es richtiger, am **Schwerpunkt des Auftrags** anzusetzen als bei den spezifischen Risiken, die sich verwirklicht haben (ausführlich OLG München BeckRS 2019, 610; *Mennemeyer,* Kap. 11 Rn. 52; nicht eindeutig BGH VersR 2016, 388; ausdrücklich offengelassen in BGH r+s 2020, 397; zum Ganzen auch instruktiv *Wilhelmer,* Rn. 1003 ff.). Für diese Abgrenzung spricht zum einen, dass die Berufshaftpflichtversicherung des Anwalts keineswegs nur bei spezifisch beruflichen Risiken greift. In der Praxis entfällt ein großer (wenn nicht der größte) Teil der anwaltlichen Haftungsfälle auf schlichte Büro- und Organisationsfehler, die genauso im Betrieb eines Wirtschaftsprüfers, Unternehmensberaters oder Ingenieurs entstehen könnten (falsch notierte Frist, falsch eingegebene Faxnummer, falsch herum eingelegtes Fax, liegengelassene Aktentasche, Verspätung zu einem Termin etc). Die spezifische Tätigkeit eines Anwalts ist auch nicht deutlich schadensgeneigter als die anderer vergleichbarer Berufe. Deshalb ist der Grund dafür, dass Anwälte kraft Gesetzes eine Berufshaftpflichtversicherung haben müssen, auch nicht eine höhere Schadenshäufigkeit, sondern dass Rechtsanwälte häufig mit sehr hohen Werten und Risiken umgehen, die für die Betroffenen existentiell wichtig sind. Dies spricht dafür, auf den jeweiligen Auftrag abzustellen und nicht darauf, welches Risiko sich im jeweiligen Schadensfall verwirklicht hat.

25 Für diese Abgrenzung spricht weiter, dass gem. B 1.1 BBR-RA (s. dort) in die Versicherung auch solche Tätigkeiten einbezogen sind, die **ganz überwiegend kaufmännisch-betriebswirtschaftlichen** Inhalt haben, aber gleichwohl zum **etablierten Berufsbild** des Rechtsanwalts gehören (zB Insolvenzverwalter, Testamentsvollstrecker etc). Auch hier steht ersichtlich die Höhe der anvertrauten Werte und damit die Höhe des Schadensrisikos im Vordergrund, nicht jedoch irgendwelche spezifischen Haftungsgefahren aus rechtsberatender Tätigkeit. Überdies würde sich eine Abgrenzung nach dem verwirklichten Risiko auch nicht mit A 4.2 BBR-RA (s. dort) vertragen, wonach Schäden aus einer kaufmännischen Kalkulations-, Spekulations- und Organisationstätigkeit von der Versicherung ausgeschlossen sind. Dies ist ersichtlich ein Korrektiv dazu, dass Versicherungsschutz auch dann bestehen kann, wenn (zB als Insolvenzverwalter oder Pfleger) eine schwerpunktmäßig außerhalb der eigentlichen Rechtsberatung liegende Tätigkeit entfaltet wird. Versicherungsschutz besteht dann soweit, wie nicht die Grenze zur Spekulation/Kalkulation/Organisation überschritten wird.

26 Es spricht daher alles dafür, anhand des **Schwerpunkts** des anwaltlichen Auftrags abzugrenzen. Ist der Auftrag schwerpunktmäßig rechtlicher Natur, besteht für seine gesamte Abwicklung Versicherungsschutz, auch wenn Elemente des Auftrags keinen spezifisch rechtsberatenden Charakter haben mögen. Die Grenze des Versicherungsschutzes wird erst erreicht, wenn es sich um Kalkulations-/Spekulations-/Organisationstätigkeit iSv A 4.2 BBR-RA

Gegenstand des Versicherungsschutzes **§ 1**

handelt (s. dort). Hat dagegen der dem Anwalt erteilte Auftrag schwerpunktmäßig einen anderen Inhalt als Rechtsberatung, besteht für den gesamten Auftrag kein Versicherungsschutz, auch wenn innerhalb des Auftrags untergeordnete rechtsberatende Tätigkeiten entfaltet werden.

Damit kommt alles darauf an, wo die Grenze zwischen einem von Rechtsberatung geprägten Auftrag und einem Auftrag außerhalb der Rechtsberatung verläuft. **Umstände,** die **für** eine anwaltlich geprägte Tätigkeit und damit für das Bestehen von Versicherungsschutz sprechen, können vor allem sein: 27
- Übernahme einer anwaltstypischen **Tätigkeit.**
- Beratung oder Vertretung, die nach dem **RDG** anderen Berufen untersagt ist.
- Schwierige **rechtliche Verhältnisse.**
- **Erwartung** des Auftraggebers, dass (zumindest auch) eine **rechtliche Prüfung** stattfindet.
- **Weisungen** des Auftraggebers im Hinblick auf **rechtliche Aspekte** des Auftrags.
- Im Zweifel ist alles das als anwaltstypischer Auftrag anzusehen, wofür das **RVG Gebühren vorsieht.**

Bei der Prüfung, ob das **Gepräge** des dem Anwalt erteilten Auftrags rechtsberatend ist oder nicht, ist zu beachten, dass der Mandant in seiner **laienhaften Bewertung** regelmäßig davon ausgeht, dass ein Anwalt stets versichert ist, egal welche Leistungen er im Einzelfall erbringt. Die feinsinnige Differenzierung zwischen versicherter anwaltstypischer Tätigkeit und nicht versicherter sonstiger wirtschaftsberatender Tätigkeit sollte **nicht auf dem Rücken der den Versicherungsschutz stillschweigend unterstellenden Auftraggeber/Mandanten ausgetragen** werden. Deshalb spricht viel dafür, hier die gleichen Grundsätze anzuwenden, die die Rechtsprechung zur Abgrenzung bei der Verjährung und der Anwendbarkeit der Gebührenordnungen herausgearbeitet hat. Nach Auffassung des BGH kann ein Anwaltsvertrag auch anwaltsfremde Aufgaben umfassen, falls diese in einem engen Zusammenhang mit der rechtlichen Beistandspflicht stehen und auch Rechtsfragen aufwerfen können. Im **Zweifel** sei davon auszugehen, dass derjenige, der die Dienste eines Anwalts in Anspruch nimmt, ihn auch **in dieser Eigenschaft beauftragen will** (ebenso *Saenger/Scheuch* AnwBl. 2012, 497 (500); OLG Düsseldorf BeckRS 2008, 25292). Etwas anderes gelte nur dann, wenn die Rechtsberatung völlig in den Hintergrund trete und deswegen als unwesentlich erscheine (BGH NJW 1998, 3486; 1999, 3040). Das gleiche gilt, wenn die Rechtsberatung keine oder nur eine **ganz untergeordnete** Rolle spielt und der Auftraggeber eine wirtschaftliche oder kaufmännische Vertretung oder Beratung erwartet, die auch **ganz oder überwiegend von anderen Berufsgruppen** wahrgenommen werden könnte (BGH VersR 2016, 388; Gräfe/Brügge/Melchers/*Brügge,* Rn. B 289). Nach Auffassung des BGH (VersR 2016, 388) reicht es nicht aus, dass die Tätigkeit eine gewisse Kenntnis rechtlicher Zusammenhänge erfordert, sodass etwa die Tätigkeiten als **WEG-Verwalter, Immobilienmakler** oder **Versicherungsmakler** ebenso wenig versichert sein soll wie die eines **Mittelverwendungskontrolleurs.** Des Weiteren reicht es nach Auffassung des BGH nicht, dass mit dem Auftrag **Beratungs- und Informationspflichten** einhergehen, wenn diese Pflichten 28

§ 1 A. Der Versicherungsschutz

nicht anwaltsspezifisch sind. Und schließlich setzt nach Auffassung des BGH (VersR 2016, 388) die Einordnung als versicherte berufstypische Tätigkeit nicht voraus, dass es sich um eine Tätigkeit handelt, in deren Ausübung der Auftraggeber **besonderes Vertrauen** setzt. Dafür, im Zweifel von einem rechtlichen Gepräge des dem Anwalt erteilten Auftrags auszugehen und Versicherungsschutz zu bejahen, spricht auch der Gedanke, dass es bei der Berufshaftpflichtversicherung des Anwalts vor allem um den Schutz des Publikums geht (dazu → Einl. Rn. 6f.).

29   Grenzt man nach dem Gepräge des Auftrags ab, kommt entscheidende Bedeutung der Abgrenzung des **Auftrags** zu. Berufsfremde Tätigkeiten, deren Erledigung innerhalb eines **umfassenden anwaltlichen Mandats** durchaus mitversichert sein können, sind nicht mitversichert, wenn der Anwalt mit ihnen **isoliert** beauftragt wird. Mandatiert ein **Dauermandant** (zB kleines oder mittleres Unternehmen) den Anwalt laufend mit Aufträgen, die teilweise klar rechtsberatenden Inhalt haben, teilweise aber auch nicht-juristische Aufgaben betreffen, so ist im Zweifel die Mandatierung **als Einheit** zu sehen, für die einheitlich Versicherungsschutz besteht. Dies ist schon aus Sicht des Mandanten erforderlich, dem nicht verständlich zu machen wäre, warum der Anwalt mal Versicherungsschutz haben soll, mal nicht.

30   Von Bedeutung für die Abgrenzung ist auch das **Umfeld des Auftrags,** insbesondere die **Person des Auftraggebers.** Kennt sich der Mandant beispielsweise beim Abschluss bestimmter Verträge selbst bestens aus, kann dies zB dafür sprechen, dass er den Anwalt im Rahmen einer **Vermittlungstätigkeit** nur wegen seiner Kontakte oder seines Verhandlungsgeschicks beauftragt, sodass es sich nicht um eine anwaltstypische Tätigkeit handelt und kein Versicherungsschutz besteht. Der gleiche Auftrag kann dagegen, wenn er von einem Geschäftsunkundigen erteilt wird, durchaus mit einer rechtlichen Beistandspflicht verbunden sein und dann ein ausreichendes rechtsberatendes Gepräge haben (vgl. BGH NJW 2000, 2109).

31   Da der Rechtsanwalt grds. auch steuerrechtlich beraten darf (das Steuerrecht ist schließlich Teil der Rechtsordnung), ist grds. auch jegliche **steuerliche Beratung** mitversichert. Das gilt jedoch nicht für die – traditionell vor allem von Steuerberatern wahrgenommenen – **steuerberatertypischen Nebentätigkeiten,** bei denen die Behandlung rechtlicher Fragen nicht im Vordergrund steht, wie zB die **Übernahme der Buchführung/Buchhaltung** für Einzel- und Kleinunternehmen (Riechert, § 1 Rn. 91; Jungk AnwBl. 2004, 117 (118)). Ist der Anwalt gleichzeitig auch Steuerberater, ist häufig unklar, in welcher Eigenschaft er einen bestimmten Auftrag bearbeitet hat. Bedeutung hat dies, weil über die besonderen Bedingungen und Risikobeschreibungen (BBR) der Umfang der versicherten Tätigkeiten für beide Berufsgruppen im Detail durchaus unterschiedlich geregelt ist. Im Zweifel ist davon auszugehen, dass ein Auftrag in derjenigen Berufsqualifikation bearbeitet wurde, nach der die Tätigkeit nach den BBR im weitestmöglichen Umfang versichert ist.

32   Zu beachten ist bei der Abgrenzung, dass das anwaltliche Berufsbild nicht statisch ist, sondern sich **ständig verändert.** Das gilt insbesondere für die wirtschaftsberatenden Sozietäten, die ständig mit neuen Aufgaben konfrontiert werden. Vieles, was heute wie selbstverständlich zum anwaltlichen Berufsbild gehört, wäre vor 10 oder 20 Jahren als exotischer Auftrag betrachtet

Gegenstand des Versicherungsschutzes **§ 1**

worden. Dass sich eine bestimmte Tätigkeit nicht mit dem tradierten Berufsbild des Rechtsanwalts deckt, wie es sich in der Öffentlichkeit darstellt, heißt deshalb noch lange nicht, dass es sich um eine nicht versicherte Tätigkeit handelt.

Für die Versicherungsdeckung ist nicht erforderlich, dass die Schadensersatzansprüche **ausschließlich** aus versicherten Pflichtverletzungen herrühren. Es genügt, dass die behaupteten Ansprüche **auch** mit einem versicherten Rechtsverhältnis begründet werden (OGH VersR 1998, 84; LG Köln VersR 1989, 355 mit Anm. *Ebel:* Der Geschädigte machte Ansprüche gegen einen Rechtsanwalt geltend, der als Treuhänder in einem Bauherrenmodell agiert hatte. Das LG ließ offen, ob die Tätigkeit als Treuhänder vom Versicherungsschutz gedeckt sei (→ Rn. 39), da jedenfalls der Anwalt auch seine Pflichten bei der Prospektprüfung verletzt habe und dies versichert sei). 33

Hat der Anwalt Zweifel, ob ein ihm angetragener Auftrag oder ein ihm angetragenes Amt mitversichert ist, empfiehlt sich dringend die **Abstimmung mit dem VR**. Teilt der VR mit, dass das betreffende Amt bzw. die betreffende Tätigkeit nicht versichert sei, kann der Anwalt den Auftrag entweder ablehnen oder – was häufig möglich ist – **durch gesonderte Vereinbarung** mit dem VR den Auftrag in die Versicherung einbeziehen, wobei ggf. eine gewisse Zusatzprämie zu zahlen ist (die dann regelmäßig der Mandant übernimmt oder die sich jedenfalls in der Bemessung des Honorars niederschlagen wird). 34

cc) Einzelfälle. Als typischerweise **außerhalb** des anwaltlichen Berufsbilds liegend und damit nicht versichert werden genannt die **Vermittlung von Krediten** (Gräfe/Brügge/Melchers/*Brügge,* Rn. B 281) sowie die **Vermögensverwaltung** (Beckmann/Matusche-Beckmann/*v. Rintelen*, § 26 Rn. 283) und der **Ankauf von Forderungen** (instruktiv OLG Stuttgart BRAK-Mitt. 2005, 21: Der Anwalt war nur zur Wahrung der Anonymität des Käufers eingeschaltet worden). Zu weitgehend erscheint allerdings die Auffassung, auch „**sonstige wirtschaftliche Interessenvertretung**" sei regelmäßig nicht mehr versichert (so aber Gräfe/Brügge/Melchers/*Brügge,* Rn. B 280). Der wirtschaftsberatende Anwalt wird typischerweise nicht für abstrakten Rechtsrat bezahlt, sondern für solchen, der auch zu wirtschaftlich vernünftigen Ergebnissen führt. Gerade das Abwägen zwischen rechtlichen Risiken und wirtschaftlichen Chancen ist der Kern der Tätigkeit der typischerweise gut bezahlten Anwälte, die Unternehmen wirtschaftsrechtlich beraten. Die **Formulierung von Verträgen** ist regelmäßig eine spezifisch anwaltliche Tätigkeit, auch wenn es sich um Verträge des täglichen Lebens oder Massengeschäfte ohne besondere Schwierigkeit handelt. Die **Geltendmachung von Forderungen** gegen Dritte ist regelmäßig anwaltstypisch, auch wenn heutzutage professionelles Inkasso auch von gewerblich tätigen Inkassogesellschaften durchgeführt wird. Etwas anderes kann aber gelten, wenn in gewerbsmäßigem Stil **Masseninkasso** durchgeführt wird und dabei ganz überwiegend ungelernte Hilfskräfte auf der Basis ausgefeilter IT-Programme („**Legal Tech**") tätig sind und eine Rechtsprüfung praktisch nicht mehr stattfindet (*Riechert,* § 1 Rn. 93 ff.; vgl. dazu AnwGH Hamm AnwBl. 2011, 698). Das **Anmelden von Schutzrechten** ist ebenfalls typischerweise anwaltliche Aufgabe, obwohl auch Nicht-Rechtsanwälte (zB Patentanwälte) vergleichbare 35

§ 1   A. Der Versicherungsschutz

Aufgaben durchführen. Die **Schuldenregulierung** ist typischerweise eine stark rechtlich geprägte Tätigkeit, sodass Versicherungsschutz besteht (*Mennemeyer,* Kap. 11 Rn. 52; aA OLG Celle ZfS 1985, 19). **Verwahrgeschäfte, zB** von Wertgegenständen, aber neuerdings auch von Schlüsseln zu Kryptowährungen, haben mit Rechtsberatung im Regelfall nichts zu tun und sind daher auch nicht versichert.

36   Die Problematik der Abgrenzung lässt sich am Beispiel der **Anlageberatung** exemplarisch aufzeigen (ausführlich *Riechert,* § 1 Rn. 88ff.). Gerade weil der Rechtsanwalt „Berater in allen Lebenslagen" über die eigentliche Rechtsberatung hinaus ist, wird er von Mandanten häufig auch um Rat dazu gefragt, wie hohe Geldsummen anzulegen sind (beispielhaft BGH NZG 2015, 559) oder gar um die Verwaltung dieser Gelder gebeten. Dies kann sich im Zusammenhang mit steuerberatender Tätigkeit ergeben, aber auch wenn der Anwalt mitgeholfen hat, einem wirtschaftlich unerfahrenen Mandanten unverhofft hohe Geldsummen zu verschaffen (zB im Fall OLG Brandenburg BRAK-Mitt. 2014, 304). Hier liegt es für den geschäftsunerfahrenen Mandanten nahe, den Anwalt zu fragen, was er denn nun mit dem Geld machen solle. Die Rendite einer jeden Anlage steht in untrennbarem Zusammenhang mit ihrem Risiko; je höher das Risiko desto höher die Renditechance. Eine zuverlässige Einschätzung der mit einer bestimmten Anlage verbundenen Risiken setzt zum einen das Abschätzen wirtschaftlicher Risiken voraus (Kursentwicklung, Rohstoffpreise etc), aber regelmäßig auch das Abschätzen rechtlicher Risiken (zB Insolvenzsicherheit, Nachschusspflichten, Mithaftung für andere, steuerliche Auswirkungen), was klassische Aufgabe des Anwalts ist. Im Einzelnen kommt es deshalb darauf an, ob der Anwalt bei der Anlageberatung auch seinen juristischen Sachverstand in nennenswertem Umfang eingesetzt hat (OLG Koblenz NJW-RR 2003, 272; BGH NJW 1999, 3040), oder ob die Beratung ausschließlich oder ganz schwerpunktmäßig rein wirtschaftliche Fragen zum Gegenstand hatte (*Jungk* AnwBl. 2004, 117 (118)).

37   Auf der Grenzlinie zwischen wirtschaftlicher und rechtlicher Beratung bewegt sich der Anwalt häufig auch bei der **Beratung/Betreuung wirtschaftlich angeschlagener Unternehmen.** Hier geht es einerseits um die **Prüfung** einer **möglichen Überschuldung/Illiquidität** mit der daraus resultierenden Pflicht zur Insolvenzanmeldung, was sicherlich eine rechtsberatende Tätigkeit ist. Erstellt dagegen der Anwalt schwerpunktmäßig **Zahlungspläne/Liquiditätsberechnungen** oder stellt er einen **Insolvenzplan** auf, kann die Grenze zur rein wirtschaftlichen/kaufmännischen Tätigkeit überschritten sein (*Jungk* AnwBl. 2004, 117 (118)). Eine **Erbauseinandersetzung** hingegen mag viel Rechenarbeit bedingen, setzt aber typischerweise auch die Klärung von Rechtsfragen voraus und ist deshalb im Zweifel versichert (vgl. aber → A 4.2 Rn. 4); das ergibt sich auch aus der Mitversicherung des Amtes als Testamentsvollstrecker (→ B Rn. 23, 45).

38   Wird der Anwalt als **Makler** tätig, in dem er Darlehens- oder Grundstücksgeschäfte vermittelt, ist nach Auffassung des BGH (BGH VersR 2016, 388) grds. keine versicherte Tätigkeit gegeben. Etwas anderes kann aber gelten, wenn der Maklervertrag auch eine Rechtsbeistandspflicht zum Gegenstand hat (*Riechert,* § 1 Rn. 84ff.; vgl. auch OLG Koblenz BeckRS 2022, 11000). Das soll zB der Fall sein, wenn der Rechtsanwalt auch die rechtlichen Voraus-

Gegenstand des Versicherungsschutzes **§ 1**

setzungen für den Abschluss eines Grundstückskaufvertrages herbeiführen soll (BGH NJW 1992, 681). Kommt es dagegen nur auf die **persönlichen Beziehungen** des Anwalts zu möglichen Geschäftskunden an, ohne dass der Auftrag irgendwelche rechtlichen Aspekte aufweist, liegt keine anwaltliche Berufstätigkeit vor (BGH AnwBl. 1956, 255), sodass auch kein Versicherungsschutz besteht (ähnlich *Jungk* AnwBl. 2004, 117). Nicht zum typischen Berufsbild eines Anwalts gehören auch **Outplacement-Dienstleistungen,** dh die Beratung ausgeschiedener Arbeitnehmer bei der beruflichen Neuorientierung (OLG Karlsruhe BRAK-Mitt. 2016, 297), auch dafür besteht deshalb kein Versicherungsschutz.

Bei **Treuhandtätigkeit** (ausführlich *Wilhelmer* AnwBl.online 2022, 178ff.) **39** liegt jedenfalls dann regelmäßig noch anwaltliche Tätigkeit vor, wenn der Rechtsanwalt vielfältige rechtliche, insbesondere steuerrechtliche Interessen des Anlegers zu wahren hat (BGH NJW 1993, 199; VGH Hessen BRAK-Mitt 2008, 280; Beckmann/Matusche-Beckmann/*v. Rintelen*, § 23 Rn. 287; *Riedel* NJW 1984, 1021; *Chab* AnwBl. 2004, 440; *Evers* NJW 1983, 1652; *Chab* BRAK-Mitt. 2009, 67; *Riechert*, § 1 Rn. 38ff.; *Riechert* AnwBl. 2012, 458; sehr großzügig zuletzt BGH ZIP 2016, 319). Die Einschaltung eines Rechtsanwalts zum Zwecke der **Mittelverwendungskontrolle** bei einem Finanzanlagenmodell hat hingegen der BGH (VersR 2016, 388 gegen OLG Düsseldorf BeckRS 2008, 25292; dazu *Riechert* AnwBl. 2012, 458 und *Saenger/Scheuch* AnwBl. 2012, 497) nicht als versicherte anwaltliche Tätigkeit angesehen, obwohl wegen der beruflichen Stellung als Rechtsanwalt die Anleger besonderes Vertrauen in die Korrektheit der Mittelverwendung und deren Prüfung gehabt hätten. Fungiert der Rechtsanwalt vor allem zur Verschleierung **(Strohmann),** liegt ebenfalls keine versicherte anwaltliche Tätigkeit vor (OLG Düsseldorf NVersZ 1998, 132), es sei denn, der Auftrag besteht vor allem darin, die Strohmannkonstellation vertraglich zu strukturieren (*Mennemeyer,* Kap. 11 Rn. 53; OLG Düsseldorf NVersZ 1998, 132).

Eine anwaltliche Tätigkeit verneint hat das OLG München (BeckRS 2019, **40** 610) bei der Beauftragung eines Anwalts als „Treuhänder", dessen Aufgabe lediglich die **Kündigung von Lebensversicherungsverträgen** und die **Weiterleitung der Gelder** daraus an eine Kapitalanlagegesellschaft war.

In ähnlicher Weise hat das OLG Düsseldorf (NJW 2021, 1963) eine **41** Rechtsanwältin als nicht-versicherte reine **Zahlungsdienstleisterin** angesehen, die lediglich Anlegergelder an ein Kapitalanlagemodell weitergeleitet hatte (ebenso OLG Köln VersR 2022, 1434 Rn. 53). Die Einschaltung der Rechtsanwältin diente offensichtlich nur dem Zweck, die **Seriosität** des Kapitalanlagemodells zu **suggerieren** (ebenso LG Hannover BeckRS 2016, 15277; ähnlich OLG Stuttgart BeckRS 2011, 13746).

Eine mitversicherte Treuhandtätigkeit liegt hingegen vor, wenn im Zuge **42** eines Mandats, welches die Verteilung von Schadensersatz- oder Entschädigungsleistungen an einen größeren Personenkreis zum Gegenstand hat, ein **Treuhandfonds** eingerichtet wird, in den ein Unternehmen Gelder einzahlt, die dann durch Treuhänder unter den Geschädigten/Anspruchsberechtigten verteilt werden. Zu solchen Konstellationen kommt es zB bei Unfällen mit einer Vielzahl von Opfern (Flugzeugabsturz, Eschede-Zugunglück), bei Produkthaftungsfällen (Contergan), aber auch bei Massenentlassungen (Siemens/

§ 1 A. Der Versicherungsschutz

BenQ). In solchen Konstellationen wird häufig vereinbart, dass entweder der Anwalt des Unternehmens oder der Anwalt der (Sammel-)Kläger oder beide gemeinsam den Fonds verwalten, was jeweils **mitversichert** ist. Für die Mitversicherung einer Treuhandtätigkeit spricht auch, wenn der Anwalt nicht einseitiger Interessenvertreter ist, sondern beiderseitige Sicherungsinteressen zu beachten hat (BGH NJW 2011, 610).

43 Geradezu exemplarisch haben sich die Abgrenzungsschwierigkeiten bei **Treuhandtätigkeit** im Rahmen eines **Bauherrenmodells** gezeigt. Hier wird der Anwalt zwar als Treuhänder der einzelnen Anleger tätig. Er wird jedoch regelmäßig nicht von den Anlegern ausgesucht, sondern von den Initiatoren des Bauherrenmodells. Die Anleger bekommen den Anwalt typischerweise nie zu sehen und sprechen auch nie mit ihm, sondern erteilen lediglich schriftliche Vollmacht. Der Anwalt berät auch nicht, sondern wickelt lediglich vorbereitete Handlungen im Rahmen eines steuerlich und rechtlich bereits fertig durchkonstruierten Konzeptes ab, welches den Bauherren Steuervorteile verspricht. Der Treuhänder ist hier ein reines Vollzugsorgan der Bauherren (Treugeber), sodass nach richtiger Auffassung (*Evers* NJW 1983, 1652; OLG Karlsruhe BRAK-Mitt. 2022, 315; dagegen *Riedel* NJW 1984, 1021; offengelassen von LG Köln VersR 1989, 355 mit Anm. *Ebel*) kein Versicherungsschutz besteht. Das gleiche gilt, wenn der Anwalt nur die vertragsgemäße Verwendung der Einzahlungen zu prüfen hat (KG NJW-RR 2003, 780; LG Krefeld 5. 2. 1997 – 2 O 5/96, zit. bei *Chab* AnwBl. 2004, 441). Allerdings kommt eine Haftung des Anwalts in Betracht, wenn er den **Prospekt geprüft** hat und ihm dabei Fehler unterlaufen sind, denn dies ist eine ureigenste juristische Aufgabe (LG Köln VersR 1989, 355 mit Anm. *Ebel*).

44 Bei **Anwaltsnotaren** stellt sich häufig die Abgrenzungsfrage, ob eine Haftung aus anwaltlicher Tätigkeit oder aus Notartätigkeit herrührt. Für die Notarhaftung gilt der Subsidiaritätsgrundsatz nach § 19 Abs. 1 S. 2 BNotO und der Haftungsausschluss aus § 839 Abs. 3 BGB bei unterlassenem Rechtsmittel. Auch können für beide Tätigkeiten unterschiedlich hohe Deckungssummen vereinbart sein. Zentral ist, ob der Berufsträger parteiisch als Anwalt oder neutral als Notar handelt. Auch der Außenauftritt (Amtssiegel, Gebührenabrechnung etc) kann eine Rolle spielen. Im Übrigen ist § 24 BNotO zu beachten (zu alldem *Riechert,* § 1 Rn. 71 ff.).

45 Zum anwaltlichen Berufsbild und damit zu den versicherten Tätigkeiten gehört – jedenfalls heute – auch die Durchführung von **Due Diligences** sowie die in diesem Zusammenhang abgegebenen **Legal Opinions** bzw. **Reliance Letters** (aA *Kahmann/Graf Vitzthum* VersR 2009, 21; dagegen *Diller* AnwBl. 2010, 52; s. auch → Rn. 71).

46 In Zeiten immer größerer **Compliance-Anstrengungen** werden Anwälte immer häufiger mit **internen Untersuchungen** bestimmter Sachverhalte in Unternehmen beauftragt. Dabei handelt es sich solange um eine versicherte anwaltstypische Tätigkeit, wie die Tatsachenfeststellung mit der Prüfung verbunden ist, ob bestimmte Sachverhalte gesetzeskonform sind oder nicht. Wird hingegen der Anwalt wie ein auswechselbarer sonstiger Dienstleister ausschließlich mit der Aufarbeitung bestimmter Sachverhalte beauftragt, ohne dass es auf eine rechtliche Prüfung oder Bewertung ankäme, liegt keine anwaltstypische Tätigkeit mehr vor. Dabei wird es sich jedoch um Ausnahme-

Gegenstand des Versicherungsschutzes **§ 1**

fälle handeln, da die meisten von externen Anwälten durchgeführten Compliance-Untersuchungen untrennbar mit der Prüfung etwa datenschutzrechtlicher, kartellrechtlicher oder sonstiger Rechtsfragen verbunden sind.

Abgrenzungsprobleme können sich auch bei der **Beratung von Regie-** 47
rungen auf kommunaler oder Landes- bzw. Bundesebene ergeben. Während Lobbytätigkeit durch Anwälte typischerweise nicht mehr zum anwaltstypischen Berufsbild gehört (*v. Lewinski* AnwBl. 2011, 665), handelt es sich bei der Erstellung von Gesetzestexten oder der Mitwirkung daran (sog. **„Gesetzgebungs-Outsourcing"**) um anwaltstypische und damit versicherte Tätigkeit (*v. Lewinski* AnwBl. 2011, 665). Als anwaltstypisch anzusehen ist im Zweifel auch die Tätigkeit in **betriebsverfassungsrechtlichen Einigungsstellen** nach § 76 BetrVG (dazu BAG NZA 1991, 651).

Große Probleme macht seit jeher auch die Tätigkeit von Anwälten in Auf- 48
sichtsorganen von Unternehmen, insbesondere in **Aufsichtsräten, Beiräten, Stiftungsräten** etc. Hier unterscheiden sich die Bedingungswerke der führenden Haftpflichtversicherer deutlich. Die AVB-RS enthalten zwar in § 4.4 einen entsprechenden Deckungsausschluss, beziehen solche Mandate aber in B 1.1 der BBR-RA der Deckung wieder ein, wenn die dem Verstoß zu Grunde liegende Tätigkeit „einer anwaltlichen Berufsausübung entspricht" (→ B Rn. 38). Bei der **Leitung von Gesellschafterversammlungen,** sei es im Einzelfall oder kraft dauernder Beauftragung, steht hingegen typischerweise die Vertrautheit mit den vielfältigen rechtlichen Formalitäten und Fallstricken (zB Stimmrechtsausschlüsse) im Vordergrund, weniger die persönliche Integrität, sodass richtigerweise Versicherungsschutz bestehen muss (aA *Chab* AnwBl. 2022, 298).

Ganz neue Abgrenzungsfragen wirft der zunehmende Einsatz von **Legal** 49
Tech auf (ausführlich zu den Haftungs- und Versicherungsfragen *Zimmermann* AnwBl. 2019, 815). Mit dem Schlagwort „Legal Tech" bezeichnet man ganz allgemein den Einsatz von Algorithmen oder künstlicher Intelligenz bei der Erbringung von Rechtsdienstleistungen. Unproblematisch ist es zunächst, wenn der Anwalt im Rahmen eines „normalen" Mandats Legal Tech zur Arbeitserleichterung einsetzt, etwa beim Durchsuchen von Dokumenten, zur Vertragsoptimierung, zur Systematisierung von Sachverhalten, zur Vereinfachung von Recherchen etc. Auch hier gilt der Grundsatz, dass der Anwaltsberuf sich ständig wandelt, und die Nutzung neuer Technologien ist Teil dieses Wandels, sodass auch Mandate mit hohem Legal Tech-Einsatz typische Anwaltsmandate und damit versichert sind. Die Grenze ist aber dort überschritten, wo **keine individualisierte Rechtsberatung** mehr stattfindet (so ausdrücklich die Legal-Tech-Klausel des **HDI** in B IV BBR-RA und der **Gothaer** in B III 6 BBR-RA). Stellt der Anwalt beispielsweise seinen Mandanten einen **Vertragsgenerator** zur Verfügung (online oder als Lizenz, vgl. BGH NJW 2021, 3125 „smartlaw"), liegt kein Anwaltsvertrag mehr vor, sondern ein Software-Überlassungsvertrag oÄ, der nicht versichert ist. Daran ändert sich nichts, wenn in die Erstellung des Vertragsgenerators etc hoher fachlicher Input eingeflossen ist.

Aus demselben Grund nicht versichert ist die Erstellung und Zurverfü- 50
gungstellung von **„Schulungsmaterial"** (egal ob gedruckt oder als Film), welches keinen Bezug zu einem individuellen Rechtsproblem aufweist. Die

§ 1 A. Der Versicherungsschutz

(regelmäßig kostenlose) Versendung von Mandanten-Newsletter ist deshalb ebenso wenig versichert wie der Verkauf von Workshop-Unterlagen oder Schulungsfilmen an Mandanten, zB zur Sensibilisierung für kartellrechtliche Problemlagen, GwG-Probleme oder zur Vermeidung von AGG-relevanten Belästigungen.

51 Die Tätigkeit des Anwalts als externer **Datenschutzbeauftragter** oder **GwG-Beauftragter** ist typischerweise so stark rechtlich geprägt, dass sie noch als zum anwaltlichen Berufsbild gehörend und damit mitversichert angesehen werden muss. Allerdings empfiehlt sich die vorherige Abstimmung mit dem Versicherer, da diese verbreitet der Auffassung sind, die Berufshaftpflichtversicherung decke solche Tätigkeiten nicht mit ab (zB *Riechert,* § 1 Rn. 108, 112; *Riechert* AnwBl. 2018, 356 (357); *Riechert* AnwBl. 2019, 418), da die rechtlichen Aspekte der Tätigkeit nur untergeordnete Bedeutung hätten. Hingegen wird das Betreiben einer externen **Whistleblower-Hotline** für Mandanten, etwa nach dem HinweisgeberschutzG, nicht versichert sein, da hier rechtliche Kenntnisse eine ganz untergeordnete Rolle spielen und es vorrangig um Verlässlichkeit/Seriosität geht (beim **HDI** ist das Amt als Ombudsmann solcher Hinweisgebersysteme B III BBR-RA ausdrücklich mitversichert).

52 Nicht selten schaltet der Anwalt in die Bearbeitung eines Mandats **Dritte** ein. Das können berufsfremde Dritte sein (Übersetzer, Bausachverständige, Forensikspezialisten etc), aber auch andere Berufsträger (etwa Spezialisten für bestimmte abgelegene Rechtsmaterien oder ausländische Kollegen). Hier ist bezüglich der Haftung zu differenzieren: Im Regelfall besteht in solchen Dreiecksfällen eine Vertragsbeziehung ausschließlich zwischen Anwalt und Mandant, nicht aber zwischen dem Mandanten und dem eingeschalteten Dritten. Folglich haftet dieser dem Mandanten gegenüber nicht direkt. Vielmehr haftet der Anwalt gem. § 278 BGB für den Dritten als Erfüllungsgehilfen mit (und hat allenfalls einen Regress gegen den Dritten). Hier besteht nach der ausdrücklichen Regelung in Satz 1 stets Versicherungsschutz auch für die abgeleitete Haftung aus § 278 BGB (→ Rn. 114 ff.). Anders ist es hingegen bei der **„Substitution"** iSd § 664 BGB, also der Weiterübertragung eines Teils des Auftrags mit Zustimmung des Mandanten. Hier kommt eine unmittelbare Vertragsbeziehung zwischen dem Mandanten und dem Dritten zu Stande mit der Folge, dass der Dritte dem Mandanten gegenüber auch unmittelbar haftet. Versicherungsschutz dafür über die Police des Anwalts besteht nicht (ausführlich dazu *Riechert* AnwBl. 2017, 664). Die Haftung des Anwalts gegenüber dem Mandanten beschränkt sich auf die sorgfältige Auswahl der Substituten. Dafür besteht Versicherungsschutz, weil sich die Beratungspflicht des Anwalts gegenüber dem Mandanten auch und gerade darauf bezieht, wo die Expertise des Anwalts endet und die Einschaltung Dritter geboten ist (*Riechert* AnwBl. 2017, 199 (200)). Beauftragt der Mandant den Anwalt, in Vollmacht die Beauftragung des Dritten vorzunehmen und gegebenenfalls dessen Leistungen und die nachfolgende Honorarrechnung auf Plausibilität zu prüfen, gehört dies ebenfalls zum typischen anwaltlichen Berufsbild und ist im Zweifel versichert (*Riechert* AnwBl. 2017, 199 (200)).

53 Entsendet eine Sozietät angestellte Anwälte befristet auf **„Secondment"** in die Rechtsabteilung eines Mandanten (→ Rn. 18), fehlt es typischerweise an einer anwaltlichen Tätigkeit, weil der Secondee nicht im Rahmen eines

Gegenstand des Versicherungsschutzes **§ 1**

vom Unternehmen erteilten Mandats tätig wird, sondern in dessen Interesse und auf dessen Weisung in dessen eigenen Angelegenheiten.

f) Berufsrechtswidrige Tätigkeiten. Für den Versicherungsschutz **un- 54 erheblich** ist, ob die Tätigkeit des Anwalts berufsrechtsgemäß war. Auch wenn der Anwalt das Mandat aus berufsrechtlichen Gründen nicht hätte bearbeiten dürfen (zB wegen einer **Vorbefassung** oder einer **Interessenkollision** nach §§ 45, 43a BRAO), besteht Versicherungsschutz (aA *Riechert*, § 1 Rn. 36). Das gilt erst recht, wenn der Anwalt gegenüber einem inländischen Mandanten als „Generalunternehmer" eine Beratung zu ausländischen Rechtsfragen übernimmt und dazu ausländische Kollegen einschaltet, obwohl der Anwalt in der ausländischen Rechtsordnung nach den dortigen berufsrechtlichen Regeln gar nicht beraten dürfte. Der Versicherungsschutz geht auch nicht wegen wissentlicher Pflichtverletzung verloren, wenn der Anwalt um die Berufsrechtswidrigkeit seines Handelns weiß (im Einzelnen § 4 Rn. 74). Hingegen soll nach Ziff. 1.1.2 des **R+V**-Bedingungswerks („AVB-P") ausdrücklich nur eine „rechtlich zulässige" Tätigkeit versichert sein; ob das § 51 BRAO genügt, erscheint fraglich.

g) Mithaftung für Angehörige anderer Berufe. Nach § 59c Abs. 1 **55** BRAO darf sich der Anwalt mit Steuerberatern, Wirtschaftsprüfern und nunmehr auch mit Angehörigen anderer freier Berufe assoziieren. Kehrseite dieser durch die Große BRAO-Reform ausgeweiteten Assoziierungsmöglichkeiten ist das Risiko, in Sozietäten mit persönlicher Haftung (GbR, KG, OHG) akzessorisch aus §§ 128ff. HGB für die Fehler der anderen Berufsangehörigen mitzuhaften. Diese Mithaftung ist nicht über die AVB-RS abgedeckt, weil diese eben nur die Haftung aus der Ausübung der Berufe als Rechtsanwalt oder Steuerberater abdeckt. Bei Assoziierung des Anwalts mit einem anderen Freiberufler ist die berufliche Tätigkeit dieses anderen Freiberuflers nicht zugleich anwaltliche Tätigkeit. Dasselbe Problem tritt auf, wenn der Anwalt im Rahmen einer ARGE einen bestimmten Auftrag gesamtschuldnerisch mit Angehörigen anderer Berufsgruppen, beispielsweise einem **Architekten, Ingenieur, Pensionsgutachter** etc übernimmt und über § 426 BGB für die Fehler der anderen Konsorten einzustehen hat. Hier hilft dem Anwalt die auf den AVB-RS basierende Berufshaftpflichtversicherung nicht, dh, er muss für anderweitigen Versicherungsschutz sorgen, sei es, dass er selbst das Risiko durch Zusatzversicherungen abdeckt oder aber sich in die Haftpflichtversicherung der jeweils anderen Berufsträger miteinbeziehen lässt. Alternativ kann durch Vertrag mit dem Mandanten/Auftraggeber/Kunden die **Haftung auf den/die jeweils Handelnden beschränkt** werden, was das Berufsrecht aller Freiberufler zulässt (vgl. § 52 Abs. 2 S. 2 BRAO). Den umgekehrten Fall (akzessorische Mithaftung der anderen Berufsträger für die Fehler des Rechtsanwalts) regelt § 1 II 3.1 (s. dort).

3. Verstoß

a) Begriff des Verstoßes. Zentraler Anknüpfungspunkt der Berufshaft- **56** pflichtversicherung ist der „Verstoß". Dabei definieren die AVB weder diesen Begriff, noch regeln sie, wogegen verstoßen sein muss. Der Begriff „Verstoß"

§ 1 A. Der Versicherungsschutz

ist deshalb weit zu verstehen als **„jede Pflichtverletzung"**, dh jede Verletzung der anwaltlichen Berufspflichten. Der Verstoß kann in einem **einmaligen aktiven Tun** liegen (ungünstiger Vergleichsschluss, voreilige Klagerücknahme etc), in einem **Unterlassen** (Fristversäumnis, Verjährenlassen von Ansprüchen) oder in **mehreren aufeinander aufbauenden Fehlleistungen** (der Anwalt lässt zunächst fahrlässig eine Frist verstreichen, und versucht dies dann durch einen wiederum fehlerhaften Wiedereinsetzungsantrag zu reparieren). Von der Versicherung abgedeckt sind auch **Allerwelts-Fehlleistungen,** die auch in jedem anderen Beruf passieren (Liegenlassen von Aktentaschen, versehentlich unverschlossenes Büro, verschlampte Unterlagen, Terminsversäumung durch verschuldeten Autounfall etc). Das Verschulden bezieht sich dann zwar auf eine Vertragspflicht, die nicht spezifisch einem einzelnen Mandat zuzuordnen ist. Das ändert aber nichts daran, dass in Bezug auf den geschädigten Mandanten jedenfalls auch die Verletzung einer **Nebenpflicht** aus dem Anwaltsvertrag vorliegt, was ebenfalls versichert ist.

57 Versichert sind auch Schäden, die aus der Verletzung **spezifisch anwaltlicher Nebenpflichten** resultieren, etwa aus einer Verletzung der **Verschwiegenheitspflicht** (so ausdrücklich § 3 III 4) oder der Pflicht zur **Aktenherausgabe** (§ 50 BORA). Nach § 3 III 4 sind auch Schäden versichert, die Mandanten entstehen, weil der VN deren Mitarbeiter **diskriminiert** (ein wohl rein theoretisches Risiko, s. dort), ebenso Schäden aus Verstößen gegen **Datenschutzgesetze.**

58 **b) Bedeutung der Feststellung des Verstoßes.** Das Versicherungsrecht und die verschiedenen Versicherungssparten kennen drei verschiedene Versicherungsprinzipien (*Schlie*, S. 63):
– Am weitesten geht das den AVB-RS zugrunde liegende **Verstoßprinzip** („Kausalereignisprinzip"). Hier ist der Versicherungsfall durch den Verstoß definiert, ohne dass es auf Schadenseintritt oder Geltendmachung ankäme.
– In der allgemeinen Haftpflichtversicherung (§ 1 AHB) gilt das **Schadensprinzip,** wonach nicht schon der Verstoß, sondern erst der Schadenseintritt den Versicherungsfall definiert (ausführlich Späte/Schimikowski/*v. Rintelen*, § 1 Rn. 28 ff.). Auf die Anspruchserhebung kommt es aber nicht an.
– Am weitesten gilt das **Anspruchserhebungsprinzip** („Claims-made"), welches vor allem ausländischen Policen zugrunde liegt (ausführlich dazu → Einl. Rn. 118 ff.). Hier ist Versicherungsfall erst die Geltendmachung der Ansprüche.

59 Die Feststellung, **welcher Verstoß** für den eingetretenen Schaden ursächlich war, ist für das Versicherungsverhältnis von **höchster Bedeutung.** Das gilt zum einen für die **Serienschadenproblematik** (vgl. § 3 II 2, s. dort). Noch zentraler ist die Feststellung des relevanten Verstoßes in **zeitlicher Hinsicht.** Hat der Anwalt die Versicherung gewechselt, die Deckungssumme erhöht, haben sich die Versicherungsbedingungen geändert oder kommt es zu einer Kumulierung mehrerer Großschäden etc, ist von entscheidender Bedeutung, in welchem Moment der Versicherungsfall eingetreten ist. Je nach dem ist die eine oder andere Versicherung eintrittspflichtig, steht eine höhere oder niedrigere Versicherungssumme zur Verfügung, gelten die einen oder anderen Bedingungen, oder ist die Schadensmaximierung in einem bestimmten Jahr

erschöpft oder nicht. Zu Einzelheiten der zeitlichen Feststellung des Verstoßes → § 2 Rn. 5 ff.

Dass Schadenseintritt und -Geltendmachung nicht zum Tatbestand des „Versicherungsfalls" iSv § 5 I gehören, hat nicht nur für die zeitliche Abgrenzung des Versicherungsschutzes (§ 2) Bedeutung, sondern auch für die **Anzeigeobliegenheiten.** Gemäß § 5 II 1 müssen auch mögliche Haftungsfälle unverzüglich der Versicherung gemeldet werden, also noch bevor ein Schaden eingetreten und/oder der Geschädigte die Ansprüche geltend gemacht hat (im Einzelnen § 5 II). 60

Das Abstellen auf den „Verstoß" als zentralen Anknüpfungspunkt der Berufshaftpflichtversicherung führt dazu, dass der in Anspruch genommene Anwalt und seine Versicherung **zwei verschiedene Zeitebenen** im Auge behalten müssen. Gegenüber dem geschädigten Mandanten gilt das allgemeine Schadensrecht des BGB, dessen Verjährungsrecht (§§ 195 ff. BGB) nicht an den Verstoß anknüpft, sondern an den Schadenseintritt. Im Deckungsverhältnis zwischen Anwalt und VR dagegen ist der zentrale zeitliche Anknüpfungspunkt die Begehung des Verstoßes, der je nach den Umständen Jahre vor dem Schadenseintritt liegen kann. 61

4. Verantwortlich machen

Zur Beschreibung des Gegenstands der Versicherung gehört nach § 1 I 1 S. 1 weiter, dass der Anwalt auf Grund eines Verstoßes für den eingetretenen Schaden „**verantwortlich gemacht** wird". Dem gegenüber definiert § 5 I den Versicherungsfall als einen Verstoß, der Haftpflichtansprüche „zur Folge haben könnte". Die Diskrepanz ist auf den ersten Blick verwirrend, erklärt sich aber leicht, wenn man die unterschiedliche Funktion von § 1 I 1 S. 1 und § 5 I betrachtet. Selbstverständlich **leistet** die Versicherung nur dann, wenn der Geschädigte Ansprüche angemeldet hat. Erkennt der Geschädigte den Schaden und/oder den Verstoß nicht oder will er bewusst den Anwalt nicht in Regress nehmen (Freundschaft, Bagatellbetrag etc), zahlt die Versicherung natürlich nicht. Für den **Eintritt des Versicherungsfalls** ist die Geltendmachung durch den Geschädigten dagegen nicht Tatbestandsmerkmal, sodass zB auch schon vor Geltendmachung des Schadens die **Anzeigeobliegenheit** nach § 5 II besteht (s. dort). 62

5. Von einem anderen

Weitere Voraussetzung des Versicherungsschutzes ist, dass der Anwalt von einem „Anderen" in Anspruch genommen wird. Dies kann eine natürliche Person, eine Personengesamtheit, eine juristische Person des Privatrechts oder die öffentliche Hand sein. Der Versicherungsschutz erstreckt sich dabei nicht nur auf die Inanspruchnahme durch den **Mandanten** oder ihm nahestehende Personen. Vielmehr sind ebenfalls abgedeckt Ansprüche **außenstehender Dritter,** die durch die Tätigkeit des Anwalts zu Schaden kommen (irrtümliche Pfändung fremder Vermögensgegenstände, Schädigung des Unternehmenskäufers oder der den Unternehmenskauf finanzierenden Bank, wenn der Anwalt das Kaufobjekt unzutreffend beschrieben hat etc; zu weiteren Konstellationen siehe Borgmann/Jungk/Schwaiger/*Jungk,* § 32). Im Einzelfall kann 63

§ 1 A. Der Versicherungsschutz

der Anwalt sogar dem **Gegner** haften (BGH AnwBl 2016, 523: unberechtigte Schutzrechtsverwarnung), auch das ist versichert. Ein Ausschluss für Drittschäden findet sich weder in den AVB noch in den Risikobeschreibungen BBR-RA (vgl. OLG Saarbrücken 14.1.2001 – 5 U 384/99–26).

64 Nicht versichert sind deshalb auch **Eigenschäden,** wenn der Anwalt (oder sein Büropersonal) bei der Wahrnehmung eigener Rechte (Einklagen einer Honorarforderung, Auseinandersetzung mit dem Vermieter der Kanzleiräume) einen Fehler macht und deshalb einen Schaden erleidet. Erst recht nicht versichert sind Fehler des Anwalts bei der Wahrnehmung eigener privater Rechtsangelegenheiten (Nachbarschaftsstreit).

65 Zu beachten ist der Risikoausschluss in § 7 I 3 (dazu dort): Danach sind **Ansprüche des VN gegen mitversicherte Personen** ausgeschlossen. In den AVB-RS **nicht ausgeschlossen** ist dagegen Versicherungsschutz für die (gar nicht so seltene) Konstellation, dass sich innerhalb einer Sozietät die **Berufsträger wechselseitig** in eigenen Angelegenheiten **vertreten** (zB in Verkehrsunfallsachen). Das gilt insbesondere, wenn sich innerhalb einer Sozietät Partner auf verschiedene Rechtgebiete spezialisiert haben und dann der eine den anderen zB in Steuerangelegenheiten oder familienrechtlich berät. Fehler dabei sind vom Versicherungsschutz umfasst (*Riechert*, § 1 Rn. 116), wobei allerdings der VR sorgfältig prüfen wird, ob vermeintliche Versicherungsfälle fingiert sind.

6. Gesetzliche Haftpflichtbestimmungen privatrechtlichen Inhalts

66 **a) Gesetzliche Bestimmungen. aa) Gesetz.** Versichert ist nur die Inanspruchnahme des Anwalts auf Grund **gesetzlicher Bestimmungen.** Dabei muss es sich nicht um Bestimmungen des **deutschen Rechts** handeln. Unterliegt der Anwaltsvertrag kraft kollisionsrechtlicher Bestimmungen **ausländischem Recht** oder hat sich der Anwalt nach ausländischen Normen haftbar gemacht (zB in der **LLP** für einen „tort" nach englischem Deliktsrecht, dazu *Becker* AnwBl. 2011, 860), besteht ebenfalls Versicherungsschutz (*Riechert*, § 1 Rn. 142), solange nicht einer der Ausschlüsse betr. Auslandsbezug gem. A 2.1 BBR-RA eingreift (s. dort). Etwas anderes gilt, wenn der Anwalt sich vertraglich auf die Geltung ausländischen Rechts einlässt und sich dadurch die Haftung verschärft (→ Rn. 75).

67 **bb) Vertragliche Haftungsverschärfung.** Ausgeschlossen ist der Versicherungsschutz für Ansprüche, die daraus resultieren, dass der Anwalt **freiwillig** eine über die gesetzlichen Haftungsbestimmungen hinausgehende **vertragliche Verpflichtung** eingegangen ist. Dies wiederholt § 4.2 (s. dort). Wie sich aus dem Wort „soweit" in § 4.2 ergibt, erlischt bei vertraglicher Haftungszusage der Versicherungsschutz **nicht insgesamt,** sondern nur insoweit, wie die vertraglich zugesagte Haftung über diejenige Haftung hinausgeht, die ohnehin kraft Gesetzes bestanden hätte.

68 Der Nicht-Einschluss der Haftung auf Grund besonderer vertraglicher Zusage wird in **§ 4.2 noch einmal wiederholt,** ohne dass der Wortlaut zur Abgrenzung irgendwie beitragen würde. Die **Abgrenzung** ist im Einzelnen außerordentlich **schwierig:**

Gegenstand des Versicherungsschutzes §1

(1) Erweiterung des Haftungsumfangs. Eine vertragliche und nicht lediglich gesetzliche Haftung liegt sicherlich dann vor, wenn der Anwalt durch vertragliche Regelung mit dem Mandanten den **Haftungsumfang** erweitert, zB durch **Vertragsstrafeversprechen** oder Vereinbarung eines **pauschalierten Schadenersatzes,** sofern dieser den tatsächlich entstandenen Schaden übersteigt. Dasselbe gilt, wenn eine **gesetzliche Haftungsbeschränkung abbedungen** wird (OLG Köln BeckRS 2006, 05817). 69

(2) Vereinbarung über Mandatsgegenstand/Leistungsbeschreibung. 70
Ungleich schwieriger ist die Abgrenzung einer (nicht versicherten) vertraglichen Haftungserweiterung von der vertraglichen Definition der im Rahmen des Anwaltsvertrages geschuldeten Leistung. Es ist anerkannt, dass der anwaltliche Auftrag je nach den Umständen ein Dienstvertrag/Geschäftsbesorgungsvertrag oder aber ein Werkvertrag ist. Im einen Fall schuldet der Anwalt lediglich „Bemühen", im anderen „Erfolg". Ob im Einzelfall ein Dienst- oder Werkvertrag vorliegt, richtet sich nach den Umständen, insbesondere aber nach den getroffenen Vereinbarungen. Solche Vereinbarungen, soweit sie allein den vom Anwalt **geschuldeten Leistungsumfang** betreffen, können nicht zum Verlust des Versicherungsschutzes führen (der Versicherungsschutz besteht jedoch nicht, soweit der Mandant nicht einen Haftungsanspruch geltend macht, sondern einen Erfüllungsanspruch → Rn. 87 ff.). Nicht versichert sind dagegen vertragliche Abreden, durch die der Anwalt unabhängig vom vereinbarten Leistungsumfang eine **besondere Haftung für das Gelingen** übernimmt. Hierhin gehören beispielsweise **Garantieversprechen** (*Kaufmann,* S. 132; Gräfe/Brügge/Melchers/*Gräfe,* Rn. E 190). Solche Versprechen sind jedoch **höchst ungewöhnlich.** In Aussagen wie „*Wir gewinnen garantiert*", „*Es fällt keine Steuer an*" oder „*Ich hole für Sie mindestens X Euro raus*" liegt im Zweifel nur eine **unverbindliche Selbstanpreisung.** Insbesondere wenn es um hohe Summen geht, liegt die Annahme eines echten Garantieversprechens eher fern (OLG Frankfurt a. M. BRAK-Mitt. 2007, 105 mAnm *Jungk*). Nicht nachvollziehbar ist es, wenn das OLG Köln (16.7.2013 – 9 U 206/12) den Anwalt für die zu niedrige Schätzung der anfallenden Notarkosten aus Garantie haften lässt; konsequenterweise wäre das dann auch nicht versichert. Keine (ungedeckte) Garantiehaftung liegt vor, wenn der Anwalt dem Gegner des Mandanten von einer Zahlungsklage abrät mit der Begründung, die Zahlung gehe „mit Sicherheit" umgehend ein (OLG Breslau JRPV 1931, 75 ff.). Zu beachten ist im Übrigen, dass der Versicherungsschutz nur verloren geht, wenn sich die Haftung **unmittelbar aus der Garantie** ergibt. Hat der Anwalt hingegen einen Fehler gemacht, zB eine Frist versäumt, und deshalb den Prozess wider Erwarten verloren, haftet er (auch) aus § 280 BGB, und damit ist er versichert (Gräfe/Brügge/Melchers/*Gräfe,* Rn. E 190 ff.).

Versichert ist der Anwalt, wenn er auf Wunsch des Mandanten und im Rahmen eines Mandats ausdrückliche **Erklärungen** hinsichtlich der geleisteten Arbeit abgibt. So wird von wirtschaftsberatenden Anwälten zB bei Transaktionen häufig verlangt, dass diese im Rahmen von **„Legal Opinions"** oder **„Reliance Letters"** bekräftigen, dass eine bestimmte Gesellschaft wirksam gegründet worden ist, dass die anwaltliche Prüfung des Sachverhalts bestimmte Ergebnisse zu Tage gefördert habe etc. Solche Erklärungen werden oft Dritten 71

§ 1 A. Der Versicherungsschutz

vorgelegt, zB finanzierenden Banken oder Kaufinteressenten für ein Unternehmen, und diese stützen dann darauf ihre Investitionsentscheidung, was naturgemäß haftungsträchtig ist. Jedenfalls wenn sich die Haftung des Anwalts aus Vertrag mit Schutzwirkung für Dritte ergibt, besteht richtigerweise Versicherungsschutz (aA *Kahmann/Graf Vitzthum* VersR 2009, 21, 22). Dasselbe gilt bei Haftung aufgrund eines (stillschweigenden) Auskunftsvertrages (*Diller* AnwBl. 2010, 52; Veith/Gräfe/Gebert/*Gräfe/Brügge,* § 19 Rn. 679; aA *Sassenbach* AnwBl. 2004, 651; *Kahmann/Graf Vitzthum* VersR 2009, 23).

72 **(3) Erweiterung des Kreises der Anspruchsberechtigten.** Nicht versichert ist der Anwalt, wenn er durch vertragliche Vereinbarung den **Kreis der Anspruchsberechtigten** im Schadensfall **erweitert.** So wird zB im Rahmen von transaktionsbegleitenden Legal Opinions oder Reliance Letters (→ Rn. 45) häufig seitens der finanzierenden Banken oder anderer Transaktionsbeteiligter vom Anwalt verlangt, dass dieser ausdrücklich erklärt, auch den Dritten gegenüber für Fehler zu haften. Der Anwalt muss sich hüten, solche Erklärungen abzugeben (*Riechert,* § 1 Rn. 158 ff.). Unschädlich ist eine ausdrückliche vertragliche Bekräftigung des Haftungsumfangs oder des Kreises der Anspruchsberechtigten nur dann, wenn Haftpflichtansprüche Dritter ohnehin kraft Gesetzes bestünden, weil dann die vertragliche Bestätigung nur **deklaratorisch** ist (das übersehen *Kahmann/Graf Vitzthum* VersR 2009, 21 (22)).

73 Um eine gesetzliche und nicht eine vertragliche Inanspruchnahme handelt es sich, wenn der Anwalt von Dritten nach den Grundsätzen der **„Inanspruchnahme persönlichen Vertrauens"** (§ 311 Abs. 3 BGB) in Anspruch genommen wird, was wiederum häufig in Transaktionen bzw. bei Finanzierungen der Fall ist. Die Inanspruchnahme persönlichen Vertrauens ist eine gesetzliche Folge des vereinbarten Mandatsumfangs und kann nicht gleichgesetzt werden mit einer ausdrücklichen vertraglichen Haftungszusage.

74 **(4) Übernahme der Haftung für Dritte.** Ebenfalls nicht gedeckt ist die Haftung aus vertraglichen Zusagen, wonach der Anwalt für **Schäden Dritter freiwillig** die **Mithaftung übernimmt,** für die er ansonsten nach §§ 278, 831 BGB nicht haften würde (*Littbarski,* § 4 Rn. 20). Das kommt insbesondere in Betracht, wenn die anwaltliche Leistung nur einen Teil eines größeren Projekts darstellt, welches vom Auftraggeber gemeinsam an ein **Konsortium** (ARGE) von Anwälten und anderen Berufsträgern vergeben wird. Hierhin gehört zB ein Konsortium von Anwaltskanzlei/Pensionsgutachter zur Umstrukturierung einer betrieblichen Altersversorgung, von Unternehmensberatung/Anwaltskanzlei zur Durchführung einer Unternehmensumstrukturierung, oder von Bauunternehmen/Projektsteuerer/Anwaltskanzlei für die Planung eines Infrastrukturprojekts. Gleiches gilt, wenn im Rahmen einer internationalen Transaktion **Kanzleien aus verschiedenen Ländern** gemeinsam die Abwicklung übernehmen. Auch hier ist aber wieder sorgfältig zu trennen zwischen der **Leistungsbeschreibung** bzw. dem Vertragsinhalt einerseits und der **vertraglichen Haftungsregelung** andererseits (→ Rn. 70 ff.). Wird der Vertrag mit dem Konsortium so strukturiert, dass die beteiligten Konsorten kraft Gesetzes füreinander nach §§ 278 bzw. 426 BGB haften, besteht Versicherungsschutz. Besteht dagegen nach der Leistungsbeschreibung keine Mithaftung nach den gesetzlichen Vorschriften, wird jedoch die Mithaftung für

Gegenstand des Versicherungsschutzes **§ 1**

Fehler anderer Konsorten vertraglich zugesagt, liegt eine nicht mehr versicherte vertragliche Haftungsübernahme vor. In allen Zweifelsfällen empfiehlt sich vor Mandatsannahme eine Abstimmung mit der Haftpflichtversicherung! Zum Problem, ob die Mithaftung für Angehörige anderer Berufsgruppen überhaupt nach den AVB-RS versichert ist → Rn. 55.

(5) Vereinbarung ausländischen Rechts/Gerichtsstands. Mangels einer 75 ausdrücklichen Rechtswahl unterliegt der Anwaltsvertrag nach den anerkannten Grundsätzen des internationalen Privatrechts (vgl. Art. 4 Abs. 1 Rom I-VO) im Zweifel dem Recht des Staates, in dem der Anwalt seine Kanzlei unterhält, da die charakteristische Leistung des Anwaltsvertrages selbstverständlich nicht die Zahlung des Honorars ist, sondern die Erbringung der anwaltlichen Leistung (ausführlich *Lindner* AnwBl. 2003, 227). Lässt sich der Anwalt **freiwillig** auf eine (unbegrenzt zulässige, vgl. Art. 3 Rom I-VO) Geltung ausländischen Rechts für den Anwaltsvertrag ein, so kann darin die **vertragliche Übernahme eines besonderen Risikos** liegen, für die der VR nicht eintrittspflichtig ist. Das gilt vor allem, wenn durch die Vereinbarung der Anwendbarkeit US-amerikanischen Rechts der Anwalt im Schadensfall zu zusätzlichen „punitive damages" oder zu Schadensersatz wegen „emotional distress" oder ähnlichem verurteilt wird oder wenn sich durch die Geltung ausländischen Prozessrechts die **Beweislast** ändert oder der Gegner zusätzliche Erkenntnisquellen erschließen kann (zB durch eine **Discovery**). Das gleiche gilt, wenn sich der Anwalt freiwillig auf einen ausländischen Gerichtsstand einlässt. Allerdings bleibt der VR in einem solchen Fall jedenfalls in dem Umfang leistungspflichtig, wie er leistungspflichtig gewesen wäre, wenn es bei der Anwendbarkeit deutschen Rechts bzw. dem deutschen Gerichtsstand geblieben wäre (vgl. auch die Erläuterungen zum Haftungsausschluss nach A 2.1 bzw. 4.1 BBR-RA).

(6) Verjährungsverzicht. Keine vertragliche Haftungsübernahme ist der 76 – regelmäßig befristete – **Verzicht** des Anwalts gegenüber dem Geschädigten auf die Einrede der **Verjährung** nach Eintritt des Schadensfalls (Gräfe/Brügge/Melchers/*Gräfe*, Rn. E 197; OLG Düsseldorf VersR 1999, 480; ausführlich zu der Problematik *Thomas* AG 2016, 473). Etwas anderes kann allenfalls gelten, wenn im Mandatsvertrag **von vornherein** eine längere als die gesetzliche Verjährung vereinbart wurde und bei Geltung der gesetzlichen Verjährung den Versicherer keine Eintrittspflicht getroffen hätte (*Littbarski*, § 4 Rn. 19; LG Kaiserslautern NJW-RR 2005, 1114; offengelassen von OLG Düsseldorf VersR 1999, 480). Allerdings ist kaum eine Konstellation denkbar, in der die Aufforderung des Mandanten zur Erklärung eines Verjährungsverzichts nicht zugleich die Anzeigeobliegenheiten nach § 5 III. (s. dort) auslöst, sodass die Frage eines möglichen Verjährungsverzichts tunlichst mit dem VR abgestimmt werden sollte. Ein Verjährungsverzicht erst **nach Verjährungseintritt** ist stets eine nichtversicherte, vertraglich übernommene Haftung (Veith/Gräfe/Gebert/*Gräfe*/Brügge, § 17 Rn. 676). In einem nicht mit dem VR abgestimmten Verjährungsverzicht kann allerdings eine Obliegenheitsverletzung liegen (→ § 5 Rn. 46).

(7) Schiedsklausel. Vereinbart der Anwalt mit seinem (ausländischen) 77 Mandanten, dass Streitigkeiten aus dem Anwaltsvertrag durch **Schiedsgerichte** statt durch staatliche Gerichte entschieden werden sollen, liegt keine

§ 1 A. Der Versicherungsschutz

vertragliche Haftungsausweitung vor, die die Versicherungsdeckung gefährden würde. Das gilt jedenfalls insoweit, als die vereinbarten Schiedsregeln für den Anwalt nicht so grob benachteiligend sind, dass er im Haftungsprozess keine fairen Verteidigungsmöglichkeiten mehr hat und erheblich schlechter steht als er vor staatlichen Gerichten stünde (zweifelnd *Riechert,* § 3 Rn. 51 ff.; ausf. *Koch* SchiedsVZ 2007, 281).

78 **b) Haftpflichtbestimmungen. aa) Überblick.** Versichert ist nur ein Haftpflichtanspruch. Nicht versichert sind dagegen andere schuldrechtliche Ansprüche wie **Erfüllungs-, Nachbesserungs-, Erfüllungsersatz-** und **Bereicherungsansprüche.** Die Herausnahme von **Bereicherungsansprüchen** aus dem Deckungsumfang wird – jedenfalls soweit es um Rückforderung gezahlter Honorare geht – in § 1 I 1 S. 2 nochmals bekräftigt, desgleichen die Herausnahme der **Erfüllungsansprüche** (→ Rn. 87 ff.).

79 Als **gesetzliche Haftpflichtbestimmungen** isv § 1 I 1 S. 1 gelten Rechtsnormen, wenn sie
 – **unabhängig vom Willen der Beteiligten,**
 – **wegen Verwirklichung eines versicherten Verstoßes,**
 – **als Rechtsfolge Schadensersatz auslösen** (BGH VersR 1971, 144; Prölss/Martin/*Lücke,* Ziff. 1 AHB Rn. 6 ff. mwN). Eine ähnliche Definition der versicherten Ansprüche ("Gesetzliche Haftpflichtbestimmungen privatrechtlichen Inhalts") enthält § 1 AHB, sodass ergänzend auf die Kommentierungen dazu verwiesen werden kann. Ob es sich um eine Norm des deutschen oder **ausländischen Rechts** handelt, ist egal (→ Rn. 66).

80 **bb) Vertragliche Haftpflichtansprüche. Zentrale vertragliche Haftungsnorm** für den Anwalt ist **§ 280 Abs. 1 BGB.** Ist der Mandatsvertrag ausnahmsweise ein Werkvertrag (§ 631 BGB, zB ein Gutachtensauftrag), ist auch die Haftung nach **§§ 633 ff. BGB** versichert (*Riechert,* § 1 Rn. 118). Zu den mitversicherten vertraglichen Haftungsansprüchen gehört auch die Haftung wegen **Verschuldens bei Vertragsverhandlungen** (§ 311 Abs. 2 BGB) sowie bei **Inanspruchnahme besonderen Vertrauens** gegenüber Dritten gem. § 311 Abs. 3 BGB (*Riechert,* § 1 Rn. 118).

81 Des Weiteren kommen (ohne Anspruch auf Vollständigkeit) auch folgende Anspruchsgrundlagen in Betracht:
 – Haftung aus **§ 44 BRAO** wegen **nicht rechtzeitiger Ablehnung** eines angetragenen **Mandats** (*Riechert,* § 1 Rn. 118).
 – Haftung aus **Vertrag mit Schutzwirkung zu Gunsten Dritter** (§ 328 Abs. 1 BGB analog, dazu Grüneberg/*Grüneberg,* § 328 Rn. 13 ff.), zB bei Prospekthaftung, Legal Opinions, Reliance Letter etc (→ Rn. 45).
 – Haftung des (vorläufigen) **Insolvenzverwalters** (s. B 1.1 BBR-RA) nach §§ 60, 61 InsO (*Riechert,* § 1 Rn. 122).
 – Haftung des **Testamentsvollstreckers** (s. B 1.1 BBR-RA) gegenüber den Erben nach **§ 2219 Abs. 1 BGB.**
 – Haftung als **Notarvertreter** (s. B 1.1 BBR-RA) aus § 19 BNotO.
 – Haftung des **Betreuers** (s. B 1.1 BBR-RA) gegenüber dem Betreuten nach § 1826 BGB.
 – Haftung des **Liquidators** (s. B 1.1 BBR-RA) nach §§ 71 Abs. 4 GmbHG, 149 HGB, § 89 GenG.

Gegenstand des Versicherungsschutzes **§ 1**

– Ebenfalls versichert ist nach herrschender Auffassung die Haftung als **Vertreter ohne Vertretungsmacht gem. § 179 BGB** (*Riechert,* § 1 Rn. 120), was insbesondere in Betracht kommt, wenn der Anwalt übereilt kostenauslösende Maßnahmen ergreift oder Vergleiche schließt, bevor das Mandat endgültig erteilt ist. Hier ist aber stets das Vorliegen einer wissentlichen Pflichtverletzung (→ § 4 Rn. 38 ff.) zu prüfen, sodass regelmäßig nur Ansprüche aus § 179 Abs. 2 BGB (Unkenntnis von der fehlenden Vollmacht) in Betracht kommen. Nach § 179 Abs. 2 BGB haftet der Vertreter ohne Vertretungsmacht nur auf das negative Interesse, sodass die problematische Abgrenzung zum (nicht) versicherten Erfüllungsanspruch (→ Rn. 87) keine Rolle spielt (allgemein zur Versicherungsdeckung für Ansprüche nach § 179 BGB BGH VersR 1971, 144; kritisch *Chab* AnwBl. 2012, 923).
– Mitversichert ist auch die Haftung von Geschäftsführer und Vorstand für Sorgfaltsverstöße nach **§§ 43 GmbHG, 93 AktG** in der Anwalts-GmbH oder Anwalts-AG. Begeht derjenige Partner, der als Geschäftsführer/Vorstand die Geschäfte der Anwaltsgesellschaft führt, bei der Mandatsbearbeitung einen Fehler und wird dadurch die Gesellschaft geschädigt, hat diese nach § 43 GmbHG bzw. § 93 AktG einen Rückgriffsanspruch gegen ihn. Diesen Anspruch kann der Geschädigte pfänden und sich zur Einziehung überweisen lassen. Dafür muss Versicherungsschutz bestehen. Der Ausschluss nach § 4.4 S. 1 (s. dort) gilt hier richtigerweise nicht, da er nur den Fall betrifft, dass der Anwalt Aufgaben als Geschäftsführer bzw. als Vorstand außerhalb der eigenen Kanzlei wahrnimmt (*Riechert,* § 1 Rn. 121).
– Nicht versichert ist die sich aus **Ziffer 5.7 CCBE** ergebende **Honorarhaftung,** wenn der Anwalt Mandanten an ausländische Kollegen vermittelt, weil es sich nicht um einen Schadensersatzanspruch handelt (*Jungk* AnwBl. 2012, 1000 (1001)).
– ob Ansprüche des Insolvenzverwalters aus **Anfechtung (§§ 129 ff., 143 InsO)** versichert sind, wenn sie Zahlungen des Rechtsanwalts von einem Anderkonto zugunsten eines insolvenzbedrohten Mandanten betreffen, ist streitig (offengelassen von OLG Köln VersR 2022, 1434 Rn. 49).

cc) Deliktische Haftpflichtansprüche. Auch **deliktische Ansprüche** 82 (§§ 823, 826 BGB) sind versichert (*Riechert,* § 1 Rn. 123), das zeigt schon die Verweisung in § 1 I 1 S. 1 auf § 831 BGB. Allerdings wird es bei **§ 823 BGB** meist an einem Vermögensschaden (→ Rn. 96 ff.) fehlen. Denkbar sind deliktische Ansprüche allerdings, wenn aufgrund Fehlverhaltens des Anwalts ein absolutes Recht (zB Patent, Hypothek etc) untergeht. In Betracht kommt ein versicherter Anspruch nach § 823 BGB auch dann, wenn es auf Grund des Anwaltsfehlers zu einer **Freiheitsentziehung** kommt (vgl. § 3 III 4), oder wenn ein zunächst nicht versicherter Sachschaden in der Folge zu **sekundären Vermögensschäden** führt. Ebenfalls denkbar ist im Einzelfall eine Haftung des Anwalts wegen Eingriffs in den **eingerichteten und ausgeübten Gewerbebetrieb,** wenn er unberechtigterweise den Gegner abmahnt (BGH AnwBl. 2016, 523, dazu *Chab* AnwBl. 2016, 514, zur Frage des Vermögensschadens in diesen Fällen → Rn. 99). Deliktisch haften können auch die **Mitarbeiter** des Anwalts (Büropersonal etc), da die Zurechnung über § 831 BGB die unmittelbare Eigenhaftung aus § 823 BGB nicht aufhebt. Eine Haftung aus

§ 1 A. Der Versicherungsschutz

§ 826 BGB ist zwar grds. vom Versicherungsschutz umfasst, die Deckung wird aber regelmäßig am Vorliegen einer wissentlichen Pflichtverletzung scheitern (§ 4.5; s. dort). Sozietäten haften nach § 31 BGB für deliktisches Handeln ihrer Organe (Partner, Geschäftsführer).

83 dd) **Sekundäransprüche (Durchgriff).** Die Versicherungsdeckung besteht unabhängig davon, ob es sich um Primäransprüche oder **Sekundäransprüche** handelt. Soweit also Vertragspartei des Anwaltsvertrages eine Berufsausübungsgesellschaft ist, greift der Versicherungsschutz nicht nur für die gegenüber der Gesellschaft geltend gemachten Ansprüche, sondern auch für den **Durchgriff auf die Gesellschafter** (§§ 128 ff. HGB bei GbR, OHG und KG bzw. § 8 Abs. 2 PartGG; ausführlich → Rn. 146, 150).

84 ee) **Rückforderung von Gebühren und Honoraren; „Gebühreneinwurf" (I 1 S. 2).** Gemäß § 1 I 1 S. 2 fällt der Anspruch auf Rückforderung von Gebühren oder Honoraren nicht unter den Versicherungsschutz. Unbedenklich ist dieser Ausschluss selbstverständlich insoweit, als der Anwalt **zu viel abgerechnet** hat und der Mandant Bereicherungsansprüche geltend macht. Hier würde sich das Fehlen der Versicherungsdeckung sowieso daraus ergeben, dass kein Haftpflichtanspruch vorliegt (→ Rn. 78 ff.). Summenmäßig erheblich bedeutsamer und zugleich **gefährlicher** für den Anwalt ist die Rückforderung von Honorar bei **Nichtigkeit/Anfechtbarkeit** des Anwaltsvertrages. Besondere Gefahren für wirtschaftsberatende Sozietäten lauern hier einerseits bei **§§ 113, 114 AktG:** Je nach den Umständen kann die Mandatierung der Sozietät nichtig sein, wenn ein Partner im Aufsichtsrat sitzt und das Mandat entweder die ureigensten Aufsichtsratspflichten betrifft oder aber jedenfalls nicht vom Aufsichtsratsplenum ordnungsgemäß gebilligt wurde. Eine andere große Gefahrenquelle ist die **insolvenznahe Beratung,** wo bei Zahlung von Beraterhonoraren eine **Insolvenzanfechtung** droht, wenn ein Scheitern der anwaltlich begleiteten Sanierungsbemühungen nahelag (vgl. den Fall Q-Cells ./. Hengeler, LG Frankfurt a. M. 7. 5. 2015 – 2-32 O 102/13: Rückforderung von 4,5 Mio. EUR durch Q-Cells-Insolvenzverwalter). Im Zusammenhang mit den beiden Fallgruppen gab es bereits mehrere Verfahren, in denen siebenstellige Beträge von Anwaltskanzleien zurückgefordert wurden. Eine Rückforderung durch den Insolvenzverwalter droht auch bei **Formunwirksamkeit der Honorarvereinbarung** (§§ 3 ff. RVG). In all diesen Konstellationen besteht nach § 1 I 1 S. 2 kein Versicherungsschutz.

85 Allerdings sind Konstellationen denkbar, in denen **(zu) hohe Anwaltshonorare** einen **versicherten Schaden** darstellen. Dazu kann es kommen, wenn der Anwalt zur Erreichung eines bestimmten Ziels einen Weg wählt, bei dem ein hohes Honorar anfällt, obwohl es einen genauso geeigneten Weg gegeben hätte, bei dem das Honorar geringer ausgefallen wäre. Zu denken ist beispielsweise an den Fall, dass der Anwalt bei Hinzukommen einer weiteren Forderung eine neue Klage erhebt, statt die bereits anhängige Klage zu erweitern, was wegen der degressiven Gebührentabellen zu höherem Honorar führt. Gab es für diese Vorgehensweise keinen vernünftigen Grund, ist die Honorardifferenz aufgrund einer Vertragsverletzung (Pflichtwidrigkeit) entstanden und damit ein versicherter Schaden des Mandanten (zutr. *Chab* AnwBl. 2012, 922 (923)). In solchen Fällen wird häufig eine wissentliche

Gegenstand des Versicherungsschutzes **§ 1**

Pflichtverletzung (§ 4.5, s. dort) vorliegen. Aber auch wenn das nicht der Fall ist, greift hier richtigerweise § 1 I 1 S. 2 ein, sodass kein Versicherungsschutz besteht (ebenso *Chab* AnwBl. 2012, 922 (923)). Geht aufgrund Anwaltsverschuldens ein Prozess verloren, ist das unnütz aufgewendete Honorar **Teil des Schadens.**

Streitig war lange Zeit, ob § 1 I 1 S. 2 darüber hinaus so zu verstehen ist, dass 86 ein **erweiterter Selbstbehalt** des Anwalts **in Höhe seiner Gebühren** begründet wird (dazu Gräfe/Brügge/*Gräfe,* 1. Aufl. 2006, Rn. D 368). Eine solche – oft als **„Gebühreneinwurf"** bezeichnete – Regelung fand sich früher in vielen Bedingungswerken für RA, StB und/oder WP. Begründet wurde der Deckungsausschluss in Höhe der vereinnahmten Gebühren unter dem Gesichtspunkt, dass der Anwalt von einem schlecht bearbeiteten Mandat nicht auch noch wirtschaftlich profitieren soll, in dem er das Honorar behält, den Schadensersatzanspruch dagegen auf die Versicherung abwälzt (Anwaltliche Schlechtleistung mindert ja nach einhelliger Auffassung den Honoraranspruch nicht, der Geschädigte kann höchstens aufrechnen, OLG Koblenz BRAK-Mitt. 2006, 272). Allerdings kann bei großen Transaktionen ebenso wie bei komplizierten Prozessen oder Schiedsgerichtsverfahren durchaus Honorar in sechs- oder gar siebenstelliger Höhe anfallen. Der Ausschluss der Versicherungsdeckung für den Fall, dass der Mandant gezahltes Honorar als Schadensersatz zurückverlangt, würde dann zu einer Selbstbeteiligung führen, die den in § 3 II 4 vorgesehenen Selbstbehalt von 1.000 EUR um das **Hundert- oder gar Tausendfache übersteigt.** Der Ausschluss des Versicherungsschutzes für Schadensersatz in Höhe der zurückgeforderten Gebühren/Honorare wäre deshalb als überraschende Klausel sowie als unangemessene Benachteiligung **AGB-rechtlich unzulässig** und würde überdies gegen die Begrenzung des Selbstbehalts in § 51 Abs. 5 BRAO verstoßen. Deshalb besteht mittlerweile Einigkeit, dass § 1 I 1 S. 2 **nicht** im Sinne eines Gebühreneinwurfs zu verstehen ist (*Riechert,* § 1 Rn. 134; Gräfe/Brügge/Melchers/*Gräfe,* Rn. D 385 ff.; *Dötsch* AnwBl. 2013, 25 (26)). Bei diesem Verständnis ist § 1 I 1 S. 2 nur **deklaratorisch,** weil es sich hier von vornherein nicht um Schadensersatzansprüche iSv § 1 I 1 S. 1 handelt (→ Rn. 67). Die Bedingungswerke von **R+V** (dort Ziff. 3.4.3) und **ERGO** (dort Ziff. 9.4) stellen mittlerweile ausdrücklich klar, dass vereinnahme Honorare/Gebühren die Versicherungsleistung nicht reduzieren.

ff) Ausschluss von Erfüllungsansprüchen (I 1 S. 2). Die Regelung in 87 § 1 I 1 S. 2, wonach **Erfüllungsansprüche** und Erfüllungssurrogate (§ 281 BGB) nicht unter den Versicherungsschutz fallen, ist **deklaratorisch,** weil Erfüllungsansprüche nicht aus „Haftpflichtbestimmungen" iSv § 1 I 1 S. 1 resultieren (→ Rn. 78 ff.).

Bedeutung hat der Ausschluss von Erfüllungsansprüchen insbesondere, 88 wenn der Anwaltsvertrag **Werkvertrag** ist, zB wenn der Anwalt ein Gutachten zu erstellen, einen Vertrag zu entwerfen oder ein Testament aufzusetzen hat. Erfüllt der Anwalt seine Verpflichtung nicht oder nicht vollständig, tritt dafür die Versicherung nicht ein, sondern der Anwalt muss auf eigene Kosten leisten bzw. nachbessern. Bedeutung hat der Ausschluss insbesondere für die Erstattung der Kosten, die der Mandant aufwenden muss, um die mangelhafte Leistung des Anwalts **durch Dritte nachbessern zu lassen.** Der Ausschluss

§ 1 A. Der Versicherungsschutz

aus der Versicherung rechtfertigt sich deshalb, weil Sinn der Haftpflichtversicherung nur der Schutz vor unbeabsichtigter Schädigung Dritter ist, sie aber dem VN nicht die Erfüllung seiner vertraglichen Pflichten abnehmen will (BGH VersR 1964, 230). Der Ausschluss der Deckung für Nachbesserung bzw. Übernahme der Kosten der Nachbesserung durch Dritte bedeutet, dass auch die dem Mandanten zur Durchsetzung dieser Ansprüche entstehenden Kosten (Anwalt, Gericht) nicht versichert sind (Beckmann/Matusche-Beckmann/*v. Rintelen,* § 23 Rn. 266). Im Einzelfall kann die **Abgrenzung** zwischen einem Haftpflichtanspruch und einem Erfüllungsanspruch **schwierig** sein. Man denke etwa an den Fall, dass der Anwalt zur Erzielung einer bestimmten Steuerersparnis gutachterlich eine bestimmte Transaktionsstruktur entwickelt und empfohlen hat. Stellt sich dann heraus, dass dieser Weg nicht gangbar ist und muss ein anderer Anwalt damit beauftragt werden, ein **Alternativkonzept** zu entwerfen, handelt es sich um einen nicht versicherten Erfüllungsschaden. Das zeigt sich schon anhand der Kontrollüberlegung, dass der zunächst beauftragte Anwalt verpflichtet gewesen wäre, selbst ein Alternativkonzept zu entwickeln, wenn ihm der Fehler seines ursprünglichen Konzepts noch während der Bearbeitung des Mandats aufgefallen wäre (ähnlich BGH VersR 2009, 107 für die Umplanung eines Architektenwerks). Wird dem Anwalt **Unterlassung** vorgeworfen, ist die Zeitschiene entscheidend. Verlangt der Mandant die **Nachholung** einer zum Mandat gehörenden Handlung, liegt ein Erfüllungsanspruch vor. Ist dagegen die Nachholung, insbesondere einer Beratungs- oder Hinweispflicht nicht mehr möglich oder sinnvoll und verlangt der Mandant stattdessen Schadensersatz, liegt ein versicherter Haftpflichtanspruch vor (OLG Stuttgart VersR 1999, 961).

89 Als Erfüllungsanspruch nicht mitversichert ist der Anspruch auf **Herausgabe von Treugut** (dazu BGH WM 2003, 2382). Der Anspruch aus §§ 675, 667 BGB ist ein reiner Erfüllungsanspruch. Dagegen liegt ein versicherter Schadensersatzanspruch vor, wenn der Anwalt als Treuhänder Mittel versehentlich an **nicht berechtigte Dritte** weiterleitet und von diesen nicht zurückbekommt. Die Abgrenzung kann im Einzelfall schwierig sein (dazu BGH WM 2003, 2382; 2002, 1440; NJW 2006, 289; BGH 8.12.2010 – IV ZR 211/07; zum Ganzen instruktiv *Chab* AnwBl. 2012, 922; *Riechert,* § 1 Rn. 138). Fehlerhafte **Verfügungen über Anderkonten** sind hingegen im Rahmen von A 4.3 BBR-RA im dort beschriebenen Umfang ausdrücklich mitversichert (s. dort). Diese Sonderregelung gilt jedoch nur, wenn entsprechend den berufsrechtlichen Voraussetzungen (§ 4 BORA) tatsächlich ein Anderkonto vorliegt, nicht dagegen bei sonstigen Treuhandtätigkeiten (Gräfe/Brügge/Melchers/*Gräfe,* Rn. E 45; s. die Kommentierung zu A 4.3). Ein nicht gedeckter Erfüllungsanspruch liegt auch vor, wenn der Anwalt versehentlich zum Gunsten des Mandanten bestellte **Sicherheit freigibt** (BGH WM 2002, 1440). Überweist der Mandant dem Anwalt Geld, damit dieser davon Grunderwerbsteuern des Mandanten zahlt, liegt ein (nicht versicherter) Herausgabeanspruch auch dann vor, wenn der Anwalt das Geld pflichtwidrig auf einem allgemeinen Honorarkonto statt auf einem Anderkonto anlegt, die Steuern nicht abführt und das Konto dann von Dritten gepfändet wird (OGH VersR 2015, 1050).

90 Um einen (nicht versicherten) Erfüllungsanspruch handelt es sich auch beim Anspruch des Mandanten auf **Herausgabe von Handakten** (§ 50

Gegenstand des Versicherungsschutzes §1

BRAO) und aller anderen Sachen, die der Anwalt **im Rahmen des Mandats erlangt** hat (§ 667 BGB). Ist der Anwalt dazu jedoch nicht in der Lage (zB weil Unterlagen verloren gegangen sind), wandelt sich der Herausgabeanspruch in einen Schadensersatzanspruch um (§ 280 BGB), der wiederum versichert ist.

Der Ausschluss betreffend Erfüllungsansprüche beschränkt sich auf Herausgabeansprüche (§ 280 und § 281 BGB), sodass Ansprüche des Mandanten wegen **Verzugs** nach §§ 286 ff. BGB versichert sind (Beckmann/Matusche-Beckmann/*v. Rintelen,* § 23 Rn. 268). Erleidet der Mandant also einen Vermögensschaden, weil der Anwalt die **versprochene Leistung** (zB einen Vertragsentwurf oder das Ergebnis einer steuerlichen Prüfung) **zu spät liefert,** ist dies versichert. 91

Nach § 1 I 1 S. 2 nicht versichert sind auch Ansprüche auf „**Erfüllungssurrogate**" (Erfüllungsersatzansprüche), die an die Stelle einer vertraglich geschuldeten Leistung treten. Das betrifft insbesondere den Fall, dass der Anwalt eine **Sache nicht mehr herausgeben** kann, weil sie verloren oder zerstört ist. Erlangt der Anwalt für die Sache einen Geldersatz (zB über eine Sachversicherung), ist auch der aus § 281 BGB folgende Anspruch auf Herausgabe des Geldersatzes nicht versichert (zu solchen Ansprüchen OLG Stuttgart VersR 1999, 961). 92

gg) Zusammentreffen mehrerer Anspruchsgrundlagen. Nicht selten kommt es vor, dass der Geschädigte einen einheitlichen Anspruch gegen den Anwalt geltend macht, der alternativ auf zwei verschiedene Rechtsgrundlagen gestützt wird, von denen eine versichert ist, die andere dagegen unter einen Risikoausschluss fällt. Ein Beispiel ist die Klage einer Aktiengesellschaft gegen einen Rechtsanwalt im Aufsichtsrat, wenn die Sozietät zugleich mit der Gesellschaft einen Rechtsberatungsvertrag abgeschlossen hat. Der Anspruch aus § 113 AktG ist (wegen des Ausschlusses in § 4.4, s. dort) von der Versicherung nicht gedeckt, wohl aber derjenige aus Verletzung des Anwaltsvertrages (BGH NJW 1998, 3486). Bejaht das Gericht den Schadensersatzanspruch, kann es ihn auf diejenige Anspruchsgrundlage stützen, die leichter darzulegen ist und insbesondere keine Beweisaufnahme erfordert. Deshalb kann es für den Versicherungsschutz nicht darauf ankommen, auf welche der alternativen Anspruchsgrundlagen das Gericht seine Entscheidung gestützt hat. Richtigerweise muss hier ausreichen, dass der Schaden **auch auf einem gedeckten Anspruch** beruht, eine Quotelung je nach dem Gewicht der Begründung kommt nicht in Betracht (zu diesem Problemkreis *Mennemeyer,* Kap. 11 Rn. 303 und BGH VersR 1967, 769). 93

c) Privatrechtliche Bestimmungen. Keine Deckung besteht, wenn der Anwalt für die Verletzung öffentlich-rechtlicher Pflichten **auf Grund öffentlich-rechtlicher Vorschriften in Anspruch genommen** wird. Nicht versichert ist beispielsweise die Haftung des nicht bevollmächtigten Anwalts für Gerichtskosten (§ 49 GKG; OLG Köln VersR 2003, 55). Auch bestand lange Zeit kein Versicherungsschutz für die – gem. B 1.1 BBR-RA mitversicherte – Tätigkeit als Insolvenzverwalter, wenn der Verwalter **steuerliche Pflichten** der Gemeinschuldnerin (**§§ 34, 69 AO, § 42 d EStG**) verletzte; die Haftung für die Verletzung dieser Vorschriften ist aber mittlerweile über B 1.2 BBR-RA mitversichert (s. dort). Kein Versicherungsschutz besteht für Ansprüche 94

§ 1 A. Der Versicherungsschutz

der Finanzverwaltung aus **§ 60 InsO** und für die **Kosten von Strafverfahren,** die im Zusammenhang mit dem versicherten Schaden geführt werden, da die Kostentragungspflicht aus öffentlich-rechtlichen Vorschriften (StPO) resultiert (Gräfe/Brügge/Melchers/*Gräfe,* Rn. D 353).

95 Trifft ein öffentlich-rechtlicher Anspruch **mit einem privatrechtlichen zusammen,** besteht Versicherungsschutz, wenn der privatrechtliche Anspruch gedeckt ist (BGH NJW 2007, 1205; Prölss/Martin/*Lücke,* AHB Nr. 1 Rn. 20; *Mennemeyer,* Kap. 11 Rn. 72).

7. Vermögensschaden (I 3)

96 **a) Übersicht.** Versicherungsdeckung besteht nur für Vermögensschäden. § 1 I 3 definiert Vermögensschäden als Schäden, die **weder Personenschäden** (Tötung, Verletzung des Körpers oder Beschädigung der Gesundheit von Menschen) **noch Sachschäden** (Beschädigung, Verderben, Vernichtung oder Abhandenkommen von Sachen, insbesondere auch von Geld und geldwerten Zeichen) sind, noch sich aus solchen Schäden herleiten. Flankiert wird § 1 I 3 durch § 3 III, der einzelne besondere Sachschäden doch wieder in die Versicherung einbezieht (insbesondere die Beschädigung von Akten und sonstigen zum Anwaltsauftrag gehörenden Sachen sowie durch Freiheitsentzug verursachte Vermögensschäden, s. jeweils dort).

97 **b) Vermögensschäden.** § 1 I 3 enthält eine **Negativdefinition.** Vermögensschaden ist der Schaden, der weder Sachschaden noch Personenschaden ist. Hauptfall ist das Entstehen einer **Forderung gegen den Mandanten** (Verlust eines Passivprozesses) oder der **Verlust einer Forderung des Mandanten** (Verlust eines Aktivprozesses oder Verjährenlassen einer Forderung, ausführlich *Jungk* AnwBl. 2005, 785). Als Vermögensschaden in Betracht kommt aber auch der Verlust von sonstigen werthaltigen Rechten, zB **Urheberrechten, Patenten, Erfinderrechten, Herausgabeansprüchen** etc. Auch der **Verlust öffentlich-rechtlicher Befugnisse** (zB Verlust einer Gewerbeberechtigung, einer Genehmigung, einer Taxi-Konzession oder des Führerscheins) ist Vermögensschaden, ebenso eine aufgrund Anwaltsverschuldens verhängte **staatliche Geldstrafe** (BGH AnwBl. 2010, 717), zB bei missglückter Selbstanzeige (OLG Frankfurt DB 2017, 2595). Oft übersehen wird allerdings, dass bei Verlust sonstiger Rechte ein Vermögensschaden nur dann vorliegen kann, wenn das verlorengegangene Recht einen messbaren Wert hatte. Häufig werden rechtliche Auseinandersetzungen um rein **ideelle Rechte** und Ansprüche geführt, man denke zB an Auseinandersetzungen über **Sorge- und Umgangsrechte von Kindern,** um **Namensrechte,** Feststellung von **Verwandtschaftsverhältnissen, Ehrverletzungsprozesse,** Streit um die **Nennung als Autor/Urheber** etc. Gehen solche Streitigkeiten durch Anwaltsverschulden verloren, tritt die Versicherung selbstverständlich nicht ein, weil eben **kein messbarer ersatzfähiger Schaden** vorhanden ist. Bei Fehlen eines messbaren Schadens leistet die Versicherung auch keinen Ausgleich für immaterielle Schäden **(Affektionsinteresse).**

98 Zu trennen sind die – nicht versicherten – Sach- und Personenschäden von den – versicherten – **Ansprüchen auf Ersatz** eines Sach- oder Personenschadens. Lässt der Anwalt Ansprüche eines Mandanten auf Ersatz eines Sach- oder

Gegenstand des Versicherungsschutzes §1

Personenschadens gegen Dritte verjähren, ist der durch die Verjährung eingetretene Schaden ein reiner Vermögensschaden und deshalb nach den AVB-RS versichert (*Chab* AnwBl. 2009, 789).

Der **Eingriff in den eingerichteten und ausgeübten Gewerbebetrieb** 99 ist Vermögensschaden, kein Sachschaden (BGH VersR 1991, 414 (416); *Mennemeyer*, Kap. 11 Rn. 58; *Chab* AnwBl. 2009, 789 (790)). Ebenfalls Vermögensschaden kann je nach den Umständen die Verletzung des **allgemeinen Persönlichkeitsrechts** sein (*Mennemeyer*, Kap. 11 Rn. 58; ausführlich zu den Fallgruppen Grüneberg/*Sprau*, § 823 Rn. 123 ff.; s. auch → Rn. 104).

Erleidet der Mandant durch anwaltlichen Fehler ein behördliches oder ge- 100 richtliches **Fahrverbot** (oder einen Führerscheinverlust) oder beginnt bzw. endet ein Fahrverbot durch Anwaltsfehler zu für den Mandanten ungünstigen Terminen, liegt in dem Verlust der Möglichkeit des Autofahrens allein noch kein Schaden. Ein (versicherter) Schaden entsteht jedoch, wenn dem Mandanten wegen des Fahrverbots Mehraufwendungen entstehen (Taxi) oder er Verdienstausfall erleidet (Handelsvertreter). Der Verlust der **Nutzungsmöglichkeit eines Fahrzeugs** (der Anwalt verhindert eine Pfändung nicht) ist hingegen Vermögensschaden.

Kein Schaden ist der **Zeitaufwand** des Geschädigten für die Auseinander- 101 setzung mit VN und VR (*Jungk* AnwBl. 2005, 786).

c) **Personenschäden.** Dass Personenschäden nicht versichert sind, ist 102 allein **historisch** zu erklären. Ein **sachlicher Grund** für diesen Ausschluss ist **nicht erkennbar.** Zwar steht bei den meisten zivilrechtlichen Mandaten die Wahrung von Vermögensinteressen des Mandanten im Vordergrund. Es kommt jedoch nicht selten vor, dass das Anwaltsmandat sich gerade auf die Wahrung der körperlichen Unversehrtheit und Gesundheit richtet. Man denke beispielsweise an die Klage eines Altenheimbewohners oder Krankenhauspatienten auf angemessene Behandlung/Pflege. Noch unmittelbarer steht die persönliche Unversehrtheit des Mandanten im Mittelpunkt, wenn er den Anwalt mandatiert, um eine **Freiheitsentziehung** abzuwenden (in Strafsachen, unter Umständen aber auch in verwaltungsrechtlichen (Abschiebehaft) oder zivilrechtlichen (Verhaftung zur Abgabe einer eidesstattlichen Versicherung) Angelegenheiten). Es ist nicht einsichtig, warum all diese Schadensfälle nicht versichert sein sollen (s. aber → Rn. 104 sowie die Kommentierung bei § 3 III).

Zu nicht versicherten Personenschäden kann es auch kommen, wenn der 103 Mandant in den Büroräumen des Anwalts wegen Verletzung von Verkehrssicherungspflichten oder bei gemeinsamer Autofahrt zum Termin zu Schaden kommt. Solche Schäden müssen separat über gesonderte **Büro- bzw. Betriebshaftpflichtversicherungen** auf der Grundlage der AHB abgedeckt werden (→ Einl. Rn. 59).

Ausgeschlossen sind nicht nur unmittelbare Personenschäden, sondern auch 104 **Schmerzensgeldansprüche,** die sich aus einer Körperverletzung entwickelt haben. Den früher üblichen Ausschluss **immaterieller Schäden** zB wegen einer sich auf Grund verlorenen Prozesses entwickelnden Depression, einer Prozessneurose (vgl. schon RGZ 75, 19), einer posttraumatischen Störung nach irrtümlicher Unterrichtung des Mandanten über tatsächlich nicht be-

§ 1 A. Der Versicherungsschutz

stehende existenzbedrohende Haftungsrisiken (BGH VersR 2010, 211; dazu *Druckenbrodt* VersR 2010, 601) kennen die AVB-RS nicht mehr, solche Schäden sind jetzt gemäß § 3 III 4 ausdrücklich mitversichert (s. dort). Zu Schäden, die durch **Freiheitsentziehung** verursacht worden s. § 3 III 4.

105 d) **Sachschäden.** Gerade Sachschäden werden häufig nicht durch klassische anwaltliche „Kunstfehler" verursacht, sondern durch **organisatorische Mängel** und Fehlleistungen (nicht abgeschlossenes Büro, liegen gelassene Aktentasche etc). Hier greift, falls abgeschlossen, nur die allgemeine **Bürohaftpflichtversicherung.** Der Ausschluss von Sachschäden in § 1 I 3 wird flankiert durch § 3 III 1. Dort wird nochmals klargestellt, dass auch Ansprüche wegen Abhandenkommen von **Geld, Wertsachen** und bestimmten **Wertpapieren** nicht versichert sind (s. dort).

106 Bei **Abhandenkommen von Geld** bzw. hinterlegten Wertgegenständen oder Wertpapieren (zB Aktien) ist genau zu unterscheiden: Wurden das Geld bzw. die Sachen dem Anwalt zu **eigener Verwahrung** anvertraut (zB Anderkonto), besteht bei Abhandenkommen kein Versicherungsschutz, weil einerseits ein Sachschaden vorliegt, und es überdies um einen nicht versicherten Erfüllungsanspruch (→ Rn. 87) geht. Sollten das Geld bzw. die Wertgegenstände dagegen **bei Dritten** hinterlegt werden und hat der Anwalt zB deren Seriosität fahrlässig falsch eingeschätzt, besteht Versicherungsschutz, weil vom Anwalt nicht Erfüllung verlangt wird, sondern Schadensersatz wegen Vereitelung eines Anspruchs, und damit ein versicherter Vermögensschaden vorliegt (OLG Hamm r+s 1996, 16). Unrichtig ist das Urteil des OLG Düsseldorf v. 14.7.2019 (BeckRS 2017, 158318), dass Versicherungsschutz bestehe, wenn der Anwalt gegen einen unstreitigen Anspruch auf Herausgabe von Fremdgeld mit offensichtlich unbegründeten Honorarforderungen aufrechnet, und dann der Herausgabeanspruch in der Insolvenz des Anwalts untergeht. Abzustellen ist hier richtigerweise darauf, dass dem Grunde nach ein – nicht versicherter – Herausgabeanspruch vorlag, die pflichtwidrige Aufrechnung ändert daran nichts. Zur Veruntreuung durch Personal s. A 2.2 BBR-RA.

107 Kein Sachschaden, sondern ein – versicherter – Vermögensschaden liegt vor bei Ansprüchen auf **Herausgabe einer Sache,** egal ob es sich um schuldrechtliche (zB §§ 812, 433 Abs. 2 BGB) oder deliktische/gesetzliche (§§ 823, 985 BGB) Herausgabeansprüche handelt. Deshalb besteht Versicherungsschutz, wenn der Anwalt einen Herausgabeanspruch des Mandanten vereitelt oder schuldhaft einen dem Mandanten zustehenden Herausgabeanspruch gegen Dritte verliert.

108 Schwierig kann die Abgrenzung zwischen Sachschäden und Vermögensschäden sein, wenn aus einem Sachschaden ein Vermögensschaden entsteht, also zB wegen des **Verlusts** einer als **Beweismittel unersetzlichen Sache** oder **Urkunde** ein Prozess verloren geht. Nach verbreiteter Auffassung liegt auch hier kein versicherter Vermögensschaden vor (Fischer/*Chab,* § 18 Rn. 48). Zwar sieht § 1 I 3 ausdrücklich vor, dass auch solche **indirekten Vermögensschäden grds. nicht gedeckt** sind. Für den Verlust von **Beweismitteln** und sonstiger dem Anwalt **für die Sachbearbeitung** übergebener Sachen enthält § 3 III 1 jedoch eine Ausnahme, die daraus entstehenden Vermögensschäden sind mitversichert (s. dort).

Gegenstand des Versicherungsschutzes **§ 1**

Ein Sachschaden setzt voraus, dass eine zunächst fehlerfreie Sache nachträglich Schaden nimmt. Daran fehlt es, wenn auf Grund eines anwaltlichen Fehlers eine **Sache hergestellt** wird, die **von vorneherein fehlerhaft** und deshalb wertlos ist (vgl. BGH VersR 1976, 629 zu § 1 AHB). Beispiel: Dem Anwalt unterläuft bei der Prüfung einer Werbekampagne auf Vereinbarkeit mit dem UWG ein Fehler, deshalb müssen bereits gedruckte Prospekte wieder eingestampft werden. Hier liegt kein Sachschaden vor, sondern ein – versicherter – Vermögensschaden. 109

Keine Sachen sind die vom Anwalt zu erstellenden **Werke,** soweit der Auftrag im Einzelfall werkvertraglichen Charakter hat. Verfasst der Anwalt ein **fehlerhaftes Gutachten** oder einen **mangelhaften Vertrag,** sind die dem Mandanten daraus entstehenden Vermögensschäden deshalb gedeckt (Beckmann/Matusche-Beckmann/*v. Rintelen,* § 23 Rn. 266). Zum Eingriff in den eingerichteten und ausgeübten **Gewerbebetrieb** → Rn. 82. 110

Da elektronische Daten keine „Sachen" iSv § 90 BGB sind, und Vermögensschäden nach der Negativdefinition in § 1 I 3 alle Schäden sind, die nicht Sach- oder Personenschäden sind, muss der **Verlust oder die Beschädigung elektronischer Daten** als Vermögensschaden versichert sein (ausführlich *Kaufmann,* S. 122 ff.). Das stellt nunmehr § 3 III 3 klar (s. dort). Versichert ist also zB das Einschleppen von Viren in das IT-System des Mandanten. 111

8. Personen, für die der Anwalt einzustehen hat

a) Überblick. Mitversichert ist auch die Haftung des Anwalts für Fehler, die von Dritten verursacht wurden, sofern der Anwalt für diese mithaftet. Die **Mithaftung des VN für Dritte** (zB Sekretariat) ist streng zu trennen von den Regelungen über die **mitversicherten Personen** (§ 1 II). In § 1 I 1 S. 1 geht es nur um die **Haftung des VN selbst** für Fehler von Dritten, wobei irrelevant ist, ob auch diese Dritten gegenüber dem Mandanten haften (und dann ggf. als versicherte Personen über II Versicherungsschutz haben). In § 1 II geht es dagegen um die Erstreckung des Versicherungsschutzes auf **andere Personen,** die gegenüber dem Mandanten **selbst haften,** aber nicht notwendigerweise zugleich auch den VN selbst in die Haftung bringen. 112

Keine **unmittelbare Dritthaftung** besteht regelmäßig bei der Haftung wegen **Vertragsverletzung** gem. § 280 BGB. Geht die Vertragsverletzung auf ein Verhalten Dritter zurück (zB Sekretariatsmitarbeiter), haftet **nur der Anwalt (§§ 280, 278 BGB),** nicht aber der Büromitarbeiter selbst (weil er mit dem Mandanten keinen Vertrag hat). Anders ist es dagegen bei der **deliktischen** Haftung, hier tritt die **Mithaftung** des versicherten Anwalts über § 831 BGB neben die Eigenhaftung des Dritten aus § 823 BGB. Der Anspruch gegen den Dritten aus § 823 BGB ist nur dann von der Versicherung abgedeckt, wenn es sich um eine versicherte Person nach § 1 II handelt. Hat zB ein Büromitarbeiter fahrlässig Mandantenakten zerstört, haftet er persönlich gem. § 823 BGB, ist aber gem. § 1 II mitversichert. Der Anwalt dagegen haftet über § 831 BGB, sofern er sich nicht gem. § 831 Abs. 1 S. 2 BGB exkulpieren kann; im Rahmen seiner Haftung besteht aber Versicherungsschutz. Auf die Exkulpation kommt es aber letztlich nicht an, da die Beschädigung der Akten zugleich eine Vertragsverletzung darstellt, für die zwar nicht der Büromitarbei- 113 ter haftet (mangels vertraglicher Beziehung zum Mandanten), wohl aber nach §§ 278, 280 BGB der Anwalt (was wiederum versichert ist).

114 **b) Haftung nach § 278 BGB.** Die Haftung nach § 278 BGB für das Verschulden Dritter trifft den Anwalt insbesondere hinsichtlich der **anderen Berufsträger** der Sozietät (**angestellte** anwaltliche Mitarbeiter, **freie** Mitarbeiter (dazu instruktiv OLG Hamburg VersR 1985, 229), **Sozien** etc). Das gilt unabhängig davon, ob sie in dem konkreten Mandat mitgearbeitet oder auf sonstige Weise den Schaden (mit)herbeigeführt haben (Löschen einer Frist in einer falschen Akte, unbeabsichtigtes Verändern eines elektronischen Dokuments). Nach § 278 BGB haftet der Anwalt auch für seinen (bestellten oder tatsächlichen) **Vertreter** (*Riechert*, § 1 Rn. 170f.).

115 Auch bei Fehlleistungen von **Büropersonal** kommt es für die Haftung des Anwalts nach § 278 BGB nicht darauf an, ob diese in die unmittelbare Mandatsbearbeitung einbezogen waren (zB Sekretariat, Bürobote) oder ob es sich um sonstige Mitarbeiter handelt, die nur zufällig schädigend auf das Mandat eingewirkt haben (Reinigungskraft verlegt Akte). Ebenfalls nach § 278 BGB einzustehen hat der Anwalt für Personen **außerhalb der Sozietät,** soweit er sie konkret in die Mandatsbearbeitung einschaltet (*Riechert*, § 1 Rn. 163). Das kann ein **externer Botendienst** oder ein **Übersetzungsbüro** sein, aber auch eine **Spezialkanzlei,** die der Anwalt im **Unterauftrag** bei der Bearbeitung eines Spezialaspekts des Mandats beauftragt, ebenso ein branchenfremder Dritter (zB eine **Detektei,** die dem Anwalt zuarbeitet). Der Anwalt haftet also schlicht für die Fehlleistung einer jeden Person oder Organisation, die ihn daran hindert, seine Haupt- oder Nebenpflichten aus dem Anwaltsvertrag zu erfüllen, sofern er sie nur willentlich eingeschaltet hat. Bei der Einbeziehung Dritter in das Mandat ist von Bedeutung, inwieweit dem Anwalt der Vorsatz bzw. wissentliche Pflichtverletzung des Dritten zugerechnet wird (vgl. dazu → Rn. 151 sowie die besondere Veruntreuungsregelung in A 2.2 BBR-RA). Zum **Rückgriff** der Versicherung auf schadenverursachende Dritte siehe die Erläuterungen zu § 7 III.

116 **c) Haftung nach § 831 BGB.** Versicherungsschutz für eine Haftung des Anwalts nach § 831 BGB für **deliktische Handlungen,** die von **Verrichtungsgehilfen** begangen werden, ist kaum denkbar. Denn §§ 823, 831 BGB gelten ausschließlich für Personen- oder Sachschäden, aber diese sind nach § 1 I 3 gerade nicht versichert. Einer der wenigen Anwendungsfälle wäre die fahrlässige Zerstörung von Mandantenakten oder sonstigen Beweismitteln (→ § 3 Rn. 144).

117 **d) Haftung als Gesellschafter.** Problematisch ist, dass § 1 I 1 S. 1 dem Wortlaut nach Versicherungsschutz für Verstöße Dritter auf die §§ 278 und 831 BGB zu beschränken scheint. Das ist in der Tat so verstanden worden, dass kein Versicherungsschutz bestehe, wenn sich die Haftung des VN für von Dritten begangene Verstöße aus anderen Vorschriften als § 278 oder § 831 BGB ergibt. Bedeutung hatte dies insbesondere bei der Anwalts-GbR, bei der die Haftung der einzelnen Partner/Gesellschafter für die von anderen Partnern begangenen Verstöße sich aus (entsprechender Anwendung von) **§§ 128 ff. HGB** ergibt. Eine ähnliche Problematik ergab sich bei der Partnerschafts-

Gegenstand des Versicherungsschutzes **§ 1**

gesellschaft, wo sich die Mithaftung aller mandatsbearbeitenden Partner für die Fehler anderer mandatsbearbeitender Partner aus **§ 8 Abs. 2 PartGG** ergibt. Dem Wortlaut von § 1 I 1 S. 1 nach hatte hier kein Versicherungsschutz bestanden (so in der Tat *Sassenbach* AnwBl. 2009, 447), was widersinnig und AGB-widrig (überraschende Klausel) gewesen wäre. Diese unterschiedlichen Auffassungen lassen sich nur **historisch** erklären (ausführlich 2. Aufl. Rn. 99, 101 ff.), sie stammen aus der Zeit, in der sich die Sozien einer Sozietät noch separat versichern konnten. Auf der Basis der durch die Große BRAO-Reform 2022 geschaffenen Versicherungspflicht der Sozietäten selbst hat sich die Streitfrage erledigt. Wenn sich die Sozietät versichert, sind die Gesellschafter mit ihrer akzessorischen Haftung nunmehr ausdrücklich über § 1 II 3 mitversichert (→ Rn. 119 ff.).

e) Haftung als vertraglicher Gesamtschuldner. Ebenfalls Versicherungsschutz muss bestehen, wenn der Anwalt das Mandat gemeinsam mit anderen Auftragnehmern bearbeitet (→ Rn. 55) und er als **Gesamtschuldner** nach **§§ 421, 427 BGB** für die Fehler eines Mitauftragnehmers haftet. Denn §§ 421, 427 sind kein Fall der Haftung „für andere", sondern ordnen gemeinschaftliche Eigenhaftung an (zur Frage der Abgrenzung zwischen gesetzlicher und vertraglicher Haftung in solchen Fällen → Rn. 55), zumal der VR hier ggf. gegen die anderen Beteiligten nach § 7 III 1 Regress nehmen kann (s. dort). Allerdings ist zu beachten, dass in **sachlicher Hinsicht** Versicherungsschutz nur für solche Aufträge besteht, die trotz der Mitwirkung Dritter immer noch schwerpunktmäßig **anwaltlich** sind (→ Rn. 23 ff.). Hat der Anwalt zB zusammen mit einem Unternehmensberater einen Auftrag angenommen, bei dem die Leistung des Unternehmensberaters im Mittelpunkt steht, und haftet er für dessen Fehler mit, ist er über die AVB-RS nicht versichert. **118**

V. Sozietäten; mitversicherte Personen (II)

1. Überblick

Vergleichsweise unproblematisch ist die Berufshaftpflichtversicherung für den traditionellen **Einzelanwalt,** der zusammen mit einer Sekretärin die Kanzlei darstellt. Der **Zusammenschluss mehrerer Berufsträger** hat dagegen im Bereich der Berufshaftpflichtversicherung lange Zeit enorme Probleme bereitet. Dies lag an der Vielzahl der in der Praxis vorkommenden Zusammenarbeitsmodelle, gewandelter Rechtsprechung, neuen gesetzlichen Zusammenarbeitsformen, überholten Deckungskonzepten der Versicherungswirtschaft sowie an undurchsichtigen und widersprüchlichen Bedingungswerken der VR. **119**

Zu unterscheiden sind grds. zwei verschiedene Ebenen. Zum einen ist in den verschiedenen Formen der beruflichen Zusammenarbeit zu prüfen, gegen wen sich **Ansprüche des Geschädigten** richten können. Davon zu trennen sind die **Deckungskonzepte** der Versicherungswirtschaft, dh welche Person bzw. welche Organisation die **Versicherung** nimmt und welche (anderen) Haftungssubjekte in sie **einbezogen** sind. **120**

§ 1 A. Der Versicherungsschutz

2. Haftungsebene (Mandant/Anwalt)

121 Auf der Haftungsebene (Anwalt gegenüber dem Mandanten) sind wiederum zwei Fragen zu trennen. Die erste Frage ist, **wer Vertragspartner** des Anwaltsvertrages geworden ist. Das kann ein einzelner Anwalt sein, eine Mehrheit von Anwälten oder aber eine rechtsfähige Gesellschaft. Davon zu trennen ist die Frage, **wer** jeweils für Fehler **haftet.**

122 a) **Einzelkanzlei.** In der **Einzelkanzlei** kommt der Mandatsvertrag immer mit dem im Briefbogen genannten Einzelanwalt zustande. Daran ändert sich nichts, wenn dieser in die Mandatsbearbeitung angestellte Rechtsanwälte oder anwaltliche freie Mitarbeiter einschaltet, soweit diese nicht auf dem Briefbogen aufgeführt sind.

123 b) **Kooperation, Bürogemeinschaft.** Kooperation und Bürogemeinschaft (§ 59q BRAO) sind dadurch gekennzeichnet, dass sich mehrere Berufsträger organisatorisch vernetzen, jedoch den Beruf **nicht gemeinschaftlich ausüben,** sondern jeder für sich. Dementsprechend stellt § 59q Abs. 1 BRAO klar, dass in der Bürogemeinschaft der einzelne Bürogemeinschafter Vertragspartner des Mandatsvertrages ist, nicht jedoch die Bürogemeinschaft selbst. Für die Kooperation gilt nichts anderes. Folglich sind Kooperation und Bürogemeinschaft Fälle der **Einzelversicherung des Rechtsanwalts** (Abs. I), nicht jedoch der Versicherung einer Sozietät/Berufsausübungsgesellschaft nach Abs. II.

124 c) **Scheinsozietät (II 1).** Abs. II 1 beschreibt die **Scheinsozietät.** Der Sinn und der Standort dieser Regelung ist unklar.

125 Stehen **mehrere Anwälte auf dem Briefbogen** oder dem **Türschild,** ohne dass durch Zusätze wie „in Kooperation" oder „in Bürogemeinschaft" (dazu →Rn. 127ff.) dem Außenstehenden die lose Form der Zusammenarbeit hinreichend deutlich wird, werden im Regelfall alle gemeinsam beauftragt. Dabei soll es nach der Rechtsprechung nicht darauf ankommen, wie die auf dem Briefbogen aufgeführten Berufsträger sich intern organisiert haben, also ob sie eine Kooperation, eine Bürogemeinschaft oder eine GbR sind. Die Rechtsprechung arbeitet hier mit der Figur der „Scheinsozietät" (BGH VersR 2011, 1003; AnwBl. 2012, 281; NJW 2007, 2490; ausführlich zur Haftung von Scheinpartnern *Wetter* BRAK-Mitt. 2016, 108 und *Rahlmeyer/Sommer* VersR 2008, 180). Das gemeinschaftliche Auftreten nach außen verpflichtet auch bei Fehlen einer gesellschaftsrechtlichen Verbundenheit alle Scheinsozien gesamtschuldnerisch als Haftungsschuldner gegenüber dem Mandanten (nicht aber die – rechtlich ja gar nicht existierende! – Scheinsozietät selbst, dazu *Bräuer* AnwBl. 2012, 766). Denn der Mandatsvertrag kommt nach den Grundsätzen der Anscheins-/Duldungsvollmacht mit allen Scheinsozien zustande. Dabei kommt es nicht darauf an, wer das Mandat tatsächlich bearbeitet (BGH VersR 2011, 1003; AnwBl. 2012, 281; NJW 2007, 2490; Gräfe/Brügge/Melchers/*Gräfe,* Rn. D 469ff.).

126 Der Anschein einer Sozietät kann jedoch dadurch ausgeräumt werden, dass der Briefbogen den **tatsächlichen Status** (zB als angestellter oder freier Mitarbeiter) **kenntlich** macht, zB durch ein Sternchen hinter dem Namen, wel-

Gegenstand des Versicherungsschutzes **§ 1**

ches in der Fußzeile des Briefbogens dahingehend erläutert ist, dass der Betreffende nicht Partner der Sozietät ist (OLG Frankfurt a. M. Hinweisbeschluss 16. 2. 2011 – 14 U 261/10). Die Verwendung der Formulierung „unsere Sozietät" bzw. „unsere Kanzlei" durch einen Angestellten führt hingegen noch nicht zu einer Scheinpartnerschaft (OLG Frankfurt a. M. Hinweisbeschluss 16. 2. 2011 – 14 U 261/10). Auf Dauer und Häufigkeit der Zusammenarbeit kommt es richtigerweise nicht an, sodass schon die **einmalige Zusammenarbeit** je nach den Umständen eine Haftung als Scheinpartner begründen kann (offengelassen von BGH VersR 2011, 1003; dazu *Scholl* VersR 2011, 1108). Auf das Auftreten gegenüber dem VR kommt es nicht an, entscheidend ist nur das Auftreten gegenüber Mandanten (BGH VersR 2011, 1003). Wird ein **ausgeschiedener Partner** weiter auf dem Briefbogen geführt, haftet er als Scheinsozius weiter, wenn nicht durch einen entsprechenden Zusatz die Tatsache des Ausscheidens verdeutlicht wird (OLG Düsseldorf AnwBl. 2015, 181). Die bloße Anwesenheit in den Kanzleiräumen führt nicht zu Scheinpartnerschaft (OLG Dresden 5. 12. 2006 – 14 U 1686/06).

Weist der Briefbogen des Anwalts auf eine „**Kooperation**" oder „**Zusammenarbeit**" oder auf die **Mitgliedschaft in einer Interessenvereinigung**, einer EWIV („lex mundi") etc hin, bleibt es dabei, dass das Mandat nur dem mandatsführenden Anwalt erteilt wird, nicht dagegen auch allen anderen Kooperationspartnern. Die Annahme einer „**Scheinsozietät**" ist nicht gerechtfertigt, solange der Kooperationshinweis so klar ist, dass das beworbene Publikum keine Fehlvorstellungen über die Form der Zusammenarbeit entwickelt (BGH VersR 2011, 1003; NJW 1993, 1331). Kritisch wird es jedoch, wenn der Anwalt sich mit Befähigungen (zB Interessenschwerpunkten, Fachanwaltschaften etc) schmückt, die er nicht selbst hat, sondern nur seine Kooperationspartner. Hier kann der Anschein einer Außensozietät erweckt werden (BGH WPK-Mitteilungen 2003, 135), sodass von einer Beauftragung dieser (Schein-)Sozietät auszugehen ist. **127**

Erscheinen auf dem Briefbogen (bzw. auf Visitenkarten, im Internet etc) mehrere Berufsträger namentlich, enthält der Briefbogen jedoch den Zusatz „**in Bürogemeinschaft**", so stellt dies nach richtiger Auffassung auch für den rechtsunkundigen Mandanten hinreichend klar, dass die zusammenarbeitenden Anwälte lediglich zum Zwecke der Kostenersparnis bestimmte Infrastruktur teilen (Besprechungsräume, IT, Bibliothek etc), jedoch unter einem Dach grds. Einzelpraxen führen. Das Mandat kommt hier nur mit demjenigen Anwalt zustande, dem das Mandat anvertraut wird (zweifelnd Gräfe/Brügge/Melchers/*Gräfe*, Rn. D 483). Der Hinweis „**in Kanzleigemeinschaft**" hingegen ist nach richtiger Auffassung nicht klar genug und führt zur Haftung nach den Grundsätzen der Scheinsozietät (OLG Köln MDR 2003, 900; *Grams* BRAK-Mitt. 2003, 121), das Gleiche gilt für den Zusatz „**Anwaltsgemeinschaft**" (OLG Hamm BRAK-Mitt. 2006, 228). **128**

Die versicherungsrechtliche Behandlung der Scheinsozietät durch die AVB-RS ist hochgradig **unklar.** Auf der Hand liegt noch, dass die Scheinsozietät – weil rechtlich nicht existent – nicht nach §§ 59n, o BRAO versicherungspflichtig sein kann und mangels rechtlicher Existenz auch gar nicht Vertragspartner eines Versicherungsvertrages sein könnte (BGH NJW 2001, 165). Ein Versicherungsvertrag mit der Scheinsozietät kann auch selbst dann nicht (kon- **129** kludent) zu Stande kommen, wenn sich die Beteiligten an der Scheinsozietät zufällig beim selben Versicherer persönlich versichern. Folglich ist zunächst einmal davon auszugehen, dass in der Scheinsozietät ausschließlich persönliche Versicherungsverträge der einzelnen Rechtsanwälte existieren. Das allerdings führt zu der Frage, ob diese dann Versicherungsdeckung haben, wenn sie als Scheingesellschafter für Fehler eines anderen Scheingesellschafters akzessorisch nach §§ 128 ff. HGB in Anspruch genommen werden. § 1 II 3.1 ist wohl nicht einschlägig, da die Norm voraussetzt, dass die Sozietät selbst Versicherungsnehmer ist, was bei der Scheinsozietät ja gerade nicht der Fall ist. Und gegen eine Mitversicherung über § 1 I 2 ließe sich einwenden, dass dort nur die Versicherungsdeckung für Verstöße von „mitversicherten" Gesellschaftern geregelt ist, was nicht gegeben ist, wenn sich die Gesellschafter der Scheinsozietät einzeln versichern. Allerdings setzt § 1 II 1 den Scheingesellschafter ausdrücklich dem echten Gesellschafter gleich. In der Zusammenschau spricht Einiges dafür, hier schon aufgrund der **AGB-rechtlichen Unklarheitenregel** vom Bestehen von Versicherungsschutz auszugehen.

130 d) GbR. Die klassische Form der Anwaltssozietät ist seit jeher die **Gesellschaft bürgerlichen Rechts (GbR)**. Diese wird seit dem Urteil des BGH vom 19.1.2001 (NJW 2001, 1056) als rechtsfähig angesehen, soweit sie in ihrer Eigenschaft als GbR am Wirtschaftsverkehr teilnimmt und keine besonderen Umstände entgegenstehen. Entsprechende Regelungen sieht das ab 2024 geltende MoPeG vor (§ 705 II BGB). Bei der GbR kommt also im Regelfall der Mandatsvertrag mit der (insoweit rechtsfähigen) GbR selbst zustande, nicht mit dem einzelnen sachbearbeitenden Anwalt (grundlegend BGH DB 2012, 2270). Der Anwalt haftet aber für die Verbindlichkeiten der GbR, also auch für die gegen sie gerichteten Schadensersatzansprüche, in entsprechender Anwendung von **§§ 128 ff. HGB**. Im Haftungsprozess werden regelmäßig die Gesellschafter neben der GbR parallel mitverklagt, da aus dem Titel gegen die GbR nicht unmittelbar gegen die Gesellschafter vollstreckt werden könnte (vgl. § 129 Abs. 4 HGB) und auch eine Titelumschreibung nicht in Betracht kommt. Umstritten ist die persönliche Haftung des eintretenden Gesellschafters für **Altverbindlichkeiten** (→ Rn. 150, 152 ff.) sowie die Haftung für **nach dem Ausscheiden** begangene Verstöße oder entstandene Schäden nach § 160 HGB (dazu LG Bonn NZG 2011, 143; OLG Düsseldorf AnwBl. 2015, 181; → Rn. 160).

131 Im **Einzelfall** kann jedoch anzunehmen sein, dass ein Mandat ausnahmsweise nicht der GbR erteilt wird, sondern **nur einem einzelnen Anwalt.** Hauptfall sind **straf- und ordnungswidrigkeitenrechtliche Mandate,** die – schon wegen des Verbots der Mehrfachvertretung gem. § 146 StPO – im Regelfall „ad personam" erteilt werden. Ebenso ist es in großen Sozietäten üblich, dass in **eigenen Angelegenheiten** jeder Anwalt sich selbst vertritt (Nachbarschaftsstreit eines Partners einer wirtschaftsberatenden Sozietät), das Gleiche gilt für **Gefälligkeitsmandate** im Freundes- oder Bekanntenkreis, die sich nach der Art des Mandats von sonstigen Tätigkeitsschwerpunkten der Sozietät deutlich unterscheiden. Die Amtstätigkeit des **Notars** ist immer höchstpersönlich, begründet also keine Sozienhaftung. Stets Einzelmandate liegen vor bei Übernahme der in B 1.1 BBR-RA aufgezählten **besonderen**

Gegenstand des Versicherungsschutzes **§ 1**

Ämter (**Insolvenzverwalter, Testamentsvollstrecker, Pfleger, Schiedsrichter** etc), diese Ämter werden stets ad personem vergeben. Wegen § 3 Abs. 3 BORA nicht mehr möglich ist die gezielte Beauftragung nur einzelner Anwälte einer Sozietät zur **Vermeidung von Interessenkollisionen** (vgl. § 356 StGB, § 43a BRAO). Die prozessuale **Bevollmächtigung nur eines Partners** bedeutet allerdings **nicht** automatisch, dass ein Einzelmandat vorliegt (OLG Hamm BRAK-Mitt. 2006, 218).

Bei der **überörtlichen Sozietät** war lange fraglich, ob der Mandatsvertrag im Hinblick auf die Prozessvertretung vor einem Gericht des einen Standorts auch mit den Sozien der anderen Standorte zustande kommt (OLG Düsseldorf MDR 1994, 411). Nach den mittlerweile vom BGH entwickelten Grundsätzen (→ Rn. 130) ist das zu bejahen. **132**

Auch bei **interprofessionellen Sozietäten** (Multi-disciplinary Partnerships = „MDP"), also dem Zusammenschluss von Rechtsanwälten mit Steuerberatern, Notaren, Wirtschaftsprüfern oder anderen Freiberuflern in einer GbR (§ 59c Abs. 1 BRAO) kommt der Mandatsvertrag mit der GbR selbst zustande (BGH DB 2012, 2270). Daraus folgt für den BGH ohne weiteres auch, dass alle Partner der GbR akzessorisch haften, auch diejenigen, die nicht als Anwalt zugelassen sind. Für eine Begrenzung der Haftung auf die anwaltlichen Partner oder gar analog § 8 Abs. 2 PartGG nur auf die handelnden Anwälte bestehe kein Anlass, eine Analogie scheide aus. Mit dieser Entscheidung ist eine jahrzehntelange Diskussion über die Mandatierung und Haftung bei der interprofessionellen Sozietät zunächst einmal beendet (ausführlich dazu *Deckenbrock* AnwBl. 2012, 723). **133**

e) OHG, KG. Seit der Großen BRAO-Reform 2022 können Berufsausübungsgesellschaften auch in den handelsrechtlichen Rechtsformen der OHG und der KG geführt werden. Für das Haftungskonzept der **OHG** gilt das zur GbR Gesagte uneingeschränkt. In der **KG** haften dagegen die Kommanditisten nur dann persönlich, wenn und soweit sie die Haftsumme nicht eingezahlt haben. Bezüglich der Komplementäre gilt das Haftungsregime der OHG. **134**

f) PartG. Eigens für die freien Berufe geschaffen worden ist die Rechtsform der **Partnerschaftsgesellschaft (PartG).** Auch hier wird regelmäßig (s. aber → Rn. 130) die Gesellschaft selbst Partei des Anwaltsvertrages, nicht der einzelne Partner. Für Pflichtverstöße haftet zunächst die Gesellschaft selbst, kumulativ haften die in das konkrete Mandat eingebundenen Partner (§ 8 Abs. 2 PartGG), nicht jedoch die mit der Mandatsbearbeitung nicht befassten anderen Partner. Die persönliche Haftung kann seit 2013 durch erhöhten Versicherungsschutz ausgeschlossen werden (**PartmbB**, s. § 8 Abs. 4 PartGG und §§ 59n, 59o BRAO; ausführlich bei § 4.5.3, s. dort). **135**

g) LLP. In der LLP englischen und amerikanischen Rechts wird Vertragspartner grds. die **Gesellschaft** selbst, eine akzessorische Haftung der Partner für Verbindlichkeiten der LLP besteht nicht. Allerdings kann sich insbesondere bei englischen LLPs aus dem **englischen Deliktsrecht** ein direkter Schadensersatzanspruch des geschädigten Mandanten gegen den handelnden Partner ergeben *(Tort of Negligence).* Bislang ungeklärt ist, ob sich nach den Grundsätzen des internationalen Privatrechts eine solche unmittelbare Haftung des **136**

handelnden Partners auch dann ergeben kann, wenn der Anwaltsvertrag deutschem Recht unterliegt (zum Ganzen, auch zu den versicherungsrechtlichen Lösungen bei der LLP *Becker* AnwBl. 2011, 860).

137 **h) GmbH und AG.** Bei der **Anwalts-GmbH** ebenso wie bei der **Anwalts-AG** kommt ebenfalls im Regelfall (s. aber → Rn. 130) der Mandatsvertrag mit der Gesellschaft zustande, eine Mithaftung einzelner Partner findet hier grds. nicht statt.

3. Deckungskonzepte der Versicherungswirtschaft

138 **a) Historische Entwicklung.** Das **klassische Versicherungskonzept** der Rechtsanwaltschaft war seit je her die **Einzelversicherung aller Partner** einer Sozietät. Das stand in Übereinstimmung mit der gesellschaftsrechtlichen Dogmatik der zur Verfügung stehenden Gesellschaftsformen und wurde vom Gesetzgeber so auch als Leitbild dem 1994 geschaffenen § 51 BRAO zugrunde gelegt. Die VR sahen sich dann aber konfrontiert mit einem kompletten **Paradigmenwechsel**, eingeleitet durch die Schaffung der rechtsfähigen Partnerschaftsgesellschaft und dann im Jahre 2001 weitergeführt durch die Rechtsprechung des BGH zur Rechtsfähigkeit der GbR (→ Rn. 130). Die neue gesellschaftsrechtliche Situation **passte in zweifacher Hinsicht nicht** zu den hergebrachten Versicherungslösungen. Zum einen machte sie eine Entwicklung hin zu Deckungslösungen der **Anwaltsgesellschaften** selbst erforderlich, also weg von der Einzelversicherung der Partner (Sozien). Des Weiteren stand aber auch das akzessorische Haftungsmodell der rechtsfähigen Anwaltsgesellschaften (§§ 128 ff. HGB für die GbR, § 8 Abs. 2 PartGG für die PartG) im Widerspruch zu dem seit Jahrzehnten gepflegten **Prinzip der Verstoßdeckung** (→ Rn. 51 ff.) in der Vermögensschaden-Haftpflichtversicherung. Denn die akzessorische Haftung knüpft nicht am Verstoß an, sondern an der Anspruchsentstehung.

139 Das Zusammentreffen der neuen gesellschaftsrechtlichen Entwicklungen mit überkommenen Versicherungslösungen hat zu **heftigen Verwerfungen** geführt. Vertreter der Versicherungswirtschaft versuchten, die Entwicklung der Rechtsprechung mit dem – wenig aussichtsreichen – Argument aufzuhalten, für die von der Rechtsprechung neu geschaffenen Haftungstatbestände stünden keine Versicherungskonzepte zur Verfügung bzw. die erforderlichen Versicherungskonzepte seien mit § 51 BRAO unvereinbar (so zB *Grams* BRAK-Mitt. 2004, 217; *Gladys* Stbg 2001, 684; besonders dezidiert *Sassenbach* AnwBl. 2002, 54; *Sassenbach* AnwBl. 2006, 304). Umgekehrt taten sich die etablierten Gesellschaftsrechtler schwer, die Bedenken der Versicherungswirtschaft nachzuvollziehen (beispielhaft *K. Schmidt* NJW 2005, 2801 (2808): „Wo ist das Problem?").

140 Alle diese Verwerfungen haben sich durch die **Große BRAO-Reform 2022** erledigt. Denn nunmehr sind die Sozietäten („Berufsausübungsgesellschaft") ausdrücklich selbst versicherungspflichtig (§ 59n, § 59o BRAO). Daneben besteht die persönliche Versicherungspflicht jedes einzelnen Berufsträgers aus § 51 BRAO fort. Folglich benötigt jede Sozietät (Berufsausübungsgesellschaft) zunächst einmal selbst Versicherungsschutz. Die einzelnen Berufsträger müssen dann entweder in diesen Versicherungsschutz ausdrücklich mit ihrer persönlichen Haftung miteinbezogen sein, oder aber es wird getrennt davon eine Sammelpolice für alle Berufsträger persönlich abgeschlossen, meist begrenzt auf die nach § 51 BRAO erforderliche Mindestdeckung (→ Einl. Rn. 117). Nicht mehr möglich ist hingegen, dass sich die Sozien/Gesellschafter ausschließlich einzeln versichern. Dementsprechend finden sich in die AVB-RS die früher üblichen „**Sozienklauseln**" (vgl. noch § 1 II 3 und § 12 der früheren AVB-RSW, s. 2. Aufl.) **nicht mehr**.

4. Gesellschaft als Versicherungsnehmer (II)

a) Überblick. Ist Versicherungsnehmer die **Sozietät** (in der BRAO nunmehr einheitlich als „Berufsausübungsgesellschaft" bezeichnet), gelten mehrere Besonderheiten. Diese sind leider unsystematisch nicht alle in § 1 II geregelt: 141

– Durch § 1 I 2 wird klargestellt, dass die **persönliche Haftung** der einzelnen Berufsträger für individuelle Mandate oder wahrgenommene Ämter (insbesondere solchen nach BBR-B 1.1) **mitversichert** ist.
– **Ausschlüsse**, die in der Person von Gesellschaftern, Angestellten oder Mitarbeitern gegeben sind, werden nach § 1 II 2 der Berufsausübungsgesellschaft zugerechnet (→ Rn. 151).
– Mitversichert ist die **akzessorische Haftung der Gesellschafter** (Sozien, Partner) der Berufsausübungsgesellschaft (Abs. II 3 „Versicherung für akzessorische Haftung"). Dies gilt in der MDP auch für die Haftung der berufsfremden Gesellschafter für die Verstöße der anwaltlichen Gesellschafter, jedoch nicht umgekehrt (→ Rn. 151, 152 ff.; zu diesem „**Partizipationsmodell**" *Riechert* AnwBl 2019, 474).

b) Mitversicherung persönlicher Mandate (I 2). aa) Fallgruppen. 142
Die Mitversicherung der persönlichen Haftung der Berufsträger bei der Versicherung der Sozietät ist eine unendliche Geschichte. Die diesbezüglichen Regelungen waren schon nach dem alten Bedingungswerk der AVB-RSW unklar (vgl. 2. Aufl. § 1 Rn. 133), und das neue Bedingungswerk der AVB-RS ist in dieser Hinsicht sogar noch kryptischer. Das Grundproblem ist, dass zwar nach ständiger Rechtsprechung im Zweifel die Mandatsbeziehung mit der Sozietät und nicht mit den mandatsbearbeitenden Berufsträgern zu Stande kommt, es aber gleichwohl verschiedene Ansatzpunkte für eine **persönliche Haftung** der einzelnen sozietätsangehörigen Berufsträger gibt:

– In Sozietäten, die nicht vollständig haftungsbeschränkt sind, haften alle (GbR, OHG) oder einige (einfache PartG, KG) **Gesellschafter akzessorisch** für Schadenersatzansprüche der Sozietät selbst.
– Die meisten Sozietäten erlauben es ihren Gesellschaftern ebenso wie ihren angestellten Anwälten, im Einzelfall **private „Gartenzaunmandate"** für Freunde, Bekannte etc oder pro bono zu bearbeiten. Eine Mandatsbeziehung mit der Sozietät kommt hier von vornherein nicht zu Stande, sondern sie besteht nur mit dem einzelnen Berufsträger.
– Insbesondere die in B 1.1 BBR-RA aufgelisteten **persönlichen Ämter** (zB **Testamentsvollstrecker, Insolvenzverwalter, Schiedsrichter, Aufsichtsratsmitglied** etc) können ihrer Struktur nach nur einer natürlichen Person erteilt werden, nicht einer Sozietät. Auch aus solchen Ämtern fließt

deshalb eine persönliche Haftung des Amtsträgers, wohingegen fraglich ist, ob auch eine Haftung der Sozietät in Betracht kommt, wenn das Amt im Rahmen der Sozietät (zB unter Verwendung des Sozietätsbriefbogens und der sonstigen Faszilitäten der Sozietät) ausgeübt wird.
- **Strafverteidigermandate** können nach den Regeln der StPO nur einem einzelnen Berufsträger erteilt werden, nicht einer Sozietät.
- Bei der **Inanspruchnahme besonderen persönlichen Vertrauens** durch den mandatsbearbeitenden Anwalt kann ein Schuldverhältnis zwischen diesem und dem Mandanten nach § 311 Abs. 3 BGB entstehen, dieses tritt dann neben das Mandatsverhältnis zur Sozietät.
- Bei **deliktischen Handlungen,** etwa der Verletzung eines Schutzgesetzes, haftet primär der handelnde Berufsträger über § 823 Abs. 1 oder 2 BGB, die Sozietät haftet nur unter den Voraussetzungen des § 831 BGB mit.

143 Die Versicherungsdeckung in allen genannten Fällen ist unterschiedlich. Gemeinsam ist allen Fällen, dass die Regelung zur Mitversicherung in **§ 7 Abs. 1 AVB-RS nicht nutzbar** gemacht werden kann. Denn sie regelt nur die Rechtsfolgen einer Mitversicherung, aber nicht, wer unter welchen Voraussetzungen mitversichert ist.

144 Ausdrücklich geregelt ist die **akzessorische Haftung,** die in der GbR und der einfachen PartG (daneben auch in der OHG und KG) zum Tragen kommen kann. Hier regelt § 1 II 3 ausdrücklich, dass die persönliche akzessorische Haftung mitversichert ist, wenn sie der Betreffende selbst oder ein Mitgesellschafter ausgelöst hat, der derselben Berufsgruppe angehört (im Einzelnen → Rn. 150). Nicht mitversichert ist hingegen die akzessorische Haftung, die sich aus Fehlern von Angehörigen anderer Berufe ergibt (sog. „Partizipationsmodell", dazu *Riechert* AnwBl. 2019, 474).

145 **Private „Gartenzaunmandate",** die ein sozietätsangehöriger Berufsträger privat außerhalb der Sozietät bearbeitet, sind über die Versicherung der Sozietät **nicht versichert.** Versicherungsschutz hat der mandatsbearbeitende Anwalt nur über seine eigene persönliche Zulassungspolice („Anerkennungspolice", „Baby-Police" → Einl. Rn. 117). Typischerweise hat diese Versicherung nur die gesetzliche Mindestversicherungssumme von 250.000 EUR gemäß § 51 BRAO, sodass der Anwalt in Deckungslücken hineinläuft, wenn die von ihm privat bearbeiteten Mandate ein höheres Risiko haben.

146 Die Mitversicherung von sozietätsangehörigen Berufsträgern, die besondere **persönliche Ämter** ausüben und darüber persönlich in die Haftung geraten, ergibt sich aus § 1 I 2. Die Vorschrift ist schwer verständlich und steht unsystematisch auch in Abs. I statt in Abs. II. Sie lässt sich aber trotz der verschwurbelten Formulierung sinnvoll nur im Sinne einer echten Mitversicherung verstehen (das Wort „mitversichert" steht dort ausdrücklich auch in Text und Überschrift). Mit den „Tätigkeiten nach Teil 2 B" sind unzweifelhaft jedenfalls auch die Tätigkeiten nach B 1.1 (s. dort) gemeint. Das betrifft insbesondere die praktisch wichtigen Fälle der Tätigkeit als Schiedsrichter, Testamentsvollstrecker, Insolvenzverwalter oder Aufsichtsratsmitglied. Die Mitversicherung betrifft auch nicht nur Gesellschafter, sondern auch angestellte Anwälte oder freie Mitarbeiter. Allerdings enthält I 2 eine wichtige Einschränkung: Eine Mitversicherung besteht nur, wenn der einzelne Anwalt das persönliche Mandat/Amt „für den Versicherungsnehmer", also **für die Sozietät** wahrgenommen hat.

Gegenstand des Versicherungsschutzes **§ 1**

Diese Einschränkung zielt auf den Umstand ab, dass die Wahrnehmung persönlicher Mandate/Ämter in den Sozietäten höchst unterschiedlich gehandhabt wird. Manche Sozietätsverträge regeln, dass die Honorare aus persönlichen Ämtern/Mandaten dem Partner persönlich verbleiben, er aber im Gegenzug den damit verbundenen Aufwand selbst tragen muss oder dafür einen Honoraranteil abzuführen hat. Andere Sozietätsverträge hingegen regeln, dass auch Honorareinnahmen aus persönlichen Ämtern/Mandaten der Sozietät zustehen, was dann meist mit der Regelung verbunden ist, dass die Sozietät auch alle verbundenen Aufwendungen trägt. Eine Mitversicherung persönlicher Ämter/Mandate findet nach I 2 nur in letzterem Fall statt.

Keine ausdrückliche Lösung enthalten die AVB-RS auf den ersten Blick für sonstige persönliche Mandate (zB **Strafverteidigung**) oder die Haftung aus § 311 Abs. 3 BGB wegen **Inanspruchnahme besonderen persönlichen Vertrauens.** Allerdings verweist I 2 nicht lediglich auf B 1.1 der BBR-RA, sondern ganz allgemein auf „Teil 2 B". Zu Teil 2 B gehört auch der Einleitungssatz, der allgemein die „freiberuflich ausgeübte Tätigkeit als Rechtsanwalt" als Gegenstand der Versicherung beschreibt. Zwar ist der Einleitungssatz von Teil B 1 im Grunde nur deklaratorisch. Wenn allerdings die AVB-RS darauf ausdrücklich verweisen, muss jedenfalls aus dem AGB-rechtlichen Transparenzgebot folgen, dass damit letztlich auch alle persönlichen Mandate mitversichert sind, wenn sie im Rahmen der Sozietät ausgeübt werden, dh auf deren Rechnung und unter Nutzung der Faszilitäten der Sozietät. **147**

Eine Regelung über die Mitversicherung persönlicher **deliktischer Haftung** findet sich in den AVB-RS nicht. Diese **Lücke** spielt aber keine große Rolle. Zum einen wird bei deliktischer Haftung häufig eine wissentliche Pflichtverletzung vorliegen, für die nach § 4.5 ohnehin kein Versicherungsschutz besteht. Vor allem aber entsteht eine deliktische Haftung nach § 823 BGB nur bei Verletzung von absoluten Rechten, aber gerade nicht bei Vermögensschäden. Die Verletzung absoluter Rechte, insbesondere von Sachen oder Personen, ist aber in den AVB-RS typischerweise gerade nicht versichert (§ 1 I 3). Deckungslücken sind aber denkbar bei der deliktischen Verletzung absoluter Rechte (zB Untergang eines Schutzrechts aufgrund eines Anwaltsfehlers). **148**

bb) Rechtsfolgen. Im Einzelnen (s. ausführlich → § 7) gelten für mitversicherte Personen folgende Regelungen: **149**
– Der VN bleibt neben der mitversicherten Person für die Erfüllung aller **Obliegenheiten** verantwortlich (§ 7 I 1 S. 2).
– Mitversicherte Personen können ihre **Versicherungsansprüche** selbständig **geltend machen** (§ 7 I 2).
– **Ansprüche** des VN **gegen mitversicherte Personen** sind nicht versichert (§ 7 I 3).
– Bei wissentlicher Pflichtverletzung eines Angestellten kommt ein **Rückgriff** der Versicherung gegen diesen gem. § 7 III in Betracht (s. dort). Insbesondere bei vorsätzlichem oder grob fahrlässigem Handeln eines Mitarbeiters hat der versicherte Anwalt bzw. die versicherte Anwaltsgesellschaft einen deliktischen und arbeitsvertraglichen Rückgriffsanspruch, der gem. § 7 III 1 auf den VR übergeht und dann von diesem zur Realisierung des Rückgriffs gegen den Mitarbeiter verwendet werden kann.

§ 1 A. Der Versicherungsschutz

150 **c) Mitversicherte akzessorische Haftung (II 3).** Gemäß § 1 II 3.1 sind in den Versicherungsschutz der Gesellschaft auch diejenigen **Partner** als mitversicherte Personen (§ 7 I) einbezogen, die neben der Gesellschaft akzessorisch **persönlich haften** (zB die mandatsführenden Partner nach § 8 Abs. 2 PartG, in der Anwalts-GbR alle Partner gem. § 128 ff. HGB). Nicht „mitversicherte Personen" sind dagegen grds. Mitarbeiter wie zB **angestellte Anwälte** oder Büromitarbeiter, deren Fehlverhalten zwar die vertragliche Haftung des mandatsbearbeitenden Partners oder der Sozietät auslöst, die aber mangels eigener vertraglicher Bindung zum Mandanten nicht selbst persönlich Haftungsansprüchen ausgesetzt sind. Allerdings enthält II 3 eine wichtige Einschränkung der akzessorischen Haftung: Mitversichert ist sie nur, wenn sie aus dem Pflichtenverstoß eines „in diesem Vertrag versicherten berufsangehörigen" VN folgt. Die mitversicherte akzessorische Haftung muss also aus dem **Pflichtenverstoß eines Rechtsanwalts oder** eines **Steuerberaters** herrühren. Das hat Bedeutung in der **MDP**. Insoweit ist vor allem zu beachten, dass die AVB-RS nur noch für Rechtsanwälte und Steuerberater gelten, nicht mehr für Wirtschaftsprüfer. Assoziieren sich also Rechtsanwälte/Steuerberater mit Wirtschaftsprüfern und wird die WP-Haftung über einen anderen Vertrag abgedeckt, sind diejenigen Gesellschafter, die Rechtsanwälte und/oder Steuerberater sind, mit ihrer akzessorischen Haftung für Fehler der Wirtschaftsprüfer nicht mitversichert (Mitversicherung wird aber dann häufig über die WP-Police bestehen). Erst recht gilt das, wenn die sozietätsangehörigen Rechtsanwälte bzw. Steuerberater in die akzessorische Haftung für **Fehler anderer Freiberufler** (Ärzte, Ingenieure, Unternehmensberater etc) geraten, mit denen sie sich seit der Großen BRAO-Reform gemäß § 59c BRAO assoziieren dürfen. Umgekehrt mitversichert II 3.1 sogar die akzessorische Haftung der Gesellschafter, die anderen Berufen angehören, für die Fehler der Rechtsanwälte oder Steuerberater.

151 **d) Zurechnung von Ausschlüssen, insbesondere wissentliche Pflichtverletzung (II 2).** Gemäß § 1 II 2 werden **Umstände** in der Person des Verstoßenden, die den Versicherungsschutz beeinflussen, **der versicherten Berufsausübungsgesellschaft zugerechnet.** Das gilt für alle denkbaren Ausschlüsse, insbesondere aber für Vorsatz und wissentliche Pflichtverletzung. Bei wissentlicher Pflichtverletzung besteht nach § 4.5 grds. kein Versicherungsschutz (s. dort). Hier enthält jedoch § 4.5.1 eine bedeutsame Ausnahme: Die Zurechnung findet nicht statt, wenn die wissentliche Pflichtverletzung bei **Angestellten** oder **sonstigen eingeschalteten Personen** (zB freie Mitarbeiter) vorlag, die nicht Gesellschafter oder Organ sind (s. dort). Bei allen anderen Ausschlüssen bleibt es dagegen bei der allgemeinen Zurechnungsregel des II 2: Der Versicherungsschutz geht verloren, egal ob der Ausschluss in der Person eines Partners oder eines einfachen Angestellten oder freien Mitarbeiters vorliegt.

152 **e) Eintritts-/Austrittsversicherung (II 3, 4).** Mit der Eintritts- und Austrittsversicherung in § 1 II 3, 4 wird ein altes Problem der Berufshaftpflichtversicherung gelöst.

153 **aa) Eintrittsversicherung.** Die Problematik begann mit der Anerkennung der Rechtsfähigkeit der **GbR** durch den BGH im Jahr 2001 (NJW

Gegenstand des Versicherungsschutzes **§ 1**

2001, 1056). Seitdem galt für die GbR das Haftungsregime der oHG (§§ 128 ff. HGB) analog. Mit Urteil vom 7.4.2003 (BB 2003, 1916, zu den daraus entstehenden Haftungsrisiken für Anwälte *Römermann* BB 2003, 1084) entschied der BGH folgerichtig, dass der in eine GbR **eintretende Gesellschafter** analog § 130 HGB persönlich (als Gesamtschuldner mit den Altgesellschaftern) **für Verbindlichkeiten** der Gesellschaft **haftet,** die **bereits vor seinem Eintritt begründet** wurden. Nach der Entscheidung des BGH vom 3.5.2007 (NJW 2007, 2490) gilt das, wie von der gesellschaftsrechtlichen Literatur fast einhellig gefordert (zB *K. Schmidt* NJW 2005, 2880; *Knöfel* AnwBl. 2006, 373), auch für berufliche Verstöße der Altpartner. In der einfachen **PartG** kann es wegen § 8 Abs. 2 PartGG zu einer Haftung des Eintretenden für vor seinem Eintritt von Altpartnern begangene Verstöße dann kommen, wenn der Eintretende zufällig in demjenigen Mandat tätig wird, in dem vor seinem Eintritt der Verstoß begangen wurde (BGH WM 2010, 139).

Die fatale Konsequenz dieser Rechtsprechung war, dass der **eintretende** 154 **Partner** regelmäßig **keinen Versicherungsschutz** hatte. Dieses auf den ersten Blick überraschende Ergebnis ergab sich auf Grund der Deckungskonzepte der Versicherungswirtschaft und wegen der Inkompatibilität der akzessorischen Haftung mit dem Verstoßprinzip: Trat der Anwalt per 1.1. eines Jahres in eine Sozietät ein und wurde im Laufe dieses Jahres ein Haftpflichtanspruch gegen die Sozietät angemeldet, der aus einem im Vorjahr begangenen Verstoß eines Partners resultierte, haftete der eintretende Partner für diesen Schaden nach § 128 HGB mit. Über seine **eigene Versicherungspolice,** die ihn im Vorjahr abgedeckt hatte, hatte der eintretende Partner keine Deckung, da diese Police nur die eigenen Verstöße des Vorjahres abdeckte, nicht jedoch die Verstöße anderer Anwälte, mit denen er damals nicht assoziiert war. Der eintretende Partner war aber auch nicht abgesichert über die **Police,** die die **Sozietät** im Jahr vor seinem Eintritt hatte. Denn bezüglich der Versicherung der Sozietät waren zwar alle in ihr tätigen Juristen „mitversicherte Personen" und damit in die Versicherung einbezogen. Für die Frage, wer mitversicherte Person ist, kommt es aber stets auf den Verstoßzeitpunkt an (→ § 7 Rn. 6). Zum Zeitpunkt des Verstoßes, im Jahr vor dem Eintritt, war der neu eintretende Partner noch nicht „mitversicherte Person" und hatte deshalb keinen Versicherungsschutz. Er konnte nur hoffen, dass sich der Geschädigte an die (versicherte) Gesellschaft bzw. an die anderen (versicherten) Partner hielt, statt den mühevolleren Weg zu gehen, das Privatvermögen des Eingetretenen zu pfänden. Befriedigend lösbar war das Problem nur so, dass der **eintretende Partner** sich rückwirkenden Versicherungsschutz über eine **Rückwärtsdeckung** besorgte (*Zacharias* AnwBl. 2003, 679, 680).

Eine ähnliche Problematik wie beim Eintritt eines Partners in eine Sozietät 155 stellte sich bei der **Fusion von Sozietäten.** Auch hier konnte es dazu kommen, dass die durch die Fusion **hinzugekommenen Partner** für die beruflich veranlassten Haftungsfälle der Partner der aufnehmenden Sozietät **mithafteten,** aber selbst keine Versicherungsdeckung hatten. Auch hier war die Rückwärtsversicherung der sicherste Weg zur Abwendung von Deckungslücken (Beckmann/Matusche-Beckmann/*v. Rintelen,* § 23 Rn. 300).

Die Versicherungswirtschaft hat zunächst versucht, die Problematik durch 156 Zusatzbausteine zu den AVB in den Griff zu bekommen (bei der Allianz durch

§ 1 A. Der Versicherungsschutz

einen besonderen **Teil 1.2** (s. 2. Aufl.). Diese Klauselbausteine waren ausgesprochen kompliziert, da sie sowohl auf die Versicherung der Sozietät als auch auf die früher noch zulässige Einzelversicherung der Sozien passen mussten. Nachdem nunmehr alle Sozietäten versicherungspflichtig sind, ist die Sache einfacher geworden, sodass die Versicherer die Ein- und Austrittsdeckung der Gesellschafter (Partner, Sozien) in die AVB integriert haben.

157 In **zeitlicher** Hinsicht kommt es nur darauf an, dass der Schadensersatzanspruch vor dem Eintritt in die Sozietät entstanden ist. Ob das vor oder nach Abschluss des Versicherungsvertrages war, spielt keine Rolle. Bei vor Abschluss des Versicherungsvertrags begangenen Verstößen ist die Eintrittsdeckung also systematisch einer „Claims-Made-Deckung" (→ Einl. Rn. 118 ff.) angenähert. Die Eintrittsdeckung wird allerdings nicht durch eine **Vorkenntnisklausel** begrenzt, wie sie in § 2 II 2 enthalten ist (s. dort). § 2 II 2 kann hier auch nicht zu Lasten des eintretenden Gesellschafters analog angewendet werden. Folglich greift die Deckung für Eintrittshaftung auch dann, wenn dem eintretenden Gesellschafter bei Vertragsschluss bereits bekannt ist, dass der Altpartner vor seinem Eintritt einen Verstoß begangen haben, aus dem ein Schaden entstanden ist (*Riechert* AnwBl. 2011, 489 (491)). Ob die Sozietät vom Geschädigten bereits in Anspruch genommen worden ist, spielt keine Rolle, da die Inanspruchnahme ausweislich des klaren Wortlauts nicht Voraussetzung des Eintritts des Versicherungsfalls ist.

158 Die Eintrittsdeckung greift unabhängig davon, ob der Rechtsanwalt sich zeitgleich mit dem Eintritt in die Sozietät **erstmals zulässt,** und ob er aus einer Anwaltssozietät kommt oder ob er vorher Einzelanwalt war. Beim **Sozietätswechsel** kann die Eintrittsdeckung zusammenfallen mit der Austrittsdeckung (s. sogleich).

159 Nach Sinn und Zweck muss die Eintrittsdeckung auch für **Scheinpartner** greifen. Zwar haftet der Scheinpartner nach Rechtsscheingrundsätzen und nicht „akzessorisch". Es wäre aber überraschend (§ 305c BGB), wenn der Scheinpartner einen schlechteren Versicherungsschutz hätte als der Vollpartner.

160 **bb) Austrittsversicherung.** Die Austrittsversicherung betrifft die sog. „**Nachhaftung**", die den Partner nach Ausscheiden aus der Sozietät nach § 160 HGB (analog) noch treffen kann. Allerdings ist noch ungeklärt, unter welchen Voraussetzungen überhaupt beim Austritt aus einer Sozietät eine Nachhaftung greift. Zwar ist anerkannt, dass § 160 HGB an sich hier greift (zB LG Bonn DStR 2010, 1648; OLG Karlsruhe NZG 2011, 303 (LS)). Die Nachhaftung dauert grds. **fünf Jahre.** Fraglich ist aber, ob die Nachhaftung voraussetzt, dass der **Verstoß** noch vor dem Ausscheiden begangen wurde, oder ob es ausreicht, dass die Mandatsbeziehung vorher begründet wurde (LG Bonn DStR 2010, 1648 hält eine Pflichtverletzung vor dem Ausscheiden für erforderlich; OLG Karlsruhe NZG 2011, 303 hingegen nicht; dazu auch OLG Saarbrücken v. 30.4.2007 – 1 U 148/06 sowie *Sommer/Treptow/Dietlmeier* NJW 2011, 1551 (1552)). Letztere Auffassung könnte insbesondere bei Dauerberatung zu einer fast endlosen Haftung führen. Irrelevant ist allerdings nach einhelliger Auffassung, ob der **Schaden** noch während der Zugehörigkeit zur Sozietät oder erst danach entstanden ist. Abs. II 3.2 stellt ausdrücklich

Vorwärts- und Rückwärtsversicherung § 2

nicht auf den Zeitpunkt des Verstoßes ab, sondern allein auf die Tatsache, dass die Verbindlichkeit vor dem Austritt „begründet" wurde, dh der Schadensersatzanspruch muss bereits entstanden sein. Es reicht also nicht, dass der Verstoß noch während der Zugehörigkeit zur Sozietät lag, der Schaden aber erst danach entstanden ist. Sollten die Zivilgerichte auch in solchen Fällen eine Austrittshaftung bejahen, wäre sie über Abs. II 3, 4 nicht versichert.

cc) Maßgeblicher Zeitpunkt (II 4). § 1 II 4 ist rätselhaft. Da den AVB- 161
RS grds. das Verstoßprinzip zu Grunde liegt (→ Rn. 56), ist § 1 II 4 eine Selbstverständlichkeit, und zwar sowohl bei der Versicherung des Einzelanwalts als auch bei der Versicherung der Sozietät. Eigenständige Bedeutung hat die Regelung nur, wenn man sie als Annex zu § 1 II 3 und insbesondere 3.2 versteht (also quasi als § 1 II 3.3). Die akzessorische Haftung und die diese abdeckende Eintritts- und Austrittsdeckung nach § 1 II 3.2 muss ja, wie dargestellt, an der Anspruchsentstehung (Schadensentstehung) ansetzen, nicht am Verstoß. § 1 II 4 stellt nun klar, dass es für den Versicherungsumfang, also insbesondere die Versicherungssumme und die vereinbarten Ausschlüsse, auf den Zeitpunkt des Verstoßes und nicht der Schadensentstehung ankommt. Hat beispielsweise die Sozietät zwischen Verstoß und Schadensentstehung die Versicherungssumme aufgestockt, so bleibt es nicht nur für die Sozietät selbst, sondern auch für die Ein- und Austrittsdeckung bei der ursprünglichen niedrigeren Versicherungssumme, die zum Verstoßzeitpunkt eingedeckt war.

§ 2 Vorwärts- und Rückwärtsversicherung

I. Vorwärtsversicherung

Die Vorwärtsversicherung umfasst die Folgen aller vom Beginn des Versicherungsschutzes an (§ 3) bis zum Ablauf des Vertrages begangenen Verstöße.

II. Rückwärtsversicherung

1. Versicherungsumfang

Die Rückwärtsversicherung bietet Versicherungsschutz für in der Vergangenheit begangene Verstöße. Bei Antragsstellung ist die rückwärts zu versichernde Zeit nach Anfangs- und Endzeitpunkt zu bezeichnen.

2. Kein Versicherungsschutz bei bekanntem Verstoß

Hat der Versicherungsnehmer oder eine mitversicherte Person bei Abgabe der Vertragserklärung davon Kenntnis, dass ein Verstoß schon begangen wurde, ist der Versicherer nicht zur Leistung verpflichtet.

III. Verstoßzeitpunkt bei Unterlassung

Wird ein Schaden durch fahrlässige Unterlassung verursacht, gilt im Zweifel der Verstoß als an dem Tag begangen, an welchem die versäumte Handlung spätestens hätte vorgenommen werden müssen, um den Eintritt des Schadens abzuwenden.

§ 2   A. Der Versicherungsschutz

Übersicht

	Rn.
I. Überblick	1
1. Regelungsinhalt	1
2. Verhältnis zu VVG und AHB	3
II. Verstoßzeitpunkt (III)	5
1. Grundsatz	5
2. Feststellung des Verstoßzeitpunkts	7
a) Überblick	7
b) Unterlassung	10
c) Gedehnter Verstoß	12
d) Verstoß mit Reparaturmöglichkeit	13
e) Fehlerwiederholung	16
III. Vorwärtsversicherung, Spätschäden (I)	18
IV. Rückwärtsversicherung, Vorschäden (II)	22
1. Deckungskonzept (II 1)	22
2. Bedarf für Rückwärtsdeckung	25
a) Eintrittshaftung, Fusion	25
b) Nachträgliche Risikoerhöhung/unzureichende Deckung	26
3. Ausschluss der Rückwärtsdeckung bei Kenntnis des Verstoßes (II 2)	27

I. Überblick

1. Regelungsinhalt

1 Eines der Hauptprobleme bei der Vermögensschaden-Haftpflicht ist, dass sie **zeitlich** an die **Begehung des Verstoßes (Pflichtverletzung)** anknüpft, jedoch die **Schäden** aus solchen Pflichtverletzungen oft erst **Jahre später eintreten** (→ § 1 Rn. 7 ff.).

2 Abs. I regelt die Eintrittspflicht des VR für **während der Vertragslaufzeit vorkommende Verstöße,** auch wenn der Schaden erst nach Vertragsablauf eintritt. Umgekehrt regelt Abs. II die Möglichkeit, sich gegen während der Vertragslaufzeit eintretende Schäden zu versichern, die auf **Verstößen** beruhen, die **vor Vertragsbeginn** vorgekommen sind. Eines der Hauptprobleme der Vermögensschaden-Haftpflicht ist dementsprechend die Feststellung, **zu welchem Zeitpunkt** ein Verstoß vorlag. Besondere Probleme macht dies bei **Verstößen durch Unterlassen,** hierzu regelt Abs. III, an welchem Tag in solchen Fällen der Verstoß als begangen gilt.

2. Verhältnis zu VVG und AHB

3 Die Rückwärtsversicherung regelt **§ 2 VVG,** der allerdings hinsichtlich des Ausschlusses bei Kenntnis von bereits vorgekommenen Verstößen enger ist. § 2 VVG ist jedoch gem. § 18 VVG abdingbar.

4 Da die **AHB** in zeitlicher Hinsicht nicht an den Verstoß anknüpfen, sondern an den Schadenseintritt, hat § 2 dort keine Entsprechung.

Vorwärts- und Rückwärtsversicherung §2

II. Verstoßzeitpunkt (III)

1. Grundsatz

Die Regelung zur Vorwärtsversicherung in Abs. I wiederholt noch einmal deklaratorisch die Auswirkungen des der Vermögensschaden-Haftpflicht zugrunde liegenden **Verstoßprinzips:** Versichert sind alle Verstöße (Pflichtverletzungen → § 1 Rn. 56 ff.), die während der Laufzeit des Versicherungsvertrages begangen werden. Versicherungsschutz besteht auch dann, wenn Schadenseintritt, Kenntniserlangung des Geschädigten und/oder Geltendmachung des Schadens erst nach Vertragsablauf liegen. Beispiel: Der Versicherungsvertrag bestand von 2023 bis 2025. Ein im Jahr 2024 begangener Verstoß hat zwar noch in 2024 zum Schaden beim Mandanten geführt, dieser hat den Schaden aber erst in 2026 entdeckt und geltend gemacht. Hier besteht Versicherungsschutz. Das Gleiche gilt, wenn bei einem von 2023 bis 2025 laufenden Versicherungsvertrag der Verstoß des Jahres 2024 (fehlerhafter Unternehmenskaufvertrag) erst im Jahr 2027 zum Schaden beim Mandanten führt.

An der Deckungspflicht des VR für Versicherungsfälle, die aus innerhalb des Deckungszeitraums begangenen Verstößen herrühren, ändert sich auch dann nichts, wenn der versicherte Anwalt mittlerweile die **Versicherung gewechselt** hat, sich zur **Ruhe gesetzt** hat oder **verstorben** ist.

2. Feststellung des Verstoßzeitpunkts

a) Überblick. Eines der Hauptprobleme des Verstoßprinzips ist die Feststellung des Verstoßzeitpunkts. Diese Feststellung ist meist entbehrlich, wenn die Versicherung in dem gesamten in Betracht kommenden Zeitraum unverändert bestanden hat. Wurde aber der VR **gewechselt** oder die **Versicherungssumme erhöht oder verringert**, ist von entscheidender Bedeutung, ob der Verstoß vor oder nach der Änderung gelegen hat, weil je nachdem eine andere Versicherung eintrittspflichtig ist oder eine andere Deckungssumme zur Verfügung steht. Aber auch bei unveränderter Deckung kann die Zuordnung eines Verstoßes zu einem bestimmten Versicherungsjahr bedeutsam sein, wenn in einem der in Betracht kommenden Jahre die Exzedenten (Maximierungen) schon erschöpft sind.

Mitunter ist zu beobachten, dass sich bei Versichererwechsel und unklarem Verstoßzeitpunkt die **Versicherer wechselseitig** auf Kosten des VN die **Verantwortung zuschieben,** was am Ende dazu führt, dass der VN beide verklagen muss (und unvermeidlich auf den Kosten einer der beiden Klagen sitzen bleibt). Aus diesem Grund wird seit langem gefordert, die AVB-RS um eine – bei der D&O-Versicherung ganz übliche! – Regelung zu ergänzen, wonach beim Streit zwischen Vorversicherer und Nachversicherer über die Eintrittspflicht der **Nachversicherer vorleistungspflichtig** ist und sich gegebenenfalls beim Vorversicherer schadlos halten kann. Leider war bislang nur die **R+V** zu einer solchen Ergänzung ihres Bedingungswerks bereit (Ziff. 2.4 AVB-P). In der Praxis gelingt mitunter eine einvernehmliche Regelung mit den beteiligten VR dahingehend, dass bis zur endgültigen Klärung des Versicherungsfalls jeder VR die Abwehrkosten hälftig vorstreckt.

§ 2 A. Der Versicherungsschutz

9 Nach einer verbreiteten Formel soll abzustellen sein auf den **ersten Verstoß, der „in gerader Linie zum Schaden führt"** (Beckmann/Matusche-Beckmann/*v. Rintelen*, § 23 Rn. 299). Durch solche Formeln wird die Sache jedoch nicht wirklich einfacher. Wichtig ist insbesondere die Unterscheidung zwischen einem **„gedehnten Verstoß"** und einem **„Verstoß mit Reparaturmöglichkeit"** (→ Rn. 12 ff.).

10 **b) Unterlassung.** Ist der Schaden nicht durch positives Tun verursacht, sondern durch **Unterlassung,** gilt gem. Abs. III der Verstoß als an dem Tag begangen, an dem die versäumte Handlung spätestens hätte vorgenommen werden müssen, um den Schadenseintritt abzuwenden. Bei Verstreichenlassen einer Frist liegt der Verstoß also am letzten Tag der Frist vor. Beispiel: Der Anwalt wechselt per 31.12.2024 die Versicherung. Ihm wird am 15.12.2024 ein Urteil zugestellt, er lässt schuldhaft die Berufungsfrist am 15.1.2025 verstreichen. Eintrittspflichtig ist die Versicherung des Jahres 2025, da der Verstoß als am 15.1.2025 begangen gilt. Im Übrigen ist auf ein Unterlassen nur dann abzustellen, wenn kein positives Tun festzustellen ist. Im Zweifel geht also **positives Tun** (und dessen Zeitpunkt) **vor.** Insbesondere kommt es bei einem Unterlassen, welches auf falscher rechtlicher Bewertung beruht, im Zweifel auf das positive Tun (nämlich die falsche Prüfung) an, nicht auf die daraus folgende Unterlassung (zB dass keine verjährungshemmenden Maßnahmen ergriffen wurden, KG VersR 2009, 1350).

11 Zum Zwecke der hypothetischen Feststellung, zu welchem Zeitpunkt der Schaden noch hätte vermieden werden können, ist als Vergleich derjenige Zeitpunkt zu Grunde zu legen, an dem der Schaden **tatsächlich eingetreten** ist (LG Berlin VersR 1995, 330). Ob der Schaden auch schon früher hätte eintreten können, ist unerheblich (OGH VersR 1995, 75; Fischer/*Chab*, § 18 Rn. 101). Unterlässt der Anwalt beispielsweise weisungswidrig die Einreichung einer Schutzschrift und wird daraufhin ex parte eine für den Mandanten nachteilige einstweilige Verfügung erlassen, liegt der Verstoß am letzten Tag vor, an dem die Schutzschrift, wäre sie eingereicht worden, vom Richter vor Erlass der einstweiligen Verfügung noch gelesen worden wäre. Dass der Gegner den Antrag auf Erlass der einstweiligen Verfügung schon früher hätte stellen können, ist unerheblich.

12 **c) Gedehnter Verstoß.** Ein sogenannter **„gedehnter Verstoß"** liegt vor, wenn der Schaden erst auf Grund mehrerer aufeinander aufbauender Pflichtverletzungen eingetreten ist. Maßgeblich für den Eintritt des Versicherungsfalls ist dann die **letzte Einzelursache, ohne deren Hinzutreten der Schaden nicht eingetreten** wäre (*Schlie*, S. 66 ff.; Beckmann/Matusche-Beckmann/*v. Rintelen*, § 23 Rn. 299). Es kommt nicht darauf an, **welche** der Pflichtverletzungen **gravierender** war (*Schlie*, S. 66 ff.). Das Abstellen auf die jeweils letzte Einzelursache hat den Vorteil, dass die oft schwierige Abgrenzung zwischen Tun und Unterlassen keine Rolle spielt, da nach § 2 III auch beim Unterlassen auf den letztmöglichen Zeitpunkt abzustellen ist. Beispiel: Der Anwalt notiert versehentlich die Frist für die Berufungsbegründung auf den 12. statt auf den 11. des Monats. Am Spätnachmittag des 11. wird der Irrtum bemerkt und in aller Eile eine Berufungsbegründung erstellt, die kurz vor Mitternacht ans Gericht gefaxt wird. Dabei wird der Schriftsatz in der Hektik versehentlich falsch herum aufs Faxgerät gelegt, sodass bei Gericht nur leere Seiten eintreffen. Maßgeblich ist hier der letzte Fehler (Verstoß) am 11. beim Versenden des Faxes, da der vorangegangene Verstoß (falsches Notieren der Frist) für sich allein den Schaden noch nicht herbeigeführt hätte.

d) Verstoß mit Reparaturmöglichkeit. Besonderheiten ergeben sich, **13** wenn sich der Schaden aus einer einzelnen Pflichtverletzung ergibt, der Anwalt aber später noch die **Möglichkeit** gehabt hätte (ggf. sogar mehrfach), den Schadenseintritt **durch Reparaturmaßnahmen zu vermeiden.** In solchen Fällen ist grds. auf den **ersten Verstoß** abzustellen (OLG Nürnberg VersR 1994, 1462; OLG Saarbrücken VersR 1991, 457; *Riechert,* § 2 Rn. 13; Späte/Schimikowski/*v. Rintelen,* Ziff. 1 Rn. 68 ff.; Beckmann/Matusche-Beckmann/*v. Rintelen,* § 23 Rn. 299; Fischer/*Chab,* § 18 Rn. 114). Etwas anderes gilt jedoch, wenn im weiteren Verlauf eine besondere Pflicht zum Handeln bestand, etwa eine **erneute Prüfung und Entscheidung veranlasst** war, und durch ordnungsgemäße Erfüllung dieser Pflicht der Schaden vermieden worden wäre (BGH VersR 1970, 247; Fischer/*Chab,* § 18 Rn. 104). Reicht zB der Anwalt 10 Tage vor Ablauf der Berufungsbegründungsfrist eine unvollständige und damit unzulässige Berufungsbegründung (§ 520 ZPO) ein, liegt bereits am Tag der Einreichung der schadensauslösende Verstoß vor. Keine Rolle spielt, dass der Anwalt theoretisch die Möglichkeit gehabt hätte, in den folgenden 10 Tagen den Fehler durch Einreichung einer neuen ordnungsgemäßen Berufungsbegründung zu heilen. Anders ist es dagegen, wenn der Anwalt – zB durch einen gerichtlichen oder behördlichen **Hinweis** – die Fehlerhaftigkeit der ersten Berufungsbegründung erkennt, aber gleichwohl untätig bleibt. Dann liegt gem. § 2 III der Verstoß am letzten Tag der Berufungsbegründungsfrist (vgl. BGH VersR 1970, 247; *Riechert,* § 2 Rn. 14).

Ähnlich ist es bei **Fristversäumnis.** Versäumt der Anwalt eine Frist, gilt **14** der Verstoß als am letzten Tag des Fristablaufs begangen (§ 2 III). Daran ändert sich dadurch nichts, dass ggf. die Möglichkeit bestanden hätte, innerhalb der nächsten 12 Monate (vgl. § 234 Abs. 3 ZPO) **Wiedereinsetzung** zu beantragen. Wird dagegen der Anwalt auf die Fristversäumung hingewiesen und liegen die Voraussetzungen für einen Antrag auf Wiedereinsetzung vor, bleibt der Anwalt aber untätig, so liegt darin der entscheidende Verstoß. Beispiel: Der Anwalt wechselt zum 31.12.2024 die Versicherung. Am 20.12. versäumt er schuldhaft eine Frist, was er am 30.12. bemerkt. Auf Grund weiteren Verschuldens versäumt es der Anwalt, rechtzeitig innerhalb der 14-Tagesfrist bis 12.1.2025 einen Wiedereinsetzungsantrag zu stellen. Eintrittspflichtig ist hier der VR, der das Jahr 2025 abdeckt. Zwar lag der Erstverstoß im Jahr 2024. Der Schaden beruht letztlich jedoch auf dem weiteren Verstoß, nämlich dem pflichtwidrigen Unterlassen des Wiedereinsetzungsantrags.

Wichtig ist also die Differenzierung zwischen dem **fahrlässigen Nicht-** **15** **Erkennen** eines Fehlers und dem **fahrlässigen Nicht-Reparieren.** Grds. kein neuer Verstoß liegt vor, wenn der Anwalt fahrlässig nicht erkennt, dass er einen Fehler gemacht hat, und ihn deshalb nicht repariert. Dagegen liegt ein neuer Verstoß vor, wenn der Anwalt den ersten Fehler erkennt, ihn aber pflichtwidrig nicht repariert (sei es, dass er bei der Reparatur einen weiteren Fehler begeht oder aber die Reparaturmöglichkeit gar nicht sieht). Die bloße theoretisch bestehende Reparaturmöglichkeit ist also so lange bedeutungslos, wie der Anwalt den Reparaturbedarf gar nicht erkennt. So hat das OLG Saarbrücken (VersR 1991, 457) zu Recht entschieden, dass eine vom Anwalt fehlerhaft erstellte Steuererklärung bereits als Verstoß anzusehen ist, obwohl der daraufhin erlassene fehlerhafte Steuerbescheid durch Einspruch noch hätte korrigiert werden können (ähnlich OLG Nürnberg VersR 1994, 1462: Der Architekt macht in der Anfangsphase eines Planungsvorhabens einen Fehler und bemerkt diesen auch im weiteren Verlauf der Planung und Bauausführung nicht. Abzustellen ist hier auf den ersten Fehler).

16 e) **Fehlerwiederholung.** Macht der Anwalt **denselben Fehler wiederholt,** liegen jeweils neue Verstöße vor (BGH VersR 1970, 247; Gräfe/Brügge/Melchers/*Brügge,* Rn. B 78 ff.). Beispiel: Der Unternehmer beauftragt den Anwalt einmal jährlich, sein Unternehmertestament daraufhin durchzusehen, ob es noch den wirtschaftlichen, familiären und rechtlichen Rahmenbedingungen entspricht. Der Anwalt übersieht jedes Mal die Unwirksamkeit einer Testamentsklausel. Hier liegen jeweils getrennte Verstöße vor, allerdings greift ggf. die Serienschadenklausel nach § 3 II 2 (s. dort). Verfügt der Anwalt wiederholt falsch über auf einem Treuhandkonto eingehende Zahlungen, liegt nur ein Verstoß vor, wenn der Anwalt die Berechtigung der Zahlungen nur einmal geprüft hat und auch die späteren Auszahlungen noch auf dem (falschen) Ergebnis dieser Prüfung beruhen (OGH VersR 2014, 1481). War hingegen aufgrund geänderter Sachlage oder neuer Aufträge eine erneute Prüfung angezeigt, liegen getrennte Verstöße vor (OGH VersR 2014, 1481). Maßgeblicher Zeitpunkt bei einem Dauerverstoß ist die erste Zuwiderhandlung (OGH VersR 2014, 1481).

17 Der Fall BGH NJW-RR 1991, 1306 verdeutlicht eindringlich die Schwierigkeiten der Abgrenzung: Erstellt der Steuerberater **jedes Jahr** die **Steuererklärung,** spricht gegen einen einheitlichen Schaden nicht nur, dass für jedes Veranlagungsjahr getrennt feststellbare Schadenspositionen entstehen, sondern auch die Tatsache, dass jedes Jahr ein neuer Verstoß vorliegt. Hätte dagegen der Steuerberater zu Beginn der Beratung einmal dem Mandanten erläutert, wie dieser selbst jedes Jahr seine Steuererklärung zu machen hat, läge es näher, alle aus dieser Fehlberatung entstehenden Schäden zu einem einheitlichen Schaden zusammen zu fassen (Gräfe/Brügge/Melchers/*Gräfe,* Rn. D 437).

III. Vorwärtsversicherung, Spätschäden (I)

18 Vermögensschaden-Haftpflichtversicherungen für andere Berufe enthalten mitunter Klauseln, wonach nur solche Spätschäden versichert sind, die **innerhalb eines bestimmten Zeitraums** nach Ablauf der Versicherung **gemeldet** werden **(Spätschadenklausel).** Eine solche Klausel enthalten die AVB-RS nicht, sodass es bei Spätschäden selbst 10 oder 20 Jahre nach Versicherungsablauf noch zur Eintrittspflicht des VR kommen kann. Im Bereich der gesetzlichen Mindestdeckung nach § 51 BRAO wäre eine Einschränkung durch Spätschadenklauseln ohnehin unzulässig, sie käme allenfalls für eine darüber hinausgehende freiwillige Höherversicherung in Betracht (Fischer/*Chab,*

Vorwärts- und Rückwärtsversicherung **§ 2**

§ 18 Rn. 97). Voraussetzung der Eintrittspflicht des VR für Spätschäden ist aber selbstverständlich immer, dass der Primäranspruch gegen den Anwalt (zB aus § 280 BGB) ebenso wenig verjährt ist wie der Deckungsanspruch des Anwalts bzw. seiner Erben gegen die Versicherung.

Von Bedeutung ist die in § 117 Abs. 2 VVG geregelte **Nachhaftung** des 19 VR für **einen Monat.** Sie ist nur verständlich vor dem Hintergrund von § 51 Abs. 6 BRAO. Danach hat der VR der Anwaltskammer die Kündigung oder Beendigung des Versicherungsvertrages mitzuteilen (vgl. A 3 BBR-RA, s. dort). Liegt der Kammer keine Information darüber vor, dass der Anwalt eine Anschlussversicherung abgeschlossen hat, muss die Kammer Sofortmaßnahmen ergreifen, um eine unversicherte Berufstätigkeit des Anwalts zu unterbinden. Zugunsten der Mandanten, deren Schutz die Pflicht-Vermögensschaden-Haftpflichtversicherung primär dient (→ Einl. Rn. 6 f.), läuft in einem solchen Fall die Versicherungsdeckung noch für einen Monat weiter. Noch versichert sind also (ohne Rücksicht auf den Zeitpunkt des Schadenseintritts) **alle Verstöße,** die **binnen eines Monats nach Vertragsende** vorkommen. Die zuständige Kammer wird sich beeilen, die Situation innerhalb eines Monats zu klären, sei es, dass sie den Anwalt dazu bewegt, eine neue Versicherungsdeckung zu beschaffen, oder ihm die Berufstätigkeit untersagt (im Einzelnen Gräfe/Brügge/Melchers/*Gräfe,* Rn. C 35 ff.).

Häufig übersehen wird, dass den Anwalt auch nach **Einstellung der Be-** 20 **rufstätigkeit** noch Pflichten aus den Mandatsverhältnissen treffen, deren Verletzung ihn schadensersatzpflichtig machen kann. Das betrifft beispielsweise die Verschwiegenheitspflicht, die Pflicht zur Aufbewahrung und Herausgabe der Handakten (§ 50 BRAO) sowie allgemein die Pflicht zur Rechenschaftslegung/Auskunftserteilung (§§ 675, 666 BGB). Hat der Anwalt bei Einstellung der aktiven Berufstätigkeit auch die Versicherung beendet, ist er für die **während des Ruhestands vorkommenden Verstöße** gegen die nachlaufenden Berufspflichten nicht mehr versichert (*Mennemeyer,* Kap. 11 Rn. 37). Eine nicht versicherte Haftung kann sich auch daraus ergeben, dass der sich zur Ruhe setzende Anwalt ohne klarstellenden Zusatz weiter auf Briefbogen, Praxisschild, Internetauftritt etc der Sozietät geführt wird und deshalb als **Scheinsozius** für nach seinem Ausscheiden vorkommende Verstöße anderer Partner mit in die Haftung genommen wird (*Mennemeyer,* Kap. 11 Rn. 36). Diese Lücken im Versicherungsschutz sind hinzunehmen, da § 51 BRAO die Aufrechterhaltung von Versicherungsschutz im Ruhestand nicht vorschreibt. Zur **Austrittshaftung** nach § 160 HGB jetzt **§ 1 II 3** (s. dort).

Die Deckung bis zum Ablauf des Vertrages (§ 2 I) wird durchbrochen durch 21 **Kündigung** (§ 9 I bis III, s. dort) aber auch durch **Wegfall der Zulassung** und den damit verbundenen Wegfall des versicherten Interesses (§ 9 IV, s. dort).

IV. Rückwärtsversicherung, Vorschäden (II)

1. Deckungskonzept (II 1)

Die Rückwärtsversicherung (§ 2 II) bietet die Möglichkeit, sich gegen wäh- 22 rend der Vertragslaufzeit eintretende oder geltend gemachte Schäden zu versichern, die auf Verstößen beruhen, die vor Vertragsbeginn vorgekommen sind. Nach dem Konzept des „Verstoßprinzips" (→ § 1 Rn. 58 ff.) ist eine **Rückwärtsversicherung** für Verstöße, die vor Vertragsbeginn vorgekommen sind, **eigentlich nicht notwendig.** Denn auch in dieser Zeit muss der Berufsträger ja Versicherungsschutz gehabt haben, sonst wäre er nicht zugelassen worden (§ 51 BRAO). Die Rückwärtsversicherung, die im Grunde nichts anderes darstellt als die **Kombination von Verstoßdeckung und „Claims-made"-Deckung** (s. dazu → Einl. Rn. 118), ist deshalb nur in besonderen Konstellationen erforderlich. Deshalb ist sie auch nicht standardmäßig im Versicherungsschutz enthalten, sondern ist **bei Bedarf** jeweils **gesondert** unter Bezeichnung des Anfangs- und Endpunkts der Rückwärtsdeckung (§ 2 II 1 S. 2) zu vereinbaren. Auf längere Rückwärtsdeckung als **drei Jahre** lassen sich die VR im Regelfall nicht ein (*Fiala/Keppel/Körner,* A Rn. 129).

23 Die Rückwärtsversicherung greift auch dann, wenn der **Schaden** erst **nach Ablauf der Vertragszeit entsteht** oder **bekannt** wird. Insoweit ist die Rückwärtsversicherung sogar noch weitergehender als eine „Claims-made"-Versicherung (Beispiel: Der – zunächst nicht erkannte – Verstoß ist im November 2023 passiert. Per 1.1.2024 schließt der Anwalt eine neue Haftpflichtversicherung mit Rückwärtsdeckung ab. Per 1.1.2025 wechselt der Anwalt erneut die Versicherung. Im März 2025 entsteht aus dem Verstoß des Jahres 2023 ein Schaden und wird geltend gemacht. Nach dem klaren Wortlaut von § 2 II 1 besteht hier eine Eintrittspflicht der für das Jahr 2024 geschlossenen Versicherung, da Voraussetzung der Rückwärtsdeckung ausdrücklich nicht ist, dass der Schaden innerhalb des Versicherungszeitraums entsteht oder geltend gemacht wird.

24 Ist der Zweitversicherer (Rückwärtsversicherer) wegen **Vorkenntnis** nach § 2 II 2 an sich leistungsfrei, bleibt es dabei, auch wenn der VN den Schaden fahrlässig **nicht bei** dem eintrittspflichtigen **Vorversicherer** gemeldet hat und der Deckungsanspruch verjährt ist. Die fahrlässige Nicht-Anmeldung ist kein neuer Verstoß, sodass dafür nicht der Zweitversicherer (Rückwärtsversicherer) eintrittspflichtig ist (s. OLG München VersR 1996, 1008). Nicht von den AVB-RS geregelt ist das **Zusammentreffen** einer **Rückwärtsversicherung** nach II mit einer für den gleichen Zeitraum bestehenden **normalen Verstoß-Deckung.** Diese Konstellation ist über die allgemeinen versicherungsvertraglichen Regeln zur Mehrfachversicherung (Doppelversicherung gem. § 78 VVG) aufzulösen. Dagegen geht eine Rückwärtsdeckung einer nach § 117 VVG aufrechterhaltenen Deckung vor (→ § 3 Rn. 140).

2. Bedarf für Rückwärtsdeckung

25 **a) Eintrittshaftung, Fusion.** Jahrzehntelang waren die versicherungstechnischen Probleme der akzessorischen Haftung beim Eintritt eines Einzelanwalts in eine GbR, bei der Gründung einer Sozietät durch Zusammenlegung von Einzelpraxen sowie bei der Fusion von Sozietäten ungelöst (s. 1. Aufl. § 2 Rn. 25 bis 30). Hier bestanden oft erhebliche Deckungslücken. Erfreulicherweise hat sich die Versicherungswirtschaft dieser Problematik angenommen und sie zunächst durch den im Jahr 2011 neu in die AVB eingefügten Teil 1.2 geregelt, der mittlerweile in **§ 1 II 3 AVB-RS** überführt worden ist (s. dort).

b) Nachträgliche Risikoerhöhung/unzureichende Deckung. Eine 26
Rückwärtsdeckung nach § 2 kann auch dann sinnvoll sein, wenn erst nachträglich offenbar wird, dass ein bestimmtes Mandat oder eine bestimmte Art von Mandaten ein erheblich **höheres Haftungsrisiko** hat als **ursprünglich angenommen,** und nachträglich Bedenken entstehen, ob die vorhandene Deckung ausreicht. Zu solchen Sorgen kann es auch kommen, wenn **inflationsbedingt** eine in weiter Vergangenheit eingekaufte Versicherungssumme für mögliche **Spätschäden** nicht mehr ausreichend erscheint. Denkbar ist auch, dass der Anwalt feststellen muss, zwischenzeitlich ohne ausreichende Deckung gearbeitet zu haben, etwa wenn er mit der Zahlung von Prämien in Verzug war und der Versicherer bereits qualifiziert gemahnt hatte (§ 38 III VVG), oder er aus einer Kanzlei ausgetreten ist, ohne sich unverzüglich neu selbst zu versichern. Denkbar ist auch, dass eine Sozietät feststellen muss, dass für ein bestimmtes in der Vergangenheit liegende Kalenderjahr die Jahreshöchstleistungen/Maximierungen (s. A.1 BBR-RA) bereits erschöpft sind und vorsorglich **weitere Maximierungen eingekauft** werden sollen (*Riechert,* § 2 Rn. 20).

3. Ausschluss der Rückwärtsdeckung bei Kenntnis des Verstoßes (II 2)

Die Rückwärtsversicherung deckt gem. II 1 und 2 verständlicherweise nur 27 solche vor Vertragsbeginn liegenden Verstöße, welche beim Abschluss der Rückwärtsversicherung **noch nicht bekannt** sind, und zwar weder dem **VN** selbst noch mit**versicherten Personen** (*Riechert,* § 2 Rn. 25). Grob fahrlässige Unkenntnis (Kennenmüssen) ist nach dem klaren Wortlaut unschädlich (*Riechert,* § 2 Rn. 24), anders noch § 2 II 2 der früheren AVB-RSW, s. 2. Aufl.!) Wer „mitversicherte Person" im Sinne des § 2 II 2 ist, regeln die AVB-RS nicht näher. Deshalb wird man hier die allgemeine Zurechnungsregel des § 1 II 2 anwenden müssen, sodass nicht nur Vorkenntnis von Gesellschaftern schädlich ist, sondern auch von **angestellten** Rechtsanwälten und **freien** Mitarbeitern.

Das „Bekanntsein" bezieht sich nur auf die **objektiven** Elemente des Verstoßes. Bekannt ist ein Verstoß deshalb auch, wenn der VN davon ausgeht, dass kein **Verschulden** vorlag. 28

§ 2 II 2 letzter Hs. stellt klar, dass es hinsichtlich des „Bekanntseins" nur auf 29 die Fehlerhaftigkeit der anwaltlichen **Handlung** ankommt, nicht aber auf den daraus entstehenden Schaden oder gar dessen Geltendmachung. Bekannt ist ein Verstoß deshalb auch dann, wenn der Anwalt seine Fehlleistung zwar erkennt, aber auf Grund der Umstände davon ausgeht, dass aus der Fehlleistung kein Schaden entstehen wird.

Maßgeblicher **Zeitpunkt** für das Bekanntsein eines in der Vergangenheit 30 vorgekommenen Verstoßes ist nach dem Wortlaut von II 2 nicht der **Vertragsschluss,** sondern der (davorliegende) Zeitpunkt der Abgabe des Antrags (anders noch in § 2 II 2 der früheren AVB-RSW, s. 2. Aufl.). Ohnehin geht der BGH in ständiger Rechtsprechung (VersR 1992, 484; 1990, 618) davon aus, dass die Parteien im Zweifel § 2 Abs. 2 VVG abbedingen mit der Folge, dass es nur auf Kenntnis bei Antragsabgabe ankomme. Kenntnis zwischen Abgabe der Erklärung und deren Zugang beim VR ist schädlich (BGH VersR 2000, 1133).

§ 3 Beginn und Umfang des Versicherungsschutzes

I. Hauptvertrag

1. Beginn

Der Versicherungsschutz beginnt an dem im Versicherungsschein angegebenen Zeitpunkt, sofern der Versicherungsnehmer die erste oder einmalige Prämie zusammen mit den angegebenen Kosten und etwaigen öffentlichen Abgaben rechtzeitig gemäß § 8 I Ziffer 1 zahlt.

2. Beginn bei späterer Prämieneinforderung

Wird die erste Prämie erst nach dem als Beginn der Versicherung festgesetzten Zeitpunkt eingefordert, dann aber ohne Verzug bezahlt, beginnt der Versicherungsschutz mit dem vereinbarten Zeitpunkt.

II. Umfang des Versicherungsschutzes

1. Abwehrschutz und Freistellung

Der Versicherungsschutz umfasst die Abwehr unberechtigter Schadenersatzansprüche und die Freistellung des Versicherungsnehmers von berechtigten Schadenersatzverpflichtungen.

1.1 Berechtigt sind Schadenersatzverpflichtungen dann, wenn der Versicherungsnehmer aufgrund Gesetzes, rechtskräftigen Urteils, Anerkenntnisses oder Vergleichs zur Entschädigung verpflichtet ist und der Versicherer hierdurch gebunden ist.

1.2 Anerkenntnisse und Vergleiche, die vom Versicherungsnehmer ohne Zustimmung des Versicherers abgegeben oder geschlossen worden sind, binden den Versicherer nur, soweit der Haftpflichtanspruch auch ohne Anerkenntnis oder Vergleich bestanden hätte.

1.3 Der Versicherer ist bevollmächtigt, alle zur Beilegung oder Abwehr des Haftpflichtanspruchs ihm zweckmäßig erscheinenden Erklärungen im Namen des Versicherungsnehmers abzugeben.

2. Höchstbetrag der Versicherungsleistung

2.1 Die Versicherungssumme stellt den Höchstbetrag der dem Versicherer – abgesehen von den Kosten (s. Ziffer 5) – in jedem einzelnen Versicherungsfall obliegenden Leistung dar und zwar mit der Maßgabe, dass nur eine einmalige Leistung der Versicherungssumme in Frage kommt:

a) gegenüber mehreren entschädigungspflichtigen Personen, auf welche sich der Versicherungsschutz erstreckt,
b) bezüglich eines aus mehreren Verstößen stammenden einheitlichen Schadens,
c) bezüglich sämtlicher Pflichtverletzungen bei der Erledigung eines einheitlichen Auftrags, mögen diese auf dem Verschulden des Versicherungsnehmers oder einer von ihm herangezogenen Hilfsperson beruhen.

Beginn und Umfang §3

2.2 Weitere Bestimmungen zum Höchstbetrag der Versicherungsleistung enthalten die Besonderen Bedingungen.

3. Jahreshöchstleistung

Die Leistungen des Versicherers können im Rahmen der gesetzlichen Bestimmungen begrenzt werden. Weitere Bestimmungen zur Jahreshöchstleistung enthalten die Besonderen Bedingungen.

4. Selbstbehalt des Versicherungsnehmers

4.1 An der Summe, die vom Versicherungsnehmer aufgrund richterlichen Urteils oder eines vom Versicherer genehmigten Anerkenntnisses oder Vergleichs zu bezahlen ist (Haftpflichtsumme), wird der Versicherungsnehmer mit einem Selbstbehalt von EUR 1.000 beteiligt (Festselbstbehalt).

4.2 Bei Haftpflichtansprüchen aus Tätigkeiten im Zusammenhang mit der Beratung und Beschäftigung im außereuropäischen Recht oder der Tätigkeit vor außereuropäischen Gerichten wird der Versicherungsnehmer in jedem Schadenfall mit einem Selbstbehalt von EUR 5.000 beteiligt.

4.3 Abweichend von Ziff. 4.1 kann ein anderer gesetzlich zulässiger Selbstbehalt vereinbart werden.

4.4 Ein Selbstbehalt ist jedoch ausgeschlossen, wenn bei Geltendmachung des Schadens durch einen Dritten die Bestellung bzw. Zulassung des Versicherungsnehmers erloschen ist. Dies gilt auch, wenn Haftpflichtansprüche gegen die Erben erhoben werden. Zudem entfällt in den ersten drei Jahren nach der Zulassung oder Bestellung als Berufsträger der Selbstbehalt, sofern kein abweichender Selbstbehalt vereinbart wurde.

Ziff. 4.4 gilt nicht für Berufsausübungsgesellschaften.

5. Prozesskosten

5.1 Die Kosten eines gegen den Versicherungsnehmer anhängig gewordenen, einen gedeckten Haftpflichtanspruch betreffenden Haftpflichtprozesses sowie einer wegen eines solchen Anspruchs mit Zustimmung des Versicherers vom Versicherungsnehmer betriebenen negativen Feststellungsklage oder Nebenintervention trägt der Versicherer. Sofern nicht im Einzelfall mit dem Versicherer etwas anderes vereinbart ist, werden die Rechtsanwaltskosten entsprechend den Gebührensätzen des RVG übernommen.

5.2 Abweichend von § 101 VVG trägt der Versicherer die Gebühren und Pauschsätze entsprechend dem Streitwert des Haftpflichtanspruchs nach folgender Maßgabe: Der Versicherer trägt die Gebühren und Pauschsätze bis zu einem Streitwert in Höhe von 1 Mio. EUR. Aus einem Streitwert über 1 Mio. EUR hinaus übernimmt der Versicherer die Gebühren und Pauschsätze nur dann, sofern die Versicherungssumme 1 Mio. EUR übersteigt. Der Versicherer trägt die Gebühren und Pauschsätze maximal aus demjenigen Streitwert, welcher der über 1 Mio. EUR hinausgehenden Versicherungssumme entspricht. Bei den nicht durch Pauschsätze abzugeltenden Auslagen tritt eine verhältnismäßige Verteilung auf Versicherer und Versicherungsnehmer ein.

5.3 Übersteigt der Haftpflichtanspruch nicht den Betrag des Mindest- oder eines vereinbarten festen Selbstbehalts, treffen den Versicherer keine Kosten.

5.4 Sofern ein Versicherungsnehmer sich selbst vertritt oder durch einen Gesellschafter, Angestellten oder Mitarbeiter vertreten lässt, werden eigene Gebühren nicht erstattet.

6. Schäden mit Auslandsbezug

6.1 Bei der Inanspruchnahme vor ausländischen Gerichten ersetzt der Versicherer begrenzt auf seine Leistungspflicht Kosten höchstens nach der der Versicherungssumme entsprechenden Wertklasse nach deutschem Kosten- und Gebührenrecht, sofern nicht im Einzelfall mit dem Versicherer etwas anderes vereinbart ist.

6.2 Bei Haftpflichtansprüchen aus Tätigkeiten im Zusammenhang mit der Beratung und Beschäftigung im außereuropäischen Recht, der Tätigkeit oder aus der Inanspruchnahme vor außereuropäischen Gerichten gilt abweichend Folgendes:

Aufwendungen des Versicherers für Kosten werden als Leistungen auf die Versicherungssumme angerechnet. Kosten sind Anwalts-, Sachverständigen-, Zeugen- und Gerichtskosten, Aufwendungen zur Abwendung oder Minderung des Schadens bei oder nach Eintritt des Versicherungsfalles sowie Schadenregulierungskosten, auch Reisekosten, die dem Versicherer nicht selbst entstehen; dies gilt auch dann, wenn diese Kosten auf Weisung des Versicherers entstanden sind.

7. Sicherheitsleistung zur Abwendung der Zwangsvollstreckung

An der Sicherheitsleistung oder Hinterlegung, die zur Abwendung der zwangsweisen Beitreibung der Haftpflichtsumme zu leisten ist, beteiligt sich der Versicherer in demselben Umfange wie an der Ersatzleistung, höchstens jedoch bis zur Höhe der Versicherungssumme.

8. Leistungsbegrenzung bei gescheiterter Erledigung des Haftpflichtanspruchs oder Zurverfügungstellung der Versicherungsleistung

Falls die vom Versicherer verlangte Erledigung eines Haftpflichtanspruchs durch Anerkenntnis, Befriedigung oder Vergleich am Verhalten des Versicherungsnehmers scheitert oder falls der Versicherer seinen vertragsmäßigen Anteil zur Befriedigung des Geschädigten zur Verfügung stellt, hat der Versicherer für den von der Weigerung bzw. der Zurverfügungstellung an entstehenden Mehraufwand an Hauptsache, Zinsen und Kosten nicht aufzukommen.

Beginn und Umfang §3

III. Sachschaden, Datenschäden, sonstige Schäden

1. Sachschäden

Mitversichert sind Haftpflichtansprüche wegen Sachschäden an Akten, Schriftstücken und sonstigen beweglichen Sachen, die bei der Ausübung der versicherten beruflichen Tätigkeit für die Sachbehandlung in Betracht kommen, sofern hierfür kein anderweitiger Versicherungsschutz besteht.

Nicht versichert sind Haftpflichtansprüche wegen Sachschäden, die dadurch entstehen, dass Geld, Wertpapiere (mit Ausnahme von Wechseln), Wertsachen oder Schlüssel abhandenkommen

2. Schäden im Zusammenhang mit Versicherungsverträgen

Nicht versichert sind Haftpflichtansprüche wegen Schäden, die dadurch entstehen, dass Versicherungsverträge nicht oder nicht ordnungsgemäß abgeschlossen, erfüllt oder fortgeführt werden.

3. Datenschäden

Mitversichert sind Haftpflichtansprüche wegen Sach- und Vermögensschäden im Zusammenhang mit der Ausübung der versicherten beruflichen Tätigkeit, die aus dem Verlust, der Veränderung oder der Nichtverfügbarkeit von Daten bei Dritten entstehen.

4. Sonstige Schäden

Mitversichert sind Haftpflichtansprüche im Zusammenhang mit der Ausübung der versicherten beruflichen Tätigkeit
- wegen Schäden, die aufgrund der Verletzung einer Vorschrift zum Schutz vor Diskriminierung, insbesondere nach dem Allgemeinen Gleichbehandlungsgesetz (AGG) bei Mandanten entstehen,
- wegen Schäden, die durch Freiheitsentzug verursacht worden sind (zB Straf- oder Untersuchungshaft, Unterbringung),
- wegen immaterieller Schäden (zB Schmerzensgeld) bei Mandatsverhältnissen,
- wegen Schäden, die aus der Verletzung von Vorschriften der Datenschutzgesetze sowie aus der Verletzung beruflicher Geheimhaltungs- und Vertraulichkeitspflichten entstehen.

IV. Kumulsperre

Unterhält der Versicherungsnehmer aufgrund zusätzlicher Qualifikationen weitere Versicherungsverträge (zB als Rechtsanwalt, Rechtsbeistand, Patentanwalt, Steuerberater, vereidigter Buchprüfer oder Wirtschaftsprüfer) und kann er für ein und denselben Verstoß Versicherungsschutz auch aus einem oder mehreren Versicherungsverträgen in Anspruch nehmen, begrenzt die Versicherungssumme des Vertrages mit der höchsten Versicherungssumme die Leistung aus allen Versicherungsverträgen; eine Kumulierung der Versicherungssummen findet nicht statt. § 78 Abs. 2 Satz 1 VVG gilt entsprechend.

§3　　　　　　　　　　　　　　　　　　A. Der Versicherungsschutz

Übersicht

	Rn.
I. Überblick	1
1. Regelungsinhalt	1
2. Verhältnis zu VVG und AHB	2
II. Zahlung der Erstprämie (I)	3
1. Überblick	3
2. Regelmäßiger Versicherungsbeginn (I 1)	4
3. Versicherungsbeginn bei verspäteter Zahlung der Erstprämie (I 2)	5
III. Umfang des Versicherungsschutzes (II)	6
1. Überblick, Doppelcharakter der Versicherungsdeckung (II 1)	6
2. Abwehr unberechtigter Ansprüche	8
a) Bedeutung	8
b) Maßgebliche Regelungen	11
c) Voraussetzungen der Schadensabwehrpflicht	12
d) Umfang der Schadensabwehrpflicht	17
3. Feststellung berechtigter Ansprüche (II 1.1)	22
a) Bindung des VR an rechtskräftige Urteile	23
b) Bindung des VR an Anerkenntnis; Vergleich	32
c) Bindung des VR kraft Gesetzes	38
4. Anerkenntnis und Vergleich durch VN (II 1.2)	39
5. Wahlrecht des VR zwischen Abwehr und Deckung; Regulierung	43
6. Regulierungsvollmacht des VR (II 1.3)	45
a) Voraussetzungen	45
b) Verhältnis der Vollmacht zum Weisungsrecht	49
c) Umfang der Vollmacht	50
d) „Widerspruchsrecht" des VN	60
IV. Schadensdeckung (II 2)	61
1. Natur des Deckungsanspruchs	61
2. Versicherungssumme (II 2.1)	62
3. Anrechnung von Kosten und Zinsen auf die Versicherungssumme?	63
4. Maximierung (II 3)	67
5. Mindestversicherungssumme	68
V. Serienschadenklausel (II 2.1)	69
1. Überblick	69
2. Mehrheit von Geschädigten	74
3. Mehrheit von Schäden	76
4. Verursachung durch mehrere Personen (II 2.1 a))	77
5. Schaden auf Grund mehrerer Verstöße (II 2.1 b))	80
6. Nur ein Schaden pro Auftrag (II 2.1 c))	82
7. Aufteilung der Versicherungssumme bei mehreren Geschädigten	89
VI. Hinweis auf Regelungen betreffend Versicherungshöchstleistung (II 2.2)	90
VII. Sonstige Begrenzungen (II 3)	91
VIII. Selbstbehalt (II 4)	92
1. Überblick	92
2. Anwendungsbereich	96
3. Selbstbehalt und Abwehrkosten (II 5.3)	100
IX. Schadensabwehrkosten (II 5)	103
1. Überblick	103

Beginn und Umfang §3

	Rn.
2. Umfang der zu übernehmenden Kosten (II 5.1)	105
3. Quotelung bei Schäden oberhalb der Versicherungssumme (II 5.2)	109
4. Eigenvertretung des VN (II 5.4)	110
5. Negative Feststellungsklage; Nebenintervention	114
6. Auslandsbezug (II 6)	117
a) Auslandsprozess	117
b) Außereuropäische Gerichte/außereuropäisches Recht . . .	120
c) Zulässigkeit	121
7. Sicherheitsleistung (II 7)	122
X. Ende der Leistungspflicht des VR wegen Befriedigung oder Verhaltens des VN – „Widerspruchsrecht" (II 8)	127
XI. Klage des VN gegen den VR auf Leistung bzw. Deckung	129
XII. Aufrechterhaltung der Versicherung gegenüber dem Geschädigten bei Leistungsfreiheit im Innenverhältnis	130
1. Überblick	130
2. Fälle der bestehen bleibenden Eintrittspflicht	133
a) Leistungsfreiheit im Innenverhältnis	133
b) Nichtbestehen und Wegfall des Versicherungsvertrags	135
3. Umfang der Leistungspflicht	137
XIII. Sachschäden, Datenschäden, sonstige Schäden (III)	142
1. Überblick	142
2. Sachschäden (III 1)	143
3. Schäden im Zusammenhang mit Versicherungsverträgen (III 2)	150
4. Datenschäden (III 3)	153
5. Sonstige Schäden (III 4)	154
a) Diskriminierung	154
b) Freiheitsentzug	155
c) Immaterielle Schäden	157
d) Verletzung von Datenschutzgesetzen/Geheimhaltungspflichten	158
XIV. Kumulsperre (IV)	160

I. Überblick

1. Regelungsinhalt

§ 3 regelt in I den Beginn des Versicherungsschutzes des **Hauptvertrages.** 1
Abs. II 1 enthält den Grundsatz, dass der VR neben der Deckung des Schadens
auch zur Schadensabwehr verpflichtet ist („Doppelcharakter" der Vermögensschaden-Haftpflichtversicherung). II 2 regelt, wie oft der VR bei mehreren Verstößen, mehreren Schädigern und mehreren Geschädigten zahlen
muss **(„Serienschadenklausel").** II 4 regelt sodann den **Selbstbehalt.** II 5
bis 7 enthalten Einzelheiten der dem VR obliegenden **Schadensabwehr** und
der **Tragung der Schadensabwehrkosten.** II 8 regelt den Fall, dass die **Regulierung** des Versicherungsfalls **am Widerstand des VN scheitert.** Sodann
erweitert – völlig unsystematisch – III 1 bis 4 das Spektrum der versicherten
Schäden in verschiedener Hinsicht. IV enthält die früher in § 14 II AVB-RSW
enthaltene Kumulsperre bei Mehrfachqualifikation.

105

2. Verhältnis zu VVG und AHB

2   Abs. II 1 bis 1.3 entsprechen Ziff. 5.1 und 5.2 **AHB** 2008, Abs. II 2 (**Serienschadenklausel**) korrespondiert mit Ziff. 6.3 AHB 2008. Die Regelungen zur Tragung der **Schadensabwehrkosten** in II 5 und 6 entsprechen teilweise Ziff. 5.1 und 6.6 AHB 2008. Die Folgen des Scheiterns der Regulierung wegen **Widerstands des VN** in II 8 entsprechen Ziff. 6.8 AHB 2008.

II. Zahlung der Erstprämie (I)

1. Überblick

3   Häufig übersehen wird, dass – bei Fehlen einer vorläufigen Deckungszusage – der Versicherungsschutz nicht automatisch mit dem Beginn des im Versicherungsvertrag vereinbarten Deckungszeitraums beginnt, sondern bei Schwierigkeiten mit der Zahlung der Erstprämie ggf. für den Anfangszeitraum **noch keine Deckung** besteht. Die Nicht-Zahlung der ersten Prämie durch den VN hat **zwei Folgen:** Zum einen kann der VR vom Vertrag **zurücktreten** (§ 8 I 2, s. dort). Des Weiteren wird der VR **von der Leistung frei** (§ 8 I 3, s. dort), falls ein Versicherungsfall eintritt, bevor der Rücktritt ausgeübt wurde.

2. Regelmäßiger Versicherungsbeginn (I 1)

4   Die Versicherung beginnt regelmäßig zu einem **vertraglich vereinbarten Datum.** Ist – zB aus Versehen – der Versicherungsbeginn im Vertrag **nicht ausdrücklich geregelt** worden, beginnt der Versicherungsschutz stets erst **mit Zahlung der Erstprämie** (I 1).

3. Versicherungsbeginn bei verspäteter Zahlung der Erstprämie (I 2)

5   „**Erstprämie**" ist das Entgelt des VN für die zeitlich erste Versicherungsperiode (BGHZ 21, 122), bei der Berufshaftpflichtversicherung typischerweise ein Jahr oder drei Jahre. Bei Vertragsänderungen kann die Abgrenzung zum Neuabschluss schwierig sein, gegebenenfalls fällt die erste Prämie nach der Änderung wiederum unter § 3 I bzw. § 37 VVG, hier ist nach den Umständen des Einzelfalls abzugrenzen (BGH r+s 1989, 22). Neben der Erstprämie müssen auch die im Antrag angegebenen **Kosten** und öffentlichen Abgaben (insbesondere **Versicherungssteuer**) gezahlt sein. Wird die erste Prämie – wie in der Praxis üblich – erst **nach** dem als Beginn der Versicherung festgesetzten Zeitpunkt vom VR **in Rechnung gestellt,** beginnt der Versicherungsschutz schon mit dem vereinbarten Versicherungsbeginn, wenn der VN die Prämie unverzüglich bezahlt (sog. „**erweiterte Einlösungsklausel**"). Das gilt auch dann, wenn der VN im Moment der Zahlung bereits weiß, dass schon ein Verstoß vorgekommen ist.

Beginn und Umfang §3

III. Umfang des Versicherungsschutzes (II)

1. Überblick, Doppelcharakter der Versicherungsdeckung (II 1)

Gemäß II 1 umfasst der Versicherungsschutz zweierlei, nämlich einerseits die 6 **Befriedigung berechtigter Ansprüche,** andererseits die **Abwehr unberechtigter Ansprüche.** Insoweit wird zutreffend vom „**Doppelcharakter**" der Berufshaftpflichtversicherung gesprochen (*Mennemeyer,* Kap. 11 Rn. 38; Fischer/*Chab,* § 18 Rn. 51).

Die Einzelheiten zum Umfang der Leistungspflicht des VR bei **berechtig-** 7 **ten Ersatzansprüchen** sind in II 2 bis 8 geregelt. Ergänzend gilt A1 der BBR-RA hinsichtlich der Jahreshöchstleistung (s. dort). Dagegen lassen die AVB-RS den **Anspruch auf Abwehr unberechtigter Schadensersatzansprüche** im Detail ungeregelt. Insoweit können jedoch vorsichtig die zu den AHB entwickelten Grundsätze herangezogen werden (vgl. zB *Littbarski,* § 3 Rn. 72 ff.).

2. Abwehr unberechtigter Ansprüche

a) Bedeutung. Der Anspruch darauf, dass der VR die Kosten der Abwehr 8 unberechtigter Ansprüche übernimmt, steht nach Auffassung des BGH (NJW 2007, 2258) **gleichrangig** neben der Pflicht zur Schadensdeckung. Gleichwohl hat der Abwehranspruch in der Praxis eher **geringe Bedeutung.** Denn wenn der Anwalt den Haftungsprozess gegen den Mandanten gewinnt, also die Abwehr erfolgreich ist, fallen wegen **§ 91 ZPO** beim Anwalt überhaupt **keine Kosten** an. Der unterlegene Kläger muss die Kosten erstatten, egal ob der VR oder der VN den Anwalt beauftragt hatte (OLG Karlsruhe OLGR 2002, 230). Ist der VN vorsteuerabzugsberechtigt, ist nur der Nettobetrag ohne Umsatzsteuer aus der Rechnung des Anwalts erstattungsfähig (OLG Karlsruhe OLGR 2002, 230), ansonsten muss auch die Umsatzsteuer erstattet werden. Hat der VR dem VN die Anwaltskosten erstattet, geht der Erstattungsanspruch gegen den Geschädigten aus § 91 ZPO auf den VR nach § 86 VVG über. Nicht erstattungsfähig sind die Schadensbearbeitungskosten des VR (BGHZ 66, 112).

Bedeutung hat der Abwehranspruch allerdings bei **Insolvenz** des (erfolg- 9 losen) Klägers; das Risiko der Uneinbringlichkeit der Erstattungsansprüche trägt der VR (*Mennemeyer,* Kap. 11 Rn. 41). Bedeutung hat die Kostenübernahmepflicht bei erfolgreicher Schadensabwehr auch, wenn der Anwalt vor einem **ausländischen Gericht** verklagt wird (dazu →Rn. 117 ff. sowie A 4.1, s. dort), weil hier oft auch im Fall des Obsiegens keine oder keine volle Kostenerstattung durch den Gegner erfolgt (*Riechert,* § 3 Rn. 37). Des Weiteren folgt aus dem Abwehranspruch, dass der VR die Kosten **vorschießen** muss, was bei bedrängter Vermögenssituation des VN wichtig sein kann.

Die Pflicht des VR zur Übernahme der Abwehrkosten gilt auch bei **Eigen-** 10 **vertretung,** § 3 II 5.4 greift hier nicht. Hat sich der Anwalt mit Unterstützung des VR erfolgreich selbst gegen die Ansprüche gewehrt, stehen ihm deshalb auch die gegnerischen Erstattungsansprüche zu, er muss sie nicht an den

VR herausgeben. Wurde dagegen mit der Abwehr ein externer Anwalt beauftragt, so hat der Anwalt den Anspruch auf Erstattung der Kosten durch den Gegner an die Versicherung abzutreten, die dann den eigenen Anwalt bezahlen und die Erstattung vom Gegner beitreiben muss (*Mennemeyer,* Kap. 11 Rn. 41).

11 **b) Maßgebliche Regelungen.** Der Abwehrschutz gegen **unberechtigte Ansprüche** nach II 1 ist zu trennen von der Pflicht des VR, bei **berechtigten Ansprüchen** auch die Kosten der erfolglosen Abwehrversuche zu übernehmen. II 5 bis 7 enthalten erhebliche Restriktionen hinsichtlich der Tragung prozessualer Kosten durch den VR. Unklar ist dabei, ob diese Regelungen nur für Prozesse gelten, in denen Anwalt und VR letztlich vergeblich versuchen, die Eintrittspflicht abzuwehren, oder ob II 5 bis 7 auch für die erfolgreiche Abwehr letztlich unberechtigter Ansprüche im Rahmen der Abwehrdeckung gelten. Nach der Formulierung in II 5.1 („gedeckter Haftpflichtanspruch") spricht vieles dafür, dass II 5 bis 7 nur für die (letztlich vergebliche) Abwehr berechtigter Haftpflichtansprüche gelten. Denn unberechtigte Ansprüche können nicht „gedeckt" sein (vgl. OLG Düsseldorf NJW-RR 1990, 1367; RG RGZ 124, 235; aA *Riechert,* § 3 Rn. 101 und 108 ff.; *Chab* AnwBl. 2017, 552 (554)). Jedenfalls ergibt sich aus der AGB-rechtlichen Unklarheitenregel, dass II 5 bis 7 **nicht** für die **Abwehr unberechtigter Ansprüche** gelten. Bedeutung hat dies vor allem bei hohen Ansprüchen, die die Versicherungssumme übersteigen (→ Rn. 109 ff.).

12 **c) Voraussetzungen der Schadensabwehrpflicht.** Obwohl sich das aus dem Bedingungswerk nicht ergibt, soll die Pflicht des VR, unberechtigte Ansprüche auf eigene Kosten abzuwehren, dann nicht bestehen, wenn der (vermeintliche) Haftpflichtanspruch den Betrag des **Mindestselbstbehalts** (§ 3 II 4) nicht übersteigt (*Mennemeyer,* Kap. 11 Rn. 46; *Riechert,* § 3 Rn. 40; vgl. auch II 5.3 zur entsprechenden Regelung für gedeckte Ansprüche). Diese Auffassung überzeugt schon wegen der AGB-rechtlichen Unklarheitenregel nicht (*Kaufmann,* S. 173 f.; Beckmann/Matusche-Beckmann/*v. Rintelen,* § 23 Rn. 342).

13 Die Eintrittspflicht der Versicherung gilt auch im **Aktivprozess** bei **Aufrechnung** des Geschädigten mit angeblichen Schadenersatzansprüchen gegen den Honoraranspruch des Anwalts (LG Kiel VersR 1962, 1075; AG Charlottenburg VersR 1969, 315; *Riechert,* § 3 Rn. 42; Prölss/Martin/*Lücke,* § 101 Rn. 7). Zu dieser Konstellation kommt es mitunter, wenn der Anwalt für den Mandanten einen Prozess zum Teil verloren hat und der Mandant dann gegen die Honorarrechnung mit Schadensersatzansprüchen aufrechnet, die dadurch entstanden sind, dass er für den unberechtigten Teil der Klage der Gegenseite die Anwaltskosten erstatten und in gleicher Höhe auch Gerichtskosten zahlen muss. Hier wird ein versicherter Haftpflichtanspruch im Wege der Aufrechnung geltend gemacht, den der VR abwehren muss (Gräfe/Brügge/Melchers/*Gräfe,* Rn. D 97). Mit einem – nicht versicherten → § 1 Rn. 87 ff. – Erfüllungsanspruch hat dies nichts zu tun, denn der Honoraranspruch ist ja unstreitig, nur über die Aufrechnung mit vermeintlichen Schadenersatzansprüchen wird gestritten (zutr. *Dötsch* AnwBl. 2013, 25 (26)). Es gibt auch keinen „Gebühreneinwurf" (→ § 1 Rn. 86 ff.). Bei dieser Konstellation ergibt

Beginn und Umfang **§ 3**

sich häufig das **Phänomen des „schlafenden Hundes".** Der möglicherweise geschädigte Mandant hat gegebenenfalls Schadensersatzansprüche, die die offene Honorarforderung des Anwalts erheblich überschreiten. Der Mandant würde auf die Geltendmachung des Schadensersatzanspruchs verzichten, wenn der Anwalt seinerseits auf das Resthonorar verzichtet. Muss dagegen gestritten werden, weil der Anwalt seinen Resthonoraranspruch durchsetzen will, wird regelmäßig nicht nur die Aufrechnung erklärt, sondern im Wege der Widerklage auch der übersteigende Schadensbetrag gleich mit eingeklagt. Bei dieser Konstellation ist es dem VR häufig lieber, dass der Anwalt auf seinen Resthonoraranspruch verzichtet und dadurch ein aufwändiger Haftungsprozess mit hoher Schadenssumme vermieden wird. In diesem Fall muss der VR jedoch dem Anwalt anbieten, ihn wegen des restlichen Honoraranspruchs zu befriedigen (Gräfe/Brügge/Melchers/*Gräfe,* Rn. D 97). Gewinnt der Anwalt den Aktivprozess, ist aber der Mandant inzwischen zahlungsunfähig geworden, trägt der VR die uneinbringlichen Kosten ebenso wie nach gewonnenem Passivprozess (Prölss/Martin/*Lücke,* § 101 Rn. 7). Übersteigt allerdings das eingeklagte Honorar die zur Aufrechnung gestellten (vermeintlichen) Schadensersatzansprüche, muss der VR die Prozesskosten nur bis zur Höhe des Aufrechnungsbetrages tragen.

Nach verbreiteter Meinung soll für die Begründung des Abwehranspruchs **14** bereits die **„entfernte Möglichkeit"** reichen, dass der Anwalt in Anspruch genommen wird (OLG Koblenz VersR 1979, 830; BGH VersR 1957, 212). Auf jeden Fall beginnt die Verpflichtung zur Schadensabwehr nicht erst mit der Klageerhebung gegen den Anwalt, sondern bereits mit einem **ernstlichen Inaussichtstellen.** Es reicht jede Erklärung, aus welcher der VN erkennt, dass der Mandant glaubt, Schadensersatzansprüche gegen ihn zu haben (LG Düsseldorf VersR 1980, 1066) oder in der – auch **mündlich** oder sogar **konkludent** – ernsthaft vom VN eine Leistung gefordert wird (BGH VersR 1967, 56 (57)). Richtigerweise muss auch die **Streitverkündung** gegenüber dem Anwalt zur Begründung der Abwehrpflicht genügen (Gräfe/Brügge/Melchers/*Gräfe,* Rn. D 34). Andererseits soll bei Aufforderung an den Anwalt, **vorsorglich auf die Einrede der Verjährung** zu verzichten, die Abwehrpflicht noch nicht entstehen (BGH VersR 1979, 1117; Gräfe/Brügge/Melchers/*Gräfe,* Rn. D 34).

Ob der geltend gemachte Anspruch in den **Schutzbereich des Versiche- 15 rungsvertrages** fällt, richtet sich grds. nach dem **Sachverhalt,** den der **Geschädigte behauptet** (OLG Hamm VersR 1982, 642). Macht der Geschädigte **verschiedene Anspruchsgrundlagen** geltend, so ist der VR bereits dann zur Abwehr verpflichtet, wenn bei summarischer Prüfung auch nur die **entfernte Möglichkeit** besteht, dass der VN (auch) aus einem unter das versicherte Risiko fallenden Tatbestand verurteilt wird (OLG Koblenz VersR 1979, 830; BGH VersR 1957, 212; RGZ 154, 340 (341)). Hinsichtlich des Umfangs des versicherten Risikos und der vereinbarten Ausschlüsse kommt es dagegen auf die Darstellung des in Anspruch genommenen Anwalts an (BGH VersR 1967, 769). Behauptet der Geschädigte einen Sachverhalt, der unter einen Ausschluss fallen würde, bestreitet der VN dagegen das Vorliegen des Ausschlusses (zB wissentliche Pflichtverletzung nach § 4.5), ist der VR zunächst zur Schadensabwehr verpflichtet (OLG Koblenz VersR 1979, 830 mwN; Fischer/*Chab,* § 18 Rn. 79; das ist für den Ausschluss der wissentlichen

§3 A. Der Versicherungsschutz

Pflichtverletzung jetzt ausdrücklich in § 4.5.2 geregelt → § 4 Rn. 76 ff.). Die Abwehrpflicht besteht unabhängig davon, ob der VN der richtige Beklagte ist; **fehlende Passivlegitimation** lässt die Abwehrpflicht nicht entfallen (so ausdrücklich Ziff. 3.5.1 des Bedingungswerks der **R+V** („AVB-P")).

16 Im Übrigen kommt es selbstverständlich auch für den Schadensabwehranspruch darauf an, dass der behauptete Verstoß – und nicht die Geltendmachung – **in den zeitlichen Deckungsbereich des Versicherungsvertrages** fällt (→ § 1 Rn. 56 ff., → § 2 Rn. 7 ff.).

17 **d) Umfang der Schadensabwehrpflicht.** Die Pflicht zur Schadensabwehr bedeutet, dass der VR die **außergerichtliche Inanspruchnahme** zurückweisen und den VN gegen eine eventuell folgende **gerichtliche Inanspruchnahme verteidigen** muss. Denklogisch vorgelagert ist die Pflicht des VR, die Frage der **Haftung** des VN gegenüber dem (angeblich) Geschädigten **zu prüfen** und den VN diesbezüglich zu informieren und gegebenenfalls zu beraten (§ 5 II 1.1 S. 2, s. dort). Hingegen ist der VR nicht verpflichtet, auf Wunsch des außergerichtlich in Anspruch genommenen Anwalts eine **negative Feststellungsklage** gegen den Anspruchsteller zu finanzieren. „Abwehr" ist nicht automatisch auch präventiver Gegenangriff (→ Rn. 114 ff.).

18 Für die Schadensabwehrkosten gilt der **Selbstbehalt** in II 4 **nicht,** dieser bezieht sich ausdrücklich nur auf die Deckung des Haftpflichtschadens selbst. Der Selbstbehalt schlägt sich auch nicht in einer quotalen Reduzierung der Kostentragungspflicht des VR nieder, vielmehr hat dieser stets die vollen Kosten ungequotelt zu übernehmen (*Littbarski*, § 3 Rn. 211). Nach richtiger Auffassung bleibt der VR selbst dann zur Abwehr unbegründeter Ansprüche verpflichtet, wenn der geltend gemachte Schaden unterhalb des Selbstbehalts liegt (→ Rn. 12).

19 Der Anspruch auf **Sicherheitsleistung** (II 7) ist Teil des versicherungsrechtlichen Abwehranspruchs (*Mennemeyer*, Kap. 11 Rn. 38; OLG Koblenz VersR 1979, 830). Verletzt der VR seine Pflicht zur Sicherheitsleistung und wird der VN mangels eigener ausreichender Mittel für die Sicherheitenbestellung insolvent und verliert deshalb seine Zulassung, ist der VR schadensersatzpflichtig (OLG Koblenz VersR 1979, 830; *Riechert*, § 3 Rn. 36).

20 Macht der Geschädigte **mehrere Ansprüche** gegen den Anwalt geltend, von denen der eine versichert ist und der andere nicht (zB Rückforderung von Honorar neben Schadensersatz), so haftet der VR nur **anteilig** für die Kosten (Prölss/Martin/*Lücke*, § 101 Rn. 24).

21 Der Anspruch auf Schadenabwehr und damit auf Übernahme der Schadensabwehrkosten besteht allerdings **summenmäßig begrenzt** nur bis zur Höhe der **Versicherungssumme.** Besteht nur die gesetzliche Mindestdeckung von 250.000 EUR und muss ein sehr aufwendiger Abwehrprozess geführt werden (zB mit teurem Gutachter), kann es vorkommen, dass die Abwehrkosten die Versicherungssumme übersteigen. Dann endet die Eintrittspflicht des VR (Gräfe/Brügge/Melchers/*Gräfe*, Rn. D 333; OLG Düsseldorf VersR 1991, 94).

3. Feststellung berechtigter Ansprüche (II 1.1)

22 Nach II 1.1 kann die Eintrittspflicht des VR auf mehrere Weise festgestellt werden. Eintrittspflicht besteht, wenn der VN auf Grund **Gesetzes, rechts-**

Beginn und Umfang §3

kräftigen **Urteils, Anerkenntnisses** oder **Vergleiches** zur Entschädigung verpflichtet ist. Zusätzlich hängt die Deckungspflicht allerdings davon ab, dass der VR **hierdurch gebunden** ist.

a) Bindung des VR an rechtskräftige Urteile. Da bei der Vermögens- 23 schaden-Haftpflicht der Geschädigte keinen Direktanspruch gegen den VR hat (ausführlich → Rn. 68 ff.), vollzieht sich die Inanspruchnahme der Versicherung, falls der VR nicht freiwillig zahlt, in **zwei Schritten.** Zunächst muss der Geschädigte den Anwalt/VN auf Schadensersatz verklagen und diesen Prozess (**„Haftungsprozess"**) gewinnen. Sodann muss im zweiten Schritt (**„Deckungsprozess"**) die Eintrittspflicht des VR festgestellt werden. Den Deckungsprozess gegen den VR führt typischerweise der Anwalt/VN, nachdem er den Geschädigten befriedigt hat. Bei hohen Schäden kommt es jedoch mitunter dazu, dass der Anwalt den Schaden nicht aus eigener Tasche zahlen kann, weil weder das Sozietätsvermögen noch sein Privatvermögen ausreicht. Dann kann der Geschädigte den Anspruch des Anwalts/VN gegen die Versicherung **pfänden,** sich zur Einziehung überweisen lassen und anschließend den Deckungsprozess gegen den VR selbst führen.

Die **Synchronisation von Haftungsprozess und Deckungsprozess** ist 24 ein altes Problem des Versicherungsrechts. Selbstverständlich **können** beide **unterschiedlich ausgehen,** insbesondere wenn der VR wegen Nichtzahlung der Prämien, Obliegenheitsverletzungen oder Eingreifen eines Ausschlusstatbestands leistungsfrei ist. Mitunter bewegen sich die Haftungsansprüche gegen den Anwalt/VN auch außerhalb des versicherten Risikos, zB bei Ratschlägen des Anwalts an den Mandanten im Hinblick auf wirtschaftliche Vorgänge (Anlageempfehlungen etc, s. ausführlich → § 1 Rn. 23 ff.).

Intensiv diskutiert wird seit jeher die **Bindung** im **Deckungsprozess** an 25 den **vorangegangenen Haftungsprozess** (ausführlich *Krämer* r+s 2001, 177; *Chab* AnwBl. 2015, 892). Zum einen wäre es mit dem Gebot der Prozessökonomie nicht zu vereinbaren, wenn im zweiten Prozess die im ersten bereits geklärten Rechtsfragen erneut aufgerollt werden müssten. Vor allem aber könnte sich für den versicherten Anwalt ein Auseinanderfallen des Ausgangs von Haftungsprozess und Deckungsprozess fatal auswirken: Würde beispielsweise im Haftungsprozess eine Pflichtverletzung des Anwalts bejaht und dieser zur Schadensersatzzahlung an den Mandanten verurteilt, käme hingegen im Deckungsprozess das Gericht zu der Feststellung, dass keine Pflichtverletzung vorlag und deswegen mangels Vorliegens eines Versicherungsfalls die Versicherung nicht eintrittspflichtig ist, säße der Anwalt/VN zwischen allen Stühlen und bliebe auf seinem Schaden sitzen. Dieses Problem hat die Rechtsprechung dadurch zu lösen versucht, dass sie richterrechtlich eine – begrenzte – Bindungswirkung des Haftpflichtprozesses für den nachfolgenden Deckungsprozess angenommen hat. Wenn die AVB dem VR durch Vollmacht und Weisungsrecht die umfassende Abwehrzuständigkeit im Haftungsprozess zuwiesen, dann sei es auch gerechtfertigt, den VR für das Ergebnis des Haftpflichtprozesses ergebnisverantwortlich zu machen und ihn hinsichtlich des Haftpflichturteils für einen nachfolgenden Deckungsprozess zu binden (BGH VersR 1971, 144; 1977, 174; 1978, 862). Anlässlich der VVG-Reform 2008 ist diese Bindungswirkung teilweise in **§ 124 VVG** gesetzlich geregelt worden.

Die zentralen Fragen der Bindungswirkung des Haftungsprozesses für den nachfolgenden Deckungsprozess sind jedoch weiterhin nicht normiert, sondern auf der Basis des über Jahrzehnte hinweg entwickelten Richterrechts zu lösen:

26 Grds. setzt die Bindungswirkung des Haftungsprozesses für den Deckungsprozess sog. **„Voraussetzungsidentität"** voraus (BGH VersR 1978, 1105; OLG Köln VersR 2002, 1371). Es muss also eine für die Entscheidung des Haftpflichtprozesses relevante Frage auch für den nachfolgenden Deckungsprozess relevant sein. Macht das Gericht im Haftpflichturteil **Feststellungen,** die für den Haftungsprozess **irrelevant** sind, haben diese keine Bindungswirkung für den Deckungsprozess. Dies gilt vor allem für das **Maß des Verschuldens.** Für die Haftung des Anwalts reicht in fast allen Fällen leichte Fahrlässigkeit (vgl. § 280 BGB). Stellt das Gericht im Haftungsprozess darüber hinaus und ohne dass es darauf ankäme, bedingten Vorsatz oder direkten Vorsatz des Anwalts fest, so fehlt es an der Voraussetzungsidentität, sodass das Gericht im Deckungsprozess, wenn der VR wissentliche Pflichtverletzung nach § 4.5 AVB-RS (s. dort) einwendet, an diese Feststellung nicht gebunden ist (BGH NJW 2015, 947; BRAK-Mitt. 2007, 108; NJW 1992, 1509; 1993, 68; 2015, 947). Lässt das Gericht dagegen wie üblich im Haftungsprozess offen, ob nur Fahrlässigkeit oder Vorsatz vorlag, kann der VR im Deckungsprozess ohne weiteres wissentliche Pflichtverletzung einwenden und ggf. beweisen (OLG Köln VersR 2002, 1371; Beckmann/Matusche-Beckmann/*v. Rintelen,* § 23 Rn. 319). Ähnliches gilt, wenn das Gericht den Schadensersatzanspruch aus Verletzung einer vom Anwalt abgegebenen **Garantie** bejaht, obwohl der Anwalt möglicherweise auch aus anderem Grunde haften würde. Die gerichtliche Feststellung, dass ein Garantieversprechen vorlag, bedeutet nicht, dass im Deckungsprozess das Gericht davon ausgehen muss, es habe eine nicht versicherte vertragliche Zusage (→ § 1 Rn. 67 ff.) vorgelegen (OLG Koblenz VersR 1979, 830).

27 **Voraussetzungsidentität** und damit **Bindungswirkung** besteht zB für
– die Feststellung der Schadenshöhe
– die Feststellungen zur Kausalität der Pflichtverletzung für den Schaden
– die Kausalkette zwischen Pflichtverletzung und Schadenseintritt, sodass der VR sich im nachfolgenden Deckungsprozess zur Begründung einer wissentlichen Pflichtverletzung nicht auf eine andere schadensverursachende Pflichtverletzung berufen kann (BGH VersR 2001, 1103 (1104)).

28 Die Bindungswirkung tritt auch dann ein, wenn der VR zunächst die **Deckung versagt** hat und er deshalb in den Haftpflichtprozess nicht eingeschaltet war. Auch in diesem Fall kann der VR also nicht im nachfolgenden Deckungsprozess einwenden, die Feststellungen im vorausgegangenen Haftpflichtprozess seien unrichtig gewesen (BGH VersR 1963, 158; LG Münster GI 1992, 366). Bindungswirkung sollen sogar **Versäumnisurteile** oder **Prozessvergleiche** entfalten, wobei beim Versäumnisurteil zur Feststellung der Fakten auf die Klageschrift abzustellen ist (BGH VersR 2003, 635 und 1963, 421; OLG Düsseldorf VersR 2002, 748; anders für widerspruchslose Anmeldung zur **Insolvenztabelle des VN** BGH BeckRS 2021, 5162). Allerdings besteht in diesen Fällen eventuell Leistungsfreiheit wegen vorsätzlicher **Obliegenheitsverletzung des VN** (LG Münster GI 1992, 366; BGH VersR 1963, 421). Die Bindungswirkung besteht überdies nicht, wenn der **Geschädigte**

Beginn und Umfang　　　　　　　　　　　　　　　　　　　　**§ 3**

seine Obliegenheit nach § 119 VVG zur Anzeige beim Versicherer schuldhaft verletzt hat. Denn dann regelt § 120 VVG, dass sich die Haftung des VR auf den Betrag beschränkt, den er auch bei gehöriger Erfüllung der Obliegenheit zu leisten gehabt hätte. Dies bedeutet, dass der Schadensersatzprozess im Deckungsprozess neu aufgerollt werden muss (Prölss/Martin/*Klimke,* § 120 Rn. 9 mit ausführlichen Nachweisen). Allerdings schadet das Unterlassen der Anzeige des Geschädigten dann nicht, wenn der VR von der Schadensersatzklage gegen den VN auf andere Weise rechtzeitig erfährt (BGH VersR 2003, 635 und 1956, 707 sowie 1959, 256).

Keine Bindungswirkung entfaltet der Haftungsprozess selbstverständlich **29** für die sog. **„versicherungsrechtlichen Einwendungen".** Der VR kann also im Deckungsprozess alle Einwendungen erheben, die für seine Leistungspflicht aus dem Versicherungsvertrag relevant sind, aber nichts mit der Frage der Haftung des Anwalts gegenüber dem Geschädigten zu tun haben. Dies betrifft beispielsweise Obliegenheitsverletzungen, vor allem aber Risikoausschlüsse wie fehlende Leistungspflicht bei Auslandssachverhalten (s. A 2.1 BBR-RA) oder den Einwand der wissentlichen Pflichtverletzung (§ 5.4; OLG Karlsruhe VersR 2010, 940). Zu beachten ist aber, dass die Versicherung, weil sie eine Pflichtversicherung ist, unter Umständen trotz Leistungsfreiheit im Innenverhältnis dem Geschädigten gegenüber leistungspflichtig sein kann (→ Rn. 130 ff.).

Umgekehrt gibt es keine Bindung, wenn zunächst ein **(vorweggenom- 30 mener) Deckungsprozess** (zB OLG München VersR 2009, 59; OLG Düsseldorf BeckRS 2021, 48922; zu Zulässigkeitsfragen OLG Naumburg r+s 2013, 321; s. auch → Rn. 60 ff.) zwischen VN und VR geführt wird, bevor die Schadensersatzpflicht des VN gegenüber dem geschädigten Dritten feststeht (was praktisch nur in Betracht kommt, wenn der **Haftungsprozess** – zB wegen eines Strafverfahrens – **ausgesetzt** ist, vgl. OLG Koblenz VersR 1979, 830). Wird im Deckungsurteil eine andere Feststellung als im späteren Haftpflichtprozess getroffen, ist dies zwar misslich, aber hinzunehmen (Gräfe/Brügge/Melchers/*Brügge,* Rn. A 185). Mangels Vorgreiflichkeit kann der Deckungsprozess auch nicht gem. § 148 ZPO bis zur Beendigung des Haftpflichtprozesses ausgesetzt werden (BGH VersR 1984, 252 (253)). Im vorweggenommenen Deckungsprozess hat das Gericht hinsichtlich des Pflichtenverstoßes den Vortrag des geschädigten Mandanten zu Grunde zu legen, nicht den des VN (OLG Düsseldorf BeckRS 2021, 48922).

Eine Bindung besteht in analoger Anwendung von II 1.1 auch an **Schieds- 31 sprüche** (ausf. *Koch* SchiedsVZ 2007, 281). Streitig ist, ob das voraussetzt, dass der VR der Klärung durch schiedsgerichtliches Verfahren vorab zugestimmt hatte (so *Riechert,* § 3 Rn. 47 ff.). Ansonsten kann in der Vereinbarung des Schiedsverfahrens eine nicht-versicherte Haftungserweiterung liegen (→ § 1 Rn. 67 ff.).

b) Bindung des VR an Anerkenntnis; Vergleich. Nach II 1.1 ist der **32** VR auch auf Grund eines für ihn bindenden Anerkenntnisses bzw. eines Vergleichs leistungspflichtig. Mit **Anerkenntnis** ist das privatrechtliche Anerkenntnis nach § 781 BGB gemeint. Das prozessuale Anerkenntnis dagegen führt zum rechtskräftigen **Urteil** (§ 307 ZPO). Mit **„Vergleich"** meint II 1.1

§ 3 A. Der Versicherungsschutz

sowohl einen gerichtlichen Vergleich zwischen dem Geschädigten und dem VR als auch einen außergerichtlichen Vergleich nach § 779 BGB.

33 Sowohl Anerkenntnis als auch Vergleich **binden** den VR allerdings nur dann, wenn entweder
– der VR gegenüber dem VN anerkennt bzw. mit diesem einen Vergleich abschließt,
– der VR unmittelbar gegenüber dem Geschädigten anerkennt oder mit diesem einen Vergleich schließt, oder
– der VN mit Zustimmung des VR gegenüber dem Geschädigten anerkennt oder mit diesem einen Vergleich schließt:

34 Das Anerkenntnis des **VR gegenüber dem VN** nach § 781 BGB bedeutet, dass der VR auf eventuelle Einreden oder Einwendungen gegen den Versicherungsanspruch endgültig verzichtet und seine Leistungspflicht bekräftigt. **Schriftform** ist dafür entgegen § 781 BGB nicht erforderlich (BGH VersR 2009, 106). In welchen Fällen der VR später seine Eintrittspflicht doch noch ablehnen und eventuell bereits gezahlte Leistungen zurückfordern kann, ist eine Frage des allgemeinen Zivilrechts; ein nachträgliches Abstandnehmen von einem Anerkenntnis wird regelmäßig voraussetzen, dass dem VR leistungsausschließende Umstände erst nachträglich bekannt werden. Hat der VR mit dem VN einen **Vergleich** (§ 779 BGB) geschlossen, ist eine nachträgliche Anfechtung nach allgemeinen Rechtsgrundsätzen nur noch sehr eingeschränkt möglich (vgl. Grüneberg/*Sprau,* § 779 Rn. 13 ff.).

35 Die zweite Alternative greift, wenn der **VR** auf Grund seiner **Regulierungsvollmacht** (II 1.3 → Rn. 43 ff.) unmittelbar **gegenüber dem Geschädigten** sowohl dessen Schadensersatzanspruch gegenüber dem VN als auch die Eintrittspflicht des VR anerkennt. Das Anerkenntnis kann auch in Form eines Vergleiches erfolgen. Dann entsteht zwischen den drei beteiligten Parteien eine verbindliche Regelung dahingehend, dass der Schadensersatzanspruch besteht, der VR in Höhe der Versicherungssumme leistet und der VN gegenüber dem Geschädigten den Selbstbehalt sowie ggf. den die Versicherungssumme übersteigenden Schaden zu zahlen hat (BGH VersR 2009, 106), **Schriftform** ist trotz § 781 BGB für eine solche **„Regulierungszusage" nicht erforderlich** (BGH VersR 2009, 106). Typischerweise wird dabei zugleich geregelt, ob der VR an den VN oder unmittelbar an den Geschädigten auszahlt (→ § 5 Rn. 7 ff.).

36 In der dritten Variante bleibt der VR im Hintergrund und stimmt lediglich einem Anerkenntnis/Vergleich des **VN mit dem Geschädigten** zu. In der Zustimmung liegt nach II 1.2 im Zweifel das (deklaratorische) Anerkenntnis gegenüber dem VN, aus dem Versicherungsvertrag zur Deckung verpflichtet zu sein.

37 Von den drei genannten Konstellationen, in denen durch Anerkenntnis/ Vergleich die Eintrittspflicht des VR begründet wird, ist die Konstellation zu unterscheiden, dass der VN gegenüber dem Geschädigten **ohne Zustimmung des VR** anerkennt oder einen Vergleich schließt (dazu sogleich → Rn. 39). Zur vorläufigen Deckungszusage des VR gegenüber dem VN → § 5 Rn. 71 ff.

Beginn und Umfang § 3

c) Bindung des VR kraft Gesetzes. Unklar ist der Sinn der Regelung in 38
II 1.1, wonach auch dann eine berechtigte Schadensersatzverpflichtung vorliegt, wenn der VN auf Grund **Gesetzes** zur Entschädigung verpflichtet ist. Damit soll wohl nur klargestellt werden, dass auch dann Anspruch auf Versicherungsdeckung bestehen kann, wenn zwar alle Voraussetzungen für einen Deckungsanspruch erfüllt sind, dieser aber noch nicht durch rechtskräftiges Urteil, Anerkenntnis oder Vergleich förmlich festgestellt ist. Auch sind hier wohl Fälle des § 117 VVG gemeint (*Riechert,* § 3 Rn. 45 → Rn. 130 ff.).

4. Anerkenntnis und Vergleich durch VN (II 1.2)

Die Versicherungsbedingungen der meisten Versicherungszweige, auch der 39
Vermögensschaden-Haftpflicht, enthielten jahrzehntelang sog. **Anerkenntnisverbote** (vgl. noch § 5 III 2 AVB-RSW 2005). Dem VN war es kraft des Versicherungsvertrages untersagt, dem Geschädigten gegenüber den Schaden anzuerkennen oder mit ihm einen Vergleich abzuschließen. Anerkenntnis bzw. Vergleich waren Obliegenheitsverletzungen, die die Eintrittspflicht des VR ausschließen konnten. Hintergrund des Anerkenntnis- und Vergleichsverbots war zum einen die Sorge der VR, dass die Schadensersatzansprüche vorschnell anerkannt werden und dadurch zwar hinsichtlich der späteren Eintrittspflicht des VR formalrechtlich noch kein Präjudiz geschaffen wird, aber doch de facto sehr früh eine wichtige Weichenstellung erfolgt. Weitere Sorge der VR war, dass der VN nach einem Anerkenntnis ins Lager des Geschädigten überwechselt und beide gemeinsam versuchen, den VR in die Leistungspflicht zu bringen.

Anerkenntnisverbote sind durch § 105 VVG 2008 für unzulässig erklärt 40
worden. Der Wegfall des Anerkenntnisverbots kann auch nicht über den Umweg über das **Weisungsrecht** des VR im Schadensfall (§ 5 II 2.1, s. dort) **unterlaufen** werden. Missachtet der VN eine Weisung des VR, wonach er nicht anerkennen oder einen Vergleich schließen darf, kann dies also die Rechtsfolgen des § 6 (Leistungsfreiheit bei Obliegenheitsverletzung) nicht auslösen.

Durch ein Anerkenntnis des VN wird die Frage nach dem Vorliegen eines 41
Schadensfalls gegenüber dem VR noch nicht bindend geregelt, der VR ist an das Anerkenntnis in keiner Weise gebunden. Vielmehr wird durch das Anerkenntnis des VN die Frage nach dem Vorliegen eines Schadensfalls lediglich in den Deckungsprozess zwischen VN und VR verlagert. Dadurch kommt es zu einem Rollentausch; der VN übernimmt im Deckungsprozess quasi die Rolle des Geschädigten. Von Bedeutung ist, dass dadurch die **Zeugenrollen verschoben** werden, weil im Prozess zwischen VN und VR der Anspruchsteller dem VN als Zeuge zur Verfügung steht, während er als Partei im Haftungsprozess gegen den VN diese Rolle nicht hätte einnehmen können (dazu *Chab* AnwBl. 2008, 63). Allerdings ist für den VN ein Anerkenntnis ohne Zustimmung des VR **hochriskant** und daher nur in Ausnahmefällen ratsam. Denn stehen dem VR Einwendungen aus dem Versicherungsverhältnis zu und ist er deshalb leistungsfrei, kann der VN gegenüber dem Geschädigten nicht mehr einwenden, er sei gar nicht schadensersatzpflichtig.

Akzeptiert der VN einen Schlichtungsvorschlag der **Schlichtungsstelle** 42
nach § 191f BRAO, handelt es sich nicht um eine Verurteilung, sondern um

ein Anerkenntnis, für das die vorstehend in → Rn. 39 ff. dargelegten Grundsätze gelten (*Riechert*, § 3 Rn. 54).

5. Wahlrecht des VR zwischen Abwehr und Deckung; Regulierung

43 Grds. hat der **VR** die **Entscheidungshoheit** darüber, ob er einen Anspruch als **berechtigt anerkennen** und regulieren will, oder ob er ihn für unberechtigt hält und sich (genauer: den VN) **verteidigen** will. Der VR hat gegenüber dem VN ein **Weisungsrecht** (§ 5 II 2.1, s. dort), und überdies für ihn **Vollmacht** (§ 3 II 1.3 → Rn. 45 ff.). Der versicherte Anwalt trifft also im Hinblick auf Anerkenntnis oder Verteidigung keine Entscheidungen (Gräfe/Brügge/Melchers/*Gräfe,* Rn. D 12; BGH NJW 1970, 1119). Insbesondere kann der Anwalt nicht aus Gründen des Berufsethos oder der Gesichtswahrung verlangen, dass der VR den Anspruch bestreitet und einen Abwehrprozess führt, wenn der VR lieber regulieren will. Umgekehrt verlangen in Anspruch genommene Anwälte vom VR häufig aus Gründen der **Mandantenpflege** „schnelle und kulante" Regulierung, obwohl eigentlich kein berechtigter Haftungsfall vorliegt. Die Entscheidung des VR über die einzuschlagende Vorgehensweise trifft dieser nach **freiem Ermessen.** Bei unsachgemäßer Entscheidung kann der VR sich gegenüber dem VN allerdings nach § 280 BGB schadenersatzpflichtig machen, etwa wenn er trotz offensichtlich begründeter Ansprüche nicht reguliert, sondern auf Abwehr setzt (LG Berlin VersR 2013, 849). Es gilt der Grundsatz, dass der VR die Interessen des VN so zu wahren hat, wie es ein vom VN beauftragter **Anwalt zu tun** hätte, wenn kein Versicherungsschutz bestünde (OLG Köln VersR 2013, 1390). Im Fall einer **Interessenkollision** hat der VR seine Interessen zurückzustellen (OLG Köln VersR 2013, 1390). Die Schadensregulierung durch den VR bindet den Anwalt grds. in rechtlicher Hinsicht nicht. Niemand hindert den Anwalt beispielsweise in anderen Verfahren einzuwenden, die Regulierung sei nur freiwillig erfolgt und ein Schadensersatzanspruch habe nicht bestanden.

44 Im Zusammenhang mit II 8 (→ Rn. 60, 127 ff.) wird oft davon gesprochen, dass der VN ein **„Widerspruchsrecht"** gegen die vom VR gewünschte Regulierung des Schadens habe (so zB Gräfe/Brügge/Melchers/*Gräfe,* Rn. D 29). Das ist jedoch nicht richtig. Den Haftungsprozess führt allein der VR, und deswegen kann nur er zwischen Anerkenntnis und Verteidigung wählen. Deswegen ändert II 8 nichts daran, dass der VR den Schaden begleichen kann, auch wenn der Anwalt widerspricht (ausführlich → Rn. 60, 127 ff.).

6. Regulierungsvollmacht des VR (II 1.3)

45 a) **Voraussetzungen.** Gemäß II 1.3 ist der **VR bevollmächtigt,** alle zur Beilegung oder Abwehr des Anspruchs ihm zweckmäßig erscheinenden **Erklärungen im Namen des VN abzugeben.**

46 Die Vollmacht des VR **erlischt,** wenn er erklärt, die **Deckung abzulehnen.** Es ist selbstverständlich, dass er dann nicht mehr mit Wirkung für und gegen den VN in den Streit eingreifen kann. Es ist dann vielmehr Sache des

Beginn und Umfang **§ 3**

VN selbst, sich sachgerecht zu verteidigen bzw. anzuerkennen oder zu vergleichen. Ist der VR endgültig **leistungsfrei**, hat er ebenfalls **keine** Regulierungsvollmacht mehr (BGHZ 101, 276 (283)). Das bedeutet aber nicht, dass ein vom VR geschlossener Vergleich nachträglich wirkungslos wird, wenn der VR feststellt, dass er leistungsfrei ist (*Littbarski,* § 5 Rn. 137), sondern die Vollmacht gilt als fortbestehend, solange nicht der VR unter Berufung auf seine Leistungsfreiheit den Versicherungsschutz endgültig verweigert hat. Der VR kann sich jedoch schadensersatzpflichtig machen, wenn er zu Lasten des VN auf den Prozess einwirkt, obwohl er bereits entschlossen ist, die Deckung abzulehnen (BGH VersR 2001, 1151).

Die Regulierungsvollmacht ist nicht davon abhängig, dass der Versiche- **47** rungsvertrag noch besteht. Auch bei einer **Nachhaftung** nach Vertragsende, also bei der Regulierung sog. „**Spätschäden**" (→ § 2 Rn. 5 ff.), steht dem VR die Vollmacht nach II 1.3 noch zu (Fischer/*Chab*, § 18 Rn. 133; *Littbarski,* § 5 Rn. 136; BGHZ 101, 276 (282)).

Die Regulierungsvollmacht besteht auch dann, wenn der VR **gegenüber** **48** **dem VN** wegen Obliegenheitsverletzung, Nichtzahlung von Prämien etc **leistungsfrei** ist, er dies aber gem. § 117 VVG dem Dritten nicht entgegenhalten kann (BGHZ 101, 276 (283); Fischer/*Chab*, § 18 Rn. 133; im Einzelnen zur Aufrechterhaltung der Eintrittspflicht bei Leistungsfreiheit des VR im Innenverhältnis s. die Erläuterungen zu → Rn. 130 ff.).

b) Verhältnis der Vollmacht zum Weisungsrecht. II 1.2 **passt** eigent- **49** lich **systematisch nicht** zu § 3 II 8 und § 5 II 2.1: Wenn der VR ohnehin Vollmacht hat, dann kann es nicht dazu kommen, dass die Erledigung des Haftpflichtanspruchs am Verhalten des VN scheitert (§ 3 II 8), und der VR bedarf dann zur Abwicklung des Versicherungsfalls auch keiner Weisungen an den VN nach § 5 II 2.1 mehr (dazu *Mennemeyer,* Kap. 11 Rn. 39, Rn. 2558; *Littbarski,* § 5 Rn. 140, § 3 Rn. 229 mwN). Die Kombination von Weisungsrecht und Vollmacht des VR macht aber insoweit Sinn, als der VN ja durch die Vollmacht des VR nicht das Recht verliert, im eigenen Namen auf den Prozess und den Haftungsfall Einfluss zu nehmen, also zB selbst einen Vergleich zu schließen oder anzuerkennen. Durch das Weisungsrecht können die Aktivitäten des VR und die des VN koordiniert werden. Die starke Stellung des VR, bestehend aus Weisungsrecht im Innenverhältnis und Vollmacht im Außenverhältnis, wird mitunter auch **„Prozessmundschaft"** (auch „Prozessmuntschaft") genannt (*Mennemeyer,* Kap. 11 Rn. 282; *Krämer* r+s 2001, 177).

c) Umfang der Vollmacht. Die Vollmacht des VR nach II 1.3 ist eine **50** **Erklärungsvollmacht, keine Empfangsvollmacht.** Der Geschädigte kann also innerhalb des Prozesses nicht Erklärungen gegenüber dem VR mit Wirkung für und gegen den VN abgeben (OLG Karlsruhe ZfS 1988, 221).

Die Vollmacht nach II 1.3 wird häufig als **„Regulierungsvollmacht"** be- **51** zeichnet. Die Vollmacht deckt aber nicht nur die Regulierung im eigentlichen Sinn, also insbesondere das Anerkenntnis des Haftpflichtanspruchs oder den Vergleichsschluss (BGHZ 24, 308 (317); BGH VersR 1963, 33; 1970, 549). Die Vollmacht umfasst auch die **Schadensabwehr** und **alle Angelegenheiten der Schadensbearbeitung** bzw. -feststellung, vor allem auch die **Führung des Abwehrprozesses** (Haftungsprozess). Die Vollmacht gilt **ge-**

richtlich und außergerichtlich (*van Bühren*, S. 154). Sie macht den VR allerdings **nicht** gemäß § 79 Abs. 2 Nr. 2 ZPO **prozessuell vertretungsbefugt** (BGH BRAK-Mitt. 2022, 335).

52 Dass der VR Regulierungsvollmacht hat, heißt **nicht,** dass er diese auch **ausüben muss.** So kann er zB seine Verhandlungsführung auf die Verteilung der Deckungssumme zwischen verschiedenen Geschädigten beschränken, oder aber sich aus dem Prozess zwischen dem Geschädigten und dem VN ganz heraushalten. Tritt der VR allerdings gegenüber dem geschädigten Dritten auf, besteht eine **Vermutung** dafür, dass er dies in Vollmacht tut (BGH VersR 1956, 432; 1958, 153 (154)).

53 Zentraler Inhalt der Regulierungsvollmacht ist der **Abschluss eines Vergleichs** (§ 779 BGB) mit dem Geschädigten. Dieser bindet den VN auch insoweit, als dieser die **Selbstbeteiligung** zu tragen hat (OLG Düsseldorf VersR 1979, 151; *van Bühren,* S. 154; Gräfe/Brügge/Melchers/*Gräfe,* Rn. D 368).

54 Unzweifelhaft kann der VR im Streit mit dem Geschädigten auch dann vergleichen, wenn der **Schaden höher als die Versicherungssumme** ist, sofern der Vergleichsbetrag unterhalb der Versicherungssumme liegt. Eine allgemeine Pflicht zum Abschluss eines solchen Vergleichs trifft den VR allerdings nicht (OLG Köln VersR 2013, 1390). Fraglich ist hingegen, ob der VR auch einen **Vergleich oberhalb der Versicherungssumme** mit Bindungswirkung für den VN abschließen kann. Ein solcher Vergleich könnte je nach den Umständen die wirtschaftliche Existenz des VN vernichten (Beispiel: Bei einer Versicherungssumme von 500.000 EUR wird ein Schaden von 10 Mio. EUR geltend gemacht, der VR schließt einen hälftigen Vergleich über 5 Mio. EUR. Davon müsste der VR 500.000 EUR, der Anwalt hingegen 4,5 Mio. EUR tragen). Trotz vieler Bedenken (zB *Mennemeyer,* Kap. 11 Rn. 39) geht die ganz herrschende Auffassung (BGH VersR 1964, 1199 (1200); 1969, 451 (452); 1970, 549; OLG Frankfurt a. M. VersR 1982, 58; *Riechert,* § 3 Rn. 63; *van Bühren,* S. 154) von einer insoweit unbegrenzten Reichweite der Vollmacht aus. Das Problem ist aber eher theoretischer Natur, denn ein Vergleich oberhalb der Versicherungssumme hätte für den VR ja nur insoweit Sinn, als er unnötige Prozesskosten spart, und einen solchen Schritt wird der VR nur in ganz aussichtslos erscheinenden Fällen gehen. Überdies ist der VR natürlich gegenüber dem VN **schadensersatzpflichtig,** wenn er vorschnell einen die Versicherungssumme übersteigenden Vergleich mit Bindungswirkung für den VN geschlossen hat (ausführlich zum **„Widerspruchsrecht"** des VN gegen eine vom VR angestrebte Regulierung → Rn. 60, 127 ff.). Umgekehrt kann der VR sich auch dann schadensersatzpflichtig machen, wenn er zu Ungunsten des VN in den Prozess eingreift, obwohl er bereits entschlossen ist, die Deckung zu versagen (BGH VersR 2001, 1151) oder wenn er trotz offensichtlich bestehender Ansprüche auf Abwehrversuchen besteht (LG Berlin VersR 2013, 849).

55 Eine **Schadensersatzpflicht des VR** kommt aber auch in der umgekehrten Konstellation in Betracht, wenn er fahrlässig einen günstigen **gerichtlichen** oder **gegnerischen Vergleichsvorschlag ablehnt,** mit dem der Schaden unterhalb der Versicherungssumme reguliert worden wäre, dann aber der Prozess verloren geht und ein Schadensersatzanspruch oberhalb der Versicherungssumme zugesprochen wird, sodass der versicherte Anwalt aus eigener Tasche einen Teil des Schadens bezahlen muss.

Beginn und Umfang § 3

Schließt der VR mit dem Geschädigten einen **Vergleich,** tut er dies häufig 56
im eigenen Namen sowie auf Grund der Regulierungsvollmacht zugleich
im **Namen des VN.** Der Geschädigte kann dann auf Grund des Vergleichs sowohl die Versicherungssumme vom VR verlangen als auch den Selbstbehalt
und ggf. den die Versicherungssumme übersteigenden Schadensanteil unmittelbar vom VN (OLG Düsseldorf VersR 1979, 151).

Nach einer verbreiteten Meinung umfasst die Regulierungsvollmacht auch 57
die Befugnis zur **Aufrechnung,** sodass insbesondere der VR gegenüber dem
Schadensersatzanspruch mit noch offenen Honorarforderungen des Anwalts
aufrechnen kann (statt aller *Littbarski,* § 5 Rn. 147 f.; Prölss/Martin/*Lücke,*
Ziff. 5 AHB Rn. 20; zweifelnd *Riechert,* § 3 Rn. 65). Die Abwicklung erfolgt dann so, dass der VR den Aufrechnungsbetrag an den VN zu zahlen hat
(*Littbarski,* § 5 Rn. 147 f.).

Die Regulierungsvollmacht deckt auch den **Verzicht auf die Einrede der** 58
Verjährung (BGH VersR 1962, 809).

Handlungen und Erklärungen des VR gegenüber dem Geschädigten sind ge- 59
eignet, nach den allgemeinen Vorschriften (§§ 203 ff. BGB) die **Verjährung** des
Schadensersatzanspruchs gegen den VN zu **hemmen** (BGH VersR 1963, 187).

d) „Widerspruchsrecht" des VN. Im Zusammenhang mit § 3 II 8 ist 60
häufig davon die Rede, dass der VN ein **Widerspruchsrecht** gegen die Ausübung der Regulierungsvollmacht durch den VR habe, die Erhebung des Widerspruchs wirke wie ein Entzug der Vollmacht (zB Gräfe/Brügge/Melchers/
Gräfe, Rn. D 30). Das ist **unrichtig.** Weder aus den AVB-RS noch aus dem
VVG oder Allgemeinem Vertragsrecht ergibt sich die Möglichkeit des VN,
sich Weisungen des VR nach § 5 II 2.1 zu widersetzen oder ihm die Regulierungsvollmacht nach II 1.3 zu entziehen (s. auch → Rn. 127 ff.). Zwar mag es
Konstellationen geben, in denen die Interessen von VN und VR auseinanderlaufen. Diese können jedoch – schon im Interesse der Rechtssicherheit – nicht
so gelöst werden, dass der VN durch Widerspruch die Vollmacht des VR einschränken oder zu Fall bringen könnte (*Riechert,* § 3 Rn. 123; *van Bühren,*
S. 154). Vielmehr gibt es zwei Möglichkeiten, solche Konstellationen aufzulösen. Zum einen kann der VR wegen des Widerspruchs des VN auf die
Regulierung verzichten, von seiner Vollmacht also bewusst keinen Gebrauch
machen, und damit die Rechtsfolgen des § 3 II 8 auslösen, nämlich dass ab diesem Moment der VN alle Kosten trägt. Oder der VR ignoriert den Protest des
VN und reguliert den Schaden gleichwohl, dann macht er sich ggf. im Innenverhältnis zum VN schadensersatzpflichtig, wenn er die legitimen Interessen
des VN ignoriert hat (→ Rn. 54; aA Prölss/Martin/*Lücke,* Ziff. 5 AHB
Rn. 17: Unter Umständen Widerruf der Vollmacht nach Treu und Glauben).

IV. Schadensdeckung (II 2)

1. Natur des Deckungsanspruchs

Der Anspruch auf Deckung (Befriedigung begründeter Ansprüche) geht im 61
Regelfall auf **Befreiung von den Ansprüchen** des geschädigten Mandanten
(§ 100 VVG; zur konkreten Formulierung einer Klage auf Befreiung s. Veith/

Gräfe/Gebert/*Gräfe/Brügge,* § 17 Rn. 5). Der Befreiungsanspruch entsteht – anders als der Anspruch auf Schadensabwehr – nicht schon mit der Geltendmachung, sondern erst mit rechtskräftigem Urteil oder Anerkenntnis/Vergleich. Vor rechtskräftiger Entscheidung des Haftungsprozesses hat der VN deshalb im Regelfall weder einen gerichtlich durchsetzbaren Freistellungsanspruch noch ein rechtliches Interesse (§ 256 ZPO) an der Feststellung, dass ein versichertes Risiko vorliegt und der VR eintrittspflichtig ist (ausführlich OLG Naumburg r+s 2013, 431; OLG Koblenz VersR 1979, 830; sog. **„vorweggenommener Deckungsprozess"**). Nur in besonderen Konstellationen kann ein ausreichendes Feststellungsinteresse bestehen, dann kann ggf. sogar der Geschädigte vorab gegen den VR auf Feststellung von dessen Einstandspflicht klagen (BGH VersR 2009, 1485; zur Antragsformulierung Veith/Gräfe/Gebert/*Gräfe/Brügge,* § 17 Rn. 5). Der Befreiungsanspruch **wandelt** sich ausnahmsweise in einen **Zahlungsanspruch,** wenn der Anwalt den Dritten bereits befriedigt hat (BGH VersR 1977, 174; OLG Köln r+s 1996, 222). Zu einer Umwandlung des Befreiungsanspruchs in einen Zahlungsanspruch kommt es auch dann, wenn der Anspruch auf den Geschädigten übergeht, weil er ihn pfändet und sich überweisen lässt (BGHZ 44, 166; BGH VersR 1964, 156) oder wenn der Anwalt den Anspruch an den Geschädigten abtritt (BGH VersR 1980, 522; dazu → § 7 Rn. 21 ff.; ausführlich zum Ganzen auch *Schweer/Todorow* NJW 2013, 3004).

2. Versicherungssumme (II 2.1)

62 Die Vermögensschaden-Haftpflicht ist eine **Schadensversicherung,** keine Summenversicherung. Zu ersetzen ist also im Schadensfall nur diejenige Summe, die dem tatsächlich entstandenen Schaden entspricht. Allerdings wird diese Summe in allen Versicherungsverträgen mit einem **Höchstbetrag limitiert,** der sog. **„Versicherungssumme".** Die Versicherungssumme steht grds. pro Schadensfall zur Verfügung, wobei sich Besonderheiten im Rahmen der sog. **Serienschadenklausel** (dazu → Rn. 69 ff.) ergeben. Weitere Einschränkungen können sich ergeben durch die **Jahreshöchstleistung (Maximierung)** gem. A 1 BBR-RA (s. dort) sowie durch § 3 IV **(Kumulsperre)** bei gleichzeitigem Eingreifen mehrerer Pflichtversicherungen (s. dort). Das Bedingungswerk des **HDI** spricht in § 3 II 2.1 vom **„Schadensfall"** statt vom **„Versicherungsfall",** was terminologisch genauer ist (vgl. → § 1 Rn. 9).

3. Anrechnung von Kosten und Zinsen auf die Versicherungssumme?

63 Nach der Formulierung in § 3 II 2.1 stellt die Versicherungssumme den Höchstbetrag der dem VR – abgesehen von den **Kosten** – obliegenden Leistung dar. Der VR darf also die Kosten der erfolglosen Abwehr nach § 3 II 5 nicht auf die Versicherungssumme anrechnen (so auch § 101 Abs. 2 S. 1 VVG).

64 Die Zinsen **erwähnt** § 3 II 2.1 **nicht.** Das könnte man so verstehen, dass auch die Zinsen zu den durch die Versicherungssumme begrenzten Leistungen gehören. Das könnte zu der für den VN nachteiligen Konstellation führen, dass der Geschädigte einen Schaden genau in Höhe der Versicherungssumme

Beginn und Umfang **§ 3**

oder knapp darunter geltend macht, dieser Schaden zuzüglich der Verzugs- und Prozesszinsen während eines jahrelangen Haftungsprozesses aber auf einen Betrag oberhalb der Versicherungssumme anwächst. Würde dann das Urteil im Haftungsprozess rechtskräftig, müsste der VN die die Versicherungssumme übersteigenden Beträge (restliche Schadenssumme + Zinsen) selbst tragen. Allerdings ordnet **§ 101 Abs. 2 S. 2 VVG** an, dass der VR **zusätzlich** zur Versicherungssumme **auch** noch die **Zinsen** zu tragen hat, wenn er die Auszahlung/Bereitstellung der Versicherungssumme verzögert. Dabei kommt es nach herrschender Auffassung nicht auf Verschulden des VR an (BGH VersR 1990, 153; Fischer/*Chab,* § 18 Rn. 89), sodass den VR selbst dann die Zinstragungslast trifft, wenn er sich über den zu erwartenden Ausgang des Haftungsprozesses geirrt hat (BGH VersR 1990, 153; Fischer/*Chab,* § 18 Rn. 89). Allerdings entsteht ohne Verschulden auch kein Anspruch des Geschädigten auf Verzugszinsen (§§ 284, 288 BGB). Prozesszinsen (§ 291 ZPO) sind dagegen ohnehin ohne Rücksicht auf Verschulden zu zahlen und deshalb auch stets vom VR zu übernehmen. § 3 II 2.1 kann richtigerweise trotz seines Wortlauts nicht so verstanden werden, dass über die Versicherungssumme hinaus der VR keine Zinsen ersetzen müsste. Eine solche Regelung wäre **grob unbillig**, da der Anwalt regelmäßig den Schaden ohne Zustimmung des VR nicht anerkennen wird, sodass der Anwalt das Risiko der Fehleinschätzung des VR hinsichtlich der Begründetheit des Versicherungsfalls letztlich über die Zinsen ausbaden müsste. Überdies könnte eine fehlende Einstandspflicht für Zinsen ein Anreiz für den VR sein, die Schadensbearbeitung zu verzögern. Letztlich spricht auch die Systematik von § 3 II 2.1 für die **Zinstragungslast des VR:** Die Zinstragungslast des VR ist in § 101 Abs. 2 S. 2 VVG ausdrücklich angeordnet und es hätte einer ausdrücklichen Regelung in den AVB-RS bedurft, wenn die Deckung für Zinsen hätte ausgeschlossen werden sollen (BGH VersR 1990, 191; 1992, 1257; *Riechert,* § 3 Rn. 72; kritisch *Johannsen* ZVersWiss 1993, 281).

Es ist diskutiert worden, ob § 3 II 2.1 als **Abweichung** von **§ 101 VVG un-** 65 **wirksam** ist. Der BGH hat dies abgelehnt (VersR 1990, 191; 1992, 1257) mit der Begründung, eine Abweichung liege nicht vor, weil die AVBs zur Übernahme der Zinsen nichts sagten. Richtiger erscheint die Auffassung, dass hier beredtes Schweigen vorliegt, sodass die AVB-Regelung unwirksam ist. Insoweit kann der VR auch nicht auf § 3 II 3 verweisen, wonach Leistungen des VR im Rahmen der gesetzlichen Bestimmungen begrenzt werden können. § 3 II 3 ist – schon aus AGB-rechtlichen Gründen – kein „Löschblatt", mit dem sich der VR nach Belieben aus den von ihm selbst formulierten AVB verabschieden und auf das dispositive Gesetzesrecht des VVG zurückziehen kann. So oder so ist die irreführende Formulierung in den AVB ein Ärgernis, welches schnellstmöglich beseitigt gehört.

Von der Eintrittspflicht des VR für die vom **Geschädigten** geforderten 66 Zinsen zu unterscheiden ist, die Frage, ob der VR gegebenenfalls Verzugszinsen **gegenüber dem VN** wegen verspäteter Auszahlung schuldet (dazu → § 5 Rn. 77).

§ 3   A. Der Versicherungsschutz

4. Maximierung (II 3)

67 Häufig übersehen wird die Regelung über die **Jahreshöchstleistung** („Maximierung") in A 1 BBR-RA. Auf Grund der **Maximierung** kann es dazu kommen, dass ein an sich gedeckter Schaden im Einzelfall nicht gedeckt ist, weil innerhalb des Jahreszeitraums bereits andere Schäden zu decken waren (im Einzelnen dazu A 1 BBR-RA, s. dort). Die Maximierung betrifft jedoch nur die zur Verfügung stehenden Deckungssummen, **nicht** dagegen die **Schadensabwehrkosten** (betreffend berechtigter Ansprüche) und den **Abwehranspruch** (betreffend unberechtigter Ansprüche), diese richten sich immer nach der (unmaximierten) Versicherungssumme gem. § 3 II 2.1.

5. Mindestversicherungssumme

68 Die gesetzliche **Mindestversicherungssumme** nach § 51 BRAO beträgt 250.000 EUR für den Einzelanwalt, für Sozietäten je nach Größe und Rechtsform 500.000 EUR, 1 Mio. EUR oder 2,5 Mio. EUR (§ 59o BRAO). Viele Anwälte, insbesondere wirtschaftsrechtlich tätige, vereinbaren erheblich höhere Haftungssummen, die bei großen Sozietäten bis in den dreistelligen Millionenbereich hineingehen.

V. Serienschadenklausel (II 2.1)

1. Überblick

69 Der typische Fall des versicherten Risikos ist, dass durch einen Fehler einer Person einem Dritten ein Schaden entsteht, für den nur einer haftet. Schwierig wird es dagegen, wenn **mehrere handelnde Personen, mehrere Verstöße, mehrere Schäden** und/oder **mehrere Geschädigte** vorhanden sind. Die äußerst komplizierten Abgrenzungsfragen regelt II 2.1. Der in diesem Zusammenhang häufig verwendete Begriff der „Serienschadenklausel" ist zu eng, da sich II 2.1 auch auf andere Konstellationen als Serienschäden bezieht. Im Übrigen ist zu beachten, dass der **Begriff der „Serienschadenklausel"** versicherungsrechtlich für **ganz unterschiedliche Klauseln** verwendet wird (instruktiv dazu die Monografie von *Novak-Over,* die acht verschiedene Serienschadenklauseln aus verschiedenen Haftpflichtversicherungszweigen vergleicht). Auch die verschiedenen Klauselwerke für die rechts- und wirtschaftsberatenden Berufe haben in der Vergangenheit sehr unterschiedliche Serienschadenklauseln verwendet (vgl. auch A 2 BBR-S in Anhang I!).

70 Eine wichtige Serienschaden-Begrenzung enthält II 2.1. Danach wird der Versicherungsschutz grds. **nur einmal pro Mandat** (Auftrag) zur Verfügung gestellt. Auch wenn also innerhalb eines größeren Mandats verschiedenen Personen verschiedene Verstöße unterlaufen und diese zu verschiedenen Schäden führen, steht die Versicherungssumme nur einmal zur Verfügung (im Einzelnen → Rn. 82 ff.).

71 Auf den ersten Blick erscheint die Serienschadenklausel als für den **VR günstig,** weil er nicht beliebig oft leisten muss. Dass mehrere Schadensfälle zu einem einheitlichen Versicherungsfall zusammengezogen werden, kann

Beginn und Umfang §3

aber auch für den **versicherten Anwalt günstig** sein, weil der Selbstbehalt nur einmal anfällt (*Novak-Over,* S. 147; *Therstappen* AnwBl. 2015, 708; Beispiel: Eine WP-Gesellschaft hatte als Treuhänderin zwei Erwerbermodelle fehlerhaft abgewickelt, worauf 70 Anleger auf Schadenersatz klagten. Der VR betrachtete jedes Anlageobjekt als einen einheitlichen Versicherungsfall und wollte die Versicherungssumme nur zweimal ansetzen. Wäre dagegen mit dem LG Köln (VersR 1989, 355 mAnm *Ebel*) von 70 getrennten Versicherungsfällen auszugehen, wäre siebzigmal die Selbstbeteiligung anzusetzen.).

Die Regelungen des § 3 II 2.1 sind als Risikobegrenzungsklauseln **eng auszulegen**. Der durchschnittliche VN muss erkennen können, dass er eine Einschränkung bzw. Lücke im Versicherungsschutz hat (BGH VersR 2003, 187 (189); 2003, 454). 72

AGB-rechtliche Zweifel gegen die Serienschadenklausel in der Fassung von II 2.1 bestehen nicht, da die Klausel den Wortlaut von § 51 Abs. 2 BRAO nachzeichnet und deshalb nicht klarer oder unklarer ist als die gesetzliche Vorgabe (Beckmann/Matusche-Beckmann/*v. Rintelen,* § 23 Rn. 339; dazu BGH NJW 2003, 3705 (3706)). 73

2. Mehrheit von Geschädigten

Nicht unter § 3 II 2.1 fällt nach ganz herrschender Auffassung eine **Mehrheit von Geschädigten.** Hier soll zwingend von einer Mehrzahl der Versicherungsfälle auszugehen sein, sodass die Versicherungssumme für jeden Geschädigten voll zur Verfügung steht (LG Köln VersR 1989, 355 (356) mAnm *Ebel; Ebel* VersR 1988, 1104 (1108); *Schlie,* S. 96; Prölss/Martin/*Lücke,* § 3 AVB Vermögen Rn. 8; Gräfe/Brügge/Melchers/*Gräfe,* Rn. D 398; *Kaufmann,* S. 145). Zur Begründung wird angegeben, dass ansonsten der gesetzlich vorgesehene Versicherungsschutz zu Gunsten des einzelnen Geschädigten so geschmälert sein könne, dass er im Extremfall wertlos sei, was mit dem Zweck der Pflichtversicherung nicht vereinbar sei (LG Köln VersR 1989, 355 (356)). 74

Diese Auffassung ist grds. zutreffend, solange eine Pflichtverletzung sich **gleichzeitig in mehreren Mandaten/Aufträgen auswirkt** (am Abend des Fristablaufs will der Anwalt drei Berufungsschriftsätze beim Gericht in den Frist-Briefkasten werfen, vergisst aber die Aktentasche in der Straßenbahn). Hier liegen drei getrennte Schadensfälle vor, sodass die Versicherung ggf. dreimal die maximale Versicherungssumme ausreichen muss. Anders ist es dagegen, wenn **mehrere Auftraggeber** dem Anwalt ein **einheitliches Mandat** erteilen und ein Verstoß gleichzeitig mehrere Auftraggeber schädigt (der Anwalt erstellt fehlerhafte Sicherheitenverträge für ein Kreditkonsortium aus fünf Banken, die in der Insolvenz des Investors ausfallen, weil die Sicherheiten nicht „halten"). Hier kommt es darauf an, ob jeder der Konsorten ein eigenes Mandat („Auftrag") erteilt hat oder ob ein gemeinsamer „Auftrag" vorliegt, weil im letzteren Fall § 3 II 2.1 eingreift und der VR die Schäden der Konsorten nur insoweit abdecken muss, als sie zusammen nicht die Versicherungssumme übersteigen (→ Rn. 82 ff.). Damit ergeben sich schwierige Abgrenzungsfragen. Wird beispielsweise der Anwalt als **Treuhänder** in einer **Publikums-KG** von einer Vielzahl von Treugebern mit der Wahrnehmung ihrer Interessen beauftragt und begeht er jeweils allen Treugebern gegenüber 75 den gleichen Fehler (zB bei der Mittelverwendungskontrolle), so sind die Schäden nicht die Folge eines einheitlichen Verstoßes. Vielmehr begründen die selbständigen Treuhandaufträge eigene Pflichten, deren Verletzung nicht zu einem Serienschaden verklammert werden kann. Wird dagegen der Treuhänder von den Treugebern in Anspruch genommen, weil er bei der Prospektprüfung einen Fehler gemacht hat, liegt nur ein einheitlicher Verstoß vor, da der Auftrag zur Prospektprüfung regelmäßig vom Initiator der Kapitalanlage erteilt wird, sodass nur ein Auftrag vorliegt. Folglich steht auch die Versicherungssumme nur einmal für alle Geschädigten zur Verfügung (ausführlich *Gräfe* NJW 2003, 3673 (3674); *Therstappen* AnwBl. 2015, 708f.).

3. Mehrheit von Schäden

76   Entstehen aus einem Verstoß verschiedene Schäden, liegt ein einheitlicher Versicherungsfall vor. Das ergibt sich schon daraus, dass der Versicherungsfall an den Verstoß anknüpft (→ § 1 Rn. 56, → § 2 Rn. 5 ff.); dies wird durch II 2.1 c) zusätzlich klargestellt.

4. Verursachung durch mehrere Personen (II 2.1 a))

77   Wird der Schaden von **mehreren entschädigungspflichtigen Personen** verursacht, muss der VR gemäß § 3 II 2.1 a) die Versicherungssumme **nur einmal** zahlen. Dies betrifft insbesondere den Fall, dass in einer nicht-haftungsbeschränkten Sozietät mehrere bearbeitende Anwälte den Verstoß gemeinsam verschulden, in dem sie entweder gemeinsam eine falsche Entscheidung treffen (zB gemeinsam zu einer bestimmten Steuergestaltung raten) oder aber der eine einen Fehler macht, den der andere fahrlässig nicht korrigiert (Anwalt A versäumt die Frist, Anwalt B versäumt während des Urlaubs des A die Frist für den Wiedereinsetzungsantrag).

78   § 3 II 2.1 a) ist **weitgehend deklaratorisch.** Denn bei Fehlerverursachung durch mehrere Sozien mögen diese zwar Gesamtschuldner sein, nach § 421 BGB könnte aber der Geschädigte die Versicherungssumme ohnehin nur einmal fordern. Das gilt auch, wenn der geltend gemachte **Anspruch die Versicherungssumme** übersteigt. Haben zB zwei Sozien gesamtschuldnerisch haftend einen Schaden von 2 Mio. EUR verursacht, und beträgt die Versicherungssumme lediglich je 1,5 Mio. EUR, so deckt die Versicherung nur einmal die 1,5 Mio. EUR ab mit der Folge, dass die beiden Schädiger die fehlenden 500.000 EUR gemeinschaftlich privat aufbringen müssen. § 3 II 2.1 a) bewirkt also, dass die Versicherungshöchstsummen sich nicht pro Schädiger addieren (Beckmann/Matusche-Beckmann/*v. Rintelen*, § 23 Rn. 326).

79   § 3 II 2.1 a) bezieht sich nur auf den Deckungsanspruch, **nicht** aber auf den Anspruch auf **Abwehr unbegründeter Forderungen.** Deshalb muss der VR zwar bei einer Mehrheit von Schädigern nur einmal die Versicherungssumme leisten, jedoch alle gegen unberechtigte Ansprüche verteidigen.

5. Schaden auf Grund mehrerer Verstöße (II 2.1 b))

80   Nach § 3 II 2.1 b) ist die Versicherungssumme bei einem aus mehreren Verstößen entstandenen einheitlichen Schaden nur einmal zur Verfügung zu

Beginn und Umfang §3

stellen. Egal ist insoweit, ob die Verstöße von der **gleichen** Person oder **mehreren** versicherten Personen begangen wurden (Beckmann/Matusche-Beckmann/*v. Rintelen*, §23 Rn. 327 gegen *Kaufmann*, S. 145 f.). Der Grundgedanke der Regelung ist einsehbar. Der mehrfach pflichtwidrig handelnde „Mehrfachtäter" soll nicht bessergestellt werden als der „Einmalsünder", der den Schaden nur durch eine einzige Fehlleistung verursacht hat (Beispiel: Die Kündigungsschutzklage ist erfolglos, weil der Anwalt die Dreiwochenfrist der §§ 4, 7 KSchG versäumt und obendrein vergessen hat, die Klageschrift zu unterschreiben. Jeder dieser Verstöße hätte bereits für sich ausgereicht, den Schaden zu verursachen.) Neben diesen Fällen **alternativer Kausalität** fallen aber auch Fälle **kumulativer Kausalität** unter §3 II 2.1 b), also solche Fälle, in denen der Schaden durch mehrere aufeinander aufbauende Verstöße verursacht wurde (Beckmann/Matusche-Beckmann/*v. Rintelen*, §23 Rn. 328; → §2 Rn. 13 ff.).

An einem einheitlichen Schaden fehlt es jedoch, wenn auf Grund wiederkehrender gleicher Fehlleistungen **jeweils neue Einzelschäden** entstehen (BGH VersR 1991, 873; Fischer/*Chab*, §18 Rn. 91; Prölss/Martin/*Lücke*, §3 AVB Vermögen Rn. 11). Macht zB ein Steuerberater in mehreren Veranlagungsjahren immer wieder den gleichen Fehler, entsteht jedes Jahr ein neuer Schaden (BGH VersR 1991, 873). Das Gleiche gilt, wenn bei einer Betriebsprüfung verschiedene Fehler des Steuerberaters aufgedeckt werden und zu einer steuerlichen Mehrbelastung führen (BGH VersR 1991, 873 (875); anders noch die Vorinstanz OLG Köln VersR 1990, 1144 (1145)). Führen mehrere Verstöße bzw. Schäden zu einer **Insolvenz des Geschädigten,** reicht dies zur Begründung eines einheitlichen Schadens nicht aus (Prölss/Martin/*Lücke*, §3 AVB Vermögen Rn. 11; Gräfe/Brügge/Melchers/*Gräfe*, Rn. D 403; ausführlich zur Problematik → §2 Rn. 12 ff.). 81

6. Nur ein Schaden pro Auftrag (II 2.1 c))

Die **eigentliche „Serienschadenklausel"** enthält §3 II 2.1 c). Danach muss der VR für alle Pflichtverletzungen bei der Erledigung eines einheitlichen Auftrags nur einmal die Versicherungsleistung erbringen. Es spielt also keine Rolle, wie viele Verstöße vorgekommen sind, welche oder wie viele Schäden daraus entstanden sind und/oder wie viele Personen an dem oder den Verstößen beteiligt waren. Der VR stellt die Versicherungssumme schlicht **nur einmal pro Auftrag** zur Verfügung. 82

Zu beachten ist, dass die Serienschadenklausel nach den AVB-RS sich erheblich von den Serienschadenklauseln anderer AVB-Werke unterscheidet, und früher fast **jedes Bedingungswerk unterschiedliche Formulierungen** verwandte. Insbesondere gebrauchen die AVB-RS nicht die extrem schwammigen Begriffe „gleiche oder gleichartige Fehlerquellen" (so aber Ziff. 3.2.1.3 des Bedingungswerks der **R+V** („AVB-P"), das dürfte mit §51 BRAO nicht vereinbar sein!) bzw. „rechtlicher oder wirtschaftlicher Zusammenhang", die in anderen Freiberufler-Klauselwerken verwendet werden und extremes Kopfzerbrechen bereiten (vgl. BGH NJW 2003, 3705; dazu statt aller Beckmann/Matusche-Beckmann/*v. Rintelen*, §23 Rn. 331 ff.; Gräfe/Brügge/Melchers/*Gräfe*, Rn. D 424 ff.). 83

84 § 3 II 2.1 c) limitiert den Versicherungsschutz auch in solchen Fällen, in denen innerhalb eines **einheitlichen Mandats verschiedene Fehlleistungen** von **verschiedenen Personen** begangen werden, die bei **verschiedenen Geschädigten verschiedene Schäden** verursachen (Beispiel: Im Rahmen eines Unternehmenskaufmandats, mit dem die Sozien A und B befasst sind, verursacht A durch fehlerhafte Steuergestaltung dem verkaufenden Mandant einen Steuerschaden, während B durch fahrlässige Abgabe einer Legal Opinion eine den Unternehmenserwerb finanzierende Bank zu der Gewährung eines Kredits veranlasst, mit dem sie später ausfällt).

85 Haben sich zwischen dem ersten und dem letzten Verstoß die **Versicherungsbedingungen geändert** und/oder hat sich die **Versicherungssumme erhöht,** soll nach dem Günstigkeitsprinzip auf den für den VN umfassendsten Versicherungsschutz abgestellt werden (Gräfe/Brügge/Melchers/*Gräfe,* Rn. D 393; *Nowak-Over,* S. 97, 147; aA *Therstappen* AnwBl. 2015, 708, wonach diejenigen Konditionen maßgeblich sein sollen, die zum Zeitpunkt des ersten Verstoßes galten). Besondere Probleme stellen sich, wenn während des Mandats der **VR gewechselt** hat. Nach Auffassung des OLG Düsseldorf (BeckRS 2022, 32642) verklammert die Serienschadenklausel nur innerhalb desselben Versicherungsvertrages, führt aber nicht zur Leistungsfreiheit des früheren oder späteren VR. Vielmehr sei – innerhalb desselben Mandats – der frühere VR zur vollen Deckung des aus dem ersten Verstoß folgenden Schadens verpflichtet, der spätere VR zur Deckung des Schadens aus dem zweiten Verstoß, obwohl ohne Versichererwechsel die Serienschadenklausel gegriffen hätte.

86 Nicht einschlägig ist die Serienschadenklausel, wenn ein bestimmtes **Organisationsverschulden** des Anwalts dazu führt, dass getrennte Schäden in **verschiedenen Mandaten** geschehen (Beispiel: Wegen eines nicht pflichtgemäßen Fristenkontrollsystems kommt es immer wieder zur Versäumung von Rechtsmittelfristen). Hier liegt nicht ein einheitlicher Verstoß vor, sondern ein getrennter Verstoß bezüglich der Pflichten aus jedem einzelnen Mandat, sodass der VR für jeden Schadensfall neu die Versicherungssumme zur Verfügung stellen muss (*Riechert,* § 3 Rn. 79).

87 Ob ein **„einheitlicher Auftrag"** vorliegt, ist bei Dauermandaten sowie bei komplexen Mandaten häufig schwierig zu klären. Maßgeblich sind die **vertraglichen Abreden** der Parteien. Insoweit kann zurückgegriffen werden auf die über Jahrzehnte entwickelten feinsinnigen Abgrenzungen zwischen **Mandat, Auftrag** und **Angelegenheit** im Rahmen des RVG (*van Bühren,* S. 125; *Nowak-Over,* S. 62). Der gebührenrechtliche Begriff der „Angelegenheit" bzw. „derselben Angelegenheit" (§§ 15 ff. RVG) ist regelmäßig enger als der des „Auftrags" (statt aller Gerold/Schmidt/*Mayer,* § 15 Rn. 5 ff.; Hartung/Römermann/Schons/*Römermann,* § 15 Rn. 12 ff.), der des „Mandats" dagegen weiter. So kann ein Mandat mehrere Aufträge umfassen, und ein Auftrag mehrere Angelegenheiten im gebührenrechtlichen Sinn. Für § 3 II 2.1 c) kommt es nur auf den **„Auftrag"** an, also auf den konkreten Gegenstand der vertraglichen Beauftragung des Anwalts. Dabei lässt sich zum einen in **zeitlicher Hinsicht** abgrenzen: Erteilt der Mandant in **zeitlichen Abständen** verschiedene Aufträge, so können beide möglicherweise in der Gesamtsicht ein einheitliches Mandat darstellen, gebührenrechtlich und auch für die Aus-

Beginn und Umfang §3

legung der Serienschadenklausel bleibt es aber dabei, dass **getrennte Aufträge** vorliegen (Beispiel: Der Mandant beauftragt den Anwalt zunächst damit, den Mieter aus der Mietwohnung herauszuklagen. Als sich der Erfolg abzuzeichnen beginnt, erteilt der Mandant den weiteren Auftrag, für den Nachmieter einen wasserdichten Mietvertrag zu entwerfen. Hier liegen zwei Aufträge vor). Getrennte Aufträge können bei deutlicher gegenständlicher Verschiedenheit aber auch bei **gleichzeitiger Mandatierung** vorliegen (Beispiel: Der Unternehmer beauftragt den Anwalt einerseits mit der Erstellung eines Unternehmertestaments, andererseits mit dem Entwurf eines Geschäftsführer-Anstellungsvertrages für den einzustellenden neuen Geschäftsführer). Soweit § 3 II 2.1 c) von einem „einheitlichen" Auftrag sprechen, ist das leeres Wortgeklingel; zwischen einem **„Auftrag"** und einem **„einheitlichen Auftrag"** gibt es keinen Unterschied.

Erhebliche Abgrenzungsprobleme entstehen bei der **Dauerberatung.** 88
Hier ist fraglich, ob nur ein Auftrag oder mehrere vorliegen. So hat der BGH beispielsweise bei einem Steuerberater, der acht Jahre lang in jedem Jahr den gleichen Fehler bei der Erstellung der Steuererklärung seines Mandanten gemacht hatte, die Annahme eines einheitlichen Auftrags abgelehnt und entschieden, es liege jeweils ein neuer Auftrag, ein neuer Verstoß und ein neuer Schaden vor, sodass der VR für jeden der Einzelschäden mit der vollen Versicherungssumme eintrittspflichtig sei (BGH VersR 1991, 873; ausführlich dazu *Kaufmann,* S. 146 ff.). Entwickelt der Anwalt für einen Mandanten ein fehlerhaftes **Legal-Tech Tool** (zB zur Abgrenzung von Scheinselbständigkeit), liegt ein einheitlicher Auftrag vor mit der Folge, dass alle fehlerhaften Anwendungen des Tools einen einheitlichen Schaden darstellen (*Riechert* AnwBl. 2020, 168).

7. Aufteilung der Versicherungssumme bei mehreren Geschädigten

Wenn verschiedene Personen geschädigt wurden und die Versicherungs- 89
summe zur vollständigen Schadensdeckung nicht ausreicht, ist gem. **§ 190 VVG** zu **quoteln,** dh, die Versicherungssumme wird in dem gleichen Verhältnis auf die Geschädigten verteilt, in dem ihre Forderungen bestehen. Ist die Forderung des einen doppelt so hoch wie die des anderen, erhält er also zwei Drittel der Versicherungssumme, der andere ein Drittel. Den Rest der Forderungen muss der VN selbst befriedigen, was für die Geschädigten natürlich mit einem entsprechenden Insolvenzrisiko verbunden ist.

VI. Hinweis auf Regelungen betreffend Versicherungshöchstleistung (II 2.2)

§ 3 II 2.2 weist auf die Regelungen zur **Versicherungshöchstleistung** 90
(Versicherungssumme) in den für **Anwälten** bzw. **Steuerberater** geltenden Besonderen Bedingungen (BBR-RA bzw. BBR-S) hin. Das betrifft insbesondere **Sublimits,** etwa nach A 4.2 (s. dort).

VII. Sonstige Begrenzungen (II 3)

91 § 3 II 3 S. 1 regelt, dass die Leistungen des VR im Rahmen der gesetzlichen Bestimmungen begrenzt werden können. Dieser Satz ist rein **deklaratorisch.** Wenn die Bedingungswerke keine Begrenzung der Leistungen vorsehen, kann der VR sie auch nicht einseitig einführen. Entweder enthalten die Bedingungswerke entsprechende Begrenzungen oder es gelten keine (siehe zB zum Zinsproblem → § 3 Rn. 64 ff.). § 3 II 3 S. 2 verweist auf die Regelungen zur **Jahreshöchstleistung** (Maximierung) in A 1 (s. dort).

VIII. Selbstbehalt (II 4)

1. Überblick

92 § 3 II 4 regelt den **Selbstbehalt (Selbstbeteiligung).** Der Selbstbehalt ist seit alters her (→ Einl. Rn. 10, 12) ein probates Instrument des Versicherungsvertragsrechts. Er soll den VN **vor allzu großer Sorglosigkeit** im Hinblick auf die vorhandene Deckung **bewahren** und dient damit dem allgemeinpolitischen Interesse an **Schadensvermeidung,** daneben natürlich auch dem Interesse des VR an der Begrenzung von Schadensfällen. Der Selbstbehalt muss von seiner Höhe her so gewählt werden, dass er einerseits ein Anreiz für den VN ist, sich um Schadensvermeidung zu bemühen, andererseits aber nicht so hoch ist, dass die Schutzwirkung des Versicherungsvertrages unterlaufen wird.

93 Der in § 3 II 4.1 vorgesehene summenmäßig fixierte Selbstbehalt von 1.000 EUR (**„Festselbstbehalt"**) ist geringer als nach § 51 Abs. 5 BRAO zulässig wäre. Nach dieser Vorschrift wäre ein Selbstbehalt bis 2.500 EUR (1 % der gesetzlichen Mindestdeckung von 250.000 EUR) zulässig. § 3 II 4.3 lässt die einzelvertragliche Vereinbarung **anderer Selbstbehalte** als 1.000 EUR zu, insbesondere höhere (**summenmäßige** oder **quotale**) Selbstbehalte. Wegen der Grenzen des § 51 Abs. 5 BRAO kommt ein **höherer Selbstbehalt** als 2.500 EUR jedoch nur in Betracht, soweit die Versicherungssumme die gesetzliche Mindestdeckung nach § 51 BRAO **übersteigt,** oder im Rahmen eines nur im **Innenverhältnis** zwischen VN und VR vereinbarten **Regresses,** der im Schadensfall die Position des Geschädigten nicht tangiert. (Für Sozietäten gelten entsprechend §§ 59n, o BRAO höhere Beträge.)

94 Einen anderen Festselbstbehalt sieht II 4.2 bei Tätigkeiten im Zusammenhang mit der Beratung und Beschäftigung im **außereuropäischen** (nicht ausländischen!) **Recht** oder der Tätigkeit vor **außereuropäischen** (nicht ausländischen!) **Gerichten** vor, hier beträgt der Festselbstbehalt pro Schadensfall 5.000 EUR. Die Regelung steht im Zusammenhang mit A. 2.1 der BBR-RA, der den Umfang der Eintrittspflicht des VR für Tätigkeit im außereuropäischen Recht oder der Tätigkeit vor außereuropäischen Gerichten regelt (zu den Tatbestandsvoraussetzungen im Einzelnen s. dort). Der erhöhte Festselbstbehalt ist mit § 51 BRAO vereinbar, da gemäß § 51 Abs. 3 Nr. 3 und 4 BRAO die Eintrittspflicht des VR in diesen Fällen ja auch ganz ausgeschlossen werden dürfte.

Beginn und Umfang §3

Die Versicherung zahlt die Haftpflichtsumme nur minus 1.000 EUR, den 95
Selbstbehalt muss der **Geschädigte vom Anwalt beitreiben**. Der Selbstbehalt funktioniert also nicht so, dass die Versicherung die volle Haftpflichtsumme an den Geschädigten auszahlt und sich dann vom Anwalt den Selbstbehalt im Wege des Regresses zurückholt (OLG Düsseldorf VersR 1979, 151).

2. Anwendungsbereich

§ 3 II 4 führt den neuen Begriff der „**Haftpflichtsumme**" ein. Das ist die- 96
jenige Summe, die der versicherte Anwalt auf Grund von Urteil, Anerkenntnis oder Vergleich zu zahlen hat. Daran wird der versicherte Anwalt mit einem Selbstbehalt von 1.000 EUR **beteiligt.** Der Selbstbehalt bezieht sich auf die Haftpflichtsumme, nicht auf die Versicherungssumme. Übersteigt die Haftpflichtsumme die Versicherungssumme, muss der versicherte Anwalt ohnehin die Differenz selbst tragen, der VR darf dann nicht von der Versicherungssumme noch einmal den Selbstbehalt abziehen (Gräfe/Brügge/Melchers/ *Gräfe,* Rn. D 371).

Nach § 3 II 4.4 ist der Selbstbehalt ausgeschlossen, wenn im Moment der 97
Geltendmachung des Schadens (nicht: im Moment des Verstoßes!, vgl. S. 2) die **Zulassung** des Anwalts (nicht aber der Berufsausübungsgesellschaft, vgl. Satz 2!) **erloschen** ist oder wenn Haftpflichtansprüche gegen die **Erben** des Anwalts erhoben werden (nach Ziff. 9.3.2 des Bedingungswerks der **ERGO** gilt ersteres nur, wenn die Anwaltstätigkeit wegen Alter, Gesundheit oder sonstigen „nicht unehrenhaften Gründen" aufgegeben wurde). Hier kann der Selbstbehalt seine erzieherische Wirkung nicht mehr entfalten, sodass der VR voll leisten muss. Umgekehrt regelt II 4.4 S. 3, dass in den ersten **drei Jahren nach Zulassung** (RA) bzw. Bestellung (StB) kein Selbstbehalt anfällt. Damit nehmen die VR auf die beim Berufsstart häufig angespannte finanzielle Situation Rücksicht.

Nach § 114 Abs. 2 S. 2 VVG kann der Selbstbehalt **gegenüber dem Ge-** 98
schädigten in den Fällen eines Direktanspruchs (→ Rn. 130 ff.) nicht geltend gemacht werden, dh, der VR ist in Höhe des Selbstbehalts auf einen Rückgriff gegen den VN angewiesen und trägt insoweit dessen Insolvenzrisiko. Gegenüber einer **mitversicherten Person** kann der Selbstbehalt ebenfalls nach § 114 Abs. 2 S. 2 VVG nicht geltend gemacht werden (wohl aber gegenüber dem VN → § 7 Rn. 18).

Übersteigt ein Schaden voraussichtlich nicht die Höhe des vereinbarten 99
Selbstbehalts, **verzichtet** der VN häufig **auf die Schadensmeldung** beim VR nach § 5 II 1.1 und **regelt den Schaden selbst** ohne viel Aufhebens durch Zahlung an den Geschädigten oder Honorarnachlass. Das geschieht häufig sogar bei Schäden, die den Selbstbehalt geringfügig übersteigen. Hintergrund der Selbstregulierung ist häufig das Bestreben, den „**Papierkrieg**" mit dem VR zu vermeiden und überdies gegenüber dem VR eine „**weiße Schadensweste**" zu behalten, was sich bei der Prämienkalkulation für die Folgejahre positiv auswirken kann. Häufig wird dabei allerdings übersehen, dass ein zunächst harmlos aussehender Schaden sich **später ganz erheblich erhöhen** kann. Dann sind durch die Zahlung bzw. das Anerkenntnis häufig unverrückbare Fakten geschaffen, überdies kann der VR ggf. wegen Verlet-

3. Selbstbehalt und Abwehrkosten (II 5.3)

100 In vielen Versicherungszweigen ist umstritten, ob bei einem Anspruch unterhalb der Selbstbehalt-Grenze eine Abwehrpflicht des VR besteht (zB OLG Köln VersR 2009, 321). Dagegen wird eingewendet, dass die Regelung zum Selbstbehalt auch den VR entlasten soll, in dem sie ihm die aufwändige Bearbeitung und Abwehr von Bagatellschäden erspart. Richtigerweise ist zu unterscheiden zwischen der **(erfolgreichen) Abwehr unberechtigter** und der **(erfolglosen) Abwehr berechtigter Ansprüche:**

101 Der Selbstbehalt bezieht sich nach dem Wortlaut des § 3 II 4.1 nur auf den Deckungsanspruch, nicht auf den Anspruch auf **Abwehr unberechtigter Ansprüche** (→ Rn. 11). Für die **erfolgreiche Schadensabwehr** gilt also kein Selbstbehalt (Gräfe/Brügge/Melchers/*Gräfe,* Rn. D 366). Ist dagegen im Zuge der Schadensabwehr eine Sicherheitsleistung zu erbringen, kann der VR wegen der ausdrücklichen Regelung in II 7 den Selbstbehalt abziehen (→ Rn. 124; aA Gräfe/Brügge/Melchers/*Gräfe,* Rn. D 366).

102 Bei der (erfolglosen) Abwehr eines **berechtigten Anspruchs** („gedeckter Anspruch") dagegen greift die ausdrückliche Regel des § 3 II 5.3. Übersteigt der Haftpflichtanspruch **nicht den Betrag des Selbstbehalts,** treffen **den VR keine Abwehrkosten.** Bei einer den **Selbstbehalt übersteigenden Schadenssumme** darf der VR den Selbstbehalt aber nur von der Haftpflichtsumme abziehen, **nicht** (zusätzlich oder anteilig) **auch noch von den** (vergeblichen) **Schadensabwehrkosten.** Die Kosten eines verlorenen Haftungsprozesses muss deshalb der VR in vollem Umfang tragen, er kann nicht entsprechend dem Selbstbehalt die von ihm zu tragenden Gerichts- und Anwaltskosten kürzen (statt aller *Littbarski,* § 3 Rn. 192).

IX. Schadensabwehrkosten (II 5)

1. Überblick

103 § 3 II 5 regelt, dass im Falle eines Haftungsfalls zu den vom VR zu tragenden Kosten nicht nur die Haftpflichtsumme/Versicherungssumme zählt, sondern auch die Kosten der **(erfolglosen)** Schadensabwehr. Diese Kosten werden als Teil des Schadens ebenfalls abgedeckt, sie dürfen nicht verwechselt werden mit den Kosten der **(erfolgreichen)** Abwehr unberechtigter Ansprüche, für die sich die Kostentragung des VR aus § 3 II 1 ergibt (→ Rn. 11 ff.) und für die die Einschränkungen des § 3 II 5.1 ff. nicht anwendbar sind.

104 § 3 II 5 setzt § 101 Abs. 2 S. 1 VVG um. Bereits dort ist der Grundsatz geregelt, dass der VR die **Kosten** des (erfolglosen) Rechtsstreits **nicht** auf die **Versicherungssumme anrechnen** darf. In diesem Rahmen enthält § 3 II 5 einige flankierende Regelungen.

Beginn und Umfang **§ 3**

2. Umfang der zu übernehmenden Kosten (II 5.1)

Kostenschutz besteht – sowohl bei der Abwehr berechtigter als auch un- 105
berechtigter Ansprüche – nur in Höhe der **notwendigen** Rechtsverfolgungskosten. Überflüssige Kosten, die der VN durch Nachlässigkeit verursacht (insbesondere die Kosten von Versäumnisurteilen oder erfolglosen Beweisantritten) muss der VR nicht übernehmen, sie fallen dem VN zur Last (Gräfe/Brügge/Melchers/ *Gräfe,* Rn. D 361). Ungeklärt ist allerdings, welcher Verschuldensmaßstab hier anzulegen ist. Richtigerweise sind vom VR alle Kosten zu übernehmen, die der VN bei **pflichtgemäßer Betrachtung** für angemessen halten konnte. Dabei wird der VR im Regelfall entscheiden können, dass bei lediglich **außergerichtlicher** Inanspruchnahme zunächst kein externer Anwalt eingeschaltet wird. Auch in einem **Schlichtungsverfahren** nach § 191 f BRAO wird man dem VN noch zumuten können, seine Interessen ohne externe Hilfe zu vertreten (*Knöpnadel* AnwBl. 2010, 130 (132)). Erst bei **gerichtlicher Geltendmachung** muss der VR die Kosten externer Vertretung tragen.

Die Kostenübernahme nach § 3 II 5 deckt regelmäßig nur die **RVG-Kos-** 106
ten. Vereinbart der geschädigte Anwalt mit dem zur Abwehr eingeschalteten Kollegen zB ein Stundenhonorar, ist dies nicht zu erstatten, soweit es über die RVG-Sätze hinausgeht. Etwas anderes gilt gem. II 5.1 S. 2 nur, wenn die Konditionen im Einzelfall (vorher oder im Nachhinein) mit dem VR vereinbart waren. Nicht von der Versicherung gedeckt sind auch die Kosten der Einschaltung eines zweiten Anwalts durch den VN, wenn dieser sich auf den vom VR beauftragten Anwalt nicht verlassen will (Gräfe/Brügge/Melchers/ *Gräfe,* Rn. D 348). Die Einschaltung von **Privatgutachtern** muss der VR nur in Ausnahmefällen bezahlen, jedenfalls nicht wenn es lediglich um rechtliche Spezialmaterien geht (OLG Frankfurt a. M. OLGR 2002, 274; LG Köln VersR 1993, 717).

Wird gegen den Anwalt ein **Ermittlungs-** oder gar **Strafverfahren** ein- 107
geleitet wegen einer Tat, die zugleich Haftungsansprüche gegen den Mandanten zur Folge haben könnte, gehört auch die Einschaltung eines **Strafverteidigers** zu einer sinnvollen Abwehrstrategie. Die Pflicht des VR zur Übernahme von Strafverteidigerkosten macht allerdings § 101 Abs. 1 S. 2 VVG davon abhängig, dass der VR die Einschaltung des Strafverteidigers ausdrücklich anweist. Eine Pflicht zur Übernahme von Strafverteidigerkosten auf Wunsch des VN, ohne dass der VR dem zugestimmt hat, sehen die AVB-RS nicht vor.

In der Praxis wird der mit der Schadensabwehr beauftragte Anwalt häufig 108
direkt **vom VR beauftragt,** der VR ist dann unmittelbarer Kostenschuldner (Prölss/Martin/ *Lücke,* Ziff. 5 AHB Rn. 32). Der VR kann jedoch den Anwalt auch als rechtsgeschäftlicher Vertreter des VN beauftragen.

3. Quotelung bei Schäden oberhalb der Versicherungssumme (II 5.2)

Übersteigt der geltend gemachte Haftpflichtanspruch die Versicherungs- 109
summe, trägt der VR die Kosten nur anteilig. Die früheren AVB-RSW sahen vor, dass der VR die Kosten sowie pauschalierte Auslagen nicht pro rata zu

übernehmen hatte, sondern nur in der **fiktiven Höhe,** wie sie entstanden wären, wenn der Haftpflichtanspruch der Versicherungssumme entsprochen hätte (s. 2. Aufl.). Diese Systematik hat sich unter den AVB-RS geändert. Nunmehr trägt der VR die Gebühren und die pauschalierten Auslagen immer **bis zu einem Streitwert von 1 Mio. EUR,** auch wenn der VN nur mit einer geringeren Summe versichert war. Dasselbe gilt für die tatsächlichen **Auslagen** (Zeugen, Reisekosten, Sachverständigengutachten etc). Die Regelung ist – ebenso wie die Vorgängerregelung der AVB-RSW (s. 2. Aufl.) – so zu verstehen, dass der VR diejenigen Kosten zu übernehmen hat, die entstanden wären, wenn der Streitwert exakt 1 Mio. EUR betragen hätte. Es kommt also nicht zu einer schematischen quotalen Kürzung, was wegen der degressiven Kosten und Gebühren den VN günstiger stellt. Dasselbe gilt, wenn der VN sich mit mehr als 1 Mio. EUR versichert hat, der Streitwert des Haftpflichtanspruchs aber darüber liegt. Hier trägt der VR die Kosten, die angefallen wären, wenn der Streitwert exakt der vereinbarten Versicherungssumme entsprochen hätte (II 5.2 S. 4). § 3 II 5.2 gilt auch bei der **außergerichtlichen Abwicklung** (aA Gräfe/Brügge/Melchers/*Gräfe,* Rn. D 338). Zu einer Quotelung kommt es nicht, wenn der Gesamtschaden nur wegen der **Zinsen** und/oder der **Abwehrkosten** die Versicherungssumme übersteigt (*Mennemeyer,* Kap. 11 Rn. 147), die Quotelung ermittelt sich stets nur anhand des Hauptanspruchs.

4. Eigenvertretung des VN (II 5.4)

110 Vertritt sich der versicherte Anwalt selbst, werden ihm **eigene Gebühren** gem. § 3 II 5.4 **nicht erstattet.** Dasselbe gilt, wenn die Sozietät VN ist und sich selbst vertritt oder sich durch einen ihrer Berufsträger vertreten lässt. Die Regelung beugt Missbrauch vor. Überdies ist es erfahrungsgemäß untunlich, wenn der Anwalt sich in eigener Sache selbst vertritt („Ein Anwalt, der sich selbst vertritt, hat einen schlechten Anwalt"). Deswegen ist die Gebührenregelung in § 3 II 5.4 auch ein Anreiz dafür, dass in Anspruch genommen VN sich von Dritten vertreten lassen, da sie dann kein Gebühreninteresse daran haben, die Sache selbst auszustreiten. Andererseits hat der Versicherer – trotz seines Weisungsrechts aus § 5 II 2.1 – nicht die Befugnis, den VN **gegen dessen Willen** zu einer **Eigenverteidigung** zu zwingen, um Kosten zu sparen.

111 Dem Wortlaut nach nicht geregelt ist der **umgekehrte Fall,** nämlich dass der persönlich (zB aus akzessorischer Haftung → § 1 Rn. 150) in Anspruch genommene Anwalt sich durch Sozien oder seine Berufsausübungsgesellschaft vertreten lässt. Nach Sinn und Zweck von II. 5.4 muss aber auch in diesem Fall eine Gebührenerstattung ausscheiden.

112 Der fehlende Versicherungsschutz für die eigenen Gebühren des Anwalts gilt zunächst für den eigentlichen **Haftungsprozess,** also die Verteidigung gegen die vom geschädigten Mandanten geltend gemachten Schadensersatzansprüche. Davon zu trennen sind Aktivitäten, die der Anwalt **im Namen und zu Gunsten des Mandanten** entfaltet, um den drohenden **Schaden noch abzuwenden.** Für solche Bemühungen kann der Anwalt ohne weiteres dem Mandanten Honorar berechnen, und wenn sich die Bemühungen als erfolglos erweisen, stellen sie einen Teil des von der Versicherung zu deckenden

Schadens dar. Dass solche **„Schadensabwendungskosten"/„Schadensminderungskosten"** vom VR zu tragen sind, ergibt sich letztlich schon aus §§ 82, 83 VVG. Hat beispielsweise der Anwalt dem Mandanten einen unklaren Vertrag entworfen und wird der Mandant wegen einer streitigen Klausel von einem Dritten auf Zahlung in Anspruch genommen, so kann der Anwalt ohne weiteres vom Mandanten das Honorar für dessen Verteidigung gegen den Dritten verlangen. Scheitert die Verteidigung, weil die Vertragsklausel nicht das hergibt, was Anwalt und Mandant sich davon versprochen haben, ist der Anwalt wegen des bei der Formulierung des Vertrages begangenen Verstoßes schadensersatzpflichtig, und für diesen Schaden hat die Versicherung aufzukommen. Zu dem Schaden gehört dann nicht nur die Zahlung, die der Mandant dem Dritten schuldet, sondern auch die gesamten Kosten des verloren gegangenen Prozesses zwischen dem Mandanten und dem Dritten incl. der für den eigenen Anwalt aufgewendeten Honorare; diese hat deshalb der VR ohne Rücksicht auf § 3 II 4.5 zu erstatten (s. auch → § 5 Rn. 47).

Gelingt es dagegen dem Anwalt, durch einen Folgeprozess, den er für den Mandanten führt, eine **vorangegangene Fehlleistung zu korrigieren** (Beispiel: Der Anwalt übersieht eine sicher steuersparende Gestaltungsmöglichkeit und wählt eine unsichere andere, die die Finanzbehörde zunächst zu einem nachteiligen Steuerbescheid veranlasst, der erst in einem nachfolgenden FG-Verfahren beseitigt werden kann), so besteht nach hM kein Versicherungsschutz. Es sei Pflicht des Anwalts aus dem Mandatsvertrag, seine Fehler auf eigene Kosten auszubügeln, sodass es noch um die (nicht versicherte, § 1 I 1) Erfüllung des Mandatsvertrags gehe (Veith/Gräfe/Gebert/*Gräfe/Brügge,* § 17 Rn. 471 ff.; BGH NJW 1994, 1472; 2000, 3560). Das überzeugt schon deshalb nicht, weil nach ebenfalls herrschender Meinung bei Beauftragung eines anderen Anwalts zur Schadensvermeidung dessen Kosten vom VR zu übernehmen sind (Veith/Gräfe/Gebert/*Gräfe/Brügge,* § 17 Rn. 473). Richtigerweise lässt sich die Pflicht des VN, ohne Honorar Schadensvermeidung zu betreiben, nur mit II 5.4 begründen. 113

5. Negative Feststellungsklage; Nebenintervention

§ 3 II 5.1 S. 1 bestimmt, dass der VR im Schadensfall nicht nur die Kosten eines klassischen Passivprozesses (Anwalt als Beklagter) zu tragen hat, sondern auch die Kosten einer **negativen Feststellungsklage** (§ 256 ZPO) sowie die Kosten einer **Nebenintervention** (§§ 66 ff. ZPO). Voraussetzung der Kostentragungspflicht des VR ist allerdings, dass dieser der Nebenintervention bzw. der negativen Feststellungsklage **zugestimmt** hat. „Zustimmung" umfasst gem. §§ 183, 184 BGB sowohl die vorherige Einwilligung als auch die nachträgliche Genehmigung. Bei fehlender Zustimmung besteht keine Kostentragungspflicht des VR. Die **ERGO** übernimmt nach Ziff. 9.6 ihres Bedingungswerks nach vorheriger Zustimmung auch die Kosten einer **Mediation**. 114

Die **negative Feststellungsklage** (Klage auf Feststellung des Nichtbestehens einer Schadenersatzpflicht) kommt in Betracht, wenn der Anwalt bezichtigt wird, einen Schaden verschuldet zu haben, der vermeintlich Geschädigte aber mit der Klageerhebung zögert. Sinnvoll ist sie in der Regel nur, wenn von den Behauptungen des vermeintlich Geschädigten eine massive Rufschä- 115 digung oÄ ausgeht. Ansonsten ist schon wegen der Verjährung Abwarten regelmäßig die bessere Alternative.

116 Eine **Nebenintervention** (§ 66 ZPO) ist im Regelfall nicht sinnvoll, teilweise wird sie sogar als „Kunstfehler" betrachtet, da sie kaum handfeste Vorteile bietet. Deshalb wird von ihr zu Recht in der Praxis auch kaum Gebrauch gemacht. In Betracht kommt sie allenfalls dann, wenn der Geschädigte in erster Linie einen anderen für den Schaden verantwortlich macht (zB Notar oder Wirtschaftsprüfer) und der zunächst noch nicht in Anspruch genommene Anwalt sicherstellen will, dass dem zunächst Verklagten auch die Schuld zugewiesen wird. In solchen Fällen erfolgt allerdings meist ohnehin eine Streitverkündung an den Anwalt. Die Wahrnehmung der Interessen des Anwalts im Fall einer Streitverkündung ihm gegenüber ist, wie sich aus § 5 II 1.4 ergibt (s. dort), stets vom Versicherungsschutz gedeckt, und zwar unabhängig von einer Zustimmung des VR.

6. Auslandsbezug (II 6)

117 a) **Auslandsprozess.** § 3 II 6.1 überträgt die für den Inlandsprozess geltende Begrenzung der Rechtsverteidigungskosten entsprechend der Versicherungssumme in 5.2 auf den Fall, dass der Anwalt vor einem **ausländischen** Gericht in Anspruch genommen wird. Nach § 3 II 6.1 ersetzt der VR allerdings **höchstens** diejenigen **fiktiven Kosten,** die er bei einem **Rechtsstreit vor deutschen Gerichten** zu ersetzen gehabt hätte. Umgekehrt gilt das Gleiche nicht. Fallen vor dem ausländischen Gericht **niedrigere** Gebühren an als sie in Deutschland angefallen wären, übernimmt der VR nur die tatsächlichen Kosten, er muss also nicht dem VN die Differenz zahlen. Verwirrend ist, dass 6.1 von „Kosten" spricht, 5.2 dagegen von „Gebühren und Pauschsätzen". Gemeint ist wohl das Gleiche, in beiden Fällen gilt die Ersatzpflicht sowohl für Gerichtskosten als auch für die Kosten des eigenen und des fremden Anwalts.

118 Die Regelung in II 6.1 kann für den Anwalt **sehr nachteilig** sein, weil kaum eine ausländische Prozessordnung zu so geringen Kosten und Gebühren führt wie die deutsche. Das liegt daran, dass im deutschen Recht die meisten Prozesse ohne aufwändige Beweisaufnahme nach Beweislastgrundsätzen entschieden werden. Sieht dagegen die Prozessordnung wie zB in den angelsächsischen Ländern eine aufwändige Discovery vor, steigen die Kosten schnell. Wegen der enormen Diskrepanz zwischen den vom VR nach deutschen Grundsätzen zu übernehmenden Kosten und den tatsächlich anfallenden Kosten kann der Fall eintreten, dass der **größte Teil des Gesamtschadens beim Anwalt** selbst verbleibt. Deshalb sieht II 6.1 auch vor, dass im Einzelfall eine weitergehende Kostenübernahme des VR vereinbart werden kann. Auch muss der VR bei der Entscheidung, ob er anerkennt oder einen Prozess führen will, hier ganz besonders auf die Interessen des VN Rücksicht nehmen (→ Rn. 43).

119 Zu einer weiteren Verringerung kommt es, wenn der **Schaden die Versicherungssumme übersteigt,** dann wird **zusätzlich** nach § 3 II 5.2 gequotelt (→ Rn. 109). Fallen vor dem ausländischen Gericht niedrigere Gebühren an als in Deutschland, übernimmt der VR nur die seiner Quote entsprechenden Gebühren, die Quote verschiebt sich also nicht zugunsten des VN.

Beginn und Umfang §3

b) Außereuropäische Gerichte/außereuropäisches Recht. Eine gravierende Einschränkung erfährt II 6.1 durch die Regelung in 6.2: Bei der Inanspruchnahme vor außereuropäischen (nicht: ausländischen!) Gerichten oder wegen Beratung/Beschäftigung im außereuropäischen (nicht: ausländischen!) Recht werden die **Verfahrenskosten auf die Versicherungssumme angerechnet.** Noch weitergehend werden auf die Versicherungssumme sogar auch noch eventuelle Aufwendungen zur Abwendung oder Minderung des Schadens bei oder nach Eintritt des Versicherungsfalls, Schadenregulierungskosten und Reisekosten des VN angerechnet. Zur Abgrenzung zwischen außereuropäischen und europäischen Gerichten bzw. außereuropäischem und europäischem Recht → B Rn. 27 ff. 120

c) Zulässigkeit. Die Begrenzung der vom VR zu übernehmenden Kosten nach II 6 ist **unbedenklich,** da § 101 VVG gem. § 112 VVG **dispositiv** ist (MAH VersR/*Sassenbach/Riechert,* § 18 Rn. 29). 121

7. Sicherheitsleistung (II 7)

Gemäß II 7 hat sich der VR auch an einer **Sicherheitsleistung** oder **Hinterlegung** zum Zweck der Abwendung der Zwangsvollstreckung zu beteiligen. Die Regelung ist Ausdruck des Grundsatzes, dass der VR den VN nicht nur vor negativem Prozessausgang zu schützen hat, sondern auch vor jeder Art der Zwangsvollstreckung. 122

Die Regelung entspricht dem Grundgedanken des § 101 Abs. 3 VVG. Hauptfall ist die Sicherheitsleistung zur **Abwendung einer Zwangsvollstreckung** aus einem vorläufig vollstreckbaren erstinstanzlichen Urteil nach §§ 704 ff. ZPO. Zahlt der VR zur Abwendung der Zwangsvollstreckung, wird aber das vorläufig vollstreckbare Urteil später aufgehoben, so steht der **Zinsschaden** dem VR zu, nicht dem VN (BGH VersR 1984, 943). Verletzt der VR die Pflicht zur Sicherheitsleistung und wird deshalb vorläufig vollstreckt, ist der VR gegenüber dem VN zum **Schadenersatz** verpflichtet (Prölss/Martin/*Lücke,* § 101 Rn. 32). Der VR hat das Wahlrecht, ob er Sicherheit leisten oder hinterlegen will (§ 262 BGB; dazu OLG Hamm NJW-RR 1987, 1109). 123

Durch den letzten Halbsatz von II 7 wird klargestellt, dass der VR sich an Sicherheitsleistung oder Hinterlegung **nur bis zur Höhe der Versicherungssumme** beteiligen muss. Bei übersteigenden Beträgen muss also der VN die Sicherheit bzw. Hinterlegung für den übersteigenden, nicht gedeckten Teil des Anspruchs selbst bringen oder, falls er dies nicht kann oder will, die vorläufige Vollstreckung dulden. Wird das vorläufig vollstreckbare Urteil bestätigt und damit rechtskräftig, ist die vom VR erbrachte Sicherheitsleistung selbstverständlich auf die Versicherungssumme anzurechnen, tritt also nicht hinzu. Des Weiteren ergibt sich aus dem Wortlaut von II 7 („in demselben Umfang wie an der Ersatzleistung"), dass der VR den **Selbstbehalt** (II 4) von der Sicherheitsleistung abziehen kann (→ Rn. 101; aA Gräfe/Brügge/Melchers/*Gräfe,* Rn. D 367). 124

§ 3 II 7 weicht insoweit von § 101 Abs. 3 VVG ab, als nach der gesetzlichen Regelung der VR Sicherheitsleistung nicht nur in Höhe der Versicherungssumme zu erbringen hat, sondern – wenn er zusätzlich auch noch die **Kosten** 125 des Rechtsstreits sowie **Zinsen** zu tragen hat – auch **für diese Positionen zusätzlich.** Dem gegenüber beschränkt der eindeutige Wortlaut von II 7 die vom VR zu stellende Sicherheitsleistung ausdrücklich auf die Versicherungssumme. Das ist zulässig, da § 101 Abs. 3 VVG gem. § 112 VVG **dispositiv** ist.

126 Als Sicherheitsleistung reicht nach richtiger Auffassung eine **Bürgschaft des VR** selbst aus. Der VR muss also **keine Bankbürgschaft** beibringen (dazu und zur teilweise abweichenden Instanzrechtsprechung ausführlich *Grams* AnwBl. 2002, 356), wodurch er die banküblich Avalprovision spart.

X. Ende der Leistungspflicht des VR wegen Befriedigung oder Verhaltens des VN – „Widerspruchsrecht" (II 8)

127 § 3 II 8 regelt zwei verschiedene Fälle. Unproblematisch ist das **Ende der Kostentragungspflicht** des VR in dem Moment, in dem er seinen vertragsgemäßen Anteil zur Befriedigung des Geschädigten zur Verfügung stellt, also die ganze oder (bei übersteigender Versicherungssumme) anteilige **Leistung** entweder **bewirkt** (Auszahlung an den Rechtsanwalt) oder sich zur Auszahlung **bedingungslos bereit erklärt.** Verteidigt sich der Anwalt gleichwohl weiter gegen den Schaden, hat er ab der Zurverfügungstellung der Versicherungssumme **alle entstehenden Kosten selbst zu tragen.** Das gilt allerdings nur für „Mehraufwand", also nicht für Kosten, die auch bei sofortiger Beendigung des Prozesses noch angefallen wären. Verständlich ist dabei die Pflicht des VN zur Tragung des Aufwands an **Zinsen** und **Kosten.** Unklar ist dagegen der Sinn der Erstreckung dieser Regelung auf Mehraufwand hinsichtlich der **„Hauptsache".** Welcher Mehraufwand sollte durch die Weiterführung des Prozesses hinsichtlich der Hauptsache entstehen?

128 Der zweite Fall von § 3 II 8 betrifft das **Scheitern** der vom VR verlangten **Erledigung** des Haftpflichtanspruchs (durch Anerkenntnis, Befriedigung oder Vergleich) **am Verhalten des VN.** Der VN trägt dann ab diesem Moment den entstehenden **Mehraufwand.** Im Zusammenhang mit § 3 II 8 ist häufig von einem **„Widerspruchsrecht"** oder **„Widerstandsrecht"** des VN die Rede. Tatsächlich gibt es ein solches Recht nicht (*Riechert*, § 3 Rn. 123). Der VR hat nach den Bedingungen das umfassende Recht zur Schadensregulierung und -abwicklung nach eigenem Gutdünken, bestehend aus **Vollmacht im Außenverhältnis** (§ 3 II 1.3) und **Weisungsrecht** gegenüber dem VN im **Innenverhältnis** (§ 5 II 2.1) („Prozessmundschaft"). Diese Rechte kann der VN dem VR nicht einseitig entziehen oder sie durch einen irgendwie gearteten Widerspruch blockieren (→ Rn. 60). § 3 II 8 betrifft deshalb vor allem die Fälle, in denen der VN gegen eine geplante Schadensregulierung opponiert und der VR daraufhin **davon absieht,** sein Weisungsrecht durchzusetzen bzw. von seiner Regulierungsvollmacht Gebrauch zu machen. Erfasst sind aber auch Fälle, in denen der VN unter Missachtung der Weisungen des VR die von diesem angestrebte Regulierung **untergräbt,** zB durch absprachewidrigen Widerruf eines Vergleichs, durch Einwirken auf die Gegenseite oder ähnliches (aA Gräfe/Brügge/Melchers/*Gräfe,* Rn. D 29 ff., wonach der VN ein echtes Widerspruchsrecht habe, welches wie der Entzug der Vollmacht nach § 3 II 1.3 wirke). Im Übrigen hat der VR ja auch regelmäßig

Beginn und Umfang § 3

keine Möglichkeit, seine Weisungen gegenüber dem VN gerichtlich durchzusetzen. Bis er einen rechtskräftigen Titel gegen den VN hätte, wonach dieser den Weisungen nachzukommen hat, wäre der Haftungsprozess gegen den Geschädigten längst beendet (zu weiteren Einzelheiten betreffend das Weisungsrecht → § 5 Rn. 50 ff.).

XI. Klage des VN gegen den VR auf Leistung bzw. Deckung

Hält der VN die Ablehnung der Deckung durch den VR für unbegründet, **129** muss er gegen den VR klagen. Zuständig ist nicht nur das Gericht am **Sitz des VR,** sondern auch das Gericht am **Sitz der Kanzlei** (→ § 10 Rn. 4). Die Klage ist zu richten auf **Feststellung,** dass der VR wegen der genau zu bezeichnenden Haftpflichtforderung **Deckungsschutz zu gewähren hat** (BGHZ 88, 228; OLG Düsseldorf NJW-RR 1996, 1245). Hinsichtlich des Sachverhalts ist der vom **Geschädigten** (nicht vom VN!) vorgetragene Sachverhalt zugrunde zu legen (BGH VersR 2001, 90; Gräfe/Brügge/Melchers/Brügge, Rn. A 185). Das Feststellungsinteresse iSv § 256 ZPO entsteht bereits in dem Moment, in dem der Geschädigte die Ansprüche **ernsthaft erhebt;** dass er sie bereits gerichtlich geltend gemacht hat, ist nicht erforderlich (BGH VersR 1963, 770). Zunächst nicht möglich ist dagegen eine Klage gegen den VR auf **Freistellung** von der Haftpflichtverbindlichkeit. Diese Klage kann erst erhoben werden, wenn das Bestehen des Haftpflichtanspruchs zwischen dem Geschädigten und dem VN **rechtskräftig** festgestellt worden ist (BGHZ 79, 76 (78)). Denn sonst würde der VR durch die Titulierung sein Wahlrecht zwischen Eintritt und Abwehr (→ Rn. 43) verlieren (BGHZ 79, 76 (78)). Klagt der Anwalt bereits vor der gerichtlichen Feststellung des Haftpflichtanspruchs auf Freistellung gegen den VR, muss das Gericht im Wege des § 139 ZPO auf eine Antragsumstellung dahingehend hinwirken, dass nur Freistellung von vom VR anerkannten oder rechtskräftig festgestellten Ansprüchen begehrt wird (BGHZ 79, 76 (78)).

XII. Aufrechterhaltung der Versicherung gegenüber dem Geschädigten bei Leistungsfreiheit im Innenverhältnis

1. Überblick

Der **Gedanke der Pflichtversicherung** und des damit bewirkten Schut- **130** zes des Geschädigten **kollidiert** mit den zahlreichen Vorschriften des VVG und der AVB, wonach der **VR** bei Fehlverhalten des VN **leistungsfrei wird,** insbesondere bei Obliegenheitsverletzungen, Prämienverzug etc. Hier hilft dem Geschädigten § 117 VVG. Danach bleibt der VR gegenüber dem Geschädigten zur Leistung verpflichtet, obwohl er im konkreten Fall wegen Verstoßes gegen Anzeige- oder Mitwirkungsobliegenheiten leistungsfrei wäre (§ 117 Abs. 1 VVG) oder der Versicherungsvertrag nicht zustande gekommen oder beendet ist (§ 117 Abs. 2 VVG).

Dogmatisch ist die Konstruktion von § 117 VG seltsam. Die Norm spricht **131** davon, dass der VR die Leistungsfreiheit bzw. das Nicht-Bestehen des Versicherungsvertrages „dem Anspruch des Dritten" nicht entgegenhalten kann. Der geschädigte Dritte hat jedoch auch nach der Reform des VVG im Jahr 2008 keinen **Direktanspruch** gegen den VR (→ Einl. Rn. 55); vielmehr ist die Vermögensschaden-Haftpflichtversicherung so konzipiert, dass lediglich der VN einen Anspruch gegen den VR auf Freistellung hat. Deshalb ändert § 117 VVG nichts daran, dass der Geschädigte nur den Weg gehen kann, einen Haftungsprozess gegen den VN anzustrengen. Einen Direktanspruch hat er nur in den beiden Fällen des § 115 VVG, nämlich wenn der **Aufenthalt des VN unbekannt** ist (§ 115 Abs. 1 Nr. 3 VVG) oder über dessen Vermögen ein **Insolvenzverfahren** eröffnet oder der Eröffnungsantrag mangels Masse abgewiesen worden ist oder ein vorläufiger Insolvenzverwalter bestellt worden ist (§ 115 Abs. 1 Nr. 2 VVG), auf den **Tod des VN** ist das nicht entsprechend anwendbar (OLG Frankfurt VersR 2018, 810). Der Hauptfall eines Direktanspruchs ist allerdings, dass der Geschädigte den Haftungsprozess gegen den Anwalt gewinnt und dann dessen **Befreiungsanspruch** aus der Vermögensschaden-Haftpflichtversicherung gegen den VR **pfändet** und sich zur Einziehung überweisen lässt. Dann wandelt sich der Befreiungsanspruch in einen unmittelbaren Zahlungsanspruch gegen den VR um. In diesem Moment passt dann auch die Dogmatik des § 117 VVG wieder: Der VR kann nicht einwenden, dass es den Befreiungsanspruch/Zahlungsanspruch nicht gebe, weil er im Innenverhältnis zum VN leistungsfrei (§ 117 Abs. 1 VVG) oder der Versicherungsvertrag nicht zustande gekommen oder beendet sei (§ 117 Abs. 2 VVG).

132 Einen **Anspruchsübergang,** wenn der VR den Dritten trotz Leistungsfreiheit im Innenverhältnis befriedigt, sieht das VVG 2008 nicht mehr ausdrücklich vor. Ein Regressanspruch des VR ergibt sich aber schon aus Bereicherungsrecht (§ 812 BGB), da der VN auf Grund der Zahlung des VR, zu der dieser im Innenverhältnis nicht verpflichtet war, Befreiung von einer Verbindlichkeit (Schadensersatzpflicht) erlangt hat (vgl. schon BGHZ 7, 244 (247); *Mennemeyer,* Kap. 11 Rn. 272). Zum gleichen Ergebnis kommt man, wenn man hier § 115 Abs. 1 S. 4 VVG iVm § 116 Abs. 1 S. 2 VVG entsprechend anwendet, wonach in solchen Fällen VR und VN dem Geschädigten gegenüber als Gesamtschuldner haften, im Innenverhältnis jedoch der VN allein verpflichtet ist und deshalb dem VR die Erstattung der an den Geschädigten gezahlten Leistungen nach § 426 Abs. 2 BGB schuldet.

2. Fälle der bestehen bleibenden Eintrittspflicht

133 a) **Leistungsfreiheit im Innenverhältnis.** Leistungsfreiheit im Innenverhältnis, bei der gleichwohl iSv § 117 Abs. 1 VVG die Eintrittspflicht gegenüber dem Geschädigten bestehen bleibt, tritt insbesondere ein
– bei einer **Obliegenheitsverletzung** nach § 6,
– bei **nicht rechtzeitiger Zahlung der Erstprämie** nach § 8 I 3,
– bei **nicht rechtzeitiger Zahlung von Folgeprämien** nach § 8 II 3.

134 Selbstverständlich haftet der VR im Rahmen von § 117 VVG **nicht weiter,** als er **im ungestörten Versicherungsverhältnis** haften würde. Fällt ein Anspruch deshalb nicht unter die **Risikobeschreibungen** bzw. unter **Risikoausschlüsse,** bleibt der VR leistungsfrei. Dies verdeutlicht § 117 Abs. 3 VVG durch die Formulierung **„im Rahmen ... der von ihm übernommenen**

Beginn und Umfang §3

Gefahr". Für die Leistungsfreiheit bzw. Leistungspflicht kommt es also vor allem auf die Abgrenzung zwischen Risikobeschreibungen/Risikobegrenzungen und Obliegenheiten an. Der Wegfall der Deckung ist sicherlich sachgerecht bei **objektiven Ausschlüssen** wie zB Auslandssachverhalten oder Tätigkeit als Geschäftsführer, Vorstand etc (s. A 2.1 BBR-RA bzw. § 4.4). **Fraglich** ist jedoch die Leistungsfreiheit wegen **wissentlicher Pflichtverletzung** (§ 4.5), da sich dieser Ausschluss ausschließlich in der Sphäre des VN abspielt und der Geschädigte unmöglich das Risiko erkennen kann (für Leistungsfreiheit aber BGH NJW 2011, 610 (612); OLG Hamm VersR 1988, 1122 mAnm *Späth*). Geht man mit der ganz herrschenden Meinung hier von Leistungsfreiheit aus, dann ist es ein – leider häufig anzutreffender – **Kunstfehler**, wenn der **Geschädigte** (oder sein neuer Anwalt) im Haftungsprozess gegen den schädigenden Anwalt im Eifer des Gefechtes oder aus Zorn über die Fehlleistung **vorträgt**, die **Fehlleistung sei vorsätzlich/wissentlich erfolgt**. Dieser Vortrag ist unnötig, da der Anwalt regelmäßig schon bei Fahrlässigkeit haftet. Mit der Behauptung, es habe Vorsatz/Wissentlichkeit vorgelegen, bewirkt der Geschädigte nur, dass er sich selbst die Versicherungsdeckung wegschießt. Kann der Anwalt am Ende nicht zahlen und wird insolvent, bleibt der Geschädigte auf seinem Schaden sitzen. Hätte er dagegen lediglich fahrlässige Pflichtverletzung vorgetragen, hätte er über § 117 VVG auf den VR durchgreifen können (*Terbille* MDR 1999, 1426 (1427)).

b) Nichtbestehen und Wegfall des Versicherungsvertrags. Nach § 117 **135** Abs. 2 VVG wird die Leistungspflicht des VR auch fingiert, wenn der **Vertrag nie wirksam zustande gekommen** ist. Das setzt voraus, dass zunächst in greifbarer Form der **Anschein eines wirksamen Vertrages** bestanden hat, sich aber später herausstellt, dass der Vertrag in Wahrheit nicht zustande gekommen ist. Das kann der Fall sein bei **fehlender Geschäftsfähigkeit** des Anwalts, vor allem aber bei **Anfechtung** des Vertrages sowie bei **Rücktritt** des VR nach § 8 I 2 (s. dort) wegen Nicht-Zahlung der Erstprämie (hier kann § 117 Abs. 1 mit Abs. 2 VVG zusammentreffen).

Die **Beendigung** des Versicherungsverhältnisses iSv § 117 Abs. 2 VVG be- **136** trifft insbesondere das Vertragsende durch **Zeitablauf**, durch **Kündigung** (auch **außerordentliche Kündigung im Schadensfall** nach § 9 II, s. dort) sowie durch **Wegfall der Zulassung** oder **Tod** (§ 9 IV, s. dort). Allerdings ist in den Fällen des § 117 Abs. 2 VVG der VR dadurch geschützt, dass er **einen Monat nach Anzeige** des Wegfalls der Versicherung bei der zuständigen Stelle (Anwaltskammer) gegenüber dem Dritten **leistungsfrei** wird, wobei der Lauf der Monatsfrist nicht vor Beendigung des Versicherungsverhältnisses beginnt (§ 117 Abs. 2 S. 3 VVG). Des Weiteren ist der Versicherer dem Dritten gegenüber nicht mehr leistungspflichtig, wenn der Anwaltskammer bereits vor dem Verstoß die Bestätigung des Abschlusses einer Anschlussversicherung zugegangen ist, dann ist diese eintrittspflichtig (§ 117 Abs. 2 S. 4 VVG).

3. Umfang der Leistungspflicht

Das Fortbestehen der Leistungspflicht des VR gegenüber dem Geschädig- **137** ten nach § 117 Abs. 1 und 2 VVG ist allerdings gem. § 117 Abs. 3 VVG beschränkt auf die **gesetzliche Mindestversicherungssumme,** bei Anwälten

§ 3 A. Der Versicherungsschutz

also auf 250.000 EUR (§ 51 BRAO), bei Sozietäten je nach Größe und Rechtsform 500.000 EUR, 1 Mio. EUR oder 2,5 Mio. EUR (§ 59o BRAO). Hatte der Anwalt freiwillig eine höhere Versicherung abgeschlossen, erhält also der Geschädigte gleichwohl nur die 250.000 EUR, auch wenn der Schaden diesen Betrag übersteigt. Allerdings **gilt** § 117 Abs. 3 VVG **nicht,** wenn sich – insbesondere bei Obliegenheitsverletzungen nach § 6 – der Deckungsanspruch **nur vermindert,** er aber nicht gänzlich wegfällt. In diesem Fall bleibt der VR – egal ob gegenüber dem VN oder nach Pfändung bzw. Insolvenz gegenüber dem Geschädigten – stets in Höhe der geminderten Versicherungssumme eintrittspflichtig, auch wenn diese noch über der Mindestversicherungssumme liegt. Ansonsten würde sich § 117 Abs. 3 VVG gegen den Geschädigten wenden, was nicht Sinn der Vorschrift ist (BGH VersR 1983, 688). Der **Selbstbehalt** (→ Rn. 92 ff.) kann dem Geschädigten grds. **nicht** entgegengehalten werden (§ 114 Abs. 2 S. 1 VVG).

138 § 113 Abs. 3 VVG stellt klar, dass die Aufrechterhaltung der Leistungspflicht nach § 117 VVG auch insoweit gilt, als gem. den Versicherungsbedingungen die **Versicherungsdeckung sachlich weiter** geht als von dem Gesetz gefordert, welches die Pflichtversicherung anordnet. Soweit deshalb die AVB-RS weiteren Versicherungsschutz gewähren als nach § 51 BRAO notwendig wäre (zB für die Abdeckung der Tätigkeit als Insolvenzverwalter, wohl auch *Riechert,* § 3 Rn. 135), gilt ebenfalls die Aufrechterhaltung des Deckungsschutzes nach § 117 Abs. 1 und 2 VVG; § 113 VVG ist insoweit lex specialis zu § 117 Abs. 3 VVG (Gräfe/Brügge/Melchers/*Brügge,* Rn. A 473), der an sich die Aufrechterhaltung der Leistungspflicht nach § 117 Abs. 1 und 2 VVG auf die gesetzliche Mindestdeckung beschränkt.

139 Dass § 113 VVG lex specialis zu § 117 Abs. 3 VVG ist, bedeutet jedoch nur, dass über die Pflichtversicherung hinausgehende zusätzliche Deckungen (wie zB als Insolvenzverwalter) überhaupt zu einem „Gleichwohl-Anspruch" nach § 117 Abs. 1 und 2 VVG führen können. Auch Ansprüche nach § 113 VVG sind jedoch summenmäßig gem. § 117 Abs. 3 VVG auf die **Mindestversicherungssumme** begrenzt. Es wäre widersinnig, wenn Geschädigte mit Ansprüchen, die außerhalb des gesetzlich vorgesehenen Deckungsbereichs der Versicherung liegen, bessergestellt würden als solche Geschädigte, denen der Schutz der Pflichtversicherungsvorschriften primär dient (zur Bedeutung der **unklaren Regelung** in **A 4 S. 2 BBR-RA** s. dort).

140 Nach § 117 Abs. 3 S. 2 VVG kommt das Weiterbestehen der Leistungspflicht nach § 117 Abs. 1 und 2 VVG nicht in Betracht, soweit der Geschädigte seinen Anspruch **von einem anderen Versicherer ersetzt** bekommt. Das gilt insbesondere, wenn bei Nicht-Bestehen oder Erlöschen der Versicherung mittlerweile eine neue Versicherung abgeschlossen wurde, wobei aber natürlich die Eintrittspflicht einer solchen neuen Versicherung davon abhängig ist, dass entweder der Verstoß erst nach Versicherungsbeginn eingetreten ist oder die Voraussetzungen einer Rückwärtsdeckung vorliegen (im Einzelnen → § 2 Rn. 22 ff.).

141 Die Leistungsfreiheit im Innenverhältnis zum VN bedeutet **nicht,** dass der **VR** die **Regulierungsrechte** aus § 3 I 1.3 und § 5 II 2.1 (s. dort) **verliert.** Der VR muss also nicht tatenlos zusehen, wie der Geschädigte einen Haftungsprozess gegen den VN anstrengt, sondern kann bereits vorher in die

Beginn und Umfang **§ 3**

Schadensregulierung eintreten und begründete Ansprüche des Geschädigten befriedigen (BGH VersR 1987, 924; Langheid/Rixecker/*Langheid,* § 117 Rn. 44).

XIII. Sachschäden, Datenschäden, sonstige Schäden (III)

1. Überblick

Nach § 1 I 3 erstreckt sich die Vermögensschaden-Haftpflichtversicherung **142** des Anwalts nur auf Vermögensschäden, also grundsätzlich nicht auf Sachschäden (→ § 1 Rn. 105 ff.). § 3 III 1 regelt einige Sonderfälle von Sachschäden, die **entgegen § 1 I 3 doch versichert** sind. § 3 III 2 enthält dann – völlig systemwidrig – einen Ausschluss betreffend den fehlerhaften Abschluss/Nichtabschluss von Versicherungsverträgen; dieser Ausschluss hätte in § 4 gehört und dürfte, weil in § 3 unter irreführender Überschrift „versteckt", AGB-widrig sein. § 3 III 3 und 4 erweitern dann den Deckungsumfang um einzelne Schadensarten oder Schadensursachen, diese Erweiterungen sind freilich weitgehend deklaratorisch.

2. Sachschäden (III 1)

Der **Aufbau** von § 3 III 1 ist **verwirrend.** Zunächst zählt Satz 1 einzelne **143** Sachschäden auf, die entgegen § 1 I 3 mitversichert sind. Satz 2 regelt dann einzelne Sachschäden, die auf jeden Fall nicht mitversichert sind, auch wenn sie ggf. unter Satz 1 fallen. Schließlich enthält der Klammerzusatz in Satz 2 wieder eine Unterausnahme zu Satz 2. Die Verwirrung komplettiert A 4.3 BBR-RA (auf den in III 1 unerklärlicherweise nicht verwiesen wird), der bestimmte Fehler im Umgang mit Anderkonten in die Versicherung einbezieht (→ A 4.3 Rn. 1 ff.). Zu beachten ist, dass die in III 1 genannten Sachschäden ausdrücklich **nur subsidiär** in den Versicherungsschutz einbezogen sind, dh nur insoweit als sie nicht schon durch andere Versicherungen (zB eine Bürohaftpflicht) abgedeckt sind.

§ 3 III 1 erweitert den Versicherungsschutz auf Sachschäden an Akten und **144** sonstige bewegliche Sachen, die bei der Ausübung der versicherten Tätigkeit „für die Sachbehandlung in Betracht kommen". Das Wort **„Sachbehandlung"** bezieht sich nicht auf die versicherte Sache, sondern auf das betreffende Mandat. Mitversichert sind also Akten, Schriftstücke etc, die der Anwalt **für die anstehende Mandatsbearbeitung braucht** (*Kaufmann,* S. 122) oder **im Zuge der Mandatsbearbeitung erhält.** Wichtigster Anwendungsfall dürften Akten, Schriftstücke etc sein, die der Mandant dem Anwalt zum Zwecke der Mandatsbearbeitung übergibt, damit der Anwalt daraus den **Sachverhalt ermitteln** kann oder sie als **Beweismittel** (Augenscheinobjekt, Urkundsbeweis) nutzt (zB ein handschriftliches Testament). Die versicherten Sachen können aber auch erst während des Mandats entstanden oder von Dritten dem Anwalt übergeben worden sein. So greift III 1 zB auch für **Titelurkunden,** aus denen vollstreckt werden kann, oder für Dokumente, die der **Gegner dem Anwalt übergibt,** sei es im Zuge der Erfüllung von Herausgabeansprüchen, sei es aus anderem Grund. Hierhin gehören auch schriftliche Willenserklärungen (Vertragsangebote, Kündigungen etc), die ein Dritter dem Anwalt auf Grund von dessen **Empfangsvollmacht** zustellen lässt. Da III 1 die Zuordnung zu einem bestimmten Mandat erfordert, erstreckt sich der Versicherungsschutz nicht auf Büroausstattung (Kopierer, Laptops etc).

145 § 3 III 1 setzt **nicht** voraus, dass die Akten bzw. Schriftstücke fremd sind, also dem **Geschädigten gehören.** Dies gilt schon deshalb, weil (entgegen dem unklaren Wortlaut) nach III 1 nicht nur der **unmittelbare Sachschaden** (Wertersatz) versichert ist, der oft keine nennenswerten Beträge erreichen oder gar „Null" sein wird, sondern – viel wichtiger – entgegen § 1 I 3 (→ § 1 Rn. 105 ff.) auch ein sich aus dem Sachschaden entwickelnder **weiterer Vermögensschaden.** Geht dem Anwalt zB ein Original-Vollstreckungstitel verloren und kann deshalb eine Forderung nicht mehr vollstreckt werden, tritt der VR für die dem Mandanten daraufhin entgehenden Beträge ein. Das gleiche gilt, wenn der Anwalt Akten/Schriftstücke verliert, die als **Beweismittel** hätten genutzt werden sollen, und daraufhin ein Prozess verloren geht, oder wenn dem Anwalt Unterlagen abhandenkommen, aus denen sich der **Sachverhalt** ergibt, sodass die Substantiierung einer Klage nicht mehr möglich ist.

146 Von besonderer Bedeutung ist die Mitversicherung von Sachen im Rahmen der mitversicherten **amtsähnlichen persönlichen Tätigkeiten** des Anwalts nach B 1.1 BBR-RA. Insbesondere bei der **Insolvenzverwaltung** und der **Testamentsvollstreckung** kann die Verwaltung von Sachen (bis hin zu ganzen Unternehmen) Teil des Amtes sein. Dafür kann dann über III 1 Versicherungsdeckung bestehen, sofern nicht eine andere Versicherung (zB speziell als Insolvenzverwalter) besteht und bedingungsgemäß vorrangig ist.

147 § 3 III 1 S. 2 enthält eine Unterausnahme zu Satz 1. Auch wenn die Voraussetzungen von Satz 1 greifen, sind gleichwohl auf keinen Fall versichert Sachschäden wegen des **Abhandenkommens von Geld, Wertpapieren, Wertsachen** oder **Schlüsseln.** Diese Einschränkung ist sachgerecht, da sonst die Manipulations- und Kollusionsgefahr zu groß wäre (*Kaufmann*, S. 122) und dem Versicherer kein vernünftiger Gegenbeweis möglich wäre.

148 Mit „**Geld**" sind Scheine und Münzen jeglicher Währung gemeint. **Nicht** erfasst ist dagegen das „Abhandenkommen" von **Buchgeld.** Buchgeld (Giralgeld) ist keine Sache, sondern eine Forderung, und der Verlust einer Forderung ist ein nach § 1 I 3 versicherter Vermögensschaden (OLG Hamm r+s 1996, 16). Die Regelung, dass für abhanden gekommenes **Geld** keine Versicherungsdeckung besteht, wird teilweise durch A 4.3 der BBR-RA überspielt, wonach für bestimmte Fehler im Umgang mit **Anderkonten** Versicherungsschutz besteht (→ A 4.3 BBR-RA Rn. 1 ff.). „**Wertsachen**" sind nach allgemeinem Sprachverständnis Sachen, die im Verhältnis zu ihrem Wert sehr klein sind (zB Edelsteine, Schmuck, wertvolle Sammlermünzen, teure Uhren etc). „**Wertpapiere**" sind vor allem solche, an deren Inhaberschaft die widerlegbare Vermutung der materiellen Berechtigung geknüpft ist, zB Inhaberschuldverschreibungen, Aktien etc. **Schlüssel** sind nicht nur solche zu Gebäuden/Wohnungen, sondern auch zu Pkw, Safes, Schließfächern etc.

149 § 3 III 1 S. 2 regelt, dass das Abhandenkommen von **Wechseln** versichert ist. Angesichts dieser ausdrücklichen Regelung ist egal, ob man den Verlust eines Wechsels als Sach- oder Vermögensschaden einordnet.

Beginn und Umfang **§ 3**

3. Schäden im Zusammenhang mit Versicherungsverträgen (III 2)

Diese Deckungserweiterung war in den AVB-RSW noch nicht enthalten. **150**
Man denkt hier sofort an die **Ausfallhaftung** des § 59n Abs. 3 BRAO: Unterhält eine Sozietät nicht die gesetzlich vorgeschriebene (§ 59o Abs. 1–4 BRAO) Versicherungsdeckung, haften die Gesellschafter und die Geschäftsleiter persönlich in Höhe des fehlenden Versicherungsschutzes. Das gilt auch und gerade in haftungsbeschränkten Sozietäten (insbesondere GmbH, AG, PartmbB). Allerdings kann es zu der Ausfallhaftung nach § 59n Abs. 3 BRAO ja nur kommen, wenn die Versicherungssumme erschöpft ist, und dann wäre ohnehin keine Deckungsstrecke mehr für die darüber hinausgehende Durchgriffshaftung vorhanden.

Unzureichender Versicherungsschutz kann auch zu **Innenansprüchen** innerhalb der Sozietät führen. So haften regelmäßig die geschäftsführenden Organe gegenüber der Sozietät für Sorgfaltspflichtverletzungen (zB § 93 AktG, § 43 GmbHG). Versäumen es die geschäftsführenden Partner, für adäquaten Versicherungsschutz zu sorgen, kann dies also Ansprüche der Sozietät gegen diese Partner begründen. Auch hierfür spielt der Ausschluss nach III 2 aber keine Rolle, da solche In-Sich-Ansprüche auch schon nach § 7 I 3 (s. dort) ausgeschlossen sind. **151**

Allerdings ist ein wichtiger Anwendungsbereich der Klausel die Führung **152** von Unternehmen oder die Verwaltung von Immobilien, was bei einigen der über B 1.1 BBR-RA mitversicherten persönlichen Ämter zur Aufgabe gehören kann, insbesondere bei der **Testamentsvollstreckung** und der **Insolvenzverwaltung**. Hier kann es zu den Amtspflichten gehören, für ausreichenden Versicherungsschutz zu sorgen. Der Ausschluss bewirkt dann, dass die Vermögensschadenhaftpflichtversicherung nicht zur „Super-Police" wird und sich der VN die Prämie für alle anderen Versicherungen spart. Ansonsten ist kein wirklicher Anwendungsbereich für III 2 erkennbar. Vermutlich wurde die – in anderen Versicherungszweigen übliche – Klausel einfach vorsorglich in die AVB-RS übernommen.

4. Datenschäden (III 3)

Die Klausel bezieht sich auf Datenschäden, die der VN in Zusammenhang **153** mit der Ausübung der versicherten beruflichen Tätigkeit verursacht. Die Adjektive „versichert" und „beruflich" sind tautologisch, da der Vertrag ja gerade und ausschließlich die berufliche Tätigkeit versichert. Vermögensschäden, die im Zusammenhang mit dem Verlust, der Veränderung oder der Nichtverfügbarkeit von Daten stehen, würden ohnehin in den Geltungsbereich der Versicherung nach § 1 I 1 fallen. Die Bedeutung der Klausel liegt deshalb darin, dass auch **datenbezogene Sachschäden** versichert sein sollen. Allerdings ist unklar, wie aus dem Verlust oder der Veränderung von Daten Sachschäden entstehen könnten, zu denken ist hier wohl am Ehesten an das vollständige Unbrauchbarwerden von Servern aufgrund eingeschleppter Viren oä. Ansonsten wird der Verlust, die Veränderung oder die Nichtverfügbarkeit von Daten regelmäßig nur zu Vermögensschäden führen. Insoweit ist III 3 vor allem eine Ergänzung von III 1: Genauso wie das Abhandenkommen oder die Beschädigung von Akten, Schriftstücken und Beweismitteln zum Verlust eines Anspruchs des Mandanten oder zur Begründung eines Anspruchs gegen den Mandanten führen kann, kann dies beim Verlust, der Veränderung oder der Nichtverfügbarkeit von Daten geschehen, etwa wenn aufgrund eines Versehens des Anwalts oder des Kanzleipersonals ein USB-Stick mit wichtigen Beweisdaten verlorengeht oder unleserlich wird oder sonstige elektronische Daten (beim Anwalt oder beim Mandanten) gelöscht werden. Versichert ist aber auch das Einschleppen von Viren beim Mandanten aufgrund von Fehlleistungen des Anwalts.

5. Sonstige Schäden (III 4)

154 **a) Diskriminierung.** Gemäß § 3 III 4 erster Spiegelstrich sind Schäden des Mandanten aufgrund der **Verletzung eines Diskriminierungsverbots** mitversichert. Berät also der Anwalt den Mandanten bezüglich der Reichweite von Diskriminierungsverboten falsch und wird der Mandant daraufhin von Dritten (Mitarbeitern etc) auf Schadenersatz/Entschädigung in Anspruch genommen, ist das von der Versicherung des Rechtsanwalts gedeckt. Auch eine **diskriminierende Ablehnung von Mandanten** und dadurch ausgelöste Entschädigungsansprüche könnten hierunter fallen. Die Vorschrift ist primär deklaratorisch, da solche Schäden schon nach § 1 unter die versicherten Ansprüche fallen. Selbstverständlich nicht gedeckt ist die Inanspruchnahme des Anwalts durch **eigene Mitarbeiter,** da der Anwalt mit diesen nicht durch Mandatsvertrag verbunden ist.

155 **b) Freiheitsentzug.** Nach dem zweiten Spiegelstrich von III 4 werden Schäden in die Versicherung einbezogen, die **durch Freiheitsentzug verursacht** worden sind. Als Beispiel für Freiheitsentzug sind die Straf- oder Untersuchungshaft sowie die Unterbringung genannt. Die Aufzählung kann nicht abschließend sein, auch **Beugehaft, Sicherungsverwahrung** etc müssen darunterfallen.

156 Erleidet der Mandant wegen eines anwaltlichen Fehlers Untersuchungs- oder Strafhaft etc, kommen verschiedene Ansprüche in Betracht. Zum einen kann die Haft klassische Vermögensschäden wie zB **Verdienstausfall** nach sich ziehen. Führt die Verurteilung zu einer Haftstrafe zum **Verlust der Beamteneigenschaft,** gehören zum ersatzfähigen Schaden uU sämtliche Vermögensnachteile, die sich aus dem Verlust des Beamtenstatus ergeben (*Chab* AnwBl. 2005, 497 mit Hinweis auf LG Bayreuth 14.2.2005 – 31 O 61/04). Der Einschluss ist im Wesentlichen deklaratorisch. Zwar sind nach dem Wortlaut jegliche Schäden versichert, also auch Sachschäden. Allerdings ist nicht ersichtlich, wie es aufgrund einer Freiheitsentziehung zu einem Sachschaden kommen könnte.

157 **c) Immaterielle Schäden.** Gemäß dem dritten Spiegelstrich von III 4 sind auch immaterielle Schäden wie zB **Schmerzensgeld** versichert. Letztlich läuft diese Klausel darauf hinaus, die immateriellen Schäden den Vermögensschäden gleichzustellen. Zu immateriellen Schäden, insbesondere Schmerzensgeldansprüchen, kann es bei der Verletzung der Pflichten aus dem Anwaltsvertrag in verschiedenen Konstellationen kommen (beispielhaft KG

Beginn und Umfang §3

NJW 2005, 1284: Schmerzensgeld wegen U-Haft bei missglücktem Terminsverlegungsantrag und eines aufgrund Versäumnis bei der Hauptverhandlung ausgestellten Haftbefehls). Denkbar sind auch Schmerzensgeldansprüche wegen besonderer seelischer Belastung, etwa wenn der Anwalt den Mandanten irrtümlich dahingehend berät, dass seine finanzielle oder sonstige Situation aussichtslos sei, etwa eine Privatinsolvenz oder eine lange Haftstrafe nicht zu vermeiden sei (BGH VersR 2010, 211) Hierhin gehört auch eine sich aufgrund verlorenen Prozesses entwickelnde Depression oder eine Prozessneurose (RG RGZ 75, 19).

d) Verletzung von Datenschutzgesetzen/Geheimhaltungspflichten. 158
Nach § 3 III 4 vierter Spiegelstrich sind Schäden aus der Verletzung von Datenschutzgesetzen versichert. Denkbar ist insoweit zB, dass der Anwalt die Rolle des **externen Datenschutzbeauftragten** für einen Mandanten übernimmt und dieser wegen Fehlern des Anwalts auf Schadenersatz/Entschädigung in Anspruch genommen oder mit einem Bußgeld belegt wird. Diese Regelung ist allerdings deklaratorisch, da sich hier die Haftung auch schon aus § 1 ergeben würde (jedenfalls solange die Bestellung zum Datenschutzbeauftragten Teil eines Beratungsmandats ist), → § 1 Rn. 51. Zu denken ist auch an den Fall, dass der Anwalt wegen Verletzung von Datenschutzregeln zur Zahlung einer Entschädigung an den Mandanten verurteilt wird (zB nach Art. 82 DS-GVO, vgl. OLG Köln NJW-RR 2023, 564).

Nach dem letzten Spiegelstrich von III 4 mitversichert sind Schäden, die aus 159 der Verletzung von beruflichen **Geheimhaltungs- und Vertraulichkeitspflichten** entstehen. Diese Deckungserweiterung ist rein deklaratorisch, da ohnehin anerkannt ist, dass die Versicherung auch bei der Verletzung anwaltlicher Nebenpflichten eintrittspflichtig ist (→ § 1 Rn. 57).

XIV. Kumulsperre (IV)

Die Kumulsperre war in den AVB-RSW noch in einem separaten § 14 160 enthalten. In der Sache geht es um besondere Versicherungsprobleme bei interdisziplinären Sozietäten **(Multidisciplinary Partnerships, MDP).** Hier bestehen – schon wegen der unterschiedlichen gesetzlichen Pflichtversicherungssummen – häufig mehrere Versicherungen nebeneinander. Die Kumulation (daher das Wort „Kumulsperre") solcher Versicherungen regelt IV.

Ein Berufsträger, der wegen Mehrfachqualifikation **Versicherungsschutz** 161
aus mehreren getrennten Policen hat, kann diese **nicht kumulativ** in Anspruch nehmen. Vielmehr ist die Gesamtleistung aus allen Versicherungsverträgen (egal ob sie beim **gleichen** oder **verschiedenen VR** bestehen) auf die Versicherungssumme des Vertrages mit der höchsten Versicherungssumme begrenzt. Ist also ein Schaden von 10 Mio. EUR entstanden und hat ein Rechtsanwalt/Wirtschaftsprüfer eine Versicherungsdeckung von 4 Mio. EUR als Wirtschaftsprüfer und als Anwalt eine von 1 Mio. EUR, kann er aus den beiden Versicherungsverträgen nicht kumuliert 5 Mio. EUR verlangen, sondern die Ansprüche sind auf die 4 Mio. EUR begrenzt. § 3 IV S. 2 verweist ergänzend auf § 78 VVG. Das bedeutet, dass die **VR im Verhältnis zueinander** nach Maßgabe der jeweils vereinbarten Versicherungssummen verpflichtet

§ 4   A. Der Versicherungsschutz

sind. Das ändert aber nichts daran, dass sie gegenüber dem VN als Gesamtschuldner haften (§ 78 Abs. 1 VVG).

162   Die Kumulsperre greift nicht schon dann, wenn **abstrakt** Konkurrenz zwischen zwei Versicherungsdeckungen besteht, sondern nur wenn beide VR **im konkreten Einzelfall** auch **eintrittspflichtig** wären. Greift also hinsichtlich der einen Versicherung ein Ausschlusstatbestand, hinsichtlich der anderen jedoch nicht, ist § 3 IV nicht anwendbar und der Schaden wird von der eintrittspflichtigen Versicherung ohne Rücksicht auf die andere Versicherung so reguliert, als hätte der VN nur eine einzige Versicherung gehabt.

163   Wie sich aus den Worten „aus einem oder" ergibt, greift § 3 IV auch dann, wenn die Deckungen für die verschiedenen Qualifikationen **in einer einzigen Versicherungspolice zusammengefasst** sind, aber verschiedene Deckungssummen vereinbart sind.

§ 4 Ausschlüsse

Der Versicherungsschutz bezieht sich nicht auf Haftpflichtansprüche

1. mit Auslandsbezug, entsprechend den Regelungen in den Besonderen Bedingungen (Teil 2 BBR-RA, Teil 3 BBR-S);

2. soweit sie aufgrund Vertrages oder besonderer Zusage über den Umfang der gesetzlichen Haftpflicht hinausgehen;

3. wegen Schäden durch Veruntreuung entsprechend den Regelungen in den Besonderen Bedingungen (Teil 2 BBR-RA, Teil 3 BBR-S);

4. aus der Tätigkeit des Versicherungsnehmers oder seines Personals als Leiter, Geschäftsführer, Vorstands-, Aufsichtsrats-, Beiratsmitglied von Firmen, Unternehmungen, Vereinen, Verbänden. Ist der Versicherungsnehmer eine Berufsausübungsgesellschaft, gilt dies entsprechend für die Berufsausübungsgesellschaft und die dort tätigen mitversicherten Personen gemäß § 7 I 1;

5. wegen Schadenverursachung durch wissentliches Abweichen von Gesetz, Vorschrift, Anweisung oder Bedingung des Auftraggebers oder durch sonstige wissentliche Pflichtverletzung.

5.1 Der Versicherungsnehmer behält den Anspruch auf Versicherungsschutz, wenn ein Angestellter oder Mitarbeiter (nicht ein Gesellschafter, Geschäftsführer oder Organ) seine Pflichten wissentlich verletzt hat. Der Rückgriff nach § 7 III 2 bleibt vorbehalten.

5.2 Wird der Vorwurf der wissentlichen Pflichtverletzung erhoben, besteht Versicherungsschutz in Form der Abwehr unberechtigter Schadenersatzansprüche. Erbrachte Leistungen sind zu erstatten, wenn die wissentliche Pflichtverletzung rechtskräftig festgestellt wird.

5.3 Bei Berufsausübungsgesellschaften nach § 59o Abs. 1, 2 BRAO, § 52n Abs. 1, 2 PAO findet der Ausschluss nach Ziff. 5 keine Anwendung in Höhe der im Verstoßzeitpunkt vorgeschriebenen Mindestversicherungssumme, sofern dieser Vertrag zur Erfüllung der Pflichtversicherung dient.

Ausschlüsse **§ 4**

Bei einer Freistellung von berechtigten Schadenersatzverpflichtungen nimmt der Versicherer im Fall einer wissentlichen Pflichtverletzung Rückgriff gegen den Versicherungsnehmer.

Übersicht

	Rn.
I. Überblick	1
1. Regelungsinhalt	1
2. Verhältnis zu VVG und AHB	2
II. Bedeutung von Deckungsausschlüssen	4
1. Sinn und Zweck	4
2. Auslegung	8
3. AGB-Kontrolle	12
4. Beweislast	14
5. Verzicht	15
6. Zusammentreffen von Ausschlüssen mit versicherten Ansprüchen	16
7. Aufklärungspflicht des VR?	18
III. Die einzelnen Ausschlüsse des § 4	19
1. Auslandsbezug (§ 4.1)	19
2. Vertragliche Zusage (§ 4.2)	20
3. Veruntreuung (§ 4.3)	21
4. Tätigkeit als Geschäftsführer, Vorstand etc (§ 4.4)	22
a) Überblick	22
b) Ausgeschlossene Tätigkeiten	24
c) Eingreifen des Ausschlusses/Zurechnung	33
5. Wissentliche Pflichtverletzung (§ 4.5)	38
a) Überblick	38
b) AGB-Problematik	41
c) Begriff der „wissentlichen Pflichtverletzung"	42
d) Zurechnung (§ 4.5.1)	75
e) Vorleistungspflicht (§ 4.5.2)	76
f) Haftungsbeschränkte Berufsausübungsgesellschaften (§ 4.5.3)	80

I. Überblick

1. Regelungsinhalt

§ 4 listet die wesentlichen Ausschlüsse auf und regelt sie teils selbst, teils wird **1** auf die Regelung der weiteren Ausschlüsse in A 4. BBR-RA verwiesen. AGB-rechtlich bedenklich (→ A 4.1 Rn. 8 bzw. → A 4.2 Rn. 1) ist, dass die Ausschlüsse in A 4. BBR-RA teilweise über die Hinweise in § 4 hinausgehen.

2. Verhältnis zu VVG und AHB

Der Ausschluss wegen wissentlicher Pflichtverletzung (§ 4.5) **verschärft** **2** **§ 103 VVG;** nach dem VVG würde an sich nur Vorsatz die Deckungspflicht entfallen lassen.

Die meisten Ausschlüsse des § 4 haben in den **AHB** keine Entsprechung, **3** lediglich § 4.2 (Vertrag oder besondere Zusage) entspricht Ziff. 7.3 AHB 2008. Der Ausschluss für Auslandssachverhalte in Ziff. 7.9 AHB 2008 ist anders strukturiert als § 4.1 und A 2.1 BBR-RA.

II. Bedeutung von Deckungsausschlüssen

1. Sinn und Zweck

4 Haftungsausschlüsse sind das **Ärgernis par excellence** jedes Versicherungsvertrages. Der VN, der sich nach Studium des versicherten Risikos zu Beginn des Vertragstextes in Sicherheit wähnte, erlebt ein böses Erwachen, wenn sich der VR später auf einen weit hinten im Vertragswerk stehenden Ausschlusstatbestand beruft. Dieses – weit verbreitete – psychologische Problem beruht auf fehlendem Verständnis für die Funktionsweise einer Versicherungspolice. Kein verständiger VR übernimmt ein uferloses Risiko. Ganz im Gegenteil muss sich der VR – schon im Sinne der Kalkulierbarkeit – darum bemühen, das versicherte Risiko **vernünftig einzugrenzen**. Deshalb ist grds. der Weg richtig, zunächst das versicherte Risiko breit zu beschreiben, es dann aber im zweiten Schritt durch Ausschlüsse wieder einzugrenzen. Sinn und Zweck von Ausschlussklauseln, die die an sich versicherten Gefahrenbereiche eingrenzen, ist regelmäßig der Ausschluss besonderer Gefahrenquellen wegen ihrer außergewöhnlichen Häufigkeit oder der Höhe der durch sie ausgelösten Schäden. Auf diese Weise bleibt die auf Normalsituationen (ohne Ausnahmefälle) abgestimmte Versicherung kalkulierbar und bezahlbar (BGH NJW 1966, 929, 930). Allerdings darf der VN nicht dadurch irregeführt werden, dass der VR vorsätzlich das versicherte Risiko zu breit beschreibt, um den VN in Sicherheit zu wiegen und ihn dann im Versicherungsfall mit verdeckten Ausschlüssen zu konfrontieren.

5 Häufig übersehen wird, dass viele Ausschlusstatbestände letztlich nur **deklaratorisch** sind, dh, dass das ausgeschlossene Risiko ohnehin nicht unter die Risikobeschreibung fiele. Insofern haben Ausschlüsse häufig nur **klarstellende Funktion**, aber auch **Warnfunktion**. Ausschlusstatbestände **beugen** im Übrigen auch **Auslegungsproblemen** vor.

6 Auch die **AVB-RS** enthalten zahlreiche Ausschlüsse. Entsprechend dem oben Gesagten sind diese **teilweise nur deklaratorisch, teilweise** aber auch **konstitutiv**.

7 Die in § 4 aufgezählten Ausschlüsse sind echte „**Ausschlüsse**" im Sinne des allgemeinen Versicherungsvertragsrechts, also **nicht** nur sog. „**verhüllte Obliegenheiten**", die an ein bestimmtes Verhalten des VN anknüpfen. Nach der „üblichen" Abgrenzungsformel (vgl. *Kaufmann*, S. 186; kritisch zur Rechtsfigur *Koch* VersR 2014, 283) sind Klauseln, die ein Verhalten des VN betreffen, welches nicht unmittelbar zum Versicherungsfall führen kann, stets (verhüllte) Obliegenheiten und keine echten Ausschlüsse. Das gilt für die in § 4 genannten Fälle nicht. Soweit die Ausschlüsse des § 4 greifen, entfällt der Versicherungsschutz also ohne weiteres, ohne dass es auf sonstige subjektive Umstände wie Verschulden, Kenntnis etc noch ankäme (OLG Hamm VersR 1996, 1006 für die wissentliche Pflichtverletzung; Fischer/*Chab*, § 18 Rn. 56; *Mennemeyer,* Kap. 11 Rn. 118).

Ausschlüsse §4

2. Auslegung

Ausschussklauseln sind wegen ihres Charakters als Ausnahmevorschriften unter Beachtung ihres Sinns, wirtschaftlichen Zwecks und der gewählten Ausdrucksweise **eng auszulegen** (BGHZ 65, 142 (145); BGH NJW 1978, 589; VersR 1980, 353; OLG Karlsruhe OLGR 2003, 181). 8

Für die Auslegung ist auf den **durchschnittlichen VN ohne versicherungsrechtliche Spezialkenntnisse** abzustellen. Es kommt darauf an, wie er die Versicherungsbedingungen bei verständiger Würdigung, aufmerksamer Durchsicht und Berücksichtigung des erkennbaren Sinnzusammenhangs verstehen muss (BGH MDR 2003, 744; VersR 1998, 179). Der VN braucht nicht damit zu rechnen, dass er Lücken im Versicherungsschutz hat, mit denen er nicht rechnen musste und die ihm nicht hinreichend verdeutlicht wurden (BGH MDR 2003, 744; OLG Karlsruhe OLGR 2004, 97). 9

Die BGH-Rechtsprechung zur Auslegung von Ausschlüssen orientiert sich primär am Wortlaut. Verwendet die Klausel **allgemeine Begriffe der Rechtssprache,** gilt im Zweifel die allgemeine juristische Bedeutung dieser Begriffe. Allerdings kann sich aus allgemeinem Sprachverständnis oder Sinnzusammenhang etwas anderes ergeben (BGH MDR 2003, 1178; OLG Karlsruhe OLGR 2004, 97 (98)). Eine Auslegung **entgegen dem Wortlaut** zu Lasten des VN kommt allerdings regelmäßig **nicht in Betracht.** 10

Streitig ist, ob bei der Auslegung von Ausschlussklauseln deren **Zweck** berücksichtigt werden darf. Zu Lasten des VN ist dies sicherlich nicht möglich, soweit sich der Zweck nicht aus dem Wortlaut der Klausel erschließt, schon weil dem VN regelmäßig der Zweck eines Ausschlusses nicht bekannt sein wird. Ob dagegen der versicherungswirtschaftliche Zweck einer Ausschlussklausel im Einzelfall zu Gunsten des VN bei der Auslegung berücksichtigt werden kann, ist streitig (bejahend *Prölss* NVersZ 1998, 17 mwN). 11

3. AGB-Kontrolle

Risikoausschlüsse unterliegen – anders als die Risikobeschreibungen – der AGB-rechtlichen Inhaltskontrolle (→ Einl. Rn. 101 ff.). Ungewöhnliche oder überraschende Klauseln werden deshalb nach § 305c BGB nicht Vertragsinhalt. Das **Überraschungsmoment** kann sich insbesondere aus der Unvereinbarkeit des Inhalts mit dem Leitbild des Versicherungsvertrages ergeben (BGHZ 121, 107 (113)). Durch **Auslegung** zu beseitigende Mehrdeutigkeiten gehen gem. § 305c Abs. 2 BGB **zu Lasten des VR.** Das ist auch gerechtfertigt, da es grds. Sache des VR ist, sich als Verwender der AVB klar und unmissverständlich auszudrücken. 12

Bei der Auslegung von Ausschlusstatbeständen spielt auch das **Transparenzgebot** aus § 307 Abs. 1 S. 2 BGB eine Rolle. Insbesondere sind solche Klauseln unwirksam, die die Rechtslage verschleiern und den VN entweder zum Abschluss des Vertrages bewegen oder von der Erhebung berechtigter Ansprüche abhalten sollen. Allerdings sind gerade bei der Berufshaftpflichtversicherung angesichts des juristisch geschulten Kundenkreises die Ansprüche an Transparenz zur Vermeidung von Überraschungen nicht allzu hoch anzusetzen. 13

4. Beweislast

14 Grds. trifft die Beweislast für das Vorliegen eines Ausschlusstatbestands den **VR** (BGH VersR 1957, 212). Das entspricht dem allgemeinen Regel-Ausnahme-Prinzip, wonach jede Partei die Beweislast für die Voraussetzungen der ihr günstigen Normen trägt. Demgemäß trifft den **VN** die **Beweislast** dafür, dass der Sachverhalt **unter das versicherte Risiko** (§ 1 I 1 S. 1) fällt, den **VR** dagegen die Beweislast für das **Eingreifen eines Ausschlusstatbestands**. Behauptet allerdings der VN, ein Ausschlusstatbestand sei vertraglich abbedungen worden, trägt er dafür die Beweislast. Das ist schon deshalb gerechtfertigt, weil entsprechende besondere Klauseln regelmäßig schriftlich fixiert werden und das mündliche Abbedingen von AVB-Klauseln ungewöhnlich wäre.

5. Verzicht

15 Ein Verzicht auf die Geltendmachung von Ausschlusstatbeständen kommt nur in klaren Fällen in Betracht. Insbesondere liegt ein **stillschweigender Verzicht nicht** schon darin, dass sich der VR zunächst **nicht auf den Ausschlusstatbestand beruft**, sondern den Anspruch aus anderen Gründen zurückweist (Gräfe/Brügge/Melchers/*Gräfe*, Rn. E 19). In Betracht kommt ein stillschweigender Verzicht allerdings, wenn der VR in voller Kenntnis der Rechtslage **Teilleistungen** erbringt oder **Rechtsschutz** gewährt (BGH VersR 1953, 316; OLG Köln VersR 1955, 140).

6. Zusammentreffen von Ausschlüssen mit versicherten Ansprüchen

16 Schwierigkeiten ergeben sich, wenn für einen Schaden **teilweise ein Ausschlusstatbestand greift, teilweise nicht.** Man denke beispielsweise an einen grenzüberschreitenden Fall, in dem der Anwalt sowohl im deutschen als auch im US-amerikanischen Recht berät. Verursacht er zwei Schäden, nämlich einen durch Verletzung deutschen Rechts, einen zweiten durch Verletzung amerikanischen Rechts, so ist der deutsche Schaden gedeckt, der amerikanische nach A 2.1 b) BBR-RA (s. dort) nicht. Anders ist es, wenn ein einheitlicher Schaden daraus entsteht, dass der Anwalt zunächst einen Fehler im deutschen Recht begangen hat, der sich letztlich nur deshalb auswirkt, weil ein zweiter Fehler im Umgang mit amerikanischem Recht hinzutritt. Hier kann der eine Fehler nicht hinweggedacht werden, ohne dass der Schaden vermieden worden wäre. Deshalb ist der ausgeschlossene Umstand (Beschäftigung mit US-amerikanischem Recht gem. A 2.1 b) BBR-RA) kausal für den Schaden, sodass dieser insgesamt unter den Ausschlusstatbestand fällt und nicht (auch nicht anteilig) versichert ist (ähnlich LG Köln VersR 1989, 355).

17 Ähnliche Schwierigkeiten ergeben sich, wenn ein und derselbe Verstoß auf der Basis **zweier getrennter Anspruchsgrundlagen** zur Haftung führt, von denen die eine einen Ausschlusstatbestand verwirklicht, die andere nicht. Das ist zB der Fall, wenn ein im Aufsichtsrat tätiger Anwalt aufgrund einer Fehlleistung sowohl wegen Verletzung des Anwaltsvertrags als auch wegen Verletzung

Ausschlüsse **§ 4**

seiner Aufsichtsratspflichten nach § 113 AktG in Anspruch genommen wird (vgl. BGH NJW 1998, 3486). Es reicht für die Eintrittspflicht des VR grds. aus, dass jedenfalls einer der beiden Ansprüche (Anwaltsvertrag) gedeckt ist, der Ausschluss des anderen nach B 4 BBR-RA (s. dort) schadet nicht (OGH VersR 1998, 84; LG Köln VersR 1989, 355 mAnm *Ebel*). Der Anspruch auf Deckung sowie Schadensabwehr wird auch nicht nach dem Gewicht der Begründungen gequotelt.

7. Aufklärungspflicht des VR?

Die Rechtsprechung **verneint** grds. eine Belehrungspflicht/Aufklärungspflicht des VR für Risikoausschlüsse. Es sei grds. Sache des Versicherten, die AVB zu lesen und beim VR nachzufragen, wenn er noch Zweifel hat (BGH VersR 1963, 768; OLG München VersR 1996, 1008). Eine Belehrungspflicht des VR entsteht allerdings, wenn er **erkannt hat** oder **erkennen musste,** dass der VN sich über den Versicherungsschutz **falsche Vorstellungen** macht (Späte/Schimikowski/*Harsdorf-Gebhardt,* Vor Ziff. 7 Rn. 15). Das Gleiche gilt, wenn der VR erkennt, dass die angebotene Versicherung aufgrund von Ausschlüssen gerade **diejenigen Risiken nicht abdeckt,** die der VN erkennbar mit abdecken wollte (OLG Düsseldorf VersR 2002, 1273). Insoweit ist insbesondere der Ausschlusstatbestand nach A 2.1a) BBR-RA (Tätigkeit über in anderen Staaten eingerichtete Büros, s. dort) von Bedeutung. Weiß der VR zB, dass die zu versichernde Sozietät ein Büro in Brüssel unterhält und ist für ihn erkennbar, dass sie auch für dieses Büro Versicherungsschutz einkaufen will, muss er auf den Ausschlusstatbestand hinweisen, damit die Sozietät sich – gegebenenfalls gegen Mehrprämie – im Wege besonderer Vereinbarung Versicherungsdeckung beschaffen kann oder für das ausländische Büro eine gesonderte Versicherung abschließt (aA *Riechert,* § 4 Rn. 14). **18**

III. Die einzelnen Ausschlüsse des § 4

1. Auslandsbezug (§ 4.1)

§ 4.1 schließt Haftpflichtansprüche **„mit Auslandsbezug"** aus und verweist dafür auf Teil 2 BBR-RA (A 2.1 und 4.1, s. dort). Der Begriff „mit Auslandsbezug" reicht **nicht weiter** als die konkreten Regelungen in A 2.1 und A 4.1 BBR-RA. **19**

2. Vertragliche Zusage (§ 4.2)

§ 4.2 (der Ziff. 7.3 AHB 2008 entspricht) regelt den Ausschluss von Haftpflichtansprüchen, soweit sie aufgrund Vertrages oder besonderer Zusage über den Umfang der gesetzlichen Haftpflicht hinausgehen. **„Vertrag"** ist dasselbe wie **„Zusage"** (*Littbarski,* § 4 Rn. 17). Dieser Ausschluss ist im Wesentlichen **deklaratorisch,** da schon § 1 I 1 S. 1 den Versicherungsschutz auf „gesetzliche" Haftpflichtbestimmungen beschränkt, also die Haftung aus vertraglichen Garantien etc ausschließt (s. im Einzelnen → § 1 Rn. 67 ff.). § 4.2 ist aber insoweit bedeutend, als der Ausschluss nur gilt, **„soweit"** Vertrag oder **20** besondere Zusage über den Umfang der gesetzlichen Haftpflicht hinausgehen. Bei vertraglichen Zusagen etc bleibt der Versicherungsschutz also insoweit bestehen, als die Haftung auch schon aufgrund der gesetzlichen Haftungsbestimmungen eingetreten wäre; nur der überschießende vertragliche Teil fällt unter den Ausschluss.

3. Veruntreuung (§ 4.3)

21   § 4.3 verweist auf die Ausschlüsse für Schäden durch Veruntreuung gem. A 2.2 BBR-RA (s. dort).

4. Tätigkeit als Geschäftsführer, Vorstand etc (§ 4.4)

22   **a) Überblick. Gefährlich** ist der in § 4.4 geregelte Ausschluss für Haftpflichtansprüche aus der Tätigkeit als Leiter, Geschäftsführer, Vorstands-, Aufsichtsrats-, und Beiratsmitglied von Firmen, Unternehmungen, Vereinen und Verbänden (sog. **„D&O-Ausschluss"**). Dieser Ausschluss ist für Wirtschaftsanwälte häufig überraschend, da insbesondere die Tätigkeit in Aufsichtsräten oder Beiräten ein klassischer Bestandteil ihrer Tätigkeit war und ist. Der Ausschluss ist jedoch **gerechtfertigt.** Denn die Haftung insbesondere von Aufsichtsräten und Beiräten nach § 113 AktG, § 43 GmbHG etc ist typischerweise eine Haftung für **kaufmännische/betriebswirtschaftliche Fehlleistungen** (insbesondere mangelhafte Überwachung der Geschäftsführungsorgane), die mit rechtsberatender Tätigkeit des Anwalts nichts zu tun hat. Im Übrigen ist es sachgerecht, die allgemeinen Haftungsrisiken des Anwalts als Aufsichtsrat, Beirat etc durch **D&O-Versicherungen** abzusichern, entweder durch eine spezielle D&O-Police betr. das einzelne Unternehmen oder durch eine D&O-Sammeldeckung der Sozietät (sog. „Outside Directorship Liability **ODL**"-Deckung; → Einl. Rn. 137).

23   Die in § 4.4 aufgezählten Ausschlüsse sind **nicht analogiefähig,** andere als die in der Klausel ausdrücklich genannten Tätigkeiten werden deshalb vom Ausschluss nicht erfasst (*Mennemeyer,* Kap. 11 Rn. 102; Fischer/*Chab,* § 18 Rn. 64; aA *Riechert,* § 4 Rn. 25; vgl. auch BGH VersR 1990, 191), auch wenn die Tätigkeiten genauso haftungsträchtig sind.

24   **b) Ausgeschlossene Tätigkeiten. aa) Unternehmensleitung.** „**Geschäftsführer**" ist das Leitungsorgan einer GmbH oder einer Personengesellschaft (oHG, KG, PartG, GbR, etc), **„Vorstand"** das Leitungsorgan einer AG oder einer Genossenschaft. Geschäftsführer oder Vorstände gibt es auch je nach gewählter Terminologie in Vereinen und Verbänden in der Rechtsform eingetragener oder nicht eingetragener Vereine. Der Ausschluss gilt nur insoweit, als der Anwalt **außerhalb der eigenen Sozietät** tätig wird. Ist der Anwalt zugleich Geschäftsführer/Vorstand der eigenen Sozietät, ist er selbstverständlich gegen eine Inanspruchnahme wegen Fehlern bei seiner anwaltlichen Tätigkeit versichert, und zwar auch dann, wenn er aus § 43 GmbHG bzw. § 93 AktG in Anspruch genommen wird (→ § 1 Rn. 81).

25   Der Begriff des **„Leiters"** einer Firma, Unternehmung, eines Vereins oder Verbands ist dem deutschen Recht unbekannt. Es kennt neben den ausdrücklich genannten „Geschäftsführern" und „Vorständen" keine anderen Unter-

Ausschlüsse **§ 4**

nehmensleitungsorgane. Mit „Leiter" meint § 4.4 diejenigen Personen, denen es obliegt, die unternehmerischen Entscheidungen zu treffen (Prölss/Martin/ *Lücke, § 4 AVB Vermögen Rn. 34*). Das können zB die Spitzen von Unternehmen sein, die in **ausländischer Rechtsform** organisiert sind (zB englische Limited, französische S. A.R.L. etc). Ein weiterer wichtiger Anwendungsbereich sind die nach B 1.1 BBR-RA **mitversicherten gesetzlichen Treuhandtätigkeiten** (zB als **Insolvenzverwalter**) sowie die **Testamentsvollstreckung.** Gehört es zu den mit dem Amt verbundenen Aufgaben, ein **Unternehmen zu leiten** (zB weil der Insolvenzverwalter es nicht zerschlagen, sondern weiterführen will), besteht für diesen Teil seiner Tätigkeit (nämlich die faktische Leitung des Unternehmens) nach § 4.4 keine Deckung. Das bestätigt im Übrigen B 4 BBR-RA noch einmal ausdrücklich. Das Bedingungswerk des **HDI** stellt dies in § 4.4 durch den eingefügten Satz: *„Dies gilt auch im Rahmen der mitversicherten Tätigkeiten"* noch einmal zusätzlich klar. Die Abgrenzung, wann ein Insolvenzverwalter, Testamentsvollstrecker etc „als Leiter" handelt und wann nicht, ist ausgesprochen schwierig (dazu BGH VersR 1980, 353; OLG Frankfurt a. M. VersR 1994, 1175). Jedenfalls klassische Managemententscheidungen, wie zB betreffend Produktpalette oder Preispolitik, gehören zur – nicht versicherten – Leitungstätigkeit (BGH VersR 1980, 353; WM 1982, 447; VersR 1982, 489).

Ist ein Geschäftsführer oder Vorstand installiert, greift der Ausschluss für **26** „Leiter" nach § 4.4 nicht für andere Personen, die **faktisch** maßgeblichen Einfluss auf das Unternehmen haben und evtl. sogar bedeutsamer sind als die Geschäftsführer oder die Vorstände (zB **Generalbevollmächtigte**). Im Interesse der Rechtsklarheit kann sich der Ausschluss als „Leiter" stets nur auf die formale Unternehmensspitze beziehen (aA *Riechert*, § 4 Rn. 26).

bb) Aufsichtsgremien. § 4.4 schließt grds. auch die Haftung für eine **27** Tätigkeit als Aufsichtsrats- oder Beiratsmitglied aus, also für die Tätigkeit in klassischen Aufsichtsgremien. Allerdings gilt **seit 2011** diesbezüglich die Deckungserweiterung nach B 1.1 BBR-RA. Danach ist die Tätigkeit als Mitglied eines Aufsichtsrates, Beirates, Stiftungsrates oder ähnlichen Gremiums dann versichert, wenn die dem Verstoß zugrundeliegende Tätigkeit **einer anwaltlichen Berufsausübung entspricht** (zur Bedeutung dieser Haftungserweiterung und zu weitergehenden Deckungseinschlüssen anderer großer VR s. B Rn. 38 ff.).

„**Aufsichtsräte**" gibt es in der AG und in allen mitbestimmten Gesell- **28** schaften (DrittelBG, MitbestG). „Aufsichtsräte" kann es auch in **öffentlich-rechtlichen Anstalten** geben, zB bei Sparkassen und anderen öffentlich-rechtlichen Banken; diese fallen ebenfalls unter den Ausschluss aus § 4.4. Der Ausschluss greift hM auch für **fakultative** Aufsichtsräte, soweit für die betreffende Gesellschaftsform das **Gesetz** ausdrücklich die Möglichkeit fakultativer Errichtung erwähnt (zB § 52 GmbHG für die nicht mitbestimmte GmbH; vgl. Prölss/Martin/*Lücke*, § 4 AVB Vermögen Rn. 33). **Andere** durch **Satzung** errichtete **Kontrollgremien,** insbesondere in Personengesellschaften, sind von dem Haftungsausschluss nicht erfasst, auch wenn die Satzung dem Kontrollgremium die Bezeichnung „Aufsichtsrat" gibt (BGH VersR 1990, 191 (192)).

§ 4 A. Der Versicherungsschutz

29   Der „**Beirat**" ist ein fakultatives Beratungs- und Aufsichtsorgan, welches häufig in GmbHs, aber auch in Personengesellschaften errichtet wird. Erforderlich ist nach hM eine echte **Mitwirkungs- und Überwachungsfunktion,** die mit der eines aktienrechtlichen Aufsichtsrats vergleichbar ist, sodass bloß **beratende** Beiräte nicht unter den Ausschluss fallen sollen (BGH VersR 1990, 181: Beckmann/Matusche-Beckmann/*v. Rintelen,* § 23 Rn. 285). Ähnliche Funktion haben häufig auch „**Verwaltungsräte**" öffentlich-rechtlicher Körperschaften oder Landesbanken sowie „**Gesellschafterausschüsse**". Der Risikoausschluss nach § 4.4 kann jedoch – trotz ähnlicher Funktion – **nicht analog** auf die Tätigkeit in solchen Gremien ausgeweitet werden; es hätte den VR freigestanden, den Ausschluss ausdrücklich auf „ähnliche Aufsichts- oder Kontrollgremien" etc zu erweitern (aA Beckmann/Matusche-Beckmann/*v. Rintelen,* § 23 Rn. 285).

30   cc) **Organisationen/Unternehmen.** Die Begriffe „**Firmen**" und „**Unternehmungen**" sind untechnisch und im Übrigen synonym. Gemeint sind Unternehmen jeglicher Rechtsform, egal ob mit oder ohne Gewinnerzielungsabsicht. Nicht ausgeschlossen ist allerdings die Deckung für Organtätigkeit innerhalb der als Berufsträgergesellschaft organisierten eigenen **Sozietät** (→ Rn. 24 und → § 1 Rn. 81).

31   „**Verein**" meint gleichermaßen **rechtsfähige** und **nicht rechtsfähige** Vereine.

32   „**Verbände**", egal ob ideeller oder wirtschaftlicher Natur, sind typischerweise ebenfalls als **rechtsfähige** oder **nicht rechtsfähige** Vereine organisiert, in Betracht kommen aber auch **öffentlich-rechtliche Verbände** wie Zweckverbände etc.

33   c) **Eingreifen des Ausschlusses/Zurechnung.** Der Ausschluss nach § 4.4 soll ausdrücklich nicht nur für die Tätigkeit des VN selbst gelten, sondern auch die seines **Personals.** Der Sinn dieser Regelung erschließt sich nicht. Berät der Anwalt einen Verein falsch, kann die Eintrittspflicht des VR nicht deswegen entfallen, weil die Sekretärin des Anwalts in diesem Verein im Vorstand sitzt, und für die Tätigkeit der Sekretärin im Vorstand haftet der Anwalt nicht.

34   Nach § 4.4 S. 2 gilt der Haftungsausschluss entsprechend für die **mitversicherten Personen** der versicherten Berufsausübungsgesellschaft. Gemeint ist, dass gegen die Berufsausübungsgesellschaft gerichtete Haftpflichtansprüche von dem Ausschluss des § 4.4 erfasst werden, wenn sie aus der Tätigkeit einer mitversicherten Person (§ 7) in den genannten Unternehmensorganen resultiert.

35   Die Haftungsausschlüsse nach § 4.4 S. 1 knüpfen nicht an die reine Mitgliedschaft in den dort genannten Gremien an. Vielmehr beziehen sie sich nur auf die „**Tätigkeit als**" Mitglied dieser Gremien. Der Ausschluss greift deshalb nur, wenn der Schaden anlässlich einer „Tätigkeit als Organ" entstanden ist; das gilt insbesondere für unternehmerische Fehlentscheidungen dieser Organe oder Fehlleistungen dieser Organe bei der Überwachung der Geschäftsleiter. Dagegen greift der Ausschluss nicht, wenn der Anwalt Mitglied in den genannten Organen ist, er aber nicht in seiner Eigenschaft als Organ gehandelt hat, sondern auf der Basis eines ihm erteilten getrennten **Anwaltsauftrags.**

Ausschlüsse **§ 4**

Dabei spielt auch keine Rolle, ob ihm der Anwaltsauftrag nur deswegen erteilt worden ist, weil er in dem Organ sitzt. Es muss also jeweils im Einzelfall sorgfältig geprüft werden, ob eine Tätigkeit „als Organ" vorliegt oder eine Tätigkeit „als Anwalt". Im letzteren Fall bleibt die Eintrittspflicht des VR bestehen (*Mennemeyer,* Kap. 11 Rn. 103; noch weitergehend Fischer/*Chab,* § 18 Rn. 65; OGH VersR 1998, 84).

Im Einzelfall kann die **Abgrenzung,** ob der Anwalt noch als Aufsichtsrat **36** tätig geworden ist oder schon auf der Basis eines getrennten Anwaltsvertrages, **außerordentlich schwierig** sein. Eine ähnliche Abgrenzung hat die Rechtsprechung schon im Hinblick auf die Nichtigkeit des Anwaltsvertrages nach §§ 113, 114 AktG wiederholt beschäftigt. Danach ist die klassische Überwachungstätigkeit regelmäßig Ausfluss des Amts als Aufsichtsrat und daher im Zweifel nicht Gegenstand eines separaten Anwaltsvertrages. Soweit dagegen die Arbeit des Anwalts erst die **Grundlage für eine Entscheidung des Aufsichtsrats herbeiführen soll,** liegt im Zweifel ein separater Beratungsvertrag vor mit der Konsequenz, dass bei fehlerhafter Beratungsleistung **Versicherungsschutz** besteht (BGH NJW 1998, 3486; OGH VersR 1998, 84). Für das Vorliegen eines (versicherten) separaten Anwaltsauftrags ist vor allem relevant, ob eine konkrete, sachlich begrenzte Beauftragung vorliegt und ob – zusätzlich zur Aufsichtsratstantieme – eine gesonderte Vergütung gezahlt wird. Ob das Mandat dem betreffenden Anwalt selbst oder seiner Sozietät erteilt ist, ist irrelevant (*Riechert,* § 4 Rn. 29).

Unerheblich für den Ausschluss ist, ob die Organtätigkeit eher **unternehmerisch 37** oder **beratend/rechtsberatend** geprägt war. Der Ausschluss erfasst grds. jegliches Organhandeln unabhängig von seinem inhaltlichen Schwerpunkt (BGH VersR 1990, 191; Beckmann/Matusche-Beckmann/*v. Rintelen,* § 23 Rn. 284).

5. Wissentliche Pflichtverletzung (§ 4.5)

a) Überblick. Nach § 4.5 besteht kein Versicherungsschutz für Schadens- **38** verursachung durch wissentliches Abweichen von Gesetzen oder sonstige wissentliche Pflichtverletzungen. Diese Ausschlussklausel kann in ihrer **Wichtigkeit nicht überschätzt** werden (zust. *Wilhelmer,* Rn. 3326). Viele Anwälte gehen irrtümlich davon aus, die Versicherungsdeckung gehe erst bei Vorsatz verloren. Die wenigsten Anwälte kennen den Ausschluss wegen „wissentlicher Pflichtverletzung" oder machen sich dessen Reichweite klar. Insbesondere ist vielen Anwälten nicht klar, dass „wissentliche Pflichtverletzung" erheblich **weniger ist als bedingter Vorsatz,** der nach § 103 VVG den Versicherungsschutz ohnehin ausschließen würde. § 4.5.1 regelt bei der Versicherung der Berufsausübungsgesellschaft, inwieweit sich diese eine wesentliche Pflichtverletzung ihrer Partner, Angestellten etc **zurechnen** lassen muss. § 4.5.2 regelt die – aus der D&O-Versicherung bekannte – **vorläufige Deckung,** bis die wissentliche Pflichtverletzung rechtskräftig festgestellt ist.

Seit 2013 durfte der Ausschluss wegen wissentlicher Pflichtverletzung bei **39** der Versicherung der **PartmbB** und der **GmbH** in Höhe der gesetzlichen Mindestversicherungssumme nicht mehr vorgesehen werden (§ 51a Abs. 1 bzw. § 59j Abs. 1 BRAO aF). Seit 2022 ist der Ausschluss in **jeder haftungs-**

beschränkten Berufsausübungsgesellschaft unzulässig. Diese Problematik regelt nunmehr § 4.5.3 (s. dort).

40 Zur Frage der **Bindungswirkung** des Haftpflichturteils für das Deckungsverhältnis hinsichtlich der Feststellung wissentlicher Pflichtverletzung → § 3 Rn. 26; zur Frage des **Bestehenbleibens der Leistungspflicht** gegenüber dem Geschädigten trotz wissentlicher Pflichtverletzung → § 3 Rn. 134.

41 **b) AGB-Problematik.** Der Deckungsausschluss wegen wissentlicher Pflichtverletzung ist nach ganz herrschender Auffassung **AGB-konform**. Von einem Anwalt kann erwartet werden, dass er sich nicht bewusst über Recht und Gesetz hinwegsetzt, und das Berufsethos sollte von wissentlichen Verstößen gegen Berufspflichten und Mandantenweisungen abhalten. Deshalb liegt nach herrschender Meinung **weder** eine **überraschende Klausel** noch eine **unangemessene Benachteiligung** vor (BGH VersR 1991, 176; 2001, 1103 (1104); OLG München BeckRS 2016, 03569; OLG Karlsruhe OLGR 2003, 182; OLG VersR 2002, 1371; *Späth* VersR 2000, 825 (826); Fischer/*Chab* § 18 Rn. 74; *Mennemeyer*, Kap. 11 Rn. 110; *Therstappen* AnwBl. 2014, 182; aA zB *Dilling* VersR 2018, 332 jedenfalls für die D&O-Versicherung).

42 **c) Begriff der „wissentlichen Pflichtverletzung". aa) Grundstruktur.** Im Strafrecht ebenso wie im Zivilrecht ist der Jurist gewohnt, mit den Begriffen „grobe Fahrlässigkeit" und „bedingter Vorsatz" umzugehen. Die „wissentliche Pflichtverletzung" ist ein Mittelding. Sie setzt

 – **unbedingten Vorsatz** (dolus directus) hinsichtlich der **Verletzung** einer Rechtsnorm voraus,
 – verlangt aber **keinerlei** Absicht oder auch nur **Inkaufnehmen** des **Schadenseintritts.**

43 Der Ausschluss bei wissentlicher Pflichtverletzung erweitert § 103 VVG. Danach entfällt bei der Haftpflichtversicherung an sich Deckung erst bei Vorsatz, wobei der Vorsatz sich nicht nur auf die Pflichtverletzung beziehen muss, sondern ausdrücklich auch auf den Schadenseintritt; der Schädiger muss die tatsächlich eingetretenen Folgen zumindest im Wesentlichen als möglich erkannt und ihren Eintritt billigend in Kauf genommen haben (OLG Düsseldorf VersR 2000, 447). Dem gegenüber ist der Kern der wissentlichen Pflichtverletzung, dass Vorsatz (dolus directus) nur für die **Verletzung der Pflicht** erforderlich ist, nicht dagegen für die Schadensfolge, also den **eintretenden Erfolg** (zB OLG Koblenz VersR 1980, 643). Der Anwalt muss den Eintritt eines Schadens weder **in Kauf genommen** noch überhaupt **erkannt** haben (*Späth* 2000, 825 (826); *van Bühren*, S. 137). Für wissentliche Pflichtverletzung ist lediglich erforderlich, dass der Schaden adäquat kausal aus der Pflichtverletzung hervorgeht (OLG Hamm VersR 1996, 1006 (1008); *Therstappen* AnwBl. 2014, 182). Damit ist die Versicherung auch dann leistungsfrei, wenn der Anwalt zwar weiß, dass er pflichtwidrig handelt, aber **fest davon ausgeht,** dass **kein Schaden eintreten** wird (BGH VersR 1959, 691). Dabei spielt keine Rolle, ob der Anwalt lediglich die Schadensmöglichkeit übersieht, oder aber positiv davon überzeugt ist, dass der Eintritt eines Schadens völlig ausgeschlossen ist. Wissentliche Pflichtverletzung und damit Leistungsfreiheit des VR liegt selbst dann vor, wenn der Anwalt überzeugt ist, **zum Wohle des Mandanten** zu handeln.

Ausschlüsse §4

Andererseits weicht der Ausschluss für wissentliche Pflichtverletzungen aber 44
auch **zugunsten des VN** von § 103 VVG ab. Denn anders als dort reicht bedingter Vorsatz hinsichtlich des Verstoßes nicht aus; die wissentliche Pflichtverletzung erfordert immer **dolus directus** (*van Bühren*, S. 140). § 103 VVG ist nach § 112 VVG dispositives Recht (Fischer/*Chab,* § 18 Rn. 71).

Im Einzelnen setzt der Ausschluss wegen wissentlicher Pflichtverletzungen 45
Folgendes voraus:
- **Bestehen einer Pflicht** (Was hätte der Anwalt tun müssen?)
- **Verletzung der Pflicht** (Inwieweit hat der Anwalt nicht pflichtgemäß gehandelt?)
- **Pflichtbewusstsein** (Wusste der Anwalt, welche Pflicht ihn traf bzw. wie er sich zu verhalten hatte?)
- **Pflichtverletzungsbewusstsein** (Wusste der Anwalt, dass er die Pflicht verletzt?)
- **Kausalität** (Ist die Pflichtverletzung für den Schaden kausal gewesen?)

Dagegen ist nicht erforderlich 46
- **Wissen von der möglichen Schadensfolge** (War dem Anwalt bewusst, dass ein Schaden eintreten konnte?)
- **Böswillige Motive** des Anwalts.

Schwierigkeiten macht in der Praxis häufig die Abgrenzung zwischen dem 47
Pflichtbewusstsein und dem **Pflichtverletzungsbewusstsein.** Das Pflichtbewusstsein bezieht sich auf die Kenntnis von der bestehenden Handlungspflicht. Das Pflichtverletzungsbewusstsein hingegen bezieht sich auf das Wissen darum, dass die tatsächlich ergriffenen Handlungen zur Erfüllung der erkannten Pflicht ungeeignet waren. Häufig wird im Streitfall eingewendet, dem Anwalt sei die Pflicht zwar bekannt gewesen, er habe aber geglaubt, mit seinen Handlungen die Pflicht zu erfüllen. Diese Verteidigungslinie setzt logisch voraus, dass die Pflicht bekannt war. Der Anwalt kann sich also regelmäßig nicht gleichzeitig damit verteidigen, er habe einerseits die verletzte Pflicht nicht gekannt, andererseits aber geglaubt, alles zur Erfüllung dieser Pflicht Erforderliche getan zu haben.

aa) Vorsatz, Wissentlichkeit. Erforderlich für eine wissentliche Pflicht- 48
verletzung ist immer **positive Kenntnis der Pflicht,** sodass selbst **grob fahrlässige Unkenntnis** nicht schadet (sehr großzügig OLG Hamm r+s 1996, 16: Keine wissentliche Pflichtverletzung, obwohl der Anwalt eingeräumt hatte, dass die Treuhandkonstruktion, bei der der Mandant investiertes Kapital verloren hatte, im Nachhinein „geradezu abenteuerlich" erscheine).

Teilweise wird Vorsatz schon dann angenommen, wenn der Anwalt „**die** 49
Augen vor sich aufdrängenden Bedenken verschlossen hat" (OLG Düsseldorf 8.11.1988 – 4 U 238/87, zitiert bei Gräfe/Brügge/Melchers/*Gräfe,* Rn. E 264). Das ist bedenklich, weil hier allenfalls bedingter Vorsatz vorliegt, der für die wissentliche Pflichtverletzung gerade nicht reicht.

bb) Verletzte Pflicht. § 4.5 regelt nicht, welche Pflicht wissentlich ver- 50
letzt sein muss. Die genannten Fälle des wissentlichen Abweichens von **Gesetz, Vorschrift, Anweisung** oder **Bedingungen** des Auftraggebers sind nur **beispielhaft** genannt („oder sonstige wissentliche Pflichtverletzung"), deshalb ist ihre genaue begriffliche Abgrenzung irrelevant.

51 **(1) Abweichen von Weisungen; Bedingungen des Mandanten.** Ein vorsätzliches **Abweichen von Anweisungen** oder **Bedingungen** des Auftraggebers führt auch dann zum Ausschluss, wenn der Anwalt die Anweisung oder Bedingung für den Mandanten für **schädlich hält** und meint, durch das Abweichen für den Mandanten **Vorteile erzielen zu können** (*Therstappen* AnwBl. 2014, 182 (183)). § 4.5.1 stellt klar, dass dies den Anwalt nicht entlastet. Wenn er eine Anweisung/Bedingung des Mandanten für schädlich hält, muss er versuchen, den Mandanten zur Änderung seiner Weisungen zu bewegen (BGH VersR 1991, 176 (178)). Wissentliche Pflichtverletzung liegt auch vor, wenn der Anwalt die Weisung des Mandanten ignoriert, weil er sie für **irrelevant** hält (zB einen bestimmten Zeugen zu benennen, bestimmte Umstände dem Gericht vorzutragen oder einen Versteigerungstermin persönlich wahrzunehmen; Veith/Gräfe/Gebert/*Gräfe/Brügge*, § 17 Rn. 718). Beispielhaft der Fall des OLG Saarbrücken VersR 1992, 994: Der Anwalt missachtet die Weisung des Mandanten, zugleich mit der Kündigungsschutzklage das Gehalt einzuklagen, weil er aus prozessökonomischen Gründen mit der Geltendmachung der Vergütungsansprüche bis zum Abschluss des Kündigungsschutzverfahrens warten will. Er übersieht dabei jedoch eine tarifliche Ausschlussfrist. Ohne die Weisung hätte lediglich eine normale, vom Versicherungsschutz gedeckte Pflichtverletzung vorgelegen. Wegen der Missachtung der Weisung (die mit der Ausschlussfrist nichts zu tun hatte!) liegt wissentliche Pflichtverletzung vor. Keine wissentliche Pflichtverletzung liegt vor, wenn der Anwalt zwar **objektiv** gegen Weisungen des Auftraggebers verstößt, aber von dessen **Einverständnis ausgeht** (OGH VersR 1975, 171; *Therstappen* AnwBl. 2014, 182 (183); aA OLG Düsseldorf VersR 1990, 411).

52 Mit „**Bedingungen**" meint § 4.5 wohl solche Weisungen, die der Mandant unter eine Bedingung stellt (zB Klageerhebung nur, wenn Deckungszusage der Rechtsschutzversicherung vorliegt etc).

53 Das Abweichen von **Weisungen** des Mandanten setzt voraus, dass eine spezifische Weisung erteilt wurde, den Auftrag in der einen oder anderen Weise abzuwickeln. Schwierig ist die Abgrenzung einer „Weisung" von **bloßen Mahnungen wegen Untätigkeit.** Den Anwalt trifft grds. **keine Pflicht zur unverzüglichen Bearbeitung** eines Mandats. Deswegen kann ihm der Mandant auch keine Weisung erteilen, das Mandat sofort zu bearbeiten, sodass in einer solchen Weisung lediglich eine für die wissentliche Pflichtverletzung irrelevante Ermahnung liegt. Reagiert der Anwalt auf Mahnungen des Mandanten nicht und tritt dann wegen Übersehens einer Verjährungsfrist Verjährung ein, liegt folglich nicht ohne weiteres wissentliche Pflichtverletzung vor (BGH VersR 2001, 1103 (1105); *Riechert*, § 4 Rn. 47; aA unrichtig Gräfe/Brügge/Melchers/*Gräfe*, Rn. E 235; dazu auch *Dobmaier* AnwBl. 2003, 446).

54 Klassischer Fall der Missachtung einer Weisung bzw. Bedingung des Mandanten ist die Klagerhebung **ohne vorherige Einholung der Deckungszusage einer Rechtsschutzversicherung,** wenn der Mandant ausdrücklich gesagt hatte, dass nur bei voller Kostenübernahme durch die Versicherung geklagt werden solle (OLG Düsseldorf BeckRS 2021, 48922). Auch wenn der Mandant lediglich sagt, ihm dürften durch die Klagerhebung „keinerlei Kostennachteile entstehen", so soll darin bereits eine konkludente Weisung/Bedingung liegen, die Klageerhebung vom Vorliegen einer Deckungszusage des

Ausschlüsse § 4

RechtsschutzVR abhängig zu machen (OLG Karlsruhe VersR 1978, 338; *Therstappen* AnwBl. 2014, 182 (183)).

(2) **Abweichen von gesetzlichen Pflichten.** Gesetzliche Pflichten sind 55 nicht nur ausdrücklich normierte Verhaltensregeln, sondern auch **ungeschriebene (Neben)pflichten** (*Späth* VersR 2000, 825 (826)). Primäre gesetzliche Pflicht des Anwalts ist seine allgemeine Vertragspflicht, die ihm übertragenen Mandate **sachgerecht** und **fehlerfrei** zu bearbeiten. Arbeitet der Anwalt **bewusst fehlerhaft,** verliert er den Versicherungsschutz. Allerdings trifft den Anwalt grds. **keine Pflicht,** alle Mandate mit **hundertprozentiger Gründlichkeit** zu bearbeiten (*Späth* VersR 2000, 825). Insbesondere bei Routinefällen stellt es deshalb keine wissentliche Pflichtverletzung dar, wenn der Anwalt oberflächlich arbeitet (OLG Frankfurt a. M. NVersZ 2001, 42; BGH VersR 1986, 647 (648); *Mennemeyer,* Kap. 11 Rn. 110; *Therstappen* AnwBl. 2014, 182 (183)). Insbesondere stellt es keine wissentliche Pflichtverletzung dar, wenn der Anwalt nicht in jedem Fall sorgfältig in seiner Bibliothek oder in Datenbanken recherchiert, ob sich die Rechtsprechung geändert hat oder er irgendeinen Sonderfall übersehen hat. Denn dann wäre eine wissentliche Pflichtverletzung nur dann ausgeschlossen, wenn der Anwalt so sorgfältig gearbeitet hat, dass kein Schaden eintreten konnte, und dann wäre die Versicherung ad absurdum geführt (OLG Stuttgart NVersZ 1999, 337; vgl. auch BGH VersR 1979, 1121). In die gleiche Richtung geht die Entscheidung BGH VersR 1986, 647: Keine wissentliche Pflichtverletzung, wenn sich der unerfahrene Anwalt auf mündliche Ratschläge eines älteren Partners und auf dessen veraltete Vertragsmuster verlässt.

Wichtig ist, dass sich nach der Rechtsprechung die wissentliche Pflichtver- 56 letzung auf die Verletzung einer **im konkreten Mandat** bestehenden **konkreten Pflicht** beziehen muss. Der Versicherungsschutz geht deshalb nicht verloren, wenn der Anwalt insgesamt seine Kanzlei nicht so organisiert, wie es allgemeinen berufsrechtlichen Anforderungen entspricht und dadurch Fehler entstehen (dazu *Späth* VersR 2000, 825). **Wissentlich suboptimale Büroorganisation** und die dadurch geschaffene **Gefahrenlage** ist noch keine wissentliche Pflichtverletzung (Beckmann/Matusche-Beckmann/*v. Rintelen,* § 23 Rn. 319; *Therstappen* AnwBl. 2014, 182 (183)). Denn sonst wären alle Sachverhalte vom Versicherungsschutz ausgeschlossen, in denen der Schaden durch Anordnung und Durchführung geeigneter Vorsichtsmaßnahmen hätte verhindert werden können, und dadurch würde der Versicherungsschutz entwertet (BGH VersR 1970, 1121 (1122)). Folgerichtig hat die Rechtsprechung folgende Mängel der allgemeinen Büroorganisation nicht als wissentliche Pflichtverletzungen angesehen:

– Fehlendes **Postausgangsbuch** (OLG Stuttgart NVersZ 1999, 337)
– **Unordentliche Aktenführung** eines Notars (OLG Hamm VersR 1987, 802).

Das Gleiche muss für **mangelhafte Fristenkontrolle** gelten (Gräfe/Brügge/Melchers/*Gräfe,* Rn. E 226; *Mennemeyer,* Kap. 11 Rn. 110).

Versäumt der Anwalt wegen **allgemeiner Arbeitsüberlastung** Fristen, 57 soll die Kenntnis von der Arbeitsüberlastung, die sich ohnehin erst mit zeitlicher Verzögerung einstellt, allein nicht schon für eine wissentliche Pflichtverletzung ausreichen (OLG Köln r+s 2001, 58). Vielmehr muss hinzukommen, dass der Anwalt wegen der Arbeitsüberlastung **im Bewusstsein und in Kenntnis des Ablaufs von Verjährungsfristen** von der Bearbeitung abgesehen hat (OLG Köln r+s 2001, 58). Auch liegt wissentliche Pflichtverletzung vor, wenn der Anwalt **nicht einmal mehr die Akten sichtet,** um Verjährungsfristen zu notieren (OLG Köln r+s 2001, 58). **Vorsatz** ist auch zu **vermuten,** wenn der überlastete Anwalt **sehenden Auges** die Akten liegen und die Fristen ablaufen lässt (LG Düsseldorf VersR 1980, 82; OLG Düsseldorf VersR 1981, 621; 1981, 729 (769)). Ähnliches soll gelten, wenn der Anwalt in Kenntnis völliger Überlastung weiter Mandate annimmt (*van Bühren,* S. 140). Demgegenüber ist das Vergessen der Bearbeitung einzelner Akten regelmäßig keine wissentliche Pflichtverletzung. Lässt der Anwalt eine Akte längere Zeit unbearbeitet, wird daraus erst dann eine wissentliche Pflichtverletzung, wenn er sich des drohenden Verjährungseintritts bewusst ist (LG Düsseldorf VersR 1980, 81: der Anwalt hatte vorgetragen, den Fall wegen der „schwierigen oder unmöglichen Rechtslage" nicht weiter bearbeitet zu haben; zu scharf *Dobmaier* AnwBl. 2003, 446 (447)). Eine wissentliche Pflichtverletzung liegt auch vor, wenn der Anwalt trotz zweimaliger Fristverlängerung eine Berufungsbegründung nicht fristgemäß erstellt, sondern darauf vertraut, dass ihm vom Gericht eine dritte Fristverlängerung gewährt werde, obwohl für eine solche Fristverlängerung keine objektiven Gründe vorliegen (OLG Saarbrücken BRAK-Mitt. 2008, 162). Im Umgang mit Arbeitsüberlastung und daraus resultierenden Fehlern machen Anwälte oft schwere **taktische Fehler.** Hat der Anwalt eine Sache liegen gelassen und wurde deshalb eine Frist versäumt oder ist Verjährung eingetreten, ist es naheliegend und auch menschlich verständlich, wenn der Anwalt gegenüber dem geschädigten Mandanten den Fehler mit „völliger Arbeitsüberlastung" zu entschuldigen versucht. Übersehen wird dabei, dass diese Verteidigungslinie den VR geradezu dazu einlädt, wissentliche Pflichtverletzung einzuwenden und die Deckung abzulehnen (*van Bühren,* S. 140; *Brieske* AnwBl. 1995, 225 (231)).

58 Wissentliche Pflichtverletzung kommt auch in Betracht, wenn der Anwalt sehenden Auges hinnimmt, dass ihn **wichtige Nachrichten** von Mandanten, Behörden oder Gerichten **nicht erreichen** (*Riechert,* § 4 Rn. 44). Das ist etwa der Fall, wenn der Anwalt Störungen von Telefon- oder Faxanschlüssen nicht beheben lässt, den defekten Briefkasten nicht repariert oder – nicht selten! – seinen Faxanschluss erst nach Aufforderung aktiviert. Auch wer zwar eine Mailadresse auf dem Briefbogen angibt, aber grds. E-Mails nicht liest, riskiert den Vorwurf wissentlicher Pflichtverletzung, ebenso wie bei vorsätzlicher Nichtteilnahme am besonderen elektronischen Anwaltspostfach **(beA).**

59 **Zahlung vor Fälligkeit** bedeutet nicht unbedingt eine wissentliche Pflichtverletzung (OLG Karlsruhe OLGR 2003, 182). Wissentliche Pflichtverletzung kann vorliegen bei grob fahrlässigem Umgang mit **verwahrten Wertsachen** (OLG Karlsruhe VersR 2017, 1389: 65 kg Gold). Die **Vermischung von Eigen- und Fremdgeld** auf ein und demselben Konto sowie Entnahmen von diesem Konto zu eigenen Zwecken bedeutet nicht automatisch eine wissentliche Pflichtverletzung gegenüber allen Mandanten, die Ansprüche auf Gelder auf dem Konto haben (OLG Düsseldorf BeckRS 2008, 25292; krit. dazu *Chab* BRAK-Mitt. 2009, 67 (68)). Abwegig ist die Auffas-

Ausschlüsse **§ 4**

sung, der Versand **unverschlüsselter E-Mails** verstoße gegen die anwaltliche Verschwiegenheitspflicht gem. § 43a Abs. 1 BRAO und sei deshalb automatisch eine wissentliche Pflichtverletzung (so aber *Koch,* Rn. 2085). Hingegen ist ohne weiteres von einer wesentlichen Pflichtverletzung auszugehen, wenn der Anwalt unter Verstoß gegen **§ 203 StGB** Mandatsgeheimnisse Dritten zugänglich macht und dadurch dem Mandanten ein Schaden entsteht.

Eine wissentliche Pflichtverletzung liegt auch dann vor, wenn der Anwalt 60 **bestätigt,** eine **Prüfung** oder sonstige **Handlungen durchgeführt** zu haben, die er tatsächlich nicht durchgeführt hatte. Die Pflichtverletzung liegt hier nicht in der unterlassenen Prüfung, sondern in der falschen Bestätigung. Sieht der Mandant daraufhin von einer eigenen Prüfung oder der Beauftragung eines anderen Anwalts ab, ist die Kausalkette zwischen der wissentlichen Pflichtverletzung und dem Schaden geschlossen (*Therstappen* AnwBl. 2014, 182 (183)). Wissentliche Pflichtverletzung liegt auch vor, wenn der Anwalt gegen ein Versäumnisurteil weder Einspruch einlegt noch überhaupt den Mandanten über das Ergehen des Versäumnisurteils informiert, sondern diesem nur lapidar mitteilt, alles „laufe nach Plan". Auch das Führen **erkennbar aussichtsloser Prozesse** für rechtsschutzversicherte Mandanten ohne entsprechenden Hinweis kann eine wissentliche Pflichtverletzung darstellen (vgl. BGH NJW 2021, 3324).

In der Praxis verbreitete Fälle wissentlicher Pflichtverletzung sind solche, in 61 denen der Anwalt erkennt, dass er einen schadenstiftenden Fehler gemacht hat, und dann wissentlich **Reparaturmöglichkeiten ungenutzt** lässt, um gegenüber dem Mandanten **keine Fehlleistung** zugeben zu müssen (*Therstappen* AnwBl. 2014, 182 (184)). Klassischer Fall ist die unterlassene **„Flucht in die Säumnis"** oder **„Flucht in die Berufung".** Die Flucht in die Säumnis löst zwar zusätzliche Kosten aus, diese sind aber regelmäßig erheblich weniger schädlich als die Folgen eines Prozessverlustes wegen Verspätung. Nicht wenige Anwälte scheuen sich aber davor, dem Mandanten zu offenbaren, dass beim Sachvortrag geschlampt wurde und man deshalb der Zurückweisung verspäteten Vortrags nur durch Flucht in die Säumnis mit entsprechender Kostenfolge entgehen kann. Flüchtet der Anwalt bewusst nicht in die Säumnis und verliert er den Prozess wegen Zurückweisung seines Vortrags als verspätet, ist die Versicherung nicht eintrittspflichtig, weil in der unterlassenen Flucht in die Säumnis eine wissentliche Pflichtverletzung liegt.

cc) Kausalität. Der Ausschluss greift auch dann, wenn der wissentliche 62 Verstoß **nicht allein** für den Schadenseintritt kausal war, sondern der Schaden erst aufgrund weiterer, nicht-wissentlicher Verstöße eingetreten ist. Denn es soll den wissentlich Verstoßenden nicht entlasten, dass er noch weitere Verstöße begangen hat (BGH VersR 2015, 1156).

dd) Beweislast. (1) Beweislastverteilung. Grds. trifft den **VR** die **Be-** 63 **weislast** für jedes einzelne Tatbestandselement der wissentlichen Pflichtverletzung. Er muss deshalb das Bestehen einer Pflicht, den objektiven Pflichtverstoß, die Kenntnis von der Pflicht, den wissentlichen Verstoß gegen die Pflicht sowie die Kausalität des Verstoßes für den Schaden darlegen und beweisen (BGH VersR 1991, 176; 2001, 1103 (1105); OLG Hamm NJW-RR 1995, 1431; *Mennemeyer,* Kap. 11 Rn. 109). Beruft sich der Anwalt auf einen Rechtsirrtum, muss der VR beweisen, dass ein solcher nicht vorlag (BGH VersR 1986, 647; *van Bühren,* S. 140).

64 Dagegen ist wie oben dargelegt die Kenntnis der Möglichkeit des **Schadenseintritts** ebenso wenig Tatbestandsvoraussetzung wie böse Absicht. Diese Umstände können den Anwalt demgemäß auch nicht entlasten. Es nützt ihm also nichts, wenn er darlegt, dass er einen kausalen Schaden für absolut ausgeschlossen gehalten hat und/oder zum Wohle des Mandanten handeln wollte (BGH VersR 1991, 177; OLG Hamm VersR 2000, 483).

65 So einfach die Struktur der wissentlichen Pflichtverletzung in der Theorie ist, so problematisch ist sie in der Praxis. Denn sie wirft **enorme Beweisprobleme** auf, insbesondere hinsichtlich des **Vorsatzes.** Der direkte Vorsatz ist eine innere Tatsache, die einer unmittelbaren Beweisführung nicht zugänglich ist. Deshalb kann nur aus den **Gesamtumständen** und **bestimmten Indizien auf den Vorsatz geschlossen werden.** Hinzu kommt, dass die **Bindungswirkung** des Urteils im Haftpflichtprozess (→ § 3 Rn. 23 ff.) für die Feststellung einer wissentlichen Pflichtverletzung regelmäßig nichts hergibt, weil dieses Urteil sich regelmäßig mit den besonderen Voraussetzungen der wissentlichen Pflichtverletzung nicht beschäftigt (BGH BRAK-Mitt 2015, 74; OLG Köln VersR 2012, 560, s. auch → § 3 Rn. 26).

66 **(2) Kenntnis von der Pflicht.** Besondere Probleme macht die Beweislast im Hinblick auf die Kenntnis des Anwalts von der verletzten Pflicht. Die **positive Kenntnis** einer Person von einem Umstand ist als innere Tatsache grds. **nicht unmittelbar beweisbar.** Der Beweis kann deshalb nur mittelbar durch **Indizien** geführt werden.

67 Insoweit gilt zunächst die allgemeine Regel, dass **Anwälte die allgemeinen ihren Beruf betreffenden Vorschriften kennen** (OLG Köln r+s 1997, 496; OLG Hamm VersR 1996, 1006). Soweit es um die Verletzung von Normen oder Pflichten geht, die ein Anwalt **nach der Lebenserfahrung** kennt (sog. **„Kardinalpflichten",** BGH NJW 2015, 947), muss deshalb der Anwalt darlegen, warum er im jeweiligen Einzelfall aus besonderen Gründen die Pflicht nicht gekannt haben will (BGH NJW 2015, 947). Gelingt diese Darlegung, ist streitig, ob dann den Anwalt die Beweislast für die dargelegten Umstände trifft (OLG Koblenz VersR 1980, 643; vgl. dazu auch den Nichtannahmebeschluss des BGH nebst Anmerkung *Evers* in VersR 1980, 643f.; ähnlich auch OLG Köln r+s 1997, 496), oder ob der VR beweisen muss, dass die vom VN dargelegten besonderen Umstände nicht zutreffen (so *Mennemeyer,* Kap. 11 Rn. 109). Wie weit die Vermutung für die Kenntnis der Pflicht geht, ist im Einzelnen umstritten. Anerkannt ist, dass die Vermutung umso näher liegt, je eher die verletzte Pflicht zum Grundwissen bzw. zu den fundamentalen Regeln gehört (OLG Köln VersR 1990, 193; Gräfe/Brügge/Melchers/*Gräfe,* Rn. E 224: **„Primitivwissen").** Bedeutsam sind aber auch die Dauer der Berufserfahrung und die Spezialisierung des Anwalts.

68 Der **Hinweis eines Dritten,** sei es der Mandant, ein Berufskollege oder das Gericht, auf eine bestimmte Rechtslage und daraus resultierende anwaltliche Pflichten bedeutet nicht automatisch, dass der Anwalt die Pflicht gekannt hat. Das setzt vielmehr voraus, dass sich der Anwalt die Auffassung des Dritten zu Eigen gemacht hat (Fischer/*Chab,* § 18 Rn. 75; OLG Saarbrücken VersR 1992, 994).

Ausschlüsse **§ 4**

Nach der Lebenserfahrung **unterstellt** hat die Rechtsprechung beispiels- 69
weise die Kenntnis folgender Pflichten:
- **Prüfungspflicht** vor der Auszahlung von Geldern von **Anderkonten**
 (OLG Hamm AnwBl. 1996, 237 für Notar: „versteht sich von selbst")
- **Gesetzliche Abgabefristen** für **Steuererklärungen** (OLG Düsseldorf
 VersR 1981, 621; 1981, 769).
- **Belehrungspflicht** des Notars nach § 17 BeurkG (OLG Köln VersR 2013,
 1438).

Dagegen spricht keine Vermutung dafür, dass der Anwalt im konkreten Fall 70
eine **Verjährungsfrist** gekannt hat. Zwar wird jeder Anwalt die grundlegenden Verjährungsregeln des Zivilrechts (§ 195 BGB) kennen. Auch weiß jeder Anwalt, dass für fast alle (§ 194 Abs. 2 BGB) Ansprüche Verjährungsfristen existieren, sodass jedem Anwalt die **Pflicht** bekannt ist, die **Verjährung zu prüfen** (*Mennemeyer*, Kap. 11 Rn. 109). Dagegen ist im Einzelfall der Zeitpunkt des Beginns der Verjährungsfrist oft ebenso schwer feststellbar wie eine mögliche Hemmung, sodass **im konkreten Fall** Kenntnis des **konkreten Verjährungseintritts** grds. **nicht** unterstellt werden kann (OLG Köln r+s 2001, 58; *Mennemeyer*, Kap. 11 Rn. 110). Im Einzelfall ist die Abgrenzung schwierig. So hat beispielsweise das OLG Karlsruhe (VersR 2010, 940) eine wissentliche Pflichtverletzung verneint, obwohl die Anwältin wirre und unplausible Angaben dazu gemacht hatte, warum sie den Verjährungseintritt nicht verhindert hatte. Nach Auffassung des OLG sprach dies eher für Überforderung als für vorsätzliches Verjährenlassen. Demgegenüber hat das LG Düsseldorf (VersR 1980, 81) wissentliche Pflichtverletzung bejaht bei einem Anwalt, der vorgetragen hatte, die rechtzeitige Bearbeitung der Sache sei nicht nur an Überlastung gescheitert, sondern auch an der „schwierigen oder unmöglichen Rechtslage".

Was für die Kenntnis der grundlegenden Berufspflichten gilt, gilt nicht für 71
das menschliche **Erinnerungsvermögen.** Es kann nicht einfach unterstellt werden, dass der Anwalt sich an eine Tatsache erinnert, die ihm irgendwann einmal mitgeteilt worden ist, ebenso wenig an eigene Handlungen der Vergangenheit (BGH r+s 1989, 45).

(3) Vorsätzlicher Verstoß. Steht die Kenntnis von der Pflicht fest, so ist 72
auf der nächsten Stufe zu prüfen, ob der **Verstoß gegen die Pflicht** wissentlich (das heißt „direkt vorsätzlich") erfolgte.

Wiederholte Fristversäumnisse sprechen für wissentliche Pflichtverlet- 73
zung (OLG Düsseldorf VersR 1981, 621; OLG Hamm VersR 1988, 1122 mAnm *Späth;* LG Essen DStR 1988, 619). Eine wissentliche Pflichtverletzung ist auch dann regelmäßig zu unterstellen, wenn der Anwalt trotz Mahnungen oder Erinnerungen seines Mandanten **nicht tätig wird,** sofern er **weiß, dass er tätig werden müsste.** So liegt es beispielsweise, wenn der Mandant die unverzügliche **Weiterleitung von Fremdgeld** vergeblich anmahnt (Gräfe/Brügge/Melchers/*Gräfe,* Rn. E 247), allerdings ist der Anspruch auf Herausgabe von Fremdgeld ein Erfüllungsanspruch und deshalb gemäß § 1 I 1 S. 2 nicht versichert → § 1 Rn. 87). Demgegenüber hat das LG Düsseldorf (GI 1997, 97) eine wissentliche Pflichtverletzung bejaht, wenn ein **Treuhänder** auf Befragen die Korrektheit von Überweisungsaufträgen bestätigt, die er we-

§ 4 A. Der Versicherungsschutz

der angesehen noch kontrolliert hat (ähnlich RG JRPV 1935, 202: Wissentliche Pflichtverletzung des Notars, der sich in Kenntnis seiner eigenen Prüfpflicht auf mündliche Auskünfte Dritter verlässt). Legt der Anwalt gegen ein **Versäumnisurteil keinen Einspruch** ein und informiert den Mandanten noch nicht einmal über das Versäumnisurteil, bedarf es nach Auffassung des OLG Köln (VersR 2009, 58 und 2012, 560) keiner weiteren Darlegung vorsätzlichen Handelns durch den VR, weil jede andere Erklärung als Vorsatz so weit außerhalb jeder Wahrscheinlichkeit liege, dass sie im Rahmen des Zivilprozesses keiner Ausräumung bedürfe. In diesem Fall hätte allerdings richterweise Anlass zur Prüfung bestanden, ob der Anwalt überhaupt noch geschäftsfähig war. Die **Unzurechnungsfähigkeit** schließt die Anwendung von § 4.5 aus, allerdings ist der VN darlegungs- und beweispflichtig für diejenigen Umstände, die Unzurechnungsfähigkeit begründen sollen (*Therstappen* AnwBl. 2014, 182 (184)). Mittlerweile hat der BGH (VersR 2015, 181) seine Rechtsprechung weiter ausgebaut und festgestellt, dass zwar der VR grds. die Darlegungs- und Beweislast für die Wissentlichkeit und damit den Vorsatz betr. die Pflichtverletzung trage, jedoch bei der Verletzung sog. **Kardinalpflichten** eine **Beweiserleichterung** dahingehend gilt, dass hier der VN im Rahmen seiner sekundären Darlegungslast die Indizwirkung der Kardinalpflichtverletzung für Vorsatz entkräften muss.

74 **ee) Schutzzweck der verletzten Pflicht.** Nach allgemeinen Grundsätzen des Schadensrechts ist nicht nur Kausalität zwischen wissentlicher Pflichtverletzung und Schaden erforderlich, sondern es ist des Weiteren stets zu prüfen, ob der **Schaden unter den Schutzzweck der verletzten Norm** fällt. Daran fehlt es zB, wenn der Anwalt wissentlich ein Mandat annimmt, obwohl er es wegen **Interessenkollision** nicht hätte annehmen dürfen (vgl. § 3 BORA, § 43a BRAO, § 356 StGB). Unterläuft ihm bei diesem Mandat ein Fehler, liegt zwar Kausalität vor, da der Fehler ohne Mandatsannahme nicht passiert wäre. Sinn der Regeln über Interessenkollisionen ist aber nicht, Fehler bei der Mandatsarbeit zu vermeiden. Deshalb bleibt die Versicherung eintrittspflichtig (zum Kausalitätserfordernis auch OLG Köln r+s 1989, 213; BGH VersR 1991, 176). Dagegen besteht ein Schutzzweckzusammenhang zwischen Schaden und Pflichtverletzung dann, wenn der Anwalt nicht offenbart, dass er aufgrund Verflechtung ein **wirtschaftliches Eigeninteresse** an einem geplanten Investment des Mandanten hat, hinsichtlich dessen er beraten soll. Denn die Aufdeckung dieses Umstands hätte den Mandanten dazu veranlassen können, genauer die Sinnhaftigkeit des Investments zu prüfen (LG Stuttgart 12.12.1989 – 17 O 279/89, zitiert bei Gräfe/Brügge/Melchers/*Gräfe,* Rn. E 268).

75 **d) Zurechnung (§ 4.5.1).** In Berufsausübungsgesellschaften gilt für die Zurechnung von Ausschlüssen grds. § 1 II 3, wonach ihr alle Ausschlüsse zugerechnet werden, die in der Person ihrer Partner (Gesellschafter) und (juristischen oder nicht-juristischen) Mitarbeiter vorliegen. Diese extrem weite (→ § 1 Rn. 151) Zurechnung wird in § 4.5.1 für den Ausschluss der wissentlichen Pflichtverletzung deutlich **eingeschränkt.** Insbesondere wird der Sozietät eine wissentliche Pflichtverletzung von **Angestellten** und **Mitarbeitern nicht zugerechnet.** Das gilt sowohl für juristische als auch für nicht-

Ausschlüsse **§ 4**

juristische Angestellte/Mitarbeiter. Der Begriff „Mitarbeiter" erfasst auch freie Mitarbeiter und sonstige freie Dienstnehmer außerhalb des Arbeitsrechts. Eine Zurechnung findet nur statt, wenn die wissentliche Pflichtverletzung bei einem **Gesellschafter (Partner, Sozius)** vorgelegen hat. Zugerechnet wird auch die wissentliche Pflichtverletzung eines Geschäftsführers, was allerdings nur relevant wird, wenn dieser nicht Gesellschafter ist. Ob die Gesellschafter/ Geschäftsführer Rechtsanwälte sind oder nicht, spielt für die Zurechnung keine Rolle. Mit „Organ" sind Geschäftsleiter gemeint, die im Gesetz oder Gesellschaftsvertrag nicht als „Geschäftsführer" bezeichnet werden (zB Vorstandsmitglieder einer RechtsanwaltsAG). Allerdings weist § 4.5.1 S. 2 ausdrücklich auf § 7 III 2 hin, wonach bei wissentlicher oder gar vorsätzlicher Pflichtverletzung durch Angestellte oder Mitarbeiter der VR sich den Rückgriff gegen diese vorbehält (s. dort).

e) Vorleistungspflicht (§ 4.5.2). § 4.5.2 enthält die – in der D&O-Versicherung seit langem übliche – Vorleistungsklausel (dazu *Nothaas* AnwBl. 2021, 232). Der Versicherer muss Abwehrschutz (→ § 3 Rn. 8 ff.) gewähren, auch wenn er geltend macht oder auf der Hand liegt, dass er eigentlich wegen wissentlicher Pflichtverletzung leistungsfrei ist. **Räumt** allerdings der VN das Vorliegen von wissentlicher Pflichtverletzung **ein,** entfällt der Anspruch auf vorläufige Abwehrdeckung (*Riechert*, § 3 Rn. 34; vgl. Ziff. 10.3 des **ERGO**-Bedingungswerks, wonach die Vorleistungspflicht nur bei „strittiger" wissentlicher Pflichtverletzung besteht). Die Feststellung, dass wissentliche Pflichtverletzung vorlag, stellt eine auflösende Bedingung gemäß § 158 Abs. 2 BGB dar, der Versicherungsschutz entfällt rückwirkend. **76**

Wird **rechtskräftig** das Vorliegen einer wissentlichen Pflichtverletzung **festgestellt,** sind die im Rahmen der Abwehrdeckung erbrachten Leistungen dem VR zu erstatten, dasselbe gilt, wenn der VN nachträglich das Vorliegen wissentlicher Pflichtverletzungen unstreitig stellt. Die AVB-RS regeln nicht, **gegen wen** sich die Erstattungspflicht richtet, wenn in einer Berufsausübungsgesellschaft eine versicherte Person (Partner etc) persönlich in Anspruch genommen wird, zB nach § 1 I 2 (s. dort). Richtigerweise richtet sich die Erstattungspflicht immer gegen den VN (vgl. MüKoVVG/*Ihlas,* Kap. 320 Rn. 614 mwN). Ob dieser dann wiederum einen Regressanspruch gegen die versicherte Person hat, ist eine Frage des Innenverhältnisses zwischen beiden. **77**

Ein Problem der Vorleistungsklausel ist, dass es eine **rechtskräftige Feststellung** einer wissentlichen Pflichtverletzung regelmäßig gar **nicht gibt.** In Rechtskraft erwächst, jedenfalls im Haftungsprozess zwischen Rechtsanwalt und Mandant, allenfalls die Zahlungsverpflichtung (zutr. OLG Frankfurt VersR 2021, 1355). Es gibt aber keinen denkbaren zivilrechtlichen Anspruch des Mandanten gegen den Rechtsanwalt, der gerade vom Vorliegen oder Nicht-Vorliegen einer wissentlichen Pflichtverletzung abhinge; zivilrechtliche Haftungsnormen differenzieren regelmäßig nur zwischen Vorsatz und Fahrlässigkeit. Deshalb kann sich diese Klausel nur auf Feststellungen in einem (ggfs. vorweggenommenen) Deckungsprozess zwischen VN und VR beziehen (dazu → § 3 Rn. 60). Regelmäßig wird der Ablauf so sein, dass der VR seine Eintrittspflicht für den Schaden ablehnt, aber vorläufig die Abwehrkosten übernimmt. Klagt dann der VN auf Freistellung vom Schaden, wird der **78**

VR Widerklage auf Erstattung der Abwehrkosten erheben (so zB im Fall OLG Düsseldorf VersR 2020, 968). Zur Möglichkeit einer **einstweiligen Verfügung** auf Abwehrschutz s. OLG Frankfurt r+s 2021, 502 „Wirecard". Wegen all dieser ungeklärten Fragen spricht Einiges für die **AGB-Widrigkeit** der Klausel (so OLG FrankfurtVersR 2021, 1355).

79 Einigt sich der VR mit dem Geschädigten auf Regulierung in einer bestimmten Höhe, kommt es nicht zu einer rechtskräftigen Entscheidung. Gleichwohl kann der VR die im Rahmen der Abwehrdeckung erbrachten Leistungen zurückfordern, dafür muss er allerdings den VN auf Rückzahlung verklagen.

80 **f) Haftungsbeschränkte Berufsausübungsgesellschaften (§ 4.5.3).** Anlässlich der Schaffung der PartmbB im Jahr 2013 wurde im damaligen § 51a BRAO geregelt, dass die Versicherungsdeckung der PartmbB einen **Ausschluss wegen wissentlicher Pflichtverletzung nicht enthalten** darf. Die Regelung wurde zugleich auf die GmbH erstreckt (§ 59j BRAO aF), die damals einzig zulässige haftungsbeschränkte Rechtsform für Rechtsanwälte war. Im Zuge der Großen BRAO-Reform 2022 hat der Gesetzgeber diesen Paradigmenwechsel fortgeführt und in § 59n Abs. 2 S. 3 BRAO geregelt, dass in allen haftungsbeschränkten Berufsausübungsgesellschaften der Ausschluss wegen wissentlicher Pflichtverletzung nicht zulässig ist. Dieses Regelungskonzept ist nachvollziehbar. Denn bei haftungsbeschränkten Gesellschaften dient die erhöhte Mindestversicherungssumme ja dem Schutz des Geschädigten, während gleichzeitig das Privatvermögen des Rechtsanwalts geschützt wird. Bei einer Leistungsfreiheit des VR wegen wissentlicher Pflichtverletzung wäre bei haftungsbeschränkten Berufsausübungsgesellschaften der Mandant ohne (mittelbare) Versicherungsdeckung, könnte aber gleichwohl nicht auf das Privatvermögen der Sozietätspartner durchgreifen.

81 § 4.5.3 beseitigt in haftungsbeschränkten Berufsausübungsgesellschaften den Ausschluss wegen wissentlicher Pflichtverletzung nicht insgesamt, sondern **nur in Höhe der jeweiligen gesetzlichen Mindestversicherungssumme** (§ 59o Abs. 1 und 2 BRAO, dh je nach Größe entweder 1 Mio. EUR oder 2,5 Mio. EUR). Versichert sich die Sozietät **freiwillig** höher, bleibt es also für den Teil der Deckungssumme, der die gesetzliche Mindestversicherungssumme übersteigt, beim Ausschluss für wissentliche Pflichtverletzung. Auch greift § 4.5.3 nur dann, wenn der Versicherungsvertrag zur Erfüllung der Pflichtversicherung dient, also die in § 113 VVG zwingend vorgeschriebene gesetzliche Mindestdeckung betrifft. Hat sich hingegen die Berufsausübungsgesellschaft unter einer anderen Police (ggfs. auch bei einem anderen Versicherer) die gesetzliche Mindestdeckung beschafft, und dient der vorliegende Versicherungsvertrag nur der freiwilligen Höherdeckung, gilt für diesen Vertrag insgesamt uneingeschränkt der Ausschluss wegen wissentlicher Pflichtverletzung. Soweit der Ausschluss für wissentliche Pflichtverletzung nicht greift, wird der VR erst bei **Vorsatz nach § 103 VVG** leistungsfrei. Das setzt insbesondere auch Vorsatz bezüglich der Schädigung des Mandanten voraus (ausführlich dazu *Riechert* AnwBl. 2017, 996).

82 Satz 2 sieht den **Regress** gegen den VN vor, soweit der VR nach Satz 1 trotz Vorliegens wissentlicher Pflichtverletzung leisten musste. Der Regress

richtet sich **gegen den VN,** auch wenn der Versicherungsschutz einem unmittelbar in Anspruch genommenen mitversicherten Partner gewährt wurde (vgl. die Fälle des § 1 I 2, s. dort). Hier muss allerdings richtigerweise die Zurechnungsgrenze aus § 4.5.1 (s. dort) entsprechend gelten, dh der Regress muss sich auf wissentliche Pflichtverletzungen durch Gesellschafter oder Geschäftsführer beschränken, wogegen ein Regress gegen Angestellte oder Mitarbeiter nicht in Betracht kommt.

B. Der Versicherungsfall (§§ 5 und 6)

§ 5 Versicherungsfall, Obliegenheiten im Versicherungsfall, Zahlung des Versicherers

I. Versicherungsfall

Versicherungsfall ist der Verstoß, der Haftpflichtansprüche gegen den Versicherungsnehmer zur Folge haben könnte.

II. Obliegenheiten im Versicherungsfall

1. Anzeigepflichten

1.1 Jeder Versicherungsfall ist dem Versicherer (vgl. § 11) spätestens innerhalb einer Woche anzuzeigen. Bestehen Zweifel über das Vorliegen eines Verstoßes, umfasst der Versicherungsschutz auch die Beratung zur Abwehr eines möglichen Anspruchs im Vorfeld des Versicherungsfalles. II 1 bleibt unberührt.

1.2 Auch wenn der Versicherungsnehmer den Versicherungsfall selbst bereits angezeigt hat, hat er dem Versicherer unverzüglich Anzeige zu erstatten, wenn gegen ihn ein Anspruch gerichtlich geltend gemacht, Prozesskostenhilfe beantragt, ein Mahnbescheid erlassen, ihm der Streit verkündet, ein Schlichtungsverfahren vor der Schlichtungsstelle der Rechtsanwaltschaft beantragt, ein Ermittlungsverfahren eingeleitet oder ein Strafbefehl erlassen wird. Das Gleiche gilt im Fall eines Arrestes, einer einstweiligen Verfügung oder eines selbständigen Beweisverfahrens. Gegen Mahnbescheide oder Verfügungen von Verwaltungsbehörden auf Schadenersatz hat er, ohne die Weisung des Versicherers abzuwarten, fristgemäß die erforderlichen Rechtsbehelfe zu ergreifen.

1.3 Macht der Geschädigte seinen Anspruch gegenüber dem Versicherungsnehmer geltend, ist dieser zur Anzeige innerhalb einer Woche nach der Erhebung des Anspruchs verpflichtet.

1.4 Durch das Absenden der Anzeige werden die Fristen gewahrt. Für die Rechtsnachfolger des Versicherungsnehmers tritt an Stelle der Wochenfrist jeweils eine Frist von einem Monat.

2. Mitwirkung des Versicherungsnehmers bei der Schadenabwehr

2.1 Der Versicherungsnehmer ist, soweit für ihn zumutbar, verpflichtet, unter Beachtung der Weisungen des Versicherers, insbesondere auch hinsichtlich der Auswahl des Prozessbevollmächtigten, für die Abwendung und Minderung des Schadens zu sorgen und alles zu tun, was zur Aufklärung des Schadenfalles dient.

2.2 Er hat den Versicherer bei der Abwehr des Schadens sowie bei der Schadenermittlung und -regulierung zu unterstützen, ihm gegenüber ausführliche und wahrheitsgemäße Sachverhaltsschilderungen abzugeben, alle Tatumstände, welche auf den Schadenfall Bezug haben, mitzuteilen und alle nach Ansicht des Versicherers für die Beurteilung des Schadenfalls erheblichen Schriftstücke einzusenden.

2.3 Den aus Anlass eines Schadenfalles erforderlichen Schriftwechsel hat der Versicherungsnehmer unentgeltlich zu führen. Sonstiger anfallender Aufwand sowie auch die Kosten eines vom Versicherungsnehmer außergerichtlich beauftragten Bevollmächtigten werden nicht erstattet.

2.4 Eine Streitverkündung seitens des Versicherungsnehmers an den Versicherer ist nicht erforderlich. Die Kosten einer solchen werden vom Versicherer nicht ersetzt.

2.5 Bei Haftpflichtansprüchen aus Tätigkeiten im Zusammenhang mit der Beratung und Beschäftigung im außereuropäischen Recht, aus der Tätigkeit oder aus der Inanspruchnahme vor außereuropäischen Gerichten entsprechend den Regelungen in den Besonderen Bedingungen (Teil 2 BBR-RA, Teil 3 BBR-S) hat der Versicherungsnehmer im Schadenfall den Schriftverkehr mit dem Versicherer ausschließlich über inländische Einheiten in deutscher und englischer Sprache abzuwickeln, dem Versicherer einen inländischen Ansprechpartner zu benennen, den Schadenfall entsprechend aufzubereiten und – vorbehaltlich anderweitiger Vereinbarungen mit dem Versicherer – vor Ort die rechtliche Argumentation zur Abwehr von Schadenersatzansprüchen in Absprache mit dem Versicherer zu übernehmen.

III. Zahlung des Versicherers

1. Zeitpunkt

Ist die Schadenersatzverpflichtung des Versicherungsnehmers mit bindender Wirkung (§ 3 II Ziffer 1.1) für den Versicherer festgestellt, hat dieser den Versicherungsnehmer binnen zwei Wochen vom Anspruch des Dritten freizustellen.

2. Erfüllung

Die Leistungen des Versicherers erfolgen in Euro. Die Verpflichtung des Versicherers gilt mit dem Zeitpunkt als erfüllt, in dem der Euro-Betrag bei einem inländischen Geldinstitut angewiesen ist.

Versicherungsfall, Obliegenheiten, Zahlung **§ 5**

Übersicht
Rn.
I. Überblick 1
 1. Regelungsinhalt 1
 2. Verhältnis zu VVG und AHB 4
II. Versicherungsfall (I) 6
III. Begriff der „Obliegenheiten" (II) 7
IV. Anzeigeobliegenheiten (II 1) 10
 1. Verantwortliche Personen 11
 2. Adressat der Anzeigen 13
 3. Fristen (II 1.4) 15
 4. Erlöschen der Anzeigeobliegenheiten bei Deckungsverweigerung 17
 5. Anzeige bei Versicherungsfall (II 1.1) 18
  a) Zweck 18
  b) Auslöser der Anzeigenobliegenheit („Versicherungsfall") .. 21
  c) Frist 28
  d) Form und Inhalt 29
 6. Anzeige von Ermittlungsverfahren/Strafbefehl/Mahnbescheid
  oder gerichtlichen Maßnahmen (II 1.2 S. 1) 31
  a) Anzeige der Einleitung gerichtlicher Maßnahmen durch
   den Geschädigten 32
  b) Anzeige der Einleitung behördlicher Maßnahmen 36
 7. Anzeige der Geltendmachung durch Geschädigten (II 1.3) .. 40
V. Obliegenheit zur Einlegung von Widersprüchen (II 1.2 S. 3) ... 43
VI. Obliegenheiten bei der Schadensabwehr (II 2) 45
 1. Übersicht 45
 2. Beratungspflicht des VR (II 1.1 S. 2) 48
 3. Weisungsrecht des VR (II 2.1) 50
 4. Informations- und Mitwirkungspflichten des VN (II 2.2, 2.5) 60
 5. Grenzen der Zumutbarkeit 64
 6. Kosten der Schadensbearbeitung und -abwendung (II 2.3) .. 65
VII. Wegfall der Obliegenheiten bei Ablehnung der Deckung 70
VIII. (Vorläufige) Deckungszusage 71
IX. Streitverkündung an den VR (II 2.4) 73
X. Fälligkeit der Leistung des VR (III) 76
XI. Anspruchsübergang 82
XII. Besondere Bedingungen: Versicherungskonsortien;
 Führungsvereinbarung 83

I. Überblick

1. Regelungsinhalt

§ 5 I regelt den Begriff des **„Versicherungsfalls"**, § 5 II die wechselseiti- 1
gen **Pflichten und Obliegenheiten** von VR und VN **bei der Abwicklung.**
Verstoßen VR oder VN gegen diese Pflichten und Obliegenheiten, so treten
unterschiedliche Rechtsfolgen ein. Die wichtigste ist der (ganze oder teilweise)
Verlust des Deckungsanspruchs des VN gegen den VR nach § 6.

§ 5 regelt nur die Pflichten und Obliegenheiten **nach Eintritt des Ver-** 2
sicherungsfalls. Ergänzend regelt § 11a **vorvertragliche Pflichten** und
§ 11b Anzeigepflichten des VN **während der Vertragslaufzeit.**

3 § 5 II 2.1 bis 2.4 regeln das **Zusammenwirken** von VR und VN **bei der Schadensabwehr.**

2. Verhältnis zu VVG und AHB

4 Die in § 5 geregelten Obliegenheiten und Pflichten finden sich bis auf die allgemeine Anzeigepflicht (§ 30 VVG) im **VVG** nicht.
5 § 5 entspricht weitgehend Ziff. 25 AHB 2008.

II. Versicherungsfall (I)

6 § 5 I definiert den „**Versicherungsfall**", der nach II 1.1 eine Anzeigeobliegenheit auslöst. Zum Begriff des Versicherungsfalls ausführlich → Rn. 22 ff. und → § 1 Rn. 7 ff.

III. Begriff der „Obliegenheiten" (II)

7 Nach allgemeinem juristischem Sprachgebrauch ist zwischen **Pflichten** und **Obliegenheiten** zu unterscheiden. Die Erfüllung einer **Pflicht** kann derjenige, dem gegenüber sie besteht, durchsetzen, notfalls gerichtlich. Eine **Obliegenheit** dagegen ist eine „Pflicht gegen sich selbst". Ihre Nichterfüllung berechtigt nicht den anderen Vertragsteil zur Erzwingung der Erfüllung. Vielmehr ist Rechtsfolge der Obliegenheitsverletzung lediglich, dass der Verletzende eigene Rechte verliert.

8 Die in §§ 5, 11a, 11b AVB-RS niedergelegten Pflichten und Obliegenheiten sind **keine Schikanen,** die der VR arglistig aufbaut, um sich entgegen Treu und Glauben seiner Leistungspflicht zu entziehen. Vielmehr dienen die Obliegenheiten der **sachgerechten Durchführung** der Versicherung und damit der Risikobegrenzung, was Voraussetzung einer vernünftigen Prämienkalkulation ist. Vor allem aber dienen die in § 5 geregelten Obliegenheiten der Sicherstellung einer optimalen Bearbeitung begründeter und Abwehr unbegründeter Ansprüche. Ersteres ist im Interesse des Geschädigten und des VN, letzteres im Interesse des VN und der Versichertengemeinschaft.

9 Da die Berufshaftpflichtversicherung eine **Pflichtversicherung** ist, führen **Obliegenheitsverletzungen** in bestimmten Fällen **nicht zur Leistungsfreiheit** des VR. Vielmehr muss der VR trotzdem gegenüber dem Geschädigten eintreten, kann dann aber beim VN Regress nehmen (im Einzelnen → § 3 Rn. 130 ff.).

IV. Anzeigeobliegenheiten (II 1)

10 In § 5 II 1.1–1.3 werden verschiedene Anzeigeobliegenheiten statuiert. § 5 II 1.4 regelt die **Fristwahrung** der Anzeigen.

Versicherungsfall, Obliegenheiten, Zahlung **§ 5**

1. Verantwortliche Personen

Für die Erfüllung der Obliegenheiten verantwortlich ist nicht nur der VN 11 selbst, sondern gem. **§ 7 I 1 S. 2** neben ihm auch alle **mitversicherten** Personen (→ § 7 Rn. 4 ff.). Rätselhaft ist die Formulierung, wonach VN und mitversicherte Personen **gemeinsam** für die Erfüllung der Obliegenheiten verantwortlich sein sollen. Dies ist wohl dahingehend zu verstehen, dass die Obliegenheiten jeden von ihnen treffen. Wer zuerst von den Umständen Kenntnis erlangt, die die jeweilige Obliegenheit auslösen, muss sie erfüllen, ohne dass es auf die Kenntnis des anderen ankäme. Richtiger wäre deshalb die Formulierung gewesen, dass den VN und die mitversicherten Personen die Obliegenheiten „unabhängig voneinander jeweils selbst" treffen. Entsprechend § 30 VVG wirkt allerdings die erste Anzeige eines der Verpflichteten zu Gunsten aller anderen, sodass diese später, wenn sie selbst Kenntnis erlangen, **nicht erneut** anzeigen müssen.

Das **Wissen** mehrerer mitversicherter Personen wird **nicht zusammen-** 12 **gerechnet,** auch wenn sie das Mandat gemeinsam bearbeitet haben. Eine Anzeigepflicht betreffend den Versicherungsfall besteht zB nicht schon dann, wenn der eine zwar den Verstoß bemerkt hat, aber sicher davon ausgeht, dass er folgenlos bleiben wird, während der andere zwar die möglichen Folgen sieht, aber einen Verstoß nicht für gegeben hält.

2. Adressat der Anzeigen

War ein **Versicherungsmakler** eingeschaltet, wird zwischen VR und VN 13 häufig **vereinbart,** dass Anzeigen **gegenüber dem Makler genügen** (sog. „**Maklerklausel",** dazu im Einzelnen → § 11 Rn. 8 ff.). Fehlt eine solche Vereinbarung, **reicht** die Anzeige beim Makler **nicht.** Eine beim Makler eingehende Anzeige muss dieser aber entweder selbst sofort an den VR weiterleiten oder er muss den VN sofort auf die Anzeigepflicht beim VR hinweisen, ansonsten verletzt der Makler seine Betreuungspflichten und macht sich selbst schadensersatzpflichtig.

Gemäß § 11 (s. dort) sollen Anzeigen an die **Hauptverwaltung des VR** 14 gerichtet werden.

3. Fristen (II 1.4)

Die Anzeigeobliegenheiten nach § 5 II sind teils „**unverzüglich**" zu erfül- 15 len, teils gilt eine **Wochenfrist.** § 5 II 1.4 regelt, dass durch die **Absendung der Anzeigen** die Fristen gewahrt werden. Das ist eine unsinnige Regelung, soweit „unverzügliche" Anzeige erforderlich ist, da der VN schlechterdings nichts anderes machen kann als Anzeigen abzuschicken. Bedeutung hat die Vorschrift deshalb allein für die Wochenfristen (zu der Problematik → Rn. 28). Es reicht also aus, wenn der VN die Anzeige innerhalb der Wochenfrist (die sich nach §§ 186 ff. BGB berechnet) abschickt, auch wenn sie erst später zugeht oder gar verloren geht (allgemein zur Beweislast bei Obliegenheitsverletzungen → § 6 Rn. 6).

Für die **Erben** bzw. die Rechtsnachfolger des VN gilt statt der Wochenfris- 16 ten jeweils eine Frist von **einem Monat** (§ 5 II 1.4 S. 2).

§5   B. Der Versicherungsfall

4. Erlöschen der Anzeigeobliegenheiten bei Deckungsverweigerung

17 Hat der VR bereits die Deckung **endgültig abgelehnt**, erlöschen in diesem Moment alle weiteren Anzeigeobliegenheiten (zu den Einzelheiten → Rn. 70).

5. Anzeige bei Versicherungsfall (II 1.1)

18 a) **Zweck**. Gemäß II 1.1 ist jeder Versicherungsfall (→ Rn. 22 ff.) dem VR spätestens innerhalb einer Woche in Textform (das ergibt sich aus § 11, s. dort) anzuzeigen. **Sinn** der schnellen Anzeige ist u. a., dass in vielen Fällen eine „**Reparatur**" noch möglich ist und viele VR Schadenabteilungen mit entsprechender Erfahrung haben. Versucht dagegen der betroffene Anwalt selbst, mit „Bordmitteln" den Schaden zu reparieren (zB durch einen Wiedereinsetzungsantrag), geht das oft schief (*Diller/Klein* BRAK-Mitt. 2013, 65). Wichtig ist die vorsorgliche Anzeige vor allem dann, wenn ein erstinstanzliches Verfahren wegen (vermeintlichen) Anwaltsverschuldens verloren gegangen ist und der Mandant vom Anwalt fordert, die Berufung auf eigene Kosten durchzuführen (ausführlich zu dieser Konstellation *Neuhofer* AnwBl. 2006, 577).

19 Die anwaltliche **Verschwiegenheitspflicht** (§ 43a Abs. 2 BRAO) gilt gegenüber dem VR ebenso wenig wie gegenüber einem zur Entgegennahme von Schadensanzeigen bevollmächtigten Makler, sodass der Anwalt Versäumnisse bei der Schadensanzeige nicht mit seiner Verschwiegenheitspflicht begründen kann. VR und Makler unterliegen hinsichtlich des Inhalts der Anzeige den gleichen Schweigepflichten wie der Anwalt selbst (*Mennemeyer*, Kap. 11 Rn. 230).

20 In der Praxis **zögern viele Anwälte** mit der Schadensanzeige, insbesondere wenn der Geschädigte sich noch nicht gemeldet hat. Sie befürchten Nachteile bei der Prämienkalkulation, insbesondere wenn die Verträge jahresweise abgeschlossen werden. Diese Praxis ist im Hinblick auf die Folgen einer Obliegenheitsverletzung gefährlich.

21 b) **Auslöser der Anzeigenobliegenheit („Versicherungsfall")**. § 5 II 1.1 verlangt als Auslöser **positive Kenntnis** des VN. Erforderlich ist aber lediglich positive Kenntnis davon, dass
– ein **Pflichtenverstoß** (Pflichtverletzung) vorliegt,
– der zu einem Schaden führen **könnte**.

22 Damit enthält II 1.1 **zwei unterschiedliche Anforderungen,** die **kumulativ** vorliegen müssen, aber jeweils **unterschiedliche Wahrscheinlichkeiten** voraussetzen: Hinsichtlich des **Pflichtenverstoßes** verlangt II 1.1 definitive (sichere) Kenntnis. Es reicht also nicht aus, dass der Anwalt einen Verstoß nur für möglich hält. Vielmehr muss er sicher wissen, dass tatsächlich ein Pflichtenverstoß vorliegt.

23 **Grobe Fahrlässigkeit** löst die Anzeigepflicht nicht aus (zuletzt BGH VersR 2008, 905 mwN). Die Anzeigepflicht besteht also auch dann nicht, wenn der VN unschwer hätte erkennen können, dass ein Verstoß vorliegt. Es nützt dem VN allerdings nichts, wenn er vor dem heraufziehenden Gewitter **bewusst die Augen schließt**. Nach herrschender Auffassung ist er näm-

Versicherungsfall, Obliegenheiten, Zahlung **§ 5**

lich bei Aufkeimen von **Verdachtsmomenten** verpflichtet, sich der Sache anzunehmen und ggf. auch die Meinung Dritter einzuholen (OLG Nürnberg VersR 1979, 561 (562)).

Anders ist es hinsichtlich des **Schadenseintritts**. Hier reicht bereits die **Kenntnis von der Möglichkeit** aus, dass aus dem Pflichtenverstoß ein Schaden entstanden sein oder später entstehen könnte. Insoweit ist also **weder erforderlich,** dass bereits ein **Schaden eingetreten** ist, noch dass der Anwalt den **Schadenseintritt für wahrscheinlich hält**. Des Weiteren ist nicht erforderlich, dass der **Geschädigte** bereits mögliche Ansprüche angemeldet hat oder den Schaden bzw. Pflichtenverstoß schon **bemerkt** hat. Es nützt dem VN auch nichts, wenn er den vom Geschädigten erhobenen Anspruch aufgrund fehlerhafter Einschätzung der Rechtslage für unbegründet hält (BGH VersR 1971, 213 (214); OLG Saarbrücken VersR 1976, 157 (158)) oder er der Auffassung ist, dass der Dritte zwar Ansprüche hätte, diese aber nicht geltend machen wird (*Littbarski,* § 5 Rn. 11). Anders ist es dagegen, wenn der Anwalt in Unkenntnis der maßgeblichen Tatsachen zu dem Ergebnis kommt, der Eintritt eines Schadens sei ausgeschlossen. Hat der Anwalt beispielsweise die Berufungsfrist versäumt, kommt er aber auf der Basis des ihm bekannten Sachverhalts zu dem Ergebnis, dass die Berufung ohnehin aussichtslos gewesen wäre, kann er davon ausgehen, dass definitiv kein Schaden eintreten wird und muss deshalb nicht anzeigen. Erst wenn später neuer Sachverhalt bekannt wird, auf dessen Basis die Berufung Aussicht auf Erfolg gehabt hätte, entsteht die Anzeigeobliegenheit. Anders ist es dagegen, wenn der Anwalt in Kenntnis der maßgeblichen Tatsachen auf Grund fehlerhafter rechtlicher Bewertung zu dem Ergebnis kommt, es liege keine Pflichtverletzung vor oder aus dieser werde jedenfalls mit Sicherheit kein Schadensersatzanspruch erwachsen. 24

Die Anforderungen von II 1.1 sind **in der Praxis schwer handhabbar.** Viele Anwälte warten mit einer Meldung beim VR grds. ab, bis ein Schaden tatsächlich eingetreten ist (oder gar bis er vom Geschädigten geltend gemacht wurde). Andererseits berichten die VR immer wieder von übervorsichtigen Anwälten, die aus Angst vor einer Obliegenheitsverletzung ihren VR mit vorsorglichen Schadensmeldungen geradezu überschütten und jede von ihnen entdeckte kleinste Ungenauigkeit bei der Arbeit zum Anlass für eine Schadensmeldung nehmen. 25

Der **„richtige" Umgang** mit II 1.1 muss an den Grundsatz anknüpfen, dass es keine Pflicht des Anwalts gibt, stets hundertprozentig sorgfältig zu arbeiten (→ § 4 Rn. 55). Die bloße Erkenntnis, dass man einen Schriftsatz oder einen Vertragsentwurf hätte besser machen können, ist deshalb noch kein **„Verstoß"** iSv I. Erforderlich ist vielmehr positive Kenntnis von einer Fehlleistung, die zugleich eine handfeste Pflichtverletzung darstellt und – bei Entstehen eines Schadens – zu einer Haftung führen würde. Ein vernünftiger Maßstab muss aber auch bei der Beurteilung der Wahrscheinlichkeit angelegt werden, dass aus einem Verstoß tatsächlich später ein **Schaden entstehen** kann. Das Wort „könnte" in I darf nicht so verstanden werden, dass jede noch so fern liegende theoretische Möglichkeit eines Schadenseintritts reicht. Zwar steht in Abs. I ein „könnte" und nicht ein „kann", sodass sicherlich nicht eine überwiegende Wahrscheinlichkeit eines Schadenseintritts gefordert werden darf. Damit die Anforderungen von II 1.1 handhabbar bleiben, ist aber über 26 eine rein theoretisch bestehende Möglichkeit hinaus eine **„greifbare Wahrscheinlichkeit"** eines Schadenseintritts zu verlangen (zust. aus Sicht der VR Fischer/*Chab,* § 18 Rn. 122; *Karaçam* AnwBl. 2017, 86). So ist eine Anzeige zB noch nicht erforderlich, wenn aus dem Pflichtverstoß nur bei Hinzutreten weiterer ganz unwahrscheinlicher Umstände ein Schaden entstehen könnte. Hat der Anwalt etwa einen Vertragstext entworfen und entdeckt er im Nachhinein eine Ungenauigkeit, so reicht die lediglich fernliegende Möglichkeit, dass die Parteien sich irgendwann später genau über diesen Punkt streiten und der Mandant unterliegen könnte, zur Begründung einer Anzeigeobliegenheit nicht aus. Dasselbe gilt, wenn der Anwalt bemerkt, dass er ein langes, kompliziertes Testament mit einer einzelnen suboptimalen Klausel entworfen hat, solange keine besonderen Indizien dafür vorliegen, dass die Erben sich gerade über die eine Klausel streiten werden. Wegen der Prämienkalkulation ist umgekehrt wichtig, bei einem lediglich vorsorglich gemeldeten **potentiellen Schadensfall** den VR sofort zu informieren, wenn die Angelegenheit **erledigt** ist, damit der VR die dafür gebildete Rückstellung auflösen und den Fall aus der Schadensstatistik des betreffenden Anwalts bzw. der Sozietät wieder herausnehmen kann.

27 Macht der **Geschädigte** den Anspruch geltend, **bevor** der **Anwalt selbst** erkannt hat, dass ein Haftungsfall vorliegt, gelten die Anzeigeobliegenheiten nach II 1.2 und 1.3 (→ Rn. 31 ff. bzw. Rn. 40 ff.).

28 **c) Frist.** Nach II 1.1 ist die Anzeige **„spätestens innerhalb einer Woche"** zu machen. Das entspricht § 104 Abs. 1 VVG. Gemäß II 1.4 wird die Frist bereits durch **Absendung** der Anzeige gewahrt, auf den Zugang beim VR kommt es nicht an. Gemäß § 30 Abs. 2 VVG kann sich der VR auf eine Verletzung der Anzeigeobliegenheit nicht berufen, wenn er **auf andere Weise rechtzeitig** vom Eintritt des Versicherungsfalls Kenntnis erlangt hat.

29 **d) Form und Inhalt.** Die Anzeige muss nach § 11 (s. dort) in **Textform** erfolgen, sodass nach § 126b BGB auch Fax, E-Mail oder Ähnliches ausreicht.

30 Mit **„Anzeige"** ist lediglich ein **Hinweis** bzw. eine Nachricht gemeint. Der VN muss nicht den Fall in allen Einzelheiten so genau schildern, dass der VR sofort mit der Schadensbearbeitung beginnen kann. Es reicht eine kurze Notiz, die dem VR ermöglicht, Ermittlungen aufzunehmen (*Mennemeyer,* Kap. 11 Rn. 225).

6. Anzeige von Ermittlungsverfahren/Strafbefehl/Mahnbescheid oder gerichtlichen Maßnahmen (II 1.2 S. 1)

31 § 5 II 1.2 regelt besondere Anzeigeobliegenheiten bei Einleitung verschiedener behördlicher Maßnahmen oder der gerichtlichen Geltendmachung des Schadens durch den Geschädigten. Objekt der Anzeige ist hier – anders als in II 1.1 – **nicht der Versicherungsfall,** sondern anzuzeigen sind hier Einleitung bzw. der Erlass der genannten **gerichtlichen/behördlichen Maßnahmen.** Auch hier ist nach § 11 **Textform** erforderlich (s. dort).

32 **a) Anzeige der Einleitung gerichtlicher Maßnahmen durch den Geschädigten.** Gemäß II 1.2 ist Anzeige an den VR zu machen, wenn der Ge-

Versicherungsfall, Obliegenheiten, Zahlung **§ 5**

schädigte seinen Anspruch **gerichtlich geltend** macht, **Prozesskostenhilfe beantragt,** dem Anwalt den **Streit verkündet** oder die anwaltliche **Schlichtungsstelle** (§ 191f BRAO) anruft. „Das Gleiche" gilt bei Einleitung eines **Ermittlungsverfahrens, Arrest, einstweiliger Verfügung** oder **selbstständigem Beweisverfahren.**

Die Regelung will erreichen, dass der VR **möglichst früh** konkrete Maß- 33 nahmen zur **Schadensabwehr** ergreifen kann. Gerade in der Anfangsphase gerichtlicher Auseinandersetzungen ist seine Unterstützung für den VN oft wertvoll und kann frühzeitige negative Festlegungen vermeiden. Deswegen gilt hier **keine Wochenfrist,** sondern die Anzeige muss **„unverzüglich"** erfolgen.

In welcher **Form** die **gerichtliche Geltendmachung** erfolgt, ist un- 34 erheblich. Ausreichend sind deshalb **Leistungs-** oder **Feststellungsklage** (§ 256 ZPO), die ausdrücklich erwähnte Beantragung von **PKH** (§§ 114 ff. ZPO), der Erlass von **Mahnbescheiden** (§ 688 ff. ZPO), die Anrufung der **anwaltlichen Schlichtungsstelle** (§ 191f BRAO) sowie **Streitverkündung** (§§ 72 ff. ZPO, dazu OLG Karlsruhe VersR 1980, 349 (350); OLG Düsseldorf VersR 1990, 411), wobei wohl nur die Streitverkündung durch den Geschädigten anzeigepflichtig ist, nicht dagegen die Streitverkündung durch Dritte, die der Geschädigte vorrangig in Anspruch nimmt. Auch **Widerklage** (BGH VersR 1973, 746 (747)), **Aufrechnung,** Erhebung zivilrechtlicher Ansprüche im Wege des **Adhäsionsverfahrens** gem. §§ 403 ff. StPO sowie (bei Insolvenz des VN) Anmeldung der Forderung zur **Insolvenztabelle** (§ 174 InsO) lösen die Anzeigepflicht aus. Entsprechend dem allgemeinen juristischen Sprachgebrauch ist jeweils **Rechtshängigkeit** erforderlich (*Littbarski,* § 5 Rn. 40). Auf **Zulässigkeit** oder Unzulässigkeit bzw. **Begründetheit** oder Unbegründetheit der gerichtlichen Geltendmachung kommt es nicht an.

Nach § 5 II 1.2 S. 2 soll „das Gleiche" gelten bei **Arrest** (§§ 916 ff. ZPO), 35 **einstweiliger Verfügung** (§§ 935 ff. ZPO) und **selbstständigem Beweisverfahren** nach §§ 485 ff. ZPO. Aus der Formulierung „das Gleiche gilt" ist zu schließen, dass es auch bezüglich der in Satz 2 genannten gerichtlichen Verfahren lediglich auf deren **Einleitung** ankommt, nicht dagegen auf den Erlass gerichtlicher Entscheidungen (*Mennemeyer,* Kap. 11 Rn. 241).

b) Anzeige der Einleitung behördlicher Maßnahmen. Die Melde- 36 obliegenheit für **Ermittlungsverfahren** gilt nach richtiger Auffassung nur für solche nach §§ 160 ff. StPO sowie für Bußgeldverfahren nach §§ 35 ff. OWiG, nicht aber für Verfahren vor Verwaltungsbehörden nach § 56 OWiG (*Littbarski,* § 5 Rn. 24 mwN) oder solche der Anwaltskammern oder der Generalstaatsanwaltschaft nach § 121 ff. BRAO in berufsrechtlichen Angelegenheiten (aA *Mennemeyer,* Kap. 11 Rn. 237). Das **Strafbefehlsverfahren** ist in §§ 407 ff. StPO geregelt. Eine **analoge Anwendung** auf die Einleitung anderer behördlicher Verfahren scheidet nach richtiger Auffassung aus (*Littbarski,* § 5 Rn. 25 ff. mwN; aA zB *Mennemeyer,* Kap. 11 Rn. 237).

§ 5 II 1.2 regelt nicht, **gegen wen** sich das Ermittlungsverfahren bzw. der 37 Strafbefehl richten muss. Im Regelfall wird das zwar der VN oder eine versicherte Person sein. Zwingend ist das nach richtiger Auffassung (zB *Mennemeyer,* Kap. 11 Rn. 236) aber nicht (anders Ziff. 7.2.1 des Bedingungswerks der **R+V** („AVB-P"), welches ausdrücklich von „gegen den VN" gerichteten Maßnahmen spricht). Vielmehr kommen nach Sinn und Zweck der Vorschrift ebenso wie nach ihrem Wortlaut auch Verfahren in Betracht, die **gegen Dritte** eingeleitet werden, insbesondere den **Mandanten.** Zweck der besonderen Anzeigepflicht ist, den VR in die Lage zu versetzen, möglichst frühzeitig in die genannten Verfahren eingreifen und nachteilige Folgen abwenden zu können; insbesondere soll eine frühzeitige behördliche oder gerichtliche Festlegung vermieden werden.

38 Die Anzeigeobliegenheit nach II 1.2 setzt voraus, dass der VN oder die versicherte Person **bereits** iSv I **erkannt haben,** dass ein **Haftpflichtanspruch möglich** ist, oder es jedenfalls anlässlich der Einleitung des Ermittlungsverfahrens etc erkennen. Nicht meldepflichtig ist die Einleitung eines Ermittlungsverfahrens etc folglich, wenn es keinen Bezug zu einem möglichen Haftungsfall hat oder der Anwalt fest davon überzeugt ist, dass kein Schaden entstehen wird oder jedenfalls er nicht dafür verantwortlich gemacht werden kann. Nicht erforderlich ist dagegen, dass der Versicherungsfall bereits gem. II 1.2 dem VR gemeldet wurde oder der Geschädigte bereits Ansprüche geltend gemacht hat. Im Gegenteil regelt II 1.2 ausdrücklich, dass die Einleitung der genannten Maßnahmen **auch dann** anzuzeigen ist, wenn der Versicherungsfall **schon nach II 1.1 angezeigt worden** ist (sei es, weil der VN selbst den möglichen Haftungsfall erkannt hat oder weil der potentiell Geschädigte Ansprüche erhoben hat).

39 Die **Wochenfrist** gem. II 1.1 gilt angesichts der Eilbedürftigkeit möglicher Gegenmaßnahmen hier **nicht,** vielmehr ist **unverzügliches Handeln** erforderlich. Darin liegt keine Abweichung von § 104 VVG, da dort nur die Anzeige vom Versicherungsfall geregelt ist. Unverzüglich bedeutet nach § 121 BGB „ohne schuldhaftes Zögern".

7. Anzeige der Geltendmachung durch Geschädigten (II 1.3)

40 § 5 II 1.3 regelt den Fall, dass der Geschädigte seinen Anspruch gegen den VN geltend macht. Dann ist dieser zur Anzeige an den VR innerhalb einer Woche nach Erhebung des Anspruchs verpflichtet. Die Anzeigeobliegenheit nach II 1.3 gilt unabhängig davon, ob der erhobene Anspruch **begründet oder unbegründet** ist oder ob der VN ihn **für begründet oder unbegründet hält** (OLG Köln VersR 1967, 443). Eine besondere **Form** der Anspruchserhebung ist nicht vorausgesetzt, sodass jede mündliche oder auch nur konkludente Erklärung des Geschädigten ausreicht, aus der sich ergibt, dass eine Ersatzleistung gefordert werden könnte. Als Geltendmachung reicht auch die **Verweigerung der Honorarzahlung** mit Hinweis auf eingetretene Schäden, daneben auch ausdrückliche **Aufrechnungserklärungen.** § 5 II 1.3 gilt nur bei **außergerichtlicher** Geltendmachung, die Einleitung gerichtlicher Schritte fällt unter II 1.2.

41 Nicht ausreichend ist die Geltendmachung **durch Dritte,** die nicht in Vollmacht des Geschädigten handeln. Das gilt insbesondere für wohlmeinende Hinweise Dritter, dass wohl mit Ansprüchen zu rechnen sei.

42 Unklar ist, ob die Obliegenheit nach II 1.3 auch dann greift, wenn der VN den **möglichen Haftungsfall bereits nach II 1.1 angezeigt** hatte. Da-

gegen spricht, dass die AVB-RS hinsichtlich der Anzeigepflichten bei Ermittlungsverfahren/Strafbefehl/Mahnbescheid sowie bei gerichtlicher Geltendmachung ausdrücklich regeln, dass diese nicht entfallen, wenn der Versicherungsfall bereits angezeigt war (→ Rn. 38), wogegen eine entsprechende Regelung bei II 1.3 fehlt. Nach Sinn und Zweck muss die Anzeige der Geltendmachung nach II 1.3 jedoch **auch dann** erfolgen, wenn bereits vorher der mögliche Versicherungsfall nach II 1.1 angezeigt war. Das ist sinnvoll, denn die Geltendmachung durch den Geschädigten bedeutet, dass der VR nun neue Aktivitäten entwickeln muss. Während er auf die Anzeige des möglichen Versicherungsfalls nach II 1.1 nur insoweit reagieren wird, als er prüfen wird, ob der Schadenseintritt noch verhindert werden kann, muss er sich bei Geltendmachung durch den Geschädigten an die Abwicklung des Versicherungsfalls gegenüber VN und Geschädigtem machen. Dieser Umstand ist so evident, dass man hier trotz des verwirrenden systematischen und sprachlichen Aufbaus von § 5 II nicht daran vorbei kommt, vom VN die Anzeige der Geltendmachung auch dann zu verlangen, wenn er bereits vorher den möglichen Haftungsfall nach II 1.1 angezeigt hatte (zur Mitverpflichtung mitversicherter Personen zur Anzeige → § 7 Rn. 13).

V. Obliegenheit zur Einlegung von Widersprüchen (II 1.2 S. 3)

Nach II 1.2 S. 3 hat der VN (bzw. eine mitversicherte Person, § 7 I 1 S. 2) 43
gegen **Mahnbescheide** oder **Verfügungen** von Verwaltungsbehörden auf Schadensersatz fristgemäß die erforderlichen **Rechtsbehelfe** (idR Widerspruch oder Einspruch) zu ergreifen, ohne Weisungen des VR abzuwarten. „**Fristgemäß**" bezieht sich nicht auf die Anzeigeobliegenheiten, sondern auf die Fristen für den Rechtsbehelf. Sinn dieser Vorschrift ist wiederum, im Vorfeld der eigentlichen Schadensregulierung eine frühzeitige Fixierung ungünstiger Vorentscheidungen zu vermeiden.

Unklar ist, an welche „**Verfügungen von Verwaltungsbehörden auf** 44
Schadenersatz" II 1.2 S. 3 denkt, die Vorschrift scheint keinen relevanten Anwendungsbereich zu haben. In jedem Fall würde der VN verpflichtet sein, die erforderlichen Rechtsbehelfe zu ergreifen, damit solche Verfügungen nicht bestandskräftig werden.

VI. Obliegenheiten bei der Schadensabwehr (II 2)

1. Übersicht

§ 5 II 2.1–2.5 regeln umfassende **Rettungs-, Unterstützungs-** und **Auf-** 45
klärungsobliegenheiten des VN. Er hat für die Abwendung und Minderung des Schadens zu sorgen. Dazu muss er vor allem alle behördlichen und gerichtlichen Rechtsbehelfe und Rechtsmittel ergreifen, die den Schaden vielleicht noch abwenden können, insbesondere Einsprüche, Widersprüche, Rechtsmittel etc. Letztlich muss der Anwalt sich **so verhalten,** wie er sich sinnvollerweise verhalten würde, **wenn er nicht versichert wäre** (BGH VersR 1968, 140 ff., *Mennemeyer,* Kap. 11 Rn. 247). Besonders bedeutsam ist bei Fristversäu-

mung der Antrag auf **Wiedereinsetzung in den vorigen Stand.** Erlässt auf Grund eines Fehlverhaltens des Anwalts das Finanzamt einen für den Mandanten nachteiligen Steuerbescheid, muss der Anwalt dagegen **Einspruch einlegen. Unterlassene Bemühungen zur Schadensabwendung** führen ggfs. nicht erst über die Regelungen zur Obliegenheitsverletzung (§ 6) zu Leistungskürzungen des VR, sondern können auch eine **wissentliche Pflichtverletzung** nach § 4.5 darstellen (→ § 4 Rn. 61).

46 Die Schadensabwendungspflicht fordert vom Anwalt nicht, den geschädigten Mandanten von der Erhebung berechtigter Ansprüche **abzuhalten.** Gemindert werden soll der Schaden, nicht der Anspruch des Geschädigten (*van Bühren*, S. 149). Er darf ihn dazu aber auch **nicht ermuntern** (OLG Nürnberg VersR 1965, 175 (176)) etwa durch Entwurf eines Anspruchsschreibens an die Versicherung, den Entwurf einer Klageschrift oÄ (*Littbarski*, § 5 Rn. 52). Ein nicht mit dem VR abgestimmter **Verjährungsverzicht** mag im Einzelfall eine Obliegenheitsverletzung darstellen, wird aber kaum je für einen Schadenseintritt ursächlich sein, weil im Regelfall davon auszugehen ist, dass der Geschädigte ohne Verjährungsverzicht sofort geklagt hätte (dazu *Thomas* AG 2016, 473).

47 § 5 II 2.1 regelt nicht, wer die **Kosten** von Maßnahmen zur Schadensabwendung zu tragen hat. Nach herrschender Auffassung kann der Anwalt dem VR **weder Zeit- noch Arbeitsaufwand in Rechnung** stellen. Für diese Auffassung spricht, dass der Anwalt in der Regel schon auf Grund des Mandatsvertrages verpflichtet ist, Reparaturmaßnahmen zu ergreifen. Andererseits umfasst der Versicherungsschutz der Berufshaftpflichtversicherung ja gerade auch die Schadensabwehrkosten (§ 3 II 1). Richtig ist deshalb die Auffassung, dass der VN keinen Anspruch auf Vergütung seines Zeitaufwands hat, wohl aber für anlässlich der Bemühungen um Schadensabwendung entstehende Gerichtskosten sowie Anwaltskosten der Gegenseite (vgl. aber → § 3 Rn. 112 f.).

2. Beratungspflicht des VR (II 1.1 S. 2)

48 In den AVB-RSW war diese Pflicht noch nicht geregelt, sie ist erst 2022 in die AVB-RS eingefügt worden. Die Beratungspflicht nach Abs. II 1.1 besteht nur, wenn „Zweifel über das Vorliegen eines Verstoßes" bestehen, also **unklar** ist, ob der Anwalt überhaupt eine **Pflicht verletzt** hat. Steht hingegen fest, dass eine Pflicht verletzt wurde, sind aber die Folgen unklar (haftungsbegründende oder haftungsausfüllende Kausalität), besteht nach dem Wortlaut der Regelung keine Beratungspflicht. Gerade hier wäre eine Beratung aber sinnvoll (und wird in der Praxis von den VR auch regelmäßig freiwillig geleistet), da oft ein Pflichtenverstoß noch in einer Weise repariert werden kann, dass daraus kein Schaden entsteht (Beispiel: Wiedereinsetzung in den vorigen Stand, Flucht in die Berufung etc).

49 Die Beratung betrifft die gesamten Rechte und Pflichten von VN und VR aus § 5. Folglich muss der VR auch hinsichtlich der **Obliegenheiten** beraten. Hingegen muss der VR nicht von sich aus ungefragt auf jede **taktische Möglichkeit** des VN hinweisen, schon gar nicht, wenn diese zu Lasten des VR gehen würde. Aber jedenfalls wenn der VN ausdrücklich fragt, muss der VR mit

Versicherungsfall, Obliegenheiten, Zahlung § 5

ihm auch Möglichkeiten wie zB die Anerkennung der Eintrittspflicht ohne Zustimmung des VR, die Regelung des Versicherungsfalls durch freiwillige Eigenzahlung des VN oder die Abtretung des Freistellungsanspruchs an den Geschädigten etc etc erläutern. Wie immer bei Beratungs- und Informationspflichten richtet sich der genaue Umfang nach den Umständen des Einzelfalls, insbesondere also auch nach der Erfahrung des VN mit vergleichbaren Schadensfällen. Hat der VN in die Schadensbearbeitung einen **Versicherungsmakler** einbezogen, wird sich das Pflichtenspektrum des VR regelmäßig reduzieren und die Beratungspflicht des Maklers gegenüber dem VN in den Vordergrund treten. In der Praxis wichtig ist vor allem, dass sich VN und VR über die **Kommunikation** mit dem potentiell geschädigten Mandanten abstimmen, um nicht im Vorfeld taktische Fehler zu machen.

3. Weisungsrecht des VR (II 2.1)

Bei seinen Bemühungen um Schadensabwendung bzw. -minderung hat der 50 VN gem. § 5 II 2.1 „Weisungen" des VR zu folgen. Das Weisungsrecht betrifft sowohl die **gerichtliche** als auch die **außergerichtliche** Schadensabwehr, es besteht auch **nach Ablauf des Versicherungsvertrages** bei der Regulierung von Spätschaden. Das Weisungsrecht wird **ergänzt** durch die **Regulierungs-Vollmacht des VR** nach § 3 II 1.3 (→ § 3 Rn. 43 ff.).

II 2.1 regelt ausdrücklich, dass die Bemühungen zur Schadensabwehr und 51 die Pflicht zur Befolgung von Weisungen unter dem Vorbehalt der **Zumutbarkeit** stehen. Der VN muss also weder unzumutbare Bemühungen zur Schadensabwehr machen, noch ist er verpflichtet, unzumutbare Weisungen des VR zu befolgen. Das entspricht § 82 Abs. 1 S. 2 VVG.

Der VR ist **nicht verpflichtet, Weisungen zu erteilen.** Tut er dies nicht, 52 muss der VN ihn dazu auch nicht auffordern. Vielmehr kann der VN dann seine Bemühungen zur Schadensabwendung bzw. -minderung so gestalten, wie er es für angemessen und sinnvoll hält (statt aller *Littbarski,* § 5 Rn. 55 ff.).

Hinsichtlich der Frage, wie bei der Schadensabwehr vorgegangen wird und 53 insbesondere welche Prozessstrategie verfolgt wird, können die **Interessen von VR und VN auseinanderfallen.** Dies gilt insbesondere für die Frage der wissentlichen Pflichtverletzung. Führt der Versicherer den Prozess so, dass gegnerischer Vortrag unbestritten bleibt, mit dem die Voraussetzungen einer wissentlichen Pflichtverletzung (§ 4.5) vorgetragen werden, so ist dies für den VN ungünstig, weil er einerseits in die Haftung gegenüber dem Geschädigten gerät, andererseits aber den Anspruch auf Versicherungsdeckung verliert. Das wäre jedoch **treuwidrig,** und würde überdies gegen das Gebot der **Zumutbarkeit** (→ Rn. 54) verstoßen. Deshalb ändert das Weisungsrecht des VR nichts daran, dass dieser sich im Haftungsprozess so verhalten muss, wie es ein den VN vertretender Rechtsanwalt bei Nicht-Bestehen einer Versicherung tun müsste (Fischer/*Chab,* § 18 Rn. 126; BGH VersR 1992, 1504; 2001, 1151).

Besonders problematisch im Hinblick auf die **Zumutbarkeit** sind Fälle, in 54 denen aufgrund Anwaltsverschuldens mögliche **Ansprüche** des Mandanten verloren gegangen sind. Hier kann es zu der Situation kommen, dass der Anwalt auf Weisung des VR im Regressprozess **diametral entgegengesetzt ar-**

§ 5　　　　　　　　　　　　　　　　　B. Der Versicherungsfall

gumentieren muss als bislang. Schulfall ist die **verspätete Berufungsbegründung.** In der Berufungsbegründung hat der Anwalt dargelegt, warum entgegen der Auffassung der ersten Instanz die Forderung seines Mandanten gegen einen Dritten besteht. Stellt sich die Berufungsbegründung als verfristet heraus und fordert der Mandant vom Anwalt Schadenersatz wegen der Verfristung, so muss der Anwalt gegebenenfalls auf Weisung des VR vortragen, ein Schaden sei dem Mandanten nicht entstanden, weil – abweichend vom Vortrag in der Berufungsbegründung – die Forderung nie bestanden habe. Dass dies das ohnehin belastete Verhältnis zwischen dem Anwalt und seinem (ehemaligen) Mandanten nicht gerade verbessert, liegt auf der Hand. Besonders prekär wird es allerdings, wenn es sich nicht um einen Einzelfall handelt, sondern der (Unternehmens-)Mandant weitere gleichgelagerte Verfahren führt, denn dann fällt ihm der Anwalt mit der vom VR aufgezwungenen Verteidigungsstrategie geradezu in den Rücken. Andererseits kann man daraus wohl nicht folgern, es sei dem VR verwehrt, sich auf das Nichtbestehen der untergegangenen Forderung zu berufen, und er habe einen Schaden zu begleichen, der vielleicht keiner war. Zur Auflösung des Dilemmas könnte man daran denken, dass der Versicherer trotz der damit typischerweise verbundenen höheren Kosten sein Einverständnis dazu erklärt, dass der Regressprozess zwischen Mandant und Anwalt vor einem Schiedsgericht ausgetragen wird, dessen Entscheidung keine der Parteien bekannt machen darf.

55　　§ 5 II 2.1 regelt auch das Weisungsrecht des VR im Hinblick auf die **Auswahl** des **Prozessbevollmächtigten.** Dies betrifft sowohl die Frage, ob der Anwalt sich gegen die Schadenersatzklage **selbst** verteidigt oder einen **externen** Prozessbevollmächtigten einschaltet, als auch im letzteren Fall die Auswahl der Person bzw. der Sozietät des Prozessbevollmächtigten. Die VR stehen erfahrungsgemäß – mit gutem Grund – der Eigenverteidigung sehr skeptisch gegenüber. Entsprechend dem alten Grundsatz „ein Anwalt, der sich selbst vertritt, hat einen schlechten Anwalt" ist die Eigenverteidigung grds. nicht empfehlenswert. Scham, Ärger oder Wut über die eigene Fehlleistung sowie der Wunsch, die Fehlleistung zu vertuschen und das Gesicht zu wahren, sind schlechte Voraussetzungen für einen nüchtern und professionell geführten Rechtsstreit. Bei der Inanspruchnahme größerer Sozietäten bestehen allerdings typischerweise keine Bedenken dagegen, dass die Verteidigung von einem erfahrenen **anderen Partner der Sozietät** übernommen wird, der in das schief gegangene Mandat nicht involviert war.

56　　Aus gutem Grund verzichten die VR regelmäßig darauf, dem VN einen ihm **völlig unbekannten Anwalt** aufzudrücken. **Empfiehlt der VN** einen ihm bekannten Anwalt oder eine ihm bekannte Sozietät mit einschlägigen Erfahrungen in Berufshaftpflichtprozessen, folgen die VR dem regelmäßig, jedenfalls soweit es sich um Großschäden handelt.

57　　Geht es um die Abwehr von Ansprüchen, die **offensichtlich** oder jedenfalls mit hoher Wahrscheinlichkeit **unbegründet** sind, bestehen die in Anspruch genommenen Sozien häufig darauf, **sich selbst** oder **wechselseitig** über Kreuz zu vertreten. Hintergrund ist das Interesse an der Gebührenerstattung im Erfolgsfall, zumal die Prozessführung kaum mehr Arbeit macht als das ohnehin erforderliche Aufbereiten des Sachverhalts für den VR oder die von diesem vorgeschlagenen Anwälte. Insbesondere bei offensichtlich unbegrün-

Versicherungsfall, Obliegenheiten, Zahlung **§ 5**

deten Schadenersatzklagen, von denen keine ernsthafte Gefahr für den VR ausgeht, wird man den VR für verpflichtet halten müssen, dem Wunsch der Sozien nach Eigen- oder Überkreuzvertretung nachzukommen.

Das Weisungsrecht des VR geht **nicht** so weit, dass er den VN gegen dessen 58 Willen zu einer (kostenfreien) **Eigenverteidigung zwingen** kann, um über § 3 II 5.4 Anwaltskosten zu sparen.

Schon aus Zeitgründen hat der VR keine Möglichkeit, den VN **zur Befol-** 59 **gung von Weisungen zu zwingen.** Bis der VR einen rechtskräftigen Titel gegen den VN hätte, wäre der Haftungsprozess gegen den Geschädigten längst vorbei. Dieses Problem lösen die AVB-RS über § 3 II 8: Missachtet der VN Weisungen des VR oder unterläuft er sie und scheitert daran die Schadensregulierung, muss der VN für alle weiteren entstehenden Kosten selbst aufkommen (→ § 3 Rn. 60, 127 ff.). Im Zusammenhang mit § 3 II 8 wird häufig von einem „**Widerspruchsrecht**" des VN gegen eine vom VR angestrebte Regulierung gesprochen. Ein solches Widerspruchsrecht ergibt sich aber aus den AVB-RS nicht, § 3 II 8 regelt nur die Folgen eines faktischen Unterlaufens bzw. Ignorierens von Weisungen (→ § 3 Rn. 60).

4. Informations- und Mitwirkungspflichten des VN (II 2.2, 2.5)

Nach § 5 II 2.2 trifft den VN eine allgemeine Unterstützungspflicht nicht 60 nur bei der Schadensabwehr, sondern auch bei der **Schadensermittlung.** Diese Pflicht besteht vor allem, wie der letzte Halbsatz klarstellt, in der **umfassenden Information des VR** über alle Umstände des Versicherungsfalls. Nur so kann der VR in die Lage versetzt werden, sachgemäße Entscheidungen zu treffen. Aufgrund der Komplexität der Sachverhalte werden bei der Anwaltshaftung **keine Schadensanzeigeformulare** verwendet. Der Anwalt muss auch solche Umstände mitteilen, die für ihn **ungünstig** sind, die also beispielsweise seinen Versicherungsschutz gefährden können (wissentliche Pflichtverletzung) oder gar, falls sie bekannt würden, seine Zulassung gefährden oder andere behördliche oder strafrechtliche Maßnahmen möglich erscheinen lassen (OLG Kassel VersR 1953, 443; *Mennemeyer,* Kap. 11 Rn. 247; Gräfe/Brügge/Melchers/*Brügge,* Rn. F 38). Die Pflicht zur (ungefragten) Information trifft den VN ebenso wie die Pflicht, **Fragen,** auch mehrfache Nachfragen, des VR zu **beantworten.** Dabei muss der VN nicht nur das mitteilen, was er positiv weiß, sondern er muss ggf. auch **Nachforschungen** betreiben. Allerdings ist die **rechtliche Würdigung** des Falles **Aufgabe des VR.** Er muss aus den ihm mitgeteilten Tatsachen selbst die richtigen Schlüsse ziehen. Der VN ist deshalb nicht verpflichtet, auf eigene Kosten dem VR ein Gutachten über die rechtlichen Implikationen des Schadensfalls zu erstatten.

Der VN hat nach II 2.2 letzter Halbsatz dem VR alle für die Beurteilung des 61 Schadensfalls erheblichen **Schriftstücke** einzusenden. Das gilt jedenfalls dann, wenn der VR sich diese nicht unschwer woanders besorgen kann. Die Informationspflicht umfasst regelmäßig die Übersendung einer **kompletten Aktenkopie** (*Nieger* AnwBl. 2004, 516). Wie sich aus II 2.3 ergibt, kann der VN für die Übersendung von Schriftstücken weder Porto noch Kopierkosten verlangen.

§ 5 B. Der Versicherungsfall

62 Korrespondierend zu der umfassenden Informationspflicht des VN ist nach allgemeiner Auffassung der VR zur **Verschwiegenheit** verpflichtet. Insbesondere darf er strafrechtlich relevante Umstände den Strafverfolgungsbehörden nicht mitteilen und diesen auch keine Unterlagen zugänglich machen (*Späte/Schimikowski,* Ziff. 25 Rn. 29; BGH VersR 1976, 383 (384)). Allerdings hat der VR im Strafverfahren kein Zeugnisverweigerungsrecht, und die Schadensakte des VR ist auch nicht nach § 94 StPO vor Beschlagnahme geschützt (*Mennemeyer,* Kap. 11 Rn. 248).

63 Bei Haftpflichtansprüchen aus Tätigkeiten im Zusammenhang mit der Beratung/Beschäftigung im **außereuropäischen Recht,** aus der Tätigkeit vor **außereuropäischen Gerichten** oder aus der Inanspruchnahme vor **außereuropäischen Gerichten** (A 2.1 BBR-RA, s. dort) treffen den VN **erweiterte Mitwirkungspflichten.** Gemäß 2.5 muss der Schriftverkehr mit dem VR über inländische Büros (die AVB sprechen etwas umständlich von „inländischen Einheiten") geführt werden. Rätselhaft ist die weitere Pflicht, den Schriftverkehr „in deutscher und englischer Sprache" abzuwickeln. Diese Regelung ist Unsinn, wenn der Ansprechpartner des VN deutsch spricht, dann reicht natürlich Korrespondenz auf Deutsch. Ist hingegen eine Sozietät mit Auslandsbüros VN, muss der VR sich nicht auf Korrespondenz in einer ihm **unbekannten Sprache** einlassen, sondern kann Kommunikation auf Deutsch oder Englisch verlangen; richtigerweise ist also das „und" als „oder" zu lesen. Des Weiteren ist dem VR ein **inländischer Ansprechpartner** zu benennen. Mit diesem wickelt dann der VR den Schadensfall ab, wobei sich aus dem Zusammenhang mit den vorangegangenen Satzteilen ergibt, dass der inländische Ansprechpartner deutsch- oder jedenfalls englischsprachig sein muss. Soweit nichts anderes mit dem VR vereinbart ist, muss der VN auch „vor Ort", dh bei Schadensfällen ausländischer Büros am dortigen Standort, die rechtliche Argumentation zur Abwehr von Schadenersatzansprüchen übernehmen. Gemeint ist hier die Kommunikation mit dem Mandanten, nicht aber ein Auftreten vor Gericht. Keine Regelung trifft Ziff. 2.5 hinsichtlich der **Kosten.** Versteht man jedoch 2.5 als Ergänzung von 2.3, treffen auch die Zusatzkosten für den Aufwand nach 2.5 den VN.

5. Grenzen der Zumutbarkeit

64 Alle Mitwirkungsobliegenheiten des VN stehen – auch wenn dies die AVB-RS nur in II 2.1 ausdrücklich regeln – unter dem **Vorbehalt der Zumutbarkeit.** So ist der VN beispielsweise nicht gezwungen, auf Weisung des VR Einspruch gegen einen Strafbefehl einzulegen, den er für gerechtfertigt hält, weil dies das Risiko mit sich bringt, dass das Gericht in einem Strafurteil nach § 411 Abs. 4 StPO die Strafe verschärft (*Littbarski,* § 5 Rn. 63).

6. Kosten der Schadensbearbeitung und -abwendung (II 2.3)

65 § 5 II 2.3 S. 1 regelt, dass der VN allen Schriftwechsel unentgeltlich führen muss. Er kann also weder **Porto** noch **Kopierkosten** erstattet verlangen und auch seinen **Zeitaufwand** nicht finanziell geltend machen. Dies gilt sowohl für Schriftwechsel **mit dem VR** als auch mit dem **Geschädigten** und unabhängig davon, ob der VN nach **Weisung** des VR handelt oder nicht. Ergän-

zend regelt II 2.3 S. 2, dass auch sonstiger anfallender Aufwand nicht erstattet wird. Dies betrifft beispielsweise **Reisekosten,** wenn Besprechungen mit dem VR anfallen oder der Anwalt zur Verhandlung im Haftungsprozess anreisen muss.

In der Praxis sind die VR oft damit einverstanden, dass der **Anwalt** die 66 **Korrespondenz** mit dem geschädigten Mandanten **selbst führt,** natürlich in Abstimmung mit dem VR. Dies kann ein probates Mittel sein, um das angeschlagene Mandatsverhältnis nicht durch die Einschaltung Dritter, insbesondere eines mit der Schadensabwehr beauftragten neuen Anwalts, zusätzlich zu belasten (*van Bühren*, S. 154; *Nieger* AnwBl. 2004, 517).

Der Anwalt handelt **nicht arglistig,** wenn er den (angeblichen) Schaden 67 der Versicherung meldet und den Mandanten laufend über die Korrespondenz mit dem VR unterrichtet, dann aber gegenüber dem Mandanten den **Verjährungseinwand** erhebt (BGH BRAK-Mitt. 2007, 198). Die Mitteilung des Anwalts an den Mandanten, er habe die Versicherung eingeschaltet, ist regelmäßig **kein Anerkenntnis** (OLG Celle BRAK-Mitt. 2004, 76).

Überraschend ist die Regelung in II 2.3 S. 2, dass auch die Kosten eines 68 vom VN **außergerichtlich beauftragten Bevollmächtigten** nicht erstattet werden. Dies steht im Widerspruch dazu, dass der VR ansonsten die angemessenen Kosten der Schadensabwehr voll zu tragen hat, und zwar bei begründeten Ansprüchen ebenso wie bei unbegründeten (→ § 3 Rn. 11 ff.). Die Regelung ist deshalb einschränkend so zu verstehen, dass sie sich nur auf Bevollmächtigte bezieht, die der VN hinzuzieht, um sich **Klarheit über den Schadensfall** und ggf. die **Versicherungsdeckung** bzw. die Abwicklung mit dem VR zu verschaffen. Bezieht sich dagegen die Heranziehung des Bevollmächtigten ausschließlich auf die **Abwehr** des geltend gemachten Schadensfalls **gegenüber dem Geschädigten,** muss es bei der allgemeinen Regelung bleiben, wonach diese Kosten vom VR zu tragen sind, jedenfalls wenn der VN sie pflichtgemäßem Ermessen für erforderlich halten durfte. Voll zu tragen hat der VR dagegen die Honorare des VN, wenn dieser zunächst **als vom geschädigten Mandanten beauftragter Anwalt** versucht, den Schaden durch gerichtliche oder außergerichtliche Vertretung gegenüber einem Dritten doch noch **abzuwenden.** Hat beispielsweise der Anwalt dem Mandanten einen unklaren Vertrag entworfen und fordert ein Dritter daraufhin vom Mandanten Geld, bekommt der VN selbstverständlich seine normalen Gebühren für die Verteidigung des Mandanten gegenüber dem Dritten. Falls diese sich als erfolglos herausstellt, stellen die Honorare des VN einen Teil des vom VR zu deckenden Schadens dar (→ § 3 Rn. 112 f.).

Die Kostentragungspflicht des VN gilt richtigerweise auch für die erweiter- 69 ten Mitwirkungspflichten bei **Auslandssachverhalten** nach 2.5 (s. dort).

VII. Wegfall der Obliegenheiten bei Ablehnung der Deckung

Sämtliche Obliegenheiten des VN nach der Erstmeldung (II 1.2) stehen un- 70 ter dem Vorbehalt, dass der VR seine Eintrittspflicht entweder positiv bejaht oder noch prüft, jedenfalls sie noch nicht endgültig abgelehnt hat. Hat dagegen der VR dem VN abschließend **mitgeteilt,** dass er die **Deckung ab-**

§ 5 B. Der Versicherungsfall

lehne (zB wegen wissentlicher Pflichtverletzung), **erlöschen** in diesem Moment alle weiteren Obliegenheiten des VN aus § 5. Ihn treffen also weder die weiteren Anzeigepflichten bei Klageerhebung etc, noch muss er Weisungen des VR beachten, dieser hat auch keine Regulierungsvollmacht (→ § 3 Rn. 43 ff.) mehr. Der VN kann sich also so verteidigen, wie er es für richtig hält, ohne in irgendeiner Weise auf den VR Rücksicht nehmen zu müssen (BGH VersR 1989, 842; Fischer/*Chab*, § 18 Rn. 121). Das Gleiche muss gelten, wenn der VR zwar noch keine Erklärung über seine Eintrittspflicht abgegeben hat, aber intern bereits beschlossen hat, die Deckung abzulehnen. Es wäre dann treuwidrig, wenn er weiter Weisungen erteilen oder gar von der Regulierungsvollmacht Gebrauch machen würde (BGH VersR 2001, 1151; OLG Celle NJW-RR 2004, 466). Gleichwohl empfiehlt es sich, den VR über die weitere Entwicklung auf dem Laufenden zu halten, da dieser möglicherweise seine Haltung revidiert und sich dann doch wieder an der Schadensabwehr beteiligt. **Erkennt** der VR nach anfänglicher Ablehnung **später** seine Leistungspflicht **doch noch an,** leben sämtliche Rechte, Pflichten und Obliegenheiten des VN aus § 5 in diesem Moment wieder auf. Das gleiche gilt, wenn der VR nach anfänglicher Ablehnung zwar seine Eintrittspflicht nicht ausdrücklich anerkennt, aber jedenfalls sich bindend bereit erklärt, erneut in die Prüfung seiner Leistungspflicht einzutreten (OLG Hamm VersR 1999, 1405; *Fischer/Chab*, § 18 Rn. 121). Bei Ablehnung der Eintrittspflicht ist dem VN im Übrigen zu empfehlen, dem VR entgegen III 5 den **Streit zu verkünden** (→ Rn. 73 ff.).

VIII. (Vorläufige) Deckungszusage

71 Der Begriff der „vorläufigen Deckungszusage" bedeutet in der Vermögensschaden-Haftpflichtversicherung **zwei gänzlich verschiedene Sachverhalte.** Zum einen ist damit die „vorläufige Deckung" gemeint, also die in §§ 49 ff. VVG geregelte Möglichkeit des **„vorläufigen Versicherungsschutzes".** Damit bezeichnet man den Versicherungsschutz, den der VN gegen das gleiche Risiko schon vor und unabhängig vom Zustandekommen eines endgültigen Versicherungsvertrages erhält. Der Vertrag über vorläufige Deckung stellt einen vom endgültigen Versicherungsvertrag losgelösten, rechtlich selbständigen Vertrag dar, der die Zeit bis zum Abschluss des Hauptvertrages überbrückt. Von Bedeutung ist der vorläufige Versicherungsschutz insbesondere im Hinblick auf § 12 Abs. 2 S. 2 BRAO, wonach bereits das Vorliegen einer vorläufigen Deckungszusage ausreicht, damit der Anwalt sich zulassen kann (ausführlich → Einl. Rn. 37 ff.).

72 Von vorläufiger Deckung iS eines vorläufigen Versicherungsschutzes zu trennen ist die **„vorläufige Deckungszusage",** die der VR **anlässlich eines einzelnen Schadensfalles** abgibt. In der Praxis ist es üblich (wenngleich in den AVB nicht vorgesehen), dass der Anwalt bei Meldung des (vermeintlichen) Schadens den VR um eine ausdrückliche **Deckungszusage** bittet. Erteilt der VR eine solche Zusage, ist sie **im Zweifel bindend,** dh, der VR ist nach Treu und Glauben daran gehindert, später seine Einschätzung zu revidieren. Dies gilt freilich nicht, wenn nach Erteilung der Deckungszusage neue Umstände bekannt werden, die den Versicherungsschutz negativ beeinflussen, zB das Vorliegen einer wissentlichen Pflichtverletzung oder das Eingreifen anderer Ausschlusstatbestände (dazu statt aller OLG Düsseldorf VersR 1996, 844; OLG München r+s 2003, 381). Zur Vermeidung einer Bindungswirkung geben die VR häufig nur **eingeschränkte Deckungszusagen** ab. So wird beispielsweise nicht selten die Deckungszusage mit dem ausdrücklichen Hinweis verbunden, dass sie unter dem Vorbehalt stehe, dass nicht ein Ausschlusstatbestand greife. Bisweilen wird die Deckungszusage auch ausdrücklich mit dem Hinweis verbunden, dass sie nur „vorläufig" auf der Basis des derzeit bekannten Sachverhalts oder nur „in bedingungsgemäßem Umfang" erfolge (ausführlich zur – fehlenden – Bindungswirkung solcher Erklärungen KG 26.11.2002, NJW-RR 2003, 780).

IX. Streitverkündung an den VR (II 2.4)

Nach § 5 II 2.4 ist eine Streitverkündung des VN an den VR **nicht erforderlich,** sodass dieser auch die **Kosten** einer eventuellen Streitverkündung **nicht zu tragen** hat. Hintergrund einer solchen Streitverkündung ist häufig die Angst des VR, er könne im Haftungsprozess gegen den Geschädigten zu Schadensersatz verurteilt werden, sich dann aber mit Einwendungen des VR konfrontiert sehen, der die Deckung ablehnt, und so am Ende „zwischen allen Stühlen" sitzen. Diese Angst ist unbegründet, da der Haftungsprozess gegen den Geschädigten automatische Bindungswirkung für die Deckungspflicht bzw. den nachfolgenden Deckungsprozess zwischen VN und VR hat (→ § 3 Rn. 23 ff.). Diese Bindungswirkung ist zwar eingeschränkt und umfasst insbesondere nicht die sog. versicherungsrechtlichen Einwendungen (zB Obliegenheitsverletzungen). Die Feststellungen zu Schaden, Schadenshöhe und Schadensverursachung hingegen entfalten Bindungswirkung auch gegenüber dem VR (ausführlich *Mennemeyer,* Kap. 11 Rn. 284 ff.; im Einzelnen → § 3 Rn. 23 ff.). 73

Hat der VR dagegen seine **Eintrittspflicht** endgültig **abgelehnt,** sollte der VN ihm im Haftungsprozess gegen den Geschädigten auf jeden Fall vorsorglich den Streit verkünden. Das mag zwar wegen der Bindungswirkung für den nachfolgenden Deckungsprozess keine Rolle spielen, führt aber in der Regel dazu, dass der VR den Haftungsprozess genau beobachten wird, was dazu führen kann, dass er die Ablehnung seiner Eintrittspflicht überdenkt (s. auch → Rn. 72). 74

Befürchtet der VR **kollusives Zusammenwirken** zwischen dem VN und dem vermeintlich Geschädigten im Deckungsprozess, kann er trotz II 2.4 dem Prozess als **Nebenintervenient** beitreten, auch wenn ihm nicht der Streit verkündet wurde (zu den schwierigen prozessualen Fragen s. BGH NJW-RR 2022, 404). 75

X. Fälligkeit der Leistung des VR (III)

Steht die Ersatzpflicht des VR fest, hat er gem. III 1 die fälligen Beträge spätestens **innerhalb einer Woche** zu zahlen. Für die Einhaltung der Frist genügt gem. III 2 S. 2 die **Anweisung** bei einem inländischen Geldinstitut, auch wenn die Wertstellung erst später erfolgt. 76

§ 5 B. Der Versicherungsfall

77 Die Zahlungspflicht des VR besteht ab **Rechtskraft des Urteils** im Haftungsprozess zwischen Anwalt und Geschädigtem oder ab **Abgabe eines Anerkenntnisses** oder **Bestandskraft eines Vergleichs** (dazu verweist III 1 auf § 3 II 1.1, s. dort). Erbringt der VR die Zahlungen nicht fristgerecht, trägt er die **Verzugszinsen.** Diese Zinszahlungspflicht ist zu unterscheiden von der Eintrittspflicht für während des Haftungsprozesses aufgelaufene Prozess- und Verzugszinsen (→ § 3 Rn. 64 ff.).

78 Da die Vermögensschaden-Haftpflichtversicherung grds. auf Befreiung von einer Verbindlichkeit gerichtet ist, erfolgt die **Zahlung** des VR grds. **an den Geschädigten,** nicht an den VN (BGHZ 20, 234). An den VN ist nur dann zu zahlen, wenn dieser seinerseits bereits an den Geschädigten gezahlt hat.

79 Mit der Zahlung des **Selbstbehalts** oder des die **Versicherungssumme übersteigenden Schadensanteils** hat der VR nichts zu tun. Diesbezüglich muss der Geschädigte sich unmittelbar an den VN halten. Die (zweifelhafte) Regelung aus § 5 IV S. 4 AVB-RSW 2005, wonach der VR verlangen konnte, dass der VN seinen Schadensanteil an eine vom VR bestimmte Stelle abführt (zB Bank-Anderkonto) und die Quittung dafür dem VR übermittelt, ist in den AVB-RS nicht mehr enthalten.

80 In der **Praxis** verfahren die VR häufig so, dass sie **an den VN zahlen** und dieser dann das Geld an den Geschädigten weiterleitet. Dies hat den Vorteil, dass der VN die von ihm zu tragenden Beträge (Selbstbehalt sowie eventuell die Versicherungssumme übersteigenden Beträge) hinzufügen und dadurch eine Verunsicherung des Geschädigten durch Teilzahlungen vermieden wird.

81 Der VR wird schon im eigenen Interesse jede **Zahlung** an den Geschädigten dem **VN vorher anzeigen,** schon um ärgerliche Doppelzahlungen zu vermeiden. Auch ermöglicht die Information dem Anwalt, mit evtl. noch ausstehenden Honorarforderungen aufzurechnen. Überdies kann der Anwalt nur so in die Lage versetzt werden, über die Ausübung seines Sonderkündigungsrechts nach § 9 II 1 (s. dort) fristgemäß zu entscheiden.

XI. Anspruchsübergang

82 Mit der Zahlung gehen eventuelle Ersatzansprüche des VN auf den Haftpflichtversicherer über (§ 86 VVG). Relevant ist das in den Fällen, in denen der Anwalt zusammen mit einem Dritten den Schaden verursacht und im Innenverhältnis gegen den Mit-Schädiger einen **Ausgleichsanspruch** hat. Diesen Anspruch kann der VR nach Befriedigung des Geschädigten durchsetzen.

XII. Besondere Bedingungen: Versicherungskonsortien; Führungsvereinbarung

83 Insbesondere bei besonders hohen Deckungssummen (die großen wirtschaftsberatenden Sozietäten haben Versicherungsdeckungen in dreistelliger Millionenhöhe) ist oft ein einzelner VR nicht bereit, das gesamte Risiko zu

versichern, trotz der Möglichkeit der Rückversicherung. In diesem Fall werden oft Konsortien mehrerer Versicherer gebildet, die jeweils eine gewisse **prozentuale Quote** der Gesamtversicherungssumme abdecken. Es wäre natürlich für den VN misslich, sich im Schadensfall mit allen beteiligten Versicherern herumschlagen zu müssen. Deshalb ist es, insbesondere bei Beteiligung ausländischer Versicherer, aus Sicht des VN unabdingbar, dass eine „**Führungsvereinbarung**" abgeschlossen wird, nach der der VN sich im Streitfall nur mit einem der beteiligten (inländischen!) VR auseinandersetzen muss und die anderen beteiligten VR das Ergebnis dieser Auseinandersetzung gegen sich gelten lassen. Üblicherweise (ausführlich *Riechert,* Einl. Rn. 70 ff.; *Wilhelmer,* Rn. 402 ff.) wird das wie folgt geregelt:

„Beteiligte Versicherer sind:
- X Versicherungs AG   mit 75 %
- Y Versicherungs AG   mit 25 %

Jeder Versicherer haftet unter Ausschluss der gesamtschuldnerischen Haftung nur für seinen Anteil. Führender Versicherer ist die X Versicherungs-AG.

An den führenden Versicherer sind die Beiträge zu zahlen, die erhobenen Schadenersatzansprüche zu melden und alle sonstigen, das Versicherungsverhältnis betreffenden Anzeigen und Erklärungen mit Wirkung für und gegen alle beteiligten Versicherer zu richten.

Der führende Versicherer führt die Verhandlungen mit der Versicherungsnehmerin und gibt alle den Vertrag betreffenden Erklärungen auch namens der Mitversicherer rechtsverbindlich ab.

Die Versicherungsnehmerin wird bei Streitfällen aus diesem Vertrag ihre Ansprüche nur gegen den führenden Versicherer und nur wegen dessen Anteils gerichtlich geltend machen.

Die Unterbrechung der Verjährung gegenüber dem führenden Versicherer wirkt auch gegen die Mitversicherer.

Die an diesem Vertrag beteiligten Versicherer erkennen die gegen den führenden Versicherer rechtskräftig gewordenen Entscheidungen gegenüber der Versicherungsnehmerin sowie die von dem führenden Versicherer mit der Versicherungsnehmerin geschlossenen Vergleiche als auch für sich verbindlich an.

In den Fällen, in denen der Mitversicherer trotz dieser Bestimmungen seine Leistungen verweigert, kann die Versicherungsnehmerin auch gegen diesen Klage erheben."

Die Regelungen der Führungsvereinbarung haben im Wesentlichen die **84** Wirkung einer **Streitverkündung** gegen die beteiligten VR, machen diese also obsolet. Über die Wirkung einer Streitverkündigung hinaus geht die Bindung der Konsorten an vom führenden VR geschlossene **Vergleiche.**

Zum Schutz der beteiligten VR ist geregelt, dass im Streit über die De- **85** ckung der VN zunächst ausschließlich gegen den führenden VR vorgeht, die Regelung enthält also einen **pactum de non petendo** zugunsten der anderen VR. Erst und nur dann, wenn der VN sich mit dem führenden VR geeinigt oder gegen diesen gerichtlich obsiegt hat und die anderen beteiligten VR ihrer Zahlungsverpflichtung nicht nachkommen, kann der VN gegen diese Klage erheben.

§ 6 Leistungsfreiheit, Leistungskürzung und Fortbestehen der Leistungspflicht bei einer Obliegenheitsverletzung nach § 5

I. Leistungsfreiheit

Wird eine Obliegenheit verletzt, die dem Versicherer gegenüber zu erfüllen ist, ist der Versicherer von der Verpflichtung zur Leistung frei, wenn der Versicherungsnehmer die Obliegenheit vorsätzlich verletzt hat.

II. Leistungskürzung

Im Fall einer grob fahrlässigen Verletzung der Obliegenheit ist der Versicherer berechtigt, seine Leistung in einem der Schwere des Verschuldens des Versicherungsnehmers entsprechenden Verhältnis zu kürzen. Weist der Versicherungsnehmer nach, dass er die Obliegenheit nicht grob fahrlässig verletzt hat, bleibt der Versicherungsschutz bestehen.

III. Fortbestehen der Leistungspflicht

Der Versicherer bleibt zur Leistung verpflichtet, soweit der Versicherungsnehmer nachweist, dass die Verletzung der Obliegenheit weder für den Eintritt oder die Feststellung des Versicherungsfalls noch für die Feststellung oder den Umfang der dem Versicherer obliegenden Leistung ursächlich war. Das gilt nicht, wenn der Versicherungsnehmer die Obliegenheit arglistig verletzt hat.

Übersicht

	Rn.
I. Überblick	1
1. Regelungsgegenstand	1
2. Verhältnis zu VVG und AHB	2
II. Anwendungsbereich	3
III. Vorsätzliche Obliegenheitsverletzung (I)	5
1. Überblick	5
2. Beweislast	6
3. Zurechnung Dritter	7
4. Wirksamkeit von § 6 I	12
IV. Fahrlässige Obliegenheitsverletzung (II)	13
V. Fehlende Kausalität (III)	16
VI. Arglist (III S. 2)	19

I. Überblick

1. Regelungsgegenstand

1   Eines der **leidigsten Themen** im gesamten Versicherungsrecht sind die berühmten Obliegenheitsverletzungen. Nachdem die Rechtsprechung die Möglichkeiten der VR, unter Hinweis auf angebliche Obliegenheitsverletzungen ihre Eintrittspflicht zu verweigern, über die Jahrzehnte erheblich eingeschränkt hatte, ist anlässlich der **VVG-Reform 2008** das Recht der Oblie-

genheiten und der Obliegenheitsverletzungen **grundlegend neu** geregelt worden (ausführlich *Schimikowski* VersR 2009, 1304).

2. Verhältnis zu VVG und AHB

§ 6 zeichnet die Regelung der Obliegenheitsverletzungen in §§ 28 ff. **VVG** 2 nach. Er entspricht trotz abweichender Formulierungen weitgehend Ziff. 26.2 AHB 2008.

II. Anwendungsbereich

§ 6 gilt ausweislich seiner Überschrift nur bei Verletzung der Obliegenhei- 3 ten aus § 5. Das sind ausschließlich die Obliegenheiten **im Versicherungsfall** (§ 5 II 1.1 bis 2.4). Damit gilt § 6 nicht für die Verletzung vorvertraglicher Anzeigepflichten nach § 11 a, hier sind die Rechtsfolgen einer Verletzung in § 11 a II geregelt (s. dort). Des Weiteren gilt § 6 auch nicht bei der Verletzung der Anzeigepflichten während der Vertragslaufzeit nach § 11 b, hier sind die Rechtsfolgen in § 11 b II 3 geregelt (s. dort).

§ 6 gilt unmittelbar **nur im Verhältnis zwischen VN und VR**. Da es sich 4 bei der Berufshaftpflichtversicherung um eine Pflichtversicherung handelt, bleibt der VR gegenüber dem Geschädigten unter bestimmten Voraussetzungen leistungspflichtig, obwohl er dem VN gegenüber leistungsfrei wäre. Dies gilt insbesondere bei Obliegenheitsverletzungen. § 6 wird hier also durch die gesetzlichen Regelungen über die Pflichtversicherung überspielt (→ § 3 Rn. 130 ff.).

III. Vorsätzliche Obliegenheitsverletzung (I)

1. Überblick

Gemäß § 6 I, der § 28 Abs. 2 S. 1 VVG entspricht, wird der VR bei vorsätz- 5 licher Verletzung von Obliegenheiten grds. **leistungsfrei**. Allerdings kommt es selbst bei vorsätzlicher Obliegenheitsverletzung nicht zur Leistungsfreiheit des VR, wenn sich die Verletzung der Obliegenheit gem. III weder hinsichtlich des Eintritts des Versicherungsfalls noch hinsichtlich der Feststellung oder des Umfangs der dem VR obliegenden Leistungen **ausgewirkt** hat.

2. Beweislast

Dass eine **Obliegenheit verletzt** wurde, hat der VR gem. § 69 Abs. 3 S. 2 6 VVG zu beweisen. Wenn dies allerdings auf einen (unmöglichen) Negativbeweis hinauslaufen würde, trägt der VN die Beweislast (AG Düsseldorf VersR 2009, 1102 betr. Absendung der Schadensanzeige). Hinsichtlich des **Vorsatzes** greift die allgemeine Beweislastregel des Zivilrechts, dass derjenige Vorsatz zu beweisen hat, der sich darauf beruft. Will der **VR** wegen vorsätzlicher Obliegenheitsverletzung Leistungsfreiheit geltend machen, muss er also den **Vorsatz des VN beweisen** (*Grote/Schneider* BB 2007, 2689 (2695)). Die Beweislast für die **Folgenlosigkeit** der Obliegenheitsverletzung trifft den **VN** (im Einzelnen → Rn. 16 ff.).

3. Zurechnung Dritter

7   Umstritten ist, inwieweit der VN sich Vorsatz **dritter Personen zurechnen** lassen muss. Der BGH lehnt eine entsprechende Anwendung von **§ 278 BGB** grds. ab (BGHZ 11, 120; BGH VersR 1964, 475; 1967, 990; 1981, 321). Das entspricht dem Grundsatz, dass Obliegenheiten keine Pflichten sind, sondern ihre Einhaltung nur Voraussetzung für die Erhaltung der Ansprüche aus dem Versicherungsvertrag sind. Allerdings haftet der VN dann für Obliegenheitsverletzungen Dritter, wenn diese Wissenserklärungsvertreter, Repräsentanten oder Wissensvertreter sind:

8   **Wissenserklärungsvertreter** sind diejenigen Personen, die der VN mit der Erstattung von Auskünften gegenüber dem VR **betraut** hat. Hier ergibt sich eine Haftung in Analogie zu § 166 Abs. 1 BGB (BGH VersR 1952, 428; 1967, 343; 1981, 948; 1993, 960). Beauftragt beispielsweise der VN einen anwaltlichen (freien) Mitarbeiter mit der Abwicklung eines Schadensfalls gegenüber dem VR, muss der VN sich vorsätzliche Obliegenheitsverletzungen dieses Mitarbeiters zurechnen lassen (ausführlich Prölss/Martin/*Armbrüster,* § 28 Rn. 153 ff.).

9   **Repräsentant** ist nach der gewohnheitsrechtlich fortentwickelten Rechtsprechung derjenige, der in dem Geschäftsbereich, zu dem das versicherte Risiko gehört, auf Grund eines Vertretungs- oder eines ähnlichen Verhältnisses an die Stelle des VN getreten ist (RG RGZ 51, 20; 83, 43; 117, 327; 135, 370; ausführlich Prölss/Martin/*Armbrüster,* § 28 Rn. 98 ff.). Im Bereich der Vermögensschaden-Haftpflicht spielt die Repräsentantenhaftung keine große Rolle.

10   Als **Wissensvertreter,** dessen Verhalten ebenfalls dem VN zugerechnet werden kann, wird derjenige bezeichnet, der vom VN damit betraut worden ist, Tatsachen, deren Kenntnis rechtserheblich ist, anstelle des VN entgegenzunehmen (BGH VersR 1970, 613; 1971, 538; ausführlich Prölss/Martin/ *Armbrüster,* § 28 Rn. 132 ff.). Bei Wissensvertretern geht es nicht um die Zurechnung von fremdem Verhalten, sondern um die Zurechnung von fremdem Wissen. Der VN muss sich so behandeln lassen (und das Vorliegen von Vorsatz richtet sich danach), wie wenn er dasjenige gewusst hätte, was sein Wissensvertreter wusste.

11   Keine gegenüber den von der Rechtsprechung entwickelten Grundsätzen erweiterte Zurechnung ergibt sich aus den **AVB-RS.** Die Zurechnungsregel in **§ 1 II 2 S. 2** (→ § 1 Rn. 151) sieht bei der Versicherung der Berufsausübungsgesellschaft nur die Zurechnung von solchen Umständen vor, die in der Person des Verstoßenden liegen. Eine Zurechnung des Verhaltens aller anderen in der Kanzlei beschäftigten Personen (egal ob mitversichert oder nicht) sieht dagegen § 1 II 2 nicht vor. Eine Zurechnung ergibt sich auch nicht aus **§ 7 I 1 S. 1** (→ § 7 Rn. 17). Dort ist zwar geregelt, dass die mitversicherte Person ebenfalls für die Erfüllung der vertraglichen Obliegenheiten verantwortlich ist. Das gilt aber nur, soweit die mitversicherte Person selbst in Anspruch genommen wird, nicht dagegen, wenn sich der Anspruch gegen den VN richtet.

Obliegenheitsverletzung § 6

4. Wirksamkeit von § 6 I

Die **harte Sanktion** der Leistungsfreiheit bei Vorsatz ist grds. **gerecht-** 12
fertigt. VN sind aus verschiedenen Gründen eher als die Kunden anderer Unternehmen geneigt, die Vermögensinteressen ihres Vertragspartners zu missachten. Wegen der oft ungünstigen Informationslage des VR ist die Entdeckungsgefahr häufig nur gering. Viele VN haben das Gefühl, dass der Prämienzahlung wenigstens hin und wieder eine Zahlung des VR gegenüberstehen müsse. Andererseits ist der VR im besonderen Maße auf ein korrektes Verhalten der VN angewiesen, da sich Schadensfälle regelmäßig in der Sphäre der VN abspielen und insoweit die Informationslage des VR ungünstig ist. Aus all den genannten Gründen besteht ein besonderes Bedürfnis des VR nach einer **Prävention** vorsätzlicher Obliegenheitsverletzungen (vgl. BGH VersR 1977, 272). Würde eine vorsätzliche Obliegenheitsverletzung nur bei Kausalität zur Leistungsfreiheit führen, wären vorsätzliche Obliegenheitsverletzungen für den VN häufig folgenlos. So könnte der VN beispielsweise gefahrlos den VR anlügen, denn entweder würde die Lüge entdeckt und bliebe mangels kausal daraus entstandener Folgen ungestraft, oder sie würde nicht entdeckt, sodass der VR nachteilige Folgen der Lüge nicht geltend machen könnte. Den Ausgleich zwischen den Interessen des VN und des VR versucht § 28 Abs. 3 VVG dadurch, dass zwar mangels **Kausalität** keine Leistungsfreiheit des VR eintritt, jedoch der VN die **Beweislast** für die fehlende Kausalität trägt (s. § 6 III S. 1, dazu → Rn. 16).

IV. Fahrlässige Obliegenheitsverletzung (II)

In Übereinstimmung mit § 28 VVG sieht § 6 II **keine Sanktionen** bei le- 13
diglich **leicht fahrlässiger** Obliegenheitsverletzung vor. Nachteilige Folgen für den VN entstehen erst bei grober Fahrlässigkeit. Allerdings trifft die **Beweislast** den **VN.** Nicht der VR muss ihm grobe Fahrlässigkeit nachweisen, sondern der VN muss dem VR nachweisen, dass seine Fahrlässigkeit nicht grob war. Nur wenn dem VN diese Darlegung gelingt, bleibt eine Sanktion aus. Im Einzelnen bedeutet dies, dass der VN das Vorliegen entlastender Umstände beweisen muss, aber auch das Nichtvorliegen belastender Umstände. Für den Beweis des Nichtvorliegens belastender Umstände gilt nach den allgemeinen Regeln, dass den VR eine sekundäre Darlegungslast trifft: Er muss belastende Umstände zunächst einmal substantiiert darlegen. Der VN muss dann den Hauptbeweis führen, indem er sie widerlegt (ausführlich *Pohlmann* VersR 2008, 437 (438)).

Kern des § 28 VVG ist der **Wegfall** des früheren **„Alles-oder-Nichts"-** 14
Prinzips. Der VR kann nur gem. § 28 Abs. 2 S. 2 VVG seine Leistung **entsprechend der Schwere des Verschuldens des VN kürzen.** Entscheidend ist immer die Abwägung anhand der Umstände des Einzelfalls. Abzustellen ist insbesondere auf die Offenkundigkeit und die Bedeutung der Obliegenheit und ihrer Verletzung, die Schwierigkeit der Erfüllung der Obliegenheit und das Gewicht des Verstoßes sowie die konkrete Situation des VN (*Franz* VersR 2008, 298 (304)). Bei großer Fahrlässigkeit kann der VR seine Leistung ggf.

auch „**auf Null**" kürzen (BGH VersR 2012, 341). Bei Zusammentreffen mehrerer Obliegenheitsverletzungen soll nach herrschender Auffassung eine Mehrfachquotelung in Betracht kommen (*Franz* VersR 2008, 305; *Grote/Schneider* BB 2007, 2689 (2695)). Umstritten ist weiter, wer im Rahmen der angemessenen Leistungskürzung für welche Umstände (entlastende und belastende) beweispflichtig ist (ausführlich *Pohlmann* VersR 2008, 437 (438 ff.)).

15 Auch bei grob fahrlässiger Obliegenheitsverletzung gelten die oben dargelegten Grundsätze der **Zurechnung** des **Verhaltens Dritter** (→ Rn. 7 ff.). Im Übrigen kommt es trotz grober Fahrlässigkeit nicht zu einer Leistungskürzung, wenn der VN nachweist, dass der Obliegenheitsverstoß gem. III **nicht kausal** war (→ Rn. 16 ff.).

V. Fehlende Kausalität (III)

16 Sowohl bei vorsätzlicher Obliegenheitsverletzung als auch bei grob fahrlässiger Obliegenheitsverletzung bleibt es gem. III S. 1 bei der vollen Leistungspflicht des VR, wenn der **VN nachweist,** dass die Verletzung der Obliegenheit **nicht kausal** war. Das Fehlen der Kausalität kann sich beziehen auf
– den Eintritt des Versicherungsfalls
– die Feststellung des Versicherungsfalls
– die Feststellung der dem VR obliegenden Leistungen
– den Umfang der dem VR obliegenden Leistungen.

17 Zu einer Kausalität einer Obliegenheitsverletzung für den **Eintritt des Versicherungsfalls** kann es beispielsweise kommen, wenn der VN entgegen § 5 II 1.2 (s. dort) gegen Mahnbescheide etc nicht rechtzeitig Widerspruch einlegt. Zu einer **Beeinträchtigung der Schadensfeststellung** kann es insbesondere kommen, wenn der VN dem VR entgegen § 5 II 2.2 (s. dort) nicht die erforderlichen Informationen gibt. Mangelnde Informationen können auch für die **Feststellung der dem VR obliegenden Leistungen** ursächlich werden. Eine Kausalität hinsichtlich des **Umfangs der Leistungen des VR** ergibt sich wiederum, wenn der VN gegen Mahnbescheide etc nicht rechtzeitig Maßnahmen ergreift, vor allem aber wenn er durch mangelhafte Informationen den VR in einen aussichtslosen Abwehrprozess treibt, dessen Kosten letztlich nur die Schadenssumme erhöhen.

18 Das Wort „soweit" stellt klar, dass ggfs. eine **Aufteilung** stattzufinden hat. Hat sich beispielsweise durch eine Fehlinformation des VN gegenüber dem VR oder durch unterbliebenen Einspruch gegen einen Mahnbescheid der vom VR zu tragende Schaden erhöht, so tritt Leistungsfreiheit nur hinsichtlich des Erhöhungsbetrages ein. Hinsichtlich desjenigen Teils des Schadens, der ohnehin nicht zu vermeiden gewesen wäre, bleibt der VR dagegen leistungspflichtig.

VI. Arglist (III S. 2)

19 Nach III S. 2 führt die arglistige Obliegenheitsverletzung stets zur Leistungsfreiheit, ohne dass es auf Kausalität ankäme. „Arglist" bedeutet, dass der VN mit der Obliegenheitsverletzung ein **missbilligenswertes Ziel auf Kos-**

ten des VR verfolgt. Meist geht es dabei um ungerechtfertigte Vermögensvorteile, Arglist ist dann mit **Betrugsabsicht** gleichzusetzen. Voraussetzung für Arglist ist nicht nur, dass der VN absichtlich die Obliegenheit verletzt. Vielmehr ist zusätzlich erforderlich, dass er dies tut, um sich einen **ungerechtfertigten Vermögensvorteil** zu verschaffen. Keine Arglist liegt also vor, wenn der VN zwar absichtlich einer Obliegenheit nicht nachkommt, dabei aber **keine Schädigungsabsicht** hat (zB weil ihm die Erfüllung der Obliegenheit **lästig** ist und er davon ausgeht, dass sie im konkreten Fall ohnehin irrelevant ist). Klassischer Fall der arglistigen Obliegenheitsverletzung ist das Vortäuschen eines Schadens oder eines höheren Schadens und das Vertuschen des Vorliegens von Ausschlusstatbeständen.

C. Das Versicherungsverhältnis (§§ 7–16)

§ 7 Versicherung für mitversicherte Personen, Abtretung, Verpfändung, Rückgriffsansprüche

I. Versicherung für mitversicherte Personen

1. Vertragsbestimmungen

Soweit sich die Versicherung auf Haftpflichtansprüche erstreckt, die gegen andere als den Versicherungsnehmer selbst gerichtet sind, finden alle in dem Versicherungsvertrag bezüglich des Versicherungsnehmers getroffenen Bestimmungen auch auf diese Personen sinngemäße Anwendung. Der Versicherungsnehmer bleibt neben den mitversicherten Personen für die Erfüllung der Obliegenheiten verantwortlich.

2. Geltendmachung der Versicherungsansprüche

Mitversicherte Personen können ihre Versicherungsansprüche selbständig geltend machen.

3. Ansprüche des Versicherungsnehmers gegen versicherte Personen

Ansprüche des Versicherungsnehmers gegen mitversicherte Personen sind, soweit nichts anderes vereinbart ist, von der Versicherung ausgeschlossen.

II. Abtretung, Verpfändung

Der Freistellungsanspruch darf vor seiner endgültigen Feststellung ohne Zustimmung des Versicherers weder abgetreten noch verpfändet werden. Eine Abtretung an den geschädigten Dritten ist zulässig.

III. Rückgriffsansprüche

1. Übergang von Ansprüchen des Versicherungsnehmers gegen Dritte

Steht dem Versicherungsnehmer ein Ersatzanspruch gegen einen Dritten zu, geht dieser Anspruch auf den Versicherer über, soweit der Versicherer den Schaden ersetzt hat.

2. Rückgriff gegen Angestellte oder Mitarbeiter des Versicherungsnehmers

Rückgriff gegen Angestellte oder Mitarbeiter des Versicherungsnehmers wird nur genommen, wenn diese ihre Pflichten vorsätzlich oder wissentlich verletzt haben.

3. Wahrungs- und Mitwirkungspflichten

Der Versicherungsnehmer hat seinen Anspruch gemäß Ziffer 1 oder ein zur Sicherung dieses Anspruchs dienendes Recht unter Beachtung der geltenden Form- und Fristvorschriften zu wahren und bei dessen Durchsetzung durch den Versicherer soweit erforderlich mitzuwirken. Die Folgen einer Verletzung dieser Obliegenheit ergeben* sich aus § 86 Abs. 2 VVG.

Übersicht

	Rn.
I. Überblick	1
1. Regelungsgegenstand	1
2. Verhältnis zu VVG und AHB	2
II. Begriff der „mitversicherten Person"	4
1. In Sozietäten	4
2. Bei Einzelversicherung	7
III. Rechte und Pflichten mitversicherter Personen (I 1)	8
1. Allgemeine Stellung	9
2. Verantwortlichkeit für Obliegenheiten (I 1 S. 2)	12
3. Beachtung von Weisungen des VR	14
4. Kündigungsrecht	15
5. Zurechnung von Ausschlusstatbeständen	16
6. Selbstbehalt	17
IV. Geltendmachung der Versicherungsansprüche durch mitversicherte Personen (I 2)	18
V. In-Sich-Ansprüche (I 3)	19
VI. Abtretungsverbot (II)	21
VII. Rückgriff des VR (III)	25
1. Überblick	25
2. Rückgriff gegen Dritte (III 1)	27
a) Funktionsweise	27
b) Anwendungsbereich	30
3. Rückgriff gegen Angestellte (III 2)	31
4. Umgang mit Rückgriffsansprüchen (III 3)	34
VIII. Besondere Bedingungen: Mandate außerhalb der Sozietät/Nebenberufspolicen	35

I. Überblick

1. Regelungsgegenstand

1 § 7 enthält Regelungen betreffend **mitversicherte Personen** (die früheren AVB-RSW sprachen stattdessen durchgehend von „versicherten Personen", gemeint war dasselbe). § 7 setzt die Mitversicherung voraus, regelt

---

* In der veröffentlichten Version heißt es irrtümlich „ergibt".

Versicherung für mitversicherte Personen §7

also nicht selbst, **wer** mitversichert ist (→ Rn. 4 ff.). Mitversicherte Personen treffen grds. die gleichen Rechte und Pflichten wie den VN. Eine Besonderheit zu Gunsten der mitversicherten Person enthält I 2; mitversicherte Personen können ihre Versicherungsansprüche selbständig gegenüber dem VR geltend machen. Die Einbeziehung **neu hinzukommender** mitversicherter Personen regelt auch § 11b II (s. dort). § 7 II regelt ein – eingeschränktes – **Verbot der Verpfändung** oder **Abtretung** der Versicherungsansprüche durch den VN. § 7 III regelt **Rückgriffsansprüche** des VR gegen den Schadensverursacher.

2. Verhältnis zu VVG und AHB

§ 7 modifiziert die Rechte mitversicherter Personen gegenüber §§ 43 ff. **VVG.** 2

Die Verantwortlichkeit mitversicherter Personen für die Erfüllung von Obliegenheiten sowie die Zurechnung von Ausschlusstatbeständen in I 1 entspricht Ziff. 27.1 und 27.2 **AHB 2008.** 3

II. Begriff der „mitversicherten Person"

1. In Sozietäten

§ 7 I bezieht sich vor allem auf § 1 II, wonach bei Abschluss der Versicherung durch eine Sozietät (Berufsausübungsgesellschaft) der Versicherungsschutz auch Partner, Angestellte etc mit einschließt, falls diese persönlich vom Geschädigten in Anspruch genommen werden (→ § 1 Rn. 142 ff.). Diese Personen sind in der versicherungsrechtlichen Terminologie **„mitversicherte Personen"**. Mitversicherte Personen gibt es nicht nur bei denjenigen Personengesellschaften, bei denen die **einzelnen Partner** für Ansprüche gegen die Gesellschaft **mithaften** (GbR, OHG, KG, § 8 Abs. 2 PartGG). Auch in Kapitalgesellschaften (GmbH, AG oder in der PartmbB), in denen eine vertragliche Mithaftung der Partner nicht stattfindet, kann es gleichwohl eine persönliche Inanspruchnahme des einzelnen Partners oder Mitarbeiters geben, sei es aus deliktischer Haftung (§ 823 BGB), wegen Inanspruchnahme besonderen persönlichen Vertrauens (§ 311 Abs. 3 BGB) oder weil es sich ausnahmsweise um ein persönliches Mandat gehandelt hat (ausführlich → § 1 Rn. 142 ff.). Überdies schließt die Mitversicherung auch Rückgriffsansprüche des VR (§ 7 III, s. dort) aus. 4

Die Mitversicherung der Partner und Angestellten der Sozietät ist eine **Versicherung für fremde Rechnung** iSd §§ 43 ff. VVG. Die Regelungen betreffend mitversicherte Personen in § 7 I weichen jedoch vom gesetzlichen Leitbild der §§ 43 ff. VVG erheblich ab. 5

Für die Feststellung, wer mitversicherte Person ist, kommt es ausschließlich auf den **Zeitpunkt des Verstoßes** an, nicht auf die Entstehung des Schadens oder dessen Geltendmachung (siehe im Einzelnen → § 2 Rn. 5 ff.). Besonders bedeutsam ist dies beim **Eintritt** in eine **Sozietät,** wenn diese als GbR organisiert ist. Denn der eintretende Partner haftet für solche beruflichen Haftungsfälle mit, die vor seinem Eintritt verursacht wurden (→ § 2 Rn. 25 ff.). Hier schützt ihn nur die Sonderregelung in **§ 1 II 3.1** (→ § 1 Rn. 153 ff.). 6

2. Bei Einzelversicherung

7 Mitversicherte Personen kann es aber auch dann geben, wenn der Einzelanwalt selbst Versicherung nimmt, insbesondere wenn der **VN angestellte** oder **freie Mitarbeiter beschäftigt**. Soweit diese ihm zuarbeiten, sind sie nicht über ihre eigenen (Nebentätigkeits-)Policen (dazu im Einzelnen → Rn. 35 ff.) abgedeckt, sondern müssen in den Versicherungsschutz des Anwalts einbezogen werden. Dies setzt eine **ausdrückliche Mitteilung** an den VR voraus, der daraufhin regelmäßig die Prämie erhöht. Nach einer instruktiven Entscheidung des OLG Hamburg (VersR 1985, 229) bedarf es insoweit keiner ausdrücklichen Vereinbarung mit dem VR über die Einbeziehung der (angestellten oder freien) Mitarbeiter. Es reicht, wenn der VN dem VR eine Mitteilung schickt, in der die neu hinzugekommenen Mitarbeiter angezeigt werden oder deren ausdrückliche Aufnahme in die Versicherung erbeten wird. Reagiert der VR darauf nicht, muss er sich jedenfalls so behandeln lassen, als seien die hinzugekommenen Mitarbeiter ab sofort versicherte Personen. Selbstverständlich kann der VR für die hinzugekommenen Mitarbeiter eine Zusatzprämie berechnen. Versicherungsschutz für die hinzugekommenen Personen besteht aber schon ab Anzeige, sofern der VR nicht unverzüglich widerspricht, nicht erst ab Berechnung oder gar Zahlung der Zusatzprämie (OLG Hamburg VersR 1985, 229).

III. Rechte und Pflichten mitversicherter Personen (I 1)

8 Im Einzelnen gilt auf Grund des Generalverweises in I 1 für die mitversicherten Personen Folgendes:

1. Allgemeine Stellung

9 Eine mitversicherte Person ist **nicht Vertragspartei** des Versicherungsvertrages. Der VR kann ihr gegenüber deshalb keine vertragsgestaltenden **Erklärungen** (zB **Kündigungen**) abgeben (aA *Mennemeyer,* Kap. 11 Rn. 146).

10 Mitversicherte Personen haften nicht für die Zahlung der **Prämien**. Dies würde schon daran scheitern, dass ansonsten der Versicherungsvertrag ein unzulässiger Vertrag zu Lasten Dritter wäre. Unanwendbar auf die mitversicherte Person sind deshalb auch die Modalitäten betreffend die Prämienzahlung (§ 8).

11 Die mitversicherte Person muss grds. den Vertrag so akzeptieren, wie er zwischen VN und VR geschlossen wurde. Für mitversicherte Personen gelten deshalb uneingeschränkt die **Risikobeschreibung**, die **Ausschlusstatbestände** sowie die vereinbarten **Versicherungssummen, Selbstbehalte** und **Maximierungen**. Die mitversicherte Person hat also keinen Versicherungsschutz, soweit in ihrer Person ein **Haftungsausschluss** verwirklicht ist (zB bei wissentlicher Pflichtverletzung). Dass in diesem Fall der Versicherungsschutz des VN selbst, der für die mitversicherte Person mithaftet, aufrecht erhalten bleiben kann, regelt § 1 II 2 bzw. § 4.5.1 (→ Rn. 16 und → § 1 Rn. 151 f.). Hat der VN die **Maximierungen** verbraucht, hat auch die mitversicherte Person keine Deckung mehr.

2. Verantwortlichkeit für Obliegenheiten (I 1 S. 2)

Gemäß § 7 I 1 S. 2 sind die mitversicherten Personen für die **Erfüllung** 12 **aller Obliegenheiten** (insbesondere aus § 5) selbst verantwortlich. Das sind insbesondere die Obliegenheiten nach Eintritt eines Schadensfalls nach § 5 II 1.1 bis 1.4 (s. dort).

Gemäß § 7 I 1 S. 2 **bleibt der VN neben der mitversicherten Person** 13 für die Erfüllung aller Obliegenheiten **verantwortlich.** Diese Regelung darf nicht dahingehend missverstanden werden, dass der Versicherungsschutz der mitversicherten Person erlischt, wenn zwar sie selbst alle Obliegenheiten erfüllt hat, aber nicht der VN selbst. Erfüllt die mitversicherte Person alle Obliegenheiten, nicht jedoch der VN, führt dies nach richtiger Auffassung nur dazu, dass der VN den Versicherungsschutz verliert, während ihn die mitversicherte Person behält (ausführlich zum Streitstand *Littbarski,* § 7 Rn. 23 ff.).

3. Beachtung von Weisungen des VR

Auch die mitversicherte Person muss im Schadensfall **Weisungen des VR** 14 beachten (§ 5 II 2.1 → § 5 Rn. 50 ff.) und der VR gilt von ihr als iSv § 3 II 1.3 **bevollmächtigt** (→ § 3 Rn. 43 ff.).

4. Kündigungsrecht

Das ordentliche **Kündigungsrecht** (§ 9) steht selbstverständlich nur dem 15 VN zu, nicht den mitversicherten Personen (*Littbarski,* § 7 Rn. 8; aA *Mennemeyer,* Kap. 11 Rn. 146). Bei einem Haftungsfall einer mitversicherten Person entsteht das **Sonderkündigungsrecht** von VN und VR nach § 9 II (→ § 9 Rn. 10 ff.), die Kündigung kann aber selbstverständlich wiederum nur vom VN selbst erklärt werden, nicht von der mitversicherten Person (aA *Mennemeyer,* Kap. 11 Rn. 146).

5. Zurechnung von Ausschlusstatbeständen

Nach § 1 II 3 wird bei Verwirklichung eines **Ausschlusstatbestands in** 16 **der mitversicherten Person** dieser Ausschlusstatbestand auch dem **VN zugerechnet,** sodass auch dieser die Deckung verliert. Eine wichtige Ausnahme enthält jedoch § 4.5.1. Hs., wonach bei **Angestellten** (nicht bei Partnern!) eine Zurechnung des Ausschlusses wegen **wissentlicher Pflichtverletzung nicht** stattfindet. Hat beispielsweise eine mitversicherte Person eine wissentliche Pflichtverletzung begangen und wird diese und der VN gesamtschuldnerisch in Anspruch genommen, hat der VN Versicherungsschutz, die mitversicherte Person dagegen nicht! Umgekehrt gilt das nicht, sodass ein Ausschlusstatbestand nur **in der Person des VN** den **Versicherungsschutz der mitversicherten Person unberührt** lässt (OLG Hamm NJW-RR 1993, 160 (161); *Littbarski,* § 7 Rn. 7).

6. Selbstbehalt

Nach § 114 Abs. 2 S. 2 VVG kann gegenüber einer mitversicherten Person 17 ein **Selbstbehalt** (→ § 3 Rn. 92 ff.) nicht geltend gemacht werden. Dadurch

§ 7   C. Das Versicherungsverhältnis

nicht ausgeschlossen ist insoweit ein Rückgriff gegenüber dem VN, wobei dann allerdings der VR dessen Insolvenzrisiko trägt (→ § 3 Rn. 98).

IV. Geltendmachung der Versicherungsansprüche durch mitversicherte Personen (I 2)

18   Die **mitversicherten Personen** können ihre Versicherungsansprüche nach § 7 I 2 **selbständig geltend machen.** Insoweit geben ihnen die AVB-RS mehr Rechte, als sie nach § 44 Abs. 2 VVG hätten. Nach der gesetzlichen Konzeption würde die Geltendmachung voraussetzen, dass die mitversicherte Person im Besitz des Versicherungsscheins ist, was § 7 I 2 nicht verlangt. Den mitversicherten Personen steht auch nicht nur die außergerichtliche „Geltendmachung" der Ansprüche zu, sondern auch deren **gerichtliche** Durchsetzung gegen den VR (Gräfe/Brügge/Melchers/*Gräfe,* Rn. D 216).

V. In-Sich-Ansprüche (I 3)

19   Gemäß § 7 I 3 sind Ansprüche des **VN gegen mitversicherte Personen** mangels abweichender Vereinbarung von der Versicherung ausgeschlossen. Kein Versicherungsschutz besteht also zB, wenn ein Partner **für die Sozietät** Honorar einklagt oder die Sozietät gegenüber dem Vermieter der Kanzleiräume vertritt und dabei durch einen Fehler die Sozietät schädigt. Hauptanwendungsfall von § 7 I 3 sind **Straftaten von Mitarbeitern,** zB Unterschlagung oder Veruntreuung von Mandantengeldern. Sinn der Vorschrift ist vor allem, Kollusion zwischen VN und mitversicherter Person zu Lasten des VR auszuschließen. Falls der VN (Sozietät) gegen die mitversicherte Person vorgeht, besteht also kein Versicherungsschutz, falls die Inanspruchnahme der mitversicherten Person scheitert (zB wegen deren Insolvenz). Allerdings ist der VN hier regelmäßig nicht schutzlos, denn § 4.5.1 regelt ausdrücklich, dass die wissentliche Pflichtverletzung von Angestellten nicht auf den VN durchschlägt, also seinen Versicherungsschutz **gegenüber geschädigten Dritten** nicht entfallen lässt. Der VN ist also insoweit vor Nachteilen geschützt, weil die Versicherung den Schaden des Geschädigten abdeckt.

20   Nicht in den AVB geregelt ist ein Ausschluss von Ansprüchen **mehrerer mitversicherter Personen gegeneinander.** Ebenfalls nicht ausgeschlossen sind Ansprüche einer mit**versicherten Person gegen den VN** (vgl. BGHZ 43, 42 (43); *Littbarski,* § 7 Rn. 39). Bedeutsam ist die Versicherungsdeckung für Ansprüche mitversicherter Personen gegen den VN dann, wenn Anwälte der Sozietät (Partner oder angestellte Anwälte) ihre **eigenen Rechtsangelegenheiten von der Sozietät** oder **anderen Sozien bearbeiten lassen** (Beispiel: Ein Arbeitsrechtler beauftragt die steuerrechtliche Abteilung der Sozietät, gegen einen persönlichen Steuerbescheid vorzugehen). Passiert hier bei der Mandatsbearbeitung ein Fehler, besteht Versicherungsschutz (OLG Hamm VersR 1996, 1006).

VI. Abtretungsverbot (II)

Nach § 108 Abs. 1 VVG sind **Verfügungen des VN** über seinen Freistellungsanspruch gegen den VR **dem Dritten** (Geschädigten) **gegenüber unwirksam.** Diese Regelung erweitert II S. 1 dahingehend, dass eine **Abtretung/Verpfändung** nicht nur dem Geschädigten gegenüber unwirksam ist, sondern generell vertraglich ausgeschlossen sein soll. Gegen die Wirksamkeit dieser Regelung bestehen keine Bedenken. Zwar dient sie nicht dem Schutz des Geschädigten (dieser Schutz wird bereits durch die gesetzliche Regelung des § 108 Abs. 1 VVG erreicht). Der VR hat jedoch ein legitimes Interesse daran, die Frage seiner Eintrittspflicht unmittelbar gegenüber dem VN klären zu können und sich nicht nach Abtretung/Verpfändung unbeteiligten Dritten (Bank, Factoring-Unternehmen) als Zessionar gegenüber zu sehen (*Grote / Schneider* BB 2007, 2689 (2697)).

§ 7 II S. 2 enthält eine Ausnahme dahingehend, dass die **Abtretung an den geschädigten Dritten zulässig** ist. Dies entspricht § 108 Abs. 2 VVG, wonach in allgemeinen Versicherungsbedingungen die Abtretung des Freistellungsanspruchs an den geschädigten Dritten nicht ausgeschlossen werden kann. Unzutreffend ist die Auffassung, der Freistellungsanspruch könne ungeachtet der Regelungen in den AVB schon deshalb nicht abgetreten werden, da er höchstpersönlicher Natur sei und an die Person des VN gebunden sei (zutreffend gegen diese Auffassung BGH VersR 2016, 783 und BGH DB 2016, 1127). Bei **Großrisiken** (→ Einl. Rn. 67) kann auch weiterhin ein Abtretungsverbot vorgesehen werden, das ist aber nicht üblich.

Die Abtretung des Freistellungsanspruchs durch den VN an den Geschädigten **verlagert** den **Direktanspruch** des Geschädigten gegen den VR **nach vorn.** Im Regelfall ist es so, dass der Geschädigte zunächst gegen den VN einen Titel erstreiten muss und erst auf der Basis dieses Titels den Freistellungsanspruch gegen den VR pfänden kann, dieser wandelt sich dann in einen Zahlungsanspruch um (BGH DB 2016, 1127; s. auch → § 3 Rn. 61). Nach § 7 II S. 2 kann der VN nun jedoch bereits während des Haftungsprozesses oder sogar schon in dessen Vorfeld den Freistellungsanspruch an den Geschädigten abtreten. Das hat die missliche Konsequenz, dass der Geschädigte nunmehr den VR unmittelbar auf Zahlung in Anspruch nehmen kann (*Langheid* VersR 2007, 865 (866); *Grote/Schneider* BB 2007, 2689 (2698)), und dann im Direktprozess sowohl um Haftungsfragen als auch um Deckungsfragen gestritten werden muss. Das wirft eine Vielzahl von Problemen auf (*Riechert,* Einl. Rn. 18; Grote/*Schneider* BB 2007, 2689 (2698); *Langheid* VersR 2007, 865 ff.; *Langheid* VersR 2009, 1043; *Lange* VersR 2008, 713; *Baumann* VersR 2010, 984; *van Bühren* BRAK-Mitt. 2012, 158; gegen ihn *Jungk* BRAK-Mitt. 2012, 266), die noch ungeklärt sind. In der Annahme der Abtretung durch den Geschädigten liegt wohl ein **„pactum de non petendo",** wonach der Dritte sich verpflichtet, solange nicht gegen den VN vorzugehen, wie er die Möglichkeit hat, vom VR Ersatz des Schadens zu erhalten. Dadurch wird wohl auch die Verjährung des Haftungsanspruchs zwischen dem Geschädigten und dem VN solange gehemmt, wie der Geschädigte den Prozess gegen den VR noch führt. Durch die Abtretung bringt der VN zum Ausdruck, dass er die ihm aus dem Versicherungsvertrag zustehende **Abwehrdeckung** (§ 3 II 1 → § 3 Rn. 8 ff.) **nicht in Anspruch** nehmen will. Im Rahmen des Direktprozesses trägt der geschädigte Dritte als Anspruchssteller die volle **Beweislast** für das Vorliegen des Versicherungsfalls, also auch für die Eintrittspflicht des VR. **Verliert der Geschädigte** den Prozess gegen den VR (zB weil ein Ausschlusstatbestand greift), kann der Geschädigte nunmehr gegen den VN unmittelbar einen Haftungsprozess anstrengen. Dafür hat der VN dann keine Deckung mehr, denn mit dem für den VR gewonnenen Direktprozess über den abgetretenen Freistellungsanspruch ist gleichzeitig auch über den Anspruch auf Deckung bindend entschieden, er besteht nicht (mehr) (*Grote/Schneider* BB 2007, 2689 (2698)).

24 Die Konsequenz der Abtretung nebst anschließendem Direktprozess des Geschädigten gegen den VR ist, dass der **VN** in diesem Prozess **möglicher Zeuge** ist (*Grote/Schneider* BB 2007, 2689 (2697)). Die Verschiebung der Zeugenrolle kann in ihrer Bedeutung nicht überschätzt werden. Macht der VR beispielsweise geltend, er sei wegen wissentlicher Pflichtverletzung (§ 4.5 → § 4 Rn. 38 ff.) leistungsfrei, so kann im Direktprozess des Geschädigten gegen den VR der VN als Zeuge dazu aussagen, ob er wissentlich eine Pflicht verletzt hat oder nicht. In der Praxis scheint sich allerdings noch nicht herumgesprochen zu haben, dass sich auf diese Weise erheblich verbesserte Verteidigungsmöglichkeiten gegen den Vorwurf der wissentlichen Pflichtverletzung bieten.

VII. Rückgriff des VR (III)

1. Überblick

25 § 7 III unterscheidet zwischen dem unbeschränkt möglichen Rückgriff des VR gegenüber **Dritten** (III 1) und dem nur bei wissentlicher Pflichtverletzung möglichen Rückgriff gegenüber **Angestellten/Mitarbeitern** (III 2). Der Rückgriff wird durch einen **Forderungsübergang** der Ansprüche des VN auf den VR bewirkt (III 1).

26 Der Rückgriff/Anspruchsübergang gilt nicht nur für die gezahlte Deckungssumme, sondern auch für aufgewendete **Kosten** und hinterlegte Beträge.

2. Rückgriff gegen Dritte (III 1)

27 **a) Funktionsweise.** Rückgriffsansprüche des VN gegen Dritte kommen insbesondere dann in Betracht, wenn der **VN zusammen mit Dritten** den Mandanten **geschädigt hatte** (Beispiel: Anwalt und Wirtschaftsprüfer beraten gemeinsam den Mandanten in steuerlicher Hinsicht falsch). In solchen Fällen haften beide Schädiger gesamtschuldnerisch nach § 421 und/oder § 830 BGB. Im Außenverhältnis haften beide auf die volle Schadenssumme, während im **Innenverhältnis** gem. §§ 426, 840 BGB eine **Ausgleichungspflicht anhand der Verschuldensanteile** besteht. Befriedigt die Haftpflichtversicherung des Anwalts den Geschädigten, hat sie also in Höhe des Verschuldensanteils des anderen Schädigers einen Rückgriffsanspruch gegen diesen. § 7 III 1 S. 1 regelt, dass dieser Rückgriffsanspruch ohne weiteres auf den VR übergeht, einer **Abtretung** bedarf es also **nicht.** Der Übergang ist auf die

Versicherung für mitversicherte Personen §7

Höhe der vom VR geleisteten Zahlung begrenzt. Hat der VR also wegen Überschreitens der Versicherungssumme nur einen Teil des Schadens reguliert, gehen die Ansprüche nur in Höhe des regulierten Betrages auf ihn über.

Eine **Quotelung** soll nach dem Wortlaut von III 1 nicht stattfinden. Haften 28 beispielsweise Anwalt und Wirtschaftsprüfer bei gleicher Verschuldensquote gesamtschuldnerisch auf 100, und ist der Anwalt nur bis zu einer Versicherungssumme von 50 versichert, so wird die Versicherung dem Geschädigten die 50 zahlen, erwirbt aber gleichzeitig den vollen Rückgriffsanspruch über 50 gegen den Wirtschaftsprüfer. Dies würde im Endeffekt dazu führen, dass der VN auf seinem hälftigen Schadensanteil sitzen bliebe, während die Versicherung schadlos aus der Sache herauskäme. Dieses Ergebnis kann nicht richtig sein, weil es den Sinn der Versicherung auf den Kopf stellt. Folglich ist die Klausel als **„überraschend"** unvereinbar mit §§ 305 ff. BGB und deshalb **unwirksam,** es sei denn, man versteht sie von vornherein so, dass eine Quotelung dergestalt stattfindet, dass die Versicherung den Rückgriffsanspruch gegen den Dritten nur aus der entsprechend dem Verschuldensanteil gequotelten Versicherungssumme erwirbt (im obigen Beispiel also nur über 25). Die Einzelheiten dieser Problematik sind heillos umstritten (Stichwort „Quotenvorrecht des VN", dazu ausf. Langheid/Rixecker/*Langheid,* § 86 Rn. 40 ff.).

Ein Rückgriff kommt auch in Betracht, wenn der VN für **Erfüllungs-** 29 **gehilfen** nach § 278 BGB haftet, diese den Fehler verursacht haben, und der VN gegen sie einen eigenen Schadensersatzanspruch hat. Das betrifft vor allem Fälle, in denen der Anwalt **andere Kanzleien** oder **sonstige Dienstleister** in die Mandatsbearbeitung einschaltet, wohl auch bei „Ausleihe" von **Projektjuristen** von einer Zeitarbeitsfirma.

b) Anwendungsbereich. Ist eine nicht-haftungsbeschränkte **Sozietät** 30 **Versicherungsnehmer** (§ 1 II), kann der VR im Schadensfall nicht gegen die **Sozien** Rückgriff nehmen. Denn das würde die Versicherung ad absurdum führen. Die Sozien haften für den Verstoß immer persönlich (in GbR und OHG alle, in der PartG jedenfalls die mandatsbearbeitenden Partner), ohne dass es auf ihr Verschulden ankäme.

3. Rückgriff gegen Angestellte (III 2)

§ 7 III 2 regelt, dass der VR grds. keinen Rückgriff gegen Angestellte/Mit- 31 arbeiter des VN nimmt, es sei denn bei diesen liegt **wissentliche Pflichtverletzung** (dazu § 4.5 → § 4 Rn. 38 ff.) vor. Die Regelung gilt **unabhängig** davon, ob der Angestellte/Mitarbeiter mit**versicherte Person** ist oder nicht, sie gilt für **juristische Angestellte** ebenso wie für **Büropersonal.** Die Rückgriffssperre ist nach dem eindeutigen Wortlaut von III 2 **unabhängig davon,** ob der Angestellte/Mitarbeiter nach § 11b II **angezeigt** war und ob der Zuschlag für ihn gezahlt war (OLG Hamburg VersR 1995, 229; s. dazu → § 8 Rn. 42 ff.). Das ist auch gerechtfertigt, da der Angestellte/Mitarbeiter keinen Einfluss darauf hat, ob sein Prinzipal ihn anmeldet oder nicht. § 7 III 2 ist günstig für den VN und seine Angestellten/Mitarbeiter, da im Regelfall ein Regress des VR nicht stattfindet, sodass sowohl VN als auch Angestellter schadlos bleiben.

§ 7 C. Das Versicherungsverhältnis

32 Vielfach ins Leere gehen wird allerdings der vorbehaltene Rückgriff gegen **Angestellte** bei **wissentlicher Pflichtverletzung.** Dabei ist zu berücksichtigen, dass die Angestellten selbst in Fällen wissentlicher Pflichtverletzung nach den von der arbeitsrechtlichen Rechtsprechung entwickelten Grundsätzen der **Haftungsmilderung im Arbeitsverhältnis** nicht ohne weiteres vom VN in Anspruch genommen werden können. Nach der arbeitsrechtlichen Rechtsprechung haften Arbeitnehmer zwar grds. bei Vorsatz, das setzt jedoch nicht nur Vorsatz hinsichtlich der Pflichtwidrigkeit der Handlung voraus, sondern auch hinsichtlich des Schadenseintritts (ausführlich BAG NJW 1995, 210). Hat also der Arbeitnehmer zwar vorsätzlich einer Pflicht zuwidergehandelt, ging er dabei jedoch davon aus, dass kein Schaden eintreten würde, haftet er dem Arbeitgeber nicht wegen Vorsatz. Ein Anspruch des Arbeitgebers gegen Angestellte kann zwar auch bei (grober) Fahrlässigkeit bestehen, dann wird jedoch ggfs. je nach Grad des Verschuldens und der persönlichen Einkommensverhältnisse des Arbeitnehmers **gequotelt** (BAG NJW 1995, 210). In vielen Fällen der wissentlichen Pflichtverletzung wird deshalb der VN keinen Anspruch gegen den Angestellten haben, sodass auch kein Anspruch nach III 1 auf den VR übergehen kann und deshalb ein Regress des VR gegen den Angestellten ausscheidet.

33 Nach dem Wortlaut des III 1 besteht die Regressmöglichkeit nicht nur gegenüber Angestellten (Arbeitnehmern), sondern auch gegenüber **„Mitarbeitern".** Sinn macht die Regelung nur, wenn auch „freie Mitarbeiter" und sonstige auf Basis eines freien Dienstvertrags tätige Nicht-Arbeitnehmer erfasst sind. Problematisch ist der Rückgriff gegen **freie Mitarbeiter,** wenn diese sowohl innerhalb einer Sozietät einzelnen Partnern zuarbeiten als auch im Einzelfall nach außen hin im eigenen Namen Mandate bearbeiten. Im Hinblick auf ihre Tätigkeit im eigenen Namen benötigen solche freien Mitarbeiter eine eigene Haftpflichtversicherung, die oft wegen des eingeschränkten Umfangs der Eigentätigkeit mit erheblichen Prämienrabatten abgeschlossen wird. Verursacht der freie Mitarbeiter dann einen Schaden im Rahmen eines für die Sozietät bearbeiteten Mandats und bleibt die Sozietät auf dem Selbstbehalt und/oder einem die Haftpflichtsumme übersteigenden Schadensanteil sitzen, wird mitunter versucht, die Versicherung des freien Mitarbeiters in Anspruch zu nehmen. Das ist jedoch nicht möglich, da diese Versicherung eben nur die Eigentätigkeit abdeckt (s. ausführlich → Rn. 37). Aus dem gleichen Grund kann auch der VR der Sozietät nicht beim VR des freien Mitarbeiters Regress nehmen.

4. Umgang mit Rückgriffsansprüchen (III 3)

34 § 7 III 3 regelt die Obliegenheit zur Geltendmachung/Sicherung von Regressansprüchen; bei Verstoß gegen diese Obliegenheiten wird auf die Rechtsfolgen laut VVG hingewiesen (vgl. *Riechert,* § 1 Rn. 192). Dass der VR nach Maßgabe von § 86 VVG leistungsfrei werden kann, wenn der VN **nach** Entstehen des Schadens auf Regressansprüche verzichtet, ist einsichtig. Umstritten ist allerdings die Geltung des § 86 VVG, wenn der Verzicht oder die Beschränkung von Regressansprüchen schon **vorher** erfolgte, insbesondere in einem Dienstleistungs- oder Werkvertrag. Nach herrschender Auffassung (dazu Langheid/Rixecker/*Langheid,* § 86 Rn. 49 ff.; Prölss/Martin/*Armbrüster,*

Versicherung für mitversicherte Personen § 7

§ 86 Rn. 71) greift hier § 86 VVG nicht, weil sonst die unternehmerische Bewegungsfreiheit des VN unzumutbar eingeschränkt würde. Für den Anwalt hat dies insbesondere Bedeutung, wenn er sich in technisch-organisatorischer Hinsicht Dritter bedient (etwa eines Übersetzungsbüros) oder für Auslandssachverhalte oder spezielle Rechtsmaterien andere Anwälte im Unterauftrag einschaltet und dabei diese Dritten von Haftungsansprüchen freizeichnet (was ausländische Anwälte häufig fordern).

VIII. Besondere Bedingungen: Mandate außerhalb der Sozietät/Nebenberufspolicen

Wegen der Einbeziehung von freien Mitarbeitern oder Angestellten einer 35 Sozietät in deren Versicherung als mitversicherte Person (→ § 7 Rn. 4 ff.) ist eine gesonderte Absicherung des freien Mitarbeiters/Angestellten für dieses Risiko nicht erforderlich. Da die gesetzliche Versicherungspflicht nach § 51 BRAO aber **personenbezogen** und nicht tätigkeitsbezogen ist, braucht der freie Mitarbeiter/Angestellte zusätzlich noch Versicherungsschutz für **eventuelle anwaltliche Tätigkeiten außerhalb der Sozietät**, beispielsweise bei Gefälligkeitsmandaten für Freunde und Verwandte. Ist die Sozietät selbst Versicherungsnehmer, wird häufig geregelt, dass die Versicherung auch die Tätigkeit aller in der Sozietät tätigen Berufsträger abdeckt, soweit diese gelegentlich außerhalb der Sozietät tätig werden, allerdings regelmäßig nur mit der gesetzlichen Mindestversicherungssumme. Ansonsten muss der Mitarbeiter/Angestellte sich die erforderliche Versicherungsdeckung für außerhalb der Sozietät ausgeübte Tätigkeiten über eine **Nebenberufspolice** verschaffen. Solche Policen lauten üblicherweise wie folgt (hier HV 47/09 Allianz):

„**Risikobeschreibung**
Versichert ist die Tätigkeit als Rechtsanwalt, die der Versicherungsnehmer weder als Mitarbeiter einer rechts- und/oder wirtschaftsberatenden Kanzlei noch als deren Vertreter oder Sozius ausübt.
Besondere Bedingung
1. Die Beitragsberechnung gilt nur so lange, wie der Versicherungsnehmer als Mitarbeiter einer rechts- und/oder wirtschaftsberatenden Kanzlei tätig ist, ohne Außensozius zu sein.
2. Eine Veränderung der gegebenen Verhältnisse ist gemäß Teil 1 § 11 b II der Allgemeinen und Besonderen Versicherungsbedingungen zur Vermögensschaden-Haftpflichtversicherung für Rechtsanwälte (AVB-RS) anzeigepflichtig.
3. Aufgrund der Änderungsanzeige oder sonstiger Feststellungen wird die Prämie entsprechend dem Zeitpunkt der Veränderung richtiggestellt (Teil 1 § 8 AVB-RS)."

Die **Prämien** für solche Nebenberufspolicen sind häufig sehr gering, häu- 36 fig wird ein **Rabatt von 80 %** eingeräumt. Die Policen gelten sowohl für **Angestellte** als auch für **freie Mitarbeiter** der Sozietät.

Es ist fraglich, wie die **persönlichen Ämter** (**Schiedsrichter, Testa-** 37 **mentsvollstrecker, Strafverteidigung**) etc) im Rahmen der Nebentätigkeitspolice zu behandeln sind. Da es sich um höchstpersönliche Ämter handelt, kommt hier die schuldrechtliche Mandatsbeziehung nicht mit der Sozietät zustande, sondern nur mit dem betreffenden Berufsträger, sei er Partner oder Angestellter. Die praktische Handhabung persönlicher Ämter in der Praxis ist sehr unterschiedlich. Meist werden sie wie ein normales Mandat behandelt, dh, die damit verbundenen Kosten (Reisekosten, Einsatz von Sekretariat und Mitarbeitern) trägt die Sozietät, aber das Honorar fließt auch in den allgemeinen Umsatztopf der Sozietät. Es gibt aber auch viele Sozietäten, die solche Ämter als Nebentätigkeiten betrachten, sodass der betreffende Berufsträger die damit verbundenen Kosten privat tragen muss, aber auch das Honorar privat vereinnahmen kann. Jedenfalls wenn das persönliche Amt im Sinne der ersten Alternative finanziell behandelt wird wie jedes andere Mandat der Sozietät, muss es über die zugunsten der Sozietät abgeschlossene Police abgedeckt sein (vgl. § 1 I 2), fällt also nicht unter die Klausel, wonach die Versicherung für Berufstätigkeit außerhalb der Sozietät nur mit der Mindestversicherungssumme eingreift. Wird hingegen das persönliche Amt tatsächlich organisatorisch und finanziell unabhängig von der Sozietät bearbeitet, ist es auch sachgerecht, wenn dafür nicht die Sozietätspolice eintritt, sondern nur die Nebentätigkeitsdeckung. Diese muss der betreffende Berufsträger bei entsprechend haftungsträchtiger Tätigkeit also gegebenenfalls betragsmäßig aufstocken.

38 Die Nebenberufspolice bietet keinen Schutz vor **Regressansprüchen** des Arbeitgebers bzw. der Sozietät, weil sie sich dem klaren Wortlaut nach nur auf Tätigkeiten außerhalb des Anstellungsverhältnisses bzw. der Sozietät bezieht. Arbeitgeber bzw. Sozietät sind nicht Mandanten des VN. Erfolglos bleiben deshalb die immer wieder zu beobachtenden Versuche, die **Selbstbeteiligung** des Arbeitgebers bzw. der Sozietät über die Nebenberufspolice des Mitarbeiters hereinzuholen (Veith/Gräfe/Gebert/*Gräfe/Brügge*, § 17 Rn. 441 f.).

§ 8 Prämienzahlung (Erst- und Folgeprämie) und Rechtsfolgen bei Nichtzahlung, Verzug bei Abbuchung, Prämienregulierung, Prämienrückerstattung

I. Zahlung der Erstprämie des Hauptvertrages

1. Fälligkeit

Die erste oder einmalige Prämie ist unverzüglich nach Zugang des Versicherungsscheins zu zahlen, jedoch nicht vor dem vereinbarten und im Versicherungsschein angegebenen Beginn des Versicherungsschutzes.

2. Rücktrittsrecht des Versicherers bei Nichtzahlung

Wird die erste oder einmalige Prämie nicht rechtzeitig bezahlt, ist der Versicherer, solange die Zahlung nicht bewirkt ist, zum Rücktritt vom Vertrag berechtigt. Dies gilt nicht, wenn der Versicherungsnehmer nachweist, dass er die Nichtzahlung nicht zu vertreten hat.

3. Leistungsfreiheit des Versicherers bei Nichtzahlung

Ist die Prämie zur Zeit des Eintritts des Versicherungsfalles noch nicht bezahlt, ist der Versicherer von der Verpflichtung zur Leistung frei. Dies gilt nicht, wenn der Versicherungsnehmer nachweist, dass er die Nichtzahlung nicht zu vertreten hat.

Prämienzahlung §8

II. Zahlung der Folgeprämien des Hauptvertrages

1. Fälligkeit

Die Folgeprämien sind an den im Versicherungsschein festgesetzten Zahlungsterminen fällig.

2. Zahlungsfrist bei Nichtzahlung

Wird eine Folgeprämie nicht rechtzeitig gezahlt, kann der Versicherer dem Versicherungsnehmer auf dessen Kosten in Textform eine Zahlungsfrist von mindestens zwei Wochen bestimmen. Dabei sind die rückständigen Beträge der Prämie, Zinsen und Kosten im Einzelnen zu beziffern und die Rechtsfolgen anzugeben, die nach den Ziffern 3 und 4 mit dem Fristablauf verbunden sind.

3. Leistungsfreiheit des Versicherers bei Nichtzahlung

Tritt der Verstoß nach dem Ablauf dieser Frist ein und ist der Versicherungsnehmer zur Zeit des Eintritts mit der Zahlung der Prämie oder den Zinsen oder der Kosten im Verzug, ist der Versicherer nicht zur Leistung verpflichtet.

4. Kündigungsrecht des Versicherers bei Nichtzahlung

Der Versicherer kann nach Fristablauf den Vertrag ohne Einhaltung einer Frist kündigen, sofern der Versicherungsnehmer mit der Zahlung der geschuldeten Beträge in Verzug ist. Hat der Versicherer den Vertrag gekündigt und zahlt der Versicherungsnehmer danach innerhalb eines Monats den angemahnten Betrag, besteht der Vertrag fort. Für Versicherungsfälle, die zwischen dem Ablauf der Zahlungsfrist und der Zahlung eingetreten sind, besteht jedoch kein Versicherungsschutz.

III. SEPA-Lastschriftverfahren

1. Rechtzeitigkeit der Prämienzahlung

Wenn ein SEPA-Lastschriftverfahren vereinbart wurde, ist die Prämienzahlung rechtzeitig, wenn der Versicherer den Betrag zum Fälligkeitstag einziehen kann und der Versicherungsnehmer einer berechtigten Einziehung nicht widerspricht.

2. Rechtzeitigkeit der Prämienzahlung nach Zahlungsaufforderung

Ist die Einziehung einer Prämie aus Gründen, die der Versicherungsnehmer nicht zu vertreten hat, nicht möglich, ist die Prämienzahlung rechtzeitig, wenn sie unverzüglich nach einer in Textform abgegebenen Zahlungsaufforderung des Versicherers erfolgt.

3. Aufforderungsrecht des Versicherers zur Überweisung

Kann aufgrund eines Widerspruchs oder aus anderen Gründen eine Prämie nicht eingezogen werden, so kann der Versicherer von weiteren Einzugsversuchen absehen und den Versicherungsnehmer in Textform zur Zahlung durch Überweisung auffordern.

§8 C. Das Versicherungsverhältnis

IV. Prämienregulierung

Aufgrund einer Änderungsanzeige oder sonstiger Feststellungen gemäß § 11 b I wird die Prämie entsprechend dem Zeitpunkt der Veränderung richtig gestellt.

Übersicht

	Rn.
I. Überblick	1
1. Regelungsinhalt	1
2. Verhältnis zu VVG und AHB	3
II. Zahlung der Erstprämie des Hauptvertrages (I)	5
1. Verhältnis zu § 3 I	5
2. Fälligkeit, Rechtzeitigkeit (I 1)	6
3. Folgen verspäteter Zahlung (I 2, 3)	7
a) Rücktrittsrecht des VR (I 2)	7
b) Leistungsfreiheit (I 3)	10
c) Voraussetzungen der Ausübung der Rechte	11
III. Zahlung der Folgeprämien (II)	16
1. Fälligkeit (II 1)	16
2. Verzugsfolgen, Leistungsfreiheit, Kündigungsrecht (III 2 bis 4)	17
a) Überblick	17
b) Qualifizierte Mahnung	18
c) Leistungsfreiheit (II 3)	22
d) Sonderkündigungsrecht (II 4)	25
e) Verhältnis von Leistungsfreiheit und Sonderkündigung	30
f) Fälligkeit der Gesamtprämien	31
IV. Lastschrifteinzug (III)	32
V. Prämienanpassung (IV)	33
1. Übersicht	33
2. Durchführung der Prämienanpassung	35
VI. Besondere Bedingungen: gleitende Prämien	36
1. Umsatzbezogene Gleitklauseln	37
2. Berufsträgerbezogene Gleitklauseln	42

I. Überblick

1. Regelungsinhalt

1 § 8 I regelt die Zahlung der **Erstprämie** des Hauptvertrags, § 8 II die Zahlung der **Folgeprämien**. jeweils inklusive der **Folgen verspäteter Zahlungen** (Leistungsfreiheit, Kündigungsrecht des VR). § 8 III regelt die Prämienzahlung durch **Lastschrift** nebst Leistungsstörungen, § 8 IV die **Neuberechnung der Prämie** aufgrund veränderter Umstände (insbesondere Hinzukommen zusätzlicher juristischer Mitarbeiter).

2 Obwohl § 8 mittlerweile auseinandergezogen und durch vernünftige Zwischenüberschriften untergliedert wurde, gehört er zu den **unübersichtlichsten** Normen der gesamten AVB-RS. Zu begrüßen ist, dass mittlerweile durch die Überschrift darauf hingewiesen wird, dass § 8 teilweise handfeste **Leistungsausschlüsse** enthält.

Prämienzahlung **§ 8**

2. Verhältnis zu VVG und AHB

Die Regelungen betreffend die **Zahlung der Folgeprämien** und ins- 3
besondere die Folgen ausbleibender/verspäteter Zahlung (II) entsprechen teilweise § 38 VVG, weichen jedoch in Details davon ab.

Die Regelungen des § 8 I zur Erstprämie entsprechen mit gewissen Modifi- 4
kationen Ziff. 9 **AHB** 2008; die Regelungen des § 8 II zur Fälligkeit und den
Folgen nicht rechtzeitiger Zahlung der Folgeprämien entsprechen in Teilen
Ziff. 10 AHB 2008, allerdings mit erheblichen Abweichungen.

II. Zahlung der Erstprämie des Hauptvertrages (I)

1. Verhältnis zu § 3 I

§ 8 I ist das Gegenstück zu § 3 I. § 3 I regelt den Beginn des Versicherungs- 5
schutzes durch rechtzeitige Zahlung der Erstprämie, und bestimmt dabei insbesondere, wann eine rechtzeitige Zahlung vorliegt, und dass im Einzelfall die
Versicherung schon vor Zahlungseingang **Deckung** bietet (→ § 3 Rn. 3 ff.).
Demgegenüber regelt § 8 I die **Fälligkeit** der Erstprämie, vor allem aber die
Folgen nicht rechtzeitiger Zahlung.

2. Fälligkeit, Rechtzeitigkeit (I 1)

Nach § 8 I ist die Erstprämie erst mit **Zugang des Versicherungsscheins** 6
fällig (anders noch unter den AVB-RSW: unverzüglich mit Vertragsschluss).
Soll die Versicherung erst später beginnen, verschiebt sich die Fälligkeit auf
den vereinbarten **Vertragsbeginn**, so wie er im Versicherungsschein angegeben ist. Ist die Zahlung der Jahresprämie in **Raten** vereinbart (zB bei der verbreiteten halbjährlichen Zahlungsweise), gilt die erste Rate als Erstprämie iSd
§ 8 I 1. Zu beachten ist hier aber auch § 3 I 2. **Fordert der VR** die Prämie erst
nach dem als Beginn festgesetzten Zeitpunkt an, so ist die Zahlung rechtzeitig, wenn der VN unverzüglich nach der Anforderung bezahlt (→ § 3 Rn. 5).
Das gilt insbesondere, wenn vor der Anforderung dem VN noch nicht klar
war, welche Prämie geschuldet ist (zB weil die exakte Höhe oder die Nebenkosten wie zB Versicherungssteuer ihm nicht bekannt waren).

3. Folgen verspäteter Zahlung (I 2, 3)

a) Rücktrittsrecht des VR (I 2). Nach § 8 I 2 S. 1 kann der VR vom Ver- 7
trag zurücktreten, solange die Erstprämie nicht rechtzeitig bezahlt ist. Was unter „**Rechtzeitigkeit**" iSv § 8 I 2 S. 1 zu verstehen ist, ist nicht ausdrücklich
geregelt. Hat der VR bei Übersendung der Beitragsrechnung eine **Frist** gesetzt, ist eine Zahlung innerhalb der Frist auf jeden Fall noch rechtzeitig, auch
wenn der VN ohne weiteres schon am Anfang der Frist hätte zahlen können.
Ist keine Frist gesetzt, ist die Zahlung dann nicht „rechtzeitig", wenn sie nicht
„**unverzüglich**" iSv § 8 I 1 S. 1 erfolgte. Der VN hat also **nicht** entsprechend
den allgemeinen Regeln des Zivilrechts (vgl. § 286 Abs. 3 BGB) mit der Zahlung **30 Tage** Zeit. Man wird vom VN sicherlich nicht verlangen können, dass
er die Zahlung der Versicherungsrechnung vordringlich vor anderen Aufgaben

§ 8   C. Das Versicherungsverhältnis

erledigt, sodass die Zahlung binnen einer Woche stets als „unverzüglich" anzusehen sein wird. Andererseits darf der VN auch nicht die Rechnung auf einen „Sammeltermin" legen, an dem er einmal im Monat alle fälligen Rechnungen auf einen Schlag begleicht. Bei Zahlung später als eine Woche, aber noch vor Ablauf von zwei Wochen wird deshalb die Rechtzeitigkeit stets von den Umständen des Einzelfalls abhängen. Das Bedingungswerk des **HDI** sieht in § 8 II 1 statt „unverzüglicher" Zahlung die Zahlung „unverzüglich nach Ablauf von **zwei Wochen**" vor, was wegen der Kombination des Begriffs der Unverzüglichkeit mit einer kalendermäßigen Frist eher verwirrend ist.

8   Nach dem Wortlaut von § 8 I 3 S. 1 reicht es für die Leistungsfreiheit des VR aus, dass die Prämie bei Eintritt des Versicherungsfalls **„noch nicht bezahlt"** ist. Diese Formulierung ist irreführend und kollidiert mit § 3 I 2. Nach der dort geregelten „erweiterten Einlösungsklausel" (→ § 3 Rn. 5) beginnt der Versicherungsschutz rückwirkend, wenn bei späterer Anforderung der Erstprämie diese unverzüglich bezahlt wird. Folglich kann in diesem Fall vor dem unverzüglichen Bewirken der Zahlung keine Leistungsfreiheit eintreten. Entgegen dem Wortlaut kann deshalb die Leistungsfreiheit nach § 8 I 3 nur dann eintreten, wenn die Prämie **nach Anforderung nicht unverzüglich gezahlt** wurde.

9   Eine **Fiktion des Rücktritts**, falls der VR die Prämie **nicht innerhalb von drei Wochen** nach Fälligkeit **gerichtlich geltend macht,** enthalten die heutigen AVB-RS nicht mehr. Der VR muss also zwingend aktiv werden, wenn er sich vom Vertrag lösen will (*Franz* VersR 2008, 298 (306)). Einer Mahnung oder Drohung oder auch nur eines Hinweises bedarf es vor Ausübung des Rücktrittsrechts nicht.

10   **b) Leistungsfreiheit (I 3).** Bei verspäteter Zahlung der Erstprämie ist der VR des Weiteren für die Zeit vor der Zahlung **von der Leistung frei,** auch wenn er nicht zurücktritt, sondern den Vertrag wie vorgesehen durchführt (I 3). **„Zahlung"** ist die vom VN geforderte Leistungshandlung mit Rücksicht auf den tatsächlichen Zahlungseingang. Es reicht also die Einreichung eines Überweisungsträgers bzw. Abbuchung vom Konto des VN (BGH VersR 1964, 129).

11   **c) Voraussetzungen der Ausübung der Rechte.** Leistungsfreiheit und Rücktrittsrecht bestehen trotz verspäteter Zahlung nicht, wenn der VR irrtümlich eine – auch nur geringfügig – **zu hohe Prämie** gefordert hat (BGH VersR 1992, 1501) oder zusammen mit der ersten Prämie auch nicht gesondert bezifferte Folgeprämien angefordert wurden. Für den Zugang der **Zahlungsaufforderung** ist der VR beweispflichtig (BGH VersR 1996, 445; OLG Hamm VersR 1996, 1408). Der rechtzeitigen Zahlung steht die **Aufrechnung** mit einer Gegenforderung gleich (BGH VersR 1985, 877), das gleiche muss für die berechtigte Ausübung eines **Zurückbehaltungsrechts** (§ 273 BGB) gelten.

12   Bei der erweiterten Einlösungsklausel (§ 3 I 2 → § 3 Rn. 5), also bei Vereinbarung eines datumsmäßigen Versicherungsbeginns im Versicherungsschein, hängt nach § 37 Abs. 2 S. 2 VVG die **Leistungsfreiheit** bei Zahlungsverzug davon ab, dass der VR den VN durch **gesonderte Mitteilung** in Textform oder durch einen auffälligen **Hinweis** im Versicherungsschein auf die Rechts-

Prämienzahlung **§ 8**

folge der Nicht-Zahlung der Prämie aufmerksam gemacht hat. Diese Regelung gilt nach dem klaren Wortlaut des § 37 Abs. 1 VVG jedoch nicht für den **Rücktritt**. Bei Zahlungsverzug mit der Erstprämie kann der VR also den Rücktritt auch dann erklären, wenn er den VN nicht iSv § 37 Abs. 2 S. 2 VVG gewarnt hat.

Ist der Einzug der Prämie im **Lastschriftverfahren** (→ Rn. 32 ff.) vereinbart, ist an sich § 8 I 2 und 3 ohne Bedeutung, da der VR ja keine Zahlungshandlung des VN erwartet. Die in § 8 I 1 bis 3 genannten Rechtsfolgen ergeben sich aber, wenn die Lastschrift mangels Kontendeckung nicht ausgeführt werden kann. 13

Die Rechte des VR (Leistungsfreiheit bzw. Rücktritt) bestehen nach § 8 I 2 S. 2 bzw. § 8 I 3 S. 2 dann nicht, wenn der VN nachweist, dass ihn **kein Verschulden** an der Nichtzahlung trifft. Geldmangel ist nach allgemeiner Rechtsüberzeugung immer verschuldet, in Betracht kommen also nur Fälle höherer Gewalt (verloren gegangene oder bankseitig irrtümlich nicht ausgeführte Überweisung etc). 14

Tritt der VR mangels rechtzeitiger Zahlung der Erstprämie zurück, kann er nach § 38 Abs. 1 S. 3 VVG eine **angemessene Geschäftsgebühr** verlangen. Zur Frage der **Angemessenheit** s. *Kramer* VersR 1970, 599. Beweispflichtig für die Angemessenheit ist der VR. 15

III. Zahlung der Folgeprämien (II)

1. Fälligkeit (II 1)

§ 8 II 1 enthält eine Selbstverständlichkeit: Die Folgeprämien sind fällig gemäß den **Zahlungsterminen im Versicherungsschein** (Versicherungsvertrag). 16

2. Verzugsfolgen, Leistungsfreiheit, Kündigungsrecht (III 2 bis 4)

a) Überblick. § 8 II 2 bis 4 regeln die Folgen des Zahlungsverzuges. Neben den allgemeinen Verzugsfolgen des BGB (§§ 284 ff., insbesondere Verzugszinsen und Verzugsschaden) regelt II 3 die **Leistungsfreiheit** des VR für Verstöße, die innerhalb des Verzugszeitraums geschehen, sowie II 4 ein **außerordentliches Kündigungsrecht**. Die Regelung ist § 38 VVG nachgebildet. 17

b) Qualifizierte Mahnung. Leistungsfreiheit und außerordentliches Kündigungsrecht bei verspäteter Zahlung von Folgeprämien sind gem. II 2 an eine sog. „**qualifizierte Mahnung**" (vgl. BGHZ 47, 88 (93); BGH NJW-RR 2000, 395 (396)) gebunden, diese ist **formelle Wirksamkeitsvoraussetzung** für den Eintritt der Rechtsfolgen. Unterbleiben eine oder mehrere Zahlungen innerhalb der Zahlungsfrist bzw. an den im Versicherungsschein festgesetzten Zahlungsterminen, muss der VR den VN **unter Hinweis auf die Folgen** in **Textform** an seine **letztbekannte Adresse** zur Zahlung binnen einer Frist von mindestens zwei Wochen auffordern. Die **rückständigen Beträge** an Prämien, Zinsen und Kosten müssen **im Einzelnen** beziffert sein, was so zu verstehen ist, dass die Angabe einer Gesamtsumme nicht ausreicht. Des Wei- 18

§ 8 C. Das Versicherungsverhältnis

teren ist bei zusammengefassten Beträgen gem. § 38 Abs. 1 S. 2 letzter Hs. VVG erforderlich, dass die Beträge jeweils getrennt angegeben werden. Ist nach Ablauf der zwei Wochen immer noch nicht gezahlt und befindet sich der VN in Verzug, tritt gem. II 3 Leistungsfreiheit ein und der VR kann nach II 4 kündigen.

19   Leistungsfreiheit und Kündigungsrecht bestehen nicht, wenn die **qualifizierte Mahnung** nach Satz 2 nicht den **gesetzlichen Anforderungen** genügt, zB weil der ausstehende Betrag unrichtig angegeben ist (BGH VersR 1985, 533; 1992, 1501) oder weil die Belehrung mangelhaft ist (BGHZ 47, 88 (93)). Ist eine qualifizierte Mahnung mangelhaft, wird der Mangel nicht durch Nachholung der bisher fehlenden Informationen bzw. durch Klarstellung einer Unrichtigkeit in einem weiteren Schreiben bewirkt, sondern erforderlich ist eine **neue,** allen Anforderungen genügende Mahnung (BGH VersR 1985, 533; *Littbarski,* § 8 Rn. 9). Die Berechnung der **Zwei-Wochen-Frist** richtet sich nach den §§ 187 Abs. 1, 188 Abs. 2 und 193 BGB (BGH VersR 1992, 1501). Die **Beweislast** für den Zugang der qualifizierten Mahnung trägt nach allgemeinen Regeln der VR (OLG Nürnberg VersR 1992, 602; OLG Hamm VersR 1992, 1205), sodass dieser sie im eigenen Interesse förmlich zustellen wird.

20   Der Weg über die qualifizierte Mahnung mit anschließender Leistungsfreiheit bzw. Recht zur fristlosen Kündigung ist unabhängig davon, **warum** die Zahlung der Prämie **zunächst unterblieben** ist. Insbesondere ist egal, ob der VN verschuldet oder unverschuldet nicht gezahlt hat (zB bei Bankirrtum oder unberechtigter Kontenpfändung Dritter). Es reicht aus, dass der VN **bei Ablauf** der ihm durch qualifizierte Mahnung gesetzten Zwei-Wochen-Frist **in Verzug** ist, auch wenn er es zum Zeitpunkt des Zugangs der Mahnung noch nicht war.

21   § 8 II 2 regelt, dass die „**Kosten der qualifizierten Mahnung**" der VN zu tragen hat („auf seine Kosten"). Das weicht von den §§ 284 ff. BGB ab. Nach den Grundsätzen des BGB sind die Kosten der verzugsbegründenden Mahnung vom Gläubiger zu tragen, nicht vom Schuldner. Der Verzug tritt nach den allgemeinen Regeln des BGB nur bei Nicht-Zahlung auf eine kalendermäßig bestimmte Forderung automatisch ein. Bei einer Zahlung, die erst nach Aufforderung fällig wird, setzt dagegen der Verzug voraus, dass vergeblich gemahnt wurde. Nach den Regeln des BGB hätte deshalb der VN die Kosten der qualifizierten Mahnung nur dann zu tragen, wenn er zu einem im Versicherungsschein angegebenen Datum nicht zahlt, nicht aber dann, wenn er nach Bekanntgabe nicht zahlt. Da §§ 284 ff. BGB jedoch nicht zwingendes Recht sind, sind die abweichenden Regeln in § 38 Abs. 1 VVG bzw. § 8 AVB-RS nicht zu beanstanden.

22   **c) Leistungsfreiheit (II 3).** Zahlt der VN trotz qualifizierter Mahnung nicht, ist der VR nach II 3 **leistungsfrei** für **Verstöße, die während des Zahlungsverzugs** erfolgen. Nach § 38 Abs. 2 VVG reicht es für die Leistungsfreiheit, dass der VN nur mit den **Zinsen** oder den **Kosten** in Verzug ist, selbst wenn er die Hauptprämie selbst bezahlt hat.

23   Für die **Leistungsfreiheit** kommt es auf den **Zeitpunkt des Verstoßes** an, nicht auf den Zeitpunkt des Schadenseintritts oder der Geltendmachung

Prämienzahlung **§ 8**

(Verstoßprinzip → § 1 Rn. 56; § 2 Rn. 5). Die Leistungsfreiheit bleibt so lange bestehen, bis der VN den vergeblich angemahnten Betrag nachgezahlt hat. **Teilzahlungen** beseitigen die Leistungsfreiheit nicht, es sei denn der fehlende Teil ist geringfügig oder die Teilzahlung beruhte ersichtlich auf einem nachvollziehbaren Irrtum, sodass sich die Geltendmachung des Leistungsverweigerungsrechts durch den VR als Verstoß gegen Treu und Glauben darstellen würde (BGHZ 21, 122 (136); BGH VersR 1985, 981 (983); 1986, 54). Die Leistungsfreiheit fällt nicht dadurch wieder weg, dass der VN spätere Beiträge wieder pünktlich zahlt (BGH NJW 1963, 1054; VersR 1974, 121; OLG Hamm VersR 1972, 751).

Bleibt der VN auch mit einem **Folgebeitrag rückständig,** braucht es 24 **keine weitere** qualifizierte Mahnung, damit es bei der Leistungsfreiheit bleibt. Wird aber der erste rückständige Betrag nachgezahlt, tritt die Leistungsfreiheit wegen des zweiten rückständig gebliebenen Betrages nur ein, wenn hinsichtlich dessen wiederum eine qualifizierte Mahnung erfolgt.

d) Sonderkündigungsrecht (II 4). Kumulativ zur Leistungsfreiheit bei 25 Nicht-Zahlung nach qualifizierter Mahnung (II 3 → Rn. 22 ff.) besteht ein Sonderkündigungsrecht des VR nach II 4. Auch dieses Sonderkündigungsrecht setzt allerdings voraus, dass in der qualifizierten Mahnung nach II 2 auf diese Rechtsfolge **hingewiesen** wurde. Die Sonderkündigung wird **mit Zugang** nach § 130 BGB an den VN **wirksam,** den Zugang muss der VR beweisen.

§ 38 Abs. 3 S. 2 VVG gäbe dem VR die Möglichkeit, die **Kündigung** 26 gleich **mit der Bestimmung der Zahlungsfrist zu verbinden,** sodass sie mit Fristablauf wirksam wird, wenn der VN zu diesem Zeitpunkt mit der Zahlung in Verzug ist. Diese Möglichkeit **schließt** jedoch § 8 II 4 **aus,** weil dort ausdrücklich davon die Rede ist, dass der VR „nach Fristablauf kündigen kann". Diese Regelung setzt also ersichtlich eine **gesonderte Kündigungserklärung** voraus, die nicht mit der Fristsetzung verbunden werden kann.

Entsprechend § 38 Abs. 3 S. 3 VVG wird die Kündigung unwirksam, wenn 27 der VN **innerhalb eines Monats** nach der Kündigung die **ausstehende Zahlung leistet** (II 4 S. 2). Gleichwohl bleibt es in diesem Fall, wie der letzte Halbsatz der Vorschrift klarstellt, bei der **Leistungsfreiheit** des VR für die Zeit zwischen Fristablauf und Zahlung, nur die Kündigung fällt weg.

§ 8 II 4 setzt nicht voraus, dass die fristlose Kündigung **sofort** nach Verstrei- 28 chen der Zwei-Wochen-Frist erklärt wird. Der VR kann sich Zeit nehmen. Allerdings darf er mit der Kündigung nicht so lange warten, dass der VN nach **Treu und Glauben** damit nicht mehr rechnen musste.

Die früher üblichen Regelungen, wonach im Falle der fristlosen Kündi- 29 gung wegen Zahlungsverzuges nach qualifizierter Mahnung der VR berechtigt blieb, die **rückständige Prämie** nebst Kosten zu verlangen und ggf. gerichtlich einzuziehen, sind in den heutigen AVB-RS nicht mehr enthalten. Denn gem. § 39 Abs. 1 S. 1 VVG, der nach § 42 VVG zu Lasten des VN nicht abdingbar ist, kann nur die **anteilige Prämie** für denjenigen Vertragszeitraum geltend gemacht werden, während dessen Versicherungsschutz bestand.

e) Verhältnis von Leistungsfreiheit und Sonderkündigung. Zwischen 30 Leistungsfreiheit und fristloser Kündigung besteht kein Wahlrecht, sondern **beide Rechtsfolgen** treten **unabhängig voneinander** ein. Kündigt der

VR, bleibt es also gleichwohl bei der Leistungsfreiheit zwischen dem Zeitpunkt des Ablaufs der Zwei-Wochen-Frist und dem Zugang der Kündigung. Umgekehrt verliert der VR sein Recht zur fristlosen Kündigung nicht, wenn er zunächst nur die Leistungsfreiheit geltend macht (sofern kein Verstoß gegen Treu und Glauben vorliegt → Rn. 28).

31 **f) Fälligkeit der Gesamtprämien.** Die früher verbreitet geregelte weitere Verzugsfolge, nämlich sofortige Fälligkeit der gesamten **noch ausstehenden Raten** der Jahresprämie, sehen die AVB-RS nicht mehr vor.

IV. Lastschrifteinzug (III)

32 § 8 III regelt die heute durchweg übliche Einziehung der Prämien durch **SEPA-Lastschrift (Einzugsermächtigung).** Scheitert die Einziehung einer Prämie aus **vom VN zu vertretenden Gründen** (Angabe falscher Kontonummer, vor allem aber fehlende Deckung auf dem Konto) oder widerspricht der VN einer berechtigten Einziehung von seinem Konto, gerät er in **Verzug.** Nach den allgemeinen Verzugsregeln (§§ 284 ff. BGB) hat der VN die daraus entstehenden Kosten zu tragen. Obwohl dies aus dem Text der AVB nicht deutlich wird, stehen bei gescheitertem Lastschrifteinzug dem VR auch die **Rechte aus II 2 bis 4** zu, dh, er kann qualifiziert mahnen und anschließend **Leistungsfreiheit** geltend machen sowie den Vertrag **fristlos kündigen** (→ Rn. 25 ff.).

V. Prämienanpassung (IV)

1. Übersicht

33 § 8 IV steht im Zusammenhang mit § 11b I 2. Die Vorschriften regeln den häufigen Fall, dass im Versicherungsvertrag die Prämie nicht als feststehendes Fixum vereinbart ist, sondern sich entsprechend bestimmter Messgrößen **nach oben oder unten verändern** soll. Während fixe Prämien bei der Einzelversicherung von Anwälten üblich sind, werden bei der Versicherung größerer Sozietäten (vgl. § 1 II) regelmäßig „**floatende" Prämien** vereinbart. Üblich ist zB die jährliche Anpassung der Prämien nach der Zahl der in der Sozietät **tätigen Personen** oder anhand des **Umsatzes** der Sozietät (→ Einl. Rn. 129; ausführlich → Rn. 36 ff.). § 8 IV regelt die Modalitäten hinsichtlich der **Information des VR** über veränderte Umstände und die daraus resultierende Prämienanpassung.

34 Als weitere Beispiele für prämienrelevante Veränderungen nennt § 11b I 2 den Abschluss oder die Veränderung eines **bei einem anderen VR bestehenden** Versicherungsvertrages (zB über Exzedenten) oder „**Änderungen einer Nebentätigkeit"** (s. dazu → § 11b Rn. 7).

2. Durchführung der Prämienanpassung

35 Gemäß § 8 IV wird auf Grund der Änderungsanzeige oder sonstiger Feststellungen die Prämie durch den VR richtiggestellt, dh entsprechend erhöht oder verringert. Aus dem Wortlaut von § 8 IV geht nicht hervor, ob die An-

Prämienzahlung **§ 8**

passung (Richtigstellung) der Prämie **automatisch** erfolgt, oder ob eine **Handlung des VR** erforderlich ist. Richtigerweise ist davon auszugehen, dass die Anpassung automatisch erfolgt. Auf jeden Fall ist keine ausdrückliche Änderungsvereinbarung zwischen den Parteien erforderlich. Wie sich aus dem klaren Wortlaut ergibt, kann bzw. muss die Anpassung der Prämie nicht erst zum **Zeitpunkt der Mitteilung** erfolgen, sondern schon zu dem Zeitpunkt, in dem die Veränderung der Umstände **eingetreten** ist.

VI. Besondere Bedingungen: gleitende Prämien

Üblicherweise wird die (jährliche) Versicherungsprämie des **Einzelanwalts** 36 als fixe Summe vereinbart. **Sozietäten** hingegen unterliegen hinsichtlich ihrer Größe, Zusammensetzung und der Art der bearbeiteten Mandate häufig erheblichen Schwankungen. Insbesondere bei mehrjährigen Versicherungsverträgen könnte sich eine summenmäßig fixierte Prämie deshalb schnell als unangemessen hoch oder niedrig herausstellen. Sowohl Sozietät als auch VR haben jedoch regelmäßig ein großes Interesse an langfristiger Zusammenarbeit und diese könnte gestört werden, wenn ständig die Prämienhöhe neu verhandelt werden müsste. Deshalb sind in der Praxis **Gleitklauseln** verbreitet, mit denen sich die Prämie jedes Jahr an veränderte Umstände anpasst. Solche Klauseln sind nur handhabbar, wenn sie an leicht feststellbare und überprüfbare Umstände anknüpft. In der Praxis verbreitet ist die Anknüpfung entweder an den Umsatz (→ Rn. 37) oder an die Zahl der Partner oder der Berufsträger (→ Rn. 42ff.).

1. Umsatzbezogene Gleitklauseln

Umsatzbezogene Gleitklauseln werden häufig wie folgt formuliert: 37

„Die Prämie für das Jahr X (1.1. X bis 1.1. X+1) beträgt [Summe] EUR zzgl. 19% Versicherungsteuer. Die Beitragshöhe ist an den Jahreshonorarumsatz gekoppelt, dh, der Beitrag für das laufende Versicherungsjahr ändert sich gegenüber dem Beitrag für das Vorjahr im gleichen Verhältnis, wie sich der Jahreshonorarumsatz im Vorjahr zum Jahreshonorarumsatz des Vorvorjahres ändert. Eine prozentuale Meldung des veränderten Jahreshonorarumsatzes der Folgejahre ist ausreichend. Bei einer Verringerung des Umsatzes und einer daraus resultierenden Prämienreduzierung auf unter [Betrag] EUR (ohne Versicherungsteuer) wird eine Mindestprämie in Höhe [Betrag] EUR zzgl. 19% Versicherungsteuer erhoben, diese bezieht sich auf alle Verträge der Sozietät. Die Höhe der Mindestprämie muss neu vereinbart werden, wenn mehr als 10% der Equity Partner ausscheiden und dadurch ein Umsatzrückgang eintritt, der zu einem Unterschreiten der Mindestprämie führt."

Die Verknüpfung zwischen Umsatz und Prämie ist im Normalfall **linear**. In 38 der Praxis anzutreffen sind aber auch **degressive** Umsatzstaffeln, dh die Prämie steigt oder verringert sich weniger stark als der Umsatz. Die Klausel knüpft bewusst nicht an den Umsatz des jeweiligen Vorjahres an, sondern an den des **Vorvorjahres.** Das hat den Vorteil, dass dieser bei Jahresbeginn bereits feststeht, sodass sofort die neue Prämie ermittelt und eingezogen werden kann. Würde man dagegen auf den Vorjahresumsatz abstellen, müsste man im neuen Jahr noch einige Monate warten, bis dieser endgültig festgestellt ist.

39 Schwierig ist die exakte Feststellung, was unter **„Umsatz"** zu verstehen ist. Richtigerweise sind dies die Bruttohonorare (dh ohne Herausrechnung der Umsatzsteuer). Durchlaufende Posten, wie zB die Honorare von im Unterauftrag eingeschalteten ausländischen Kanzleien, die dem Mandanten weiterbelastet werden, sind herauszurechnen. Anzusetzen sind nur die berufsbezogenen Umsätze, also zB nicht solche aus Untervermietung von Büroraum. Richtigerweise herauszurechnen ist auch der Umsatz aus nicht versicherten Tätigkeiten (so ausdrücklich Ziff. 5 der Risikobeschreibung des Bedingungswerks der **R+V** („AVB-P"), wie zB aus Aufsichtsratsmandaten (→ B Rn. 38 ff.). Letztlich ist aber bei der Umsatzermittlung nur wichtig, dass jedes Jahr der Umsatz auf dieselbe Art und Weise ermittelt wird, da es ja nur auf die prozentuale Veränderung ankommt. Deshalb verlangen viele Versicherer auch gar nicht absolute Umsatzzahlen (bzgl. derer manche Sozietät ein Geheimhaltungsinteresse hat), sondern begnügen sich mit der Mitteilung der **prozentualen Veränderung.**

40 Der Versicherer verlässt sich in der Praxis auf die **von der Sozietät mitgeteilten** Umsatzzahlen, wenn er die Seriosität der Kanzlei aus langjähriger Zusammenarbeit kennt. **Belege** (zB die Umsatzsteuererklärungen oder die Vermögensübersichten bzw. bei der GmbH die Bilanz) werden regelmäßig nicht angefordert. Immerhin wäre eine Falschinformation ein strafbarer Betrug.

41 Wichtig ist die in Satz 2 vorgesehene **„Escape-Klausel",** die für den unerwarteten Abgang eines bedeutenden Teils der Berufsträger eine Neuverhandlung der Mindestversicherungssumme vorsieht.

2. Berufsträgerbezogene Gleitklauseln

42 Eine verbreitete Variante der gleitenden Prämienberechnung ist, dass die Höhe der Prämie von der personellen Größe der Sozietät abhängig gemacht wird. Dabei wird entweder an die Zahl der Berufsträger oder die Zahl der (echten) Partner angeknüpft, etwa wie folgt:

„Die Prämie beträgt [Betrag] EUR pro in der Sozietät tätigem zugelassenen Rechtsanwalt. „Während des laufenden Versicherungsjahres neu eintretende Partner, Sozien oder zuschlagspflichtige oder zuschlagsfreie Mitarbeiter sind im Rahmen des Vertrages mitversichert, auch wenn sie dem Versicherer noch nicht gemeldet wurden. Unbeschadet der Bestimmungen in § 11b I 2 ist der Versicherungsnehmer verpflichtet, dem Versicherer jeweils zum 1.1. des darauffolgenden Jahres den aktuellen Personalstand mitzuteilen."

43 Für die Meldung der Berufsträger wird üblicherweise aus Vereinfachungsgründen auf einen bestimmten **Stichtag** (regelmäßig der 1. Januar) abgestellt. Dies betrifft jedoch ausschließlich die **Prämienberechnung,** nicht jedoch den **Umfang des Versicherungsschutzes.** Die Bündelung der Meldung des Personalbestands zum Zweck der Prämienberechnung macht es nicht entbehrlich, jeden neu hinzukommenden Berufsträger sofort der Versicherung mitzuteilen. Denn die Versicherung muss ja die zur Vorlage bei der Kammer erforderliche Versicherungsbestätigung ausstellen, ohne die sich der hinzukommende Berufsträger nicht als Anwalt zulassen kann (→ Einl. Rn. 37 ff.).

44 Nach der jeweiligen Formulierung der Klausel richtet sich, **welche Berufsträger** prämienrelevant sind. Sind beispielsweise nur die „zugelassenen

Rechtsanwälte" relevant, so spielen beispielsweise Diplom-Wirtschaftsjuristen, Referendare, Assessoren, ausländische Anwälte ohne deutsche Zulassung etc keine Rolle. Nicht relevant sind dann auch Berufsträger, die zwar ihre Zulassung beantragt haben, diese am Stichtag aber noch nicht erhalten hatten. Von der Formulierung des Einzelfalls abhängig ist auch, ob sporadisch oder dauernd tätige **freie Mitarbeiter** prämienrelevant.

Für die Sozietät unverzichtbar ist die „**Versehensklausel**" (in obigem Beispiel Satz 2), wonach auch solche Berufsträger in den Schutz der Versicherung miteinbezogen sind (genau: die Sozietät auch für deren Fehler versichert ist), die versehentlich nicht gemeldet wurden (dazu auch *Riechert,* § 8 Rn. 34 ff.). 45

Da die Erstellung einer vollständigen und korrekten Personalstandsliste insbesondere in großen, internationalen Sozietäten häufig einige Zeit in Anspruch nimmt und mitunter die Klärung von Zweifelsfällen zeitraubend ist, erheben die Versicherer üblicherweise unmittelbar zum Jahresbeginn einen **Vorschuss** auf die Prämie auf der Basis des Personalbestands des Vorjahres. 46

§ 9 Vertragsdauer, Kündigung, Erlöschen

I. Vertragsdauer und ordentliche Kündigung

Der Vertrag ist zunächst für die in dem Versicherungsschein festgesetzte Zeit abgeschlossen. Beträgt diese mindestens ein Jahr, bewirkt die Unterlassung rechtswirksamer Kündigung eine Verlängerung des Vertrages jeweils um ein Jahr. Die Kündigung ist rechtswirksam, sofern sie spätestens drei Monate vor dem jeweiligen Ablauf des Vertrages in Textform erklärt wird.

II. Kündigung im Schadenfall

1. Kündigungsvoraussetzungen

Das Versicherungsverhältnis kann nach Eintritt eines Versicherungsfalles in Textform gekündigt werden, wenn eine Zahlung aufgrund eines Versicherungsfalles geleistet oder der Haftpflichtanspruch rechtshängig geworden ist oder der Versicherungsnehmer mit einem von ihm geltend gemachten Versicherungsanspruch rechtskräftig abgewiesen ist.

2. Kündigungsfrist

Der Versicherer hat eine Kündigungsfrist von einem Monat einzuhalten. Der Versicherungsnehmer kann mit sofortiger Wirkung oder zum Schluss der laufenden Versicherungsperiode kündigen.

3. Erlöschen des Kündigungsrechts

Das Recht zur Kündigung erlischt, wenn es nicht spätestens einen Monat, nachdem die Zahlung geleistet, der Rechtsstreit durch Klagerücknahme, Anerkenntnis oder Vergleich beigelegt oder das Urteil rechtskräftig geworden ist, ausgeübt wird.

§ 9   C. Das Versicherungsverhältnis

III. Rechtzeitigkeit der Kündigung

Die Kündigung ist nur dann rechtzeitig erklärt, wenn sie dem Vertragspartner innerhalb der jeweils vorgeschriebenen Frist zugegangen ist.

IV. Erlöschen des Versicherungsschutzes

Bei Wegfall des versicherten Interesses (zB Wegfall der Zulassung oder Bestellung, Auflösung der Gesellschaft) erlischt der Versicherungsschutz. Teil 3 A Ziffer 1 a) BBR-S bleibt unberührt.

Übersicht

	Rn.
I. Überblick	1
1. Regelungsinhalt	1
2. Verhältnis zu VVG und AHB	2
II. Vertragslaufzeit/ordentliche Kündigung (I)	4
III. Kündigungsrecht im Schadensfall (II)	10
1. Voraussetzungen des Kündigungsrechts (II 1)	11
2. Fristen (II 2, 3, III)	15
a) Frist zwischen Kündigung und Vertragsende (II 2)	16
b) Frist zwischen Ereignis und Kündigung (II 3)	18
c) Fristwahrung durch Zugang (III)	19
IV. Sonstige Kündigungsgründe	20
V. Vertragsende bei Wegfall der Anwaltszulassung oder Tod des VN/ Auflösung der Sozietät (IV)	22

I. Überblick

1. Regelungsinhalt

1   § 9 I regelt die **Laufzeit,** eine eventuelle **automatische Verlängerung** sowie die **Kündigungsfrist** des Versicherungsvertrags. § 9 II sieht ein **Sonderkündigungsrecht bei Eintritt eines Versicherungsfalls** vor. § 9 III wiederholt die Selbstverständlichkeit des bürgerlichen Rechts, dass die Wirksamkeit einer Kündigung rechtzeitigen **Zugang** voraussetzt. § 9 IV schließlich regelt den Sonderfall des **Erlöschens der anwaltlichen Zulassung** bzw. der Auflösung der versicherten Sozietät während Vertragsdauer.

2. Verhältnis zu VVG und AHB

2   Die Regelungen zur ordentlichen Kündigung/automatischen Verlängerung in I füllen § 11 VVG aus. Das Sonderkündigungsrecht im Schadensfall gemäß II entspricht grds. § 111 VVG, jedoch mit Modifikationen.

3   Die Regelung in I entspricht Ziff. 16.1 bis 16.3 AHB 2008; die Regelung zum Sonderkündigungsrecht nach II weitgehend Ziff. 19 AHB 2008.

Vertragsdauer, Kündigung, Erlöschen **§ 9**

II. Vertragslaufzeit/ordentliche Kündigung (I)

§ 9 I regelt die Selbstverständlichkeit, dass der Hauptvertrag zunächst für die 4
im Versicherungsschein **festgesetzte Laufzeit** abgeschlossen ist. Nach § 10
VVG beginnt die Versicherung mit dem **Beginn des ersten Tages** und endet
mit dem **Ablauf des letzten Tages** der Vertragslaufzeit. Etwas anderes kann
aber ausdrücklich im Versicherungsschein geregelt werden.

Hinsichtlich der **automatischen Verlängerung** unterscheidet § 9 I S. 2 5
und 3 zwischen Verträgen, die auf weniger als ein Jahr abgeschlossen sind und
solchen, die auf **ein Jahr oder länger** abgeschlossen sind („mindestens ein
Jahr").

Verträge mit einer Vertragslaufzeit von **weniger als einem Jahr** (die bei der 6
Berufshaftpflichtversicherung der Anwälte selten sind) erlöschen in jedem Fall
automatisch mit Vertragsablauf. Eine automatische Verlängerung findet nicht
statt. Verlängert werden kann nur durch einvernehmliche Erklärung der Parteien.

Verträge mit einer Laufzeit von **einem Jahr oder länger** dagegen verlän- 7
gern sich automatisch jeweils um ein Jahr, wenn sie nicht spätestens **drei Monate vor Ablauf** in Textform gekündigt werden. Für die Kündigung ist gesetzliche Schriftform (§ 126 BGB) nicht erforderlich, **Textform** nach § 126 b
BGB (Fax, E-Mail) reicht. Die Rechtzeitigkeit der Kündigung hängt, wie
§ 9 III noch einmal unterstreicht, vom rechtzeitigen **Zugang** ab, das entspricht
§ 130 BGB. Entgegen einem unausrottbaren Irrtum (so zB *Littbarski,* § 8 Rn. 6)
verkürzt sich die Kündigungsfrist nicht dadurch, dass der letzte Tag der Frist auf
einen Feiertag, Sonntag oder Sonnabend fällt. § 193 BGB gilt für Kündigungsfristen grds. nicht (BGHZ 59, 267; BAG NJW 1970, 1470; BGH DB 1977,
639). Eine Kündigung am 1.10. wahrt die Frist daher auch dann nicht, wenn
der 30.9. ein Samstag, Sonntag oder Feiertag war, denn die Frist muss zum
Schutz des Gekündigten diesem stets unverkürzt zur Verfügung stehen.

Die stillschweigende Verlängerung mangels Kündigung ist **AGB-kon-** 8
form. In der Praxis führt sie dazu, dass Verträge oft **Jahre** oder **jahrzehntelang ungekündigt fortbestehen.** Selbst bei Änderungen der Standard-Bedingungswerke erfolgt häufig keine Kündigung, sodass Versicherungen oft
jahrelang auf der Basis längst veralteter Bedingungswerke fortgeführt werden,
was schwierige AGB-rechtliche Fragen aufwirft.

Von § 11 VVG und § 9 I abweichende, für den VN ungünstigere Kündi- 9
gungsregelungen können mit großen Sozietäten vereinbart werden, die unter
die Regelung zu **Großrisiken** (→ Einl. Rn. 67) fallen. Ziehen sich Verhandlungen mit dem VR über den Neuabschluss oder Änderungen der Versicherung hin, werden häufig **Verkürzungen der Kündigungsfrist** vereinbart,
um nicht in Zeitnot zu geraten. Will beispielsweise der VN eine Prämienreduzierung durchsetzen und verhandelt der VR darüber, wäre es misslich, wenn
der VN vorsorglich zum 30.9. kündigen müsste, um notfalls umdecken zu
können, wenn der VR sich letztlich auf den Prämiennachlass doch nicht einlässt. Hier ist es sinnvoller, die Kündigungsfrist einvernehmlich auf einen oder
zwei Monate zu verkürzen, um noch im Oktober oder sogar noch November
ohne Druck weiterverhandeln zu können (dazu auch *Riechert,* § 9 Rn. 4).

III. Kündigungsrecht im Schadensfall (II)

10 § 9 II regelt ein Sonderkündigungsrecht im Schadensfall. Egal ist, ob der Schadensfall den **VN** oder eine **mitversicherte Person** (§ 7 I) betrifft (KG JW 1937, 2622; *Riechert,* § 9 Rn. 5). Das Sonderkündigungsrecht steht **beiden Parteien** zu, VN wie VR. Hintergrund dieses nicht unmittelbar einleuchtenden Rechts ist, dass durch den Eintritt des Versicherungsfalls das **Vertrauensverhältnis** zwischen den Parteien **möglicherweise gestört** ist und deshalb eine vorzeitige Beendigung des Vertragsverhältnisses sinnvoll sein kann (ausführlich *Fricke* VersR 2000, 16 (22)). Außerdem soll der VR die Möglichkeit haben, sich von einem Ausreißer-Risiko zu befreien, wenn er anhand eines Schadensfalls feststellt, dass der Anwalt überdurchschnittlich schlampig arbeitet. Die Regelung des Kündigungsrechts im Versicherungsfall durch die AVB-RS weicht von den **gesetzlichen Kündigungsrechten** im Versicherungsfall nach § 111 VVG ab, was aber gem. § 112 VVG möglich ist, da § 111 VVG nicht zwingend ist.

1. Voraussetzungen des Kündigungsrechts (II 1)

11 Oft übersehen wird, dass § 9 II das Sonderkündigungsrecht **nicht schlechthin** an den Eintritt eines **Schadensfalls (Versicherungsfalls)** knüpft, sodass es auch nicht auf die Voraussetzungen des § 5 I ankommt (aA *Riechert,* § 9 Rn. 6). Vielmehr besteht das Sonderkündigungsrecht gem. § 9 II 1 nur dann, wenn anlässlich eines Versicherungsfalls **bestimmte Umstände** eintreten, nämlich
– **Zahlung des VR** auf einen Versicherungsfall,
– **Rechtshängigkeit eines Haftpflichtanspruchs** oder
– **rechtskräftige Abweisung** einer Deckungsklage des VN gegen den VR.

Nicht ausreichend ist also beispielsweise die außergerichtliche Geltendmachung eines Versicherungsfalls durch den Geschädigten, dessen Prüfung durch den VR oder die außergerichtliche Abwehr unberechtigter Ansprüche. In Betracht kommen kann in diesen Fällen je nach den Umständen allenfalls eine **außerordentliche Kündigung** nach § 314 BGB (*van Bühren,* S. 171 f. → Einl. Rn. 88).

12 Erste Alternative des Sonderkündigungsrechts ist die **Zahlung auf Grund eines Versicherungsfalls.** Es muss tatsächlich Zahlung erfolgt sein, Anerkenntnis reicht nicht (*Littbarski,* § 9 Rn. 18; *Wussow,* § 9 Rn. 9; Späte/Schimikowski/*Harsdorf-Gebhardt,* Ziff. 19 Rn. 10). Eine freiwillige **Kulanzleistung,** ohne dass tatsächlich ein Versicherungsfall vorlag und/oder Versicherungsschutz bestand, soll nicht ausreichen (LG Hagen VersR 1983, 1147; *Riechert,* § 9 Rn. 8; zum Streitstand Späte/Schimikowski/*Harsdorf-Gebhardt,* Ziff. 19 Rn. 14). Die **Aufrechnung** (zB gegen Prämienrückstände) steht der Zahlung gleich. Nicht erforderlich ist, dass der Schaden insgesamt oder jedenfalls bis zur Versicherungssumme reguliert wurde, das Sonderkündigungsrecht wird auch durch eine **Teilzahlung** oder einen **Vorschuss** ausgelöst (*Littbarski,* § 9 Rn. 20), was aber wiederum Probleme bei der Kündigungsfrist aufwirft **(dazu sogleich unter → Rn. 24 ff.).** Die bloße **Zusage** einer Zahlung oder ein **Anerkenntnis** reichen nicht (*Riechert,* § 9 Rn. 8).

Vertragsdauer, Kündigung, Erlöschen **§ 9**

Zweite Variante für die Auslösung des Sonderkündigungsrechts ist die **Rechtshängigkeit eines Haftpflichtanspruchs.** Hauptfall ist die Zustellung einer Klageschrift (§ 270 ZPO), dem steht die Zustellung eines **Mahnbescheids** nach §§ 688 Abs. 1, 693 Abs. 1 ZPO gleich. Egal ist, ob der Schaden insgesamt oder nur ein **Teil** davon gerichtlich geltend gemacht wurde. Richtigerweise kann es nicht darauf ankommen, ob die Klage vor einem zuständigen oder unzuständigen Gericht erhoben wurde (anders Späte/Schimikowski/*Harsdorf-Gebhardt,* Ziff. 19 Rn. 16; *Littbarski,* § 9 Rn. 22). Der Klageerhebung **nicht** gleich steht eine Beschwerde bei der BaFin oder beim Versicherungsombudsmann (→ Einl. Rn. 112), eine **Streitverkündung** nach §§ 72 ff. ZPO oder ein **PKH-Antrag** nach §§ 114 ff. ZPO (*Riechert,* § 9 Rn. 9; *Littbarski,* § 9 Rn. 22). 13

Die dritte Variante schließlich ist die **rechtskräftige Abweisung des VN** mit einem gegen den VR geltend gemachten **Versicherungsanspruchs.** Nach dieser Variante soll es auf die rechtskräftige Abweisung eines „Versicherungsanspruchs" ankommen. Unter diesen Begriff, der in den AVB nicht definiert ist, wird man wohl nur einen Anspruch auf eine der beiden vom VR zu erbringenden Leistungen sehen können, nämlich entweder Schadensabwehr oder Befriedigung des Geschädigten (ausführlich → § 3 Rn. 6 ff.). **Nicht ausreichend** ist also die rechtskräftige Abweisung einer **sonstigen Klage** gegen den VR, zB auf Prämienrückzahlung, Feststellung der Wirksamkeit/Unwirksamkeit einer Kündigung des Versicherungsvertrags etc. Nicht erforderlich ist, dass die Klage in vollem Umfang abgewiesen wurde, auch eine **Teilabweisung,** egal wie gering der abgewiesene Betrag sein mag, reicht aus. Gemäß § 7 I 1 S. 1 muss das Sonderkündigungsrecht auch dann bestehen, wenn eine Klage einer **mitversicherten Person** ganz oder teilweise abgewiesen wurde (→ § 7 Rn. 18). 14

2. Fristen (II 2, 3, III)

§ 9 II 2 S. 1 und 2 regeln in Fällen des Sonderkündigungsrechtes nach § 9 II 1 unterschiedliche Fristen für die Kündigung seitens des VR und des VN. 15

a) Frist zwischen Kündigung und Vertragsende (II 2). Nach § 9 II 2 S. 1 hat der **VR** eine Kündigungsfrist von **einem Monat einzuhalten.** Dadurch soll der VN in die Lage versetzt werden, sich neuen Versicherungsschutz zu besorgen, um den Verlust der Zulassung abzuwenden. Die Monatsfrist ist aber nur eine **Mindestfrist,** dem VR ist unbenommen, mit einer längeren Frist zu kündigen. Zu beachten ist, dass II 2 S. 1 nur die Frist regelt, die zwischen **Ausspruch der Kündigung** und **Vertragsende** liegen muss. Die Frist zwischen dem **Eintritt** der in § 9 II 2 genannten **Voraussetzungen** und dem **Ausspruch der Kündigung** regelt dagegen II 3 (→ Rn. 18 ff.). Die Zeit zwischen dem Eintritt des Ereignisses und dem Ausspruch der Kündigung wird auf die Frist zwischen Zugang der Kündigung und Vertragsablauf nicht angerechnet. Für den **Zugang** seiner Kündigung ist der **VR beweispflichtig,** die Kündigung erfordert **Textform** (§ 126b BGB). 16

Will der **VN** auf Grund eines der in § 9 II 1 genannten Ereignisse sein Sonderkündigungsrecht ausüben, kann er dies nach § 9 II 2 S. 2 entweder mit **so-** 17 fortiger Wirkung oder zum Schluss der laufenden Versicherungsperiode tun. Auch insoweit gilt, dass § 9 II 2 S. 2 ausschließlich die Frist zwischen Zugang der Kündigungserklärung und Erlöschen des Vertrages regelt, während die Frist zwischen dem Ereignis nach Satz 1 und dem Ausspruch der Kündigung durch § 9 II 3 geregelt wird (→ Rn. 18 ff.). Die alternative Möglichkeit zur Kündigung entweder mit sofortiger Wirkung oder zum Ende der laufenden Versicherungsperiode soll dem VN die **Möglichkeit** geben, sich **rechtzeitig anderweitige Deckung zu besorgen,** da ansonsten seine Anwaltszulassung gefährdet ist. Das Recht zur Sonderkündigung zum Ende der laufenden Versicherungsperiode erscheint auf den ersten Blick überflüssig, da der VN sowieso zu diesem Termin kündigen könnte. Bedeutung hat das Sonderkündigungsrecht jedoch in den letzten drei Monaten vor Vertragsablauf. Sie verhindert die ansonsten eintretende Verlängerung des Vertrages nach § 9 I 2 S. 2 und 3 um ein Jahr (→ Rn. 7). Einer **unwirksamen** Kündigung seitens des VN muss der VR **unverzüglich widersprechen,** sonst ist nach Treu und Glauben von seiner Zustimmung zur Kündigung auszugehen und der Versicherungsvertrag endet dann durch einvernehmliche Aufhebung (im Ergebnis ebenso Gräfe/Brügge/Melchers/*Brügge,* Rn. C 22; *Riechert,* § 9 Rn. 11).

18 **b) Frist zwischen Ereignis und Kündigung (II 3).** Nach § 9 II 3 erlischt das Recht von VR und VN zur Sonderkündigung **einen Monat** nach Eintritt der in II 1 genannten Ereignisse. Unübersichtlich geregelt ist der **Fristbeginn,** diesbezüglich muss man mühsam die Bezugspunkte von II 1 und II 3 auseinanderhalten. Bezüglich der ersten Variante, der **Zahlung** des VR auf Grund eines Versicherungsfalls, läuft die Frist einen Monat nach erfolgter Zahlung ab. Für die zweite Variante, der **Rechtshängigkeit eines Haftpflichtanspruchs,** ist der Zeitpunkt der **Erledigung des Prozesses** durch Klagerücknahme, Anerkenntnis oder Vergleich maßgeblich. Dem muss die Erledigung durch rechtskräftiges Urteil gleichstehen, dann ist auf den Moment des Eintritts der Rechtskraft abzustellen. Für die dritte in II 1 genannte Variante, nämlich die **rechtskräftige Abweisung** eines vom VN gegen den VR geltend gemachten Versicherungsanspruchs, läuft die Monatsfrist ab dem Eintritt der Rechtskraft. Für die Fristberechnung gelten in allen drei Fällen die allgemeinen Vorschriften des BGB.

19 **c) Fristwahrung durch Zugang (III).** § 9 III wiederholt die Selbstverständlichkeit, dass es für die Rechtzeitigkeit einer Kündigung auf den **Zugang** innerhalb der Frist ankommt. Damit soll klargestellt werden, dass die rechtzeitige Absendung nicht ausreicht.

IV. Sonstige Kündigungsgründe

20 Die Bedingungswerke der **R+V** (Ziff. 6.2.1 AVB-P) und der **Gothaer** (§ 9 IV AVB-RPSWP) sehen ein Kündigungsrecht des VR mit Monatsfrist bei **Wegzug des VN ins Ausland** vor. Dagegen bestehen keine rechtlichen Bedenken, da sich dadurch die Gefahr für den VR erhöht, mit teuren und schwer zu bearbeitenden Auslandssachverhalten konfrontiert zu werden, mit denen er nicht kalkuliert hat.

Vertragsdauer, Kündigung, Erlöschen **§ 9**

§ 9 V des Bedingungswerks der **Gothaer** („AVB-RPSWP") sieht eine 21
Kündigungsmöglichkeit bei **Obliegenheitsverletzung vor Eintritt des
Versicherungsfalls** vor, es sei denn, der VN beweist, dass er weder vorsätzlich
noch fahrlässig gehandelt hat. Gegen diese Kündigungsmöglichkeit bestehen
keine Bedenken.

V. Vertragsende bei Wegfall der Anwaltszulassung oder Tod des VN/Auflösung der Sozietät (IV)

Nach § 9 IV erlischt bei Wegfall der Zulassung des Anwalts oder der Berufs- 22
ausübungsgesellschaft der Versicherungsschutz. Das bedeutet selbstverständlich
nicht, dass die Deckung für Verstöße erlischt, die der Anwalt bzw. die Sozietät
vor Wegfall der Zulassung begangen hat, die aber erst nachher zu einem Schaden führen oder erst später bekannt werden (Fischer/*Chab,* § 18 Rn. 103). Die
irreführende Formulierung suggeriert, dass nur der Versicherungsschutz entfällt, der Versicherungsvertrag aber im Übrigen bestehen bliebe, sodass auch
weiter Prämie zu zahlen wäre. Das würde § 39 VVG widersprechen. Dass bei
Wegfall der Zulassung nicht einseitig der Versicherungsschutz erlischt, sondern
die **gesamte Versicherung** inklusive der Pflicht zur Prämienzahlung **vorzeitig endet** (so auch *Riechert,* § 9 Rn. 40), ergibt sich – jedenfalls auf Grund
der AGB-rechtlichen Unklarheitenregel – schon aus der systematischen Stellung der Vorschrift in § 9 unter der Überschrift „Vertragsdauer, Kündigung,
Erlöschen". Eine nur einseitige Leistungsfreiheit des VR hätte unter § 4 „Ausschlüsse" geregelt sein müssen.

Zum Wegfall der Zulassung kann es insbesondere dann kommen, wenn der 23
Rechtsanwalt in Vermögensverfall gerät oder eine mit der Anwaltstätigkeit un-
vereinbare andere Tätigkeit ausübt (im Einzelnen § 14 BRAO). Das Erlöschen
der Versicherung setzt voraus, dass der Wegfall der Zulassung **endgültig** ist. Hat
der Anwalt Rechtsmittel gegen Rücknahme bzw. Widerruf der Zulassung ein-
gelegt, bleiben Zulassung und Versicherung so lange bestehen, bis der Verlust
der Zulassung bestandskräftig ist. Das Gleiche gilt, wenn **Sofortvollzug** angeordnet ist; auch hier erlischt die Versicherung noch nicht mit Beginn des
Sofortvollzugs, sondern erst mit Bestandskraft der Maßnahme (OLG Hamm
VersR 1987, 802 für vorläufige Amtsenthebung eines Notars). Allerdings handelt der Anwalt, wenn er während des Sofortvollzugs weiter tätig bleibt, wissentlich einem Gesetz zuwider, sodass der VR für zwischenzeitlich eingetretene
Verstöße nach § 4.5 ggf. leistungsfrei ist (wissentliche Pflichtverletzung, vgl.
aber → § 4 Rn. 72). Im Endeffekt muss also der VN während der vorläufigen
Maßnahme die Prämie weiterzahlen, ohne Versicherungsschutz zu haben.

Das versicherte Interesse fällt auch beim **Tod** des VN weg. Deshalb endet 24
auch hier grds. der Vertrag; er geht nicht auf die Erben über (Fischer/*Chab,*
§ 18 Rn. 103). Allerdings sind im Rahmen von B 3 BBR-RA die Erben des
VN bis zu acht Wochen mitversichert, was insbesondere wichtig ist, falls nach
dem Tod des VN Mitarbeiter oder sonstige mitversicherte Personen bei der
Mandatsabwicklung Fehler machen (→ B Rn. 44).

Als weiteren Erlöschensgrund der Versicherung nennt IV die **Auflösung** 25
der Gesellschaft, also der Berufsausübungsgesellschaft. Maßgeblich ist selbst-

§ 10 C. Das Versicherungsverhältnis

verständlich nicht der Tag, an dem die Sozietät gekündigt wird, sondern an dem sie tatsächlich endet. Der von der Sozietät abgeschlossene Versicherungsvertrag erstreckt sich also nicht is einer „Regenwurmtheorie" auf die ehemaligen Partner dieser Sozietät oder eine eventuelle Nachfolgesozietät. Folge ist, dass die Partner der aufgelösten Sozietät sich rechtzeitig um Anschlussdeckung bemühen müssen, zumal IV keine Karenzzeit vorsieht.

26 Der Verweis auf Teil 3 A Ziff. 1 a) BBR-S in Satz 2 des Abs. IV betrifft nur **Steuerberater;** bei diesen hat der Praxisabwickler eines Steuerberaters oder Wirtschaftsprüfers abgeleiteten Versicherungsschutz über den Vertrag des früheren Berufskollegen, dessen Praxis er abwickelt. Bei Anwälten hingegen ist die Regelung andersherum, der Praxisabwickler nach § 55 BRAO ist nach B 1.1, fünfter Spiegelstrich BBR-RA über seine eigene Police abgesichert. Eine Mitversicherung in der Police desjenigen, dessen Praxis er abwickelt, ist daher nicht erforderlich.

§ 10 Verjährung, zuständiges Gericht, anwendbares Recht

I. Verjährung

Die Verjährung der Ansprüche aus dem Versicherungsvertrag richtet sich nach den Vorschriften des Bürgerlichen Gesetzbuches.

II. Zuständiges Gericht

1. Klagen gegen den Versicherer

1.1. Ansprüche aus dem Versicherungsvertrag können gegen den Versicherer bei dem für seinen Geschäftssitz oder für den Geschäftssitz seiner vertragsführenden Niederlassung örtlich zuständigen Gericht geltend gemacht werden.

1.2 Für Klagen des Versicherungsnehmers aus dem Versicherungsvertrag oder der Versicherungsvermittlung ist auch das deutsche Gericht örtlich zuständig, in dessen Bezirk der Versicherungsnehmer zur Zeit der Klageerhebung seinen Wohnsitz, in Ermangelung eines solchen seinen gewöhnlichen Aufenthalt hat.

2. Klagen gegen den Versicherungsnehmer

Für Klagen des Versicherers ist ausschließlich das Gericht örtlich zuständig, in dessen Bezirk der Versicherungsnehmer zur Zeit der Klageerhebung seinen Wohn- oder Geschäftssitz, in Ermangelung eines solchen seinen gewöhnlichen Aufenthalt hat.

3. Unbekannter Wohnsitz oder Geschäftssitz oder Aufenthalt des Versicherungsnehmers

Ist der Wohn- oder Geschäftssitz oder der gewöhnliche Aufenthalt des Versicherungsnehmers in Deutschland im Zeitpunkt der Klageerhebung nicht bekannt, bestimmt sich die gerichtliche Zuständigkeit für Klagen aus dem Versicherungsvertrag gegen den Versicherer oder den Versicherungsnehmer ausschließlich nach dem Sitz des Versicherers oder seiner für den Versicherungsvertrag zuständigen Niederlassung. Ist der Versicherungsnehmer eine juristische Person, gilt dies entsprechend, wenn sein Geschäftssitz unbekannt ist.

4. **Wohn- oder Geschäftssitz des Versicherungsnehmers außerhalb der Europäischen Gemeinschaft, Island, Norwegen oder der Schweiz**

Hat der Versicherungsnehmer zum Zeitpunkt der Klageerhebung seinen Wohn- oder Geschäftssitz nicht in einem Mitgliedstaat der Europäischen Gemeinschaft, Island, Norwegen oder der Schweiz, ist das Gericht nach Ziffer 3 Satz 1 ausschließlich zuständig.

III. **Anwendbares Recht**

Die Rechte und Pflichten aus dem Versicherungsvertrag bestimmen sich ausschließlich nach deutschem Recht.

IV. **Sanktionsklausel**

Es besteht – unbeschadet der übrigen Vertragsbestimmungen – Versicherungsschutz nur, soweit und solange dem keine auf die Vertragsparteien direkt anwendbaren Wirtschafts-, Handels- oder Finanzsanktionen bzw. Embargos der Europäischen Union oder der Bundesrepublik Deutschland entgegenstehen.

Dies gilt auch für Wirtschafts-, Handels- oder Finanzsanktionen bzw. Embargos der Vereinigten Staaten von Amerika, soweit dem nicht Rechtsvorschriften der Europäischen Union oder der Bundesrepublik Deutschland entgegenstehen.

Übersicht

	Rn.
I. Überblick	1
1. Regelungsinhalt	1
2. Verhältnis zu VVG und AHB	2
II. Verjährung (I)	4
III. Gerichtsstand (II)	5
IV. Rechtswahl (III)	6
V. Embargoklausel (IV)	7

I. Überblick

1. Regelungsinhalt

§ 10 regelt vier (nicht miteinander zusammenhängende) Fragen, nämlich in I die **Verjährung** der Ansprüche, in II die Frage des **Gerichtsstands** (zuständiges Gericht), in III die **Rechtswahl,** und in IV die übliche **Embargoklausel.** **1**

2. Verhältnis zu VVG und AHB

Hinsichtlich des Gerichtsstands entspricht § 10 II dem § 215 VVG. **2**

§ 10 I entspricht Ziff. 30 **AHB** 2008, § 10 II und III deren Ziff. 31 bzw. 32. **3**

II. Verjährung (I)

4   Nach § 15 VVG ist die Verjährung des Anspruchs aus dem Versicherungsvertrag für die Zeit zwischen der **Anmeldung** des Anspruchs und der **schriftlichen Entscheidung des VR gehemmt.** Ansonsten gelten die allgemeinen Verjährungsvorschriften des BGB (§§ 195 ff.). § 10 verweist deshalb jetzt konsequent auf die gesetzliche (3-jährige) Verjährung der §§ 195 ff. BGB.

III. Gerichtsstand (II)

5   § 10 III regelt den Gerichtsstand. Nach § 215 VVG ist für Klagen aus dem Versicherungsvertrag auch das Gericht örtlich zuständig, in dessen Bezirk der **VN** zur Zeit der Klageerhebung seinen **Wohnsitz,** in Ermangelung eines solchen Wohnsitzes seinen gewöhnlichen Aufenthalt hat. An die Stelle des Wohnsitzes tritt bei juristischen Personen als VN der **Sitz** oder die **vertragsführende Niederlassung.** Für Klagen gegen den VN ist nach § 215 Abs. 1 S. 1 VVG das Wohnsitz-/Sitzgericht des VN ausschließlich zuständig. Diese Regelung (zu den Details ausführlich *Wagner* VersR 2009, 1589) hat § 10 II 1 und 2 übernommen. Richtigerweise gilt § 10 II 1 auch zugunsten einer **mitversicherten Person** (OLG Oldenburg VersR 2012, 887). Der frühere **Gerichtsstand der Agentur** (§ 48 VVG aF) ist **entfallen.** Die Gerichtsstandsregelungen in § 10 der Bedingungswerke von **HDI** und **AXA** (ebenso Ziff. 19.2.2 des **ERGO**-Bedingungswerks) sind anders aufgebaut und ausführlicher, aber inhaltlich – weil sowieso nur deklaratorisch – praktisch gleich.

IV. Rechtswahl (III)

6   § 10 III S. 4 stellt klar, dass sich die Rechte und Pflichten aus dem Versicherungsvertrag nach deutschem Recht bestimmen. Daran bestünde ohnehin kein Zweifel, selbst wenn es sich beim VN um eine nach ausländischem Recht organisierte Anwaltsgesellschaft (zB englische LLP) handelt. Durch das Wort **„ausschließlich"** wird klargestellt, dass deutsches Recht nicht nur ergänzend gilt, sondern unter Ausschluss aller anderen Rechtsordnungen. Die ausschließliche Geltung deutschen Rechts für den **Versicherungsvertrag** greift unabhängig von der Frage, welchem Recht der **Anwaltsvertrag** zwischen AN und Mandant unterliegt (dazu *Lindner* AnwBl. 2003, 227).

V. Embargoklausel (IV)

7   § 10 IV S. 1 regelt, dass der Versicherer nur leistet, wenn keine Embargobestimmungen entgegenstehen. Diese Embargoklausel ist durch die EU-Verordnung 267/2012 vorgeschrieben. Entgegenstehende Embargobestimmungen führen zur Nichtigkeit des Versicherungsvertrages, da es sich bei der Embargo-Verordnung um ein Verbotsgesetz handelt (§ 134 BGB).

Form der Willenserklärungen **§ 11**

§ 10 IV S. 2 bezieht sich auf die Sanktionen der USA gegen den Iran. Die Embargoregelung des Abs. IV hat im Regelfall **keinerlei praktische Bedeutung.**

§ 11 Form der Willenserklärungen gegenüber dem Versicherer

Alle für den Versicherer bestimmten Anzeigen und Erklärungen sollen auch dann in Text- oder Schriftform erfolgen, wenn eine solche Form weder im Gesetz noch im Versicherungsvertrag vorgesehen ist, und an die Allianz Versicherungs-AG, 10900 Berlin gerichtet werden.

Übersicht

	Rn.
I. Verhältnis zu den AHB	1
II. Form und Adressat von Anzeigen	2
III. Besondere Bedingungen: Maklerklausel	8

I. Verhältnis zu den AHB

Die **AHB** enthalten abweichende Regelungen. **1**

II. Form und Adressat von Anzeigen

Nach § 11 sollen alle für den VR bestimmten Anzeigen und Erklärungen in **2** **Text- oder Schriftform** abgegeben und an die **Hauptverwaltung des VR** gerichtet werden. Für **vorvertragliche** Anzeigen/Erklärungen kann § 11 nicht gelten, da die Klausel per definitionem erst mit Vertragsschluss wirksam werden kann (*van Bühren*, S. 179).

„**Anzeigen**" sind Wissenserklärungen über Umstände, die für den Vertrag **3** und die Ansprüche aus dem Vertrag erheblich sind (Späte/Schimikowski/ *Harsdorf-Gebhardt*, Ziff. 29 Rn. 1). Mit „**Erklärung**" sind Willenserklärungen iSd BGB gemeint (zB Anfechtung, Rücktritt, Kündigung etc).

Textform nach § 126b BGB bedeutet weniger als „Schriftform", sodass **4** insbesondere E-Mail und Fax genügen. Eine dem VR nur **mündlich** zugegangene Erklärung reicht aber grds. ebenfalls aus, weil § 11 nur eine Sollvorschrift ist (obwohl gegen ein Formerfordernis keine **AGB**-rechtlichen Bedenken bestehen würden, da § 309 Nr. 13 BGB die Vereinbarung der Textform für Anzeigen oder Erklärungen ausdrücklich zulässt).

Die Abgabe von Erklärungen durch **Bevollmächtigte** ist uneingeschränkt **5** möglich, es gilt dann allerdings § 174 BGB.

Nach der klaren Regelung gilt § 11 nur für Anzeigen, die (vom VN oder **6** mitversicherten Personen) gegenüber dem VR abgegeben werden, nicht aber **umgekehrt** für Erklärungen des **VR gegenüber dem VN**.

Alle für den VR bestimmten Anzeigen und Erklärungen sollen an die **7** **Hauptverwaltung** gerichtet werden. Aus der Formulierung „sollen" folgt, dass eine **andere Adressierung unschädlich** ist (vgl. BGH VersR 1970, 660; OLG Hamburg NJW 1963, 1406 (1407)). Erforderlich ist aber immer,

§ 11   C. Das Versicherungsverhältnis

dass die Mitteilung jedenfalls so viele Informationen enthält, dass die Zuordnung intern möglich ist. Eine zwingende Regelung hinsichtlich eines bestimmten Adressaten wäre auch mit § 309 Nr. 13 BGB unvereinbar. Während Einzelanwälte und kleine Sozietäten ihre Berufshaftpflichtversicherung meist „von der Stange" direkt beim VR eindecken, beauftragen größere Sozietäten meist **spezialisierte Versicherungsmakler** (→ Einl. Rn. 140). Das wirft zahlreiche, oft höchstrichterlich noch ungeklärte Fragen hinsichtlich der Befugnisse und der Wissenszurechnung auf (BGH NJW 1988, 973; ausführlich *Baumann* NVersZ 2000, 116). Diese Fragen werden oft durch sog. „Maklerklauseln" ausdrücklich geregelt, etwa wie folgt:

III. Besondere Bedingungen: Maklerklausel

8   Insbesondere größere Sozietäten bedienen sich häufig beim Aushandeln ihres Versicherungsvertrags eines spezialisierten Maklers (→ Einl. Rn. 110). Der Makler hat auch während der Laufzeit des Vertrags wichtige Funktionen, zB bei der Abwicklung von Schadensfällen oder der Beschaffung von Einzelobjektdeckungen. Welche **rechtsgeschäftliche Funktion** der Makler im Einzelnen haben soll, wird regelmäßig durch sog. Maklerklauseln (ausführlich *Riechert*, Einl. Rn. 95 ff.) geregelt, etwa wie folgt:

„Der den Versicherungsvertrag betreuende Makler ist bevollmächtigt, Anzeigen und Willenserklärungen der Versicherungsnehmerin entgegenzunehmen. Er ist durch den Maklervertrag dazu verpflichtet, diese unverzüglich an den Versicherer weiterzuleiten. Auch Zahlungsverpflichtungen gelten als erfüllt, sobald Zahlungen an den Makler geleistet wurden."

9   Die vom Makler regelmäßig übernommene **Betreuung und Verwaltung** des vermittelten Versicherungsvertrages dient vornehmlich dem VN, kann aber auch für den VR vorteilhaft sein. Der konkrete Umfang der Vertragsbetreuung und -verwaltung für den VR bedarf stets der Vereinbarung und ist deshalb von den jeweiligen Umständen des Einzelfalls abhängig. Generell muss der Makler an ihn geleitete Willenserklärungen und Zahlungen des VN sofort an den VR übermitteln. Dies gilt umso mehr, wenn der VR den Makler mit besonderen Vollmachten ausgestattet hat, so zB zur Regulierung im Versicherungsfall, zur Empfangnahme von Gestaltungserklärungen des VN oder zum Prämieninkasso, wie es in der Praxis durch die Verwendung der dargestellten Maklerklauseln geschieht. In diesem Fall gelten Willenserklärungen und Zahlungen als dem VR zugegangen bzw. als bewirkt, sobald sie an den Makler erfolgt sind.

10   Den Makler trifft auch gegenüber dem VR eine **Interessenwahrnehmungspflicht,** die jedoch geringer ausgeprägt ist als die entsprechende Pflicht gegenüber dem VN. Allgemein bedeutet sie, dass der Makler auch die Belange des VR berücksichtigen und wahren muss. Dabei stehen **Auskunfts- und Mitteilungspflichten** im Vordergrund, die sich auf diejenigen Umstände beziehen, die für Abschluss bzw. Fortführung eines Versicherungsvertrages auf Seiten des VR von Interesse sein könnten. Zur Erfüllung dieser Auskunfts- und Mitteilungspflichten muss der Makler erforderlichenfalls auch Erkundi-

Form der Willenserklärungen **§ 11**

gungen im Interesse des VR einholen. Ferner trifft den Makler auch gegenüber dem VR stets eine Verschwiegenheitspflicht in Bezug auf Vertraulichkeiten. Umstritten ist, ob es genügt, wenn der Makler nur diejenigen für den Vertragsschluss relevanten Umstände offenbart, wie es § 19 VVG vom VN verlangt, oder ob an den Makler höhere Anforderungen an die **Offenlegung vertragsrelevanter Umstände** zu stellen sind (ausführlich Beckmann/Matusche-Beckmann/*Beckmann,* § 5 Rn. 378 ff.).

Bei der **Weiterleitung von Angaben** des VN ist eine arglistige Täuschung 11 des VR durch den Makler selbst dem VN über § 166 Abs. 1 BGB zuzurechnen. In diesem Fall ist der Makler gerade nicht Dritter im Sinne des § 123 Abs. 2 S. 1 BGB und der VR ist zur Anfechtung des Versicherungsvertrages berechtigt (BGH NJW-RR 2008, 1649; OLG Frankfurt r+s 2023, 360). Gemäß § 19 Abs. 1 VVG hat der VN bis zur Abgabe seiner Vertragserklärung die ihm bekannten, näher bezeichneten Gefahrumstände, nach denen der VR gefragt hat, dem VR anzuzeigen. Die in einem **Formular des Maklers** gestellten Fragen sind in der Regel nicht als Fragen des VR iSv § 19 Abs. 1 VVG zu werten, es sei denn der VR hat sich die Fragen erkennbar „zu Eigen gemacht" (LG Dortmund r+s 2012, 426; OLG Hamm r+s 2011, 198) oder für den VN ist nach Zielrichtung und Inhalt des Antragsformulars unzweifelhaft ersichtlich, dass es sich um Fragen des VR und nicht des Maklers handelt.

Auch **nach Abschluss** des Versicherungsvertrages sind Pflichten des Maklers 12 gegenüber dem VR denkbar. Ob eine Mitteilungspflicht bei **Zahlungsschwierigkeiten des VN** besteht, wird unterschiedlich beantwortet (Beckmann/Matusche-Beckmann/*Matusche-Beckmann,* § 5 Rn. 387).

Zahlt der VN die **Prämie an den Makler,** tritt mit Eingang der Beitrags- 13 zahlung beim Makler Erfüllung gem. § 362 Abs. 2 BGB ein (OLG Düsseldorf NJW-RR 2004, 563). Ist der Makler vom VN bevollmächtigt, Prämien an den VR weiterzuleiten und in allen Versicherungsangelegenheiten rechtsverbindliche Erklärungen für den VN abzugeben, schließt diese Vollmacht die Befugnis des Maklers ein, Zahlungen abweichend von Tilgungsbestimmungen zu verrechnen, die der VN im Zuge der Übermittlung von Beitragszahlungen an den Makler getroffen hat (OLG Düsseldorf NJW-RR 2004, 563 (564)). Ist das versicherte Risiko auf **mehrere VR** verteilt, so hat der Makler für die richtige Aufteilung der Prämie an die **Mitversicherer** zu sorgen.

Dem Versicherungsmakler obliegt gegenüber dem VR eine **Herausgabe-** 14 **pflicht,** insbesondere in Bezug auf Prämienleistungen des VN. Ist er nicht zum Prämieninkasso bevollmächtigt, folgt die Herausgabepflicht aus §§ 683 S. 1, 677, 667 BGB. Eine Pflicht zum Prämieneinzug bei erteilter Inkassovollmacht besteht für den Makler nicht ohne weiteres.

Bei Eintritt des Versicherungsfalles darf der Makler den VN nicht dabei 15 unterstützen, unbegründete Ansprüche gg. den VR durchzusetzen. Hat der Makler Regulierungsvollmacht des VR, muss sich seine Regulierung in den Grenzen der erteilten Vollmacht halten.

§ 11a Vorvertragliche Anzeigepflichten des Versicherungsnehmers, Rechtsfolgen von Anzeigepflichtverletzungen

I. Vorvertragliche Anzeigepflichten des Versicherungsnehmers

1. Vollständigkeit und Richtigkeit von Angaben über gefahrerhebliche Umstände

Der Versicherungsnehmer hat bis zur Abgabe seiner Vertragserklärung dem Versicherer alle ihm bekannten Gefahrumstände anzuzeigen, nach denen der Versicherer in Textform gefragt hat und die für den Entschluss des Versicherers erheblich sind, den Vertrag mit dem vereinbarten Inhalt zu schließen (zB § 11b I Ziffer 2). Der Versicherungsnehmer ist auch insoweit zur Anzeige verpflichtet, als nach seiner Vertragserklärung, aber vor Vertragsannahme der Versicherer Fragen im Sinne des Satzes 1 stellt.

2. Gefahrerhebliche Umstände

Gefahrerheblich sind die Umstände, die geeignet sind, auf den Entschluss des Versicherers Einfluss auszuüben, den Vertrag überhaupt oder mit dem vereinbarten Inhalt abzuschließen.

3. Zurechnung des Vertreterwissens

Wird der Vertrag von einem Vertreter des Versicherungsnehmers geschlossen und kennt dieser den gefahrerheblichen Umstand, muss sich der Versicherungsnehmer so behandeln lassen, als habe er selbst davon Kenntnis gehabt oder dies arglistig verschwiegen.

II. Rechtsfolgen von Anzeigepflichtverletzungen

1. Rechte des Versicherers

Die Folgen einer Verletzung der Anzeigepflicht ergeben sich aus §§ 19 bis 22 VVG. Unter den dort genannten Voraussetzungen kann der Versicherer vom Versicherungsvertrag zurücktreten, leistungsfrei sein, den Vertrag kündigen, wegen arglistiger Täuschung anfechten oder auch berechtigt sein, den Vertrag zu ändern.

2. Kündigungsrecht des Versicherungsnehmers bei Vertragsänderung

Erhöht sich durch die Vertragsänderung gemäß Ziffer 1 der Beitrag um mehr als 10% oder schließt der Versicherer die Gefahrabsicherung für den nicht angezeigten Umstand aus, kann der Versicherungsnehmer den Vertrag nach Maßgabe von § 19 Abs. 4 VVG kündigen.

Übersicht

	Rn.
I. Überblick; Verhältnis zu den AHB	1
II. Bedeutung der Vorschrift	2
III. Anzeigepflichten bis zur Abgabe der Vertragserklärung (I 1 S. 1)	3
IV. Gefahrerhebliche Umstände (I 2)	5
V. Mitteilungspflicht zwischen Abgabe der Vertragserklärung und Annahme (I 1 S. 2)	10

Vorvertragliche Anzeigepflichten **§ 11a**

Rn.
VI. Ungefragt falsche Angaben 11
VII. Zurechnung von Vertreterwissen (I 3) 12
VIII. Rechtsfolgen der Anzeigepflichtverletzung (II) 13
  1. Überblick 13
  2. Rücktritt 14
  3. Kündigung 15
  4. Vertragsanpassung (II 2) 16
  5. Leistungsfreiheit 17
  6. Voraussetzungen der Ausübung der Rechte des VR 18

I. Überblick; Verhältnis zu den AHB

§ 11a enthält Regelungen zu vorvertraglichen Anzeigepflichten. Anzeigepflichten während der Vertragslaufzeit regelt § 11b. § 11a I entspricht Ziff. 23.1 **AHB** 2008, II 2 entspricht Ziff. 23.3 AHB 2008. **1**

II. Bedeutung der Vorschrift

§ 11a I 1 ist im Grunde eine Klausel, die sich selbst **ad absurdum** führt. Sie regelt Pflichten des Versicherungsnehmers vor Zustandekommen des Vertrages. Die Klausel selber wird aber erst mit Zustandekommen des Vertrages wirksam, vorher kann sie keine rechtlichen Wirkungen entfalten. Die Klausel hat deshalb nur insoweit Bedeutung, als sie **deklaratorisch** § 19 VVG wiederholt (*van Bühren,* S. 185; Fischer/*Chab,* § 18 Rn. 116). **2**

III. Anzeigepflichten bis zur Abgabe der Vertragserklärung (I 1 S. 1)

Vor der VVG-Reform 2008 war der VN verpflichtet, **von sich aus** Umstände zu offenbaren, die für den Entschluss des VR, den Vertrag überhaupt oder zu dem vereinbarten Inhalt abzuschließen, relevant sein konnten. Mit der VVG-Reform 2008 wurden die einschlägigen Regelungen zum neuen § 19 VVG zusammengefasst. Nunmehr gibt es grds. **keine Pflicht** mehr für den VN, den VR bis zum Vertragsschluss **unaufgefordert** auf gefahrerhöhende oder gefahrerhebliche Umstände aufmerksam zu machen. Vielmehr besteht die Pflicht des VN zu Mitteilungen nur noch insoweit, als der VR **in Textform danach gefragt** hat (§ 11a I 1 S. 1). Damit ist der leidige Streit darüber, welche Umstände gefahrerheblich bzw. gefahrerhöhend sind, zumindest hinsichtlich der vorvertraglichen Anzeigepflichten obsolet (s. jedoch § 11b II 1 zur Pflicht zu ungefragter Mitteilung während der Laufzeit!). Streit kann aber schnell darüber entstehen, wie die Fragen des VR zu verstehen waren und wann eine Frage als vollständig und umfassend beantwortet gilt. Fraglich ist auch, ob Risikofragen einer **Online-Vermittlungsplattform** als solche des Versicherers gelten (dazu *Jakobi/Riemer* VuR 2022, 247). **3**

229

§ 11a C. Das Versicherungsverhältnis

4   Vom erstmaligen Abschluss des Versicherungsvertrags zu unterscheiden ist dessen (ausdrückliche oder stillschweigende) **Verlängerung.** Sie löst keine neuen Pflichten nach § 11a aus, vielmehr gilt hier § 11b.

IV. Gefahrerhebliche Umstände (I 2)

5   „Gefahrerhebliche Umstände" iSv I 2 (I 1 spricht von „Gefahrumständen", gemeint ist das Gleiche) sind nach der Definition in § 11a I 2 alle Umstände, die für die Übernahme der Gefahr erheblich sind, dh die geeignet sind, auf den Entschluss des VR Einfluss zu nehmen, den Vertrag **überhaupt** oder **zu dem vereinbarten Inhalt** abzuschließen. Dazu gehört sicher die Zahl der mitversicherten Personen sowie die bei einem anderen VR bestehenden Versicherungen für eine höhere Versicherungssumme oder der erstmalige Abschluss eines anderweitigen Versicherungsvertrages (vgl. § 11b II 2 S. 1 → § 11b Rn. 6ff.).

6   Welche **weiteren Umstände** als „gefahrerheblich" anzusehen ist, ist schon deshalb **zweifelhaft,** weil sowohl Schadenshäufigkeit als auch Schadenshöhe von zahllosen verschiedenen Umständen abhängen (das fängt schon bei den Kenntnissen und Fähigkeiten des Anwalts an, von den Examensnoten bis zu Weiterbildungsbemühungen). Gerade wegen der **Vielzahl der relevanten Faktoren** folgt die Prämienkalkulation bei Sozietäten, insbesondere größeren Sozietäten, nach wie vor weitgehend nicht mathematischen Modellen, sondern ist Verhandlungssache (→ Einl. Rn. 129ff.). Jeder VR bezieht unterschiedliche Umstände in seine Kalkulation ein oder verlässt sich auf sein Bauchgefühl. Relevant sein kann zB das allgemeine Renommee der Sozietät, ihre Stabilität, die Art der von ihr bearbeiteten Mandate (Honorarvolumen, Risiko) sowie – ganz wesentlich – der Schadensverlauf der letzten Jahre, auffallend häufiger VR-Wechsel oder dass andere VR Versicherungsanträge abgelehnt oder Versicherungen gekündigt haben (OLG Karlsruhe r+s 1992, 140; OLG Koblenz VersR 1992, 229). Bei neugebildeten Sozietäten oder dem Eintritt neuer Sozien kann auch die Schadenshistorie der Beitretenden wichtig sein. Auch kann für den VR eine Rolle spielen, welche Maßnahmen des Risikomanagements die Sozietät ergreift (zB „Vier-Augen"-Prinzip, Meldepflicht an das Kanzleimanagement bei besonders risikoträchtigen Arbeitsprodukten wie Legal Opinions etc).

7   Zum Standardprogramm in Vertragsverhandlungen mit einem Anwalt, der die Versicherung wechseln will, gehört die Frage nach dem **bisherigen Schadensverlauf.** Hier ist oft weder dem Versicherer klar, wonach genau gefragt wird, noch versteht der Anwalt, worauf sich die Fragen beziehen. So kann der VR sich auf die Frage beschränken, wie viele Schäden tatsächlich **reguliert** wurden. Er kann aber auch danach fragen, in welchen Fällen der Vorversicherer **Leistungen erbracht** hat, was dann diejenigen Fälle erfasst, in denen der Versicherer Kosten für die (erfolgreiche) Schadensabwehr aufgewendet hat. Noch weitergehend ist möglich, nach allen **vorsorglich gemeldeten Versicherungsfällen** zu fragen (für die der Vorversicherer zwar zunächst Rückstellungen gebildet hat, die aber nicht zu irgendwelchen Leistungen geführt haben). Fragt der VR unspezifisch nach der **„Zahl der Schäden",** soll dies aus Sicht des Anwalts so zu verstehen sein, dass nur

Vorvertragliche Anzeigepflichten § 11a

nach solchen Fällen gefragt wird, die tatsächlich reguliert wurden (KG NJWE-VHR 1998, 174).

Nicht gefahrerheblich ist der **Abschluss** von **Anschluss- bzw. Exzeden-** 8 **tenversicherungen** (→ Einl. Rn. 125 ff.). Zwar ist die Kenntnis des VR vom Abschluss solcher Versicherungen wichtig für seine Prämienkalkulation, denn dadurch signalisiert die Sozietät, dass sie steigende Haftungsrisiken sieht und sich dagegen versichern will. Der gefahrerhebliche Umstand ist hier aber die **Änderung der Mandatsstruktur,** nicht der Abschluss der Exzedentenversicherungen. Die Exzedentenversicherungen erhöhen das Risiko ja nicht selbst, sondern sind nur ein Indiz dafür, dass es sich erhöht hat. Hinsichtlich des Abschlusses solcher Versicherungen wird der VR allerdings ohnehin gem. § 11b II 2 ausdrücklich fragen (→ § 11b Rn. 4 ff.). Nicht relevant ist weiter die **wirtschaftliche Situation der Sozietät** bzw. des Anwalts, denn dadurch könnte allenfalls das Risiko von Veruntreuungen/Unterschlagungen steigen, die aber wegen wissentlicher Pflichtverletzung (§ 4.5 → § 4 Rn. 38 ff.) ohnehin nicht versichert sind.

Nach allen genannten Faktoren mag der VR fragen, wenn er sie für wichtig 9 hält. Eine andere Frage ist allerdings, welche der genannten Umstände der **VN** nach § 11b II 2 **ungefragt** während des Vertrags mitteilen muss (→ § 11b Rn. 4 ff.).

V. Mitteilungspflicht zwischen Abgabe der Vertragserklärung und Annahme (I 1 S. 2)

Nach § 11a I 1 S. 2 besteht die Mitteilungspflicht des VN auch dann, wenn der 10 VR ihm **nach Abgabe** der Vertragserklärung, aber **vor der Vertragsannahme** (weitere) Fragen in Textform stellt. Dem entspricht § 19 Abs. 1 S. 2 VVG.

VI. Ungefragt falsche Angaben

Bei der Vermögensschaden-Haftpflichtversicherung fehlen standardisierte 11 Fragebögen der VR. Hier legt meist der Kunde, ggf. beraten durch einen Versicherungsmakler (→ Einl. Rn. 140), **von sich aus** die notwendigen Unterlagen und Auskünfte vor. Sind Auskünfte unrichtig oder unvollständig, nach denen der VR nicht gefragt hatte, hat dies nur Konsequenzen, wenn der VN **arglistig unrichtige Angaben** macht. „**Arglist**" setzt ein zu missbilligendes Motiv voraus, Hauptfall ist das Erschleichen des Vertragsabschlusses oder günstigerer Konditionen, also (betrügerische) Bereicherungsabsicht. Hier bleibt dem VR auch nach der Neuregelung des VVG die Möglichkeit der **Anfechtung** wegen **arglistiger Täuschung** nach § 123 BGB (§ 22 VVG). Unrichtig ist die Auffassung, eine arglistige Täuschung sei beschränkt auf Umstände, nach denen der VR ausdrücklich gefragt hat. Nach der Gesetzesbegründung sollte die Arglistanfechtung uneingeschränkt erhalten bleiben, egal ob der VR nicht, mündlich oder in Textform gefragt hatte (ausführlich *Grote/Schneider* BB 2007, 2689; ausführlich *Schäfers* VersR 2010, 301).

§ 11a   C. Das Versicherungsverhältnis

VII. Zurechnung von Vertreterwissen (I 3)

12   § 11a I 3 enthält Sonderregelungen für den Fall, dass der **Vertragsschluss durch einen Vertreter** erfolgt. Danach kommt es sowohl auf die Kenntnis des Vertreters als auch des Vertretenen an. § 11a I 3 entspricht § 20 VVG.

VIII. Rechtsfolgen der Anzeigepflichtverletzung (II)

1. Überblick

13   § 11a II 1 verweist hinsichtlich der Rechtsfolgen falscher Anzeigen auf die Regelungen des VVG. Danach gilt ein **System verschiedener Gestaltungsvarianten,** das zu Recht als „**kompliziert und unübersichtlich**" gerügt wird (*Grote/Schneider* BB 2007, 2689 (2692)). Bedenklich ist, dass die gesetzliche Regelung dem VN **Anreize zur nachlässigen Beantwortung** von Fragen gibt. Denn soweit Vorsatz nicht nachweisbar ist (und der VR ist beweispflichtig!), steht der VN bei grob fahrlässiger Anzeigepflichtverletzung schlechtestens so, als habe er von Anfang an zutreffende Angaben gemacht (*Grote/Schneider* BB 2007, 2689 (2692)).

2. Rücktritt

14   Gemäß § 19 Abs. 2 bis 4 VVG kann der VR ohne weiteres nur noch dann vom Vertrag zurücktreten, wenn der VN die Anzeigepflicht **vorsätzlich** verletzt hat. Bei **grob fahrlässiger** Verletzung der Anzeigepflicht ist zu unterscheiden: Wurde ein Umstand verschwiegen, bei dessen Kenntnis der VR den Vertrag gar nicht geschlossen hätte, hat er ein Rücktrittsrecht (§ 19 Abs. 4 VVG). Kein Rücktrittsrecht besteht hingegen, wenn die unrichtige Angabe einen sog. **vertragsändernden Umstand** betrifft, also einen solchen, der den VR nicht zur Abstandnahme vom Vertragsschluss insgesamt veranlasst hätte, sondern nur zu einem Vertragsschluss zu anderen Konditionen (typischerweise höhere Prämie oder andere Risikoeingrenzung). Dann kann der VR lediglich verlangen, dass die Konditionen, zu denen er in Kenntnis der tatsächlichen Umstände abgeschlossen hätte, rückwirkend Vertragsbestandteil werden (→ Rn. 16).

3. Kündigung

15   Bei lediglich **einfacher Fahrlässigkeit** ist die Rechtsfolge des Rücktritts ausgeschlossen, hier bleibt dem VR nur ein Kündigungsrecht mit einer Frist von einem Monat (§ 19 Abs. 3 VVG). Auch hier ist das Kündigungsrecht allerdings bei lediglich **vertragsändernden Umständen** (→ Rn. 14) ausgeschlossen, der VR ist auf die rückwirkende Vertragsanpassung beschränkt.

4. Vertragsanpassung (II 2)

16   Bei **schuldloser** Anzeigepflichtverletzung (und wenn der VR dem VN Verschulden nicht nachweisen kann) kann der VR die Anpassung des Vertrages nur

Vorvertragliche Anzeigepflichten **§ 11a**

für die laufende Versicherungsperiode verlangen (§ 19 Abs. 4 S. 2 VVG). Bei **fahrlässiger** Anzeigepflichtverletzung betreffend **vertragsändernder** Umstände (→ Rn. 14) kann der VR verlangen, dass die Konditionen, zu denen er in Kenntnis der tatsächlichen Umstände abgeschlossen hätte, **rückwirkend** Vertragsbestandteil werden (§ 19 Abs. 4 S. 2 VVG). Erhöht sich dadurch die Prämie um mehr als 10% oder wird eine mitversicherte Gefahr ausgeschlossen, kann der VN gem. § 19 Abs. 6 VVG **kündigen** (II 2).

5. Leistungsfreiheit

Sofern der VR **zurücktritt**, hat dies grds. **Leistungsfreiheit** für bereits 17 eingetretene Verstöße zur Folge (§ 21 Abs. 2 VVG). Das gilt allerdings nicht, wenn der verschwiegene Umstand weder für den Eintritt noch für die Feststellung des Versicherungsfalls oder die Höhe der Leistungen des VR **ursächlich** war. Zur Leistungsfreiheit kann es auch bei nachträglicher Anpassung des Vertrages nach § 19 Abs. 4 VVG kommen, nämlich wenn die rückwirkend zum Vertragsinhalt gewordenen anderen Bedingungen einen entsprechenden Risikoausschluss enthalten.

6. Voraussetzungen der Ausübung der Rechte des VR

Die Rechte auf Rücktritt, Kündigung bzw. Vertragsanpassung sind aus- 18 geschlossen, wenn der **VR** den nicht angezeigten Gefahrumstand bzw. die Unrichtigkeit der Anzeige **kannte** (§ 19 Abs. 5 S. 2 VVG).

Sämtliche Rechte nach § 19 VVG, also sowohl Rücktritt als auch Kündi- 19 gung und nachträgliche Prämienanpassung, hat der VR nur, wenn er den VN **„durch gesonderte Mitteilung in Textform"** auf die Folgen einer Anzeigepflichtverletzung hingewiesen ist. Streitig ist, ob insoweit ein gesondertes Druckstück erforderlich ist. Das wird zu Recht verneint, da die Warnfunktion des Hinweises am besten zur Geltung kommt, wenn der Hinweis in unmittelbarem Zusammenhang mit den gestellten Fragen erfolgt (*Grote/Schneider* BB 2007, 2689 (2692); ausführlich zum Ganzen *Leverenz* VersR 2008, 709), dh zweckmäßigerweise unmittelbar auf dem Fragebogen.

Will der VR Rechte aus § 19 Abs. 2 bis 4 VVG ausüben, muss dies **schrift-** 20 **lich** erfolgen (§ 126 BGB, Textform nach § 126b BGB reicht nicht!). Die Ausübungsfrist beträgt einen Monat ab Kenntnis des VR. Wichtig ist, dass der VR seine Gestaltungserklärung **begründen** muss, die Begründung ist gem. § 21 Abs. 1 S. 3 VVG Wirksamkeitsvoraussetzung. Die Begründung muss zwar inhaltlich nicht zutreffend sein, darf sich aber auch nicht auf formelhafte Wendungen beschränken, sondern muss sich auf eine konkrete Anzeigepflichtverletzung beziehen (*Grote/Schneider* BB 2007, 2689 (2692)).

Das Recht des VR auf Rücktritt, Kündigung bzw. Vertragsanpassung nach 21 § 19 Abs. 2 bis 4 VVG erlischt nach § 21 Abs. 3 VVG nach Ablauf von **fünf Jahren** nach Vertragsschluss, bei arglistiger und vorsätzlicher Anzeigepflichtverletzung in 10 Jahren (§ 21 Abs. 3 S. 2 VVG). Die Fristen gelten nicht für Versicherungsfälle, die vor Ablauf der Frist eingetreten sind, um Missbrauch durch die verzögerte Meldung von Versicherungsfällen zu verhindern (§ 21 Abs. 3 S. 1 VVG; *Grote/Schneider* BB 2007, 2689 (2693)).

§ 11b Anzeigepflichten des Versicherungsnehmers während der Vertragslaufzeit

I. Gefahrerhöhung

1. Selbständige Anzeigepflicht des Versicherungsnehmers

Treten nach Abgabe der Vertragserklärung des Versicherungsnehmers Umstände ein, die für die Übernahme des Versicherungsschutzes Bedeutung haben (§ 11a I Ziffer 2), hat er die Gefahrerhöhung, nachdem er von ihr Kenntnis erlangt hat, dem Versicherer unverzüglich anzuzeigen.

2. Anzeigepflicht nach Aufforderung des Versicherers

Der Versicherungsnehmer ist verpflichtet, nach Erhalt einer Aufforderung des Versicherers, welche auch durch einen der Prämienrechnung beigefügten Hinweis erfolgen kann, Mitteilung darüber zu machen, ob und welche Änderungen in dem versicherten Risiko gegenüber den zum Zwecke der Prämienbemessung gemachten Angaben eingetreten sind, zum Beispiel zuschlagspflichtige Personen, der bei einem anderen Versicherer bestehende Versicherungsschutz für eine höhere Versicherungssumme oder der erstmalige Abschluss eines solchen Versicherungsvertrages, Änderungen einer Nebentätigkeit. Diese Anzeige ist innerhalb eines Monats nach Erhalt der Aufforderung zu machen. Auf Verlangen des Versicherers sind die Angaben durch die Geschäftsbücher oder sonstige Belege nachzuweisen.

3. Leistungsfreiheit infolge unrichtiger Angaben und arglistigen Verschweigens

Unrichtige Angaben zu den Gefahrumständen gemäß Ziffern 1 und 2 oder das arglistige Verschweigen sonstiger Gefahrumstände können den Versicherer unter den Voraussetzungen des § 26 VVG berechtigen, den Versicherungsschutz zu versagen.

II. Änderung von Anschrift und Name

Hat der Versicherungsnehmer eine Änderung seiner Anschrift dem Versicherer nicht mitgeteilt, genügt für eine Willenserklärung, die dem Versicherungsnehmer gegenüber abzugeben ist, die Absendung eines eingeschriebenen Briefs an die letzte dem Versicherer bekannte Anschrift. Die Erklärung gilt drei Tage nach der Absendung des Briefs als zugegangen. Dies gilt entsprechend für den Fall einer Namensänderung des Versicherungsnehmers.

Übersicht

	Rn.
I. Überblick	1
1. Regelungsinhalt	1
2. Verhältnis zu VVG und AHB	3
II. Pflicht zu unaufgeforderter Anzeige gefahrerhöhender Umstände (I 1)	4

Anzeigepflichten während der Vertragslaufzeit **§ 11b**

Rn.
III. Anzeigepflicht betreffend prämienrelevante Umstände während
 des Vertrags (I 2) 6
IV. Rechtsfolgen unrichtiger Angaben (I 3) 13
V. Anschriftenänderung (II) 14

I. Überblick

1. Regelungsinhalt

§ 11b regelt im Gegensatz zu § 11a nicht vorvertragliche Anzeige- und Mit- 1
teilungspflichten, sondern solche **während der Vertragslaufzeit.** Das betrifft
vor allem bei „**floatenden" Prämien** (→ Einl. Rn. 129; → § 8 Rn. 36ff.) das
Hinzukommen neuer Berufsträger oder (bei umsatzbezogenen Prämien) die
Veränderung des Umsatzes, kann aber je nach Vereinbarung mit dem VR
auch sonstige risikoverändernde (gefahrerhebliche) Umstände wie zB Zusatz-
qualifikationen, die Übernahme besonderer Ämter nach B 1.1 BBR-RA etc
umfassen.

§ 11b I regelt die **ungefragte** Anzeigepflicht betreffend **gefahrerheb-** 2
licher Umstände, I 2 die Mitteilungspflicht **nach Aufforderung** betreffend
prämienrelevanter Umstände. § 11b I 3 regelt die Rechtsfolgen unterlassener Anzeige/Mitteilung. § 11b II schließlich regelt die Pflicht des VN zur
Aktualisierung seiner Adressdaten.

2. Verhältnis zu VVG und AHB

§ 11b hat in den **AHB** 2008 keine Entsprechung. Eine rudimentäre Rege- 3
lung der Anzeigepflicht während der Vertragslaufzeit enthält § 23 **VVG.**

II. Pflicht zu unaufgeforderter Anzeige gefahrerhöhender Umstände (I 1)

§ 11b I 1 setzt § 23 Abs. 3 VVG um. Nach §§ 19ff. VVG muss der VN zwar 4
Auskunft über gefahrrelevante Umstände grds. nur auf Befragen des VR geben
(→ § 11a Rn. 3ff.). Das gilt jedoch nach § 23 VVG nicht, wenn sich **nach Ab-**
gabe der Vertragserklärung die **Gefahr erhöht.** Dann muss der VN **von**
sich aus Mitteilung machen. Das setzt jedoch voraus, dass der VN überhaupt
erkennt, dass es sich um einen gefahrerhöhenden Umstand handelt (s. allgemein → § 11a Rn. 4). Das Haftungsrisiko des VR hängt von einer **Vielzahl**
von Umständen ab, insbesondere welche **Art von Mandaten** mit welchem
Risikopotential die Sozietät bearbeitet. Das führt zu der schwierigen Frage,
welche gefahrerhöhenden Umstände nur auf Anfrage mitgeteilt werden müssen, und welche der VN von sich aus unaufgefordert nach I 1 dem VR mitteilen muss. Zu dieser Frage gibt es erstaunlicherweise in Rechtsprechung und
Literatur fast keine Stellungnahmen, die Anzeigepflicht betreffend gefahrerhöhende Umstände spielt in der Vermögensschaden-Haftpflicht so gut wie
keine Rolle. Das ist aber letztlich auch sachgerecht. Die Vielzahl der Umstände, von denen gerade bei Anwaltskanzleien Schadenshäufigkeit und Höhe

235

§ 11b C. Das Versicherungsverhältnis

möglicher Schäden abhängen, macht eine sachgerechte Eingrenzung unmöglich. Sicherlich relevant sind die beiden zentralen Parameter, nämlich einerseits die **Zahl der versicherten Berufsträger** (mit jedem hinzukommenden Berufsträger steigt das Schadensrisiko) und das potentielle Haftungsrisiko der von der Sozietät **typischerweise bearbeiteten Mandate.** Aber diese beiden Faktoren bezieht der VR regelmäßig in seine Prämienkalkulation ein. Für jeden hinzukommenden Berufsträger wird typischerweise eine Prämienerhöhung gefordert. Und das potentielle Haftungsrisiko der typischerweise bearbeiteten Mandate spiegelt sich regelmäßig in der Höhe der vereinbarten Versicherungssumme wider (die Sozietät muss ja schon berufsrechtlich eine Versicherungsdeckung haben, die in angemessenem Verhältnis zu den Mandatsrisiken steht → Einl. Rn. 33). Genau diese beiden Umstände (Zahl der versicherten Personen und Höhe der Versicherungsdeckung) sind in I 2 ausdrücklich als **„prämienrelevant"** bezeichnet, und der VR fragt regelmäßig nach ihnen (→ § 11a Rn. 4). Es liegt deshalb nahe, dass andere Umstände, die im Einzelfall risikoerhöhend sein mögen, nicht nach I 1 unaufgefordert anzuzeigen sind. Es kann nicht sein, dass eine Sozietät dem VR immer Anzeige machen muss, wenn sie ein besonders risikoträchtiges Mandat angenommen hat oder sich allgemein neue risikoträchtigere Mandatsfelder erschließt. Das ergibt sich schon daraus, dass der VR üblicherweise bei Vertragsschluss nicht danach fragt, welche Art von Mandaten bearbeitet werden. Er legt seiner Prämienkalkulation also nicht einen bestimmten status quo als Normalzustand zugrunde. Deshalb kann er auch nicht erwarten, über Veränderungen des status quo informiert zu werden, jedenfalls solange die Veränderungen sich im Rahmen des allgemein zu Erwartenden halten. Hier gilt das Gleiche, was auch sonst gilt: Ein Umstand, der den VN bei Vertragsschluss **nicht interessiert,** ist im Zweifel nicht vom VN nachträglich unaufgefordert zu melden.

5 Wegen des AGB-rechtlichen Klarheitsgebots, aber auch nach Treu und Glauben **verdrängt** deshalb die Anzeigepflicht betreffend prämienrelevanter Umstände nach I 2 (→ Rn. 6ff.) die Pflicht zur unaufgeforderten Anzeige gefahrerhöhender Umstände nach I 1 (aA *Riechert,* § 11b Rn. 2). Wenn der VR in regelmäßigen Abständen nach prämienrelevanten Umständen fragt (zB wenn er einmal jährlich die Zahl der versicherten Berufsträger abfragt und daraufhin die Prämie neu festsetzt → § 8 Rn. 36ff.), dann kann er nicht erwarten, dass der VN gleichwohl zwischendurch unaufgefordert über die gleichen Umstände Anzeige nach I 1 erstattet. Vielmehr kann der VN davon ausgehen, dass der VR häufiger fragen würde, wenn er auch zwischendurch Informationen wollte.

III. Anzeigepflicht betreffend prämienrelevante Umstände während des Vertrags (I 2)

6 § 11b I unterscheidet zwischen **gefahrerheblichen** (1) und **prämienrelevanten** (2) Umständen. Beides fällt meist zusammen, muss es aber nicht (*Riechert,* § 11b Rn. 2). So ist typischerweise die Zahl der versicherten Berufsträger zugleich gefahrerheblich und prämienrelevant. Es gibt aber auch gefahrerhebliche Umstände, die nicht prämienrelevant sind, weil ihre Kenntnis den

Anzeigepflichten während der Vertragslaufzeit **§ 11b**

VR zwar ggf. vom Vertragsschluss abhalten oder zu einer anderen Risikobegrenzung veranlassen würde, nicht aber zu anderer Prämienerhebung. (Beispiel: Der VN ist wegen Versicherungsbetruges schon anderweitig aufgefallen.) Umgekehrt gibt es prämienrelevante Umstände, die nicht zugleich gefahrerhöhend sind. Schließt der VN beispielsweise eine Exzedentenversicherung (→ Einl. Rn. 125 ff.) über eine höhere Deckungssumme ab, signalisiert dies dem VR, dass das Risiko der Sozietät gestiegen ist, und er wird dies ggf. bei der Prämienberechnung berücksichtigen. Der Abschluss der Exzedentenversicherung ist aber nicht selbst gefahrerheblich, sondern nur ein Indiz dafür, dass die Gefahr aus anderen Gründen gestiegen ist (→ § 11a Rn. 6; aA *Riechert*, § 11b Rn. 6).

Als prämienrelevante Umstände nennt I 2 **zuschlagspflichtige Personen** 7 (dh die Zahl der versicherten Berufsträger; dazu *Chab* AnwBl. 2014, 1050), der bei einem anderer VR bestehende **höhere Versicherungsschutz** (insbesondere Abschluss oder Änderung einer anderweitigen Exzedentendeckung → Einl. Rn. 125 ff.) oder **Änderungen einer Nebentätigkeit.** Gemeint ist hier wohl nur der Fall, dass ein zunächst nur **nebenberuflich tätiger Anwalt** (zB angestellter Rechtsanwalt einer Sozietät, der nebenbei im Freundes- und Bekanntenkreis einige Prozesse führt), dem im Rahmen einer **Nebenberufspolice** ein Prämienrabatt eingeräumt worden war, seine freie anwaltliche Tätigkeit ausweitet, insbesondere wenn er aus einer Nebentätigkeit eine Haupttätigkeit macht oder in eine Sozietät eintritt (zu Nebenberufspolicen → § 7 Rn. 35 ff.).

Die Mitteilungspflicht des VN betreffend die **prämienrelevanten** Um- 8 stände nach I 2 ist nach überwiegender und zutreffender Ansicht eine echte Vertrags**pflicht,** nicht nur eine bloße Obliegenheit. Der VR könnte also notfalls auf Mitteilung klagen (*Littbarski*, § 8 Rn. 20 mwN).

§ 11b I 2 S. 1 geht davon aus, dass die Mitteilungspflicht grds. erst durch 9 eine entsprechende **Aufforderung** des VR ausgelöst wird; eine **selbständige Pflicht** des VN zu aktiver Information des VR besteht also **nicht** (Insoweit ist die Terminologie von I 2 verwirrend, da das Wort „Anzeige" im allgemeinen Sprachgebrauch für eine unaufgefordert zu machende Mitteilung verwendet wird). Dies gilt auch dann, wenn der jeweilige Umstand **zugleich gefahrerheblich** isd I 1 ist (→ Rn. 6). In der Praxis wird der VR aber ohnehin regelmäßig entsprechende **Fragebögen** verschicken oder zumindest auf den Beitragsrechnungen die entsprechenden Informationen einfordern. Unberührt bleibt natürlich das Recht des VN, von sich aus Mitteilung zu machen, wenn er eine Prämienreduzierung erwartet. Eine Pflicht zu **aktiver (unaufgeforderter) Information** des VR besteht, wenn der VN **versicherte Personen neu** in den Vertrag mit **aufnehmen** möchte, obwohl der Versicherungsvertrag dazu keine Regelung enthält (dazu *Chab* AnwBl. 2014, 1050 (1051)). Schweigen des VR kann dann als Zustimmung gedeutet werden (OLG Hamburg VersR 1995, 229).

Die Aufforderung zur Mitteilung ist eine empfangsbedürftige Willenserklä- 10 rung (§ 130 BGB), für den **Zugang** ist nach allgemeinen Regeln der **VR beweispflichtig. Schriftform** ist für die Aufforderung **nicht** vorgeschrieben (vgl. § 11), in der Praxis erfolgt die Aufforderung immer zumindest in Textform. Die Mitteilungspflicht des VN beschränkt sich selbstverständlich auf

§ 11b C. Das Versicherungsverhältnis

die für die Beitragsberechnung relevanten Faktoren, darüber hinausgehende Mitteilungen kann der VN machen, muss er aber nicht.

11   § 11b I 2 S. 2 regelt eine **Frist** von einem Monat zur Erteilung der Auskünfte. Eine bestimmte **Form** der Auskunftserteilung ist nicht vorgeschrieben. Für den Zugang ist der **VN beweispflichtig**.

12   Nach I 2 S. 3 kann der VR verlangen, dass der VN die Richtigkeit der Auskünfte durch **geeignete Unterlagen** (der Wortlaut spricht antiquiert von „Geschäftsbüchern oder sonstigen Belegen") untermauert, ohne ausdrückliche Aufforderung muss er dies nicht. Ein umfassendes Einsichtsrecht in alle Geschäftsunterlagen steht dem VR nicht zu, zumal dem schon das Anwaltsgeheimnis (§ 203 StGB) entgegenstünde.

IV. Rechtsfolgen unrichtiger Angaben (I 3)

13   § 11b I 3 verweist hinsichtlich der Rechtsfolgen falscher Angaben informatorisch auf § 26 VVG, enthält also **keine konstitutive Regelung**.

V. Anschriftenänderung (II)

14   Nach § 11b II trifft den VN die Obliegenheit, **Anschriftenänderungen** mitteilen, desgleichen eine **Namensänderung** (S. 3). Unterlässt der VN die Mitteilung, gelten Mitteilungen nach Ablauf von drei (Kalender-)Tagen als zugegangen, die an den letzten dem VR bekannten Namen bzw. Anschrift gesandt wurden (S. 2). Entsprechend § 13 VVG tritt allerdings die Zugangsfiktion nur bei **eingeschriebenen Briefen** ein.

15   Wie sich aus der systematischen Stellung der Vorschrift in § 11b („während der Vertragslaufzeit") ergibt, gilt die Zugangsfiktion nur für Anzeigen, Mitteilungen oder Erklärungen **während der Vertragslaufzeit, nicht** aber für die **Annahmeerklärung** des Versicherungsvertrages.

16   § 11b II gilt nicht nur für einfache Mitteilungen und Anzeigen des VR, sondern insbesondere auch für **vertragsbeendende Erklärungen** wie Kündigung, Rücktritt, Anfechtung, Widerruf etc, auch für die **qualifizierte Mahnung** bei Nichtzahlung gem. § 8 (→ § 8 Rn. 18ff.).

17   Auf **Verschulden** kommt es nicht an, sodass die Zugangsfiktion bei einer letzten bekannten Adresse bzw. einem letzten bekannten Namen auch dann eintritt, wenn der VN unverschuldet daran gehindert war, Änderungen von Namen bzw. Anschrift mitzuteilen (*Littbarski*, § 14 Rn. 24).

18   Umstritten ist, in welcher **Form** insbesondere eine neue Adresse anzeigt werden muss. Nach richtiger Auffassung reicht es nicht, wenn der VN dem VR nur beiläufig Gelegenheit gibt, bei Anspannung aller Sorgfalt die Adressänderung zu erkennen, zB durch Verwendung der neuen Absenderanschrift auf dem Briefumschlag einer Mitteilung (LG Köln JurBüro 1987, 620). Andererseits wird aber nicht verlangt, dass eine ausdrückliche Mitteilung erfolgt, sodass zB die Verwendung eines neuen Briefkopfes in Schreiben des VN ausreichen soll (LG Köln JurBüro 1987, 620; *Littbarski*, § 14 Rn. 22).

Teil 2 Besondere Bedingungen und Risikobeschreibungen für Rechtsanwälte und Patentanwälte (BBR-RA)

Vorbemerkung zu den BBR-RA

Mit Teil 2 verlässt das Bedingungswerk der AVB-RS den gemeinsam für 1
Rechtsanwälte und Patentanwälte einerseits und Steuerberater andererseits
geltenden Teil 1, und ergänzt ihn um einzelne berufsspezifische Regeln, die
für **Rechtsanwälte/Patentanwälte** und **Steuerberater unterschiedlich**
sind. Kommentiert werden nachfolgend nur die **BBR-RA,** also die speziellen
Regeln für Rechtsanwälte und Patentanwälte. Die **BBR-S** für Steuerberater
sind im Anhang abgedruckt.

Teil 2 der AVB-RS besteht aus zwei verschiedenen Abschnitten. Zunächst 2
enthält der **Abschnitt A** in Ziff. 1 bis 4.3 **besondere Bedingungen.** Zu diesen besonderen Bedingungen gehören die Regelungen zur Jahreshöchstleistung (A 1), die Ausschlüsse unter A 2, die Regeln zur Meldepflicht des VR
gegenüber der Anwaltskammer unter A 3 sowie – systemwidrig – weitere Ausschlüsse unter A 4.1 und 4.2 sowie die Erweiterung des Versicherungsschutzes
für Auszahlungsfehler unter A 4.3.

Abschnitte B und **C** von Teil 2 enthalten dagegen weder besondere Be- 3
dingungen noch Ausschlüsse, sondern **Risikobeschreibungen,** und zwar –
anders als Abschnitt A – nicht mehr gemeinsam für Rechtsanwälte und Patentanwälte, sondern getrennt (**Abschnitt B** für **Rechtsanwälte, Abschnitt C**
für **Patentanwälte**). Unter „**Risikobeschreibungen**" werden nach allgemeinem versicherungsrechtlichen Sprachgebrauch erläuternde Beschreibungen der versicherten Risiken nach Eigenschaften, Rechtsverhältnissen
oder Tätigkeiten des VN verstanden (*Littbarski,* Vorb. Rn. 26). Nach der reinen
Lehre werden Risikobeschreibungen nicht als Rechtsquellen des Versicherungsvertrags angesehen, sondern lediglich als Erläuterungen. Insoweit unterscheidet die versicherungsrechtliche Doktrin zwischen harten (konstitutiven)
Regelungen über die Reichweite des Versicherungsschutzes, die typischerweise mit Formulierungen wie „eingeschlossen ist" bzw. „ausgeschlossen ist"
eingeleitet werden, und deklaratorischen Beschreibungen, die typischerweise
mit Formulierungen wie „versichert ist/mitversichert ist" bzw. „nicht versichert ist" eingeleitet werden (vgl. Späte/Schimikowski/*Schimikowski,* Einl.
Rn. 64 ff.). Die Regelungen in Abschnitt B sind, trotz der insoweit irreführenden Terminologie, ganz überwiegend **konstitutive** Regelungen, die die
Reichweite des Versicherungsschutzes gegenüber den §§ 1 bis 11b AVB-RS
teilweise erweitern, teilweise einschränken.

Im Jahr 2011 hat die Allianz in Abschnitt B (Risikobeschreibungen) die 4
mitversicherte Tätigkeit als (vorläufiger) **Insolvenzverwalter** deutlich **ausgeweitet.** Das ist zweischneidig. Zum einen ist für diejenigen Rechtsanwälte,
die nur **gelegentlich** Insolvenzverwaltung betreiben, die versicherungsseitige
Abdeckung dieser – sowohl dem Grunde als auch der Höhe nach besonders
riskanten – Tätigkeit sehr wichtig. Andererseits ist die Zahl derjenigen An-

A 1. BBR-RA A. Besondere Bedingungen

wälte, die Insolvenzverwaltung machen, im Verhältnis zur gesamten Anwaltschaft recht klein. Durch die Einbeziehung dieser Tätigkeit in die allgemeine Berufshaftpflichtversicherung wird also das Spezialrisiko einer kleinen Gruppe sozialisiert. Richtiger erschiene es, solche Spezialrisiken aus der allgemeinen Berufshaftpflichtversicherung herauszuhalten und stattdessen gegen Zusatzprämie entsprechende Ergänzungen des Versicherungsschutzes anzubieten (zu verschiedenen Deckungsmodellen für Insolvenzverwalter ausführlich *Riechert* AnwBl. 2016, 924). Letztlich führt de lege ferenda an einer eigenständigen **Versicherungspflicht für Insolvenzverwalter** kein Weg vorbei.

A. Besondere Bedingungen

A 1. Jahreshöchstleistung

Ist eine höhere als die gesetzliche Mindestversicherungssumme vereinbart, beträgt die Höchstleistung des Versicherers für alle Versicherungsfälle eines Versicherungsjahres (Jahreshöchstleistung) vorbehaltlich abweichender Vereinbarung das Zweifache der vereinbarten Versicherungssumme; die Jahreshöchstleistung beträgt jedoch mindestens das Vierfache der Mindestversicherungssumme.

Übersicht

	Rn.
I. Überblick	1
II. Bezugsjahr	3
III. Gegenstand der Maximierung	5
IV. Berechnung und Verteilung der Deckungssummen	7
V. Maximierung bei höherer Versicherungssumme	9
VI. Verteilung bei Überschreiten der Maximierung	10

I. Überblick

1 Praktisch alle am Markt erhältlichen Versicherungen **maximieren** (beschränken) die vom VR pro Versicherungsjahr insgesamt für alle Schadensfälle dieses Jahres zu erbringenden Leistungen auf einen bestimmten Höchstbetrag (**„Jahreshöchstleistung"**). Dies dient der Berechenbarkeit der Prämienkalkulation. Der VR soll Gewissheit haben, dass er pro Versicherungsvertrag ungeachtet der Zahl der eintretenden Versicherungsfälle maximal einen bestimmten Höchstbetrag pro Versicherungsjahr zu zahlen hat. A 1 regelt dies dahingehend, dass die **Jahreshöchstleistung** auf jeden Fall das **Vierfache der Mindestversicherungssumme** beträgt; das entspricht den Mindestanforderungen an die Pflichtversicherung gem. § 51 Abs. 4 S. 2 BRAO.

2 Die Jahreshöchstleistung (Maximierung) ist mit dem **Pflichtversicherungsprinzip** nur **schwer in Einklang zu bringen**. Es ist nicht einsichtig, warum für die ersten vier geschädigten Mandanten eines Kalenderjahres je 250.000 EUR bereitstehen, für den fünften dagegen nichts mehr. Auch **aus anwaltlicher Sicht** ist die Maximierung ein bedenkliches Prinzip. Wenn der Anwalt meint, sich gegen eine Schadenshöhe von beispielsweise 3 Mio. EUR

absichern zu müssen, weil er häufig Mandate mit einem solchen Haftungsrisiko bearbeitet, dann hat er selbstverständlich Bedarf nach dieser Sicherheit auch dann, wenn er pro Versicherungsjahr drei, fünf oder zehn solcher Mandate abwickelt. Trösten kann sich der Anwalt nur damit, dass erfahrungsgemäß bei haftungsträchtigen Mandaten mit größter Vorsicht gearbeitet wird und deshalb Schadensfälle hier sehr selten sind; erfahrungsgemäß unterlaufen gerade hoch versicherten Anwälten Schäden eher im unteren Bereich.

II. Bezugsjahr

Auf welches **Jahr** (Kalenderjahr, Versicherungsjahr etc) sich die Maximierung bezieht, ergibt sich aus dem **Versicherungsvertrag**. Wird wie im Regelfall die Versicherung für das Kalenderjahr vom 1. Januar bis 31. Dezember abgeschlossen, ergeben sich ohnehin keine Probleme. Wird dagegen die Versicherung unterjährig gezeichnet („von Datum zu Datum"), so bezieht sich die Maximierung nicht auf das Kalenderjahr, sondern auf die Versicherungsperiode **von Datum zu Datum** (*Bräuer* AnwBl. 2006, 663). Nicht verbrauchte Maximierungen eines Jahres werden **nicht** auf Folgejahre **vorgetragen** (Gräfe/Brügge/Melchers/*Gräfe*, Rn. D 245). Bei **Serienschäden** (§ 3 II 2.1c) AVB-RS → § 3 Rn. 69 ff.) ist zunächst zu ermitteln, welche Schäden zusammenzufassen sind. Die zusammengefassten Schäden zählen dann hinsichtlich der Maximierung nur einmal, wobei bei gestreckten Verläufen schwierig zu ermitteln sein kann, welchem Versicherungsjahr sie zuzuordnen sind. 3

Anknüpfungspunkt der Maximierung ist nach dem Wortlaut von A 1 der „Versicherungsfall". Der Begriff des „Versicherungsfalls" ist in § 5 I definiert als Pflichtenverstoß, der „Ansprüche gegen den VN zur Folge haben könnte" und deshalb anzeigepflichtig ist. Insoweit liegt jedoch ein Redaktionsversehen vor. Für die Maximierung relevant sein kann nur der **„Verstoß"** an sich, ohne Rücksicht darauf, ob mögliche Folgen dieses Verstoßes erkennbar sind oder nicht (→ § 2 Rn. 5 ff.). Auf Erkennbarkeit eines daraus resultierenden Schadens kommt es ebenso wenig an wie auf dessen Geltendmachung, Feststehen oder Regulierung. Die Maximierung gilt also auch dann, wenn zwar die Verstöße innerhalb eines Versicherungsjahres **stattgefunden** haben, diese aber in verschiedenen Versicherungsjahren erkannt, geltend macht, angezeigt und/oder reguliert werden. 4

III. Gegenstand der Maximierung

Die Maximierung (Jahreshöchstleistung) bezieht sich ausschließlich auf die für die Schadensdeckung zur Verfügung stehende **Versicherungssumme**. Wie sich schon aus dem klaren Wortlaut von § 3 II 2.1 AVB-RS ergibt, hat der VR **Schadensabwehrkosten unmaximiert** zu übernehmen, sowohl für erfolgreiche als auch für erfolglose Abwehr (→ § 3 Rn. 63; aA *Riechert*, A Rn. 5). Das gilt selbst dann, wenn bereits feststeht, dass wegen Erreichens der Jahreshöchstleistung ein weiterer Schadensfall nicht mehr reguliert werden wird; gleichwohl hat der VR die Kosten der Schadensabwehr noch zu tragen 5

A 1. BBR-RA

A. Besondere Bedingungen

(Gräfe/Brügge/Melchers/*Gräfe,* Rn. D 246). Auch **Zinsen** (→ § 3 Rn. 64ff.) fallen nicht unter die Maximierung.

6   Die Maximierung bezieht sich auf **alle Leistungsfälle** des VR **aus dem Vertrag, egal für wen.** Alle Leistungen zugunsten des VN oder mitversicherter Personen (→ § 7 Rn. 4ff.) werden also zusammengezählt.

IV. Berechnung und Verteilung der Deckungssummen

7   Eine vierfache Maximierung der Mindestdeckungssumme von 250.000 EUR bedeutet **nicht,** dass generell pro Versicherungsjahr **nur vier Schäden** gedeckt wären. Vielmehr sind beliebig viele Schäden („alle Versicherungsfälle eines Versicherungsjahres") gedeckt, solange nicht
– der einzelne Schaden größer als 250.000 EUR ist, und
– solange nicht sämtliche Schäden zusammen den Betrag von 4 × 250.000 EUR = 1 Mio. EUR übersteigen.
Verursacht der Anwalt beispielsweise in einem Versicherungsjahr acht Schäden à 100.000 EUR, sind sämtliche Schäden versichert (*Bräuer* AnwBl. 2006, 663).

8   Nach verbreiteter Auffassung (zB *Brügge* in Gräfe/Brügge, 2006, Rn. A 163a; *Riechert,* A Rn. 78) ergibt sich aus A 4 S. 2 BBR-RA, dass durch Haftungsfälle im Rahmen **freiwillig mitversicherter Risiken** nach B 1.1 BBR-RA (Insolvenzverwalter etc, s. dort) die **Maximierung nicht aufgebraucht** werden dürfe; vielmehr müsse die 4-fache Maximierung immer ungeschmälert für klassische Anwaltshaftungsfälle iSd § 51 BRAO zur Verfügung stehen. Umgekehrt gilt das natürlich nicht, dh wenn durch Fehler bei anwaltlicher Tätigkeit die Maximierungen aufgebraucht sind, steht für die freiwillig mitversicherten Tätigkeiten keine Deckung mehr zur Verfügung.

V. Maximierung bei höherer Versicherungssumme

9   Ist eine höhere Versicherungssumme als die gesetzliche Mindestsumme von 250.000 EUR vereinbart, gilt nach A 1 vorbehaltlich abweichender Vereinbarung eine Maximierung auf das **Zweifache** der vereinbarten Versicherungssumme; auch dabei muss jedoch die **Mindestversicherungssumme mindestens viermal** pro Jahr zur Verfügung stehen. Schließt der Anwalt zB eine Versicherung über 300.000 EUR mit zweifacher Maximierung ab, so müsste die Versicherung an sich pro Jahr maximal 600.000 EUR zur Verfügung stellen (→ Rn. 7). Produziert der Anwalt jedoch fünf Schadensfälle à 250.000 EUR, so muss gemäß § 51 Abs. 4 S. 2 BRAO und A 1 letzter Halbsatz die Versicherung gleichwohl viermal 250.000 EUR, dh insgesamt 1 Mio. EUR zahlen.

VI. Verteilung bei Überschreiten der Maximierung

10 Schon weil die unter die Maximierung fallenden Versicherungsfälle ggf. erst im Laufe der nachfolgenden Jahre entdeckt bzw. reguliert werden, kennt die Maximierung der Versicherungsleistung kein System, wonach die zur Ver-

fügung stehende Jahreshöchstleistung gleichmäßig **auf alle Schadensfälle verteilt** würde. Vielmehr gilt das **„Windhundprinzip"**. Der VR befriedigt vollständig alle auflaufenden Schadensfälle, bis für die Verstöße eines bestimmten Versicherungsjahres die Maximierung erreicht ist; danach stellt der VR für alle weiteren Verstöße des betreffenden Versicherungsjahres seine Zahlungen ein. Der VR darf also nicht die Schadensfälle eines Versicherungsjahres zunächst sammeln, um abzuwarten, ob die Jahreshöchstleistung überschritten wird; das wäre angesichts des Umstands, dass Schäden oft erst Jahre nach dem Verstoß eintreten und bekannt werden, auch unmöglich.

Nur wenn der VR Kenntnis von möglichen weiteren Schadensfällen erlangt, bevor er den oder die ersten Schadensfälle des Versicherungsjahrs deckt, findet das **besondere Verteilungsverfahren** nach **§ 109 VVG** statt, wonach der VR die Ansprüche nach dem Verhältnis ihrer Beträge zu bedienen hat (ausführlich dazu *Konradi* VersR 2009, 321; *Schultheiß* VersR 2016, 497). Werden dagegen weitere mögliche Schadensfälle erst bekannt, nachdem der VR den oder die ersten Schadensfälle bedient hat, und ist auf Grund der Maximierung die Deckung erschöpft, können die späteren Geschädigten **keine Rückabwicklung** und keine weitere Zahlungen mehr verlangen (§ 109 S. 2 VVG). Der Ausschluss der zu spät kommenden weiteren Geschädigten tritt nicht schon dann ein, wenn der Versicherer seine Prüfung abgeschlossen oder Teilzahlungen geleistet hat, sondern erst wenn er tatsächlich bis zur Erschöpfung der Deckungssumme gezahlt hat (Prölss/Martin/*Lücke,* § 109 Rn. 12). Besteht Streit darüber, ob der VR mit den Ansprüchen des nicht mehr berücksichtigten (zu spät gekommenen) Geschädigten rechnen musste, trifft den VR die Beweislast (Prölss/Martin/*Lücke,* § 109 Rn. 12). Ist ihm der mögliche Schadensfall noch nicht gem. § 5 II angezeigt (→ § 5 Rn. 10 ff.), konnte der VR regelmäßig mit dem weiteren Schaden nicht rechnen. Lag zunächst nur eine vorsorgliche Anzeige des VN vor und war noch völlig ungewiss, ob überhaupt ein Verstoß vorlag und/oder daraus ein Schaden entstehen konnte, hängt von den Umständen ab, ob der VR mit weiteren Ansprüchen rechnen musste. Fällt der weitere Geschädigte nach § 109 VVG aus der Regulierung heraus, hat er auch keinen Bereicherungsanspruch gegen die übrigen Geschädigten, die ganz oder quotal vom VR bedient wurden (Prölss/Martin/*Lücke,* § 109 Rn. 14).

Ist die **Maximierung erschöpft,** hat der **VN** alle verbleibenden Schadensfälle **aus eigenen Mitteln** zu decken und wird – wenn er dies nicht kann – insolvent. Eine Aufrechterhaltung der Leistungspflicht gegenüber dem Geschädigten nach § 117 VVG (→ § 3 Rn. 130 ff.) gibt es hier nicht. Damit laufen die geschädigten Mandanten ein Risiko, das eigentlich durch die Berufshaftpflichtversicherung gerade ausgeschlossen sein sollte, nämlich mit ihren Schadenersatzansprüchen wegen Insolvenz des versicherten Anwalts auszufallen.

Die Regelung zur Verteilung der Versicherungssumme auf mehrere Geschädigte nach § 109 VVG wird für die Pflichtversicherung flankiert durch **§ 118 VVG.** Dadurch ändert sich aber in der Sache nichts, da regelmäßig alle konkurrierenden Ansprüche in der Rangklasse des § 118 Abs. 1 Nr. 5 VVG liegen werden, und der Ausschluss später hinzugekommener Forderungen nach § 118 Abs. 2 VVG der Regelung in § 109 VVG inhaltlich entspricht.

A 2.1 BBR-RA A. Besondere Bedingungen

A 2. Ausschlüsse

A 2.1 Haftpflichtansprüche mit Auslandsbezug

Der Versicherungsschutz bezieht sich nicht auf Haftpflichtansprüche aus Tätigkeiten

a) über in anderen Staaten eingerichtete oder unterhaltene Kanzleien oder Büros,

b) im Zusammenhang mit der Beratung und Beschäftigung im Recht der Vereinigten Staaten von Amerika und Kanada,

c) des Rechtsanwalts oder der Berufsausübungsgesellschaft vor Gerichten mit Sitz in den Vereinigten Staaten von Amerika und Kanada.

d) bei Haftpflichtansprüchen aus Tätigkeiten im Zusammenhang mit der Beratung, Beschäftigung im außereuropäischen Recht oder der Tätigkeit vor außereuropäischen Gerichten bezieht sich der Versicherungsschutz nicht auf Haftpflichtansprüche, die sich aus Vertragsstrafen, Bußen und Entschädigungen mit Strafcharakter (zB punitive oder exemplary damages) sowie aus Anfeindung, Schikane, Belästigung, Ungleichbehandlung, Ehrverletzung, Beleidigung oder sonstigen Diskriminierungen ergeben.

Die Ausschlussbestimmungen in b), c), sowie in Ziffer 4.1 der Allgemeinen und Besonderen Versicherungsbedingungen zur Vermögensschaden-Haftpflichtversicherung für Rechtsanwälte AVB-RS finden für die Tätigkeit als Patentanwalt oder der patentanwaltlichen Berufsausübungsgesellschaft keine Anwendung.

Übersicht

	Rn.
I. Überblick	1
II. AGB-Recht	7
III. Ausländische Kanzleien bzw. Büros (2.1 a))	8
1. Büro bzw. Kanzlei	9
2. Tätigkeit als Anknüpfungspunkt	10
IV. Beschäftigung mit dem Recht der USA und Kanada (2.1 b))	13
1. Recht der USA und Kanada	15
2. Beratung/Beschäftigung	16
3. Kausalität	19
V. Tätigkeit vor Gerichten in USA oder Kanada (2.1 c))	20
1. Gericht	21
2. Tätigkeit vs. Inanspruchnahme	25
VI. Sonstiges außereuropäisches Recht/außereuropäische Gerichtstätigkeit (2.1 d))	26
1. Außereuropäisches Recht	27
2. Außereuropäisches Gericht	29
3. Ausgeschlossene Risiken	30
VII. Besondere Regelungen	34

Haftpflichtansprüche mit Auslandsbezug **A 2.1 BBR-RA**

I. Überblick

A 2.1 nimmt bestimmte Haftpflichtansprüche mit Auslandsbezug vom Versicherungsschutz aus. Das bedeutet, dass weder eintretende **Schäden** gedeckt sind noch der VR die **Kosten der Schadensabwehr** (§ 3 II 1 und 5) zu tragen hat. 1

Sinn der Ausschlüsse in A 2.1 ist, **Risiken** aus der Versicherung herauszunehmen, die **selten eintreten,** in ihren **Dimensionen schwer zu kalkulieren** sind, und die nicht über die Versicherungsgemeinschaft „sozialisiert" werden sollen (*van Bühren,* S. 133). Auch fehlt dem **VR** regelmäßig das für die sachgerechte **Regulierung** notwendige **sprachliche und juristische Know-how.** Während die Abwicklung eines in Deutschland entstehenden und geltend gemachten Schadens für den VR ein Standardgeschäft ist, kann ihn die Abwicklung eines in den USA entstandenen und/oder gerichtlich geltend gemachten Schadens vor fast unüberwindliche logistische Probleme stellen. Demgegenüber geht es beim Ausschluss des A 2.1 nicht um das Risiko des VR, mit unerwartet hohen Schäden konfrontiert zu werden, hier schützt ihn ja ohnehin die vertragliche Begrenzung der Versicherungssumme. 2

Die Ausschlüsse in A 2.1 a) bis d) erscheinen insgesamt **wenig durchdacht.** Sie gehen teilweise weiter als zur Wahrung der berechtigten Interessen des VR erforderlich wäre, lassen andererseits aber einzelne Risiken versichert, die der VR legitimerweise hätte ausschließen können. 3

Für die **international tätigen großen Sozietäten** sind die Ausschlüsse in A 2.1 eine **gefährliche Falle.** Für diese Sozietäten ist unverzichtbar, A 2.1 durch **einzelvertragliche Regelung** mit dem VR zu modifizieren. 4

Die Ausschlüsse nach A 2.1 dürfen **nicht verwechselt** werden mit dem Ausschluss nach A 4.1 (Inanspruchnahme vor außereuropäischen Gerichten). A 2.1 knüpft nur daran an, **für welche Tätigkeit** der Anwalt „in Anspruch genommen wird". Unerheblich ist insoweit, vor welchem Gericht (Inland oder Ausland) er in Anspruch genommen wird. Demgegenüber begrenzt A 4.1 den Versicherungsschutz in Abhängigkeit davon, **vor welchem Gericht** der Anwalt **in Anspruch genommen** wird, unabhängig davon, an welchem Ort und in welcher Rechtsordnung die Tätigkeit stattgefunden hatte, für die der Anwalt in Anspruch genommen wird. 5

Die Ausschlüsse in A 2.1 b) und c) (nicht aber nach a) und d)!) gelten nach dem letzten Satz von A 2.1 nicht für **Patentanwälte.** 6

II. AGB-Recht

Die Ausschlüsse nach A 2.1 sind AGB-rechtlich nicht wegen Überraschung zu beanstanden, da in § 4.1 und in § 51 Abs. 3 Nr. 2 bis 4 BRAO auf sie hingewiesen wird (→ Einl. Rn. 34 ff.). 7

A 2.1 BBR-RA A. Besondere Bedingungen

III. Ausländische Kanzleien bzw. Büros (2.1a))

8   Nach A 2.1a) besteht kein Versicherungsschutz für Schäden, die aus Tätigkeiten über **in anderen Staaten eingerichtete oder unterhaltene Kanzleien** oder **Büros** entstehen. Hintergrund der Regelung ist vor allem, dass häufig das lokale Recht der Mitversicherung entgegensteht („Not-admitted"-Problematik, dazu *Riechert,* A Rn. 15ff.). Zu möglichen Modellen, um ausländische Büros mitzuversichern s. *Riechert,* A Rn. 20ff.

1. Büro bzw. Kanzlei

9   A 2.1a) fordert ein **„eingerichtetes** oder **unterhaltenes"** Büro. Der Unterschied zwischen beiden Formulierungen erschließt sich nicht. Auch ein einmal „eingerichtetes" Büro wird „unterhalten". Ebenso wenig erschließt sich der Unterschied zwischen **„Kanzlei"** und **„Büro".** Jedenfalls setzt der Ausschluss nach A 2.1a) keine Mindestgröße oder Mindestpersonenzahl des ausländischen Standorts voraus, erforderlich ist nur das dauernde Vorhalten von Räumlichkeiten. Die sporadische Anmietung von Besprechungsräumen, zB am Flughafen oder in einem Konferenzzentrum, begründet noch keine Kanzlei bzw. Büro (*Riechert* AnwBl. 2013, 460; *Bräuer* AnwBl. 2011, 689).

2. Tätigkeit als Anknüpfungspunkt

10   Verständlich ist das Bestreben der VR, schwer kalkulierbare Schäden aus Rechtsberatung mit Auslandsbezug auszuschließen. Gleichwohl ist der **Anknüpfungspunkt** der Klausel **überraschend.** Denn es kommt nicht darauf an,
– ob der Anwalt Beratungstätigkeit im Inland oder im Ausland ausübt,
– ob er im deutschen oder ausländischen Recht berät oder
– ob er einen inländischen oder ausländischen Mandanten berät.

Vielmehr wird allein darauf abgestellt, ob die **Tätigkeit über** ein im **Ausland installiertes Büro abgewickelt** wird. Das wird nicht nur der – weitgehend online stattfindenden – Beratungswelt nach den Coronajahren nicht mehr gerecht, sondern führt auch zu **zahlreichen Unklarheiten** und **Zufallsergebnissen.** Unterhält beispielsweise eine Düsseldorfer Kanzlei ein Büro in Brüssel, ist die Tätigkeit der normalerweise im Brüsseler Büro tätigen Anwälte nicht versichert. Das Gleiche gilt nach A 2.1a), wenn ein normalerweise in Düsseldorf tätiger Anwalt für eine Besprechung ins Brüsseler Büro kommt. Findet die Besprechung stattdessen in Brüssel in einem Hotel statt, besteht nach dem Wortlaut von A 2.1a) Versicherungsschutz (zutr. *Borgmann* AnwBl. 2005, 733).

11   Überdies entsteht der Schaden typischerweise nicht während einer einzelnen Besprechung, sondern im Verlauf eines Mandats, welches sich aus **verschiedenen Einzelakten** zusammensetzt. Unklar ist, ob der Versicherungsschutz für das gesamte Mandat ausgeschlossen sein soll, wenn auch nur eine einzige Besprechung im ausländischen Büro stattgefunden hat. Da Haftungsausschlüsse im Zweifel eng auszulegen sind, wird man A 2.1a) richtigerweise so verstehen müssen, dass der Ausschluss nur dann greift, wenn der **Schwer-**

Haftpflichtansprüche mit Auslandsbezug **A 2.1 BBR-RA**

punkt des Mandats in dem ausländischen Büro liegt. Liegt er dagegen in einem inländischen Büro, bleibt der Versicherungsschutz auch dann erhalten, wenn einzelne Teilakte des Mandats (zB Besprechungen) in dem ausländischen Büro stattgefunden haben, egal wo der Verstoß passiert ist. Ebenso besteht Versicherungsschutz, wenn das Mandat zwar überwiegend von den deutschen Anwälten bearbeitet wurde, aber Anwälte des ausländischen Büros unterstützend mitgearbeitet haben (Beispiel: In einem großen Kartellverfahren, welches gleichzeitig vor den deutschen Kartellbehörden und der Brüsseler Kommission spielt, wird die wesentliche Mandatsarbeit vom deutschen Büro aus geleistet, die Kartellrechtler des Brüsseler Büros liefern aber Zuarbeit).

Auf jeden Fall nicht von der Ausschlussklausel erfasst ist die Tätigkeit der Anwälte der deutschen Büros für **ausländische Mandanten** und/oder auf Reisen **im Ausland** (egal ob im deutschen oder in einem ausländischen Recht beraten wird), solange **kein Bezug zum ausländischen Büro** besteht (*Riechert* AnwBl. 2013, 460). Umgekehrt fällt ein Mandat, dessen **Schwerpunkt im ausländischen Büro** liegt, auch dann unter den Ausschlusstatbestand, wenn deutsche Mandanten im deutschen Recht beraten werden. 12

IV. Beschäftigung mit dem Recht der USA und Kanada (2.1 b))

Bis 2022 bestand nach A 2.1 b) kein Versicherungsschutz für Beratung und Beschäftigung mit **außereuropäischem Recht.** Dieser Ausschluss wurde im Jahr 2022 reduziert auf die Beschäftigung/Beratung mit dem Recht der USA und Kanada, weil das Rechtssystem dieser beiden Staaten für den VR mit besonders hohen Risiken verbunden ist. Ein (eingeschränkter) Ausschluss für die Tätigkeit in sonstigen außereuropäischen Rechtsordnungen findet sich allerdings immer noch im neuen A 2.1 d) (s. dort). 13

Unerheblich ist, wie gut der Anwalt das fremde Recht kennt, sodass der Ausschluss auch dann greift, wenn der Anwalt die betreffende **Rechtsordnung studiert** hat oder gar eine lokale **ausländische Anwaltszulassung** hat (*Bräuer* AnwBl. 2011, 688). 14

1. Recht der USA und Kanada

Sowohl die Rechtsordnung der USA als auch von Kanada sind stark bundesstaatlich geprägt. Entgegen dem missverständlichen Wortlaut der Klausel bezieht sich der Ausschluss nicht nur auf das jeweilige **Bundesrecht,** sondern vor allem auf das Recht der **Einzelstaaten.** 15

2. Beratung/Beschäftigung

Der Haftungsausschluss in A 2.1 b) ist nicht so formuliert, dass jeglicher Schaden aus der **Nichtbeachtung oder Verletzung** des Rechts der USA oder Kanada ungedeckt wäre (vgl. *Borgmann* AnwBl. 2005, 733 mit Hinweis auf die anderslautenden Risikobeschreibungen der Steuerberater/Wirtschaftsprüfer). Vielmehr ergreift der Ausschlusstatbestand nach der insoweit eindeutigen Formulierung nur die „**Beratung im**" und die „**Beschäftigung mit**" 16

A 2.1 BBR-RA A. Besondere Bedingungen

dem Recht der beiden Staaten. Beides, sowohl das Beraten als auch das Sichbeschäftigen, setzt **aktives bewusstes Tun** voraus. Deshalb greift der Ausschlusstatbestand nur, wenn der Anwalt **erkennt,** dass der Fall das Recht der beiden Staaten berührt, und er den Mandanten auch im Hinblick auf dieses Recht berät. Dagegen greift der Ausschlusstatbestand nicht, wenn der Anwalt schlicht **übersieht,** dass für das Mandat auch das Recht eines der beiden Staaten maßgeblich ist (zutreffend *Borgmann* AnwBl. 2005, 733; *Mennemeyer,* Kap. 11 Rn. 89). Dies gilt umso mehr, als Ausschlusstatbestände nach allgemeiner versicherungsrechtlicher Überzeugung eng auszulegen sind (→ § 4 Rn. 8 ff.).

17 Aus dem gleichen Grund greift der Ausschlusstatbestand des A 2.1 b) nicht, wenn der Anwalt die **Möglichkeit erkennt,** dass das Recht der USA oder Kanadas auf den Fall anwendbar sein könnte, er dies prüft und fälschlicherweise zu dem Ergebnis kommt, dass es nicht anwendbar sei. Auch dann fehlt es an einer „Beratung in" oder einer „Beschäftigung mit" dem Recht der beiden Staaten, der Anwalt hat lediglich **Kollisionsrecht** geprüft (*Bräuer* AnwBl. 2011, 688) und weiterreicht.

18 Schließlich liegt auch dann keine „Beschäftigung mit" dem Recht der beiden Staaten vor, wenn der Anwalt im Auftrag seines deutschen Mandanten die Einholung von **Rechtsrat ausländischer Anwälte** lediglich **koordiniert** und/oder deren Arbeitsergebnisse auf Vollständigkeit prüft (*Borgmann* AnwBl. 2005, 736) und weiterreicht.

3. Kausalität

19 Der Ausschluss nach A 2.1 b) setzt **Kausalität** zwischen der Beschäftigung mit amerikanischem oder kanadischem Recht und dem Schadenseintritt voraus (Fischer/*Chab,* § 18 Rn. 58). Besteht ein Mandat überwiegend aus der Bearbeitung amerikanischer oder kanadischer Rechtsfragen, enthält es aber auch deutschrechtliche Aspekte und passiert der Verstoß im Rahmen des deutschrechtlichen Teils, besteht Versicherungsschutz. Allerdings setzt der Ausschluss **nicht** voraus, dass der Verstoß etwas mit den **Besonderheiten** des ausländischen Rechts zu tun hat. Der Ausschluss greift daher auch, wenn im Zusammenhang mit der Beratung im ausländischen Recht ein **Allerweltsverstoß** wie etwa ein Büroversehen (Fristversäumnis etc) passiert, welches genauso gut bei der Beratung im deutschen Recht hätte passieren können (*Mennemeyer,* Kap. 11 Rn. 88).

V. Tätigkeit vor Gerichten in USA oder Kanada (2.1 c))

20 Nach A 2.1 c) besteht kein Versicherungsschutz für die Tätigkeit des Rechtsanwalts vor **Gerichten** in den USA oder Kanada.

1. Gericht

21 Mit „Gericht" sind nur **staatliche Gerichte** gemeint, **nicht** dagegen **Schiedsgerichte.** Diese Einschränkung ist gerechtfertigt, weil es oft reiner Zufall ist, an welchem Ort ein Schiedsgericht zusammentritt und durch ein

Haftpflichtansprüche mit Auslandsbezug **A 2.1 BBR-RA**

Zusammentreten im Ausland keine höheren Haftungsrisiken entstehen als im Inland (*Riechert* AnwBl. 2013, 460 (463)).

Es spielt keine Rolle, welche **Rechtsordnung** den Prozess materiell beherrscht und welche **Prozessordnung** gilt (*Riechert* AnwBl. 2013, 460 (463); *Mennemeyer,* Kap. 11 Rn. 90; Fischer/*Chab,* § 18 Rn. 58; Beckmann/Matusche-Beckmann/*v. Rintelen,* § 23 Rn. 304; *van Bühren,* S. 134), sodass selbst bei Tätigkeit im **deutschen Recht** kein Versicherungsschutz besteht, wenn dieses vor einem Gericht in den USA oder Kanada verhandelt wird. 22

Der Ausschluss greift nur insoweit, als der Verstoß im Rahmen der eigentlich **forensischen Tätigkeit** vor dem ausländischen Gericht erfolgt (Schriftsätze und mündliche Verhandlung). Ist dagegen die Tätigkeit vor dem ausländischen Gericht nur ein **Bestandteil eines umfassender angelegten Mandats** (zB Strategie zur Bekämpfung weltweiter Patentverletzung oder Produktpiraterie), so bleibt der Versicherungsschutz für den Rest des Mandats bestehen. 23

Ob der Anwalt im materiellen oder prozessualen Recht der USA oder Kanada Kenntnisse hat oder gar dort offiziell als **attorney-at-law zugelassen** ist, spielt keine Rolle (→ Rn. 15). Denn der Ausschluss will nicht den Anwalt vor Unvorsichtigkeit schützen, sondern zielt auf die vermeintliche (aus deutscher Sicht) Unberechenbarkeit der Justiz in den beiden Staaten, vor allem in Verfahren mit Laien-Jury. 24

2. Tätigkeit vs. Inanspruchnahme

Von der Frage der Versicherung für die **Tätigkeit** des Anwalts vor Gerichten in USA oder Kanada zu trennen ist die Frage, ob Versicherungsschutz auch besteht, wenn der Anwalt vor außereuropäischen Gerichten auf Haftung **in Anspruch genommen** wird. Insoweit begrenzt der – zweifelhafte – Ausschluss in A 4.1 den Versicherungsschutz auf die Mindestversicherungssumme (s. dort). 25

VI. Sonstiges außereuropäisches Recht/außereuropäische Gerichtstätigkeit (2.1 d))

Bis 2022 bezogen sich die Ausschlüsse in A 2.1 b) (Beschäftigung mit fremdem Recht) und A 2.1 c) (Auftreten vor fremden Gerichten) auf außereuropäisches Recht bzw. außereuropäische Gerichtsstände. Seit 2022 gelten diese vollständigen Ausschlüsse nur noch für das Recht bzw. die Gerichte der USA und von Kanada. Die Beschäftigung mit sonstigem außereuropäischen Recht bzw. das Auftreten vor sonstigen außereuropäischen Gerichten ist nun im neuen A 2.1 d) geregelt. Hier ist die Versicherungsdeckung nicht wie früher grds. ausgeschlossen. Vielmehr besteht die Versicherungsdeckung in gleichem Umfang (Versicherungssumme, Maximierungen, etc) wie bei Inlandssachverhalten, lediglich bestimmte **Einzelrisiken,** die der deutschen Rechtsordnung fremd sind, sind **ausgenommen.** 26

A 2.1 BBR-RA
A. Besondere Bedingungen

1. Außereuropäisches Recht

27 Der Begriff „europäisch" ist **geografisch** zu verstehen, nicht politisch (*Bräuer* AnwBl. 2011, 689; *Riechert* AnwBl. 2013, 460 (463)). Auf Zugehörigkeit zur EU kommt es deshalb nicht an. Wegen des Grundsatzes, dass Ausschlüsse eng auszulegen sind, kann sich der Ausschlusstatbestand des A 2.1 a) nicht auf solche Rechtsordnungen beziehen, die **„auch"** in Europa gelten, weil diese eben nicht „außereuropäisch" sind. Nicht „außereuropäisch" sind deshalb auch die Rechtsordnungen der **Türkei** und **Russlands,** die geografisch teilweise in Europa und teilweise in Asien liegen (*Riechert* AnwBl. 2014, 460 (463); die Bedingungswerke der **R+V** (Ziff. 1.4.1 AVB-P), der **ERGO** (Ziff. 2.1.1) und des **HDI** (A 1.1) schließen die Türkei ausdrücklich mit ein). Unter „Europäisches Recht" fallen die Rechtsordnungen Großbritanniens, Frankreichs, Spaniens und Portugals auch insoweit, als sie in **überseeischen Gebieten** gelten (so ausdrücklich Ziff. 2.1.1 des **ERGO**-Bedingungswerks; zur ähnlichen, aber nicht identischen Abgrenzung des Begriffs „außereuropäisches Gericht" → Rn. 30). **Weltweit** geltende Rechtssysteme wie etwa das **Völkerrecht,** das **UN-Kaufrecht** oder die **GATT-Regelungen** sind ihrer Natur nach zugleich europäisches und außereuropäisches Recht, eben weil sie weltweit gelten (*Riechert* AnwBl. 2013, 460 (463)). Das Gleiche gilt für **internationale Schiedsgerichtsordnungen** (zB die Schiedsgerichtsordnung der International Chamber of Commerce ICC). Auch international anerkannte **Rechnungslegungsstandards** (zB **IAS/IFRS**) sind wegen des Verweises in § 315a HGB als „auch europäisch" anzusehen.

28 Im Umkehrschluss aus A 2.1 b) ergibt sich, dass Versicherungsschutz bei der Beschäftigung mit **innereuropäischem Recht** uneingeschränkt besteht, sei es mit **EU-Gemeinschaftsrecht** (*van Bühren,* S. 134) oder dem **nationalen Recht eines anderen europäischen** Landes, egal ob Mitglied der EU oder nicht (zB Schweiz).

2. Außereuropäisches Gericht

29 Die Abgrenzung zwischen europäischen und außereuropäischen Gerichten kann naheliegenderweise nur anhand der üblichen **geografischen** Begriffe erfolgen. Das hat allerdings im Bezug auf die **Türkei** und **Russland** die missliche Konsequenz, dass der Versicherungsschutz jeweils davon abhängt, ob es sich um ein Gericht im europäischen oder asiatischen Teil des Landes handelt (Versicherungsschutz besteht also bei Auftreten in Istanbul oder Moskau, nicht aber bei Auftreten in Ankara oder Wladiwostok). Außereuropäisch sind auch Gerichte in **überseeischen Gebieten** europäischer Staaten wie England, Frankreich, Spanien etc, selbst wenn diese nach europäischem Prozessrecht und materiellem europäischen Recht entscheiden.

3. Ausgeschlossene Risiken

30 Zum Begriff der **„Beratung/Beschäftigung"** mit ausländischem Recht → Rn. 17 ff., zum Begriff der **„Tätigkeit"** vor ausländischen **Gerichten"** → Rn. 26.

Haftpflichtansprüche mit Auslandsbezug **A 2.1 BBR-RA**

Ausgeschlossen bei der Beschäftigung mit außereuropäischem Recht oder 31
Auftreten vor außereuropäischen Gerichten sind zunächst „Vertragsstrafen, Bußen und Entschädigungen mit Strafcharakter (zB punitive oder exemplary damages)". Der Satzteil „mit Strafcharakter" bezieht sich nicht nur auf die „Entschädigungen", sondern auch auf „Vertragsstrafen" und „Bußen". Entscheidend ist also, dass es nicht um die Kompensation tatsächlich erlittener Schäden geht, sondern um **Ersatzleistungen mit Strafcharakter.** Zwar kennt auch das deutsche Recht zunehmend Schadensersatzleistungen mit Strafcharakter (vgl. etwa die Schadenspauschale des § 288 Abs. 5 BGB oder die Entschädigungspflicht bei Diskriminierungen aus § 15 Abs. 2 AGG). Allerdings urteilen ausländische Gerichte oft ein Vielfaches des tatsächlichen Schadens als zusätzlichen Strafschadenersatz aus und machen so das Risiko letztlich für den VR nur schwer kalkulierbar.

Die weitere Alternative, nämlich dass es um Ansprüche aus Anfeindung, 32
Schikane, Belästigung, Ungleichbehandlung, Ehrverletzung, Beleidigung oder sonstigen **Diskriminierungen** geht, entstammt angelsächsischen Versicherungskonzepten und spielt bei Rechtsanwälten typischerweise keine Rolle.

Bei allen Deckungseinschränkungen geht es ausschließlich um „**Haft-** 33
pflichtansprüche". Erfasst ist also nur der Fall, dass sich die **gegen den versicherten Anwalt** oder die versicherte Sozietät ausgeurteilten Schadenersatzzahlungen über den tatsächlichen Schaden hinaus erhöhen, weil das Gericht auch noch punitive damages oder Ansprüche wegen Diskriminierung etc ausurteilt. Hingegen spielt keine Rolle, was Gegenstand des Mandats war, in dem der Verstoß vorkam. Macht also der Anwalt für den Mandanten Ansprüche aus punitive damages oder Diskriminierungen im Ausland oder vor ausländischen Gerichten oder nach einer ausländischen Rechtsordnung geltend, besteht dafür der normale Versicherungsschutz.

VII. Besondere Regelungen

Die Ausschlusstatbestände des A 2.1 machen in der **Praxis** keine Schwierig- 34
keiten. Sozietäten, die **Auslandsbüros** unterhalten, können diese normalerweise ohne überproportionale Prämienerhöhung mitversichern, jedenfalls solange es sich nicht um Büros an exotischen Standorten mit unbekannter (Shanghai) oder haftungsträchtiger (New York) Rechtsordnung handelt. Insbesondere die Einbeziehung von Büros in **anderen EU-Staaten** in die Police macht erfahrungsgemäß keine Probleme. In vielen Fällen muss nach dem lokalen Anwaltsrecht zusätzlich eine **lokale Versicherung** als Grunddeckung genommen werden.

Dem im Ausland erheblich **höheren Kostenrisiko** wird häufig dadurch 35
Rechnung getragen, dass bei Auslandssachverhalten die Verfahrenskosten auf die Versicherungssumme angerechnet werden (was ansonsten gem. § 3 II 2 AVB-RS nicht geschieht → § 3 Rn. 63 ff.). Auch die **Regulierungskosten** werden oft auf die Versicherungssumme angerechnet; das betrifft insbesondere Übersetzungskosten, nicht aber den Zeitaufwand der Mitarbeiter der Schadenabteilung des VR. All dies ist weder unbillig noch überraschend. Oft werden auch **erhöhte Selbstbehalte** vereinbart.

A 2.2 BBR-RA A. Besondere Bedingungen

A 2.2 Veruntreuungsschäden

Der Versicherungsschutz bezieht sich nicht auf Haftpflichtansprüche wegen Schäden durch Veruntreuung durch Personal, Angehörige oder Mitgesellschafter des Versicherungsnehmers; als Angehörige gelten:
a) der **Ehegatte** des Versicherungsnehmers, der Lebenspartner im Sinne des Lebenspartnerschaftsgesetzes oder einer vergleichbaren Partnerschaft nach dem Recht anderer Staaten;
b) wer mit dem Versicherungsnehmer in gerader Linie verwandt oder verschwägert oder im zweiten Grad der Seitenlinie verwandt ist.

Übersicht
	Rn.
I. Überblick	1
II. Bedeutung	2
III. Geschädigter	5
IV. Veruntreuung	6
V. Pflichtverletzung	7
VI. Angehörige	8
VII. Zeitpunkt	9
VIII. Vertrauensschadenfonds	10

I. Überblick

1   A 2.2 schließt Schäden aufgrund von Veruntreuung durch Personal (Angestellte und freie Mitarbeiter, auch nicht-juristische Berufsträger), Gesellschafter oder Angehörige des VN aus. Diesen Ausschluss gestattet § 51 Abs. 3 S. 5 BRAO ausdrücklich. Es soll vermieden werden, dass der VR durch **kollusives Zusammenwirken** zwischen dem VN und Angehörigen, Personal oder Gesellschafter geschädigt wird. Der Ausschluss bei Veruntreuung ist **AGB-konform.**

II. Bedeutung

2   Die Regelung ist im Wesentlichen **deklaratorisch.** Denn Veruntreuungsschäden entstehen schon begrifflich vor allem an **Anderkonten, verwahrtem Geld** sowie an verwahrten **Wertsachen.** Eine Veruntreuung führt dazu, dass der Anwalt dem Mandanten bzw. einem sonstigen Geschädigten das verwahrte Geld bzw. die verwahrten Sachen nicht mehr herausgeben kann. Dann liegt aber kein Haftpflichtanspruch vor, sondern die Nichterfüllung eines **Erfüllungsanspruchs,** und Erfüllungsansprüche sind nach § 1 I 1 S. 2 ohnehin nicht versichert (→ § 1 Rn. 87 ff.).

3   Unabhängig davon würde Versicherungsschutz für vorsätzliche Veruntreuung durch Gesellschafter ohnehin nicht bestehen. Denn bei Veruntreuung liegt definitionsgemäß Vorsatz vor, sodass versicherungstechnisch **„wissentliche Pflichtverletzung"** iSv § 4.5 (s. dort) gegeben ist, und gem. § 1 II 2 wird wissentliche Pflichtverletzung eines Gesellschafters dem VN zugerechnet. Versicherungsschutz bestünde also allenfalls für Veruntreuungen durch

Veruntreuungsschäden **A 2.2 BBR-RA**

Mitarbeiter und **Angehörige,** wobei allerdings die Versicherung dann nach § 7 III **Rückgriff** nehmen könnte (s. dort). Hier schneidet A 2.2 den Versicherungsschutz schon von vornherein ab.

Bei **Diebstählen** fehlt es im Übrigen schon an einem Vermögensschaden, 4 es liegt ein nicht versicherter (§ 1 I 3, § 3 III AVB-RS, s. dort) **Sachschaden** vor.

III. Geschädigter

Wird Vermögen **des Anwalts** selbst veruntreut, nicht Vermögen/Wert- 5 sachen von dessen Mandanten oder von Dritten, ist A 2.2 von vornherein nicht anwendbar, da es sich dann um einen **nicht versicherten Eigenschaden** handelt.

IV. Veruntreuung

Nach richtiger Auffassung (*Riechert,* A Rn. 66; Gräfe/Brügge/Melchers/ 6 *Gräfe,* Rn. E 56 ff.) ist das Wort „Veruntreuung" **untechnisch** zu verstehen. Der Ausschluss beschränkt sich nicht auf die veruntreuende Unterschlagung iSv § 246 Abs. 2 StGB, sondern erfasst zB auch Untreuehandlungen iSv § 266 StGB (LG Köln GI 2002, 147; Beckmann/Matusche-Beckmann/*v. Rintelen,* § 23 Rn. 308).

V. Pflichtverletzung

Da der versicherte Anwalt sich für Veruntreuungen seines Personals und sei- 7 ner Angehörigen nach § 831 BGB regelmäßig exkulpieren kann (wenn diese überhaupt im konkreten Fall seine Verrichtungshilfen sind!), kommt seine Inanspruchnahme vor allem unter dem Gesichtspunkt der fahrlässigen **Verletzung** von **Aufsichts-, Organisations-** und **Kontrollpflichten** in Betracht. Hat der Anwalt beispielsweise die Verwaltung von Anderkonten so unprofessionell organisiert, dass Büropersonal zur Veruntreuung von Mandantengeldern geradezu eingeladen wird, kommt eine Inanspruchnahme des Anwalts grds. in Betracht (aA *Riechert,* A Rn. 68; Gräfe/Brügge/Melchers/*Gräfe,* Rn. E 61). Allerdings wird es auch in diesen Fällen regelmäßig an einem Vermögensschaden fehlen, und nur ein (nicht versicherter) Sachschaden vorliegen (→ Rn. 4).

VI. Angehörige

„Angehörige" iSv A 2.2 a) sind der **Ehepartner** oder der **eingetragene** 8 **Lebenspartner** iSd Lebenspartnerschaftsgesetzes oder einer vergleichbaren Partnerschaft nach ausländischem Recht, dazu nach A 2.2 b) auch Verwandte oder Verschwägerte in gerader Linie oder im zweiten Grad der Seitenlinie. **Verwandte in gerader Linie** sind **Eltern, Großeltern, Urgroßeltern** etc sowie **Kinder, Enkel** und **Urenkel** (§ 1589 BGB). Des Weiteren fallen unter

A 2.3 BBR-RA A. Besondere Bedingungen

A 2.2 Personen, die in **gerader Linie verschwägert** sind; nach § 1590 Abs. 1 iVm § 1589 S. 1 BGB sind dies der **Ehegatte** und die mit **ihm in gerader Linie verwandten Vorfahren** oder **Nachkommen.** Die Schwägerschaft dauert fort, auch wenn die Ehe inzwischen aufgelöst wurde (§ 1590 Abs. 2 BGB). Des Weiteren ergreift der Ausschluss in A 2.2 Verwandte im zweiten Grad der Seitenlinie, das sind gem. § 1589 S. 2 BGB die **Geschwister.**

VII. Zeitpunkt

9   Maßgeblich für die Feststellung der Verwandtschaft nach a) und b) oder den Status als Gesellschafter oder Personal ist der **Zeitpunkt der Veruntreuung,** nicht der Schadenseintritt oder dessen Geltendmachung (*Mennemeyer*, Kap. 11 Rn. 99; Fischer/*Chab*, § 18 Rn. 62).

VIII. Vertrauensschadenfonds

10   Nach § 103 VVG, § 4.5 AVB-RS sowie A 2.2 ist **vorsätzliche Veruntreuung** grds. nicht von der Berufshaftpflichtversicherung der Anwälte versichert. In der Praxis sind leider Fälle der Veruntreuung durch Personal (mitunter auch durch den Anwalt selbst) nicht selten. Die Notare unterhalten aus diesem Grund getrennt von der Berufshaftpflichtversicherung einen aus Kammerbeiträgen gebildeten Vertrauensschadenfonds als öffentlich-rechtliches Zweckvermögen (ausführlich *Terbille* MDR 1999, 1426 (1427); *Wolff* VersR 1993, 272). Bestrebungen, einen ähnlichen Fonds auch für die Anwaltschaft einzurichten (dazu zB *Henssler* AnwBl. 1996, 3), sind gescheitert (ausführlich *Braun* BRAK-Mitt. 2002, 150 (152); dezidiert dagegen zB *Streck* AnwBl. 2004, 212), wobei allerdings **einzelne Anwaltskammern** (Freiburg, München) auf **freiwilliger Basis** vergleichbare Fonds eingerichtet haben, die sich vor allem aus Zwangsgeldern und Geldbußen speisen (*Braun* BRAK-Mitt. 2002, 150, Fn. 27).

A 2.3 Tätigkeit als Angestellter

In Erweiterung von § 4 Ziffer 4 bezieht sich der Versicherungsschutz nicht auf Haftpflichtansprüche aus der Tätigkeit des Versicherungsnehmers als Angestellter.

1   A 2.3 schließt den Versicherungsschutz aus der Tätigkeit des VN als Angestellter aus. Das betrifft vor allem **Syndici** im Verhältnis zum Unternehmen, für welches sie arbeiten. Macht das Unternehmen gegenüber dem Syndikusanwalt Schadenersatzansprüche wegen Falschberatung geltend, sind diese also nicht gedeckt. Dieses Ergebnis würde sich wohl auch aus B S. 1 BBR-RA (s. dort) ergeben, da nach der dort verankerten Risikobeschreibung nur die „freiberufliche" Tätigkeit gegenüber einem „Auftraggeber" (→ § 1 Rn. 14 ff.) versichert ist. An beidem fehlt es im Verhältnis zwischen Syndikus und Arbeitgeber. Ob der Syndikus sich nach den §§ 46 ff. BRAO als **„Syndikusrechtsanwalt"** zugelassen hat, ist für den Ausschluss in A 2.3 egal.

Der Haftungsausschluss in A 2.3 ist nachvollziehbar, da ja der Angestellte 2
den Weisungen des Dienstherrn unterliegt und deshalb die **Gefahr kollusiven Zusammenwirkens** besteht (zur Vereinbarkeit mit § 51 BRAO
→ Einl. Rn. 19). Überdies wirken Syndici häufig an wirtschaftlich bedeutenden Entscheidungen mit und das Haftungsrisiko des VR würde zusätzlich
dadurch größer, dass die Unternehmensleitungen regelmäßig rechtlich gezwungen wären, Haftungsansprüche gegen den Syndikus durchzusetzen.
Gleichwohl ist der Ausschluss in A 2.3 **AGB-rechtlich bedenklich,** da auf
ihn – anders als auf die sonstigen Ausschlüsse nach A 2 BBR-RA – **in § 4 nicht
hingewiesen** wird. Reine Kosmetik ist insoweit die Formulierung in A 2.3,
dass dieser Ausschluss „in Erweiterung von § 4 Ziff. 4" zu sehen sei. In Wahrheit hat er damit nicht das Geringste zu tun, sondern es handelt sich um einen
völlig selbständigen Ausschluss, der in der Risikobeschreibung der BBR-RA
„versteckt" wurde, statt ihn offen in die AVB hineinzuschreiben.

Trotz A 2.3 ist jeder Syndikus, der sich nebenberuflich als selbstständiger 3
Anwalt zugelassen hat, nach **§ 51 BRAO verpflichtet,** sich für die nebenberufliche Tätigkeit zu versichern, sonst verliert er seine Zulassung (→ Einl.
Rn. 37 ff.). Die Versicherung deckt dann aber nur die (evtl.) freiberufliche Nebentätigkeit gegenüber Dritten.

Bedeutung hat der Ausschluss in A 2.3 auch für die bei großen wirtschafs- 4
beratenden Sozietäten verbreiteten **Unternehmens-Secondments.** Dabei
werden angestellte Anwälte („Associates") zur Abrundung der Ausbildung, zur
Verbesserung des Verständnisses für die Belange des Mandanten oder schlicht
zur Mandatspflege für einige Wochen oder Monate in die Rechtsabteilungen
von Unternehmensmandanten entsandt. Wird zwischen dem Associate und
dem Unternehmen ein (befristeter) Arbeitsvertrag geschlossen, geht der Versicherungsschutz des Associate für pflichtwidrige Schädigung dieses Unternehmens verloren. Der Versicherungsschutz der Sozietät selbst ist hingegen in diesen
Fällen nicht tangiert, da die Sozietät nicht Angestellte des Unternehmens ist.

A 3. Meldepflichten des Versicherers

**Der Versicherer ist verpflichtet, der Rechtsanwalts- bzw. Patentanwaltskammer den Beginn und die Beendigung oder Kündigung des
Versicherungsvertrages sowie jede Änderung des Versicherungsvertrages, die den vorgeschriebenen Versicherungsschutz beeinträchtigt,
unverzüglich mitzuteilen.**

A 3 erwähnt die Verpflichtung des VR, der Anwaltskammer das Ende der 1
Versicherung unverzüglich mitzuteilen, desgleichen jede Änderung des Versicherungsvertrages, die den vorgeschriebenen Versicherungsschutz beeinträchtigt. Die Formulierung klingt so, als bestünde eine solche **gesetzliche
Pflicht,** auf die in den BBR-RA lediglich hingewiesen wird. Das ist irreführend. Eine solche Meldepflicht besteht nicht. Vielmehr regelt § 51 Abs. 6
BRAO, dass der Anwalt im **Versicherungsvertrag** den VR zu solchen Meldungen **verpflichten muss.** Die Formulierung in A 3 BBR-RA geht insoweit an der gesetzlichen Regelung glatt vorbei. Das ändert aber nichts daran,
dass die Regelung selbstverständlich **wirksam** ist. Sie ist auch unverzichtbar,

A 4. BBR-RA
A. Besondere Bedingungen

um zum Schutz des rechtsuchenden Publikums lückenlosen Versicherungsschutz zu gewährleisten und der Anwaltskammer die Möglichkeit zu geben, gegen Berufskollegen vorzugehen, die ohne ausreichenden Versicherungsschutz tätig sind (→ Einl. Rn. 37ff.). **Schriftform** sieht A 3 nicht vor, sodass die üblicherweise gewählte Textform (Fax, E-Mail) ausreicht.

A 4. Überschreiten der Pflichtversicherung
Soweit der Versicherungsvertrag den Inhalt oder Umfang der Pflichtversicherung überschreitet, gelten die Bedingungen des Teil 1 entsprechend, soweit nichts Abweichendes, zB durch zusätzliche Vereinbarungen, bestimmt ist.

Erweiterungen des Versicherungsschutzes lassen den Umfang des gesetzlich vorgeschriebenen Versicherungsschutzes unberührt.

1   Soweit die Versicherung **summenmäßig** oder **bedingungsmäßig** über die gesetzlichen Mindestanforderungen hinausgeht, gelten gem. A 4 S. 1 BBR-RA automatisch die Bedingungen der §§ 1 bis 11b, soweit nichts Abweichendes bestimmt ist, zB durch zusätzliche Vereinbarungen. Die Regelung ist **deklaratorisch** und weist auf das hin, was ohnehin im Zweifel gelten würde, nämlich dass sich durch eine Erhöhung der Versicherungssumme bzw. durch Sonderabreden betreffend den Deckungsumfang ansonsten an der Geltung der §§ 1 bis 11b nichts ändert. A 4 S. 1 wird – ohne dass darauf hingewiesen wird – von A **4.1 durchbrochen** (was AGB-rechtlich und auch nach § 113 Abs. 3 VVG bedenklich ist, → A 4.1 Rn. 9). Nach A 4.1 deckt eine erhöhte Versicherungssumme das Risiko der Inanspruchnahme im außereuropäischen Ausland nicht ab. Schutz besteht insoweit nur in Höhe der Mindestversicherungssumme (s. dort).

2   Nach A 4 S. 2 lassen **Erweiterungen des Versicherungsschutzes** den Umfang des gesetzlich vorgeschriebenen Versicherungsschutzes unberührt. Auf den ersten Blick ist dieser Satz unverständlich (Transparenzgebot?). Nach *Brügge* (in Gräfe/Brügge, 2006, Rn. A 163a) soll A 4.2 S. 2 in Fällen, in denen der VR im Innenverhältnis an sich leistungsfrei ist, die Konkurrenz zwischen § 113 und § 117 Abs. 3 VVG regeln. Während gem. § 117 Abs. 3 VVG die „Gleichwohl-Deckung" (→ § 3 Rn. 130ff.) summenmäßig nur in Höhe der gesetzlichen Mindestversicherungssumme bestehen bleibe, bleibe sie in sachlicher Hinsicht auch insoweit bestehen, als die Versicherung einen weiteren Deckungsumfang hat als gesetzlich vorgeschrieben (s. ausführlich → § 3 Rn. 138ff.).

3   Nach *Riechert,* A Rn. 78 und *Brügge* (Gräfe/Brügge, 2006, Rn. A 163a) soll durch A 4.2 S. 2 weiter sichergestellt werden, dass die zur Verfügung stehende (**maximierte**, s. A 1, s. dort) Gesamt-Versicherungssumme **vorrangig** für die **Deckung von Schäden im Pflichtversicherungsbereich** verwendet und nicht durch Abdeckung freiwillig mit übernommener Risiken (zB die Absicherung als Insolvenzverwalter nach B 1.1 BBR-RA) aufgezehrt wird. Danach müsste der VR also – egal wie viele und wie hohe Schäden der VN im Bereich der mitversicherten Tätigkeit als Insolvenzverwalter etc produziert – immer noch zusätzlich pro Jahr 4-fach die Versicherungshöchstsumme für Haftungsfälle bei klassischer anwaltlicher Rechtsberatung bereitstellen.

Außereuropäische Gerichte **A 4.1 BBR-RA**

A 4.1 Inanspruchnahme des Versicherungsnehmers vor außereuropäischen Gerichten

Für Haftpflichtansprüche aus der Inanspruchnahme des Versicherungsnehmers vor außereuropäischen Gerichten besteht Leistungspflicht nur in Höhe der Mindestpflichtversicherungssumme.

Übersicht

	Rn.
I. Überblick	1
II. Umfang des Ausschlusses	4
III. Wirksamkeit	8
1. AGB-Recht	8
2. § 113 III VVG	9

I. Überblick

Nach A 4.1 besteht die Leistungspflicht des VR bei Inanspruchnahme des 1
VN vor außereuropäischen Gerichten nur in Höhe der Mindestpflichtversicherungssumme. Diese Einschränkung ist insbesondere verständlich angesichts der Schadenersatzpraxis insbesondere von US-amerikanischen Gerichten, zusätzlich zum materiellen Schadenersatz auch **„punitive damages"** zuzuerkennen. Da ein Haftungsausschluss für die Inanspruchnahme vor außereuropäischen Gerichten in **§ 51 Abs. 3 BRAO** nicht vorgesehen ist, können die AVB-RS den Versicherungsschutz insoweit nicht ausschließen (*Müller* AnwBl. 2006, 278; *Borgmann* AnwBl. 2005, 733). Deshalb gehen die AVB-RS den Weg, im Bereich der gesetzlichen Mindestdeckung Schutz auch bei der Inanspruchnahme vor außereuropäischen Gerichten zu gewähren, bei freiwilliger Höherversicherung den Anspruch jedoch von der übersteigenden Deckung auszuschließen.

Zur Abgrenzung, wann ein Gericht als **europäisch** und wann als **außer-** 2
europäisch anzusehen ist, → A 2.1 Rn. 13 ff.

Gefährlich und zugleich **bedenklich** ist die Einschränkung des Deckungs- 3
schutzes für die Inanspruchnahme vor außereuropäischen Gerichten deshalb, weil der VN **nicht in der Hand** hat, **vor welchem Gericht er verklagt** wird. Er mag mit ausländischen Mandanten vereinbaren, dass für den Anwaltsvertrag deutsches Recht gilt und ausschließlich die deutschen Gerichte für Streitigkeiten daraus zuständig sein sollen. Erfahrungsgemäß schert dies aber ausländische Gerichte wenig, wenn sie von einem geschädigten Mandanten angerufen werden. Vielen nationalen Prozessordnungen (zB USA) liegt das Prinzip des „minimum contact" zugrunde, sodass die Gerichte ihre Zuständigkeit sehr schnell annehmen. Hat ein Gericht seine Zuständigkeit aber erst einmal bejaht, wird es im Zweifel auch dazu neigen, die ihm vertraute Rechtsordnung anzuwenden. Ein US-amerikanischer Mandant, der seinen deutschen Anwalt vor einem amerikanischen Gericht verklagt, wird deshalb erfahrungsgemäß nicht nur dort einen Gerichtsstand begründen können, sondern das Gericht oft auch davon überzeugen können, den Schadensfall nach US-amerikanischem Recht zu beurteilen. Diese Gefahr wird dadurch noch begünstigt, dass der BGH mittlerweile den früher anerkannten Grundsatz auf-

A 4.1 BBR-RA A. Besondere Bedingungen

gegeben hat, dass Erfüllungsort der Leistungen aus einem Anwaltsvertrag immer der Sitz der Kanzlei ist (NJW 2004, 54). Das steigert das Risiko ausländischer Klagen zusätzlich. Man mag argumentieren, dass die anwaltliche Berufshaftpflichtversicherung in erster Linie dem Schutz des (inländischen) rechtsuchenden Publikums dient und nur in zweiter Linie dem Schutz der wirtschaftlichen Existenz des Anwalts. Vor diesem Hintergrund mag gerechtfertigt sein, dass kein Versicherungsschutz besteht, wenn sich ausländische Mandanten an ihre Heimatgerichte wenden, um Ansprüche gegen den deutschen Anwalt durchzusetzen. Aus Sicht jedenfalls des mit internationalen Bezügen tätigen Anwalts dagegen ist A 4.1 eine ganz **empfindliche Deckungslücke**. Insbesondere international tätige Anwälte und Sozietäten sollten versuchen, mit dem VR eine **Sondervereinbarung** zu treffen, die A 4.1 abbedingt. Die meisten VR sind dazu auch bereit, berücksichtigen das allerdings bei der Prämienkalkulation.

II. Umfang des Ausschlusses

4   Die Deckung für Inanspruchnahme vor außereuropäischen Gerichten jedenfalls in Höhe der Mindestversicherungssumme bedeutet zugleich, dass insoweit nicht nur Anspruch auf **Schadensdeckung** besteht, sondern auch auf **Schadensabwehr** (§ 3 II 1 → § 3 Rn. 8 ff.). Wird der Anwalt vor außereuropäischen Gerichten auf eine höhere als die Mindestversicherungssumme in Anspruch genommen, werden sowohl die Schadensdeckung als auch die Schadensabwehrkosten gem. § 3 II 5.2 begrenzt (→ § 3 Rn. 117 ff.).

5   Handelt es sich zwar um ein **ausländisches**, aber **innereuropäisches** Gericht, greift die Begrenzung der Schadensabwehrkosten auf die Mindestversicherungssumme nicht. Es gilt dann aber die Begrenzung des **§ 3 II 6**, wonach der VR höchstens diejenigen Gebühren und Kosten übernimmt, die **fiktiv vor deutschen Gerichten angefallen wären** (→ § 3 Rn. 117 ff.).

6   Wegen der für den VN unkalkulierbaren und nicht steuerbaren Gefahren einer Inanspruchnahme vor ausländischen Gerichten (→ A 4.1 Rn. 3 und → § 3 Rn. 117 ff.) spricht viel dafür, dass A 4.1 dahingehend **restriktiv** auszulegen ist, dass bei Inanspruchnahme vor außereuropäischen Gerichten der VR **insoweit leistungspflichtig** bleibt, wie er leistungspflichtig wäre, wenn der Anwalt **vor einem deutschen Gericht** in Anspruch genommen worden wäre (so auch Prölss/Martin/*Lücke,* § 4 AVB Vermögen Rn. 7; aA *Borgmann* AnwBl. 2005, 733). Das bedeutet Folgendes:
– Gemäß den Grundsätzen des internationalen Privatrechts unterliegt der Anwaltsvertrag typischerweise dem Recht des Landes, in dem der Anwalt niedergelassen ist (vgl. Art. 4 Abs. 2 Rom I-VO). Deshalb gilt für den Anwaltsvertrag im Zweifel deutsches Recht (ausführlich *Lindner* AnwBl. 2003, 227). Ist der Anwalt vor dem außereuropäischen Gericht **unter Anwendung deutschen Rechts** richtigerweise zum Schadensersatz verurteilt worden, ist der VR in vollem Umfang leistungspflichtig (*Riechert,* A Rn. 85). Eine Leistungspflicht entfällt nur insoweit, als dem Gericht hinsichtlich der Haftung dem Grunde nach oder hinsichtlich der Schadenshöhe Fehler unterlaufen sind, dh, wenn der Anwalt bei Inanspruchnahme

Außereuropäische Gerichte **A 4.1 BBR-RA**

vor einem deutschen Gericht richtigerweise nicht oder nur in geringerer Höhe zum Schadensersatz verurteilt worden wäre (differenzierend *Riechert,* A Rn. 85). In diesen Konstellationen beschränkt sich 4.1 also darauf, die Bindungswirkung des gerichtlichen Urteils für den nachfolgenden Deckungsprozess zwischen VN und VR (→ § 3 Rn. 23 ff.) auszuschließen (so Prölss/Martin/*Lücke,* § 4 AVB Vermögen Rn. 7).

– Ist der Anwalt vor dem außereuropäischen Gericht (**fälschlicherweise**) **nach ausländischem Recht** in Anspruch genommen worden, haftet die Versicherung nur in dem Umfang, in dem der Anwalt bei fiktiver Anwendung deutschen Rechts zu Schadensersatz verurteilt worden wäre. Bedeutung hat dies insbesondere, wenn der Anwalt nach ausländischem Recht zu Strafschadensersatz (**„punitive damages"**) verurteilt wird, dafür ist der VR nicht eintrittspflichtig (*Riechert,* A Rn. 86). Ebenso trifft den VR keine Einstandspflicht, wenn sich durch die Anwendung ausländischen Rechts die Situation so zu Gunsten des Anwalts verschlechtert, dass er den Prozess verloren hat, obwohl er ihn bei Anwendung der deutschen Beweisregeln gewonnen hätte (zB wenn eine **Discovery** neuen Sachverhalt zu Tage gefördert hat, der in einem deutschen Prozess nicht hätte vorgetragen werden können).

– Im Übrigen bleibt der VR selbstverständlich zur Leistung verpflichtet, wenn der Anwalt zwar **zunächst** vor einem **außereuropäischen Gericht** verklagt wird, dann aber (wegen Verweisung oder erfolgreicher Klage gegen die Vollstreckbarkeit nach § 722 ZPO) der Anspruch **nachträglich** doch noch vor einem **deutschen Gericht** geltend gemacht wird (Prölss/Martin/*Lücke,* § 4 AVB Vermögen Rn. 7).

Nicht verwechselt werden darf der Ausschluss für die **Inanspruchnahme** 7 vor außereuropäischen Gerichten nach A 4.1 mit dem Ausschluss in A 2.1 b) bis d) für **Beratung** und Beschäftigung mit außereuropäischem Recht sowie **Auftreten** vor außereuropäischen Gerichten (s. dort). Das eine betrifft die Frage, in welcher Rechtsordnung und vor welchem Gericht sich der Anwalt **im Mandat** bewegt hat, die andere die Frage, nach welcher Rechtsordnung und vor welchem Gericht er **in Regress genommen** wird.

III. Wirksamkeit

1. AGB-Recht

A 4.1 enthält eine wesentliche Einschränkung des in A 4 S. 1 niedergelegten 8 Grundsatzes, wonach im Zweifel bei einer Erhöhung der Versicherungssumme die gleichen Bedingungen wie für die Grunddeckung gelten. A 4.1 regelt genau das Gegenteil: Während die Grunddeckung auch die Inanspruchnahme vor außereuropäischen Gerichten abdeckt, gilt dies für eine Aufstockung der Versicherungssumme nicht; die aufgestockte Versicherungssumme steht nur bei außergerichtlicher Inanspruchnahme sowie Inanspruchnahme vor europäischen Gerichten zur Verfügung. Auch besteht ein offener **Widerspruch** zu A 4, wonach bei freiwilliger Höherversicherung nur diejenigen Einschränkungen gelten sollen, die durch zusätzliche Vereinbarung getroffen

A 4.2 BBR-RA A. Besondere Bedingungen

werden. A 4.1 ist jedoch keine zusätzliche Vereinbarung, sondern Teil des Klauselwerks. Deshalb ist 4.1 **AGB-rechtlich bedenklich**.

2. § 113 III VVG

9   § 113 VVG regelt den Grundsatz der **Einheitlichkeit des Versicherungsvertrages** bei der **Pflichtversicherung**. Der VR darf eine einzelne Police grds. nicht in einen Teil mit zwingenden Regelungen der Pflichtversicherung und einen anderen Teil mit freien Regelungen aufspalten. Vielmehr soll die gesamte Police den Regeln der Pflichtversicherung unterliegen. Will der VR eine die Mindestversicherungssumme übersteigende Versicherungssumme versichern, darf diese Zusatzdeckung nicht mit Einschränkungen versehen werden, die in der Pflichtversicherung nicht zulässig wären. Es ist deshalb fraglich, ob das Sublimit in A 4.1 wirksam ist. Da jedoch der typische VN eine einheitliche Police wünscht, nehmen die VR dieses Risiko in Kauf (*Riechert*, A Rn. 78).

A 4.2 Ausschluss kaufmännischer Risiken

Ergänzend zu § 4 bezieht sich der Versicherungsschutz nicht auf Haftpflichtansprüche wegen Schäden aus einer kaufmännischen Kalkulations-, Spekulations- oder Organisationstätigkeit. Soweit der Versicherungsnehmer gemäß InsO (zB als (vorläufiger) Insolvenzverwalter, Sonder(insolvenz)verwalter, Gläubigerausschussmitglied, Sachwalter und Treuhänder), gemäß StaRUG als Restrukturierungsbeauftragter, Sanierungsmoderator und Gläubigerbeiratsmitglied oder als gerichtlich bestellter (vorläufiger) Liquidator oder Abwickler oder gemäß § 55 BRAO als Abwickler einer Praxis tätig ist, sind Haftpflichtansprüche wegen Schäden aus einer kaufmännischen Kalkulations- oder Organisationstätigkeit bis zur Höhe der vereinbarten Versicherungssumme, maximal in Höhe von EUR 2.500.000 je Versicherungsfall und Versicherungsjahr versichert.

Übersicht

	Rn.
I. Überblick	1
II. Kaufmännische Kalkulation, Spekulation, Organisation	2
III. Bedeutung und Reichweite des Ausschlusses	8

I. Überblick

1   Nach A 4.2 bezieht sich der Versicherungsschutz nicht auf Haftpflichtansprüche wegen Schäden aus einer **kaufmännischen Kalkulations-, Spekulations- oder Organisationstätigkeit**. **Unverständlich** ist die Eingangsformulierung, wonach dieser Ausschluss „**ergänzend zu § 4**" zu verstehen sei. In § 4 findet sich keinerlei Andeutung in diese Richtung und auch kein anderer Ausschlusstatbestand, als dessen Ergänzung man A 4.2 ansehen könnte. Die Formulierung ist schlicht irreführend. Satz 2 schließt die nach Satz 1 eigentlich nicht versicherten Tätigkeiten in die Versicherung ein, wenn sie auf

Ausschluss kaufmännischer Risiken **A 4.2 BBR-RA**

einem der aufgezählten InsO-Ämter oder auf Ämtern als Liquidator oder Abwickler beruhen. Die Leistung des VR ist dann aber auf 2,5 Mio. EUR begrenzt. Zur Frage, ob das Sublimit des Satzes 2 mit § 113 Abs. 3 VVG vereinbart ist, s. → A 4.1 Rn. 9.

II. Kaufmännische Kalkulation, Spekulation, Organisation

Die drei Begriffe **„Kalkulation"**, **„Spekulation"** und **„Organisation"** 2 beschreiben ureigenste kaufmännische bzw. betriebswirtschaftliche Tätigkeiten. Sie sind jedoch weitgehend **konturlos** und **zur Abgrenzung im Grunde ungeeignet:**

Unter **„Spekulation"** versteht man nach allgemeinem Sprachgebrauch ein 3 Wirtschaften mit handelbaren Sachen, Devisen oder Wertpapieren, dessen Erfolg oder Misserfolg vom Eintritt oder Nichteintritt gewisser Umstände abhängt und deshalb Züge eines Glücksspiels hat.

Unter **„Kalkulation"** versteht man typischerweise das Aufstellen komplexer und mit Unwägbarkeiten verbundener Rechenwerke, zB bei der Kalkulation von Angebotspreisen für einen umfangreichen Auftrag. Das Vorliegen von Unwägbarkeiten unterscheidet die „Kalkulation" von der (exakten) „Berechnung". Mitversichert sind also **Fehler** des Anwalts **bei komplizierten Rechenwerken, die zur Ermittlung von Ansprüchen erforderlich** sind (zB Unterhaltsberechnungen, Berechnungen von Verzugszinsen, Abfindungsberechnungen im Arbeits- und Gesellschaftsrecht, Ermittlung von Erbauseinandersetzungsansprüchen oä). Nicht versichert ist ein Rechenwerk nur dann, wenn es mit Unwägbarkeiten verbunden ist und einem **kaufmännischen** Ziel dient, zB der Ermittlung eines Kauf- oder Angebotspreises.

Als **„Organisation"** bezeichnet man im allgemeinen Sprachgebrauch 5 das administrative Ordnen, Steuern und Abwickeln einzelner Geschäftsvorfälle.

Das Merkmal **„kaufmännisch"** hat keinen eigenen Bedeutungsgehalt. 6 Vielmehr wird nur klargestellt, dass es sich eben nicht um rechtsberatende Tätigkeit handeln muss.

Zu beachten ist, dass es für „Kalkulation", „Spekulation" und „Organi- 7 sation" nicht darauf ankommt, wo der Schwerpunkt der aus dem persönlichen Amt fließenden Aufgaben liegt. Vielmehr knüpft die Regelung speziell an die jeweilige **Fehlerquelle** an (*Riechert,* A Rn. 104).

III. Bedeutung und Reichweite des Ausschlusses

Der Ausschluss in A 4.2 ist entgegen einer verbreiteten Auffassung (zB 8 Gräfe/Brügge/Melchers/*Brügge,* Rn. B 339) **nicht deklaratorisch** (zutr. *Riechert,* A Rn. 99). Tatsächlich erschließt sich der Sinn von A 4.2 nur aus seinem Satz 2, der die **Verbindung zu B 1.1 BBR-RA** herstellt. Nach dieser Regelung ist **„mitversichert"** (dh, obwohl eigentlich außerhalb des anwaltlichen Berufsbilds liegend, gleichwohl von der Versicherungsdeckung mitumfasst) ua auch die Tätigkeit des Anwalts als **Insolvenzverwalter, Sachwalter,**

A 4.3 BBR-RA   A. Besondere Bedingungen

Gläubigerausschussmitglied, Treuhänder etc gem. InsO oder StaRUG sowie als gerichtlich bestellter **Liquidator** sowie als **Abwickler** (s. dort). Bei diesen Tätigkeiten können in der Tat je nach Sachlage kaufmännische oder betriebswirtschaftliche Aktivitäten klar im Vordergrund stehen. Insbesondere beim Insolvenzverwalter sowie beim Liquidator kann die kaufmännische Organisationstätigkeit je nach Sachverhalt sogar den eigentlichen Kern der Tätigkeit ausmachen, insbesondere soweit es um das Erwirtschaften von Überschüssen bei Fortsetzung des Geschäftsbetriebs geht (*Riechert,* A Rn. 94). So weit soll der Versicherungsschutz dann doch nicht gehen, sodass hier kaufmännische Kalkulation und Organisation (nicht aber Spekulation!) versichert ist, allerdings nur mit dem Sublimit. Bei diesen Tätigkeiten ergibt sich also ein komplexes – und deshalb AGB-rechtlich bedenkliches – Zusammenspiel von Versicherungsdeckung, Versicherungseinschlüssen und Risikoausschlüssen: An sich besteht die Versicherung nach § 1 I nur zur Abdeckung spezifisch anwaltlicher Risiken, dh für den Bereich der Rechtsberatung. Nach B 1.1 BBR-RA ist jedoch ausnahmsweise die Tätigkeit als Insolvenzverwalter etc mitversichert. Soweit diese Tätigkeit jedoch im Einzelfall ganz überwiegend kaufmännisch/organisatorisch ist, begrenzt nun A 4.2 S. 1 den Versicherungsschutz – für diesen Teil der Tätigkeit bzw. diese Fehlerquellen – summenmäßig auf 2,5 Mio. EUR. Das gilt auch, soweit gemäß B 1.2 für Tätigkeiten als **Insolvenzverwalter** etc ausdrücklich einzelne Risiken als mitversichert gelten, die sich aus der Fortführung des insolventen Betriebs ergeben, dh auch hier gilt das **Sublimit** von 2,5 Mio EUR. Das ergibt sich aus der Formulierung „im bedingungsgemäßen Umfang" in B 1.2 (aA 2. Aufl.).

A 4.3 Deckung für Auszahlungsfehler bei Anderkonten

Versicherungsschutz wird auch für den Fall geboten, dass der Versicherungsnehmer wegen einer fahrlässigen Verfügung über Beträge, die in unmittelbarem Zusammenhang mit einer Rechtsanwaltstätigkeit auf ein Anderkonto eingezahlt sind, von dem Berechtigten in Anspruch genommen wird.

Das Gleiche gilt für die Inanspruchnahme des Versicherungsnehmers aus fahrlässigen Verfügungen über fremde Gelder, die zur alsbaldigen Anlage auf ein Anderkonto in Verwahrung genommen und ordnungsgemäß verbucht sind.

Übersicht

	Rn.
I. Überblick	1
II. Versicherungsschutz	4
III. Gelder; Beträge	5
IV. Einzahlung auf Anderkonto; Entgegennahme zur Einzahlung	7
V. Zusammenhang mit Anwaltstätigkeit	11
VI. Fahrlässige Verfügung	12

Auszahlungsfehler bei Anderkonten **A 4.3 BBR-RA**

I. Überblick

Nach A 4.3 S. 1 besteht Versicherungsschutz auch für den Fall, dass der VN 1
wegen einer **fahrlässigen Verfügung** über Beträge, die in unmittelbarem
Zusammenhang mit einer Rechtsanwaltstätigkeit auf ein **Anderkonto** eingezahlt sind, von dem Berechtigten in Anspruch genommen wird.

An sich wären Fälle, in denen fremdes Geld fehlt, grds. nicht versichert. 2
Denn betreffend Bargeld handelt es sich um **Sachschäden,** die nach § 1 I 3
und § 3 III 3 nicht versichert sind (→ § 1 Rn. 105 ff.; → § 3 Rn. 142 ff.). Überdies macht der Geschädigte keine Schadensersatzansprüche geltend, sondern
Erfüllungsansprüche, die wiederum gem. § 1 I 1 S. 2 nicht versichert sind
(Fischer/*Chab,* § 18 Rn. 85; → § 1 Rn. 87 ff.). A 4.3 ist deshalb eine **Ausweitung des Versicherungsschutzes.** Unrichtig ist allerdings die Auffassung
des OLG Düsseldorf (BeckRS 2008, 25292), wonach fahrlässige Verfügungen
über Mandantengelder schon über § 1 AVB-RS versichert seien und die Ausweitung des Versicherungsschutzes durch A 4.3 darin bestehe, dass der Anwalt
auch dann versichert ist, wenn er bei der Verfügung über Gelder Pflichten gegenüber Dritten (Treugeber) verletzt. Das OLG verkennt zum einen, dass
Erfüllungsansprüche schon nach § 1 AVB-RS grds. nicht versichert sind
(→ § 1 Rn. 87 ff.), und zum anderen, dass es für die Anwaltshaftung grds. nicht
darauf ankommt, ob Pflichten gegenüber Mandanten oder Pflichten gegenüber Dritten verletzt werden (→ § 1 Rn. 63 ff., 81).

Die Abgrenzung zwischen Satz 1 und Satz 2 ist **unklar,** weil teilweise 3
ähnliche und teilweise abweichende Begriffe verwendet werden, und überdies
nicht klar wird („das Gleiche gilt"), ob und inwieweit die Voraussetzungen des
Satz 1 auch für Satz 2 gelten und umgekehrt. A 4.3 ist geradezu ein Musterbeispiel dafür, wie man vertragliche Bedingungen nicht formulieren sollte.

II. Versicherungsschutz

Irreführend ist zunächst der Einleitungssatz, wonach Versicherungsschutz 4
auch für diesen Fall „geboten" werde. A 4.3 ist nicht so zu verstehen, dass der
VR sich bereit erklärt, auf Wunsch des VN dieses Risiko mitzuversichern.
Vielmehr ist – schon wegen der allgemeinen AGB-rechtlichen Auslegungsgrundsätze – die Klausel so zu verstehen, dass insoweit **von vornherein Versicherungsschutz** auch ohne zusätzliche Abrede **besteht.**

III. Gelder; Beträge

Satz 1 spricht von **„Beträgen",** während Satz 2 von **„Geldern"** spricht. 5
Beides meint wohl das gleiche, nämlich Geld, sei es als Münzen oder Geldscheine, sei es als Buchgeld (Giralgeld).

Während Satz 1 offenlässt, um wessen Geld es sich handeln muss, fordert 6
Satz 2, dass es sich um **„fremde"** Gelder handelt. Das kann aber keinen inhaltlichen Unterschied machen, da es auch in Satz 1 um das Geld Dritter und

A 4.3 BBR-RA
A. Besondere Bedingungen

nicht um das eigene Geld des Anwalts geht (sonst läge ohnehin ein nicht versicherter Eigenschaden vor, s. → A. 2.2 Rn. 5).

IV. Einzahlung auf Anderkonto; Entgegennahme zur Einzahlung

7 Satz 1 verlangt, dass das Geld bereits „auf ein Anderkonto" **eingezahlt** ist. Das wird man so verstehen müssen, dass es nicht auf den Einzahlungsvorgang ankommt, sondern dass das Geld diesem Konto **bereits gutgeschrieben** sein muss, sodass Satz 1 nur die fehlerhafte Auszahlung von dem Anderkonto umfasst.

8 Satz 1 verlangt nicht, dass es sich um ein Anderkonto **des VN** handeln muss. So wird der erweiterte Versicherungsschutz nach A 4.3 auch dann gelten müssen, wenn der Anwalt zusammen mit einem weiteren, sozietätsfremden Treuhänder das Anderkonto eingerichtet hat. Auch wird man im Rahmen einer Sozietät oder Bürogemeinschaft ausreichen lassen müssen, dass die Sozietät ein gemeinsames Anderkonto eingerichtet hat.

9 Dem gegenüber spricht Satz 2 davon, dass das Geld nur „**zur alsbaldigen Anlage** auf ein Anderkonto **in Verwahrung genommen**" sein muss. Damit scheint der alleinige Zweck von Satz 2 zu sein, den Schutz des Satz 1 nochmals nach vorne zu verlagern. Der Versicherungsschutz besteht nicht nur (wie nach Satz 1), wenn das Geld bereits auf dem Anderkonto angekommen ist und es von dort fahrlässig falsch überwiesen wird. Vielmehr besteht Versicherungsschutz nach Satz 2 schon dann, wenn das Geld (sei es als Münzen, Banknoten oder Giralgeld) irgendwie beim Anwalt ankommt, um dann auf ein Anderkonto eingezahlt zu werden. Damit besteht Versicherungsschutz auch dann, wenn zB das Geld zunächst auf einem allgemeinen Konto des Anwalts (zB Honorarkonto) ankommt und dann beim Transferieren auf das Anderkonto eine Fehlüberweisung erfolgt. Allerdings verlangt Satz 2 für den vorgelagerten Schutz zusätzlich noch, dass das Geld bereits „**ordnungsgemäß verbucht**" sein muss. Dieses Kriterium ist rätselhaft, zumal der Anwalt den Regeln der kaufmännischen Buchführung nicht unterliegt und deshalb große Freiheit in seiner Buchführungspraxis hat. Dieses Kriterium kann deshalb AGB-rechtlich keinen Bestand haben. Ebenso rätselhaft ist das weitere Kriterium des Satz 2, dass das Geld „**in Verwahrung**" genommen sein muss. Dieses Kriterium kann sich nur auf Münzen und Banknoten beziehen, nicht aber auf Giralgeld. Der Regelfall ist aber heutzutage, dass bargeldlos gezahlt wird. Ebenso rätselhaft ist das weitere Kriterium „**zur alsbaldigen Anlage auf ein Anderkonto**". Erhält der Anwalt Geld, welches auf ein Anderkonto transferiert werden soll, wird typischerweise nicht unterschieden zwischen einer Überweisung zur „alsbaldigen Anlage" und einer Überweisung zur „späteren Anlage". Auch dieses Kriterium ist deshalb letztlich inhaltsleer.

10 Trotz der ärgerlichen Formulierungsunklarheiten haben aber A 4.3 Sätze 1 und 2 einen Punkt gemeinsam: Versicherungsschutz besteht nicht schon dann, wenn der Anwalt irgendwie Fremdgelder verwahrt und verwaltet, sondern nur dann, wenn er ein **echtes „Anderkonto"** iSv § 43a Abs. 7 S. 2 BRAO, § 4 BORA führt (zu den Anforderungen s. Weyland/*Träger*, § 43a Rn. 92 mwN). In diese Richtung deutet auch A 4.3 S. 2, der „ordnungsgemäße" Ver-

Auszahlungsfehler bei Anderkonten **A 4.3 BBR-RA**

buchung verlangt. Das bloße Führen eines „zweiten Geschäftskontos" ist noch kein Führen eines „Anderkontos" (Gräfe/Brügge/Melchers/*Gräfe,* Rn. E 45). Diese Erfordernisse sind auch kein inhaltsleerer Formalismus. Vielmehr ist es gerechtfertigt, die Ausweitung der Versicherungsdeckung auf abhanden gekommene Gelder nur denjenigen Anwälten zugutekommen zu lassen, die sich wenigstens bemüht haben, durch Errichtung ordnungsgemäßer Anderkonten die Gefahr von Vermögensvermischung und Vermögensfehlverfügungen gering zu halten. Andererseits wird man Deckungsschutz nach A 4.3 nicht schon dann verneinen können, wenn der Anwalt sich in irgendeinem Detail nicht an die allgemeinen Regeln zur Führung von Anderkonten gehalten hat. Für die Bejahung von Versicherungsschutz verlangen kann man aber immerhin, dass die Grundregeln der Anderkontenführung eingehalten sind.

V. Zusammenhang mit Anwaltstätigkeit

A 4.3 bezieht sich nicht allgemein auf Anderkonten und die darauf eingezahlten Beträge. Vielmehr besteht Deckung nur für solche Beträge, die **„in unmittelbarem Zusammenhang mit einer Rechtsanwaltstätigkeit"** eingezahlt wurden. Es muss sich also um Gelder handeln, die im Zuge einer spezifisch anwaltlichen Tätigkeit über die Konten des Anwalts geflossen sind. Typische Fälle sind **Gerichtskostenvorschüsse,** die der Mandant an den Anwalt zahlt, damit dieser sie ans Gericht weiterleitet, oder **Zahlungen der Gegenseite** auf Grund außergerichtlicher Aufforderung oder (vorläufig) vollstreckbaren Urteils, die der Anwalt an seinen Mandanten weiterzuleiten hat. Kein Versicherungsschutz für Auszahlungsfehler besteht also bei kaufmännischen Geschäften außerhalb der anwaltstypischen Berufstätigkeit (ausführlich zur Abgrenzung → § 1 Rn. 19 ff.) sowie im Zusammenhang mit den **nach B 1.1 BBR-RA mitversicherten Aufgaben/Ämtern** (Insolvenzverwalter, Treuhänder, Testamentsvollstrecker etc, s. dort), sofern im Rahmen dieser Aufgaben/Ämter nicht zufällig anwaltliche Aufgaben erfüllt wurden (*Riechert,* Rn. 111). Deshalb ist die Anwendbarkeit von A 4.3 fraglich, wenn das Anderkonto lediglich zur Zug-um-Zug-Abwicklung eines Kaufvertrages errichtet wurde (*Riechert,* A Rn. 113, 114). Ein unmittelbarer Zusammenhang mit Anwaltstätigkeit fehlt auch, wenn der Anwalt sein Konto lediglich zur **Weiterleitung von Anlegergeldern** an eine Kapitalanlagegesellschaft zur Verfügung steht (LG Hannover BeckRS 2016, 15277). Satz 2 enthält allerdings das Erfordernis des **„unmittelbaren Zusammenhangs mit einer Rechtsanwaltstätigkeit"** nicht. Man kann jedoch aus der Formulierung „das Gleiche gilt" in Satz 2 folgern, dass auch insoweit ein unmittelbarer Zusammenhang mit einer Rechtsanwaltstätigkeit bestehen muss und die Verwaltung fremder Gelder jedenfalls nicht Hauptinhalt des übernommenen Auftrags sein darf.

VI. Fahrlässige Verfügung

Sowohl Satz 1 als auch Satz 2 fordern, dass es sich um eine **„fahrlässige Verfügung"** gehandelt hat. Damit ist – in Abgrenzung zu A 2.2 – die **vorsätzlich** falsche Verfügung **(Veruntreuung)** nicht versichert.

13 A 4.3 fordert des Weiteren eine „**Verfügung**". Das setzt eine wissentliche und willentliche Vermögensbewegung voraus. Versichert ist also **nicht** ein **fahrlässiges** Abhandenkommen, Verlieren etc (*Riechert,* A Rn. 118). Vielmehr ist Voraussetzung des Versicherungsschutzes, dass der Anwalt **absichtlich Gelder bewegt** hat. Das Kriterium der Fahrlässigkeit bezieht sich also nicht auf die Tatsache der Vermögensbewegung als solche, sondern auf die **Höhe des Betrages** und den **Adressaten**. Versichert ist also sowohl die Überweisung/Weiterleitung eines Geldbetrages an den falschen Adressaten als auch die Überweisung/Weiterleitung eines zu hohen Geldbetrages an den richtigen Adressaten, wenn die Rückforderung des zu viel verfügten Betrages scheitert. Keine Stütze im Wortlaut der Norm findet die Auffassung, A 4.3 erfasse nur Fehler „beim Zahlungsakt" (so aber *Chab* AnwBl. 2017, 1112 (1113)), sodass Fehler bei der Prüfung von materiellen Zahlungsvoraussetzungen (zB der Berechtigung des Zahlungsempfängers) nicht versichert seien.

B. Risikobeschreibungen für die Vermögensschaden-Haftpflichtversicherung von Rechtsanwälten (einschließlich des Rechtsanwaltsrisikos von Anwaltsnotaren)

Im Rahmen der dem Vertrag zugrundeliegenden Allgemeinen Versicherungsbedingungen zur Vermögensschaden-Haftpflichtversicherung für Rechtsanwälte und Patentanwälte ist versichert die gesetzliche Haftpflicht des Versicherungsnehmers aus der gegenüber seinem Auftraggeber freiberuflich ausgeübten Tätigkeit als Rechtsanwalt.

1. Mitversicherte Tätigkeiten

1.1 Mitversichert sind die nachfolgend abschließend aufgezählten Tätigkeiten, sofern keine Pflichtversicherung gesetzlich vorgeschrieben ist
- gemäß InsO, zB als (vorläufiger) Insolvenzverwalter, Sonder(insolvenz)verwalter, Gläubigerausschussmitglied, Sachwalter und Treuhänder;
- gemäß StaRUG als Restrukturierungsbeauftragter, Sanierungsmoderator und Gläubigerbeiratsmitglied;
- als gerichtlich bestellter (vorläufiger) Liquidator oder Abwickler;
- als Testamentsvollstrecker, Nachlasspfleger, Nachlassverwalter, Vormund, Betreuer, Pfleger, Beistand;
- als Schiedsrichter, Schlichter, Mediator;
- gemäß § 55 BRAO als Abwickler einer Praxis und gemäß § 30 BRAO als Zustellungsbevollmächtigter;
- als Notarvertreter;
- als Autor, Dozent und Referent auf rechtswissenschaftlichem Gebiet;
- als Mitglied eines Aufsichtsrates, Beirates, Stiftungsrates oder ähnlicher Gremien, soweit die dem Verstoß zugrundeliegende Tätigkeit einer anwaltlichen Berufsausübung entspricht.

B. Risikobeschreibungen Rechtsanwälte **B BBR-RA**

1.2 Soweit eine Tätigkeit ausgeübt wird als (vorläufiger) Insolvenzverwalter, Sonder(insolvenz)verwalter, Restrukturierungsbeauftragter, Sanierungsmoderator oder Gläubigerausschuss/-beiratsmitglied, sind im bedingungsgemäßen Umfang insbesondere Haftpflichtansprüche mitversichert
a) wegen Schäden, welche daraus resultieren, dass der Betrieb des Schuldners ganz oder teilweise fortgeführt wird;
b) aus §§ 34, 69 AO und vergleichbaren Fällen der persönlichen Haftung wegen Nichtabführung von Sozialversicherungsbeiträgen oder anderen öffentlichen Abgaben, sofern nicht wissentlich vom Gesetz abgewichen wurde;
c) welche darauf beruhen, dass Versicherungsverträge nicht oder nicht ordnungsgemäß abgeschlossen, erfüllt oder fortgeführt werden, es sei denn, es wurde bewusst davon abgesehen;
d) wegen Fehl- oder Doppelüberweisungen sowie Fehlern bei der Auszahlung der Insolvenzquote und der Abrechnung des Insolvenzgeldes;
e) wegen Schäden durch vorsätzliche Straftaten gegen das Vermögen durch Personal des Versicherungsnehmers wie auch des Insolvenzschuldners, soweit der Versicherungsnehmer oder eine berufsangehörige mitversicherte Person wegen fahrlässiger Verletzung ihrer Aufsichts- und Überwachungspflicht in Anspruch genommen wird;
f) gegen den Versicherungsnehmer oder eine berufsangehörige mitversicherte Person wegen Pflichtverletzungen von Angestellten des Insolvenzschuldners, Angestellten und Gesellschaftern des Versicherungsnehmers und dessen freien Mitarbeitern, derer er sich zur Mitwirkung bei der Ausübung seiner Tätigkeit bedient.

2. Vertreter des Versicherungsnehmers

Mitversichert ist im Rahmen des Vertrages die gesetzliche Haftpflicht von Vertretern des Versicherungsnehmers aus der Vertretertätigkeit, solange der Versicherungsnehmer an der Ausübung seines Berufes gehindert ist. Die Mitversicherung besteht nicht, soweit der Vertreter durch eine eigene Versicherung gedeckt ist.

3. Erben des Versicherungsnehmers

Mitversichert ist im Rahmen des Vertrages die gesetzliche Haftpflicht der Erben aus Verstößen, die bis zur Bestellung eines Praxisabwicklers oder bis zur Praxisveräußerung, längstens jedoch bis zu 8 Wochen nach dem Ableben des Erblassers, vorgekommen sind.

4. Ausschluss von Leitungs- und Kontrollfunktionen

Ansprüche aus der Tätigkeit als Leiter, Vorstands-, Aufsichtsrats- oder Beiratsmitglied, Geschäftsführer von Unternehmen, Vereinen, Verbänden und als Angestellter sind auch im Rahmen der mitversicherten Tätigkeiten vom Versicherungsschutz ausgeschlossen.

B BBR-RA B. Risikobeschreibungen Rechtsanwälte

Übersicht

	Rn.
I. Überblick	1
II. Freiberufliche Tätigkeit als Rechtsanwalt (S. 1)	2
III. Mitversicherte Ämter und Funktionen (1.1, 1.2)	3
1. Allgemeines	3
a) Bedeutung	3
b) Person des Amtsträgers	8
c) Wirksamkeit der Bestellung	9
d) Versicherte Ansprüche	10
e) Subsidiarität	12
2. Mitversicherte Ämter/Tätigkeiten bei Insolvenz/Sanierung	13
a) Mitversicherte Ämter/Tätigkeiten	13
b) Deckungsumfang, Verhältnis von A 4.2 zu B 4	18
3. Sonstige mitversicherte Ämter und Funktionen	21
a) Gerichtlich bestellter Liquidator/Abwickler	21
b) Familien- und erbrechtliche Ämter	22
c) Beistände	27
d) Schiedsrichter, Schlichter, Mediator	28
e) Kanzleiabwickler, Zustellungsbevollmächtigter, Notarvertreter	33
f) Autor, Dozent, Referent	37
g) Tätigkeit in Aufsichtsräten, Beiräten etc	38
IV. Mitversicherung von Vertretern und Erben (B 2 und 3)	41
1. Vertreter des VN (2)	41
2. Erben (3)	44
V. Ausgeschlossene Ämter als Unternehmensleiter (4)	45
VI. Bedingungswerke anderer VR	46
1. Berufsständische Tätigkeit	46
2. Hilfeleistung in Steuersachen	47
3. Bescheinigungen nach § 270b InsO (Sanierungsplan)	48
4. Geldwäsche	49
5. Ombudsmann	50

I. Überblick

1 Abschnitte B und C von Teil 2 der AVB-RS enthalten sog. „**Risikobeschreibungen**". Darunter werden nach allgemeinem versicherungsrechtlichem Sprachgebrauch erläuternde Beschreibungen des versicherten Risikos nach **Eigenschaften, Rechtsverhältnissen** oder **Tätigkeiten des VN** verstanden (siehe Vorb. zu Teil 2). Während Teil A (Besondere Bedingungen) der BBR-RA für **Rechtsanwälte** und **Patentanwälte** gleichermaßen gilt, sind die Risikobeschreibungen der BBR-RA getrennt für Rechtsanwälte in Teil B enthalten, für Patentanwälte in Teil C. **B Satz 1** beschreibt rein deklaratorisch das schon in § 1 I beschriebene Risiko noch einmal (leider mit abweichender Terminologie). **B 1.1** bis **3** enthalten ganz überwiegend nicht nur deklaratorische Klarstellungen des Versicherungsschutzes, sondern materielle Ausweitungen. **B 4** (Organtätigkeit) enthält eine Unterausnahme (Gegenausnahme) zu den gem. **B 1.1** mitversicherten Tätigkeiten.

B. Risikobeschreibungen Rechtsanwälte **B BBR-RA**

II. Freiberufliche Tätigkeit als Rechtsanwalt (S. 1)

Nach B S. 1 BBR-RA ist versichert die gesetzliche Haftpflicht des VN aus 2
der gegenüber seinem Auftraggeber **freiberuflich ausgeübten Tätigkeit als
Rechtsanwalt.** Dieser Satz hat keinen eigenen Regelungsgehalt. Er wiederholt nur den Gegenstand der Versicherung, der sich auch schon aus § 1 I ergibt
(ausführlich → § 1 Rn. 19 ff.). Das Erfordernis der „freiberuflich" ausgeübten
Tätigkeit korrespondiert mit dem Ausschluss nach A 2.3 für angestellte (Syndikus-)Anwälte (→ A 2.3 Rn. 1 ff.). Dass die Einschränkung „**gegenüber
seinem Auftraggeber**" keine Bedeutung hat (→ § 1 Rn. 14 ff.), ergibt sich
schon aus dem Vergleich mit der Risikobeschreibung für Patentanwälte
(C S. 1), die diese Einschränkung nicht enthält, ansonsten aber wortgleich
formuliert ist. Es kann nicht unterstellt werden, dass zwischen Anwälten und
Patentanwälten differenziert werden sollte.

III. Mitversicherte Ämter und Funktionen (1.1, 1.2)

1. Allgemeines

a) Bedeutung. Nach B 1.1 BBR-RA ist mitversichert die Tätigkeit als 3
**Insolvenzverwalter, Gläubigerausschussmitglied, Sachwalter, Treuhänder, Restrukturierungsbeauftragter, Sanierungsmoderator, Gläubigerbeiratsmitglied, Liquidator, Testamentsvollstrecker, Nachlasspfleger, Nachlassverwalter, Vormund, Betreuer, Pfleger, Beistand,
Schiedsrichter, Schlichter, Mediator, Praxisabwickler, Zustellungsbevollmächtigter, Notarvertreter, Autor, Dozent** und **Referent** sowie
unter bestimmten Voraussetzungen auch als Mitglied eines **Aufsichtsrats,
Beirats** etc. Die Bedeutung dieser Deckungserweiterungen kann **nicht überschätzt** werden. Es handelt sich um Tätigkeiten, die klassischerweise auch
oder sogar ganz überwiegend von Rechtsanwälten wahrgenommen werden,
aber im eigentlichen Sinne nicht rechtsberatende Tätigkeit sind. Insoweit hat
sich das **Berufsbild** des Rechtsanwalts über die Jahrzehnte **weiterentwickelt**
und in den nicht-juristischen Bereich hinaus ausgedehnt. Klassisches Beispiel
ist der **Insolvenzverwalter.** Nach dem klassischen Berufsbild des Insolvenzverwalters, wie es jahrzehntelang verstanden wurde, war der Verwalter vor
allem ein geschulter Jurist, der unter Beachtung der Regeln der Konkursordnung das vorhandene Vermögen abwickelte. Heutzutage ist der Insolvenzverwalter, obwohl immer noch häufig von Haus aus Rechtsanwalt, ein Vollblut-Betriebswirt, dessen Hauptaufgabe oft darin besteht, ein angeschlagenes Unternehmen durch betriebswirtschaftlich richtige Weichenstellungen wieder
flott zu machen und dadurch Arbeitsplätze zu sichern. Der Kern von B 1.1
BBR-RA ist also die Überwindung der Einschränkung, dass nur die eigentlich
anwaltliche Tätigkeit versichert ist (so der Grundsatz in § 1 I, ausführlich dazu
→ § 1 Rn. 19 ff.).

Die Deckungserweiterung auf die **Insolvenzverwaltung** ist zweischneidig 4
(→ Vorb. BBR-RA Rn. 3) und taugt wegen der diversen Einschränkungen in
B 4 und A 4.2 nur für den **gelegentlich** als Insolvenzverwalter tätigen Anwalt.

B BBR-RA B. Risikobeschreibungen Rechtsanwälte

Vollberufliche Insolvenzverwalter dagegen haben durchweg einen eigenen speziellen Versicherungsschutz über eigens dafür eingerichtete Policen (zu den gebräuchlichen Deckungskonzepten für Insolvenzverwalter ausführlich *Riechert* AnwBl. 2016, 924).

5   Wie durch die Worte „abschließend aufgezählt" in B 1.1 klargestellt wird, sind die aufgezählten mitversicherten Ämter **nicht analogiefähig.** Der **exakten Abgrenzung** dieser Ämter kommt also erhebliche Bedeutung zu (→ Rn. 13 ff.). Nicht mitversichert – zumindest nicht über B 1.1 – ist also zB das Amt als **„bestellter Vertreter"** im aktienrechtlichen Spruchverfahren. Das ändert aber nichts daran, dass die Aufzählung in B 1.1 auslegungsfähig und -bedürftig ist (→ Rn. 13 ff.). Unabhängig davon besteht häufig die Möglichkeit, den **Versicherungsschutz** durch **individuelle Vereinbarung** mit dem VR zu **erweitern.** Will der Anwalt einen Auftrag oder ein Amt annehmen, welches nicht versichert ist oder dessen Versicherungsdeckung zweifelhaft ist, ist der VR häufig bereit, durch Einzelzusage – mit oder ohne Sonderprämie – den Versicherungsschutz ausdrücklich darauf auszuweiten. So berichten *Sassenbach/Riechert* (in MAH VersR § 18 Rn. 94) beispielsweise von der Bereitschaft einiger VR, die Tätigkeit als nicht gerichtlich bestellter **Liquidator** im Einzelfall mitzuversichern (zum gerichtlich bestellten Liquidator → Rn. 21).

6   Die Ausdehnung des Versicherungsschutzes auf im Wesentlichen kaufmännische Tätigkeiten bewirkt B 1.1 technisch dadurch, dass der Versicherungsschutz an die Wahrnehmung **bestimmter formaler Ämter** und **gesetzlich definierter Sonderaufgaben** geknüpft wird, die überwiegend der zweckgebundenen Wahrnehmung fremder Vermögensinteressen dienen (Gräfe/Brügge/Melchers/*Brügge,* Rn. B 322). Das dient zur leichteren Abgrenzung und vermeidet Beweisprobleme. Nimmt der Anwalt diese Ämter bzw. Sonderaufgaben wahr, ist nicht mehr zu prüfen, ob der Inhalt seiner Tätigkeit schwerpunktmäßig juristisch oder schwerpunktmäßig kaufmännisch ist (s. ansonsten → § 1 Rn. 19 ff.). Vielmehr ist die **gesamte Tätigkeit** mitversichert, die der Anwalt in Ausübung seiner Aufgabe bzw. seines Amtes ausfüllt, auch wenn sie **ganz schwerpunktmäßig betriebswirtschaftlich** ist (leider wurde diese klare Systematik bei der Einbeziehung der Aufsichts- und Beiratsmandate aufgegeben; hier soll die Deckung davon abhängen, ob die Tätigkeit anwaltlicher Berufsausübung entsprach (→ Rn. 38 ff.). Hier – insbesondere beim Insolvenzverwalter – bekommt die Vermögensschaden-Haftpflichtversicherung eher den **Charakter eine D&O-Versicherung.**)

7   Zu beachten sind aber stets **zwei** wichtige **Einschränkungen:** Trotz Wahrnehmung der in B 1.1 aufgezählten Aufgaben und Ämter ist eine in deren Rahmen ausgeübte rein **kaufmännische Kalkulations-, Spekulations- oder Organisationstätigkeit** gemäß A 4.2 S. 1 (s. dort) von der Versicherung ausgeschlossen. Überdies regelt B 4, dass der Versicherungsschutz für nach B 1.1 mitversicherte Ämter endet, wenn und soweit im Rahmen des betreffenden Amtes ein **Unternehmen geleitet** wird (s. dort). Für insolvenzbezogene Ämter nach 1.2 gelten diese beiden Einschränkungen allerdings nicht oder nur modifiziert (→ Rn. 18 ff.).

8   **b) Person des Amtsträgers.** Erforderlich für den Versicherungsschutz ist nach dem klaren Wortlaut von B 1.1 nicht, dass der VN die Ämter bzw. Auf-

B. Risikobeschreibungen Rechtsanwälte **B BBR-RA**

gaben **in seiner Person** wahrnimmt. Auch wenn Personen in seinem Umfeld (insbesondere juristische oder nicht-juristische **Mitarbeiter**) die in B 1.1 aufgelisteten Ämter bzw. Aufgaben wahrnehmen, besteht Versicherungsdeckung des VN, falls er für diese Personen mithaftet. Ist VN eine **Berufsausübungsgesellschaft** (§ 1 II, s. dort), besteht für sie und alle in ihre tätigen Gesellschafter Versicherungsschutz, wenn das in B 1.1 aufgezählte Amt/Aufgabe von einem in der Gesellschaft tätigen Anwalt (egal ob Gesellschafter oder nicht) ausgeübt wird.

c) **Wirksamkeit der Bestellung.** Im Interesse der Rechtssicherheit muss unbeachtlich sein, ob die **Bestellung** in das betreffende Amt **wirksam** erfolgt ist. Unerkannte Mängel der Bestellung lassen deshalb den Versicherungsschutz ebenso wenig entfallen wie die nachträgliche Aufhebung der Bestellung. Voraussetzung der Versicherungsdeckung ist jedoch, dass der VN im Moment des Verstoßes **davon ausgehen konnte,** dass er **wirksam bestellt** war. Kannte er die Nichtigkeit/Anfechtbarkeit der Bestellung, kann er sich auf den Versicherungsschutz nicht berufen. **9**

d) **Versicherte Ansprüche.** Die Mitversicherung der in B 1.1 aufgezählten Amts- bzw. Organtätigkeiten führt dazu, dass auch die **gesetzliche** Haftpflicht für schuldhafte **Verletzung der Amtspflichten** mitversichert ist, zB für den Liquidator der GmbH aus § 71 iVm § 43 Abs. 2 GmbHG, für den AG-Abwickler aus § 268 Abs. 2 iVm § 93 AktG, für den Insolvenzverwalter aus § 60 InsO etc. **10**

Aus der Formulierung „mitversichert" ergibt sich, dass auch im Rahmen der mitversicherten besonderen Ämter und Tätigkeiten nur Vermögensschäden versichert sind, **nicht Personen- und Sachschäden.** Das ist gefährlich, da zahlreiche aufgezählte Ämter/Tätigkeiten **Schutzpflichten für Gebäude und/oder bewegliche Sachen** begründen (zB Insolvenzverwalter, Liquidator, Nachlassverwalter). Kommt es durch Nachlässigkeit zu Abhandenkommen/Zerstörung beweglicher Sachen oder zu Gebäudeschäden, ist das **nicht versichert,** sofern nicht die Sonderregel des § 3 III 3 eingreift (s. dort). **11**

e) **Subsidiarität.** Der erweiterte Deckungsschutz für die in B 1.1 aufgezählten Ämter besteht ausdrücklich nur, soweit dafür nicht **gesetzliche Pflichtversicherung** vorgesehen ist. Dadurch begrenzt der VR sein Risiko und vermeidet zugleich, dass die AVB-RS zugleich zur Police anderer pflichtversicherter Berufe wird. Eine gesetzlich vorgesehene Pflichtversicherung besteht zB ab 2023 für **Berufsbetreuer** (nicht dagegen für Gelegenheitsbetreuer → Rn. 26). Nach einer Pflichtversicherung für Insolvenzverwalter ist immer wieder gerufen worden, bislang allerdings ohne Ergebnis. **12**

2. Mitversicherte Ämter/Tätigkeiten bei Insolvenz/Sanierung

a) **Mitversicherte Ämter/Tätigkeiten.** Der Katalog mitversicherter insolvenz- und sanierungsbezogener Tätigkeiten wurde mehrfach überarbeitet und erweitert. Versichert ist zunächst das Amt als **Insolvenzverwalter** nach § 56 InsO, desgleichen das als vorläufiger Insolvenzverwalter nach §§ 21, 22 InsO und **Sonderinsolvenzverwalter** (dazu BGH NZI 2006, 474). Die Mitversicherung setzt den formalen Status als Insolvenzverwalter und damit **ge-** **13**

B BBR-RA B. Risikobeschreibungen Rechtsanwälte

richtliche Bestellung voraus. Sonstige Personen, die im insolvenznahen Bereich beraten oder Insolvenzen abwickeln oder abzuwickeln helfen, sind nicht mitversichert.

14 Versicherungsschutz besteht auch als Mitglied des **Gläubigerausschusses** nach § 69 InsO (obwohl dessen Versicherung durch den Insolvenzverwalter mittlerweile Standard ist). Dabei ist unerheblich, ob der Gläubigerausschuss durch das Insolvenzgericht eingesetzt (§ 67 InsO) oder durch die Gläubigerversammlung gewählt wurde (§ 68 InsO). Nicht versichert ist die Tätigkeit als einfaches Mitglied der **Gläubigerversammlung** (die Tätigkeit wird jedoch meist schon über § 1 I abgesichert sein).

15 Versichert ist weiter die Tätigkeit als **Sachwalter** gem. §§ 274, 275 InsO im Rahmen der Eigenverwaltung des Schuldners nach §§ 72 ff.; auf vergleichbare Funktionen außerhalb der InsO bezieht sich der Begriff des „Sachwalters" nicht (BGH VersR 2016, 388). Ebenfalls mitversichert ist die Tätigkeit als **Treuhänder** nach §§ 292 ff. InsO bei der Restschuldbefreiung im Rahmen einer **Verbraucherinsolvenz** (§§ 286 ff. InsO).

16 Im Rahmen des **StaRUG** mitversichert ist der **Restrukturierungsbeauftragte** nach §§ 73 ff. StaRUG, der **Sanierungsmoderator** nach §§ 94 ff. StaRUG, und das **Mitglied des Gläubigerbeirats** nach § 93 StaRUG. Nach Ziff. 2.2.8 des **ERGO**-Bedingungswerks setzt das allerdings gesonderte Vereinbarung voraus.

17 Nach den Bedingungswerken der **ERGO** (AVB-R, dort Ziff. 2.2.7) und der **Gothaer** („AVB-RPSWW, dort B III.1.a)") ist auch die Tätigkeit als **Zwangsverwalter** mitversichert. Für den Zwangsverwalter besteht nach § 1 Abs. 4 ZwVwV gesetzliche **Versicherungspflicht.**

18 **b) Deckungsumfang, Verhältnis von A 4.2 zu B 4.** Der im Jahr 2011 neu eingefügte B 1.2 präzisiert den **Umfang** der **Versicherungsdeckung als (vorläufiger) Insolvenzverwalter** bzw. Sonder(insolvenz)verwalter sowie im Rahmen des StaRUG als Restrukturierungsbeauftragter, Sanierungsmoderator oder Mitglied des Gläubigerbeirats. In den Versicherungsschutz einbezogen sind insbesondere solche Risiken, die sich aus der **Fortführung des Betriebes** ergeben (lit. a)), die Nichtabführung von Sozialversicherungsbeiträgen (lit. b)), nicht ausreichender Versicherungsschutz (lit. c)), Fehl- oder Doppelüberweisungen insbesondere beim Insolvenzgeld (lit. d)) sowie Überwachungsverschulden im Zusammenhang mit Vermögensdelikten des Personals (lit. e) und f)).

19 B 1.2 geht richtigerweise wegen des Spezialitätsgrundsatzes dem **Ausschluss in B 4 vor.** Auch wenn der Insolvenzverwalter etc, der den Betrieb fortführt, dort als „Leiter" iSv B 4 anzusehen ist, ist er gleichwohl im Umfang von B 1.2 versichert. Das ergibt sich schon daraus, dass jedenfalls die eingeschlossenen Deckungen nach a) und b) denklogisch eine unternehmensleitende Funktion des VN voraussetzen.

20 Zu beachten ist das Verhältnis von B 1.2 zum **Sublimit** von 2,5 Mio. EUR in A 4.2 betr. **kaufmännische Risiken.** Die in B 1.2 genannten Risiken sind ihrer Natur nach nicht gerade kaufmännische Risiken. Nach dem klaren Wortlaut von A 4.2 S. 2 gilt der Ausschluss in A 4.2 S. 1 auch im Rahmen der meisten in B 1.2 genannten Ämter, hat hier nach A 4.2 S. 2 aber nur die Funktion eines summenmäßig begrenzten **Sublimits** (2,5 Mio. EUR).

B. Risikobeschreibungen Rechtsanwälte **B BBR-RA**

3. Sonstige mitversicherte Ämter und Funktionen

a) Gerichtlich bestellter Liquidator/Abwickler. Versichert sind auch gerichtlich bestellte **Liquidatoren.** Hauptfall ist § 66 GmbHG (für die GmbH) sowie § 146 HGB (für die oHG und über § 161 Abs. 2 HGB auch für die KG). Ebenfalls versichert ist der **Abwickler** einer **Aktiengesellschaft** (§ 265 AktG). Die Bestellung zum **vorläufigen** Liquidator/Abwickler (dazu BayOLG BB 1976, 998) reicht aus. Gerichtlich bestellte Liquidatoren, die unter B 1.1 fallen, gibt es auch nach **§ 2 Abs. 3 LöschG, § 273 Abs. 4 AktG** oder nach **§ 38 Abs. 2 KWG** (zwangsweise Abwicklung einer Bank). Wichtig ist, dass der Versicherungsschutz nur für **gerichtlich bestellte** Liquidatoren gilt. Soweit wie im Regelfall die Liquidation durch die Geschäftsführer/Vorstände erfolgt (zB § 66 GmbHG), besteht also für die Tätigkeit als Liquidator kein Versicherungsschutz. Allerdings sind die VR mitunter bereit, die Tätigkeit durch Einzelzusage in die Versicherung einzubeziehen. 21

b) Familien- und erbrechtliche Ämter. Die **dritte Gruppe** der nach B 1.1 mitversicherten Ämter/Tätigkeiten betrifft das **Familien- und Erbrecht:** 22

Mitversichert ist die Tätigkeit als **Testamentsvollstrecker** nach §§ 2197 ff. BGB, wobei es nicht darauf ankommt, ob der Testamentsvollstrecker vom Erblasser selber durch Testament (§ 2197 BGB), durch Dritte (§ 2198 BGB) oder durch das Nachlassgericht (§ 2200 BGB) ernannt wurde. 23

Mitversichert ist weiter die Tätigkeit als **Nachlasspfleger** (§ 1960 BGB), den das Gericht für die vorläufige Sicherung des Nachlasses bestellt, ebenso die Tätigkeit als **Nachlassverwalter** (§§ 1975 ff. BGB), wenn ein Nachlassinsolvenzverfahren eröffnet ist (§ 1980 BGB) oder das Gericht auf Antrag eines Erben oder eines Dritten Nachlassverwaltung angeordnet hat (§ 1981 BGB). 24

Mitversichert ist auch der **Vormund** nach § 1373 BGB. Auf gerichtliche Bestellung (zB § 1775 BGB) kommt es nicht an, sodass auch derjenige Vormund Versicherungsschutz hat, der von den Eltern benannt wurde (§ 1776 BGB). 25

Versicherungsschutz besteht auch für die Tätigkeit als **Betreuer** nach §§ 1814 ff. BGB, wenn ein Volljähriger aufgrund von Krankheit oder Behinderung seine Angelegenheiten ganz oder teilweise nicht selbst besorgen kann (zur Haftung des Betreuers allgemein *Willems* NJW-aktuell 29/2020, 16), ebenso für die Tätigkeit als **Pfleger,** der durch das Familiengericht bestellt wird. Ob der **Betreuer** mit oder ohne Entgelt, aus Gefälligkeit, nebenberuflich oder als Berufsbetreuer agiert, ist für die Versicherungsdeckung unerheblich. Mit Einführung der Pflichtversicherung für **Berufsbetreuer** ab 2023 fallen diese wegen des Subsidiaritätsgrundsatzes (→ Rn. 12) aus der Versicherungsdeckung heraus (zur Neuregelung ausf. *Riechert* AnwBl. 2023, 42). 26

c) Beistände. Rätselhaft ist, was B 1.1 mit „Beistand" meint. Die prozessualen Beistände nach §§ 90, 157 Abs. 2 ZPO, § 11 ArbGG, § 149 StPO bzw. § 69 JGG können wohl kaum gemeint sein, denn wenn der versicherte Anwalt vor Gericht oder Behörden auftritt, tritt er als Anwalt auf und gerade nicht als (nicht zugelassener) Beistand. Das Familienrecht kennt den „Bei- 27

B BBR-RA B. Risikobeschreibungen Rechtsanwälte

stand" als natürliche Person nicht, § 1712 BGB sieht lediglich in besonderen Fällen die Beistandschaft des Jugendamts vor.

28 **d) Schiedsrichter, Schlichter, Mediator. aa) Schiedsrichter.** Von der Mitversicherung als **Schiedsrichter** erfasst ist jede Tätigkeit als **Einzelschiedsrichter** oder Mitglied eines **mehrköpfigen Schiedsgerichts** iSd §§ 1025 ff. BGB. Das Wesen eines Schiedsgerichts ist, dass durch die Schiedsvereinbarung die Entscheidung des Rechtsstreits den staatlichen Gerichten entzogen und Schiedsrichtern übertragen wird. Deshalb ist mitversichert jede Tätigkeit, die darin besteht, nach dem Parteiwillen einen der staatlichen Gerichtsbarkeit entzogenen Rechtsstreit allein oder zusammen mit anderen Schiedsrichtern zu entscheiden. Nach **welcher Schiedsordnung** das Schiedsgericht tätig wird, ist egal, sodass auch die schiedsrichterliche Tätigkeit auf der Basis einer **ausländischen** oder **internationalen** Schiedsgerichtsordnung (zB ICC) mitversichert ist, also nicht nur Schiedsrichtertätigkeit auf der Basis der §§ 1025 ff. BGB oder einer inländischen Schiedsordnung (zB DIS).

29 Voraussetzung der Mitversicherung ist stets, dass die Schiedsgerichtsvereinbarung **wirksam** ist oder der als Schiedsrichter agierende Anwalt sie jedenfalls **für wirksam halten darf.** Die Tätigkeit im Rahmen evident unzulässiger Schiedsgerichte (zB bei Bestehen eines gesetzlichen Schiedsverbots wie gem. §§ 2, 104 ArbGG) ist nicht mitversichert, schon weil in solchen Fällen eine besonders hohe Gefahr besteht, dass den Parteien rechtswidrig Schäden zugefügt wird, für die später Versicherungsschutz begehrt wird.

30 Nach dem klaren Wortlaut von B 1.1 ist nur die Tätigkeit als Schiedsrichter mitversichert, **nicht** aber die als **Schiedsgutachter** (anders III der Risikobeschreibung des **HDI**). Schiedsgutachter ist derjenige, der im Auftrag der Parteien nicht den gesamten Rechtsstreit entscheidet, sondern nur Teilaspekte. Typische Fälle sind beispielsweise das Entscheiden schwieriger Rechtsfragen, insbesondere zu ausländischen Rechtsordnungen, oder die Feststellung bestimmter von den Parteien behaupteter bzw. bestrittener Tatsachen (Zöller/ *Geimer,* § 1029 ZPO Rn. 3 ff.). Eine schiedsgutachterliche Tätigkeit wird aber häufig schon **nach § 1 I versichert** sein, weil sie meist zum typischen Berufsbild des Anwalts gehören wird (was insbesondere der Fall ist, wenn der Anwalt als Schiedsgutachter bestimmte Rechtsfragen zwischen den Parteien verbindlich festlegen soll).

31 **bb) Schlichter.** Der Begriff des „**Schlichters**" ist schillernd. Gemäß § 15a EGZPO kann durch **Landesgesetz** bestimmt werden, dass in Bagatellsachen, Nachbarschaftsstreitigkeiten und Ehrverletzungssachen eine Klage erst zulässig ist, nachdem eine Schlichtung stattgefunden hat. Von der Möglichkeit der Einführung von Schlichtungsstellen haben die meisten Bundesländer inzwischen Gebrauch gemacht (Übersicht bei Zöller/*Gummer,* § 15a EGZPO Rn. 27), und in den meisten Bundesländern sind Anwälte als Schlichter zugelassen. Die Tätigkeit im Rahmen einer solchen landesrechtlichen Schlichtungsordnung ist nach B 1.1 mitversichert (vgl. die offizielle Verlautbarung der großen Haftpflichtversicherer v. 7. 4. 2000, BRAK-Mitt. 2000, 131). Der Begriff des „Schlichters" beschränkt sich jedoch nicht auf die Schlichtung nach Landesrecht. Vielmehr ist mitversichert **jegliche Schlichtungstätig-**

B. Risikobeschreibungen Rechtsanwälte **B BBR-RA**

keit, die der Anwalt auf Wunsch der Parteien unternimmt, auch wenn sie **außerhalb eines justizförmlich geregelten Verfahrens** erfolgt. Es reicht also, dass die Parteien eines Streits (nicht notwendigerweise eines Rechtsstreits) den Anwalt bitten, zwischen ihnen zu **vermitteln.**

cc) Mediator. Der Begriff des „**Mediators**" ist gesetzlich nicht geschützt 32 und es gibt auch – trotz Inkrafttreten des Mediationsgesetzes im Jahr 2012 – kein gesetzlich geregeltes Mediationsverfahren. Das Wesen der Mediation unterscheidet sich nicht grundlegend von der Schlichtung: Ein Streit soll unter Mitwirkung einer neutralen Person durch Einigung zwischen den Parteien erledigt werden, wobei bei Scheitern der Einigung der Mediator/Schlichter nicht entscheidet, sondern der Streit dann vor den ordentlichen Gerichten auszutragen ist. Haftungsansprüche gegen Mediatoren sind selten, kommen aber vor (zB BGH DB 2017, 2604).

e) Kanzleiabwickler, Zustellungsbevollmächtigter, Notarvertreter. 33 **aa) Überblick.** Nach B 1.1 mitversichert ist die Tätigkeit des VN als Kanzleiabwickler, Zustellungsbevollmächtigter oder Notarvertreter. Diese Fallgruppen setzen voraus, dass der VN statt in seiner eigenen Kanzlei/Sozietät im **Rechtskreis** bzw. in der Kanzlei **eines Berufskollegen** tätig wird. Versichert ist er hierbei nicht über die Versicherung dieses Kollegen, sondern über die **eigene Versicherung.** Den umgekehrten Fall, nämlich die Einbeziehung des Vertreters in die **Versicherung des Vertretenen,** regelt B 2 und 3 für den Vertreter bzw. die Erben des VN (→ Rn. 41 ff.). In beiden Konstellationen kann es dazu kommen, dass **doppelt Versicherungsschutz** besteht (→ Einl. Rn. 90).

bb) Abwickler. Mitversichert nach B 1.1 ist die Tätigkeit des Anwalts als 34 **Abwickler der Kanzlei eines verstorbenen Kollegen** nach § 55 BRAO. Der Abwickler wird jeweils von der Rechtsanwaltskammer bestellt (§ 55 Abs. 1 S. 1 BRAO). Seine Aufgabe ist typischerweise, die noch bestehenden Mandate zu Ende bringen, gleichzeitig aber die Kanzlei auch kaufmännisch abzuwickeln (Kündigung der Miet- und Leasingverträge, Entlassung des Personals, Verwertung der Büromöbel, Beitreibung der Honorare etc). Diese kaufmännische Tätigkeit, allerdings mit Ausnahme der nach A 4.2 S. 1 (s. dort) ausgeschlossenen kaufmännischen Kalkulations-, Spekulations- oder Organisationstätigkeiten, ist nach B 1.1 mitversichert.

cc) Zustellungsbevollmächtigter. Mitversichert nach B 1.1 ist auch die 35 Tätigkeit des VN als **Zustellungsbevollmächtigter** nach § 30 BRAO, der von einem **von der Kanzleipflicht befreiten Anwalt** bestellt worden ist.

dd) Notarvertreter. Ebenfalls mitversichert ist die Tätigkeit als **Notar-** 36 **vertreter** für die Dauer von **60 Tagen** innerhalb eines Versicherungsjahres. Der Notarvertreter wird gem. §§ 38 ff. BNotO bei **Verhinderung des Notars** (zB durch längeren Urlaub etc) von der Aufsichtsbehörde auf Antrag bestellt. Der Notarvertreter haftet gem. § 19 BNotO, im Außenverhältnis als Gesamtschuldner mit dem Notar selbst (§ 46 S. 1 BNotO). B 1.1 ordnet nicht an, dass der Notarvertreter über die Police des Notars selbst mitversichert ist (dies kann sich aber aus dessen Police ergeben, s. dazu → Rn. 31). Geregelt ist viel-

B BBR-RA B. Risikobeschreibungen Rechtsanwälte

mehr der umgekehrte Fall, nämlich dass der VN „als" Notarvertreter für einen verhinderten Notar tätig wird und dabei **selbst versichert** ist. Die ausdrückliche Anordnung, dass hierbei Versicherungsschutz besteht, ist erforderlich, da die Notartätigkeit an sich gerade keine typische Anwaltstätigkeit ist (sie ist dem Anwalt, der nicht zugleich Notar ist, ja ausdrücklich verboten). Die umgekehrte Konstellation, nämlich die Mitversicherung des Vertreters des VN kann sich jedoch aus B 1.1 ergeben (→ Rn. 33 ff.).

37 **f) Autor, Dozent, Referent.** Die Mitversicherung solcher Funktionen wird **kaum je relevant** werden, weil bei einer Tätigkeit als Autor, Dozent oder Referent regelmäßig kein (Auskunfts-)Vertrag mit dem Leser bzw. Zuhörer zu Stande kommt (das Vertragsverhältnis besteht zwischen Leser/Zuhörer und Verlag bzw. Seminarveranstalter) und folglich auch aus Fehlern des Autors/Referenten keine Haftung resultiert. Das Wort „rechtswissenschaftlich" unterstreicht, dass es bei der Veröffentlichung bzw. dem Vortrag um allgemeine Rechtsfragen gehen muss, nicht um einzelfallbezogene Beratung. Allenfalls ist denkbar, dass bei mündlicher Tätigkeit als Dozent oder Referent der Anwalt sich (zB am Rande der Veranstaltung) zu einer Diskussion mit einem Teilnehmer hinreißen lässt, die so einzelfallbezogen geführt wird, dass die Gerichte das (stillschweigende) Zustandekommen eines Auskunftsvertrags bejahen. Das wäre dann aber ohnehin regelmäßig schon über § 1 versichert.

38 **g) Tätigkeit in Aufsichtsräten, Beiräten etc.** Gemäß § 4.4 ist die Tätigkeit des VN als Aufsichtsrats- oder Beiratsmitglied grds. von Versicherungsschutz ausgenommen (sog. „D&O-Ausschluss", → § 4 Rn. 22 ff.). Dieser **Ausschluss** wird in B 1.1 dadurch teilweise **eingeschränkt,** dass die Tätigkeit als Aufsichtsrats- und Beiratsmitglied etc mitversichert ist, soweit „die dem Verstoß zugrundeliegende Tätigkeit einer **anwaltlichen Berufsausübung entspricht".** Diese Formulierung ist rätselhaft. Das Wort „entspricht" ist wohl nicht im Sinne einer Äquivalenz bzw. Gleichwertigkeit zu verstehen. Vielmehr ist wohl gemeint, dass Versicherungsschutz dann besteht, wenn es sich um anwaltliche Berufstätigkeit iSd § 1 handelt (dazu ausführlich → § 1 Rn. 19 ff.). Bei diesem Verständnis sagt B 1.1 letztlich dasselbe, was ohnehin schon richtigerweise für den Ausschluss in § 4.4 S. 1 gilt: Die Tätigkeit in einem Aufsichtsrat, Beirat etc ist dann versichert, wenn sie auf der Basis eines getrennt erteilten Anwaltsauftrags erfolgt. Dabei spielt keine Rolle, ob der Anwaltsauftrag nur deswegen erteilt wurde, weil der VN in dem Organ sitzt. Bei diesem Verständnis spielt es keine Rolle, welches die „ähnlichen Gremien" sind, die B 1.1 ergänzend zu Aufsichtsräten, Beiräten und Stiftungsräten erwähnt.

39 In **Besonderen Bedingungen** wird häufig die Tätigkeit in Aufsichtsräten, Beiräten etc ausdrücklich mitversichert, **„wenn und soweit die Ansprüche auf ein Anwaltsmandat gegründet sind".** Es ist nicht ersichtlich, worin sich diese Klausel von B 1.1 unterscheiden sollte. Auch hier kommt es darauf an, dass ein Anwaltsmandat besteht und der Anwalt wegen Verletzung seiner Pflichten aus diesem Mandat nach § 280 BGB haftet. Eine Haftung nach §§ 93, 113 AktG etc reicht gerade nicht. Es schadet aber auch nicht, wenn der Anwalt zusätzlich zu seiner vertraglichen Haftung nach § 280 BGB noch gesellschaftsrechtlich aus Organhaftung in Anspruch genommen wird. Es ent-

B. Risikobeschreibungen Rechtsanwälte **B BBR-RA**

spricht der allgemeinen Regel, dass bei Zusammentreffen eines versicherten mit einem nicht-versicherten Anspruch grds. Versicherungsschutz besteht (allgemein dazu → § 4 Rn. 16 f.).

Die **Versicherungskonzepte** der anderen führenden Versicherer zur 40 Frage der Einbeziehung von Aufsichtsrats-, Beirats- und sonstigen Mandaten in Aufsichtsgremien **unterscheiden sich.** Das Bedingungswerk der **R+V** („AVB-P") deckt gem. Ziff. 1.2.10 der Risikobeschreibung die Haftung als Mitglied eines Aufsichtsrats, Beirats oder ähnlichen Aufsichtsgremiums immer mit ab, egal ob ein anwaltliches Mandat zugrunde lag oder der VN allein aus organschaftlicher Haftung (§§ 93, 113 AktG etc) in Anspruch genommen wird. Ein anderes Konzept liegt B III 2 der Risikobeschreibung der **Gothaer** („AVB-RPSWB") zugrunde. Danach ist die Deckung grds. davon abhängig, dass ein rechtsberatendes Mandat besteht. Bei Mischfällen, bei denen sich die Haftung teils aus Anwaltsmandat und teils aus Organhaftung ergibt, soll gequotelt werden (dies dürfte eine nach § 51 BRAO unzulässige Einschränkung sein). **HDI, AXA** und **ERGO** hingegen verwenden in ihren Risikobeschreibungen ähnliche Formulierungen wie die AVB-RS, versichert ist also nur die Haftung aus einem Anwaltsmandat.

IV. Mitversicherung von Vertretern und Erben (B 2 und 3)

1. Vertreter des VN (2)

Nach B 2 ist die gesetzliche Haftpflicht des Vertreters des versicherten Anwalts **(Kanzleivertreter)** mitversichert, **solange** der **VN an der Berufsausübung gehindert** ist (zB dauernde Erkrankung). Nach dem eindeutigen Wortlaut ist nur die **Vertretungstätigkeit als solche** mitversichert. Agiert der Vertreter also über den Kreis derjenigen Handlungen hinaus, die zur Vertretung des verhinderten Anwalts zu erledigen sind, fällt er aus der Versicherungsdeckung des Vertretenen heraus (wird aber meist selbst versichert sein → Rn. 33). Die Mitversicherung des Vertreters besteht nur solange, wie der versicherte Anwalt an der Ausübung seines Berufes gehindert ist (zu den Einzelheiten s. → § 53 BRAO).

Die Regelungen über die Mitversicherung des Vertreters bzw. des Vertretenen (→ Rn. 33, 41) erscheinen auf den ersten Blick überflüssig, da im Regelfall ohnehin beide eine Berufshaftpflichtversicherung haben werden, also **Doppelversicherung** gegeben ist. Wer bei wem mitversichert ist, kann jedoch dann einen entscheidenden Unterschied machen, wenn ein hoher Schaden eintritt und die **Versicherungen unterschiedlich hohe Deckung** haben, das Gleiche gilt für unterschiedlich hohe Selbstbehalte. Insoweit regelt B 2 S. 2, dass die Mitversicherung des Vertreters nicht besteht, „soweit" dieser durch eigene Versicherung gedeckt ist. Aus dem Wort „soweit" ergibt sich, dass die Versicherung des Vertreters **nur bis zu dessen Deckungssumme vorgeht.** Verursacht der Vertreter einen oberhalb seiner eigenen Deckungssumme liegenden Schaden, kann er nach B 2 S. 2 also ergänzend auf die Versicherung des Vertretenen zugreifen, wenn diese bedingungsgemäß einzutreten und eine höhere Deckungssumme hat.

277

B BBR-RA B. Risikobeschreibungen Rechtsanwälte

43 Der umgekehrte Fall, nämlich dass der VN bei mitversicherter Tätigkeit als Zustellungsbevollmächtigter oder Notarvertreter nach B 1.1 **zugleich über die Police des Vertretenen mitversichert** ist, regeln die BBR-RA nicht ausdrücklich. Hier kann es also, je nach den Bedingungen der anderen Versicherung, zu einer Doppelversicherung kommen, die – sofern nicht der andere Versicherungsvertrag eine Subsidiaritätsklausel entsprechend B 2 S. 2 enthält – über § 78 VVG aufzulösen ist.

2. Erben (3)

44 Nach B 3 ist mitversichert die gesetzliche Haftpflicht der **Erben des VN** aus Verstößen, die **bis zur Bestellung eines Praxisabwicklers** oder **bis zur Praxisveräußerung** vorgekommen sind, **längstens** jedoch bis zu **acht Wochen** nach dem Tod des VN. Diese Regelung durchbricht § 9 IV, wonach bei Wegfall des versicherten Interesses (Wegfall der Zulassung oder Tod) der Versicherungsschutz erlischt (→ § 9 Rn. 22 ff.). Die Mitversicherung der Erben ist insbesondere dann wichtig, wenn **nach dem Tod** des versicherten Anwalts Fehler durch dessen juristische oder nicht-juristische **Angestellten** passieren, für die die Erben haftbar sein können.

V. Ausgeschlossene Ämter als Unternehmensleiter (4)

45 B 4 ergänzt die Aufzählung der mitversicherten Tätigkeiten in B 1.1 dahingehend, dass die Tätigkeit als **Leiter, Geschäftsführer, Vorstand, Aufsichtsrats- oder Beiratsmitglied** etc und als **Angestellter** in jedem Fall von der Versicherung ausgeschlossen ist, auch wenn sie im Rahmen einer mitversicherten Tätigkeit erfolgt. Unerheblich ist, ob die genannten Ämter in einem **Unternehmen**, einem **Verein** oder einem **Verband** ausgeübt werden. B 4 soll klarstellen, dass der bereits in § 4.4 angeordnete Ausschluss für die genannten unternehmensleitenden Tätigkeiten (→ § 4 Rn. 22 ff.) auch dann gelten soll, wenn der VN im Rahmen einer nach B 1.1 mitversicherten Amtstätigkeit agiert. Im Regelfall wird ein Insolvenzverwalter, Testamentsvollstrecker, Schiedsrichter, Mediator, Praxisabwickler etc (Ämter und Aufgaben nach B 1.1) nicht Geschäftsführer oder Vorstand nach B 4. Möglich ist aber, dass ein Insolvenzverwalter, Treuhänder oder Testamentsvollstrecker ein Unternehmen führen muss, dann kann er als „**Leiter**" iSd § 4.4 bzw. B 4 aus dem Versicherungsschutz herausfallen, soweit es um Fehlleistungen bei ureigensten Managemententscheidungen geht (BGH VersR 1980, 353; 1982, 489; → § 4 Rn. 25 ff.). Allerdings geht der **erweiterte Deckungsschutz** bei insolvenz- und sanierungsbezogenen Ämtern nach B 1.2 richtigerweise B 4 vor (→ Rn. 19). Relevant ist B 4 auch insoweit, als im Rahmen der nach B 1.1 mitversicherten Ämter und Aufgaben auch eine Tätigkeit „**als Angestellter**" stets von der Versicherung ausgeschlossen sein soll, was mit A 2.3 korrespondiert (s. dort). Aber auch hier sind praktische Anwendungsfälle eigentlich kaum denkbar.

B. Risikobeschreibungen Rechtsanwälte **B BBR-RA**

VI. Bedingungswerke anderer VR

1. Berufsständische Tätigkeit

Das Bedingungswerk der **R+V** („AVB-P") deckt nach Ziffer 1.2.11 der **46** Risikobeschreibung auch das Risiko als **Ausschuss-Mitglied einer Rechtsanwaltskammer** (dh RAK oder BRAK) oder in **berufsständischen Vereinen** (zB DAV) ab. Ausdrücklich nicht erwähnt und damit nicht abgedeckt ist eine Tätigkeit dort als Vorstand oder Geschäftsführer. Demgegenüber deckt das Bedingungswerk des **HDI** („AVB-WSR") gem. III der Risikobeschreibung auch die Tätigkeit in berufsständischen **Gremien** ab, allerdings nur subsidiär hinter eventuellen Versicherungspolicen des jeweiligen Verbandes (ebenso III 1i der Risikobeschreibung der **Gothaer** – „AVB-RPSWB"). Gemäß Ziff. 2.2.10 des Bedingungswerks der **ERGO** ist berufsständische Gremientätigkeit ebenfalls mitversichert, allerdings unter ausdrücklicher Herausnahme der Tätigkeit im (haftungsträchtigen) Versorgungswerk.

2. Hilfeleistung in Steuersachen

Ziff. 1.1.3 des Bedingungswerks der **R+V** („AVB-P") versichert auch bei **47** Rechtsanwälten die **geschäftsmäßige Hilfeleistung** in Steuersachen nach § 3 StBerG mit (ebenso Ziff. 2.2.3 des Bedingungswerks der **ERGO**).

3. Bescheinigungen nach § 270b InsO (Sanierungsplan)

Nach Ziff. 2.2.2 des Bedingungswerks der **ERGO** ist mitversichert die Er- **48** stellung von Bescheinigungen nach § 270b InsO betreffend die drohende Zahlungsunfähigkeit und die nicht offensichtliche Aussichtslosigkeit der geplanten Sanierung. Es handelt sich hier um einen Grenzfall zwischen rechtsberatender Tätigkeit und Tätigkeit als Steuerberater/Wirtschaftsprüfer.

4. Geldwäsche

Nach Ziff. 3.1.3 des Bedingungswerks der **ERGO** sind auch Schäden ver- **49** sichert, die aus Verstößen gegen § 11 des Geldwäschebekämpfungsgesetzes resultieren. Das gilt ausdrücklich auch, wenn der Rechtsanwalt Geldwäschebeauftragter war. Allerdings ist unklar, wie aus der Verletzung von GWG-Pflichten zivilrechtliche Schadenersatzansprüche resultieren könnten. Bußgelder, mit denen der Anwalt belegt wird, sind natürlich nie versichert.

5. Ombudsmann

Nach III der BBR-RA des **HDI** ist mitversichert die Tätigkeit als (externer) **50** Ombudsmann für **Hinweisgeber/Whistleblower** (→ § 1 Rn. 51).

C BBR-RA

C. Risikobeschreibungen zur Vermögensschaden-Haftpflichtversicherung für Patentanwälte

Im Rahmen der dem Vertrag zugrundeliegenden Allgemeinen Versicherungsbedingungen zur Vermögensschaden-Haftpflichtversicherung für Rechtsanwälte und Patentanwälte ist versichert die gesetzliche Haftpflicht des Versicherungsnehmers aus der freiberuflich ausgeübten Tätigkeit als Patentanwalt.

Mitversichert ist im Rahmen des Vertrages die gesetzliche Haftpflicht von Vertretern des Versicherungsnehmers aus der Vertretung, solange der Versicherungsnehmer an der Ausübung seines Berufes gehindert ist. Die Mitversicherung besteht nicht, soweit der Vertreter durch eine eigene Versicherung gedeckt ist.

1 Nach C Satz 1 ist versichert die gesetzliche Haftpflicht des VN aus der freiberuflich ausgeübten Tätigkeit als Patentanwalt. Das entspricht im Wesentlichen der Risikobeschreibung für die **Rechtsanwälte** nach B Satz 1 (s. dort). Allerdings fordert C Satz 1 nicht, dass die Tätigkeit „gegenüber dem Auftraggeber" erbracht wird. Dies spricht allerdings nur dafür, dass dieses Tatbestandsmerkmal auch bei der Risikobeschreibung der Anwälte keine Bedeutung hat (→ § 1 Rn. 14)

2 Gemäß C Sätze 1 und 3 ist mitversichert die gesetzliche Haftpflicht von **Vertretern** des Patentanwalts, solange dieser an der Ausübung des Berufes gehindert ist. Die Regelung entspricht B 2 und 3 der Risikobeschreibung für Rechtsanwälte (→ B Rn. 41 ff.).

Anhang I

Stand: März 2022

Teil 3. Besondere Bedingungen und Risikobeschreibungen für Steuerberater (BBR-S)

A. Besondere Bedingungen

1. Mitversicherung
a) Mitversichert sind allgemeine Vertreter (§ 69 StBerG), Praxisabwickler (§ 70 StBerG) oder Praxistreuhänder (§ 71 StBerG) für die Dauer ihrer Bestellung sowie Vertreter (§ 145 StBerG) während der Dauer eines Berufs- oder Vertretungsverbots. Diese Mitversicherung besteht in dem Umfang nicht, in dem die Mitversicherten durch eine eigene Versicherung Deckung erhalten.
b) Für den Versicherungsnehmer in freier Mitarbeit tätige selbständige Steuerberater und Steuerbevollmächtigte sind gegen die aus der Mitarbeit sowie aus § 63 StBerG sich ergebenden Haftpflichtgefahren für Vermögensschäden mitversichert.

Nicht versichert ist die selbständige Betreuung eigener Mandate neben der freien Mitarbeit.

Gleiches gilt sinngemäß auch für Steuerberater und Steuerbevollmächtigte, die als Angestellte nach § 58 StBerG tätig sind.

2. Höchstbetrag der Versicherungsleistung
§ 3 II Nr. 2.1 c) erhält folgende Fassung:
bezüglich sämtlicher Folgen eines Verstoßes. Dabei gilt mehrfaches auf gleicher oder gleichartiger Fehlerquelle beruhendes Tun oder Unterlassen als einheitlicher Verstoß, wenn die betreffenden Angelegenheiten miteinander in rechtlichem oder wirtschaftlichem Zusammenhang stehen. In diesem Fall ist die Leistung des Versicherers auf das Fünffache der Mindestversicherungssumme begrenzt. Ist die vereinbarte Versicherungssumme höher als das Fünffache der gesetzlich vorgeschriebenen Mindestversicherungssumme, tritt der Versicherer mit der vereinbarten Versicherungssumme ein.

3. Jahreshöchstleistung
Eine Höchstleistung des Versicherers für alle innerhalb eines Versicherungsjahres verursachten Schäden kann vereinbart werden. Sie beträgt vorbehaltlich abweichender Vereinbarung das Zweifache der Versicherungssumme. Sie muss mindestens das Vierfache der Mindestversicherungssumme betragen.

4. Ausschlüsse
4.1 Haftpflichtansprüche mit Auslandbezug:
Der Versicherungsschutz bezieht sich nicht auf Haftpflichtansprüche
a) welche vor ausländischen Gerichten geltend gemacht werden; dies gilt auch im Fall eines inländischen Vollstreckungsurteils (§ 722 ZPO);

Anhang I: BBR-S

b) aus der Verletzung oder Nichtbeachtung ausländischen Rechts;
Die Risikoausschlüsse gem. Ziffern a) und b) gelten jedoch nicht für das europäische Ausland, die Türkei, die Russische Föderation und die sonstigen Staaten der ehemaligen Sowjetunion.

c) Eingeschlossen ist die gesetzliche Haftpflicht aus der Verletzung oder Nichtbeachtung des Rechts der zuvor nicht genannten Staaten, soweit sie bei der das Abgabenrecht dieser Staaten betreffenden geschäftsmäßigen Hilfeleistung in Steuersachen entstanden sind und dem Auftrag zwischen dem Versicherungsnehmer und seinem Auftraggeber nur deutsches Recht zugrunde liegt. Die Leistungspflicht des Versicherers ist in diesen Fällen auf das Vierfache der gesetzlich vorgeschriebenen Mindestversicherungssumme beschränkt.

d) Der Versicherungsschutz bezieht sich nicht auf Haftpflichtansprüche, welche aus Tätigkeiten geltend gemacht werden, die über Niederlassungen, Zweigniederlassungen oder weitere Beratungsstellen im Ausland ausgeübt werden, soweit diese nicht durch Besondere Vereinbarung eingeschlossen sind.

e) Soweit vertraglich Versicherungsschutz für Haftpflichtansprüche aus der Beratung und Beschäftigung im außereuropäischen Recht sowie aus Tätigkeiten oder der Inanspruchnahme vor außereuropäischen Gerichten iSd Ziffern a) und b) vereinbart ist, beziehen sich die Risikoausschlüsse gem. Ziff. a) und b) ausschließlich auf die Vereinigten Staaten von Amerika und Kanada. Der Versicherungsschutz bezieht sich nicht auf Haftpflichtansprüche, die sich aus Vertragsstrafen, Bußen und Entschädigungen mit Strafcharakter (zB punitive oder exemplary damages) sowie aus Anfeindung, Schikane, Belästigung, Ungleichbehandlung, Ehrverletzung, Beleidigung oder sonstigen Diskriminierungen ergeben. Für Haftpflichtansprüche aus der Inanspruchnahme des Versicherungsnehmers vor außereuropäischen Gerichten besteht die Leistungspflicht in Höhe der Mindestversicherungssumme.

4.2 Veruntreuungsschäden
Der Versicherungsschutz bezieht sich nicht auf Haftpflichtansprüche wegen Schäden, welche durch Fehlbeträge bei der Kassenführung, durch Verstöße beim Zahlungsakt oder durch Veruntreuung durch das Personal des Versicherungsnehmers entstehen.

4.3 Haftpflichtansprüche aus unternehmerischem Risiko
Der Versicherungsschutz bezieht sich nicht auf Haftpflichtansprüche wegen Schäden, die dadurch entstanden sind, dass

a) der Versicherungsnehmer im Bereich eines unternehmerischen Risikos, das sich im Rahmen der Ausübung einer versicherten Tätigkeit ergibt, einen Verstoß begeht, zB als Testamentsvollstrecker, soweit ein gewerbliches Unternehmen zum Nachlass gehört;

b) ein Versicherungsvertrag nicht abgeschlossen oder fortgesetzt wurde, es sei denn, der Versicherungsnehmer beweist, dass von dem Abschluss oder der Fortführung nicht bewusst abgesehen wurde.

5. Meldepflichten des Versicherers
Der Versicherer ist verpflichtet, der gemäß § 67 StBerG zuständigen Steuerberaterkammer den Beginn und die Beendigung oder Kündigung des Versiche-

BBR-Steuerberater **Anhang I: BBR-S**

rungsvertrages sowie jede Änderung des Versicherungsvertrages, die den vorgeschriebenen Versicherungsschutz beeinträchtigt, unverzüglich mitzuteilen.

6. Überschreiten der Pflichtversicherung

Soweit der Versicherungsvertrag den Inhalt oder Umfang der Pflichtversicherung überschreitet, gelten die Bedingungen des Teil 1 entsprechend, soweit nichts Abweichendes, zB durch zusätzliche Vereinbarungen, bestimmt ist. Erweiterungen des Versicherungsschutzes lassen den Umfang des gesetzlich vorgeschriebenen Versicherungsschutzes unberührt.

7. Deckung für Auszahlungsfehler bei Anderkonten

Versicherungsschutz besteht auch für den Fall, dass der Versicherungsnehmer wegen einer fahrlässig fehlsamen Verfügung über Beträge, die auf einem Anderkonto eingezahlt sind, von dem Berechtigten in Anspruch genommen wird. Voraussetzung ist, dass die Einzahlung auf dem Anderkonto in unmittelbarem Zusammenhang mit einer versicherten Tätigkeit erfolgte.

B. Risikobeschreibungen für die Vermögensschaden-Haftpflichtversicherung von Steuerberatern

I. Der Versicherungsschutz umfasst, sofern keine Pflichtversicherung gesetzlich vorgeschrieben ist
1. Tätigkeiten nach § 33 StBerG;
2. die Hilfeleistung bei der Führung von Büchern und Aufzeichnungen und die Aufstellung von Erfolgsrechnungen, Vermögensübersichten und Bilanzen, auch wenn der Auftraggeber hierzu nicht schon aufgrund steuerrechtlicher Vorschriften verpflichtet ist.

II. Der Versicherungsschutz erstreckt sich auch auf die Tätigkeiten, die nach § 57 Abs. 3 Nr. 2, 3 und 6 StBerG mit dem Beruf vereinbar sind, und zwar
1. Durchführung von betriebswirtschaftlichen Prüfungen sowie die Erteilung von Vermerken und Bescheinigungen hierüber; hierunter fallen auch Unterschlagungs-, Kassen- und Kontenprüfungen;
2. Erstattung von berufsüblichen Gutachten;
3. Erstellung von Bilanzanalysen;
4. Fertigung oder Prüfung der Lohnabrechnung, Erteilung von Verdienstbescheinigungen, An- und Abmeldung bei Sozialversicherungsträgern und sonstigen gesetzlichen Einrichtungen (zB örtlich zuständige Agentur für Arbeit wegen Saisonkurzarbeitergeld, Zusatzversorgungskasse des Baugewerbes, Pensionssicherungsverein) sowie die dabei vorzunehmende Prüfung der Beitragspflicht und die Berechnung der abzuführenden Beträge, die Erteilung von Haushalts- und Lebensbescheinigungen;
5. Bearbeitung von sonstigen öffentlichen Abgaben oder Zuwendungen, auch soweit diese nicht der Verwaltung der Finanzbehörden unterliegen;
6. Tätigkeit als nicht geschäftsführender Treuhänder;
7. Beratung und die Wahrnehmung sonstiger fremder Interessen in wirtschaftlichen Angelegenheiten, soweit diese berufsüblich sind, zB:
   a) die wirtschaftliche Beratung
      bei der Gründung, Umwandlung, Sanierung, Auflösung oder bei dem Verkauf von Unternehmen, beim Abschluss von Verträgen,

Anhang I: BBR-S

bei der Gründung und Unterhaltung betrieblicher Versorgungseinrichtungen, bei Finanzierung von Projekten,
bei Aufstellung von Budgets und Wirtschaftlichkeitsberechnungen;
b) die Unternehmens- und Organisationsberatung;
c) die Beratung bei der Einrichtung von Datenverarbeitungsanlagen und der Erstellung von Programmen, soweit letztere nicht technischen Zwecken dienen. Voraussetzung ist, dass der Versicherungsnehmer oder die von ihm mit diesen Arbeiten betrauten Personen über die besonderen Kenntnisse und Erfahrungen verfügen, um diesen Auftrag sachgerecht durchführen zu können.

Auf die elektronische Datenverarbeitung oder die Erstellung von Datenträgern erstreckt sich der Versicherungsschutz nur dann, wenn diese Arbeiten im Zusammenhang mit einer anderen versicherten Tätigkeit erledigt werden. Nicht versichert ist die Empfehlung einer bestimmten Datenverarbeitungsanlage.

8. Durchführung von Lehr- und Vortragsveranstaltungen zur Vorbereitung auf die Steuerberaterprüfung sowie die Prüfung als Wirtschaftsprüfer und vereidigter Buchprüfer und zur Fortbildung der Mitglieder der Steuerberaterkammern und deren Mitarbeiter.
9. Tätigkeit als Autor, Dozent und Referent auf steuerlichem und betriebswirtschaftlichem Gebiet.
10. Mitversichert ist die Tätigkeit als Mediator, soweit der Versicherungsnehmer über eine entsprechende Qualifikation verfügt.

III. Der Versicherungsschutz erstreckt sich auch auf die Tätigkeit
– gemäß InsO, zB als (vorläufiger) Insolvenzverwalter, Sonder(insolvenz)verwalter, Gläubigerausschussmitglied, Sachwalter und Treuhänder;
– gemäß StaRUG als Restrukturierungsbeauftragter, Sanierungsmoderator und Gläubigerbeiratsmitglied
– als gerichtlich bestellter (vorläufiger) Liquidator oder Abwickler;
– als Testamentsvollstrecker, Nachlasspfleger, Nachlassverwalter, Vormund, Betreuer, Pfleger, Beistand;
– als Schiedsrichter, Schiedsgutachter;
– als Praxisabwickler nach § 70 StBerG, soweit kein anderer Versicherungsschutz besteht;
soweit diese Tätigkeiten nicht überwiegend ausgeübt werden.

Soweit eine Tätigkeit ausgeübt wird als (vorläufiger) Insolvenzverwalter, Sonder(insolvenz)verwalter, Restrukturierungsbeauftragter, Sanierungsmoderator oder Gläubigerausschuss/-beiratsmitglied sind im bedingungsgemäßen Umfang insbesondere Haftpflichtansprüche mitversichert
1. wegen Schäden, welche daraus resultieren, dass der Betrieb des Schuldners ganz oder teilweise fortgeführt wird;
2. aus §§ 34, 69 AO und vergleichbaren Fällen der persönlichen Haftung wegen Nichtabführung von Sozialversicherungsbeiträgen oder anderen öffentlichen Abgaben, sofern nicht wissentlich vom Gesetz abgewichen wurde;
3. welche darauf beruhen, dass Versicherungsverträge nicht oder nicht ordnungsgemäß abgeschlossen, erfüllt oder fortgeführt werden, es sei denn, es wurde bewusst davon abgesehen;

4. wegen Fehl- oder Doppelüberweisungen sowie Fehlern bei der Auszahlung der Insolvenzquote und der Abrechnung des Insolvenzgeldes;
5. wegen Schäden durch vorsätzliche Straftaten gegen das Vermögen durch Personal des Versicherungsnehmers wie auch des Insolvenzschuldners, soweit der Versicherungsnehmer wegen fahrlässiger Verletzung seiner Aufsichts- und Überwachungspflicht in Anspruch genommen wird;
6. gegen den Versicherungsnehmer wegen Pflichtverletzungen von Angestellten des Insolvenzschuldners, Angestellten und Gesellschaftern des Versicherungsnehmers und dessen freien Mitarbeitern, derer er sich zur Mitwirkung bei der Ausübung seiner Tätigkeit bedient.

Der Versicherungsschutz wird in Höhe der Mindestversicherungssumme (§ 52 DVStB) gewährt.

IV. Der Versicherungsschutz erstreckt sich auch auf die Besorgung sonstiger fremder Rechtsangelegenheiten, soweit die Grenzen der erlaubten Tätigkeit nicht bewusst überschritten werden (vgl. § 5 RDG).

V. Nicht versichert sind unternehmerische Tätigkeiten, wie zB die über eine steuerliche und wirtschaftliche Beratung hinausgehende Empfehlung wirtschaftlicher Geschäfte, insbesondere von Geldanlagen und Kreditgewährungen, sowie die Tätigkeit gemäß Teil 1 § 4 Ziffer 4.

VI. Eine gewerbliche Tätigkeit, für die die zuständige Steuerberaterkammer von dem berufsrechtlichen Verbot eine Ausnahme zugelassen hat (§ 57 Abs. 4 Nr. 1, 2. Hs. StBerG), kann gesondert versichert werden.

VII. Mitversichert ist im Rahmen des Vertrages die gesetzliche Haftpflicht der Erben des Versicherungsnehmers aus Verstößen, die bis zur Bestellung eines Praxisabwicklers/Praxistreuhänders oder bis zur Praxisveräußerung, längstens jedoch bis zu 8 Wochen nach dem Ableben des Versicherungsnehmers, vorgekommen sind.

Anhang II

BRAO (Auszüge)

§ 51 Berufshaftpflichtversicherung

(1) ¹Der Rechtsanwalt ist verpflichtet, eine Berufshaftpflichtversicherung zur Deckung der sich aus seiner Berufstätigkeit ergebenden Haftpflichtgefahren für Vermögensschäden abzuschließen und die Versicherung während der Dauer seiner Zulassung aufrechtzuerhalten. ²Die Versicherung muß bei einem im Inland zum Geschäftsbetrieb befugten Versicherungsunternehmen zu den nach Maßgabe des Versicherungsaufsichtsgesetzes eingereichten Allgemeinen Versicherungsbedingungen genommen werden und sich auch auf solche Vermögensschäden erstrecken, für die der Rechtsanwalt nach § 278 oder § 831 des Bürgerlichen Gesetzbuchs einzustehen hat.

(2) Der Versicherungsvertrag hat Versicherungsschutz für jede einzelne Pflichtverletzung zu gewähren, die gesetzliche Haftpflichtansprüche privatrechtlichen Inhalts gegen den Rechtsanwalt zur Folge haben könnte; dabei kann vereinbart werden, daß sämtliche Pflichtverletzungen bei Erledigung eines einheitlichen Auftrags, mögen diese auf dem Verhalten des Rechtsanwalts oder einer von ihm herangezogenen Hilfsperson beruhen, als ein Versicherungsfall gelten.

(3) Von der Versicherung kann die Haftung ausgeschlossen werden:
1. für Ersatzansprüche wegen wissentlicher Pflichtverletzung,
2. für Ersatzansprüche aus Tätigkeiten über in anderen Staaten eingerichtete oder unterhaltene Kanzleien oder Büros,
3. für Ersatzansprüche aus Tätigkeiten im Zusammenhang mit der Beratung und Beschäftigung mit außereuropäischem Recht,
4. für Ersatzansprüche aus Tätigkeiten des Rechtsanwalts vor außereuropäischen Gerichten,
5. für Ersatzansprüche wegen Veruntreuung durch Personal, Angehörige oder Sozien des Rechtsanwalts.

(4) ¹Die Mindestversicherungssumme beträgt 250.000 Euro für jeden Versicherungsfall. ²Die Leistungen des Versicherers für alle innerhalb eines Versicherungsjahres verursachten Schäden können auf den vierfachen Betrag der Mindestversicherungssumme begrenzt werden.

(5) Die Vereinbarung eines Selbstbehalts bis zu einem Prozent der Mindestversicherungssumme ist zulässig.

(6) ¹Im Versicherungsvertrag ist der Versicherer zu verpflichten, der zuständigen Rechtsanwaltskammer, bei Rechtsanwälten bei dem Bundesgerichtshof auch dem Bundesministerium der Justiz und für Verbraucherschutz, den Beginn und die Beendigung oder Kündigung des Versicherungsvertrages sowie jede Änderung des Versicherungs-

vertrages, die den vorgeschriebenen Versicherungsschutz beeinträchtigt, unverzüglich mitzuteilen. ²Die Rechtsanwaltskammer erteilt Dritten zur Geltendmachung von Schadensersatzansprüchen auf Antrag Auskunft über den Namen und die Adresse der Berufshaftpflichtversicherung des Rechtsanwalts sowie die Versicherungsnummer, soweit der Rechtsanwalt kein überwiegendes schutzwürdiges Interesse an der Nichterteilung der Auskunft hat; dies gilt auch, wenn die Zulassung zur Rechtsanwaltschaft erloschen ist.

(7) Zuständige Stelle im Sinne des § 117 Abs. 2 des Versicherungsvertragsgesetzes ist die Rechtsanwaltskammer.

§ 59n Berufshaftpflichtversicherung

(1) ¹Berufsausübungsgesellschaften sind verpflichtet, eine Berufshaftpflichtversicherung abzuschließen und während der Dauer ihrer Betätigung aufrechtzuerhalten.

(2) Die Berufshaftpflichtversicherung muss die Haftpflichtgefahren für Vermögensschäden decken, die sich aus der Beratung und Vertretung in Rechtsangelegenheiten ergeben. § 51 Abs. 1 S. 2, Abs. 2, 3 Nr. 2 bis 5 und Abs. 5 bis 7 ist entsprechend anzuwenden. Ist die Haftung der Gesellschaft nicht rechtsformbedingt beschränkt und liegt keine Beschränkung der Haftung der natürlichen Personen vor, so ist auch § 51 Abs. 3 Nr. 1 entsprechend anzuwenden.

(3) Wird die Berufshaftpflichtversicherung nicht oder nicht in dem vorgeschriebenen Umfang unterhalten, so haften neben der Berufsausübungsgesellschaft die Gesellschafter und die Mitglieder des Geschäftsführungsorgans persönlich in Höhe des fehlenden Versicherungsschutzes.

§ 59o Mindestversicherungssumme und Jahreshöchstleistung

(1) ¹Für Berufsausübungsgesellschaften, bei denen für Verbindlichkeiten der Berufsausübungsgesellschaft aus Schäden wegen fehlerhafter Berufsausübung rechtsformbedingt keine natürliche Person haftet oder bei denen die Haftung der natürlichen Personen beschränkt wird, beträgt die Mindestversicherungssumme der Berufshaftpflichtversicherung nach § 59n vorbehaltlich des Abs. 2 für jeden Versicherungsfall 2.500.000 EUR.

(2) Für Berufsausübungsgesellschaften nach Abs. 1, in denen nicht mehr als zehn Personen anwaltlich oder in einem Beruf nach § 59c Abs. 1 S. 1 tätig sind, beträgt die Mindestversicherungssumme 1.000.000 EUR.

(3) Für alle Berufsausübungsgesellschaften, die keinen rechtsformbedingten Ausschluss der Haftung und keine Beschränkung der Haftung der natürlichen Personen vorsehen, beträgt die Mindestversicherungssumme 500.000 EUR für jeden Versicherungsfall.

(4) Die Leistungen des Versicherers für alle innerhalb eines Versicherungsjahres verursachten Schäden können auf den Betrag der

jeweiligen Mindestversicherungssumme, vervielfacht mit der Zahl der anwaltlichen Gesellschafter, die in der Bundesrepublik Deutschland zugelassen oder niedergelassen sind, und der anwaltlichen Geschäftsführer, die nicht Gesellschafter sind, begrenzt werden. Ist eine Berufsausübungsgesellschaft Gesellschafter, so ist bei der Berechnung der Jahreshöchstleistung nicht die beteiligte Berufsausübungsgesellschaft, sondern die Zahl ihrer anwaltlichen Gesellschafter, die in der Bundesrepublik Deutschland zugelassen oder niedergelassen sind, und der anwaltlichen Geschäftsführer, die nicht Gesellschafter sind, maßgeblich. Die Jahreshöchstleistung muss sich jedoch in jedem Fall mindestens auf den vierfachen Betrag der Mindestversicherungssumme belaufen.

Sachregister

Fett gesetzte Zahlen **ohne weitere Angabe** verweisen auf Paragraphen in Teil 1 der AVB-RS (S. 43 ff.).

Es beziehen sich die Angaben:
- **Einl.** auf die Einleitung (S. 1 ff.).
- **A** auf die Besonderen Bedingungen der BBR-RA
- **B** und **C** auf die Risikobeschreibungen der BBR-RA

Mager gesetzte Zahlen verweisen auf Rn.

Abbuchung, Prämie **8** 32
Abbuchungsversuch 8 32
Abgabe der Vertragserklärung 11b 4
Abgabefrist für Steuerklärung **4** 69
Abhalten des Mandanten von der Erhebung berechtigter Ansprüche 5 46
Abhandenkommen
- von Geld **1** 96, 106; **3** 147 f.
- von Sachen **Einl.** 59; **3** 143 ff.
- von Schlüsseln **3** 147 f.

Ablehnung
- der Deckung **Einl.** 88; **5** 70 ff.
- eines angetragenen Mandats **1** 81

Abrechnung der Prämie 8 5 ff.
Abschluss
- anderweitiger Versicherungsvertrag **11a** 5
- des Versicherungsvertrages **Einl.** 72 ff.
- eines Vergleichs **3** 53 ff.

Absendung
- Anzeigen **5** 15
- Widerruf **Einl.** 75

Abtretung des Freistellungsanspruchs
- an Dritte **7** 21 ff.
- an Geschädigten **3** 61; **7** 21 ff., 27

Abtretungsverbot 7 21 ff.
Abwehr berechtigter/begründeter Ansprüche, s. Schadensabwehrkosten
Abwehr unberechtigter/unbegründeter Ansprüche 1 7; **3** 6, 8 ff.
- Aktivprozess **3** 13
- Ansprüche unterhalb Selbstbehalt **3** 12
- Aufrechnung **3** 13
- ausländisches Gericht **3** 9, 117 ff.
- bei Ausschluss **3** 15
- Eigenvertretung **3** 10
- Geltendmachung **3** 12
- Inanspruchnahme **3** 14
- Insolvenz des Geschädigten **3** 9
- Jahreshöchstleistung **3** 63
- Kostentragung **3** 8
- Kostenvorschuss **3** 9
- maßgeblicher Sachverhalt **3** 15
- Maximierung **3** 63
- Mehrheit von Ansprüchen **3** 20
- Quotelung bei die Versicherungssumme übersteigendem Anspruch **3** 109
- Schadensbearbeitungskosten **3** 8
- Selbstbehalt **3** 18
- Serienschäden **3** 79
- Sicherheitsleistung **3** 19
- Streitverkündung **3** 14
- Übergang des Erstattungsanspruchs **3** 8
- Umfang **3** 17 ff.
- Verjährungsverzicht **3** 14
- versicherte Person **7** 18
- Voraussetzungen **3** 12 ff.
- wissentliche Pflichtverletzung **3** 15
- zeitlicher Deckungsbereich des Versicherungsvertrages **3** 16

Abwehranspruch, s. Abwehr unberechtigter Ansprüche
Abwehrdeckung, s. Abwehr unberechtigter Ansprüche
Abwehrkosten 3 6, 8 ff., 21, 109
Abwehrpflicht, s. Abwehr unberechtigter Ansprüche
Abwehrprozess 3 51, s. auch Abwehr unberechtigter Ansprüche
Abwehrschutz, s. Abwehr
Abweichen
- von Gesetz, als wissentliche Pflichtverletzung **4** 50
- von Weisungen, als wissentliche Pflichtverletzung **4** 51 ff.

Abwendung der Zwangsvollstreckung, Pflicht des VR **3** 122 ff.

Register

Abwickler
- der Kanzlei **1** 21; **B** 34
- einer AG **B** 10, 14

Abwicklung der Zahlung des VR **5** 76 ff.

Abwicklung des Versicherungsfalls **1** 7 ff.; **3** 45 ff., s. auch Regulierung

Adhäsionsverfahren 5 34

Adressat von Anzeigen **11** 2

Adressdaten 11b 14 ff.

Adresse
- letzte maßgebliche **11b** 14 ff.
- Zusendung einer qualifizierten Mahnung **8** 18

Affektionsinteresse als Schaden **1** 97

AG
- Anwalts-AG s. dort
- Aufsichtsrat s. dort
- Ausschluss für Tätigkeit als Vorstand **1** 93; **4** 24 ff.

AGB
- Auslegung von **Einl.** 96
- Ausschlüsse **4** 12 f.
- AVB, als **Einl.** 69, 101 ff.
- Inhaltskontrolle der AVB **Einl.** 101 ff.
- Transparenzgebot **Einl.** 106
- Überraschungsverbot **Einl.** 107 ff.; **4** 13, 41

AGB-Widrigkeit/AGB-Gemäßheit
- Anderkontenregelung **A 4.3** 3, 9
- Anzeigepflicht für prämienrelevante/gefahrerhebliche Umstände **11b** 5
- Ausschluss für Inanspruchnahme vor ausländischem Gericht **A 4.1** 8
- Ausschluss für kaufmännische Risiken **A 4.2** 8
- Ausschluss für Tätigkeit als Angestellter **A 2.3** 2
- Ausschluss für Veruntreuung **A 2.2** 1
- Ausschluss für wissentliche Pflichtverletzung **4** 41
- Ausschlüsse, allg. **4** 13
- Ausschlüsse für Auslandssachverhalte **A 2.1** 7; **A 4.1** 1 ff.
- Gebühreneinwurf **1** 86
- keine Schadensabwehrpflicht unterhalb des Selbstbehalts **3** 12
- Regel-Ausnahme-Verhältnis der AVB-RS **1** 11
- Serienschadenklausel **3** 73
- stillschweigende Verlängerung **9** 8
- Textform für Anzeigen **11** 4
- Übergang von Ansprüchen auf Kostenerstattung/Sicherheiten **7** 28
- Zinslast **3** 71 ff.
- Zurechnung von Ausschlüssen **6** 11, 12

AHB Einl. 70; **1** 103; **2** 4; **3** 2; **4** 3; **5** 5; **6** 2; **7** 3; **8** 4; **9** 3; **10** 3; **11** 1; **11b** 3

Akquisition als versicherte Tätigkeit **1** 14

Akten, Abhandenkommen **1** 56, 90; **3** 134 ff.

Aktenherausgabe 1 57

Akten sichten wegen Verjährung, wissentliche Pflichtverletzung **4** 57

Aktenkopie für VR **5** 61

Aktentasche, Liegenlassen als versicherter Verstoß **1** 24, 56; **3** 75

Aktien, Abhandenkommen **1** 106; **3** 147 f.

Aktiengesellschaft, s. AG

Aktivprozess, Versicherungsschutz bei Aufrechnung im **3** 13

Akzessorische Haftung 1 117, 138 ff., 144 f., 150, 152 ff.

Allerwelts-Fehlleistungen 1 56

Alles-oder-Nichts-Prinzip bei Obliegenheitsverletzung **6** 14

Allgemeine Geschäftsbedingungen, s. AGB

Allgemeine Haftpflichtbedingungen, s. AHB

Allgemeiner deutscher Versicherungsverein Einl. 10

Allgemeines Persönlichkeitsrecht, Eingriff als Schaden **1** 99

Allianz (Versicherungsunternehmen) **Einl.** 1, 2, 43 ff., 138, 144

Alternative Kausalität 3 80

Altersgrenze, Versicherungspflicht bei Überschreiten **Einl.** 134

Altgesellschafter 1 160

Altverbindlichkeit 1 153 ff., 160 f.

Amt, mitversichertes **B** 3 ff.

Anderer Staat A 2.1 8, s. auch ausländisch

Anderkonto
- Abhandenkommen von Geld **1** 106; **3** 147 f.; **A 4.3** 5 ff.
- Begriff **A 4.3** 10
- Verletzung der Prüfungspflicht als wissentliche Pflichtverletzung **4** 69
- Versicherungsschutz für Auszahlungsfehler **1** 89; **A 2.2** 7; **A 4.3** 1 ff.

Änderung des Versicherungsvertrags
- Bedarf und Umsetzung **Einl.** 94 ff.
- Mitteilungspflicht der Anwaltskammer **A 3** 1

Änderung einer Nebentätigkeit 8 34; **11b** 7, s. auch Nebenberufspolice

Änderungsanzeige 8 35

Änderungsbedarf Einl. 94 ff.

Änderungsklausel Einl. 94 ff.

Register

Anerkenntnis 3 32 ff.
- des VN gegenüber dem Geschädigten **Einl.** 131; **3** 33, 36
- des VR gegenüber dem Geschädigten **3** 35
- des VR gegenüber dem VN **3** 22, 33
- ohne Zustimmung des VR **3** 37, 41

Anerkennungspolice, s. Zulassungspolice

Anfechtung
- Bestehenbleiben der Eintrittspflicht im Außenverhältnis **3** 81, 135
- des Anwaltsvertrages, Rückforderung von Honoraren **1** 81, 84
- des Versicherungsvertrages **Einl.** 36; **3** 135; **11a** 11; **11b** 16

Anforderung der Erstprämie 8 8

Angaben, falsche **11a** 11

Angehörige
- Ausschluss für Veruntreuung **A 2.2** 3, 8
- Ausschluss von Ansprüchen **Einl.** 34

Angelegenheit, Serienschadenklausel **3** 87

Angestellter Anwalt, s. auch Syndikusrechtsanwalt
- als mitversicherte Person **1** 16
- Ausschluss für Eigenhaftung **1** 16 ff.; **A 2.3** 1 ff.
- Ausschluss für Ansprüche gegen **7** 19
- Versicherungspflicht **Einl.** 18
- Versicherungsschutz bei Vertretung innerhalb der Sozietät **7** 20
- Zurechnung von Ausschlüssen **1** 151; **7** 16

Angestellter Mitarbeiter
- als mitversicherte Person **1** 16; **7** 4, 7, s. auch dort
- Ausschluss für Eigenhaftung **1** 16 ff.; **A 2.3** 1 ff.
- Zurechnung von Ausschlüssen **1** 151; **7** 16

Ankauf von Forderungen als versicherte Tätigkeit **1** 35

Anlageberatung als versicherte Tätigkeit **1** 36

Anlageempfehlung, s. Anlageberatung

Anlageobjekt, Serienschadenklausel **3** 71

Anmelden von Schutzrechten als versicherte Tätigkeit **1** 35

Anmeldung von Ansprüchen gegen VN **5** 24 ff.

Annahmeerklärung des Versicherers **Einl.** 77; **11b** 15

Anpassung der Prämie 8 35; **11a** 12

Anpassung des Vertrages 11a 16

Anschein eines wirksamen Vertrages 3 135

Anscheinsvollmacht bei Scheinsozietät **1** 126

Anschlussdeckung, s. auch Exzedentendeckung
- Anzeigepflicht **11a** 8
- durch Einzelfallversicherung **Einl.** 123
- durch Exzedentenversicherung **Einl.** 125

Anschlussversicherung nach Vertragsende **2** 19; **3** 136

Anschriftenänderung 11b 14 ff.

Anspruch gegen VR auf Freistellung 3 131, s. auch Freistellungsanspruch

Ansprüche der Finanzverwaltung als versicherte Ansprüche **1** 94

Ansprüche des VN gegen versicherte Person 7 19

Anspruchserhebung 5 40 ff.

Anspruchserhebungsprinzip Einl. 118 ff.; **1** 56 ff.; **2** 18 ff., s. auch claims made

Anspruchsschreiben an die Versicherung **5** 46

Anspruchsübergang
- auf VR nach Zahlung **5** 82
- bei Bestehenbleiben der Eintrittspflicht im Außenverhältnis **3** 132
- Rückgriff des VR durch **7** 25, 27

Anteilige Prämie 8 29

Antrag auf Wiedereinsetzung in den vorigen Stand, s. Wiedereinsetzung

Anwaltliche Berufstätigkeit, s. berufliche Tätigkeit

Anwaltliche Tätigkeit, s. berufliche Tätigkeit

Anwaltlicher Mitarbeiter, s. angestellter Anwalt bzw. angestellter Mitarbeiter

Anwaltliches Berufsbild Einl. 58, **1** 19 ff.

Anwalts-AG Einl. 25; **1** 81, 137; **4** 24; **7** 4

Anwaltsauftrag 4 35

Anwalts-GbR s. GbR

Anwaltsgemeinschaft 1 128

Anwaltsgesellschaft 1 119 ff., s. auch Sozietät, Berufsausübungsgesellschaft, Anwalts-AG, Anwalts-GmbH, PartG, PartmbB, GbR, LLP

Anwalts-GmbH Einl. 25; **1** 81, 137; **4** 24; **7** 4

Anwaltskammer
- als Anbieter/Vermittler für Versicherung **Einl.** 140

293

Register

- Prüfung des Versicherungsschutzes vor Zulassung **Einl.** 37 ff.
- Tätigkeit bei, als versichertes Risiko **B** 46
- Tätigkeit nach Kündigung des Versicherungsvertrages **Einl.** 41; **2** 19; **3** 136; **A 3** 1
- Vertrauensschadenfonds **Einl.** 63

Anwaltskosten, s. Abwehr unberechtigter Ansprüche, Schadensabwehrkosten, Kosten

Anwaltsnotar, s. Notar

Anwaltssozietät, s. Sozietät

Anwaltszulassung
- Aufrechterhaltung trotz Ruhestand, Versicherungspflicht **Einl.** 23, 134
- Gefährdung durch Verfehlungen **5** 60
- Versicherung als Voraussetzung **Einl.** 16, 38
- Versicherungsschutz bei Erlöschen **3** 97
- vorläufige Deckung als Voraussetzung **Einl.** 38, 84
- Wegfall **9** 22 ff.
- Widerruf bei Wegfall der Versicherung **Einl.** 41

Anweisung der Zahlung des VR **5** 76

Anweisung des Mandanten, Missachtung als wissentliche Pflichtverletzung **4** 50 ff.

Anwendbarkeit deutschen Rechts auf Mandatsvertrag **1** 66, 75; **10** 6

Anzeige
- Adressat **11** 2 ff.
- Begriff **5** 30
- Form **11** 2 ff.
- Obliegenheit, s. Anzeigeobliegenheiten
- Pflicht, s. Anzeigepflichten

Anzeigeobliegenheit bei Mahnbescheid, Klage, Streitverkündung etc. 5 31 ff., 40 ff.

Anzeigeobliegenheit bei Versicherungsfall 5 18 ff.
- Adressat **5** 13 f.
- Bagatellschäden **Einl.** 131; **3** 99
- bei Deckungsverweigerung **5** 17, 70
- Form **5** 29 ff.
- Fristen **5** 15 f., 28 f.
- Inhalt **5** 30
- Leistungspflicht des VR trotz Verletzung der Anzeigeobliegenheit **3** 130
- Rechtsfolgen bei Verletzung der Anzeigeobliegenheit **6** 5 ff.
- Verantwortliche Person **5** 11
- Verschwiegenheitspflicht **5** 19
- Zeitpunkt **1** 60, 62; **5** 21 ff.

Anzeigeobliegenheit der Geltendmachung durch Geschädigten 5 32 ff.

Anzeigepflicht des VN vor Vertragsschluss 11a 1 ff.

Anzeigepflicht des VN während der Vertragslaufzeit 5 2; **6** 3; **11b** 4 f., 6 ff.
- gefahrrerhebliche Umstände **11b** 4 ff.
- gefahrerhöhende Umstände **11b** 4 ff.
- prämienrelevante Umstände **11b** 6 ff.
- Rechtsfolgen bei Verletzung **11b** 13

Anzeigepflicht des VR gegenüber BaFin **Einl.** 50

Arbeitsaufwand, kein Ersatz für zusätzlichen **5** 47

Arbeitsgemeinschaft
- Mithaftung kraft Zusage **1** 74
- Versicherungsdeckung **1** 55

Arbeitsüberlastung, wissentliche Pflichtverletzung **4** 53, 57

ARGE, s. Arbeitsgemeinschaft

Arglist, s. auch Anfechtung
- Abschluss des Versicherungsvertrages **Einl.** 87
- falsche Angaben **11a** 11
- Obliegenheitsverletzung **6** 19
- Verjährungseinwand **5** 67

Arrest, Anzeigeobliegenheit bei Erlass **5** 43

Aufenthalt, unbekannter, s. dort

Auffälliger Hinweis im Versicherungsschein 8 12

Aufklärungsobliegenheit des VN im Schadensfall **5** 45

Aufklärungspflicht des VR
- Abschluss des Versicherungsvertrags **Einl.** 81 ff.
- Risikoausschlüsse **4** 18

Auflösung der Sozietät, Erlöschen der Versicherung **9** 25

Aufrechnung des Schadens gegen Honorarforderung
- Anzeigeobliegenheit **5** 40
- durch Geschädigten **3** 13
- durch VN **5** 81
- durch VR **3** 57

Aufrechnung gegen Prämienforderung 8 11; **9** 12

Aufrechterhaltung der Eintrittspflicht des VR trotz Leistungsfreiheit im Innenverhältnis **3** 130 f.; **A 1** 12

Aufschiebende Wirkung, Beschwerde **Einl.** 111

Aufsichtsbehörde, s. BaFin

Aufsichtsrat
- Ausschluss für Tätigkeit in **1** 21, 84, 93; **4** 22 ff., 27 ff., 36; **B** 38 ff., 55

# Register

- Rückforderung von Honorar nach § 114 AktG **1** 84
- Versicherungsschutz durch D&O-Versicherung **Einl.** 137

Aufteilung der Versicherungssumme bei mehreren Geschädigten **3** 89
Auftrag, einheitlicher **3** 87 f.
Auftraggeber, Versicherungsschutz nur bei Tätigkeit für **1** 14 ff., 19; **A 2.3** 1; **B** 2
Auftreten vor außereuropäischen Gerichten A 2.1 20 ff., 29 ff.
Augenscheinobjekt, Abhandenkommen **3** 144
Ausgleichsanspruch bei Mehrheit von Schädigern **5** 82; **7** 27
Ausgleichungspflicht anhand der Verschuldensanteile **5** 82; **7** 27
Auskunftspflicht
- der Anwaltskammern **Einl.** 56
- des VN **5** 45 ff., 60 ff.; **11a** 8

Auslagen, Versicherungsdeckung **3** 109
Ausländische Anwaltsgesellschaft 10 6
Ausländische Anwaltszulassung A 2.1 14, 19, 24
Ausländische Kanzlei, s. ausländisches Büro
Ausländische Prozessordnung 1 75; **3** 118; **A 2.1** 22
Ausländische Versicherung Einl. 23
Ausländischer Mandant A 2.1 10, 12
Ausländischer Rechtsanwalt 1 16; **A 2.1** 18
Ausländischer VR Einl. 118, 121, 127
Ausländisches Büro Einl. 82; **A 2.1** 9 ff.
Ausländisches Gericht 1 75; **3** 9, 117 ff.; **A 4.1** 1 ff., s. auch außereuropäisches Gericht
Ausländisches Recht
- freiwillige Vereinbarung **1** 75
- für Versicherungsvertrag **Einl.** 118; **10** 7
- Inanspruchnahme des VN nach **1** 49, 75; **10** 6; **A 2.1** 10; **A 4.1** 6

Auslandsbezug, Ausschluss bei 4 19; **A 2.1** 1 ff.; **A 4.1** 1 ff.
Auslandsbüro, s. ausländisches Büro
Auslandsdeckung, freiwillige Vereinbarung **A 2.1** 34 ff.; **Einl.** 140
Auslandsprozess
- Ausschluss der Deckung bei außereuropäischem Gericht **A 4.1** 1 ff.
- Begrenzung der Kostenübernahmepflicht des VR **3** 117 ff.

Auslandssachverhalt, s. Auslandsbezug

Auslegung
- von Ausschlüssen **4** 8 ff.
- von AVB **Einl.** 96 ff., 101; **4** 5
- von Risikobegrenzungsklauseln **3** 72

Ausreißer-Schäden, Abdeckung durch Exzedenten **1** 125 ff.
Ausschlüsse 4 1 ff.
- AGB-Kontrolle **4** 12 f.
- Angestellter, Tätigkeit als **A 2.3** 1 ff.
- Aufklärungspflicht des VR **4** 18
- ausländisches Büro, s. dort
- Ausland, s. dort
- Auslegung **4** 8 ff.
- außereuropäisches Gericht, s. dort
- außereuropäisches Recht, s. dort
- Beweislast **4** 14
- Geltendmachung im Deckungsprozess **3** 15, 24
- Geltung für versicherte Personen **7** 11
- Haftung aufgrund vertraglicher Zusage **1** 67 ff.; **4** 20 ff.
- in früheren AVB **Einl.** 44
- Inanspruchnahme vor außereuropäischem Gericht, s. dort
- kaufmännische Risiken, s. dort
- Sinn und Zweck **4** 4 f.
- Tätigkeit als Geschäftsführer, Vorstand etc. **4** 22 ff.
- Tätigkeit in Aufsichtsräten etc. **4** 22 ff., s. auch Aufsichtsrat
- Überraschungseffekt **Einl.** 107
- und Kumulsperre **3** 162
- verdeckte **4** 4
- Verschweigen von **6** 19
- vertragliche Zusage **1** 67 ff.; **4** 20
- Veruntreuung, s. dort
- Verzicht des VR **4** 15
- wesentliche Pflichtverletzung, s. dort
- Zulässigkeit nach § 51 BRAO **Einl.** 34 ff.
- Zurechnung **1** 151; **4** 38, 75; **7** 16
- Zusammentreffen mit nicht ausgeschlossenen Ansprüchen **4** 16 f.

Ausschlussfrist 10 4
Außenverhältnis, Scheinsozius **1** 125 ff.
Außerberufliche Aktivitäten
- Ausschluss **Einl.** 58
- freiwillige Einbeziehung in die Versicherung **Einl.** 65

Außereuropäisches Gericht Einl. 34, 35; **3** 94, 120; **5** 63, 69; **A 2.1** 20, 29; **A 4.1** 1, 6
Außereuropäisches Recht 3 94, 120; **5** 63, 69; **A 2.1** 13 ff., 26 ff.; **A 4.1** 6 f.
Außergerichtliche Erledigung des Versicherungsfalls **3** 109; **9** 11

Register

Außergerichtliche Schadensabwehr
- kein Sonderkündigungsrecht **9** 11
- Weisungsrecht des VR **5** 50

Außerordentliche Kündigung Einl. 88
- im Schadensfall **Einl.** 88; **3** 136; **9** 10 ff.

Aussichtsloser Prozess, als wissentliche Pflichtverletzung **4** 60

Ausstehende Raten, sofortige Fälligkeit **8** 40

Ausstehende Zahlungen, s. Zahlungsverzug

Austrittsdeckung, s. Austrittsversicherung

Austrittshaftung 1 150, 160; **3** 47

Ausübung beruflicher Tätigkeit, s. dort

Auszahlung der Versicherungssumme
- Empfänger **5** 78 ff.
- Fälligkeit **5** 76
- Zinsen **3** 64 ff.; **5** 77

Autor, versicherte Tätigkeit **B** 37

Automatische Verlängerung 9 1, 4 ff.

Autounfall, Versicherungsschutz **Einl.** 59

Avalprovision, Übernahme durch VR **3** 126

AVB-A Einl. 43
AVB-ASN Einl. 1
AVB-P Einl. 1
AVB-R Einl. 1
AVB-RPSWB Einl. 1
AVB-RSW Einl. 2, 43
AVB-S Einl. 43
AVB-W Einl. 43
AVB-WB Einl. 43
AVB-WSR Einl. 1, 43

AXA (Versicherungsunternehmen) Bedingungswerk **Einl.** 1, 43, 46, 138, 144; **10** 5; **B** 40

„**Baby-Police**", s. Zulassungspolice
BaFin Einl. 50, 101, 111; **9** 13
Bagatellschäden Einl. 130, 131; **3** 99
Bank, Haftung ggü. bei Legal Opinions **1** 72
Bankbürgschaft, Sicherheitsleistung durch VR **3** 126
Bankirrtum, Ursache für unterbliebene Prämienzahlung **8** 20
Bauherrenmodell, Haftung des Anwalts
- als Treuhänder **1** 43; **3** 71
- bei Prospektprüfung **1** 43

Bauunternehmen, Mithaftung des Anwalts bei Konsortium **1** 74, 118

beA, besonderes elektronisches Anwaltspostfach, s. dort

Bearbeitung des Schadensfalls
- bei Exzedentenversicherung **Einl.** 127
- durch VR **3** 51; **5** 30
- Kosten der **3** 8

Bedingter Vorsatz, Abgrenzung zu wissentlicher Pflichtverletzung **4** 38, 42

Bedingung des Auftraggebers, Abweichen als wissentliche Pflichtverletzung **4** 50

Bedingungsänderung Einl. 94

Beendigung des Versicherungsvertrages 2 19; **9** 4 ff., s. auch Kündigung, Sonderkündigungsrecht, Fristablauf, außerordentliche Kündigung

Befolgung von Weisungen, s. Weisungsrecht des VR

Befreiungsanspruch Einl. 55; **3** 61 ff., 131

Befriedigung begründeter/berechtigter Ansprüche 3 6, 61

Befriedigung des Geschädigten, Scheitern am Verhalten des VN **3** 128

Beginn des Versicherungsschutzes
- regelmäßiger Beginn **3** 4 f.
- verspätete Zahlung **3** 5
- vorläufige Deckung **Einl.** 84

Begründung, Widerruf des VN **Einl.** 74

Behördliche Genehmigung für AVB **Einl.** 50

Beirat, s. auch Aufsichtsrat
- kein Versicherungsschutz als **1** 21; **4** 27 ff., 29; **B** 38 ff.
- Versicherung über D&O-Deckung **Einl.** 137

Beistand, Versicherungsschutz als **1** 21; **B** 27

Belehrung
- bei qualifizierter Mahnung **8** 19
- über Widerrufsrecht **Einl.** 76

Belehrungspflicht betr. Ausschlüsse **4** 18

Bemühungen zur Schadensabwehr 5 45 ff., 51, 64 ff.

Beratungspflicht des VR Einl. 72, 82

Berechnung der Prämie Einl. 129 ff.; **5** 48 f.; **8** 33 ff.

Bereicherungsanspruch, keine Deckung für **1** 78, 84 ff.

Bermuda-VR Einl. 118

Berufliche Tätigkeit, Abgrenzung **Einl.** 47; **1** 12, 19 ff.; **A 2.3** 1; **A 4.2** 8; **A 4.3** 11; **B** 2

Berufsausübungsgesellschaft, s. auch Sozietät
- als VN **1** 119 ff.
- Deckungskonzepte **1** 138 ff.

Register

- versicherte Personen **7** 4
- Versicherungspflicht **Einl.** 25 ff.
- Versicherungsschutz für Geschäftsführer, Vorstände etc. **4** 24
- Zurechnung von Ausschlüssen **1** 151; **4** 75; **6** 11

Berufserfahrung, mangelnde B. als wissentliche Pflichtverletzung **4** 67

Berufsrecht
- Versicherungspflicht **Einl.** 16 ff.
- Höhe der Deckung **Einl.** 33

Berufsrechtswidrige Tätigkeit **1** 54

Berufsständische Gremien B 46

Berufstätigkeit, s. berufliche Tätigkeit

Berufsträger, Einbeziehung in Versicherung der Sozietät **1** 138 ff., 142 ff.

Berufsträgergesellschaft, s. Berufsausübungsgesellschaft

Berufungsfrist 2 10, 13; **3** 75

Beschädigung von Sachen **Einl.** 62; **1** 105 ff.; **3** 143 ff.

Beschlagnahme der Schadensakte durch StA **5** 62

Beschwerden Einl. 111 ff.; **9** 13

Besondere Vereinbarungen zwischen VN und VR **Einl.** 65, 132, 140; **1** 34; **A 4** 1, 3; **B** 46 ff.
- Auslandsdeckung **A 2.1** 34 f.
- Führungsvereinbarung bei Konsortien **5** 83 ff.
- Maklerklausel **11** 8 ff.
- Nebenberufspolice **7** 35 ff.

Besondere Zusage, Ausschluss für Haftung aufgrund **1** 67 ff.; **4** 20, s. auch vertragliche Zusage

Besonderes elektronisches Anwaltspostfach (beA) 4 58

Bestandskraft eines Vergleichs **5** 77

Bestätigung, falsche, als wissentliche Pflichtverletzung **4** 60

Bestehenbleiben der Eintrittspflicht gegenüber dem Geschädigten 3 130 ff.; **4** 40; **A 4** 2

Beteiligungsunternehmen, Ausschluss für Ansprüche von **Einl.** 34

Betreuer, versicherte Tätigkeit **1** 21, 81; **B** 12, 26

Betriebshaftpflichtversicherung, s. Bürohaftpflichtversicherung

Betriebswirtschaftliche Fehlleistung 4 22, s. auch kaufmännische Fehler

Betriebswirtschaftliche Tätigkeit A 4.2 2 ff.; **B** 6

Betrug, fristlose Kündigung bei **Einl.** 88

Betrugsabsicht, vorsätzliche Obliegenheitsverletzung **6** 19; **11a** 11

Bevollmächtigter 11 5, s. auch Prozessbevollmächtigter, Maklerklausel

Beweislast
- Ausschlusstatbestand **4** 14
- wissentliche Pflichtverletzung **4** 63 ff.
- fehlende Kausalität von Obliegenheitsverletzung **6** 12
- im Verteilungsverfahren **A 1** 11
- Obliegenheitsverletzung **6** 6, 12, 13 ff., 16
- Vorliegen des Versicherungsfalls **7** 23
- Zugang der Aufforderung zu Mitteilungen **11b** 10
- Zugang einer qualifizierten Mahnung **8** 19

Beweismittel, Verlust als Schaden **Einl.** 59; **1** 108, 116; **3** 144

Beweissicherungsverfahren, Anzeigeobliegenheit bei **5** 32, 35

Bezugsjahr der Maximierung **A 1** 3

BGB, Anwendbarkeit **Einl.** 68

Bindung
- des VR an Anerkenntnis/Vergleich **3** 32 ff.
- des VR im Deckungsprozess an den vorangegangenen Haftungsprozess **3** 23 ff.; **4** 40; **5** 74

Böswilliges Motiv, wissentliche Pflichtverletzung **4** 46

Bote, Versicherungsschutz für Fehler **1** 97, 133

Botendienst, Haftung für **1** 115

BRAO-Reform, s. Große BRAO-Reform

Briefbogen, Bedeutung für Mithaftung **1** 125 ff., 128; **2** 20

Buchführung als versicherte Tätigkeit **1** 31, s. auch Hilfeleistung in Steuersachen

Buchgeld 3 148; **A 4.3** 5

Buchhaltung als versicherte Tätigkeit **1** 31, s. auch Hilfeleistung in Steuersachen

Bundesaufsichtsamt für Finanzdienstleistungen, s. BaFin

Bürgschaft des VR als Sicherheitsleistung **3** 126

Büro, ausländisches, s. dort

Büro- bzw. Betriebshaftpflichtversicherung Einl. 59, 62; **1** 103

Büro- und Organisationsfehler, Versicherungsschutz für **1** 24

Bürobote, Versicherungsschutz für Fehler **1** 115

Register

Bürogemeinschaft 1 123
Büromitarbeiter
- als versicherte Personen **7** 31
- Eigenhaftung **1** 82
- Haftung für **1** 112ff., 115
- Zurechnung von Ausschlüssen **4** 33ff., 75

Büroorganisation, mangelhafte als wissentliche Pflichtverletzung **4** 56
Bußgeldverfahren, Anzeigeobliegenheit bei Einleitung **5** 36

CCBE Einl. 17; **1** 81
Claims made
- als Rückwärtsversicherung **2** 22
- für Exzedent **Einl.** 121
- Verstoßzeitpunkt **Einl.** 60; **1** 58
- Vor- und Nachteile **Einl.** 118ff.
- Zulässigkeit nach § 51 BRAO **Einl.** 31

Compliance-Untersuchungen 1 46
Computer, Sachschäden **1** 111; **3** 153
Courtage des Versicherungsmaklers **Einl.** 140
Cyber-Deckung Einl. 62

D&O-Versicherung
- für Aufsichtsratsmandate etc. **Einl.** 137; **4** 22
- für Kanzleimanagement **Einl.** 62

Darlehensvermittlung als versicherte Tätigkeit **1** 38
Datenschäden 3 153
Datenschutzbeauftragter, versicherte Tätigkeit **1** 51
Datenschutzgesetze
- versicherte Verstöße **1** 57
- versicherte Schäden **3** 158

Dauerberatung, Serienschadenklausel **3** 88
Dauermandant, laufende Beratung in allen Angelegenheiten **1** 29
DAV, s. Deutscher Anwaltverein
Deckung, s. auch Schadensdeckung
- Ablehnung **3** 46
- Begriff **1** 7
- vorläufige, s. dort

Deckungsanspruch
- Begrenzung auf Versicherungssumme **3** 62ff
- Begrenzung durch Maximierung **3** 63ff.
- Begrenzung durch Serienschadenklausel **3** 69ff.
- Erweiterung **3** 139, s. auch besondere Vereinbarungen

- Rechtsnatur **3** 61
- Verjährung **2** 18

Deckungsausschluss, s. Ausschluss
Deckungsbedarf, Ermittlung **Einl.** 114f.
Deckungsbestätigung Einl. 79
Deckungskonzept
- für Rückwärtsversicherung **2** 22ff.
- für Sozietäten **1** 138ff.

Deckungsprozess
- Bindung an Feststellungen im Haftpflichtprozess **3** 23ff.; **5** 73f.
- Geschädigter als Zeuge **3** 41

Deckungsschutz, Klage auf **3** 129
Deckungssumme, s. Versicherungssumme
Deckungsverweigerung, Erlöschen der Anzeigeobliegenheiten **5** 17, 70
Deckungszusage des Rechtsschutz-VR, Klage vor Einholung als wissentliche Pflichtverletzung **4** 54
Deckungszusage des VR
- im Schadensfall **5** 71ff.
- vorläufige, s. dort

Deliktische Haftung 1 82; **7** 4
Depression als Schaden **1** 104; **3** 157
Detektei, Haftung des Anwalts **1** 115
Deutscher Anwaltverein
- Versicherung über **Einl.** 14, 140
- versicherte Tätigkeit **B** 46

Diebstahl durch Personal **A 2.2** 4
Dienstleistungs-Informationspflichten VO Einl. 56
Dienstvertrag, Haftung aus **1** 70, 80
Diplom-Wirtschaftsjurist (FH), Haftung des Anwalts für **1** 16
Direktanspruch des Geschädigten gegen den VR **Einl.** 55; **3** 131; **7** 23f.
Discovery, Kosten einer **3** 118
Diskriminierung
- durch VN **1** 57; **3** 154
- Schutz vor Schäden durch **A 2.1** 32

Diskriminierungsverbot für VR bei Vertragsschluss **Einl.** 54
D&O-Ausschluss 4 22ff.
Dolus directus 4 44
Doomsday claims Einl. 143
Doppelcharakter der Berufshaftpflichtversicherung 3 6ff.
Doppelversicherung Einl. 90; **2** 24; **B** 42
Doppelzahlung 5 81
Dozent, versicherte Tätigkeit **B** 37
Dritthaftung 1 74, 112ff.
Drittschaden 1 63
Drop down-Klausel Einl. 126
Due Diligence 1 45

Register

Duldungsvollmacht, Scheinsozius **1** 125 f.
Durchgriff auf die Gesellschafter 1 83, 120, 130 ff., 144, 150, 152 ff.
Durchschnittlicher VN als Auslegungsmaßstab **4** 9
Durchschnittsleistung, für alle haftenden Sozien **Einl.** 27
Dynamisierung der Prämie **Einl.** 129; **8** 36 ff.; **11b** 1

EDV, s. IT
Ehepartner A 2.2 8
Ehrverletzungsprozess, Schaden bei Verstößen **1** 97
Eigenbehalt, s. Selbstbehalt
Eigene Angelegenheit des Anwalts, Beauftragung eines anderen Anwalts der Sozietät **1** 131; **7** 20
Eigene Gebühren bei Verteidigung im Schadensfall **3** 110 ff.
Eigenschaden 1 64; **A** 4.3 6
Eigentümer der Kanzleiräume, Haftpflicht als **Einl.** 62
Eigenverteidigung
– Entscheidung durch VR **5** 55 ff.
– Gebühren **3** 19, 110 ff.
Einbringung von Einzelkanzlei in Sozietät **1** 155
Einfache Fahrlässigkeit 11a 15, s. auch Fahrlässigkeit
Eingerichteter und ausgeübter Gewerbebetrieb, Eingriff als versicherter Schaden **1** 82, 99, 110
Eingerichtetes Büro A 2.1 9
Eingetragener Lebenspartner A 2.2 8
Einheitlicher Auftrag, Abgrenzung Serienschaden **3** 87 f.
Einheitlicher Verstoß, Abgrenzung Serienschaden **3** 86
Einheitliches Mandat, Abgrenzung Serienschaden **3** 75, 87
Einigungsstelle, versicherte Tätigkeit **1** 47
Einkauf von Büromaterial, Versicherungsschutz bei **1** 14
Einrede der Verjährung
– Aufforderung zum Verzicht als Geltendmachung des Schadens **3** 14
– Verzicht als vertragliche Haftungserweiterung **1** 76
– Verzicht im Rahmen der Regulierungsvollmacht **3** 58
Einspruch, s. auch Widerspruch
– gegen Steuerbescheid als Rettungsobliegenheit **5** 45
– gegen Strafbefehl, Obliegenheit des VN **5** 64
Einstellung der aktiven Berufstätigkeit Einl. 118; **2** 20, s. auch Ruhestand
Einstweilige Verfügung
– Obliegenheit des VN zu Widerspruch **5** 43
– Zeitpunkt des Verstoßes **2** 13
Eintretender Gesellschafter/Partner, s. Eintrittshaftung
Eintritt des Versicherungsfalls
– Ausstehen der Prämie bei **8** 8
– Begriff **5** 21 ff.
– fehlende Kausalität einer Obliegenheitsverletzung für **6** 16
Eintritt in Sozietät, s. Eintrittshaftung
Eintrittsdeckung 1 150, 153 ff.
Eintrittshaftung 1 141, 144, 150
Eintrittsversicherung 1 152 ff.
Eintrittspflicht des VR
– Anerkenntnis **3** 32 ff., 39 ff.
– bei Doppelversicherung **3** 140
– Voraussetzungen **3** 22
– Wegfall bei Anerkenntnis des VN **3** 39
Einverständnis, vermutetes bei wissentlicher Pflichtverletzung **4** 51
Einwilligung s. Zustimmung
Einzeldeckung Einl. 115, 122 ff.
Einzelfallversicherung Einl. 115, 122 ff.
Einzelmandat 1 131, 142 ff., 145, 147
Einzelschaden, Abgrenzung von einheitlichem Schaden **3** 81
Einzelursache bei Mehrfachkausalität **2** 12
Einzelversicherung
– der Sozien **Einl.** 27 f., 116; **1** 117
– Gebührentatbestand Nr. 7007 VV-RVG **Einl.** 124
– pro Mandat **Einl.** 115, 122 ff.
Einzugsermächtigung 8 13, 32
Elektronische Daten, Versicherungsschutz bei Beschädigung **1** 111; **3** 153
Elektronisches Dokument, Schaden durch unabsichtliche Veränderung **1** 114
Eltern A 2.2 8
E-Mail
– für Anzeigen des VN **5** 29; **11** 4
– ignoriertes als wissentliche Pflichtverletzung **4** 58
Embargo-Klausel 10 7
Emotional distress als Schaden **1** 75; **3** 157

299

Register

Empfangsvollmacht des VR **3** 50
Ende des Versicherungsvertrages
Einl. 133; **2** 18ff.; **9** 49; **A 3** 1, s. auch Kündigung, Sonderkündigungsrecht, Fristablauf, außerordentliche Kündigung
Enkel A 2.2 8
Entfernte Möglichkeit
– der Deckung, als Auslöser des Abwehranspruchs **3** 15
– der Inanspruchnahme, als Auslöser des Abwehranspruchs **3** 14
Entstehungsgeschichte
– der AVB-RS **Einl.** 43ff.
– der Berufshaftpflichtversicherung **Einl.** 9ff.
– von AVB, als Auslegungskriterium **Einl.** 98
Entzug der Regulierungsvollmacht **3** 60, 128
Erbauseinandersetzung, versicherte Tätigkeit **1** 37; **A 4.2** 4
Erben des Anwalts
– kein Eintritt in Versicherung **Einl.** 42; **9** 24
– kein Selbstbehalt **3** 97
– Mitversicherung **9** 24; **B** 44
– verlängerte Anzeigefristen **5** 16
Erbschaft
– Anlageberatung als versicherte Tätigkeit **1** 36
– Auseinandersetzung als versicherte Tätigkeit **1** 37; **A 4.2** 4
Erfinderrecht, Schaden bei fahrlässigen Verstößen **1** 97
Erfolgloser Beweisantritt, Kostentragung **3** 105
Erfüllungsanspruch, keine Deckung **1** 78, 87ff., 106; **A 2.2** 2; **A 4.3** 2
Erfüllungsersatzanspruch 1 78, 92
Erfüllungsgehilfe, Haftung für **1** 52, 114f.
Erfüllungsort der Leistungen aus dem Anwaltsvertrag **A 4.1** 3
Erfüllungssurrogat 1 87, 92
ERGO (Versicherungsunternehmen), Bedingungswerk **Einl.** 1, 38, 43, 144; **1** 86; **3** 97, 114; **4** 76; **10** 5; **A 2.1** 27; **B** 40, 46, 47ff.
Erhöhung der Versicherungssumme A 4 1
Erinnerung des Mandanten, Missachtung als wissentliche Pflichtverletzung **4** 73
Erklärungen
– Abgabe durch VR im Namen des VN **3** 45, 50

– Begriff **11** 3
– bei Anschriftenänderung **11b** 16
– von und gegenüber Makler **11** 8ff.
Erklärungsvollmacht 3 50
Erlaubnis des VR zum Geschäftsbetrieb **Einl.** 50
Erledigung des Haftpflichtanspruchs, Scheitern am Verhalten des VN **3** 49, 127ff.
Erledigung des Rechtsstreits, Sonderkündigungsrecht **9** 18
Erlöschen
– der Anwaltszulassung **3** 97; **9** 22
– der Anzeigeobliegenheiten bei Deckungsverweigerung **5** 17, 70
– der Versicherung **3** 140; **9** 6, s. auch Kündigung, Sonderkündigungsrecht, Fristablauf, außerordentliche Kündigung
Ermittlungsverfahren, Anzeigeobliegenheit **5** 32, 36
Erstattungsanspruch gegen den Geschädigten aus § 91 ZPO **3** 8
Erste Rate als Erstprämie **8** 6
Erster Verstoß 2 13
Erstprämie
– Beginn der Versicherung mit Zahlung **3** 4ff.
– Begriff **3** 5
– Fälligkeit **3** 3ff.; **8** 6
– kein Versicherungsbeginn vor Zahlung **3** 3ff.
– Leistungsfreiheit bei Nichtzahlung **3** 133; **8** 8, 10
– Rücktrittsrecht des VR bei verspäteter Zahlung **Einl.** 86; **8** 7ff.
Erweiterte Einlösungsklausel 3 5; **8** 8, 12
Erweiterter Selbstbehalt
– durch Gebühreneinwurf **1** 86
– durch Vereinbarung mit VR **Einl.** 132; **3** 93
Erweiterung des Versicherungsschutzes A 4 2, s. auch besondere Vereinbarungen
Erwerbermodell, s. Bauherrenmodell
EU-Gemeinschaftsrecht A 2.1 13
Europäischer Rechtsanwalt Einl. 23
Europäisches Recht A 2.1 13
EWIV 1 127
Exzedentendeckung Einl. 121., 125ff.
– Anzeigepflicht **11b** 4, 6
– auf claims-made Basis **Einl.** 127
– bei anderem VR **Einl.** 127
– Beschaffung über Versicherungsmakler **Einl.** 140

Register

- drop down **Einl.** 126
- Erschöpfung **2** 7
- Funktionsweise **Einl.** 125 ff.
- gefahrerheblicher Umstand **11b** 4, 6
- Maximierung **Einl.** 126
- Wettbewerb im Versicherungsmarkt **Einl.** 127, 138

Fahrlässige Obliegenheitsverletzung, s. Obliegenheitsverletzung
Fahrlässigkeit
- Abgrenzung zur wissentlichen Pflichtverletzung **3** 25 f.; **4** 38 f., 42 ff., 48 ff.
- einfache **11a** 15

Fahrverbot als Schaden **1** 100
Fakultativer Aufsichtsrat, Ausschluss für Tätigkeit in **4** 28, s. auch Aufsichtsrat
Fälligkeit
- der Erstprämie **8** 5 ff.
- der Folgeprämie **8** 16 ff.
- der Leistung des VR **5** 76 ff.

Falsche Anzeige 11a 13
Falsche Angaben, gegenüber VR **11a** 11
Falsche Bestätigung als wissentliche Pflichtverletzung **4** 60
Falsche Überweisung A 4.3 9, s. auch Anderkonto
Fax
- Deckung für Fehler bei Versendung **1** 24
- fehlende Erreichbarkeit als wissentliche Pflichtverletzung **4** 58
- Form für Anzeigen/Mitteilungen **5** 29, 31; **11** 4

Fehlende Deckung auf Konto bei Abbuchung **8** 32
Fehlende Geschäftsfähigkeit des VN **3** 135
Fehlende Kausalität der Obliegenheitsverletzung **6** 16 ff.
Fehler 1 8, 10, s. auch Verstoß
- häufigste des Anwalts **Einl.** 15, 141 ff.
- Korrektur **3** 113
- unterlassene Korrektur **2** 13 ff.
- wiederholter **2** 16 f.; **3** 80

Fehlerhafte Auszahlung vom Anderkonto **A 4.3** 7, s. auch Anderkonto
Fehlerquellen, häufigste **Einl.** 15, 141 ff.
Fehlleistung, s. Fehler
Fehlüberweisung A 4.3 9, s. auch Anderkonto
Fernabsatz Einl. 80
Festselbstbehalt 3 93, s. auch Selbstbehalt

Feststellung des Versicherungsfalls
- durch VR **3** 23 ff.; **5** 45 ff.
- Kausalität von Obliegenheitsverletzungen **6** 16

Feststellungsinteresse für vorzeitige Klage gegen VR **3** 129
Feststellungsklage gegen VN, Anzeigeobliegenheit **5** 34
Finanzierende Bank als Geschädigter **1** 63, 71
Finanzierung, Schaden bei **1** 73
Firma, Begriff **4** 30
Floatende Prämie Einl. 129; **8** 33, 36 ff.; **11b** 1
Flucht in die Berufung
- Unterlassung als neuer Verstoß **2** 13 ff.
- Unterlassung als wissentliche Pflichtverletzung **4** 61

Flucht in die Säumnis
- Unterlassung als neuer Verstoß **2** 13 ff.
- Unterlassung als wissentliche Pflichtverletzung **4** 61

Folgen nicht rechtzeitiger Zahlung
- Erstprämie **8** 5 ff.
- Folgeprämie **8** 17 ff.

Folgenlosigkeit einer Obliegenheitsverletzung **6** 6, 12, 15 ff.
Folgeprämien
- Fälligkeit **8** 16
- Verzugsfolgen **8** 17 ff.

Folgeprozess
- Deckungsprozess, s. dort
- zur Fehlerkorrektur **3** 113

Folgeschaden 1 96, 104, 108
Forderung
- Feststellung einer unbegründeten als Schaden **1** 97
- Verlust einer als Schaden **1** 97

Forderungsübergang
- auf VR nach Zahlung **5** 82
- bei Bestehenbleiben der Eintrittspflicht im Außenverhältnis **3** 132
- Rückgriff des VR durch **7** 25, 27 ff.

Formulierung von Verträgen, als versicherte Tätigkeit **1** 35
Formunwirksamkeit der Honorarvereinbarung, kein Versicherungsschutz für Rückforderung **1** 84
Fragebögen der VR 11a 11; **11b** 9
Freiberufler-GbR, s. GbR
Freiberuflich ausgeübte Tätigkeit A 2.3 1; **B** 2, s. auch berufliche Tätigkeit
Freier Mitarbeiter
- als Scheinsozius **1** 125 ff.
- als mitversicherte Person **7** 7

301

Register

- Nebenberufspolice **7** 35 ff.
- Rückgriff gegen **7** 33
- Versicherungspflicht **Einl.** 18
- Zurechnung von Ausschlüssen **1** 151

Freiheitsentziehung als Schaden Einl. 59; **1** 82, 96, 104; **3** 155 ff.

Freistellungsanspruch 3 61, 129, 131

Freiwillig mitversicherte Risiken A 1 8; **A 4** 2

Freiwillige Höherversicherung A 4.1 1

Fremdgeld 4 59, 73; **A 4.3** 10, s. auch Anderkonto

Frist
- falsche Notierung, als gedeckter Schaden **1** 24
- für Anzeigen gegenüber VR **5** 15 f., 28 ff.
- für Kündigung des Versicherungsvertrages, s. dort
- für Sonderkündigungsrecht im Schadensfall **9** 18 ff.
- mangelhafte Kontrolle, als wissentliche Pflichtverletzung **4** 57

Fristablauf, Zeitpunkt des Schadenseintritts **2** 10, 14 ff.

Fristenkontrollsystem
- Fehlen als Serienschaden **3** 86
- Fehlen als wissentliche Pflichtverletzung **4** 57

Fristlose Kündigung 8 25 ff., 32

Fristversäumnis, s. Fristablauf

Fristwahrung von Anzeigen des VN **5** 10, 15 f., 28

Führender Versicherer Einl. 127; **5** 83 ff.

Führungsvereinbarung Einl. 127; **5** 83 ff.

Fusion von Sozietäten 1 155; **2** 25

Garantieversprechen, kein Versicherungsschutz **1** 70; **3** 26; **4** 20

GATT-Regelungen A 2.1 27

GbR
- akzessorische Haftung der Sozien/Partner **1** 117, 130 ff., 144, 152 ff.
- Durchschnittsleistung für Sozien **Einl.** 27
- Einzelversicherung der Sozien **Einl.** 27 ff., 116; **1** 117
- Erteilung von Einzelmandaten **1** 131
- Geschäftsführer, Ausschluss **4** 24
- interprofessionelle Sozietät, s. MDP
- mitversicherte Personen **1** 144, 150, 152 ff.; **7** 4

- Rechtsfähigkeit **Einl.** 25 ff.; **1** 117, 130 ff.
- Schutz des Vermögens der Gesellschaft durch Versicherung **Einl.** 116
- Versicherung der Gesellschaft **Einl.** 25 ff.; **1** 116, 141 ff.
- Versicherungskonzept **Einl.** 25 ff.; **1** 138 ff.
- Versicherungsschutz bei Eintritt **1** 153 ff.
- Zurechnung von Ausschlüssen **1** 151

GDV Gesamtverband der Versicherungswirtschaft Einl. 48

Gebäude, Beschädigung **B** 11

Gebühren, s. auch Kosten
- Aufrechnung mit, durch VR **3** 57
- Auslandsprozess **3** 117 ff., 120
- außergerichtliche Beauftragung eines RA durch VN **5** 68
- Begrenzung der Übernahme bei Übersteigen der Versicherungssumme **3** 109
- bei Eigenvertretung **3** 110 ff.
- bei erfolgreicher Verteidigung im Haftungsprozess **3** 6 f., 8 ff.
- Feststellungsklage **3** 114 ff.
- für Versuch der Schadensabwendung **5** 68
- Nebenintervention **3** 114 ff.
- Rückforderung **1** 84 ff.
- Streitverkündung **5** 73 ff.
- Überkreuzvertretung **5** 57
- Übernahme durch VR **3** 103 ff.

Gebühreneinwurf 1 86

Gebührennachlass zur Erledigung von Bagatellschäden **Einl.** 130, 131; **3** 99

Gebührentatbestand Nr. 7007 VV-RVG (Kosten einer Einzelversicherung) **Einl.** 124

Gedeckter Haftpflichtanspruch 3 11, 102

Gedehnter Verstoß 2 12 ff.

Gefahrenlage, Schaffung als wissentliche Pflichtverletzung **4** 56

Gefahrerheblicher Umstand
- Begriff **11a** 5 ff.
- Folgen der Verletzung der Mitteilungspflicht **11a** 13 ff.
- Mitteilungspflicht **11a** 3, 10; **11b** 4 f., 6 ff.
- vor Vertragsschluss **11a** 3

Gefahrerhöhender Umstand, s. gefahrerheblicher Umstand

Gefälligkeitsmandat 1 131, 145

Geheimhaltungspflicht 1 57; **3** 159

Geld, Abhandenkommen **1** 106; **3** 147; **A 4.3** 5 ff.

Register

Geldersatz, Erfüllungssurrogat **1** 92
Geldmangel, Nichtzahlung der Prämie **8** 14
Geldwerter Vorteil, Prämienzahlung durch Arbeitgeber **Einl.** 91 ff., 117
Geldwertes Zeichen Einl. 47; **1** 96
Geldwäsche, versichertes Risiko **B** 49
Geldwäschebeauftragter, versicherte Tätigkeit **1** 51; **B** 49
Geltendmachung der Versicherungsdeckung durch mitversicherte Person **1** 149; **7** 18
Geltendmachung des Schadens
– als Anknüpfungspunkt der Versicherung **Einl.** 60; **1** 7 ff.; **2** 7 ff., s. auch claims-made
– Anzeigeobliegenheit des VN bei **5** 32 ff., 40 ff.
Geltendmachung von Forderungen, als versicherte Tätigkeit **1** 35
Gemeinschaftliche Berufsausübung, s. Sozietät, Scheinsozietät
Gemischte Sozietät, s. MDP
Genehmigung von AVB Einl. 50 f.
Generalbevollmächtigter, Ausschluss für Tätigkeit als **4** 26
Genossenschaft, Ausschluss für Tätigkeit als Vorstand **4** 24
Gepräge des Auftrags, Abgrenzung der versicherten Tätigkeit **1** 24, 26
Gericht
– ausländisches, s. dort
– außereuropäisches, s. dort
Gerichtliche Durchsetzung gegen VR durch versicherte Person **7** 18
Gerichtliche Geltendmachung des Schadens, **5** 35 ff.
Gerichts- und Anwaltskosten, s. Abwehr, Kosten
Gerichtskostenvorschuss A 4.3 11, s. auch Abwehr unberechtigter Ansprüche, Schadensabwehrkosten, Kosten
Gerichtsstand
– ausländischer, s. ausländisches Gericht, außereuropäisches Gericht
– bei Claims-made Versicherung **Einl.** 108
– Klagen gegen VN **10** 5
– Klagen gegen VR **10** 5
– Vereinbarung eines ungünstigen durch VN **1** 75
Gesamtschuldner
– Anspruchsübergang nach Befriedigung **3** 132
– Durchschnittsleistung bei **Einl.** 27
– Haftung **1** 118
– mehrere VR in MDP **3** 161
– Rückgriff des VN **7** 27
– Sozien als, s. GbR
– Versicherungskonsortium **Einl.** 128; **1** 5; **5** 83 ff.
– Versicherungsschutz bei Inanspruchnahme als **1** 74, 118
Geschäftsbesorgungsvertrag 1 70, 80 ff.
Geschäftsbücher, Einsichtsrecht des VR **11b** 12
Geschäftsfähigkeit des VN **3** 135
Geschäftsführer
– Ausschluss für Tätigkeit als **1** 21; **3** 134; **4** 22 ff.; **B** 45 ff.
– der Sozietät **1** 81; **4** 24, 30
– Zurechnung von Ausschlüssen **1** 151
Geschäftsgebühr des VR bei Rücktritt **8** 15
Geschäftskonto A 4.3 10, s. auch Anderkonto
Geschäftsstelle des VR, als Adressat von Anzeigen **5** 14; **11** 2, 7
Geschäftsunterlagen, Einsichtsrecht des VR **11b** 12
Geschichte der Bedingungswerke, s. Historie
Geschwister A 2.2 8
Gesellschaft, s. Berufsausübungsgesellschaft, Sozietät
Gesellschaft bürgerlichen Rechts, s. GbR
Gesellschafter, s. Sozius
Gesellschafterausschuss, Ausschluss für Tätigkeit **4** 29
Gesellschafterversammlung, Leitung als versicherte Tätigkeit **1** 48
Gesetz, Abweichen von als wissentliche Pflichtverletzung **4** 50
Gesetzgebungs-Outsourcing 1 47
Gesetzliche Haftpflichtbestimmung, Begriff und Abgrenzung **1** 66, 78 ff.
Gesetzliche Mindestdeckung
– bei Bestehenbleiben der Leistungspflicht ggü. Geschädigtem **3** 137 f.
– Beschränkung auf, bei Auslandssachverhalten **A 4.1** 1
– gesetzliche Versicherungspflicht **Einl.** 18 ff.
– Mindestversicherungssumme, s. dort
Gesonderte Kündigungserklärung bei Nichtzahlung nach Mahnung **8** 26
Gesonderte Mitteilung
– bei erweiterter Einlösungsklausel **8** 12
– bei verspäteter Zahlung der Erstprämie **8** 12

303

Register

- Hinweis auf Folgen der Anzeigepflichtverletzung **11a** 19
- **Gesonderte Vereinbarung,** s. besondere Vereinbarung
- **Gewöhnlicher Aufenthalt 10** 5
- **Gläubigerausschuss,** Versicherungsschutz als Mitglied **1** 21; **A 4.**2 8; **B** 3, 14
- **Gläubigerbeirat,** versicherte Tätigkeit **B** 16, 18
- **Gläubigerversammlung,** versicherte Tätigkeit **B** 10
- **Gleichartige Fehlerquelle 3** 83
- **Gleichwohl-Deckung** trotz Leistungsfreiheit im Innenverhältnis **3** 130 ff.
- **Gleitende Prämie,** s. floatende Prämie
- **GmbH**
  - Anwalts-GmbH, s. dort
  - Geschäftsführer, s. dort
- **Gothaer** (Versicherungsunternehmen), Bedingungswerk **Einl.** 1, 46; **1** 49; 9 20 f.; **B** 17, 40, 46
- **Greifbare Wahrscheinlichkeit** eines Schadenseintritts, Anzeigeobliegenheit **5** 26
- **Grob fahrlässige Anzeigepflichtverletzung 11a** 13 f.
- **Grob fahrlässige Unkenntnis**
  - Abgrenzung wissentliche Pflichtverletzung **4** 42, 48
  - des Schadensfalls, Anzeigeobliegenheit **5** 23
- **Große BRAO-Reform Einl.** 27; **1** 140
- **Großeltern A** 2.2 8
- **Großkanzlei**
  - ausländische Büros, s. dort
  - dispositive Geltung des VVG wg. Großrisiko **Einl.** 67
  - übliche Deckung **Einl.** 121, 129 ff., 140
- **Großrisiko Einl.** 67, 74, 82; **7** 22; **9** 9
- **Großsozietät** s. Großkanzlei
- **Grunddeckung**
  - Kombination mit Einzelversicherungen **Einl.** 123
  - Kombination mit Exzedenten **Einl.** 125 ff.
- **Grundstücksgeschäfte,** versicherte Tätigkeit **1** 38
- **Gruppen-Tarife Einl.** 129, 140
- **Gutachten,** kein Versicherungsschutz für Anspruch auf Nachbesserung **1** 88, 110
- **GwG,** s. Geldwäsche

Haarmann Hemmelrath (Anwaltskanzlei) **Einl.** 122, 143

Haft, als Schaden **3** 155 ff.
Haftpflichtbestimmung, gesetzliche **1** 66 ff., 78 ff., 87 ff.
Haftpflichtsumme 3 96, 103
Haftung für Altverbindlichkeiten, s. Eintritt in Sozietät, Eintrittsversicherung
Haftungsausschluss, s. Ausschluss
Haftungsbegrenzung, vertragliche als Alternative zu Höherversicherung **Einl.** 115
Haftungsbeschränkte Sozietät
- Ausschluss für wissentliche Pflichtverletzung **4** 80 ff.

Haftungserweiterung, vertragliche **1** 67 ff.
Haftungsmilderung im Arbeitsverhältnis, bei Rückgriff gegen Angestellte **7** 32
Haftungsprozess
- bei Abtretung der Ansprüche an Geschädigten **7** 23
- bei Direktanspruch **3** 131
- Bindungswirkung für nachfolgenden Deckungsprozess **3** 23 ff.
- Erstattung eigener Gebühren **3** 112
- Kosten des Anwalts im **5** 65
- Streitverkündung **5** 73 f.
- Verhalten des VR im **5** 53
- Verschiebung der Zeugenrollen durch Abtretung der Ansprüche an Geschädigten **3** 41
- Zinsen **3** 64 f.

Haftungsrisiko Einl. 114 f.; **11a** 8; **11b** 4; **A** 1 2
Haftungsspitzen Einl. 125
Haftungsverschärfung, vertragliche **1** 67 ff.
Handakte 1 57, 90
Hauptleistungspflicht, keine AGB-Inhaltskontrolle **Einl.** 104
Hauptverwaltung des VR, Adressat von Anzeigen des VN **5** 14; **11** 7
HDI (Versicherungsunternehmen) **Einl.** 1, 46, 138, 144; **1** 49, 51; **3** 62; **4** 25; **8** 7; **10** 5
Herausgabe
- Sache, kein Versicherungsschutz **1** 107; **3** 144
- Fremdgeld, wissentliche Pflichtverletzung bei unterlassener **4** 73
- Geldersatz **1** 92
- Handakten **1** 57, 90
- Treugut **1** 89

Herausgabeanspruch 3 144
- kein Versicherungsschutz **1** 97, 107

Register

Hilfeleistung in Steuersachen B 47
Hinterlegung zur Abwendung der Zwangsvollstreckung **3** 122
Hinweis
– auf anwaltliche Pflichten, Missachtung als wissentliche Pflichtverletzung **4** 68
– auf Sonderkündigungsrecht bei Nicht-Zahlung **8** 25
– im Versicherungsschein, auf Rechtsfolgen verspäteter Zahlung **8** 21
Hinweisgebersystem, anwaltliche Tätigkeit **1** 51
Hinweispflicht bei Vertragsschluss **Einl.** 81 ff.
Historie
– der AVB-RS **Einl.** 41 ff.
– der Berufshaftpflichtversicherung **Einl.** 9 ff.
Höchstrichterliche Rechtsprechung zu AVB-RS **Einl.** 41 ff.
Höhere Gewalt, Ursache für nicht rechtzeitige Zahlung von Prämie **8** 14
Hohes Haftungsrisiko Einl. 121 ff.; **2** 26
Honorare, s. Gebühren
Honorarforderung, s. Gebührenforderung
Honorarnachlass zur Erledigung von Bagatellschäden **Einl.** 131; **3** 99
Hypothetische Feststellung, Zeitpunkt des Schadenseintritts **2** 11

ICC (Schiedsordnung) **A 2.1** 27; **B** 29
Ideelles Recht, kein messbarer Schaden **1** 97
Im Ausland eingerichtetes Büro, s. ausländisches Büro
Immaterielle Schäden 3 157
Inaktive Partner Einl. 23, 134
Inanspruchnahme besonderen Vertrauens 1 73, 80, 142, 147
Inanspruchnahme des VN vor außereuropäischen Gerichten A 4.1 1 ff.
Indizien für wissentliche Pflichtverletzung **4** 65
Inflation, schleichende Verringerung der Deckungssumme **Einl.** 118; **2** 26
Informationsgefälle Einl. 82
Informationspflicht
– des VN im Schadenfall **5** 60 ff.
– des VR vor Vertragsschluss **Einl.** 72, 81 ff.
Inhaberschuldverschreibung, Abhandenkommen **1** 148
Inhaltskontrolle, s. AGB

Inkasso als versicherte Tätigkeit **1** 35
Inkaufnehmen des Schadenseintritts, wissentliche Pflichtverletzung **4** 42
Innereuropäisches Gericht A 4.1 5
Innereuropäisches Recht A 2.1 28
In-Sich-Ansprüche, Ausschluss für Ansprüche des VN gegen versicherte Personen **7** 19
Insolvenz, s. auch Insolvenzverwalter, Treuhänder, Gläubigerausschussmitglied
– der versicherten Person **3** 131; **7** 19
– des Geschädigten, kein einheitlicher Schaden **3** 81
– des Geschädigten, Kostentragung **3** 9
– des VN **3** 137
– Direktanspruch des Geschädigten bei **3** 131
Insolvenzanfechtung, Honorarverlust **1** 84
Insolvenznahe Beratung, als versicherte Tätigkeit **1** 37, 84
Insolvenzplan, Aufstellung als versicherte Tätigkeit **1** 37
Insolvenzrisiko
– bei mehreren Geschädigten **3** 89
– für Selbstbehalt **3** 98
– Rückgriff des VR **7** 17
Insolvenzsicherheit, Beurteilung einer Geldanlage als versicherte Tätigkeit **1** 36
Insolvenzverwalter
– als versicherte Tätigkeit **1** 21, 25 f., 81; **B** 3 ff., 13 ff.
– Ausschluss des Versicherungsschutzes für Leitung von Unternehmen und kaufmännische Risiken **4** 25; **A 4.2** 8; **A 4.3** 11; **B** 45
– Konkurrenz von Mitversicherung und Gleichwohl-Deckung **3** 138 f.
– persönliches Mandat **1** 131, 142, 146
– Sachschäden **3** 146
– Versicherungsschutz bei Verletzung steuerlicher Vorschriften **1** 94
Interdisziplinäre Haftung, s. MDP
Interdisziplinäre Sozietät, s. MDP
Interessenkollision,
– Erteilung von Einzelmandaten zur Auflösung von **1** 131
– Verschweigen als wissentliche Pflicht verletzung **4** 65
– Versicherungsschutz **1** 54
Interessenvereinigung 1 127
International Chamber of Commerce, s. ICC

305

Register

International tätige Kanzlei, s. Großkanzlei, internationale Sozietät
Internationale Sozietät A 2.1 4, s. auch Großkanzlei
Internationales Privatrecht A 4.1 6
Internet, s. Fernabsatz
Internetauftritt, Scheinsozietät **1** 124ff.
Internettechnologie, Abdeckung von Schäden über Bürohaftpflichtversicherung **Einl.** 62, s. auch Cyber-Deckung
Interprofessionelle Haftung, s. MDP
Interprofessionelle Sozietät, s. auch MDP
– Versicherungskonzepte **Einl.** 43; **1** 133, 135, 150
– wechselseitige Haftung der Partner **1** 133
Intransparenz, von AGB **Einl.** 106
Irrtum
– als Grund für unvollständige Prämienzahlung **8** 23
– Anfechtung wegen **Einl.** 87
IT-System, Haftung für Schäden **1** 111; **3** 153

Jahreshöchstleistung Einl. 126; **3** 62, 90; **A 1** 1ff., s. auch Maximierung
Juristische Angestellte, s. angestellter Anwalt bzw. angestellter Mitarbeiter
Juristische Begriffe, Auslegung **Einl.** 99

Kalenderjahr, Maximierung **A 1** 3
Kalkulation der Prämien **Einl.** 118, 129ff.; **4** 4
Kalkulationstätigkeit, Ausschluss von der Versicherung **1** 25f.; **A 4.2** 1ff.
Kanada, kein Versicherungsschutz **A 2.1** 12ff., 20ff.
Kanzlei, ausländische, s. dort
Kanzleiabwickler, als versicherte Tätigkeit **Einl.** 42; **B** 34
Kanzleigemeinschaft, s. Bürogemeinschaft
Kappung der Anwaltsgebühren Einl. 124
Kartellrecht, Versicherer **Einl.** 54
Kaufmännisch-betriebswirtschaftliche Fehler, Ausschluss für **Einl.** 34; **1** 25; **4** 22; **A 4.2** 1ff.; **B** 7, 34
Kausalereignisprinzip 1 58, s. auch Verstoßprinzip
Kausalität
– der Obliegenheitsverletzung **6** 6, 12, 16ff.

– der wissentlichen Pflichtverletzung **4** 45
– Feststellungen im Haftungsprozess **3** 27
– zwischen der Beschäftigung mit außereuropäischem Recht und Schadenseintritt **A 2.1** 19
Kenntnis des Geschädigten vom Haftungsfall **2** 5; **5** 24
Kenntnis des Vertreters 11a 12
Kenntnis von der Möglichkeit des Schadenseintritts
– Auslöser der Anzeigeobliegenheit **5** 24
– bei Rückwärtsversicherung **2** 27ff.
– wissentliche Pflichtverletzung **4** 64
KG
– Ausschluss für Tätigkeit als Geschäftsführer **4** 24
– Haftungsverfassung **1** 134
– mitversicherte Personen **7** 5
Kinder A 2.2 8
Klage, des VN gegen VR, s. Deckungsprozess, Freistellungsanspruch
Klageerhebung, Sonderkündigungsrecht bei **9** 13
Klarheitsgebot, s. Transparenzgebot, Intransparenz
Klauselverbote, s. AGB-Recht
Kollusion 5 75; **7** 19; **A 2.2** 1; **A 2.3** 2
Kollisionsrecht A 2.1 17
Konkludente Bedingung, wissentliche Pflichtverletzung **4** 54
Konkludente Weisung, wissentliche Pflichtverletzung **4** 54
Konsortium
– Führungsvereinbarung **5** 83ff.
– von Anwälten und anderen Leistungserbringern **1** 55, 74, 118, 141
– von VR **Einl.** 128; **1** 5; **5** 83ff.
Kontendeckung 8 13
Kontenpfändung 8 20
Kontrahierungszwang Einl. 54
Kontrollgremium, Ausschluss für Tätigkeit in **4** 27f., s. auch Aufsichtsrat
Kooperation von Anwälten **1** 123, 124ff.
Kooperationshinweis 1 126f.
Kopierkosten 5 61, 65
Körperverletzung, s. Personenschaden
Korrektur von Fehlern **3** 113
– Unterlassung als neuer Verstoß **2** 13ff
Korrespondenz zwischen VN und VR **5** 66
Kosten, s. auch Gebühren
– Aufschlüsselung in qualifizierter Mahnung **8** 18
– bei Widerspruch des VN gegen Regulierung durch VR **3** 128

Register

- der (erfolglosen) Schadensabwehr **3** 103ff., 125; **5** 65ff.
- der (erfolgreichen) Schadensabwehr **3** 8ff., 103
- der Mahnung **8** 21
- des Versicherungsvertrages **3** 5
- Einschaltung eines außergerichtlichen Bevollmächtigten durch VN **5** 68
- Nebenintervention **3** 114
- negative Feststellungsklage **3** 114f.
- Rückgriff auch für **7** 26
- Verzug mit, Leistungsfreiheit des VR **8** 22, 29

Kostenschutz 3 103ff., s. auch Kosten
Kreditkonsortium, mehrere Geschädigte **3** 75
Kulante Regulierung 3 43; **9** 12
Kumulation von Versicherungsschutz, s. Doppelversicherung
Kumulative Kausalität 3 80
Kumulsperre Einl. 135; **3** 160ff.
Kündigung des Versicherungsvertrages Einl. 85; **9** 7ff., 10ff.

- Anzeige bei der Anwaltskammer **Einl.** 37
- außerordentliche, s. dort
- bei Anzeigepflichtverletzung **11a** 15ff., 18ff.
- bei falschen Angaben **11b** 13
- bei Nichtzahlung der Folgeprämien **8** 25ff.
- durch versicherte Person **7** 9, 15
- Frist **9** 7, s. auch Kündigungsfrist
- Gleichwohldeckung im Außenverhältnis **3** 133ff.
- Nachhaftung **2** 19
- ordentliche **9** 7ff.
- Sonderkündigungsrecht im Schadensfall, s. dort
- Zugang **11** 3ff.; **11b** 14ff.

Kündigung von Lebensversicherungen, als versicherte Tätigkeit **1** 40
Kündigungsfrist Einl. 85; **9** 7ff., 15ff.
Kündigungsrecht, s. Kündigung

Lastschriftverfahren 8 13, 32
Laufzeit des Versicherungsvertrages Einl. 85, 133; **9** 4ff.
Lebenspartnerschaftsgesetz A 2.2 8
Legal Opinion 1 54, 71, 81; **3** 84; **11a** 6
Legal Tech 1 49; **3** 88
Leiharbeiter, Regress gegen **7** 29
Leistung des VR, Fälligkeit **5** 76ff.
Leistungsbeschreibung
- Abgrenzung zu vertraglicher Haftungsübernahme **1** 70, 74
- keine AGB-Kontrolle **Einl.** 104

Leistungsfreiheit
- Bestehenbleiben der Eintrittspflicht gegenüber Geschädigtem trotz **Einl.** 39; **3** 130ff.; **5** 9
- Erlöschen der Regulierungsvollmacht **3** 46, 48
- erst 1 Monat nach Vertragsende **3** 136
- Nichtzahlung der Folgeprämien **8** 22ff.
- Obliegenheitsverletzung **6** 3ff.
- Verletzung vorvertraglicher Anzeigepflicht **11a** 17
- verspätete Zahlung der Erstprämie **8** 10ff.
- Verzicht des VN auf Rückgriffsanspruch **7** 34

Leistungshandlung 8 10
Leistungsstörungen 8 1
Leiter eines Unternehmens etc., Ausschluss **1** 21; **4** 22, 25f.; **B** 45
„**Liederlichkeitsversicherung**" **Einl.** 10
Limited (Ltd.) **4** 25
Liquidator, versicherte Tätigkeit **1** 21, 81; **A 4.2** 8; **B** 3, 21, 35
Liquiditätsberechnung als versicherte Tätigkeit **1** 37
LLP Einl. 25; **1** 66, 136; **10** 7
Lobbytätigkeit 1 47
Lohnsteuer, Prämienzahlung durch Arbeitgeber **Einl.** 91, 117
Lokale Versicherung A 2.1 14
Lokales Anwaltsrecht A 2.1 12
Löschen einer Frist, Schadensverursachung **1** 114
Losverfahren, zwischen VR bei schlechten Risiken **Einl.** 54
LTA, Versicherungsmakler **Einl.** 140
Ltd., s. Limited

Mahnbescheid
- Anzeigeobliegenheit **5** 31, 34
- Obliegenheit zur Einlegung von Widerspruch **5** 43; **6** 17f.
- Sonderkündigungsrecht bei **9** 13

Mahnung
- qualifizierte, s. dort
- wegen Untätigkeit, Nichtbeachtung als wissentliche Pflichtverletzung **4** 53, 73

Mail, s. E-Mail
Makler
- versicherte Tätigkeit als **1** 38
- Versicherungsmakler, s. dort

Makler-AGB Einl. 52, 100, 110
Maklerklausel 5 13; **11** 8ff.
Managemententscheidung B 45

Register

Mandantenakte, Abhandenkommen **1** 57, 90
Mandat, einheitliches, Serienschaden **3** 87
Mandatsbezug, Voraussetzung des Versicherungsschutzes **1** 14
Mandatsgegenstand, Beschreibung, Abgrenzung zu Garantie **1** 70
Mandatsstruktur, als Risiko **11a** 8
Mandatsvertrag
 – anwendbares Recht **1** 75; **10** 7; **A 4.1** 7
 – Partei des **1** 130 ff., 142, 146 ff.
Mangelhafte Fristenkontrolle, wissentliche Pflichtverletzung **4** 56
Marsh (Versicherungsmakler) **Einl.** 140
Masseninkasso 1 35
Maßnahmen zur Schadensabwehr 5 45 ff., 50 ff.
Maximierung Einl. 123, 126; **2** 7; **3** 62, 90; **A 1** 1 ff., s. auch Exzedenten
MDP (multi-disciplinary partnership)
 – Kumulsperre **3** 160
 – Partizipationsmodell **1** 141, 151, 152 ff.
 – Versicherungskonzepte **1** 133, 135, 150
 – Versicherungspflicht **Einl.** 135 ff.
 – wechselseitige Haftung der Partner **1** 141, 144
Mediator 1 21; **3** 114; **B** 3, 32, 45
Mehraufwand bei Scheitern der Regulierung am Verhalten des VN **3** 127
Mehrere Anspruchsgrundlagen 3 15
Mehrere Aufträge 3 75
Mehrere Auftraggeber 3 75
Mehrere entschädigungspflichtige Personen 3 77, 79
Mehrere Geschädigte 3 74, 89
Mehrere Mandate 3 75
Mehrere Schäden 3 76
Mehrere Versicherungsfälle 3 74
Mehrere Verstöße 3 70, 84
Mehrfachkausalität 2 12
Mehrfachqualifikation, s. MDP
Mehrfachquotelung 6 14
Mehrfachversicherung, s. Doppelversicherung
Mehrfachvertretung, Verbot der **1** 131, 142, 147
Meldepflicht des VR, bei Wegfall der Versicherung **A 3** 1
Mieter, Haftung als **Einl.** 62
Mindestdeckung, s. Mindestversicherungssumme
Mindestkündigungsfristen Einl. 41
Mindestselbstbehalt 3 12, s. auch Selbstbehalt

Mindestversicherungssumme
 – Begrenzung der Deckung bei Inanspruchnahme vor außereuropäischen Gerichten **A 4.1** 1 ff.
 – Bestehenbleiben der Eintrittspflicht im Außenverhältnis nur in Höhe der **3** 137
 – Möglichkeit der Vereinbarung höherer Selbstbehalte bei Übersteigen **Einl.** 36
 – Prämienkalkulation bei **Einl.** 132
 – und Maximierung **A 1** 8
Missachtung von Weisungen des VR **3** 138
Missbrauchsverbot, s. Kontrahierungszwang
Mitarbeiter, s. angestellter Anwalt, angestellter Mitarbeiter, freier Mitarbeiter, Büromitarbeiter, Veruntreuung
Mitbestimmte Gesellschaft, Tätigkeit im Aufsichtsrat **4** 28
Mitglied des Gläubigerausschusses, s. dort
Mitteilungsobliegenheit, s. Informationspflicht, Anzeigeobliegenheit, Mitteilungspflicht
Mitteilungspflicht
 – bei anderweitigem Vertragsschluss nach vorläufiger Deckung **11a** 5
 – gefahrerhöhende Umstände **11b** 4 ff.
 – prämienrelevante Umstände **11b** 6 ff.
 – vorvertragliche **11a** 3 ff., 10 ff.
Mittelverwendungskontrolle
 – versicherte Tätigkeit **1** 39
 – Serienschaden **3** 75
Mitversicherte Person
 – Ausschluss für besondere Aufgaben und Ämter **4** 34
 – Begriff **Einl.** 61; **1** 6, 133; **7** 4 ff.
 – Gerichtsstand **10** 6
 – keine Geltendmachung des Selbstbehalts **3** 98
 – Klage gegen, Sonderkündigungsrecht **9** 14
 – prämienrelevanter Umstand **11a** 5
 – Verantwortlichkeit für Erfüllung von Obliegenheiten **5** 11 f.; **11** 6
 – Zurechnung von Ausschlüssen **1** 151; **7** 16 ff.
 – Zurechnung von Wissen **5** 12 ff.; **6** 11
Mitwirkungsobliegenheiten 3 130; **5** 10 ff., s. auch Informationspflicht, Anzeigeobliegenheit, Anzeigepflicht, Obliegenheit
Mobbing 1 104
Multi-Disciplinary Partnerships, s. MDP
Musterbedingungen Einl. 108

Register

Nachbesserungsanspruch, kein Versicherungsschutz **1** 78, 88
Nachhaftung, s. Austrittshaftung
Nachholung der Leistung, kein Versicherungsschutz **1** 88
Nachkommen A 2.2 8
Nachlass, s. Prämie, Nebenberufspolice
Nachlasspfleger, versicherte Tätigkeit **1** 21; **B** 3, 24
Nachlassverwalter, versicherte Tätigkeit **1** 21; **B** 3, 24
Nachträgliche Deckungszusage Einl. 144
Namensänderung 11b 14
Namensrecht, Schaden **1** 97
Nebenberufspolice Einl. 18; **7** 35; **11b** 4, 7
Nebenintervention (§§ 66 ff. ZPO) **3** 114, 116; **5** 75
Nebenkosten, s. Kosten
Nebenpflicht, Verletzung von **1** 57
Nebentätigkeit Einl. 18; **7** 35; **8** 34; **11b** 4, 7, s. auch Nebenberufspolice
Nebentätigkeits-Police, s. Nebenberufspolice
Negative Feststellungsklage 3 114f.
Nennung als Autor, Schaden **1** 97
Nennung als Urheber, Schaden **1** 97
Nervenzusammenbruch als Schaden **1** 15
Neuberechnung der Prämie 8 33f.
Neuverhandlung des Versicherungsvertrages **Einl.** 84
Nicht rechtzeitige Zahlung der Erstprämie Einl. 86; **3** 3ff., 133; **8** 7ff., s. auch Erstprämie
Nicht rechtzeitige Zahlung der Folgeprämie 3 133; **8** 17ff., s. auch Folgeprämie
Nichtanzeige von gefahrerheblichen Umständen, s. dort
Nichteuropäisches Gericht, s. außereuropäisches Gericht
Nichtigkeit des Mandatsvertrages, Rückforderung von Honorar **1** 84
Nichtigkeit des Versicherungsvertrages, Bestehenbleiben der Eintrittspflicht **3** 130 ff., 135
Nicht-juristische Mitarbeiter, s. Büromitarbeiter
Nichtreparieren eines Fehlers
- Verstoßzeitpunkt **2** 15
- wissentliche Pflichtverletzung **4** 61
Nichtzahlung, s. nicht rechtzeitige Zahlung
Normalverbraucher Einl. 106

Notar
- Abgrenzung zur anwaltlichen Tätigkeit **1** 44
- Einzelmandat **1** 109
- in MDP, s. dort
- Mehrfachqualifikation **Einl.** 135, s. auch dort
- Schadensverursachung neben Anwalt **3** 116
- Vertrauensschadenfonds **A** 2.2 10
Notarvertreter 1 21, 81; **B** 3, 33, 36
Notwendige Rechtsverfolgungskosten, s. Kosten
Nur-Notar 1 133, s. auch Notar

Oberflächliches Arbeiten, wissentliche Pflichtverletzung **4** 55
Objektdeckung, s. Einzeldeckung
Obliegenheit
- AGB-Kontrolle **Einl.** 104
- Anzeige der Geltendmachung durch Geschädigten **5** 40 ff.
- Anzeige des Versicherungsfalls **5** 18 ff.
- Anzeige von Ermittlungsverfahren/Strafbefehl **5** 31 ff.
- Anzeige von Mahnbescheid **5** 31 ff.
- Begriff **5** 7
- bei der Schadensabwehr **5** 45 ff.
- Einlegung von Widerspruch, gegen Mahnbescheid etc. **5** 45 ff.
- Erfüllung durch versicherte Person **5** 11; **7** 3, 12
- Folgen der Verletzung, s. Obliegenheitsverletzung
- Rettungsobliegenheiten **5** 45 ff.
- verantwortliche Person **5** 11 f.
- Wegfall bei Ablehnung der Deckung **5** 70
Obliegenheitsverletzung
- Arglist **6** 19
- Bestehenbleiben der Eintrittspflicht ggü. Geschädigtem trotz **Einl.** 39; **3** 130 ff., 140 ff.
- Bestehenbleiben der Regulierungsvollmacht trotz **3** 48
- Beweislast **6** 6
- Bindungswirkung der Feststellungen im Haftungsprozess **3** 24, 28 f.; **5** 73
- durch Anerkenntnis oder Vergleich **3** 39 f.
- durch verspätete Schadensanzeige **5** 20, 25
- fahrlässige **6** 13 ff.
- fehlende Kausalität **6** 16
- Rechtsfolgen **6** 1 ff.

309

Register

- vorsätzliche **6** 5ff.
- Zurechnung Dritter **6** 7ff.

ODL-Deckung Einl. 137; **4** 22
Öffentliche Abgaben 3 5
Öffentlich-rechtliche Anstalt,
  Ausschluss als Leiter **4** 28
Öffentlich-rechtliche Vorschrift,
  Haftung **1** 94
Öffentlich-rechtlicher Verband,
  Ausschluss als Leiter **4** 32
oHG
- Ausschluss als Leiter **4** 24
- Haftungsverfassung **1** 134
- mitversicherte Personen **7** 5

Ombudsmann Einl. 105; **B** 50
Organ, s. auch Geschäftsführer, Vorstand, Leiter
- Versicherung über D&O-Deckung **Einl.** 137

Organisationstätigkeit, Ausschluss **1** 25 ff.; **A** 4.2 1 f.; **B** 6 f., 18 ff.
Organisationsverschulden
- Schadensursache **1** 105
- Serienschaden **3** 86
- wissentliche Pflichtverletzung **4** 56

Ort der gewerblichen Niederlassung 10 6
Österreich, Versicherungsmarkt **Einl.** 30
Outplacement-Dienstleistungen, als versicherte Tätigkeit **1** 38
Outside Directorship Liability (ODL), s. ODL

Pächter, Haftpflicht **Einl.** 62
Pactum de non petendo
- bei Abtretung der Ansprüche an Geschädigten **7** 23
- bei Konsortium **5** 85

PartG, s. Partnerschaftsgesellschaft
PartmbB Einl. 26, 34, 45; **4** 39
Partizipationsmodell 1 141, 144
Partner, s. Sozius
Partnerschaftsgesellschaft
- akzessorische Haftung **1** 135, 138, 144, 150
- Deckungskonzept **Einl.** 26 ff., 116; **1** 135, 138, 144, 150
- Geschäftsführung, Ausschluss **1** 81; **4** 24

Passivprozess 1 97; **3** 114
Patent, Höhe des Schadens **1** 97
Patentanwalt Einl. 3, 43, 47; **A** 1, 3; **C** 1 ff.
Pauschalierter Schadensersatz 1 69
Pensionsgutachten, gemeinsame Haftung mit Anwalt **1** 74, 118

Personal, s. freier Mitarbeiter, angestellter Anwalt, angestellter Mitarbeiter, Büromitarbeiter, Veruntreuung
Personenschaden Einl. 62; **1** 96, 102 ff.; **3** 154 ff.
Persönliche Beziehung, versicherte Tätigkeit **1** 38
Persönliche Inanspruchnahme des einzelnen Partners, s. akzessorische Haftung
Persönliches Amt Einl. 28; **3** 146
Persönliches Mandat Einl. 28; **1** 142, 145 f.
Pfändung, des Befreiungsanspruchs gegen VR **3** 23, 61, 131, 137; **7** 23
Pfleger, versicherte Tätigkeit **1** 21, 25, 131; **B** 3, 26
Pflichtbewusstsein, wissentliche Pflichtverletzung **4** 45, 47
Pflichtverletzung, Begriff **1** 56 ff., s. auch Verstoß
Pflichtverletzungsbewusstsein, wissentliche Pflichtverletzung **4** 45, 47
Pflichtversicherung Einl. 16 f., 55 ff.; **A** 1 2
- Aufrechterhaltung im Außenverhältnis **3** 130 ff.; **6** 4
- Direktanspruch **Einl.** 55; **3** 131; **7** 23 f.
- Mehrheit von Geschädigten **3** 74, 89
- Pflichten nach § 51 BRAO **Einl.** 16 ff., 55 ff.

PKH-Antrag 5 34; **9** 13
Police, einheitliche **Einl.** 116 f., 135
Porto, Tragung durch VN **5** 61, 65
Positive Kenntnis von Pflichtenverstoß, Anzeigeobliegenheit **5** 21
Postausgangsbuch, Fehlen als wissentliche Pflichtverletzung **4** 56
Prämie
- Abrechnung **8** 1 ff.
- Änderung **Einl.** 94; **8** 33 ff., 36 ff.
- Anpassung **Einl.** 94; **8** 33 ff., 36 ff.
- Aushandeln, durch Versicherungsmakler **Einl.** 140
- Dynamisierung, s. Anpassung
- Erhöhung, bei Hinzukommen von Mitarbeitern **7** 7
- Erstprämie, s. dort
- Fälligkeit, s. dort
- floatende, s. Anpassung
- Folgeprämie, s. dort
- für Einzelversicherung/Objektdeckung **Einl.** 122
- geldwerter Vorteil **Einl.** 91 ff., 114, 129
- gleitende, s. Anpassung

310

Register

- Kalkulation **Einl.** 54, 87, 129 ff.; **3** 99; **5** 8, 20; **11a** 4 ff.; **11b** 5 ff.; **A 1** 1
- Nachlass Einl. 132, für erhöhten Selbstbehalt **8** 20
- nicht rechtzeitige Zahlung, s. dort
- Nichtzahlung, s. Erstprämie, Folgeprämie
- prämienrelevante Umstände **11b** 2, 4 ff.
- Sozialversicherung auf **Einl.** 71 ff., 114, 129
- Steuer, s. geldwerter Vorteil
- verspätete Zahlung, s. nicht rechtzeitige Zahlung, Erstprämie, Folgeprämie
- Verzug, s. nicht rechtzeitige Zahlung

Prämienanpassungsklausel Einl. 94; **8** 33 ff., 36 ff.
Prämienhöhe, s. Prämie, Kalkulation
Prämienrelevante Umstände 11b 2, 4 ff.
Prämienrelevante Veränderung 8 33 ff., 36 ff.
Prävention Einl. 15, 141 ff.; **6** 12
Präventive Kontrolle, von AVB **Einl.** 50, 69
Praxisabwickler B 3, 44 f.
Praxisveräußerung B 44
Primäranspruch des Geschädigten gegen Anwalt, Verjährung **2** 18
Primitivwissen 4 67
Privater Bereich, kein Versicherungsschutz **1** 12 f.
Privatgutachter, Kostentragung **3** 106
Privathaftpflichtversicherung, Abgrenzung **1** 12 f.
Projektjurist, Regress gegen **7** 29
Projektsteuerer, gesamtschuldnerische Haftung mit Anwalt **1** 74, 118
Prospekt
- Haftung für **1** 43, 81, 109
- Serienschaden **3** 75

Prozess- und Verzugszinsen 5 77, s. auch Zinsen
Prozessbevollmächtigter
- Auswahl **5** 55 ff.
- Eigenvertretung, s. dort
- Kostentragung **5** 68

Prozesskosten, s. Kosten
Prozesskostenhilfe, Klage vor Deckungszusage als wissentliche Pflichtverletzung **4** 54, s. auch PKH-Antrag
Prozessmundschaft 3 49, 128
Prozessneurose, als Schaden **1** 104; **3** 157
prozessuale Kosten, s. Kosten
Prozessvergleich, s. Vergleich
Prozesszinsen, s. Zinsen
Prüfung der Haftpflichtfrage, Pflicht des VR **3** 17; **5** 48 ff.
Prüfung der Verjährung, Unterlassen als wissentliche Pflichtverletzung **4** 70
Prüfungspflicht vor der Auszahlung von Geldern, wissentliche Pflichtverletzung **4** 69
Publikums-KG, Mehrheit von Geschädigten **3** 74 f., 89
Punitive damages 1 75; **A 2.1** 31; **A 4.1** 1, 6

Qualifizierte Mahnung 8 18 ff.; **11b** 16
Qualitätsmanagement, Einfluss auf Prämienhöhe **Einl.** 129
Quotelung
- der Kostentragungspflicht **3** 18
- bei Schäden oberhalb der Versicherungssumme **3** 109
- des Rückgriffs entsprechend Verschuldensanteil **7** 28

R+V (Versicherungsunternehmen), Bedingungswerk **Einl.** 1, 46, 138, 144; **1** 54, 86; **2** 8; **3** 15, 83; **5** 37; **8** 39; **9** 20; **B** 40, 46, 47
Rabatt, s. Prämie
Raten, s. Folgeprämien
Recherche, Unterlassung als wissentliche Pflichtverletzung **4** 55
Rechtliche Würdigung des Versicherungsfalls, Aufgabe des VR **3** 17; **5** 48 ff.
Rechtlicher oder wirtschaftlicher Zusammenhang, Serienschaden **3** 83
Rechtsanwalts-AG, s. Anwalts-AG
Rechtsanwaltsgesellschaft, s. Berufsausübungsgesellschaft, Sozietät, PartGmbB, Partnerschaftsgesellschaft, GbR, Anwalts-AG, Anwalts-GmbH
Rechtsanwalts-GmbH, s. Anwalts-GmbH
Rechtsanwaltskammer, s. Anwaltskammer
Rechtsbehelf, Obliegenheit zur Einlegung **5** 43 ff.
Rechtshängigkeit eines Haftpflichtanspruchs, Sonderkündigungsrecht **9** 13
Rechtshängigkeit, Anzeigeobliegenheit bei **5** 34
Rechtskraft des Urteils
- Fälligkeit der Leistung des VR **3** 22, 32; **5** 77

311

Register

- Sonderkündigungsrecht **9** 11, 14, 18
- Voraussetzung für Entstehen des Befreiungsanspruchs **3** 61

Rechtsmittel, Fehlerquelle **Einl.** 15
Rechtsschutz, Gewährung von, als Einredeverzicht **4** 15
Rechtswahl 1 75; **10** 7
Rechtzeitige Zahlung, s. nicht rechtzeitige Zahlung
Reduzierung, s. Prämie
Referent, s. Dozent
Regelmäßiger Versicherungsbeginn 3 4
Regress, s. Rückgriff
Regulierung, Wahlrecht des VR **3** 42 ff.
Regulierungsvollmacht des VR **3** 35, 43 ff., 45 ff.; **5** 50, 70
Regulierungszusage 3 35
Reisekosten 3 109; **5** 65
Reliance Letter 1 45, 71, 81
Reparaturmaßnahmen
- Obliegenheit zur Schadensabwehr **5** 18, 51 ff.
- Unterlassung als wissentliche Pflichtverletzung **4** 61
- Zeitpunkt des Verstoßes **2** 13

Repräsentant 1 151; **6** 9, 11, s. auch Maklerklausel
Residenzpflicht, Versicherungspflicht trotz Befreiung **Einl.** 23
Restrukturierungsbeauftragter, versicherte Tätigkeit **B** 16, 18
Restschuldbefreiung, Versicherungsschutz für Treuhänder **B** 11
Rettungsobliegenheiten 5 45 ff., s. auch Obliegenheiten
Risikoausschluss, s. Ausschlüsse
Risikobegrenzungsklausel 3 72, 134; **5** 8
Risikobeschreibung 3 134; **4** 5; **7** 11; **B** 1 ff.
Risikomanagement Einl. 129; **11a** 6
Risikoträchtige Arbeitsprodukte 11a 6
Risikoträchtiges Mandat 11b 4
Risikoverändernde Umstände 11b 1 ff.
Routinefall, oberflächliche Bearbeitung als wissentliche Pflichtverletzung **4** 55
Rückforderung von Gebühren und Honoraren **1** 84 ff.; **3** 20, s. auch Gebühren
Rückgabe der Anwaltszulassung Einl. 42
Rückgriff des VN gegen Gesamtschuldner **7** 27

Rückgriff des VR
- als weiterer Selbstbehalt **3** 93 f.
- bei Bestehenbleiben der Eintrittspflicht im Außenverhältnis **3** 132
- bei wissentlicher Pflichtverletzung **4** 82
- gegen Angestellte **7** 31 ff.
- gegen den VN **3** 98, 106; **7** 17, 34
- gegen freien Mitarbeiter **7** 33
- gegen Sozius **7** 30
- gegenüber Dritten **7** 27 ff.
- Titelhalterdeckung **Einl.** 134
- Verzicht des VN auf **7** 34

Rücknahme der Anwaltszulassung Einl. 42
Rückständige Prämie, s. nicht rechtzeitige Zahlung
Rückständiger Folgebeitrag, s. nicht rechtzeitige Zahlung
Rücktritt des VR
- Bestehenbleiben der Leistungspflicht im Außenverhältnis **Einl.** 40; **3** 130 ff.
- Nichtanzeige gefahrerheblicher Umstände **11a** 14, 18 ff.
- verspätete Zahlung der Erstprämie **8** 7 ff.
- vom Versicherungsvertrag **Einl.** 82; **8** 7 ff.; **11a** 14, 18 ff.

Rückversicherung Einl. 14, 118
Rückwärtsdeckung Einl. 119; **2** 22 ff.; **3** 140
Rückwärtsversicherung Einl. 119; **2** 22 ff.

Rückwirkender Wegfall des Versicherungsschutzes 8 12
Rufschädigung 3 115
Ruhestand
- Bedarf für Weiterversicherung **2** 20
- Titelhalterdeckung **Einl.** 134
- Versicherungspflicht **Einl.** 23

Russland A 2.1 27, 29

Sachschaden Einl. 62, 97; **1** 105 ff., 116; **3** 142, 143 ff.; **A 2.2** 4, 7; **A 4.3** 2; **B** 11
Sachverhalt, maßgeblicher **3** 15, 129
Sachversicherung, Leistung aus als Erfüllungssurrogat **1** 87, 92
Sachverständigengutachten 3 109
Sachwalter, versicherte Tätigkeit **A 4.2** 8; **B** 15
Sanierungsmoderator, versicherte Tätigkeit **B** 16, 18
Sanierungsplan, versicherte Tätigkeit **B** 48
Schadensabteilung des VR Einl. 127
Schadensabwehr 3 6, 8 ff., 43 ff.; **5** 45 ff.; **A 4.1** 4

Register

Schadensabwehrkosten 3 17 ff., 63, 100, 103 ff.; **A 1** 5; **A 4.1** 4
Schadensabwendung 5 45 ff.
Schadensabwendungskosten 3 112
Schadensanzeige 5 18 ff.
Schadensbearbeitung 3 65 ff.
Schadensbearbeitungskosten des VR 3 8
Schadensdeckung 3 22 ff., 61 ff.; **A 4.1** 4
Schadenseintritt
– Kenntnis des VN **5** 24
– Zeitpunkt **Einl.** 60; **2** 6 ff.
Schadensereignisprinzip Einl. 60
Schadensfall
– Begriff **1** 7 ff.; **3** 62
– Häufigkeit **Einl.** 141 ff.
– Kündigung im **9** 10 ff.
– Ursachen **Einl.** 15, 141 ff.
Schadensfreiheitsrabatt Einl. 36, 130
Schadenshäufigkeit Einl. 141 ff.; **11a** 6
Schadenshistorie Einl. 141 ff.; **11a** 6
Schadenshöhe Einl. 143; **11a** 6
Schadensmeldung, s. Schadensanzeige
Schadensminderungspflicht 3 105, 112 ff.; **5** 45 ff.
Schadensregulierung 3 61 ff., s. auch Regulierungsvollmacht
Schadensstatistik Einl. 15, 141 ff.
Schadensursachen Einl. 15, 141 ff.
Schadensverläufe Einl. 13, 15, 118, 129 ff.; **11a** 5
Schadensvermeidung Einl. 15, 141 ff.
Schadensversicherung Einl. 57
Schädigungsabsicht, Obliegenheitsverletzung **6** 19
Scheck, Abhandenkommen **3** 147
Scheinpartner 1 124 ff.; **2** 20, s. auch Scheinsozietät
Scheinsozietät 1 124 ff.
Scheinsozius, s. Scheinpartner, Scheinsozietät
Scheitern der Erledigung am Verhalten des VN **3** 127 ff., s. auch Widerspruchsrecht
Schiedsgericht
– Inanspruchnahme vor **A 2.1** 21
– Versicherungsschutz trotz Vereinbarung eines **1** 77
Schiedsgerichtsordnung A 2.1 27; **B** 28 ff.
Schiedsgutachter, versicherte Tätigkeit **B** 30
Schiedsklausel im Mandatsvertrag **1** 77
Schiedsrichter
– als persönliches Mandat **1** 142, 146

– versicherte Tätigkeit **1** 21; **B** 28 ff.
Schiedsstelle für Streitigkeiten aus Versicherungsvertrag **Einl.** 111 ff.
Schiedsspruch, Bindung des VR an **3** 31
Schlichter, versicherte Tätigkeit **1** 21; **B** 3, 31
Schlichtungsordnung B 31
Schlichtungsstelle nach § 191f BRAO Einl. 113; **3** 42, 105; **5** 32, 34
Schlüssel, Abhandenkommen **3** 147 f.
Schmerzensgeld 1 15, 104; **3** 157
Schriftform, keine
– Anerkenntnis **3** 34
– Versicherungsvertrag **Einl.** 78
Schriftliche Zahlungsaufforderung, s. Zahlungsaufforderung, Mahnung
Schriftstücke, Überlassung an VR **5** 61
Schrifttum zu den AVB-RS **Einl.** 145
Schuldbefreiung s. Befreiungsanspruch
Schuldenregulierung, versicherte Tätigkeit **1** 35
Schulung, Schulungsmaterial, versicherte Tätigkeit **1** 50
Schutzpflicht
– für bewegliche Sachen **B** 11
– für Gebäude **B** 11
Schutzrechtsanmeldung, versicherte Tätigkeit **1** 35
Schutzschrift, Verstoßzeitpunkt bei unterlassener Hinterlegung **2** 11
Schutzwirkung des Versicherungsvertrages Einl. 6 ff.; **3** 92
Schutzzweck der verletzten Norm 4 74
Schwägerschaft A 2.2 8
Schweigepflicht, des VR **5** 19
Schweiz A 2.1 20
Schwere des Verschuldens des VN, Quotelung bei Obliegenheitsverletzung **6** 14
Schwerpunkt des Auftrags 1 23
Secondment, Versicherungsschutz **1** 18, 53; **A 2.3** 4
Sekretariat, Versicherungsschutz für Fehler **1** 16, 97, 115; **4** 33
Sekundärer Risikoausschluss 1 11
Sekundärer Vermögensschaden 1 82
Selbstanpreisung, keine nichtversicherte Garantie **1** 70
Selbstbehalt 3 92 ff.
– Abzug von Sicherheitsleistung **3** 124
– bei Bestehenbleiben der Eintrittspflicht im Außenverhältnis **3** 98, 137
– bei Nichtbestehen der Anwaltszulassung **3** 97, 98

313

Register

- bei Schadensabwehrkosten **3** 18, 100 ff.
- bei Serienschaden **3** 71
- besondere Vereinbarung mit VR **Einl.** 36, 130
- Bindung an Vergleich des VR auch unterhalb **3** 53
- Funktionsweise **3** 92 ff.
- Gebühreneinwurf, s. dort
- gegenüber Erben **3** 97
- gegenüber mitversicherter Person **3** 98
- Selbstregulierung von Bagatellschäden wegen, s. Bagatellschäden
- Sinn und Zweck **Einl.** 12
- Zahlung des VN an Geschädigten **5** 79
- Zulässigkeit nach § 51 BRAO **Einl.** 36

Selbstbeteiligung, s. Selbstbehalt
Selbstregulierung, s. Bagatellschäden
Selbstständiges Beweisverfahren 5 32
Selbstverteidigung
- Entscheidung durch VR **5** 55 ff.
- Gebühren **3** 10, 110 ff.

Serienschaden 3 76 ff., s. auch Serienschadenklausel
Serienschadenklausel 3 69, 82 ff.
- Abgrenzung zu einheitlichem Verstoß **2** 16
- AGB-rechtliche Zulässigkeit **3** 73
- Aufteilung der Versicherungssumme **3** 89
- Auslegung **3** 72
- Feststellung des relevanten Verstoßes **1** 59
- Funktionsweise **3** 69 ff.
- mehrere Verstöße **3** 80 ff.
- Mehrheit von Geschädigten **3** 74 ff.
- Mehrheit von Schäden **3** 76
- nur ein Schaden pro Auftrag **3** 82 ff., 87
- und Maximierung **A** 1 3
- Verursachung durch mehrere Personen **3** 77 ff.
- Zulässigkeit **Einl.** 34

Sicherheitenfreigabe, kein Versicherungsschutz **1** 89
Sicherheitsleistung 3 19, 122 ff., 132
Sitz
- der Kanzlei **3** 129
- des VR **3** 129; **11** 2

Sonderabrede, s. besondere Vereinbarungen
Sonderbedingung, s. besondere Vereinbarungen
Sonderkündigungsrecht
- bei Nichtzahlung der Folgeprämien trotz qualifizierter Mahnung **8** 25 ff.
- im Schadensfall **5** 81; **7** 15; **9** 10 ff.

Sorgfaltsverstöße, s. Verstoß
Sozienklausel Einl. 27; **1** 140, s. auch Sozius
Sozietät
- Anwalts-AG, s. dort
- Anwalts-GmbH, s. dort
- Auflösung **9** 25
- Begriff **1** 119 ff.
- Durchgriff auf Gesellschafter/Partner **1** 130 ff., 138 ff., 141 ff.
- Eintritt, s. dort
- Einzelversicherung aller Sozien **1** 138 ff.
- GbR, s. dort
- Geschäftsführer, geschäftsführender Partner **4** 24, 30
- Haftung, s. Durchgriff
- mitversicherte Personen **7** 4 ff.
- PartmbB, s. dort
- Partnerschaftsgesellschaft, s. dort
- Police der S., s. Sozietätspolice
- Scheinsozietät, s. dort
- Versicherungskonzepte **Einl.** 25 ff., 116; **1** 138 ff.
- Versicherungspflicht **Einl.** 16

Sozius
- als mitversicherte Person **7** 4, s. auch dort
- Austrittshaftung, s. dort
- Austrittsversicherung, s. dort
- Begriff **1** 1, 117, 130 ff.
- Eintritt in Sozietät, s. Eintrittshaftung, Eintrittsversicherung
- Einzelversicherung aller Sozien **Einl.** 115, 122
- Geltendmachung der Versicherungsleistungen **7** 18
- In-sich-Ansprüche **7** 19 f.
- Rückgriff gegen **7** 31 ff.
- separate Versicherung, s. Einzelversicherung
- Veruntreuung durch **A 2.2** 1, 3
- Zurechnung von Ausschlüssen **1** 151; **4** 38, 75; **7** 16
- Zurechnung von Obliegenheitsverletzungen **6** 7 ff.

Sparkassen, ausgeschlossene Ämter in **4** 28
Spätschaden Einl. 32, 118; **2** 26
Spätschadenklausel 2 18 ff.
Spekulationstätigkeit, Ausschluss für **1** 25 f.; **A 4.2** 3 f.; **B** 7, 34
Spezialität der versicherten Risiken Einl. 58
Standesrecht, s. Berufsrecht
StaRUG, versicherte Ämter **B** 16, 18
Statistik, über Schäden **Einl.** 141 ff.

Register

Step down-Klausel Einl. 125 ff.
Steuerberater, s. auch MDP
- Serienschaden **2** 17; **3** 81 ff., 84, 88

Steuerberatung als versicherte Tätigkeit **1** 31; **B** 47

Steuerbescheid
- erfolgreiche Anfechtung als Schadensabwehr **3** 113
- unterlassene Anfechtung als neuer Schaden **2** 15

Steuererklärung, Serienschaden bei jährlicher **2** 17; **3** 81 ff., 84, 88

Steuergestaltung, Serienschaden **2** 17; **3** 81 ff., 84, 88

Steuerliche Pflichten, Verletzung als nicht gedeckter Schaden **1** 94

Stillschweigende Verlängerung des Versicherungsvertrages **Einl.** 85; **9** 7 ff.

Stillschweigender Verzicht auf Ausschlüsse **4** 15

Straf- und ordnungswidrigkeitenrechtliches Mandat als Einzelmandat, s. Strafverteidigung

Strafbefehl
- Anzeigeobliegenheit **5** 32 ff.
- Einlegung von Einspruch **5** 43 f.

Strafe, als Vermögensschaden **1** 97
Strafhaft als Schaden **3** 155 ff.
Strafrechtliche Maßnahmen, Pflicht zur Selbstbelastung **5** 60, 62 f.

Strafschadenersatz 1 75; **A 2.1** 31; **A 4.1** 1, 6

Straftat eines Mitarbeiters 7 19

Strafverfahren, kein Versicherungsschutz für Kosten **1** 94

Strafverteidigung
- als persönliches Mandat **1** 142, 147
- als Abwehrkosten **3** 107

Straßenverkehr, kein Versicherungsschutz **1** 13

Streitverkündung
- als Geltendmachung des Schadens **3** 14
- bei Versicherungskonsortium **5** 84
- Anzeigeobliegenheit bei **5** 32 ff.
- gegen VR **5** 70, 73 f.
- Sonderkündigungsrecht **9** 13

Strohmann, versicherte Tätigkeit **1** 39
Stuttgarter Versicherung Einl. 14
Substitution, Versicherungsschutz **1** 52
Synchronisation von Haftungsprozess und Deckungsprozess 3 23 ff.

Syndikusrechtsanwalt
- kein Versicherungsschutz für Tätigkeit **1** 17 f.; **A 2.3** 1 ff.; **B** 2

- Statusänderung/Prämienanpassung **8** 45; **11b** 8
- Versicherungspflicht **Einl.** 19 ff.

Tätigkeit
- als Rechtsanwalt, s. auch berufliche Tätigkeit
- gegenüber Auftraggeber, Versicherungsschutz **1** 14 ff.

Teilleistungen
- Erbringung durch VR als Einredeverzicht **4** 15
- Sonderkündigungsrecht **9** 12

Terminversäumung, versichertes Ereignis **1** 56

Testament
- Abhandenkommen **3** 144
- fehlerhaftes, als häufige Schadensursache **Einl.** 15
- Serienschaden bei wiederholter Prüfung **2** 16
- Spätschäden **Einl.** 109; **5** 26

Testamentsvollstrecker
- als persönliches Mandat **1** 131, 142, 146
- Ausschluss bei kaufmännischer Tätigkeit als **4** 25; **B** 45
- Sachschäden **3** 146
- versicherte Tätigkeit **1** 21, 25, 81, 131; **A 4.3** 11; **B** 3, 23, 45

Textform Einl. 75, 78; **5** 29, 31; **8** 18; **9** 7; **11** 2, 4; **11a** 3, 10, 19 f.

Titelhalterdeckung Einl. 135
Titelurkunde, Abhandenkommen **3** 144
Titularanwalt Einl. 23
Tod des VN Einl. 42, 89; **9** 22, 24; **B** 44

Transaktion, Haftung des VN gegenüber Dritten **1** 71 f.

Transparenzgebot Einl. 101, 106; **4** 13
Treu und Glauben 5 53; **8** 28; **9** 17
Treuhandauftrag, mehrere Geschädigte **3** 71, 75

Treuhänder
- als versicherte Tätigkeit **1** 39 ff., 89
- gem. InsO, versicherte Tätigkeit **1** 21; **4** 25; **A 4.2** 8; **A 4.3** 11; **B** 3, 15
- Serienschaden **3** 71, 75
- wissentliche Pflichtverletzung **4** 48, 73

Tun, Abgrenzung von Unterlassen **2** 12 ff.
Türkei A 2.1 27, 29

Übergang von Ansprüchen, s. Anspruchsübergang
Überkreuzvertretung 5 57

315

Register

Überlastung als Schadensursache, wesentliche Pflichtverletzung 3 26; 4 53, 57, 70, 73
Überörtliche Sozietät 1 132, s. auch Sozietät
Überraschende Klauseln, s. AGB
Überseeisches Gebiet A 2.1 27, 29
Übersetzer, Haftung für 1 16, 115
Überweisung, Anderkonto, s. dort
U-Haft, s. Untersuchungshaft
Umgangsrecht, Schaden 1 97
Umsatz, Berechnungsgrundlage der Prämie 8 33, 36 ff., s. auch floatende Prämie
Unangemessene Benachteiligung, s. AGB
Unbekannter Aufenthalt, des VN 3 131 f.
Unberechtigte Ansprüche, s. Abwehr unberechtigter Ansprüche
Unbestimmte Rechtsbegriffe, Auslegung **Einl.** 96 ff., 106, 107 f.
Unklarheitenregel, s. AGB
UN-Kaufrecht, Versicherungsschutz bei Nichtbeachtung **A 2.1** 27
Unordentliche Aktenführung, wesentliche Pflichtverletzung 4 56
Unterauftrag, s. Substitution
Unterbringung, als Schaden 3 155 f.
Unterhaltenes Büro, s. ausländisches Büro
Unterlagen, Verlust 1 56, 90; 3 134 ff.
Unterlassene Anzeige, s. Obliegenheitsverletzung
Unterlassene Prüfung, wesentliche Pflichtverletzung 4 59
Unterlassung, Zeitpunkt des Verstoßes 2 10 ff.
Unternehmen, Ausschluss für Tätigkeit als Leiter etc. 4 23 ff., 30 ff.
Unternehmensberater, gesamtschuldnerische Haftung des Anwalts zusammen mit 1 74, 118
Unternehmenskaufmandat 1 63; 3 84
Unternehmensleitung, Ausschluss für, s. Unternehmen
Unternehmenssecondments, s. Secondments
Unternehmertestament, fehlerhaftes 2 16
Unternehmungen, Ausschluss für Tätigkeit als Leiter etc. 4 22 ff., 30 ff.
Unterschlagung, s. Veruntreuung
Unterstützungsobliegenheiten 5 45 ff.
Untersuchungshaft als Schaden, s. Haft
Untertauchen, des VN 3 131 f.

Untreue, s. Veruntreuung
Unverschlossenes Büro, Schaden durch 1 56
Unverzüglichkeit
 – Anzeige der Geltendmachung durch Geschädigten 5 29
 – Anzeige von Ermittlungsverfahren 5 36
 – Schadenanzeige 5 15
 – Widerspruch des VR gegen unwirksame Kündigung des VN 9 17
Unwirksamkeit des Versicherungsvertrages, s. Nichtigkeit
Urheberrecht, Schaden 1 91
Urkunde, Abhandenkommen 1 56, 90, 108; 3 134 ff.
USA A 2.1 12, 20; **A 4.1** 1 ff.
US-amerikanisches Gericht A 2.1 20 ff.; **A 4.1** 1 ff.
US-amerikanisches Recht A 2.1 13 ff.; **A 4.1** 1 ff.

Verantwortlich machen 1 62
Verband, Ausschluss für Tätigkeit als Leiter 1 21; 4 22, 24, 30; **B** 45
Verbindlichkeiten der Gesellschaft, Haftung des eintretenden Gesellschafters, s. eintretender Gesellschafter
Verbot der Abtretung 7 21 ff.
Verbotene Tätigkeit 1 54
Verbraucher Einl. 73, 112
Verbraucherinformation Einl. 72 ff.
Verbraucherinsolvenz, Treuhänder, s. dort
Verdacht, Pflicht zur Schadensanzeige schon bei 5 21 ff.
Verdeckter Ausschluss 4 4, s. auch Ausschlüsse
Verdienstausfall als Schaden bei Freiheitsentzug 3 156
Verein, Ausschluss als Leiter 1 21; 4 21, 24, 30; **B** 45
Verflechtung, wesentliche Pflichtverletzung durch Verschweigen 4 74
Verfügung über Gelder **A 4.3** 1 ff., 13
Verfügungen von Verwaltungsbehörden, Anzeigeobliegenheit 5 43
Vergessen der Bearbeitung, wesentliche Pflichtverletzung 4 57
Vergleich
 – aufgrund Regulierungsvollmacht 3 46, 49 ff.
 – Begriff 3 52
 – Bindung des VR 3 22, 32 f.
 – oberhalb der Versicherungssumme 3 54
 – ohne Zustimmung des VR 3 37, 39 ff., 54

Register

- Widerspruchsrecht des VN **3** 54, 60, 127f.
- zwischen VN und Geschädigtem **3** 32, 36f., 39ff., 56
- zwischen VR und Geschädigtem **3** 32, 35, 56
- zwischen VR und VN **3** 32, 34

Vergleichsverbot 3 39ff.
Vergleichsvorschlag, schuldhafte Ablehnung durch VR **3** 55
Verhalten des VN, Scheitern der Regulierung wegen **3** 49, 60, 127f.
Verhüllte Obliegenheit 4 7
Verjährenlassen von Ansprüchen
- als typischer Verstoß **Einl.** 15, 141ff.; **1** 56, 97
- als wissentliche Pflichtverletzung **4** 53, 57, 70, 73

Verjährung
- Deckungsanspruch gegen VR **2** 18; **10** 4
- Haftungsanspruch des Geschädigten **2** 18; **3** 59; **5** 67; **7** 23
- Hemmung, durch Handlungen des VR ggü Geschädigtem **3** 59

Verjährungsverzicht
- als nicht versicherte vertragliche Zusage **1** 76
- als Obliegenheitsverletzung **5** 46
- durch VR **3** 58

Verkehrssicherungspflicht Einl. 59; **1** 103
Verlängerung des Versicherungsvertrages **Einl.** 85; **9** 7ff.
Verletzung
- Obliegenheiten, s. dort
- Pflichtverletzung, s. dort

Vermittlung von Krediten als versicherte Tätigkeit **1** 35
Vermittlungstätigkeit als versicherte Tätigkeit **1** 35
Vermögensschaden 1 80, 88ff., 96ff.; **3** 142ff.; **A 2.2** 4, 7
Vermögensschadenversicherung Einl. 58ff.; **1** 96ff.
Vermögensverfall 9 23
Vermögensverwaltung als versicherte Tätigkeit **1** 35
Vernichtung von Sachen Einl. 62; **1** 96
Verpfändungsverbot 7 21ff.
Verrichtungsgehilfe 1 116
Versäumnisurteil 3 28, 105
Versäumung von Rechtsmittelfristen, s. Frist, Fristversäumnis
Verschiedene Anspruchsgrundlagen 3 15

Verschiedene Schäden 3 76
Verschiedene Verstöße 3 70, 84
Verschulden bei Vertragsverhandlungen **1** 80
Verschulden bei Obliegenheitsverletzungen, s. dort
Verschuldensquote 7 28
Verschwiegenheitspflicht
- des Versicherungsmaklers **5** 19
- des VR **5** 19, 62
- gegenüber Versicherungsmakler **5** 19
- gegenüber VR **5** 19
- Verletzung als versicherter Verstoß **1** 57; **3** 159
- Weiterbestehen im Ruhestand **2** 20

Versicherer, Begriff **1** 5
Versichertes Interesse, Wegfall **Einl.** 89; **9** 22ff.
Versichertes Risiko Einl. 104; **1** 11, 12ff.
Versicherung für fremde Rechnung Einl. 61; **1** 6; **7** 4ff., s. auch mitversicherte Person
Versicherungsaufsicht, s. BaFin
Versicherungsbedingungen
- Änderung bei Serienschaden **3** 86
- Übersendung **Einl.** 94ff.

Versicherungsbedingungen des Allgemeinen Deutschen Versicherungsvereins Einl. 11
Versicherungsdeckung, s. Deckung, Deckungsanspruch
Versicherungsfall
- Anzeige, s. dort
- Begriff **1** 7ff.; 11; **5** 6, 21ff.
- Maximierung, s. dort
- Obliegenheiten im, s. dort
- Sonderkündigung bei, s. dort

Versicherungsgesellschaft Hamburg Einl. 10f.
Versicherungsjahr, Maximierung **A 1** 1ff.
Versicherungskonsortium, s. Konsortium
Versicherungskonzepte, s. Deckungskonzepte
Versicherungsmakler, s. auch Makler
- Anzeigen bei **5** 13
- Funktion **Einl.** 140; **11a** 8ff.
- Maklerklausel **5** 13; **11** 8ff.
- Verschwiegenheitspflicht **5** 19

Versicherungsmarkt, Zeichnungspraxis **Einl.** 114
Versicherungsnehmer, Begriff **1** 6
Versicherungsombudsmann e. V. Einl. 112; **9** 13

317

Register

Versicherungsperiode 3 5; **9** 17, s. auch Laufzeit
Versicherungspflicht Einl. 16f., 18ff.
Versicherungspolice, s. Police
Versicherungsrechtliche Einwendung 3 29; **5** 73ff.
Versicherungsschein, s. auch Police
- Besitz als Voraussetzung der Geltendmachung durch versicherte Person **7** 18
- Zustandekommen des Versicherungsvertrages **Einl.** 72, 78

Versicherungsschutz, s. auch Deckung, Schadensdeckung
- Begriff **1** 7
- Mitteilungspflicht der Kammer bei Wegfall **Einl.** 38, 40f.
- Umfang **3** 6ff.
- Voraussetzung der Zulassung **Einl.** 38

Versicherungssteuer 3 5; **8** 6
Versicherungssumme
- Begrenzung der Kostentragungspflicht **3** 109
- Begrenzung der Schadensabwehrpflicht **3** 21
- Begrenzung der Schadensdeckung **3** 62ff.
- Begriff **3** 62ff.
- bei mehreren ersatzpflichtigen Personen **3** 77f.
- Doppelversicherung, s. dort
- gesetzliche Mindestsummen **Einl.** 33; **3** 68
- Maximierung **3** 67; **A 1** 1ff., s. auch dort

Versicherungsvertrag
- Änderung, s. dort
- Anpassung **11a** 16
- Auslegung, s. dort
- außerordentliche Kündigung, s. dort
- Fehlen von, als Schaden **3** 150ff.
- Gleichwohldeckung **3** 130ff., s. auch Bestehenbleiben der Eintrittspflicht gegenüber Geschädigten
- Kündigung, s. dort
- Laufzeit, s. dort
- mehrere, s. Doppelversicherung
- Nichtigkeit, s. dort
- Rücktritt, s. dort
- Sonderkündigungsrecht, s. dort
- Zustandekommen **Einl.** 72ff.

Verspätete Zahlung
- der Erstprämie, s. dort
- der Versicherungsleistung **3** 64, 129; **5** 76ff.
- von Folgeprämien, s. dort

Verständlichkeit der AVB Einl. 47, 101, 103
Verstoß
- Begriff **1** 7ff., 56ff.
- gegen Bedingungen/Weisungen des Mandanten **4** 38ff., 51ff.
- gegen Berufspflichten **1** 54; **4** 38ff., 55ff., 66ff.
- Maximierung **A 1** 1ff., s. auch dort
- Zeitpunkt **2** 5ff.; **7** 6; **8** 22

Verstoß mit Reparaturmöglichkeit 2 9, 13
Verstoßdeckung, s. Verstoßprinzip
Verstoßprinzip Einl. 30, 60, 118ff.; **1** 58, 138ff.; **2** 5, 22
Verstoßzeitpunkt, s. Verstoß
Verteidigung, s. Schadensabwehr, Abwehr
Verteilung der Deckungssumme bei mehreren Geschädigten **A 1** 6f., 9ff.
Verteilungsverfahren A 1 10ff.
Vertrag
- Erweiterung der Haftung durch **1** 67ff.; **4** 20
- mit Schutzwirkung zu Gunsten Dritter **1** 81
- Versicherungsvertrag, s. dort

Vertragliche Haftungsverschärfung, Ausschluss **1** 67ff.; **4** 20
Vertragsändernder Umstand, Anzeigepflicht **11a** 14
Vertragsänderung, s. Änderung
Vertragsanpassung 11a 16, 18, 21
Vertragsdauer, s. Laufzeit
Vertragsende, s. Laufzeit, Kündigung
Vertragsführende Niederlassung 10 6
Vertragsgenerator, versicherte Tätigkeit **1** 49
Vertragsschluss, Anzeigepflicht vor **11a** 3ff.
Vertragsstrafe 1 69; **A 2.1** 31
Vertrauensschadenfonds Einl. 63; **A 2.2** 10
Vertrauensschadenversicherung Einl. 63
Vertreter
- des Anwalts, Versicherungsschutz **B** 41ff.
- Makler, s. dort
- ohne Vertretungsmacht **1** 81
- Zurechnung von Wissen **6** 7ff.; **11a** 12

Veruntreuung, Ausschluss **Einl.** 63; **1** 106; **4** 21; **7** 19; **A 2.2** 1ff., 6ff.; **A 4.3** 12
Verwahrtes Geld, s. Veruntreuung bzw. Abhandenkommen

Register

Verwahrung, als versicherte Tätigkeit **1** 35
Verwaltungsrat, Ausschluss für Tätigkeit **4** 29
Verwandtschaftsverhältnis 1 97; **A 2.2** 8
Verzicht
- des VN auf Rückgriffsanspruch **7** 34
- Einrede der Verjährung **1** 76; **3** 58

Verzug mit Zahlung, s. Zahlungsverzug, nicht rechtzeitige Zahlung
Verzugszinsen 3 64f., 109; **5** 77; **8** 17, s. auch Zinsen
Viehmängelprozess Einl. 15
Viren, eingeschleppte als Schaden **Einl.** 62; **1** 111; **3** 153
Völkerrecht, als europäisches Recht **A 2.1** 27
Vollmacht, s. Regulierungsvollmacht
Vollstreckungstitel, s. Titelurkunden
Von Lauff und Bolz (Versicherungsmakler) **Einl.** 140
Voraussetzungsidentität 3 26
Vorformulierte Vertragsbestandteile, s. AGB
Vorkenntnis
- bei Eintrittsversicherung **1** 157
- bei Rückwärtsdeckung **2** 24, 32ff.

Vorläufige Deckung Einl. 38, 84, s. auch Deckungszusage des VR
Vorläufiger Abwickler B 21
Vorläufiger Insolvenzverwalter B 13
Vorläufiger Liquidator B 21
Vorleistungspflicht des VR bei Streit über wissentliche Pflichtverletzung **4** 76ff.
Vormund, versicherte Tätigkeit **1** 21; **B** 3, 25
Vorsatz
- Anzeigepflichtverletzung **11a** 13ff., 21
- Ausschluss für **4** 38, 57
- Obliegenheitsverletzung **6** 7ff.
- Verstoß gegen Pflicht, als wissentliche Pflichtverletzung **4** 72ff

Vorschäden, bei Rückwärtsversicherung **2** 27ff.
Vorsorgliche Schadensmeldung 5 25f.; **A 1** 10, s. auch Anzeigeobliegenheit
Vorstand
- Ausschluss für Tätigkeit als **1** 21; **4** 22, 24ff.; **B** 45
- Haftung als **1** 81

Vorsteuerabzugsberechtigung 3 8
Vorversicherer 2 24
Vorvertragliche Anzeigepflicht Einl. 86; **6** 3; **11** 2; **11a** 1 ff., s. auch Anzeigepflicht

Vorwärtsversicherung Einl. 32, 118ff.; **2** 18ff.
Vorweggenommener Deckungsprozess 3 30, 61
VVG-Informationspflichtenverordnung Einl. 72f.

Wahlrecht des VR, zwischen Abwehr und Deckung **3** 43, 129, s. auch Regulierungsvollmacht
Wahrnehmung fremder Vermögensinteressen, mitversichertes Risiko **B** 6
Warnfunktion, von ausdrücklichen Ausschlüssen **4** 5
Wechsel der Versicherung **2** 6; **11a** 6
Wechsel, Abhandenkommen **3** 149
Wegfall
- der Anwaltszulassung **Einl.** 16, 42, 89; **3** 136; **9** 22ff.; **B** 44
- der Versicherung, Meldepflicht und Widerruf der Anwaltszulassung **Einl.** 40; **A 3** 1
- des versicherten Interesses **9** 22ff.

Weisung
- des Mandanten, Missachtung als wissentliche Pflichtverletzung **4** 38ff., 51ff.
- des VR im Schadenfall **3** 25, 40, 43, 49, 110, 128; **5** 50ff., 65ff., 70ff.; **7** 14

Werhahn-Fall Einl. 143
Werkvertrag
- keine Garantieübernahme **1** 88
- Haftung für Pflichtverletzung **1** 80

Wertersatz für abhandengekommene Sachen **3** 145
Wertpapiere, Abhandenkommen **1** 106f., **3** 147
Wertsachen, Abhandenkommen **1** 106f.; **3** 147; **A 2.2** 2
Wettbewerb, unter den Versicherern **Einl.** 51, 138f.
Whistleblower, s. Hinweisgebersysteme
Widerruf
- der Anwaltszulassung, s. Wegfall
- des Versicherungsvertrages **Einl.** 74ff.
- eines Vergleichs, Scheitern der Regulierung **3** 127f.

Widerspruch
- des VN gegen beabsichtige Regulierung durch VR, s. Widerspruchsrecht
- Obliegenheit zur Einlegung gegen Mahnbescheid etc **5** 43f.; **6** 17

„Widerspruchsrecht" des VN gegen beabsichtige Regulierung **3** 44, 54, 60, 127f.; **5** 59
Wiedereinsetzung 2 14; **5** 45
Wiederholte Fristversäumnis 4 73

319

Register

Wiederkehrende gleiche Fehlleistung 3 81
Wirtschaftliches Eigeninteresse, wissentliche Pflichtverletzung bei Verschweigen 4 74
Wirtschaftskanzlei, s. Großkanzlei
Wirtschaftsprüfer, s. MDP
Wissenserklärungsvertreter 6 8
Wissensvertreter 6 10; **11a** 12
Wissentliche Pflichtverletzung 4 38 ff.
- Abweichung von gesetzlichen Pflichten 4 55 ff.
- Abweichung von Weisungen/Bedingungen des Mandanten 4 51 ff.
- AGB-Recht 4 41
- Aktenführung 4 56
- Arbeitsüberlastung 3 134; 4 57
- Begriff 4 42 ff.
- Bestehenbleiben der Eintrittspflicht gegenüber dem Geschädigten 3 134
- Beweislast 4 63 ff.
- Bezugsperson 4 75
- Bindungswirkung von Feststellungen im Haftungsprozess 3 26, 134
- Fristenkontrolle 4 56
- Führen aussichtsloser Prozesse 4 60
- haftungsbeschränkte Sozietät 4 80 ff.
- Prüfungsbestätigung 4 60
- Rückgriff gegen haftungsbeschränkte Sozietät 4 82
- Rückgriff gegen mitversicherte Personen 7 31 f.
- Schadensabwehr/Regulierung 5 45, 53, 60, 70
- Tätigkeit trotz Verlust der Zulassung 9 23
- unterlassene Reparaturmöglichkeiten 4 61
- Vorleistungspflicht des VR 4 76 ff.
- Wissentlichkeit 4 48
- Zulässigkeit des Ausschlusses **Einl.** 28
- Zurechnung bei mitversicherten Personen 4 75; 7 17, 22; **A 2.2** 3
Wohnsitz 10 6

Zahlung
- aufgrund eines Versicherungsfalls, Sonderkündigungsrecht, s. dort
- der Erstprämie, s. dort
- der Folgeprämien, s. dort
- des RA vor Fälligkeit, wissentliche Pflichtverletzung 4 59
- des VR, Fälligkeit 5 76 ff.
Zahlungsanspruch, Verhältnis zum Befreiungsanspruch 3 61, 131, s. auch Befreiungsanspruch

Zahlungsaufforderung 8 11
Zahlungsdienstleistungen, als versicherte Tätigkeit **1** 41
Zahlungsplan, Aufstellung als versicherte Tätigkeit **1** 37
Zahlungsverzug
- Erstprämie **8** 7 ff.
- Folgeprämien **8** 17 ff.
Zehnjährige Laufzeit Einl. 85
Zeichnungspraxis, Versicherungsmarkt **Einl.** 114 ff.
Zeitarbeit, s. Leiharbeit
Zeitaufwand, Ausgleich für **1** 101; **5** 47, 65
Zeitlicher Deckungsbereich des Versicherungsvertrags **2** 1 ff.; **3** 16
Zeitpunkt des Verstoßes, s. Verstoß
Zertifizierung, Einfluss auf Prämienhöhe **Einl.** 129
Zessionar, s. Abtretung
Zeuge 3 41; 7 24
Zeugnisverweigerungsrecht 5 62
Zinsen
- auf die Schadenssumme 3 64 f., 109; **5** 77
- Aufschlüsselung in qualifizierter Mahnung **8** 16
- Leistungsfreiheit bei Rückstand mit **8** 22
- Sicherheitsleistung für 3 125
- Tragung durch VN bei Widerstand gegen Regulierung **1** 125
- Verzugszinsen, s. dort
Zinsschaden 3 123
Zitatenkartell Einl. 145
Zugang von Erklärungen
- Adressat **11** 2 ff.
- Beweislast 9 16
- Kündigung **8** 25; **9** 7
- qualifizierte Mahnung **8** 20
- Rechtzeitigkeit **9** 19
- Zugangsfiktion **11b** 14 ff.
Zulassung
- als Anwalt, s. Anwaltszulassung
Zulassungspolice Einl. 92
Zulassungsurkunde Einl. 38
Zumutbarkeit der Regulierung für den VN **5** 51, 53, 64
Zurechnung
- Obliegenheitsverletzung **6** 7 ff.
- Sozien, s. dort
- mitversicherte Person, s. dort
- von Wissen Dritter **6** 7 ff.; **11a** 12
- von Ausschlüssen s. dort
Zurich, Versicherung **Einl.** 52
Zurruhesetzung, s. Ruhestand

Register

Zurückbehaltungsrecht 8 11
Zurücktreten, s. Rücktritt
Zusage, kein Versicherungsschutz für Haftung wegen **1** 67 ff.; **4** 20, s. auch Garantie
Zusammenarbeit, Scheinsozietät, s. dort
Zusammentreffen mehrerer Anspruchsgrundlagen 1 93
Zusammentreffen von Ausschlüssen mit versicherten Ansprüchen 4 16
Zusammenwirken von VR und VN bei der Schadensabwehr **5** 3
Zuschlagspflichtige Mitarbeiter 11b 7, s. auch neu hinzugekommener Mitarbeiter

Zustandekommen des Versicherungsvertrages, s. dort
Zustellungsbevollmächtigter 1 21; **B** 3, 33, 35
Zustimmung, des VR zu Nebenintervention und negativer Feststellungsklage **3** 114
Zwangsverwalter B 17
Zwangsvollstreckung 3 122
Zweck
– der Berufshaftpflichtversicherung **Einl.** 6 ff.
– von Ausschlüssen **4** 4 ff., 11
Zweckverband 4 32
Zwei Anspruchsgrundlagen 4 17
Zweifel bei der Auslegung **Einl.** 100
Zweiter Anwalt, Kosten **3** 106